# 중국고대사회

## 文字와 人類學의 透視

東文選

許進雄지음

# 중국고대사회

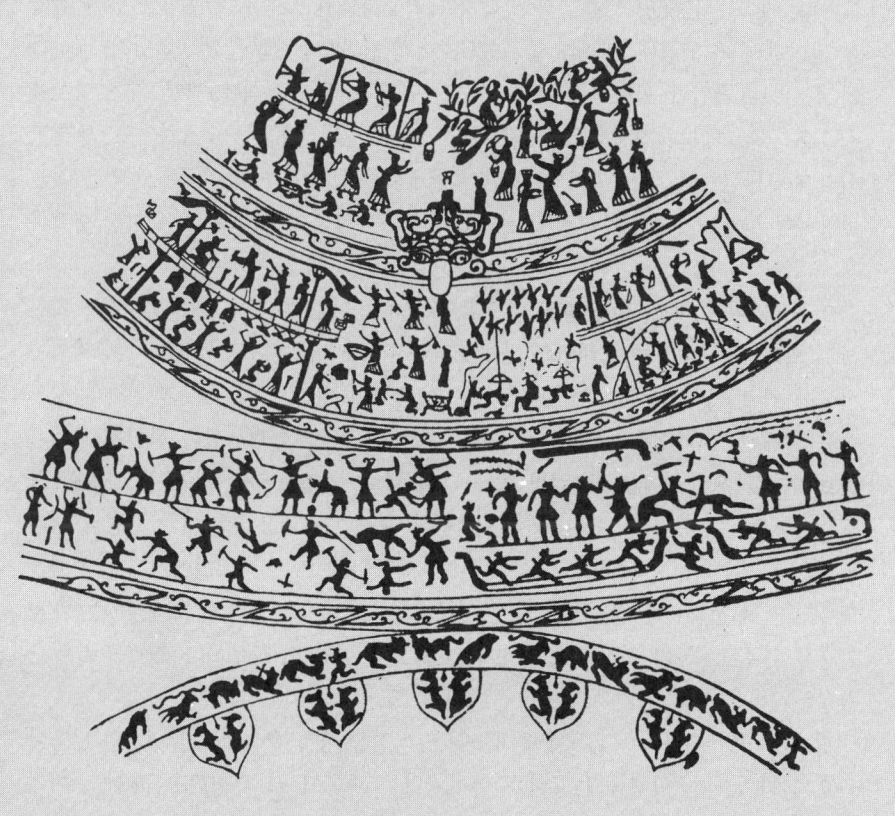

洪 熹옮김

## 저자 서문

본서는 필자가 캐나다의 토론토대학 동아시아학과에서 중국고대문자(The Written Word in Ancient China)란 과목으로 강의를 했던 교재이다. 이 과목을 가르치게 된 동기는 학과회의에서 비롯되었다. 회의중에서 교수들은 흥미있으면서도 통속적인 과목을 개설하여 많은 학생들이 선택할 수 있도록 해달라는 요구를 해왔다. 필자는 1968년 토론토의 왕립 온테리오박물관 극동부의 초빙을 받아 갑골을 정리하러 가기 전에, 대만대 중문연구소에서 갑골학甲骨學을 전공하였다. 캐나다에 온 뒤로 작업의 필요성 때문에 중국의 고고학 및 인류학에 관한 기초 상식을 스스로 공부하기 시작하였으며, 대학에서 이 방면의 과목을 수강하기도 하였다. 회의가 끝난 뒤에 앞으로 어떻게 하면 대만에서 배웠던 훈련과 외국에서 얻은 것을 결합하여 학생들에게 쉬우면서도 재미있게 중국문화를 소개할 수 있을지를 생각하게 되었다.

모두 다 아는 바와 같이 중국과 그밖의 고대문명의 문자는 모두 그림에서 기원하고 있다. 상형문자는 고대인의 생활환경·사용하였던 도구·생활방식, 심지어는 사물을 처리하는 방법과 사상 관념까지도 반영하고 있다. 이들은 고대인들의 생활상을 이해하는 데 아주 크나큰 도움을 주고 있다. 만일 일상생활과 관련된 고문자古文字의 창제시의 의미를 설명하고, 다시 문헌과 지하에서 발굴된 고고재료를 보충하여 될 수 있는 한 쉽고 간결한 설명과 흥미있는 내용으로 이와 관련된 시대 배경을 토론한다면, 아마도 고고나 역사를 전공하지 않는 학생들에게 중국문화를 배우고자 하는 흥미를 불러일으킬 수 있을 것이다. 더욱이 중국의 고대문자는 표의表意를 위주로 창제되었으므로 이 방면의 재료가 훨씬 더 풍부하다. 그러므로 많은 상형문자를 모아서 각제목으로 장을 나누어 토론할 수가 있다.

필자가 이런 구상을 동료들에게 제시하고 의견을 묻자 예상대로 긍정적인 반응이 나오게 되었으며, 학생들의 흥미를 끌 수 있는 과목이 될 것이라고 하였다. 이에 즉시 교학教學 대강을 써서 새로운 과목의 개설을 신청하게 되었다. 1979년 수업이 시작되면 수업준비를 하기 위하여 요점을 써가기 시작했다. 그러나 외국 학생들은 고대 중국의 역사와 문화에 대하여 모두 잘 알지 못하였고, 더욱이 처음으로 중국 문자와 문화에 접하는 학생들은 필기에 상당한 곤란을 겪게 되었다. 이로 인하여

내가 준비한 자료를 학생들에게 나눠 주어 학습이 용이하도록 하였다. 몇 년간 강의를 하면서 점점 내용이 수정되고 증보되자, 1984년에 이 책을 출판하여 매년 복사를 해야 하는 번거로움을 덜게 되었다. 영문본이 출판된 지 3년이 지나자 다시 수정을 하게 되었다. 그리고 과목을 선택한 학생도 화교들이 많았으므로, 마음 속으로 이런 교학 내용과 방법이 국내에서도 적합하리라고 생각되어 중문판을 내야겠다는 생각을 하게 되었다.

　이 책은 20장으로 나누어졌다. 그 차례는 문자·고대사·어렵·목축·농업·곡물·야금·공예·음식·의복·거주·교통·생사·오락·상업·의약·전쟁·종교·천문·방향 등이다. 대체로 고대인의 구체적 생활과 관계된 각방면을 포함하고 있어 독자들이 한 번 보면 바로 정치무대의 역사가 아니라 사회생활에 편중되었다는 것을 알 수가 있다. 필자의 학력에 한이 있어 비록 마음으로는 한 문제마다 간략하고 조리가 있으며 흥미를 끌면서도 정확하게 그 발전과정을 서술하려고 하였다. 그러나 이 책에서 포함하고 있는 학과가 너무 많아 일시에 파악할 수 없었으므로 허다한 곳에 미숙하고 주밀하지 못한 곳이 있음을 면할 수가 없다. 앞으로 전문가들의 가르침을 바라며, 이 책이 더욱더 뛰어난 고견을 끌어내는 밑거름이 되어, 오래지 않아 더 충실한 저작이 출판되기를 희망한다.

　이 책은 일반 독자와 학생을 상대로 쓰여졌다고는 하나 선현들의 연구성과를 존중하고 인용자료의 책임을 밝히기 위하여, 영문본에는 매장마다 뒤에 간단한 주를 첨부하여, 흥미를 지닌 학생들은 이를 좇아 더욱 진일보한 연구를 할 수 있도록 하였다. 독자의 부담을 덜어주기 위하여 중문판에서는 주해 중의 토론을 없애고 재료의 간단한 명칭과 출처를 본문의 괄호 속에 옮겨놓았다. 항상 나오는 고대의 전적은 단지 편장만을 제시하였으며 판본과 페이지는 밝히지 않았다. 인용 저작은 일반적으로 저자의 이름 뒤에 연대 숫자가 있는 것은 간단한 논문이고, 숫자가 없는 것은 전문적인 저서이다. 책 뒤에는 필획 순서에 의하여 인용저작간칭표를 첨부하여 찾아볼 수 있도록 하였다. 매장마다 본문 뒤에는 상대 갑골문甲骨文·주대의 금문金文·진의 소전小篆·한의 예서隷書의 자형字形이 변화발전된 과정을 표로 첨부하였다. 영문본에는 문자마다 주로 출처를 밝혔으나 중문본에는 이를 없애 버렸다. 독자들은 고명高明의 고문자유편古文字類篇(北京 : 中華書局, 1980)과 서중서徐中舒의 진한위진전예자형표秦漢魏晉篆隸字形表(成都 : 四川辭書出版社, 1985)를 참고하면 된다.

끝으로 이 책의 출판기회를 빌어 이 책을 쓰는 데 도움을 주신 몇 분에게 충심으로 감사를 드리고자 한다. 저술과정에 제문심齊文心 여사는 이 중 몇 장절을 읽어보고 귀중한 의견을 많이 말씀해 주시었다. 주양명연朱楊明淵 여사는 전문을 한 차례 읽고 틀린 자를 바르게 고쳐 주시었다. 동료 Alfred Ward 교수께서는 원고를 영문으로 번역하는 과정중에 시시로 귀중한 의견을 말씀해 주시었다. 이추운李秋雲 교수께서는 본서의 제자를 해주시어 광채를 더해 주시었다. 필자가 가장 감격하는 분은 나의 선사 굴만리屈萬里 교수이다. 그분께서는 학문의 방법을 지도해 주셨을 뿐만 아니라, 필자가 캐나다로 와 갑골문을 정리하고 문물을 접촉하여 견문을 넓히도록 추천을 해주셨다. 게다가 이미 토론토대학에서 퇴임하신 사경성史景成 교수의 기대와 격려가 없었다면 이 책도 순조롭게 완성되지 못하였을 것이다.

                토론토의 왕립온테리오박물관 극동부에서 허진웅이 쓰다.

## 차 례

### 제1장 중국의 문자체계와 서사書寫 공구 ········· 11
서론 / 고대문자의 공통성 / 갑골문에 표현된 조자造字 법칙 / 인신引伸 / 가차假借 / 중국문자의 형성시기 / 대문구문화의 도문陶文 / 주요한 서체 / 서사 공구──모필毛筆 / 서사 재료──죽간竹簡 / 종이의 발명

### 제2장 중국 고대사의 전통 ········· 35
서론 / 역사의 세 단계 / 성인이 물건을 발명했던 시대──성聖 / 제왕의 창제시대──황黃 / 왕조를 건립한 역사시대──왕王 / 세 단계의 사회적 특징 / 기억의 발단──홍수

### 제3장 어렵과 기후 ········· 57
개蚧 / 코끼리 象 / 코뿔소 兕·犀 / 호랑이 虎 / 사슴 鹿 / 물고기 魚 / 새 鳥 / 고대 중국의 기후변천

### 제4장 목 축 ········· 81
목축의 시작 / 목축과 농업의 관계 / 양 羊 / 소 牛 / 돼지 豬 / 말 馬 / 개 犬

### 제5장 농업의 발전과 중화민족의 형성 ········· 101
농업의 중요성 / 중국 조기의 세 농경구 / 최초로 발전된 농경의 흔적을 찾아볼 수 있는 화남지구 / 중국 동서문화의 융합 / 농경기술──제초 / 농경기술──관개 / 우경牛耕 / 농업발전의 단계

### 제6장 식량 작물 ········· 129
수확의 기쁨 / 중요한 곡물 / 소미小米──서黍·직稷·속粟·양粱 / 벼 / 보리 麥──小麥, 大麥 / 콩 菽 / 마麻

### 제7장 금 속 ········· 153
야금술의 발명 / 동의 우수한 점 / 중국에서 야금이 시작된 시대 / 야금술 발명의 전설 / 고대 중국의 금속주조 / 채광 / 제련 / 거푸집의 제조 / 주조 / 상대의 청동공예 / 주나라 사람들의 청동합금 지식 / 동銅 / 주석 / 아연 / 철의 성질 / 중국에서의 철의 시대 / 중국은 고대에 생철기술을 발견하였다 / 제철과 전문용어

## 제8장 공 예 ······ 191

도구의 사회적 작용 / 분업 / 직업의 분류 / 장인의 신분 / 공예工藝는 배우기 쉬우나 정미해지기는 어렵다 / 석재가공 / 옥玉 / 대나무와 목재공예 / 목공공예 / 옻칠의 응용 / 골각기骨角器 / 피혁皮革 / 마포麻布 / 잠사업蠶絲業 / 직조기 / 자수 / 도기

## 제9장 음 식 ······ 229

서론 / 육식 / 곡물 / 요리방법 / 달군 돌을 이용한 요리법 / 대나무를 이용한 요리법 / 그릇을 이용한 요리 / 찌는 요리법 / 그밖의 요리법 / 술 / 술의 의료효과 / 여름의 냉동 / 음식 기물 / 식사예절 / 식사의 순서 / 연회의 규모 / 식사시간

## 제10장 의 복 ······ 261

의복의 채용 / 의복제도의 창제 / 옷깃 / 의복의 종류 / 요대 / 패옥 / 염색 / 자수 / 장의長衣 / 가죽옷 / 삼베 / 장식물 / 모자 / 신발

## 제11장 거 주 ······ 291

원시인의 거처 / 수원 / 우물 / 성시 / 성의 방수防水 작용 / 초기의 집 / 난간 건축 / 방의 설비 / 문 / 방 / 조명 / 실내장식 및 가구 / 주대周代의 건축기술 새 면모

## 제12장 교 통 ······ 333

교통의 작용 / 보행 / 배와 노 / 수운水運의 우수한 점 / 수전水戰 / 항해 / 운하 / 조선 / 돛 / 도로 / 수레 / 마차를 모는 자세 / 승석乘石 / 승여乘輿 / 여사旅舍

## 제13장 생명의 순환 ······ 365

사망의 개념 / 장례의식 / 사망의식의 변천 / 몽둥이로 노인을 때려 죽인다 / 산에 내다버려 죽기를 기다렸다 / 관에 넣어 매장하다 / 시체에 문신을 새겨 미화하였다 / 피의 상징, 붉은색 / 중남경녀重男輕女 / 생육生育 / 기자棄子 / 혼인 / 혼인제도의 전설 / 친족의 호칭 / 상대의 계승제도 / 경험의 전수와 교육 / 결승結繩의 기능 / 학교의 보급 / 효도

## 제14장 오락활동 ······ 403

오락의 시작 / 악기 / 골소骨哨·도훈陶塤 / 긴 관악기 / 현악弦樂 / 주대周代의 악기 / 관악管樂 / 정음定音 / 경磬 / 편경編磬 / 고鼓 / 종鐘 / 현종懸鐘 / 현악기 / 악기의 성쇠 / 가무歌舞 / 사냥 / 활쏘기 / 투호鬪虎 / 각저角抵 / 잡기 / 아악雅樂

## 제15장 상업활동 ······ 437

물품교환과 시장 / 교역물품—돌도끼 / 교역물—자패紫貝 / 조개 화폐 / 동폐銅幣·포폐布幣·도폐刀幣 / 환전圜錢 / 상인商人 / 전국시대의 상업 중심 / 황금 화폐 / 도량형 / 길이 / 용량 / 표준 도량형 / 천평天平

## 제16장  질병과 의약 ·········································· 465
병의 고통 / 외상 / 몸의 부위 / 발병의 원인 / 약물 / 무巫와 의醫 / 전통의학의 수립 / 신농본초경神農本草經 / 황제내경 / 동서의학의 파별

## 제17장  전쟁과 형법 ·········································· 489
생존경쟁 / 병기—돌도끼 / 활과 화살 / 창[戈] / 무기 형상의 의장儀仗 / 창[矛] / 전차와 단도 / 방패 / 갑주 / 전술의 개량 / 동원 / 군대의 편제 / 기치 / 주周가 상商을 멸하다 / 동주의 전쟁 / 전쟁의 약탈 / 범죄와 노예 / 형벌 / 애꾸를 만드는 자할刺瞎의 형刑 / 자묵刺墨 / 육형肉刑 / 법의 시행 / 법가法家

## 제18장  제사와 미신 ·········································· 531
제사와 미신 / 신령의 거처 / 제사 / 무축巫祝 / 제사의 대상 / 제帝와 천天 / 악岳과 하河 / 귀신 / 신비한 효과——인광磷光 / 골복骨卜 / 서법筮法과 주역 / 미신의 타파 / 음양오행학설

## 제19장  천  문 ·················································· 555
서론 / 태양 / 달 / 별 / 세성歲星 / 하늘의 경고 / 역법曆法 / 계절 / 월상月相 / 하루의 구분 / 해시계(圭表) / 동루銅漏 / 혼의渾儀 / 기상

## 제20장  방향과 사령四靈 ····································· 591
개설 / 사방 / 사남司南 / 오행학설과 사령四靈 / 용 / 기우祈雨 방식 / 봉鳳 / 호랑이 / 거북

| | |
|---|---|
| 저자서문 | 4 |
| 인용저작목록 | 616 |
| 역자후기 | 658 |
| 子音索引 | 661 |

# 제1장

## 중국의 문자체계와 서사書寫 공구

서 론

몇천 년 이래로 인류는 서로 독립되어 발전해 온 몇 가지 고대문자체계를 갖고 있었다. 그 중에서도 가장 잘 알려진 것은 이집트의 상형문자와 메소포타미아의 설형문자, 그리고 중국의 한자이다. 기본적으로 이들 문자는 모두 회화식의 표의부호表意符號를 주체로 한 문자들이다. 오늘날 다른 고대문자들은 벌써 없어졌거나 표음문자로 대치되었지만, 중국의 한자는 표음계통으로 변화되지 않았으며 여전히 상형문자의 특징을 보존하고 있다. 고대 중국문화의 탐색에 뜻을 둔 사람들에게는 이런 한자의 특색이 아주 접근하기 편리하도록 해주고 있다.

살아 있는 언어는 계속하여 변화한다. 표음계통의 문자는 항상 언어의 변화에 따라서 쓰는 방식도 맞춤법에 맞도록 바뀌게 되었다. 가령 동일한 언어라 하더라도 고대어와 현대어를 놓고 보면 완전히 관계가 없는 이질적인 언어인 것처럼 보인다. 대大자를 예로 들어보면 선진先秦시에는 dar로 읽었으나, 당송唐宋에서는 dai, 지금은 da로 읽는다. 또 목木자는 선진시에는 mewk, 당송에서는 muk, 지금은 mu로 읽는다.(周法高, 音彙 : 57, 138) 그 변화는 개별적인 사회詞彙를 표현할 뿐만 아니라 때로는 어법의 구조를 바꿀 수도 있어서, 동일한 언어계통의 방언으로 하여금 완전히 소통할 수 없도록 만들어 주기도 한다. 중국의 한자는 형체의 변화에 따라서 언어에 직접적인 변화가 생겨나지 않았다. 몇천 년이 흐르는 동안 이미 회화성의 상형문자가 아주 추상적인 구조로 바뀌게 되었다고는 하나, 조금만 훈련을 하면 1천 년 전의 문헌을 읽고 통할 수가 있다. 이와 마찬가지로 서로 다른 지역의 방언끼리는 비록 대화가 통하지 못한다 하더라도 공통된 문자를 쓰고 읽을 수는 있다. 중국의 국토가 너무 넓은데다 지역간에도 흔히 단절된 곳이 있으며, 종족 또한 아주 복잡하다고는 하지만, 하나로 융합시킬 수 있었던 것은 바로 이와 같이 특수한 어문語文 특성이 중요한 요소의 하나가 된다.(杜學知, 1964 : 243)

**고대문자의 공통성**

사료史料의 결핍은 중국의 고대사회를 연구하는 데 있어서 중요한 곤란 중의 하나이다. 때로는 어느 한 현상에 대하여 비록 단편적인 기록이 남아 있다고는 하나 그것만으로는 증명하기가 어렵다. 예를 들어보면, 복희伏羲·여와女媧에 관한 전설은 아주 간략하여, 그들과 혼인제도의 창립·녹피鹿皮를 납징納徵의 예물로 하였다는 등등의 연원도 아주 모호하다. 그러나 이것을 대만 고산족高山族의 창세 전설과 비교해 보면 비로소 그 시대의 배경과 모든 고사故事의 맥락을 이해할 수 있게 된다.(13장의 토론 참조)

갑골문甲骨文·금문金文 등 조기의 문자 또한 중국의 고대사회를 이해하는 데 도움을 줄 수가 있다. 왜냐하면 이런 문자는 회화성이 아주 강하기 때문에 우리들로 하여금 문자 창조시의 구상과 의미를 표현하도록 만든 사물을 살펴볼 수 있도록 해주고 있다. 한 글자의 변천과정을 거슬러 올라가다 보면 때때로 중요한 사회제도나 공예의 변천 흔적을 알 수 있게 된다.

하나의 진정한 문자체계는 일관된 형식과 원칙을 가지고 있고, 어느 사회 안에서의 공인된 의미와 발음을 대표할 수 있어야 한다. 아울러 그 순서 또한 말의 순서에 합치되어야 한다.(Gelb, 文字 : 68) 사실 모든 고대의 그림이나 부호가 모두 문자는 아니며 또 반드시 문자로 발전된 것도 아니다. 그러나 의식적이든 무의식적이든 사물의 형상이나 개념을 묘사해내는 표현은 고대문자 창조의 출발점이 되고 있다. 지구상의 고대문화들은 각기 그들 문자의 창조·응용방법·발전과정과 규율이 모두 일치한다고 말할 수 있으며, 먼저 모두 기록내용의 주요한 어소語素를 표출하고 나서야 비로소 완전한 문법을 갖춘 어구語句로 발전되었다. 초기의 문자는 구체적인 사물을 대표하는 표형기表形期를 위주로 하였다가, 점차로 지시개념과 사고를 진술하는 표의기表意期로 발전되었으며, 뒤에 와서야 비로소 음표로 의미를 표현해내는 표음기表音期가 되었다.(Gelb, 文字 : 100-01)

### 갑골문에 표현된 조자造字 법칙

현재까지 알려진 바에 의하면, 대량으로 출토된 중국 최초의 문자는 기원전 14~11세기에 이르는 상商 말의 갑골문이다. 갑골문은 거북의 껍질이나 소의 견갑골肩胛骨에 새겨놓은 상왕실의 점복占卜 기록이다. 일찍이 수당隋唐시대에 갑골이 이미 출토되었으나 사람들의 주의를 끌지 못하였다. 시골에서는 때때로 이를 약포에서 사들여 분말로 갈아서 도창약을 만들었다. 일설에는 서기 1899년 금석학자 왕의영王懿榮이 병 때문에 약을 샀다가 약초 중에 문자가 새겨진 쇄골碎骨이 섞여 있는 것을 보고 가치있는 옛 물건임을 알아보았다고도 하며, 또 다른 설에는 골동품상이 왕의영에게 찾아와 팔고서부터 고가로 수집되기 시작하였으므로 농촌에서 다투어 발굴되었다고 한다.(張秉權, 1967 : 831-32) 뒤에 와 정부에서 계획적으로 발굴하게 되었으며, 마침내 전문적인 연구 학문이 되었다.

문자의 창조 법칙에 관한 중국의 전통적인 분류는 상형象形·지사指事·회의會意·형성形聲·전주轉注·가차假借이며, 외국의 분류는 원시적原始的·인신적引伸的·도식적圖式的·의부적義符的·대음적代音的·음부적音符的의 여섯 유형이다. 해설을 편하게 하기 위하여 상대商代의 문자를 상형象形·상의象意와 형성形聲의 세 유형으로 귀납한다.(唐蘭, 文字學 : 57-108)

一. 상형象形 : 상형은 가장 쉽게 이해할 수 있다. 그것은 한 물건의 형상에 대한 윤곽을 상세하게 혹은 간략하게 그려내고 있어, 사람들이 한번 보면 더이상 해설을 해주지 않아도 이해할 수가 있다. 예를 들면 갈기와 꼬리를 가진 말의 모양을 그려낸 것이 바로 ▨(마, 馬)자이다. 어떤 때는 전체의 모양이 아주 복잡하여 글씨를 쓰려면 시간을 많이 허비하게 되자, 단지 가장 구체적인 특징을 지닌 부분을 취하여 표시하기도 한다. 예를 들면 뿔이 위로 올라간 소머리는 ▨(우, 牛)를 대표하고, 뿔이 아래로 굽은 양머리는 양羊을 대표한다. 때로는 전체의 형체 중에서 돌출된 부분으로 그 부분의 의미를 표현하기도 한다. ▨(신, 身)자는 사람 몸의 복부 부위를 강조한 것이다. 상형문자는 그 주요한 제재를 일상생활과 밀접한 관계를 가진 물건에서 취하고 있다. 동식물·가구·공구 등과 같이 모두 생활의 구체적인 소재를 포함하고 있어서 고대사회를 연구하는 중요한 재료가 된다.

二. 상의象意 : 상의는 회화의 방식으로 표현해낼 수가 없는 것으로 형체가 없는 개념들이다. 예를 들면 크다는 의미의 ▨(대, 大)는 작다는 소小와 상대적이며 추상적인 개념이다. 갑골문은 어른의 몸으로 이 자를 표시하고 있다. 그것은 어른의 몸집이 아이들에 비하여 크다는 추상적인 개념으로 표현된다. 또 ▨(상, 上)자는 하나의 짧은 획이 긴 획 위에 있으며, ▨(하, 下)자는 짧은 획을 긴 획 아래에 놓는다. 길고 짧은 필획은 모두 구체적인 물건을 묘사하는 것이 아니라, 단지 이것으로 둘 사이의 상하관계를 표시한다. ▨(림, 林)자는 두 그루의 나무로 나무가 많은 곳을 표시하고 있으며, 나무의 가지나 줄기 자체에 중점을 두고 있지 않다. ▨(휴, 休)자는 ▨한〈사람〉이 ▨〈나무〉아래에서 쉬고 있는 모습으로서 휴식이란 개념을 표시하고 있다. 그것은 사람과 나무 사이에서 나무를 벤다든가 심는다는 것과 같은 그밖의 다른 관계를 표시하고 있지 않다. ▨(인, 刃)자는 하나의 짧은 획으로 칼에 있는 칼날의 부위를 가리킨다.

휴休자가 표현하고 있는 것과 같이 상의자象意字는 실질적인 것으로 그려낼 수 없는 개념을 표현해내고 있다. 상대商代 혹은 그 이전의 사회에 대한 우리의 이해에 제한이 있으므로, 어느 자가 만들어졌을 당시의 구체적인 함의含意를 알 수는 없다. 그러나 고인들이 표현해내고자 한 의도에 관해서는 여전히 이해할 수 있다고 말할 수 있다. 이밖에도 동일한 개념의 표현에도 생활경험이 서로 다르면 논리와 표현법이 다를 수 있다. 이로 인하여 문자를 통해 서로 다른 민족의 문화적인 내함 內涵을 비교하여 흥미있는 대비를 얻어낼 수가 있다. 예를 들면 중국에서 갑골문의 질疾자는 병자가 병상에 드러누워 있는 표시이나, 고대 이집트에서는 미이라가 침상에 뉘어 있는 것으로 사망을 표시하는 데 사용된다.(Gardiner, 이집트 : 443, 447) 그리고 갑골문에서 사死자는 죽은 사람을 관 속에 넣은 모습이거나, 혹은 사람이 썩은 뼈 옆에 꿇어앉아 애도하는 모습으로 표시하고 있다.

　三. 형성形聲 : 형성은 가장 진보된 방법이다. 그것은 의부義符와 성부聲符를 조합하여 각기 의미의 유속類屬과 독음讀音을 대표하도록 한다. 예를 들면 ﾉ川(미, 湄)자의 ﾉ川(수水) 부분은 이 자의 의미가 수류水流나 하안河岸과 관계가 있다는 것을 표시하며, (미眉) 부분은 미湄의 독음이 미眉와 서로 가깝다는 것을 표시한다. 또 (록, 麓)자는 林(림林)으로 산록은 수목이 자라는 곳임을 표시하고 있으며, (록, 鹿)은 독음이 된다. 상대에서 이 자는 때때로 (록, 彔)을 사용하여 음을 표시하기도 한다.

　형성은 무궁하게 응용할 수 있는 간편한 조자법造字法이다. 그것은 장시간을 경과하면서 비로소 발전된 것이다. 사람들이 아직 이런 조자법을 깨닫기 전에는, 언어 중의 아주 많은 개념들을 회화로 표현해내기가 어려웠고, 인사人事가 날로 번잡했어도 어느 한 의미마다 글자를 만들어 줄 방법도 없었다. 이에 두 가지 방법을 생각해내어 이런 사용상의 곤란을 해결했다. 하나는 인신引伸이고 하나는 가차 假借이다.


**인신引伸**

　인신의 방법은 하나의 문자를 사용하여 그 자의 기본적인 의미와 관계가 있는 뜻을 표현해내었다. 때로는 어느 개념들 사이에서 공통된 특성을 찾아내거나, 혹은 선후의 층차로 발전된 관계가 있으면, 동일한 글자를 사용하여 그들의 의미를 표현해낼 수가 있다. 또한 중심적인 뜻을 제외하고도 한 글자는 서로 연관된 의미로 확충되어 많은 뜻을 겸할 수도 있다. 장기간의 확충을 통하여 한 글자는 그리 상관이 없거나 심지어는 상반된 의미를 지닐 수도 있게 되었다. 예를 들면 란亂자는 주대周代에 치治와 란亂의 의미를 겸하고 있었다. 이 자는 금문金文의 (사, 䘗) 자에서 발전되었을 가능성이 있다. 자형字形은 두 손으로 끝이 날카로운 코바늘

같은 공구에서 엉클어진 실을 풀어내는 모양을 본떴으므로 다스린다(治)는 뜻을 갖게 되었다.(周法高, 金文 : 5557-59) 절絶과 계繼의 고대 자형 또한 정반정반의 구별이 있다고는 하나, 똑같이 방직작업에서 글자가 만들어졌다. 즉 엉클어진 실을 끊은 뒤에 다시 이어야 하므로 단절과 접속이란 두 가지 뜻으로 변화되었다. 뒤에 오면서 구분을 해야만 하고 본의本義와 확충의擴充義의 자형을 확정해야 했으므로, 자원字源상에 수水·화火·목木·인人 등과 같이 서로 다른 뜻을 지닌 속류屬類를 더하여 자형이 서로 다른 형성자形聲字가 되었다. ※(구, 冓)는 나무로 된 두 개의 부재部材가 서로 이어진 모양을 표시하고 있는데, 사람들은 이 자를 사용하여 갖가지 교제와 모임에 관계된 의미를 표현하는 데 쓰고 있다. 뒤에 오면서 여러 가지 의부義符를 구冓자에 더하여 각각의 인신의引伸義를 구별하였다. 이리하여 구構·구媾·구遘·구溝·강講·구購 등과 같이 구冓란 음을 따르면서 〈교제하다〉라는 개념과 관계된 형성자가 생겨나게 되었다.

### 가차假借

그림으로 표현해내기가 어려운 어떤 한 의미가 있을 적에는, 발음이 서로 같거나 혹은 서로 비슷한 글자를 빌려서 표현하는 방법을 가차라고 한다. 예를 들면 ※(황, 黃)자는 갑골문에서 반원형의 패옥으로 조합된 장식의 상형자였으나, 패옥과는 관계가 없는 〈누르다〉는 색을 표현하는 데 빌려서 사용되었다. 뒤에 오면서 서로 뒤섞여 구분되지 못할까봐, 본의의 황黃자에다 옥玉이란 의부를 더하여 황璜이란 형성자를 만들어, 가차된 의미의 황黃과 구분할 수 있도록 하였다. 이와 마찬가지로 ※(모, 莫)란 자는 본래 해가 서쪽 숲 속으로 기우는 저녁 무렵을 본떴으나, 춘추시대에 막莫은 부정을 나타내는 부사로 차용되었다. 이로 인하여 본의의 막莫자에다 일日이란 의부를 더하여 모暮자를 만들게 되었다. 수많은 가차자는 이런 순서를 통하여 형성자가 되었다.

때로는 독음을 편리하게 하기 위해서 혹은 이미 변화가 생긴 독음을 수정하기 위하여, 새로운 성부聲符를 더하여 형성자를 만들기도 한다. 예를 들면 갑골문의 풍風자는 ※(봉, 鳳)새의 상형자를 빌려서 사용하였으나, 뒤에 봉鳳형에다 ※(범, 凡)이란 성부를 더하여 구별하였다. 또 갑골문의 ※(정, 晶)자는 본래 별의 모양을 본뜬 상형자이나, 그것은 맑게 빛난다는 인신의를 겸하고 있었다. 이에 정晶자에다 ※(생, 生)이란 성부를 더하여 ※(성, 星)자를 만들어 정晶자와 구별하였다. 한 글자에다 성부나 의부를 더하였다고 하더라도 형식적으로 그들은 모두 의미와 소리를 지닌 형성자라고 칠 수 있다.

위에 기술한 바와 같이 형성자는 상형이나 상의자가 장기간의 사용을 거치면서 부지불식간에 변천되어 만들어진 것이다. 일단 이와같이 간편한 조자법造字法을 발견하게 되자, 사람들은 의식적으로 이런 형식을 써서 새로운 글자를 대량으로 만들어내게 되었다. 최초에 의식적으로 창조해낸 형성자는 회화로 표현하기가 아주 곤란한 족명族名·지명과 같은 고유명사였을 것이다.(Gelb, 文字 : 66) 그러다 조금 뒤에서야 비로소 그밖의 사휘詞彙 영역으로 확대되어, 마침내 후세에 가장 널리 응용된 조자법이 되었다.

### 중국문자의 형성시기

중국문자의 발전 역사는 너무 유구하여 현재까지도 확실하게 해답을 내릴 수 있는 충분한 자료가 없다. 과거에 학자들은 단지 현존하는 갑골문자에 근거하여 그것이 발전되어 오는 데 걸린 시간으로써 추측하였을 뿐이다. 근년에 들어와 끊임없이 새로운 자료들이 출토되어 추론에 필요한 증거들이 증가되었다.

상형·상의 및 형성의 조자법 모두가 갑골문에 나타나고 있다. 판독할 수 있는 자와 판독할 수 없는 자를 모두 합하면 갑골문은 이미 4천5백 자 이상이 된다. 어떤 사람은 이미 판독된 1천여 자를 분석하여 가장 진보적인 형성자가 이미 27%를 차지한다고 하였다.(李孝定, 1974 : 380) 그것은 상대商代의 갑골문이 벌써 상당히 성숙된 문자계통으로 이미 장기간의 발전과정을 거쳐왔다는 사실을 설명해 주고 있다. 그러나 도대체 얼마나 오래되었을까? 이 문제에 관하여 학자들마다 추론하는 차이가 너무 커 일치를 보고 있지 못하나, 길게 보는 사람은 1만 년까지 거슬러 올라갈 수 있다고 여긴다.(唐蘭, 古文字學導論 : 28) 다만 일반적으로 중국문자는 2,3천 년의 시간을 거쳐야 비로소 갑골문과 같이 성숙한 정도의 문자에 이를 수 있다고 믿어진다. 갑골문은 기원전 14세기에서 11세기에 이르는 점복문자占卜文字이므로 5천 년 전이나 혹은 더 조기에 중국문자가 붕아되었다고 여겨진다.(董作賓, 1952 : 358 ; 張秉權, 1970 b : 246)

근년에 출토된 재료들은 중국문자의 산생시대를 토론하는 데 있어서 일깨워 주는 바가 있다. 적지 않은 앙소문화仰韶文化의 유적지에서 갖가지 기호가 새겨진 도기가 발견되었다. $C^{14}$의 연대측정에 의하면, 이 유적지들의 연대는 지금으로부터 이미 6천여 년이나 되었다. 어떤 학자들은 그것과 갑골문의 성숙도에 근거하여 중국문자의 붕아연대가 서로 같다고 추측하였다. 그러므로 적지 않은 사람들은 도기 위에 문자와 흡사하게 새겨진 간단한 부호가 중국 초기의 문자라고 믿고 있다. 이런 기호는 거의 모두 서로 같은 부위에 새겨져 있다. 즉 초기 유형의 둥근 대접 모양으로 된 그릇의 바깥쪽 가장자리이다. 이것은 그 부호들이 임의로 새겨진 게 아니라 어떤 기능을 갖추고 있다는 사실을 충분히 설명해 주고 있다. 섬서陝西 중서부의 앙소문화仰韶文化 유적지에서 발견된 기호는 그림 1.1과 같다. 감숙甘肅·청해青海 일대에서 보이며 앙소문화를 계승한 반산半山·마창馬廠 등 문화의 기호는 그림 1.2와 같다. 심지어 멀리 동해안지구에 있는 양저문화良渚文化에서 발견된 도기에도 그림 1.3과 같은 기호가 있다.

위에서 말한 기호 중 어떤 것은 여러 차례 도기에 나타나기도 한다. 동일한 교혈窖穴이나 지역에서도 서로 같은 기호가 흔히 발견된다. 어떤 사람은 이것이 기물의 소유자 혹은 제조자의 수결이거나 족휘族徽와 같은 유형의 기호라고 여기고 있다. (西安半城 : 198) 어떤 기호는 후세의 숫자나 혹은 방위를 나타내는 문자와 유사하므로 그것이 도기를 구운 순서나 방위의 기호라고 여긴다.(李孝定, 1974 : 368) 또 그런 기호들이 서로 다른 지역과 서로 다른 시대의 유적지에서 발견되기 때문에, 어떤 사람은 그들이 이미 문자로서의 작용을 구비하고 있을 뿐만 아니라, 또한 중국문자의 기원은 한 갈래 즉 앙소문화에서 발전된 것이라고 믿고 있다.(郭沫若, 1972 a : 2 ; 李孝定, 1974 : 345-46 ; 張光裕, 1981 : 146-47)

결국 어떤 단계에 이르러야 비로소 하나의 부호를 통행문자로 칠 수 있는지는 여전히 논란이 있는 문제이다. 어떤 작용을 하는 부호 모두를 문자라고 볼 수 있을까? 사람들이 일반적으로 제일 먼저 기록할 필요성을 느낀 것은 대부분 쉽게 혼동되는 숫자였다. 중국에는 문자가 결승기사結繩記事에서 기원한다는 전설이 있다. (李孝定, 1974 : 345-46) 결승기사의 습관은 소전小篆의 示示(산, 祘「箅」의 本字)자에 표현되어 있다. 그 자는 횡목 위에 늘어져 있는 몇 가닥의 새끼와 매듭 모양을 본뜨고 있다. 후세에 반개화된 민족에서나 찾아볼 수 있는 결승 습속에는 매듭이나 색깔 및 크기 등을 달리하는 여러 가지 형식으로 서로 다른 일과 수량을 대표하고 있다.(李家瑞, 1962 : 14) 또한 문자를 창조한 목적이 숫자의 기억을 돕기 위해서였을 가능성이 있으므로 결승의 목적과 일치한다. 이란에서 발견된 B.C.4000~3000년에 이르는 4천여 편의 점토판은 대부분이 장부를 기록하는 것과 관계가 있는 수의 계산이었으므로(Nisson, 1984 : 317-34), 수의 계산이 문자 서사의 초기 단계에서는 아주 중요한 목적이었다는 것을 설명해 주고 있다. 이미 도기상의 기호가 숫자로 쓰였을 가능성이 있고 문자 초기단계의 작용과 일치하므로, 그것이 이미 문자였다고 인정할 수도 있을 것 같다. 그러나 우리는 신중하게 고려하지 않을 수 없다. 왜냐하면 어떤 기호는 어느 개인이 수를 기록한 부호였거나 혹은 종족의 족휘, 심지어는 어떤 의미의 기능을 갖추고 있었을 수도 있다. 그러므로 그들이 이미 진정한 문자의 기능을 갖추고 보편적으로 사회에서 받아들여졌느냐는 사실은 의문이기 때문이다.

하나의 기호 혹은 도형이 비교적 고정된 언어 속에서 어떤 사소詞素의 부호가 되었을 때, 그것은 이미 문자의 초보적 성질을 갖추었다고 말할 수 있다. 그러나, 그것이 언어 속에서 대부분의 성분 모두가 부호를 대표로 하는 진정한 문자계통을 이루어야 한다는 것과는 여전히 크나큰 거리가 있다. 위에서 열기한 신석기시대 도기상의 부호는 비록 시간상으로는 1천 년의 차이가 있다고 하나 모두 여전히 단독으로 출현하고 있다. 그것은 언어계통에 필요한 순서가 없을 뿐만 아니라, 또한 그 형태로 보아도 상형象形과 상의象意를 주요 기초로 삼는 고대한자 즉 갑골 및 금문과는 동일한 계통에서 발전된 것이 아니라는 게 분명하다. 이들은 모두 이런 도기상의 부호가 스스로 문자체계를 이룰 수 없다는 사실을 반영해 주고 있다. 예를 들면 X 부호는 확실히 5라는 숫자를 대표하고 있다. 그러나 실제 응용시에는 결코 추상적인 숫자 5를 대표하는 것이 아니라, 임의적이고 유동적이어서 구체적으로 다섯 마리의 소 혹은 다섯 개의 항아리, 다섯 사람들을 표시한다. 이것은 아직 문자가 없는 씨족이나 글자를 알지 못하는 사람들이 흔히 사용하는 방법이다.(嚴汝嫻 1982 : 315; Gelb, 文字 : 37) 바꾸어 말하면 X의 부호는 결코 일정한 의미와 독음이 없으며, 또한 언어의 사소詞素와는 엄격한 연계를 갖고 있지 않다. 이로 인하여 잠시 그들을 계통적인 문자로 취급하지 않는 게 가장 좋을 듯하다.

### 대문구문화의 도문陶文

그렇다면 중국문자의 징조는 어느 때 비로소 볼 수 있었던가? 지금 알 수 있는 최초의 자취는 산동山東・거현莒縣의 능양하陵陽河 대문구문화 말기 유적지에서 찾아볼 수 있다. 시대는 약 B.C.2500~2000년의 도기 위에 새겨진 부호로 그림 1.5와 같다. 그들과 앙소문화의 각획은 똑같이 단독으로 항아리 바깥쪽의 주둥이 부위에 새겨져 있어서, 모두 제일 눈에 잘 띄는 위치에 자리하고 있다. 그 중 한 형형은 거리가 서로 70km나 떨어진 유적지에서 발견되었다.(大汶口 : 117) 그들은 물건 주인의 이름일 가능성이 아주 높을 뿐만 아니라, 갑골・금문의 자형과도 일맥상승의 관계를 갖고 있고, 모두 회화의 성질을 지니고 있다. 약간의 상말주초商末周

初의 동기에도 갑골문 자형보다 더 원시적이고 더 도상圖象에 근접한 족휘가 주조되어 있다.(그림 1.4) 학자들은 일반적으로 이런 족휘에 일상적으로 사용되는 문자보다 더욱 오래된 자형의 전통이 보존되어 있다고 믿는다. 이런 것은 회화적 성격에 아주 근접하고 있으며 바로 대문구 말기 도문의 특징이다.

대문구 도문의 ⛰ 형의 각획은 더욱 중요한 의미를 지니고 있다. 그것은 단旦의 초기 자형으로 구름이 감돌고 있는 산 위로 태양이 떠오른다는 의미일 가능성이 있다. 고인들은 대부분 산의 구릉이나 물가에 거주하고 있었으므로, 각기 살고 있는 산이나 강을 자기 부족의 이름으로 삼아 거주지의 자연환경을 표시하였다.(Gelb, 文字 : 66) 이 부호를 분석하면 산을 따르고[從山] 단성旦聲이 된다. 그것은 산간에 살고 있는 단족旦族을 표시하는 데 사용되었다. 상형의 부호로 족명族名이나 인명을 삼은 것은 임의대로 그린 그림과는 아주 다른 의미를 지니고 있다. 어느 개인이 돌도끼의 도형을 보았을 때, 그는 즉시 〈근斤〉이라는 단어로 부를 가능성이 높다. 그러나 결코 사람마다 전부 그것을 〈근斤〉이라고 읽고 도끼라는 단어로 사용하지는 않는다. 다만 이 도형이 특정한 부족이나 사람을 대표하도록 선택되었으며, 모두들 그 부족이나 사람을 잘 알고 있다면 이런 과정을 통하여 그것에 소리와 의미가 단단히 결합하게 된다. 이와같이 소리[音]·의미[義]·모양[形]이 밀접하게 결합하면 곧 문자의 기본조건을 구비하게 된다. 이로 말미암아 도형으로 된 부호를 족명으로 사용하였다면 정해진 규율을 갖춘 문자체계의 산생에 중요한 첩경이 된다. (Gelb, 文字 : 66)

조자법造字法의 관점에서 보면, 『⛰』모양은 이미 원시적인 상형자가 아니라는 게 분명하며, 응당 제2류의 상의자나 심지어는 제3류의 가장 진보된 형성자이다. 대문구의 도문은 비록 단독으로 출현하여 완전한 구句로 사용된 것은 아니었다. 그러나 그때가 반개화된 사회여서 사람들이 도형의 관건이 되는 자를 사용하여 사건의 중심 내용을 기재하였으므로 문자의 윤곽을 갖추게 되었다. 대문구 도문은 한자의 꼴을 갖추고 있고 갑골문의 선구가 된다. 만약 이것을 서안西安 반파半坡의 앙소문화 유형과 같은 순수기호를 중국문자의 시작으로 삼는다는 의견과 비교해 본다면 보다 진실하고 훨씬 믿음성이 있다. 이를 간단히 말하면 B.C.2000년 전에 중국은 모종의 계통을 지닌 문자가 있었다고 할 수 있다.

당연히 구체적인 중국문자의 기원문제는 여전히 더욱더 많은 출토 자료를 기다려야 실증할 수가 있다. 그러나 상나라 후기의 갑골문은 이미 의심할 여지가 없이 아주 성숙된 문자체계를 갖추고 있었다. 《상서尙書》다사편多士篇은 주공周公이 상나라의 여러 유신들을 경계하면서 한 말로『오직 은의 조상들만이 어떻게 은이 하의 통치를 대신하게 되었는지를 기록한 전典과 책册을 갖고 있었다 維殷先人, 有典有册, 殷革夏命』는 구절이 있다. 상나라 사람이 하나라에 혁명을 일으키기 전의 문자가 도대체 얼마나 성숙되었는지는 증거가 없기 때문에 지금으로서는 추측하기가 곤란하다. 운남雲南 소수민족의 마사문麽些文을 예로 들어보자. 마사문은 13세기에 만들어졌으며 한자에서 힘을 얻어 나오게 되었다. 그러나 19세기까지도 그들의 경전은 여전히 관건이 되는 자만을 사용하여 주요한 내용을 제시하는 데 그치고 있으며, 고정된 문법형식과 언어의 차례가 없었다.(董作賓全集 9 : 659) 그렇다면 은이 하나라를 대신하여 혁명을 일으킨 시대를 거론하지 않더라도, 만상晩商의 갑골문에서 위로 6백 년을 거슬러 올라가면 대문구문화의 하한선인 B.C.2000년이 된다.

### 주요한 서체

갑골문에서 지금에 이르기까지 중국문자는 이미 3천여 년을 지나왔다. 비록 어떤 자는 여전히 상형의 특징을 알아볼 수 있다고 하지만, 서체가 벌써 기본적으로 변화하여 상형의 외관은 사라져 버렸다. 서기 7세기 이래로 인쇄의 광범위한 응용은 정자正字의 기능을 받아들이게 되어, 자형으로 하여금 변화를 적게 하면서 일정한 꼴을 갖도록 하였다. 아래에 본서의 자형변화표에서 나열한 몇 가지 중요한 서체를 소개하기로 한다.(李孝定, 1974 : 371-92)

一. 갑골문(그림 1.7) : 상商나라 후기에 거북의 껍질이나 짐승의 뼈 위에 새겨놓은 점복占卜의 기록을 가리킨다. 갑골문의 중요성은 시대가 빠르고 수량이 많다는 데 있다. 대략 10만여 편 이상이 출토되었다. 이 계통의 문자는 대부분이 상형과 상의자이나 벌써 적지 않은 형성자가 있었으며, 이미 모든 조자법이 전부 갖추어졌다. 갑골문은 한자 자원字源의 탐색에 빼놓을 수 없는 재료이다. 동시에 이것은 상왕실의 점복 기록이기 때문에 상왕 개인과 국가를 다스릴 때 부딪히는 많은 문제를 포함하고 있으므로 진귀한 역사 자료가 된다. 이 시기의 자형구조는 의념意念의 표현에 중점을 두고 있어서 회화의 번간繁簡, 필획의 다과, 혹은 부위의 위치 등과 같은 세절細節에 구애받지 않았으므로 자형이 줄곧 변화하였다. 각사刻辭는 거의 다 칼로 새겨졌기 때문에 필획은 도세刀勢 조작의 영향을 받아 원형의 필획이 사각 혹은 다각으로 새겨지게 되었으므로 회화의 취미성이 적지 않게 감소되었다.

二. 금문(그림 1.8) : 시대는 약 기원전 11세기에서 진秦이 중국을 통일한 기원전

3세기에 이른다. 그것은 청동기에 주조된 명문銘文이므로 금문金文이라고 부른다. 이 시기의 문자는 또한 무기·새인璽印·화폐·도기·간독簡牘과 포백布帛에서도 나타나고 있다. 청동기는 의례儀禮의 필요로 주조되었으므로, 기록된 내용도 영광된 사적이 장구히 전해지기를 바라고 있다. 그러므로 명문의 서사 공정은 필법이 군색한 곳이 없이 순탄하고 원활하며 미려하다. 어떤 자형은 그 이전의 갑골문에 비하여 더욱 회화성에 가까워 보인다. 동기 외의 문자는 주요 목적이 실용성에 있고 의례를 필요로 하지 않았으므로, 서사가 거칠고 필획이 생략되거나 잘못된 경우도 흔히 있었다. 이런 문자는 후세에 발전된 자형과의 관계가 일반적으로 동기상의 명문보다 소원하므로, 본서에 나열한 자형변화표에서는 이런 자형을 포함시키지 않았다. 이 시기는 지나온 시간이 긴데다 동기 주조공예는 각지에서 신속하게 발전되었으므로, 강렬한 지방색채를 띠게 되어 동기에 새겨진 서체 또한 다양화하였다. 그러나 이 기간의 자형 구조는 점차 일관되게 안배되었으므로 새로운 상형·상의자가 크게 감소되고 형성자가 크게 증가되었다.

三. 소전小篆(그림 1.9) : 서기 2세기에 재료를 모아 허신許愼이 편찬한《설문해자說文解字》란 책에 수록된 자형이다. 소전은 선진先秦 이래로 반영된 문자통일운동의 결과이다. 그 문자의 구조·필획·위치는 이미 대개 고정되었다. 대체적으로 이 뒤의 문자는 필세筆勢상으로는 변화하였으나 기본적인 틀은 변동이 적었다. 《설문》에 수록된 주요한 자형은 소전이며, 이체異體가 있을 때는 고문古文 혹은 주문籒文 등으로 밝혀주었다. 허신이 의거하여 편사編寫한 재료는 대개 전국 말기보다 빠르지 않다. 소전은 기본적으로 고문이나 주문과 다를 게 없었다. 만일 다를 때는 허신이 특별히 이를 밝혀놓았다. 열거한 고문이 갑골문·금문에서 변해 내려온 정규 자형과 다른 것은 지역성이나 혹은 와변訛變된 자형일 가능성이 있다. 주문은 구조가 복잡하나 전통적인 문자 조합 추세와 합치되어 소전과 한 근원에서 비롯되었을 것이다. 소전은 진나라에서 주문을 정리하고 간략하게 하여 각국의 자형을 통일한 후의 결과라고 말할 수 있다. 소전은 벌써 아주 많은 변화가 생겨난 뒤의 자형이라 이것에 의하여 자원을 탐색하기는 어렵다. 그러나 소전은 가장 잘 완비된 재료로 후세 서체가 의거한 조형祖型이다. 또한 고대문자를 식별할 수 있는 매개체이므로 중국 고문자를 연구하는 데 필수적인 지식이 된다.

四. 예서隸書(그림 1.10) : 예서는 소전서체를 빠르게 대강 써내려온 결과로 생겨났으며, 그 배태시기는 전국시대로 거슬러 올라갈 수 있다. 글씨를 빨리 쓰기 위하여 사람들은 소전의 둥글면서 평형을 이루고 전아한 필세를 간결하게 고쳤다. 이 서체는 많은 노예들을 관리하기 위하여 필요한 번잡한 문서작업에 사용하였으므로, 이를 이름하여 예서라고 하였다. 예서는 한대漢代에 성행하였다. 본서에 나열한 자형은 대부분 예서의 서체가 이미 확립된 동한東漢시대에서 취하였다. 그 간략화된 필세도 점점 일정한 규율을 갖추게 되어 소전에 근근히 남아있던 회화성이 파괴되게 되었다.

五. 해서楷書 : 오늘날 일반적으로 사용하는 서체이다. 해서는 예서를 정리하여 더욱 법칙성을 갖도록 하였으며, 쓰기 쉬운 몇 가지 필세를 사용하여 구성된 서체이다. 해서는 마침내 한자로 하여금 완전히 회화성을 벗어나 점과 획으로 조합된 추상적인 형체로 바꾸도록 하였다. 그 체는 한대에서부터 천천히 시작되었다가 수당隋唐 때에 이르러 그 필세가 완전히 자리잡게 되었다. 해서를 빨리 쓰는 서사방식은 다시 행서行書와 초서草書로 발전되었다. 그러나 행서와 초서의 필세는 획일화되기가 비교적 어렵고, 개인의 품격이 크게 돌출하여 판독하기가 쉽지 않다. 게다가 인쇄의 광범위한 유전은 다시 정자正字의 기능을 정착시키게 되어, 해서로 하여금 줄곧 후세에 통행된 서체가 되도록 하였다.

### 서사 공구──모필毛筆(그림 1.12)

중국문자는 두 가지 특징이 있다. 그것은 결구와 필세筆勢를 추구하는 서법으로 글을 쓰는 방향이 위에서 아래로 내려쓰고 좌에서 우로 쓴다. 그것은 모두 서사공구와 재료에 직접적인 관계가 있다. 중국인이 글을 쓰는 붓은 끝이 뾰족하고 연하다. 서법가들은 한 필획 한 필획의 굵기와 곡절을 조절하여 무궁한 조형과 변화를 나타낸다. 중국의 서법은 아름다운 외형과 그에 부여된 내재정신을 추구하므로 장기간의 연습과 일정한 천분이 있어야만 비로소 능숙한 정도에 이를 수 있다. 이로 인하여 서법은 아주 숭앙받는 예술형식의 하나가 되었다.

대다수의 사람들은 상대의 갑골문이 칼을 사용하여 뼈 위에 새긴 정복문자貞卜文字라는 것을 알고 있다. 그로 인하여 어떤 사람들은 상대 사람들이 칼로 글자를 새겨 기록했다는 오해를 하고 있다. 심지어는 진나라의 몽염蒙恬이 붓을 발명한 뒤에야 중국에서는 비로소 붓으로 글씨를 쓰게 되었다고 여기기도 한다. 그러나 우리는 상대 사람들이 이미 보편적으로 붓을 사용하여 글씨를 썼었다고 믿을 만한 상당한 이유를 갖고 있다.

필筆자의 초기 형태는 율聿자이다. 갑골문의 ✦(율, 聿)자는 한 손으로 붓의 필관筆管을 잡고 있는 모양이다. 필관은 대나무로 만들어졌기 때문에, 뒤에 와 율聿

위에 죽竹이란 의부를 더하여 🖌(필, 筆)자가 되었다. 먹물이 없을 때는 붓이 풀어지나, 먹물을 적시면 붓끝이 모아져 글씨를 쓰고 그림을 그릴 수 있게 된다. 갑골문의 🖌(서, 書)자는 손에 잡은 붓이 먹물병 위에 있는 모양이며, 젖은 먹물을 묻혀야 글씨를 쓸 수 있다는 뜻이다. 갑골문의 화畫 · 수繡 두 자 또한 붓으로써 뜻을 나타낸 것으로, 제8장에 보인다. 이것으로 상대에는 보편적으로 붓을 사용하였으므로, 붓으로 글씨를 쓰거나 그림을 그리는 일과 관계된 의미를 표현하였다는 사실을 알 수가 있다. 사실 B.C.4000여 년의 반파유적지의 도기 위에 그려진 채색 그림에서도 붓을 사용한 흔적을 충분히 살펴볼 수가 있다.(郭沫若, 1972 a : 1-2)

### 서사 재료──죽간竹簡(그림 1.13)

중국문자의 특징에 또 다른 영향을 준 것은 서사 재료이다. 흙 · 돌 · 천은 모두 그 위에 글을 쓸 수가 있다. 그러나 전해 내려온 자형으로 판단해 보면 상나라 사람들이 글자를 썼던 주요한 재료는 죽간이다.(錢存訓, 文書 : 90, 174-75) 그러나 대나무는 쉽게 썩어버리기 때문에 지하에 보존되기 어려워 그 흔적을 찾아보기가 쉽지 않다. 위에서 말한 《상서》에서 은나라 선조에게는 전典과 책册이 있었다고 하였다. 전典과 책册은 모두 죽간을 모아 이루어진 서책이다. 갑골문의 🌿(책, 册)자는 길이가 서로 다른 많은 죽간을 끈으로 함께 묶어서 만들어진 서책의 모양이다. 🌿(전, 典)자는 일상적인 기록이 아니라 중요한 전적을 표시하는 데 사용되었으므로 공손히 두 손으로 받들어 올리는 모양을 본뜨고 있다. 죽간에 먹물이 묻으면 씻어도 지워지지 않았다. 만일 글자를 틀리게 썼으면 칼로 그 자를 깎아내 버리고 다시 쓸 수밖에 없었다. 그러므로 🌿(산, 刪)이란 자는 도刀가 책册 옆에 있어 깎아낸다는 뜻을 표현해내고 있다. 종이가 아직 보급되기 전에 서도書刀는 문사들이 몸에 휴대하고 다녀야 하는 필수적인 문구류였다. 그래서 동주東周 시기의 묘지에서는 흔히 서도가 서사 공구와 함께 출토되곤 하였다.(孝感考訓班 1976 : 6 ; 湖南 文管 1957 : 96)(그림 1.11) 어떤 사람들은 그 용도를 이해하지 못하고 그 칼이 글자를 새길 때 쓰였다고 오해하기도 하였다.

대나무는 오늘날 화북華北에서는 흔히 볼 수 있는 식물이 아니다. 그러나 지금부터 3천 년 이전의 몇천 년간은 화북지방의 기후가 지금보다 온난하고 습윤하였으므로, 대나무가 생장하기에 별로 어려움이 없었다. 대나무를 서사 재료로 쓰면 가격이 저렴하고 제작이 쉽다는 두 가지 좋은 점이 있다. 대나무를 길게 쪼개어 약간 가공하기만 하면 글씨를 쓸 수 있는 평탄한 표면을 얻을 수 있다.(錢存訓, 文書 : 104)

다만 좁은 표면 위에 글씨를 썼으므로 위에서 아래로 내려쓰는 종서가 좌우로 쓰는 횡서보다 훨씬 편했다. 오른손으로 글씨를 쓰고 왼손으로 댓조각을 잡아야 했으므로, 글씨를 다 쓰고 난 뒤에는 우에서 좌로 하나하나 배열하는 게 쉬웠다. 그러므로 아래에서 위로, 우에서 좌로 써나가는 방법이 중국 특유의 서사 습관이 되었다.

수정한 뒤의 댓조각은 넓이에 제한이 있었으므로, 문자도 가로로 넓어지면 쓰기가 편하지 않았다. 이로 인하여 문자의 구조도 자연히 좁고 긴 방향으로 발전하게 되어, 부득불 옆으로 넓게 그려진 동물들은 머리를 위로 하고 네 발은 공중에, 꼬리는 아래로 내려 그리게 되었으니, 마馬・상象과 같은 글자들이 모두 이와같다. 이런 사실로부터 우리는 상대에 가장 보편화된 서사 재료는 죽간이며, 목독木牘 등과 같이 넓은 표면을 가진 것이 아니라는 사실을 추단할 수 있다.(그림 1.14) 뒤에 와서 종이가 발명되었다고는 하지만 죽간의 넓이에 제한을 받아왔던 오랜 전통 때문에 자형의 구조 또한 시종 좁고 긴 방향으로 발전하게 되었다.

### 종이의 발명

종이는 중국이 세계에 커다란 영향을 끼친 사대 발명 중의 하나이다. 죽간을 사용하여 글씨를 쓰면 아주 거칠고 무거워 휴대하기에 불편하였다. 만일 천과 비단을 쓴다면 가격이 너무나 비쌌다. 어떤 사람들은 낡은 솜을 이용한 얇은 종이조각을 쓰기도 하였다.(陳槃, 1954 : 257-64) 그러나 생산량이 아주 적어 널리 쓰일 수는 없었다. 고고학의 발굴로 서한시대에 이미 식물섬유를 이용하여 만들어진 원시적인 마지麻紙가 쓰였다는 것이 발견되었다. 다만 아주 조잡하여 글을 쓰기에는 쉽지 않았다.(王菊華, 1980 : 78-85) 《후한서後漢書》환관열전에는 서기 105년 채륜蔡倫이 그의 새로운 제지법을 상주한 사실을 기록하고 있다. 그것은 채륜이전 사람들의 방법을 토대로 다시 개량하여 나무 껍질・마・해진 천・해진 그물들의 값싼 식물성 섬유로써 가격이 싸고 품질이 우수한 새 종이를 만든 것이다. 이것은 글 쓰기가 쉽고 대량으로 염가의 종이를 제조할 수가 있어서, 문학 창작과 전승에 급속한 발전을 가져오게 되었다. 오늘날 충분한 교육의 보급은 염가의 종이 제조가 그 중 중요한 요소의 하나라고 말할 수 있다.

| 商 甲骨文 | 周 金文 | 秦 小篆 | 漢 隸書 | 現代 楷書 |
|---|---|---|---|---|
| | | | | 人<br>서있는 사람의 옆모습을 본뜨고 있다. |
| | | | | 木<br>나무의 모양. |
| | | | | 休<br>사람이 나무에 기대어 쉬고 있는 모양을 그리고 있다. |
| | | | | 林<br>수목이 총총하게 자라는 곳을 나타내고 있다. |
| | | | | 大<br>성인의 몸으로 크다는 뜻을 나타낸다. |

| 商 甲骨文 | 周 金文 | 秦 小篆 | 漢 隸書 | 現代 楷書 |
|---|---|---|---|---|
| | | | | 刀 |
| | | | | 칼의 모양. |
| | | | | 刃 |
| | | | | 칼에서 날이 있는 부위를 가리키고 있다. |
| | | | | 水 |
| | | | | 강물이 흐르는 모양. |
| | | | 眉 | 眉 |
| | | | | 눈 위의 눈썹 모양을 그리고 있다. |
| | | | 湄 | 湄 |
| | | | | 의부 수水에다 성부 미眉를 더한 형성자. |

| 商 甲骨文 | 周 金文 | 秦 小篆 | 漢 隷書 | 現代 楷書 |
|---|---|---|---|---|
| | | | | 冓<br><br>두 나무가 서로 이어지는 곳을 끈으로 동여맨 형상을 그리고 있다. |
| | | | | 遘<br><br>의부 길[道]에다 성부 구冓를 더한 형성자. |
| | | | | 祘<br><br>횡망橫網에 끈으로 매듭을 지어 일을 기록하거나 계산을 한다는 뜻을 나타내고 있다. |
| | | | | 聿<br><br>손에 모필毛筆을 잡고 있는 형상을 그리고 있다. |
| | | | | 書<br><br>손에 붓을 들고 병 안에 들어있는 먹물을 찍어 글씨를 쓰려는 모양을 본뜨고 있다. |

| 商 甲骨文 | 周 金文 | 秦 小篆 | 漢 隸書 | 現代 楷書 |
|---|---|---|---|---|
| (甲骨文 forms) | (金文 forms) | (小篆 form) | 冊 | 冊<br><br>크기가 일정하지 않은 죽간竹簡을 엮어 만든 책의 형상. |
| (甲骨文 forms) | (金文 forms) | (小篆 form) | 典 典<br>典 典<br>典 典 | 典<br><br>두 손으로 중요한 전책典冊을 공손하게 받들고 있는 형상을 그리고 있다. |
|  |  | (小篆 form) | 刪 | 刪<br><br>칼로 책冊 위의 틀린 글자를 깎아낸다는 뜻을 나타내고 있다. |

그림 1.1 서안 반파에서 출토한 앙소문화 채도상의
각획부호刻劃符號

그림 1.2 청해淸海 악도樂都에서 출토된 마창
문화馬廠文化 도기상의 각획부호

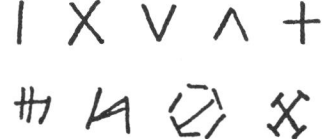

그림 1.3 동해안 양저문화良渚文化 도기상의
각획부호

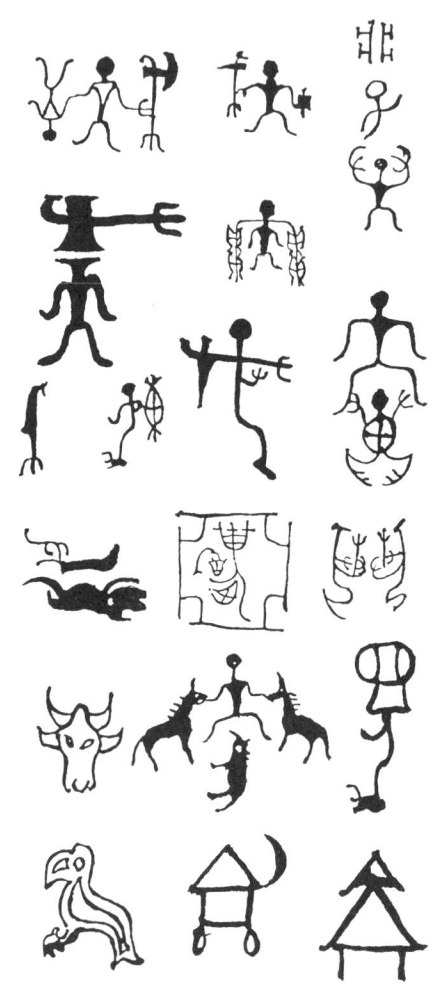

그림 1.4 상주 청동기 명문 중 도형계층의 족휘族徽

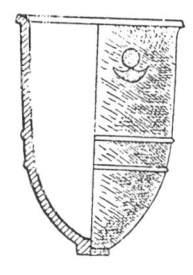
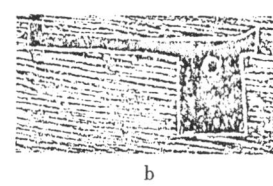
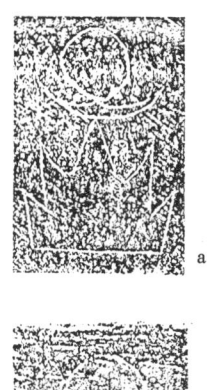
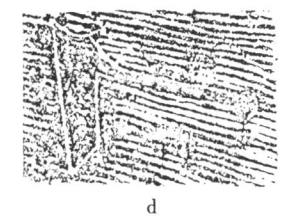

그림 1.5 산동 거현莒縣의 화청기花廳期 도기상에 각획된 부호

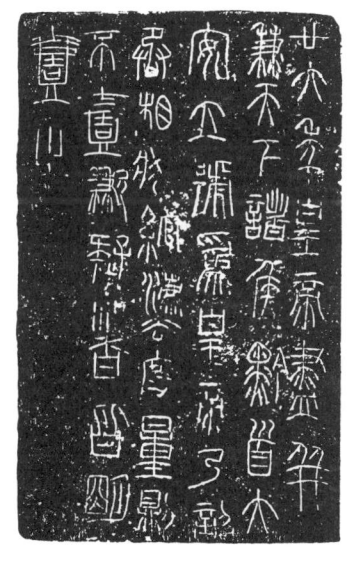

그림 1.6 만상晚商의 갑골 문(明義士 340)

그림 1.7 서주 조기의 금문

그림 1.8 진秦 소판詔版상의 소전小篆

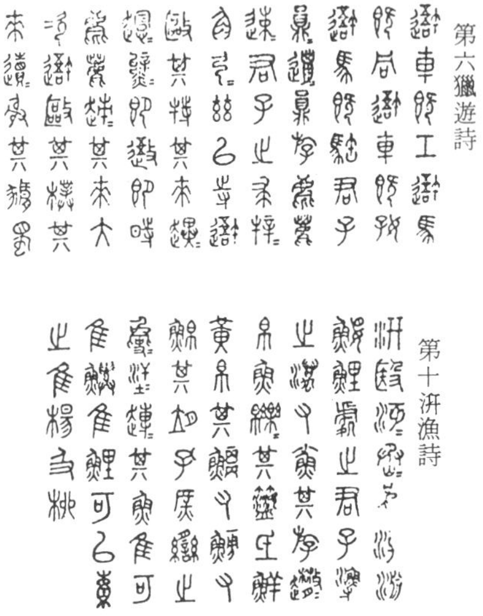

그림 1.9 춘추시기 진秦의 석고문石鼓文

그림 1.10 한대의 예서隷書

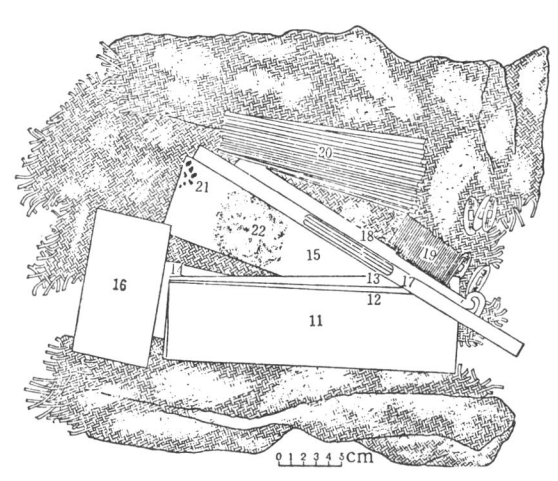

그림 1.11 한묘漢墓 중의 서사공구: 목독木牘·모필毛筆·삭도削刀·죽절竹節과 먹

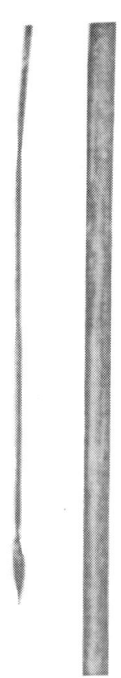

그림 1.12 전국 묘장 중의 모필

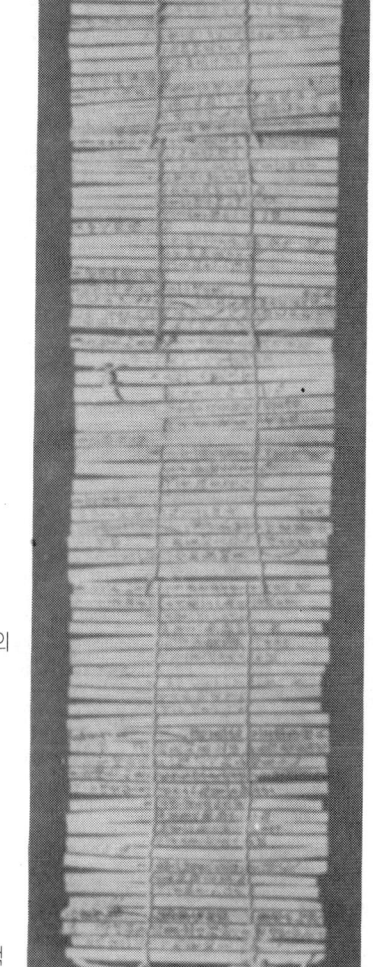

그림 1.13 한대의 죽간책

그림 1.14 동한 조기의 목독

제 2 장

## 중국 고대사의 전통

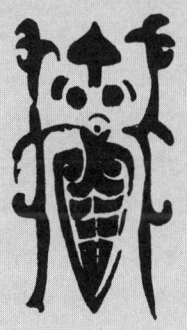

## 서 론

중국인은 자기 선조의 사적에 대하여 특별한 사랑과 긍지를 갖고 있다. 자신의 견해를 발표하면서도 흔히 옛 사례를 인용하여 증명을 삼고 있으며, 오래된 사례일수록 설득력을 갖고 있다고 여긴다. 이로 인하여 역사는 갈수록 점점 더 빨라지게 되고, 수많은 기물의 발명과 제도의 창조시대 또한 점점 더 앞으로 거슬러 올라가게 되었다. 이렇게 고대사의 사적을 날조해내었다는 사실은 지금 모든 사람들이 알고 있다. 이로 말미암아 중국의 고대문명을 연구하는 사람은 이런 부실한 현상을 소홀히 할 수가 없다.

다만 그것은 후세에 와서야 알게 된 꽤 상세한 고대사적들 모두가 날조된 것이라는 말은 아니다. 사람들이 문자를 사용하여 역사를 기록하기 전에는 선조의 사적이 전설의 형식으로 입에서 입을 통하여 전해져 내려오게 되었다. 인류가 활동했던 역사가 아주 길기 때문에 사람들은 모든 일을 전부 다 상세하고 완전하게 기억할 수는 없었다. 그러므로 자연히 자신들과 관계가 밀접한 사적은 기억하게 되었으나, 관계가 소원한 일은 점차 잊어버리게 되었다. 이처럼 오랫동안 전승되어 내려오게 되자, 한 가지 사건의 진상 자체가 부족部族에 따라 생략되기도 하고 상세히 전해 내려오기도 하였다. 그뿐만 아니라 연대·지역·이름의 이해에도 분기分岐가 생기고 뒤죽박죽 뒤섞이게 되었다.(屈萬里, 1976 : 76-79) 이런 사적이나 전설은 기록되어 전해진 시간에도 선후가 있고, 기록에 사용된 기교에도 우열이 있었다. 후대 사람들은 이런 자료들을 널리 모으고 종합하여 비교할 수 있었으므로, 더욱 상세한 고대역사를 알 수 있게 되었다. 예를 들면 한대漢代에는 복희伏義·여와女媧 남매와 혼인제도의 창립 사이의 관계에 대해서는 거의 알지 못하였다. 그러나 20세기에 와서야 비로소 기록이 된 대만 고산족高山族의 창세신화는 도리어 인류창조의 신화와 혼례에 사용한 사슴 가죽 사이의 연원을 밝히고 있다.(13장의 토론 참조) 다만 근거가 있는 전설과 순수하게 날조된 이야기를 분간해내려고 한다면, 전문가들이 다방면으로 자료를 수집하여 계통적으로 비교하고 연구하기를 기다려야 할 것이다.

### 역사의 세 단계

전국시대의 백가쟁명百家爭鳴 이후에 중국의 전통적인 역사는 항상 삼황오제三皇

五帝에서 시작되었다. 문명진화의 역사과정을 의인화하여 모든 고대사회를 제왕들이 연면히 끊이지 않고 계승하여 내려왔다는 전통으로 구상하였다. 천지개벽의 반고씨盤古氏에서 시작하여, 나무 위에 집을 짓고 살던 시대의 유소씨有巢氏, 나무를 비벼 불을 구했던 시대의 수인씨燧人氏, 그물로 물고기와 짐승을 잡던 시대의 복희씨伏羲氏, 곡물을 심었던 시대의 신농씨神農氏, 제국을 창건하였던 황제黃帝 유웅씨有熊氏 및 이후 차례대로 계승되어온 제왕의 역사과정은 세 단계로 나눌 수 있다. 그리고 한 단계마다 한 글자로 그 시대의 특징을 대표할 수가 있다. 제1단계는 전설적인 성인이 물건을 발명했던 시대이며 성聖자로 표시한다. 제2단계는 전설적인 제왕이 제도를 창건한 시대이며 황黃자로 표시한다. 제3단계는 왕조를 건립한 역사시대이며 왕王자로 표시한다.

**성인이 물건을 발명했던 시대——성聖**

인류가 몽매한 원시사회에서 조직적인 문명사회로 진보한 것은 무수한 사람들의 노력과 경험이 점차 누적되어 발전해온 결과이다. 그러나 그 중 어떤 사람은 일반인보다 지혜가 뛰어나 발명의 단서를 만들고 문명을 더한층 끌어올릴 수 있었다. 특별히 공헌을 한 사람들은 후세에 그를 성인으로 간주하였다. 갑골문의 ᄇ𝑅 (성, 聖)자는 큰 귀를 가진 사람이 입 옆에 있는 모양이다. 이 사람은 청력이 예민하여 입에서 나오는 소리를 잘 들을 수 있다는 것을 표시한다. 초기에 이 사람이 귀를 기울여 듣는 소리는 야수의 발자국 소리였을 것이다. 그러나 좀더 진화된 시대에 오면 신의 지시일 가능성이 있다.

수렵으로 생계를 유지하였거나 혹은 야수가 출몰하던 시대에 예민한 청력은 생명을 보호할 수 있을 뿐만 아니라, 사냥으로 식량을 얻을 수 있는 아주 중요한 기능을 갖추고 있었다. 야수가 출몰하는 지점이나 시기를 정찰할 수 있으면, 자연히 수렵의 효과를 증가시킬 수가 있어서 동료들의 신뢰와 존경을 받을 수가 있었으며, 사람들이 믿고 따르는 영도자가 될 수 있었다.(Pearson, 인류학의 소개 : 216) 도처에 풀 수 없던 신비로 가득찼던 시대에서는 신의 무형의 지시를 들을 수 있고, 신과 통할 수 있으면 흉험한 일을 피하고 길한 쪽으로 나갈 수 있는 지시를 받을 수가 있었다. 그런 사람은 자연히 모든 사람들의 전적인 신뢰를 얻어 영도자로 뽑히게 되었다.(Pearson, 인류학의 소개 : 231) 그러므로 성聖자의 초의初義는 평범한 사람을 훨씬 뛰어넘는 사람이다. 이런 의미가 점차 확대되어 사회를 복되게 만들어 줄 수 있는 사람 모두를 성인이라고 하였다.

고대사 첫단계의 영웅적인 인물은 모두 기물을 창조한 사람이다. 《고공기考工記》에 『지혜로운 사람은 물건을 창조하고, 재주있는 사람은 이를 기술하고 지키니, 세상에서는 그를 공공(장인)이라 말한다. 모든 공업의 일은 전부 성인께서 만드신 것이다. 쇠를 녹이면 칼이 되고, 흙을 뭉쳐 그릇이 되었으며, 수레를 만들어 땅 위를 달리고, 배를 만들어 물 위를 달리니 이 모든 일은 성인께서 하신 것이다 知者創物, 巧者述之·守之, 世謂之工. 百工之事, 皆聖人之作也. 鑠金以爲刃, 凝土以爲器, 作車以行陸, 作舟以行水, 此皆聖人之所作也』라고 하였다. 이런 성인들께서 차례로 사람들의 생활을 개선할 수 있는 노동방법과 기물을 발명하여, 이후 국가조직을 세우기 위해서는 필수적인 물질적 기초를 세웠다. 그러나 그들은 여전히 정치시설에 필요한 갖가지 인위적인 제도는 알지 못하였다. 이로 말미암아 많은 전설 속에서 이런 조기의 성인들은 반인반수半人半獸의 신물神物로 묘사되고 있거나, 문명의 산물인 의관을 입지 않고 있으므로 그들이 여전히 야만의 시대에 있었다는 것을 표시해 주고 있다. 왕연수王延壽의 《노영광전부魯靈光殿賦》에는 『인황人皇은 머리가 아홉이고, 복희伏羲는 몸에 비늘이 나있으며, 여와女媧는 뱀의 몸이었다…… 황제黃帝와 당우唐虞는 수레와 면류관을 쓰고 의복이 달랐다 人皇九頭, 伏羲鱗身, 女媧蛇軀…… 黃帝唐虞, 軒冕以庸, 衣裳有殊』고 하였다.

성인이란 본래 중국인이 인류의 물질문명에 아주 크게 공헌한 사람을 부른 칭호이다. 그들은 모두 사람들의 존경을 받았던 영웅적인 영도자였다. 위에 기술한 유소씨·수인씨 등을 제외하고도 공자가 칭찬한 고래의 성인 요堯·순舜·우禹·탕湯·문文·무武·주공周公은 정치의 영도권을 가진 인물이었다. 단지 황제 이전의 성인들은 사람들의 존경을 받았으나 사람들을 명령하고 구속하는 힘이나 권위를 갖고 있지 않았다. 후인들은 공자가 중국문화의 발전에 깊은 영향을 끼쳤기 때문에, 그가 비록 왕자의 정치적 권위를 갖추지는 않았으나, 문화에는 영수와 같은 숭고한 지위를 갖고 있었으므로 그를 성인으로 간주하였다. 기물을 창조한 지자智者나 정치조직의 패자라고 하여 모두 성자로 여겨진 것은 아니다. 고대사의 첫단계는 개인의 천부성을 강조한 시대이다.

### 제왕의 창제시대—황黃

역사의 제2단계는 황제와 그 뒤를 계승한 제왕으로 오제五帝의 시대를 대표로 한다. 이 시대의 사람들은 전설 속의 황제처럼 계속 기물을 창조하였다. 그러나 더욱 중요한 것은 창조를 하면서도 사회를 규제하는 각종 인위적인 제도와 시설을 강화하였다는 점이다. 전해지는 말로는 이 시대에 벌써 제국의 성질을 갖추었으며, 각종 사무를 관리하는 관원을 두었고 아울러 다른 나라의 공물을 받았다고 한다. 그러므로 이 시대의 영웅적인 인물은 더이상 신괴함이나 야만적인 성격을 구비하지 않았으며 문명의 산물인 의관을 입었다. 그러나 지금 고고학적인 증거에 근거하면, B.C.2700년의 황제시대에 중앙에서 호령을 하는 국가형식의 정치조직을 갖추었는지 여부는 여전히 회의적이다. 그러므로 단지 전설적인 제왕시대라고 말할 수 있다. 한대漢代의 역사학자인 반고班固의《백호통白虎通》에『황제는 처음으로 사회의 제도를 만들었으며, 전욱顓頊은 신과 인간 사이의 관계를 바르게 하였다. 제곡帝嚳은 도덕을 궁극에 이르도록 하였다. 요堯는 청묘하고 고원하며 한가로우면서도 넓었다. 순舜은 요의 가르침을 진실하게 받아들여 이를 실행하였다 黃帝始作制度. 顓頊能正天人之道. 帝嚳窮極道德. 堯則清妙高遠, 優游博衍. 舜則能推信堯道而行之』고 하여, 다시는 제1단계처럼 기물 창조의 능력을 강조하지 않았다.

전국시대의 사람들은 제2단계에서 최고의 정치 지도자를 제帝라고 칭하였다. 상대商代에서의 제帝는 지고무상의 신이었다. 후인들이 이 지상신의 칭호에다 인간 최고의 권위자를 덧붙인 동기는 어렵지 않게 이해할 수 있다. 제帝자는 어떤 사물에 의하여 만들어지게 되었는가? 어떤 사람은 갑골문의 ✸(제, 帝)자는 체蒂의 초형初形으로 꽃받침과 꽃대가 서로 이어진 꽃의 형상을 본떴다고 하였다. 혹은 나무 시렁 위에다 여자의 생식기를 올려놓고 숭배한 모습이라고도 여긴다. 꽃은 나무가 과일을 맺어 번식을 하는 근원이며, 여자는 인류 번식의 근원이다. 번식은 동식물의 생명을 이어주는 근본적인 방법으로 옛사람들이 숭배한 중요 대상이다. 그것은 신앙의 토템을 거쳐 지고한 상제로 변하였다가 다시 왕자로 변화되었을 가능성이 아주 높다.(李宗侗, 1969 : 32)

갑골문의 ✸(제, 帝)자는 ✖(부, 不)란 자형에 비해 조금 더 복잡하다. 이들은 같은 유형의 물건에서 본떴을 가능성이 농후하다. 부不자는 금문金文에서 비조자로 사용되었다. 비조는 비胚의 성부聲符 부분이다. 부不자는 팽배해진 꽃의 씨방부분의 상형일 수 있으므로 인신되어 크다는 유형의 뜻이 되었다.(杜學知, 1962 : 92-113) 전국시대 이래로 중국인은 스스로 화하민족華夏民族이라고 불렀다. 화華는 꽃나무 전체의 상형이다. 아마도 옛날 중국인들이 꽃을 토템으로 삼고 이를 숭배하여 민족의 최고신으로 삼았었기 때문에, 상나라 사람들은 그들의 최고신인 상제에다 그 이름을 붙였을지도 모른다. 황제는 제2단계의 첫번째 제왕이며 가장 저명한 왕이었다. 전설에는 그가 치우蚩尤와 탁록涿鹿에서 패권을 다툴 때 항시 꽃 모양의 구름이 머리 위에 모여 있었다고 한다.(繹史 : 3) 이것은 중국 초기의 신앙과 꽃이 얼마쯤 관계가 있다는 사실을 암시해 주고 있다.

제帝란 칭호 또한 당시 사람들에게 이미 조직적인 종교의 신앙체계가 있었다는 것을 반영해 주고 있다. 그러나 우리가 토론하려고 하는 것은 결코 뒤에 오면서 정치 인물의 호칭으로 쓰여진 제帝자가 아니다. 제2단계를 연 첫번째 인물은 4천7백 년 전 전설 속의 황제이다. 황黃자가 바로 우리가 깊이 탐구하고자 하는 자字이다. 황제는 중국인의 공동 조상으로 간주되며, 후세의 성씨는 거의 모두 그의 조정에서 그 연원을 찾을 수 있다.(張光直, 1962 : 73-74) 황제의 전설에 관해 특별히 상세하게 기술한 사마천司馬遷의 《사기史記》에는 그가 인위적 제도의 왕조를 시작하였다고 하였다. 그때 창설된 제도로 비교적 중요한 것의 의상·기旗와 모자·역법·법률·문자 등이다.(齊思和, 中國史 : 201-17) 처음으로 제왕의 의관을 걸친 인물이 왜 황제로 불리게 되었는지 살펴보는 일은 흥미있는 문제이다. 갑골문의 黃(황, 黃)자의 본의는 황璜으로 한 조를 이룬 패옥의 모양을 본뜨고 있다. 중간의 주체는 옥고리이고, 옥고리 아래에는 장식으로 내려뜨린 형아衡牙와 쌍황雙璜이 있다.(그림 2.1-2) 상주시대에는 본의 외에도 황이 색을 나타내는 의미로 차용되었다. 그렇다면 후인들이 황제라 이름한 것은 패옥의 황璜인가 아니면 색깔의 황黃인가? 또 왜 그렇게 이름하였을까?

역사 이래로 황제의 이름은 황색에서 근원한다고 여겨왔다. 서주 사람들은 우주가 목木·화火·토土·금金·수水의 다섯 가지 물질로 구성되었다고 상상하였다. 전국시대 말기에 이르자, 이 다섯 가지 물질에 동·남·중앙·서·북의 다섯 방향과 청·적·황·백·흑의 다섯 가지 색, 춘·맹하孟夏·계하季夏·추·동의 사계와 배합하여, 그들이 아주 질서있게 운행하면서 인간 세상의 정치 변혁에 영향을 준다고 여기게 되었다.(李漢三, 五行 : 47-51) 서주 초 《주역周易》의 곤괘坤卦 육오六五에 『황상원길黃裳元吉』이란 구절이 있다. 이 말은 본래 패옥이 장식된 옷이었으나, 황색의 옷은 크게 길하고 이로운 상징이 된다는 뜻으로 잘못 해석되게 되었다. 황黃은 흙과 중앙에 배합된다고 여겼다. 황은 가장 고귀한 색이고 흙은 식물을 자라게 하는 귀중한 물질이며 중앙은 사방을 제어하기에 가장 적합한 위치이다. 황제가 이미 오제五帝 중에서 가장 위대하니 당연히 중앙에 자리하여 황색 옷을 입어야 한다. 이로 말미암아 옛사람들은 황이란 색에 의미를 두고 역사상 첫번째 제왕의 이름을 지었다.

그러나 황제란 이름은 제齊나라의 고조高祖가 되어 B.C.357년경의 동기 명문에 나타나고 있다.(郭沫若, 金文 : 219) 그 시대는 토土와 중앙 및 황색이 서로 배합된 오덕상승학설五德相勝學說보다도 빠르다. 그러므로 황제라 이름하게 된 것은 토덕土德의 운 때문이 아니다. 상주 이전에 황색을 숭상했다는 현상을 찾아볼 수는 없다. 신석기 이래로 중국인은 보편적으로 선명한 홍색과 흑색을 좋아하였으며 이것으로 존귀한 사람의 장식을 했다.(熊谷治, 1981 : 17-29; 黃然偉, 賞賜 : 169) 전국시대 사람들은 대개 주대에 적색을 숭상한 사실에 근거하여, 오행의 상생상승의 새로운 이론에 응용하였다. 그리고 이것을 황제의 이름에다 덧붙여 상고시대 각 조대朝代에서 숭상한 색을 추산해내었으며, 황제라 이름하게 된 것은 토덕을 얻었고 황색을 숭상했기 때문이라는 부정확한 결론을 내리게 되었다. 이것은 고대의 실제 상황과 합치되지 않는다.

이미 황제란 이름이 색과 관계없다고 하였으니, 황패璜佩의 제도와는 관계가 있을까? 황제의 전설은 전대의 제왕과 크게 다른 점이 있다. 그것은 바로 황제가 의복에 대한 규정을 강조하고 있다는 것이다. 지하에서 출토된 고고자료는 사람들이 옷감을 사용한 연대가 전설의 황제시대보다 훨씬 빠르다는 것을 분명하게 밝혀 주고 있다. 그러나 중점은 후세 사람들의 마음 속에 황제시대는 옷감을 마름질하고 옷을 지어서 몸을 가렸을 뿐만 아니라, 서로 다른 형식의 의복으로 계급을 구분하도록 규정하였다는 사실에 있다. 옛날 의복은 띠를 허리에 둘렀으며, 패옥은 띠에 장식으로 찬 물건이었다. 황제는 의복제도를 창시함과 동시에 황패璜佩로 계급을 표시하였다. 더욱이 전설의 황제시대는 대략 같은 시기의 용산시대龍山時代 초기와 같으며, 패佩의 주요한 부속품인 옥황玉璜 또한 이때 비로소 나타나기 시작하였다.(林巳奈夫, 1969 : 224-31) 옥은 구하기 어려운 귀중한 물건이고, 패대佩帶를 이루고 있는 황패璜佩는 허리춤에서 노동을 방해하므로 한가한 귀족들만이 착용할 수 있는 장식이었다(그림 2.2) 흔치 않은 장식으로는 짐승 가죽·조개 장식·이빨을 꿴 것·깃털 장식 같은 것이 띠를 찬 사람의 사회적 지위를 상징하고 있으며, 이것은 각민족마다 흔히 볼 수 있는 습관이다.(Pearson, 인류학의 소개 : 233) 용산시대의 사회는 바야흐로 계급의 분화에서 발전되어 계급이 확립되는 시기였다.(嚴文明, 1981 : 41-48; 黎家芳, 1979 : 56-62) 이 시대는 황제시대 사회배경과도 같았다.

어떤 사람은 패옥이 허리춤에다 휴대하던 공구나 무기에서 왔다고도 여긴다. (林巳奈夫, 1969 : 292-93; Hansford, 중국의 옥 : 70)《후한서後漢書》와《포박자抱朴子》는 모두 패옥이 평화시의 귀중한 복식이며, 의대는 전쟁이나 노동에 방해가 된다고 하였다. 이와같이 불편함에도 불구하고 사람들이 그것을 착용한 데는 필시 중대한 목적이 있었을 것이다. 아마도 그 주요한 목적은 사람들에게 전쟁을 하지 않으며 한가롭다는 두 가지 목적을 보이는 데 있을 것이다. 《사기史記》 주본기周本紀에는 주 무왕武王이 상商을 멸한 뒤에 소와 말을 흩어 버리고, 무기를 거두어 간직하도록 하였던 조치를 기록하고 있다. 그 마음씀은 천하의 백성들에게 다시는 전쟁을 일으키지 않겠다는 표시를 하는 데 있다. 대국大局이 안정된 뒤에 이런 거동을 하는 것은 아주 중요한 정치기교이다. 적어도 후세 사람들의 마음 속에서 인자한 군왕은 응당 이런 조치를 취하였다. 황제는 염제炎帝와 세 차례 싸우고 난 뒤에 다시 치우를 잡아 죽이므로 중국의 공주共主가 되었다. 《공자가어孔子家語》에 『황제는 염제와 싸워 그를 이기고 나서 처음으로 옷을 길게 늘어뜨려 입고 보불黼黻을 수놓았다 黃帝與炎帝戰, 克之, 始垂衣裳作黼黻』고 하였다. 즉 전쟁에 불편한 긴 의상과 등급을 표시하는 자수의 창제는 그 시기가 전후 태평한 시대라는 사실을 강조하는 데 있다. 그러므로 패옥을 띠에 장식한 것은 비전사상非戰思想과 직접적인 관계가 있다. 황제란 이름은 그가 황패璜佩를 만들어 계급을 구분한 제도에서 비롯되었다는 것이, 황색에서 비롯되었다는 후대의 사상보다 훨씬 합리적이며, 게다가 그때가 계급이 분화된 시대였다는 특색을 충분히 표현해 주고 있다.

**왕조를 건립한 역사시대 —— 왕王**

중국 고대사의 제3단계는 이미 계급이 확립되고 국가가 제도화되어 개인의 사회에 대한 의무가 강화되었으며, 아울러 문자기록이 있어서 이미 역사시대로 접어들었다. 이 단계의 성숙기는 하상주夏商周 삼대의 왕조로 대표할 수가 있다.(張光直, 1978 b : 303) 이 시기에 정치상으로 최고의 권력을 장악한 사람을 왕이라 부른다. 지금 볼 수 있는 자료로는 왕이란 명칭이 상나라 사람들에 의하여 제일 먼저 사용되었으나, 그것은 하대에서 이어졌을 가능성이 높다. 왕권은 비록 아주 추상적인 개념이지만 도리어 하나의 조직적 사회나 국가에서는 필수적으로 있어야 하는 것이다.(Vivelo, 인류학 : 62) 사람들은 반드시 문자를 사용하여 그 권위나 지위를 표현해 낼 수 있는 방법을 생각해내어야 했다. 이와같은 추상적 개념은 음을 빌려 쓰거나 왕권과 관련된 사물로 표현해야 했다. 왕王자의 창조는 어떤 사물로 표현되었을까? 이것은 그 시기의 사회구조와 관련된 것이 아닐까?

왕의 갑골문 자형은 大 혹은 王으로, 너무 간략하여 그 자의 창조 의미를 살펴보기가 매우 어렵다. 이 자는 화염의 모양·수컷의 성기 모양·도끼 모양·군왕이 단정히 앉은 모양, 혹은 면류관의 모양을 본떴다고 주장하며, 이들 모두 왕의 권위와 어떤 관계를 맺고 있다. 자형과 자의가 서로 비슷한 자와 비교해 보아도 어떤 종류의 설이 비교적 왕자의 창의에 가까운지는 확정하기가 아주 어렵다. 갑골문의 ☒(황, 皇)자는 자형字形・자의字義・자음字音이 모두 왕과 가까워 비교 연구하기에 편하다. 황皇자는 휘황한 등불, 왕이 쓰고 있는 면류관, 혹은 면류관의 모양이라고 여기고 있다. ☒(변, 弁)자의 소전小篆에는 세 가지 형이 있다. 제1형은 사람이 관을 쓴 모양이며 관 위에는 세 가닥의 장식이 솟아나 있다. 갑골의 ☒와 금문의 ☒은 이 형의 전신일 가능성이 있다. 제2형, 제3형은 두 손으로 위가 삼각형이거나 혹은 둥근 모자를 받쳐들고 있는 모양이다.(☒과 ☒) 황皇자를 이 자와 비교해 보면, 황皇자는 변弁자에서 사람이 쓰고 있는 세 가닥의 장식이 솟아 있는 모자 모양이다. 금문에 있는 황皇자의 자형 중 하나는 사람이 관을 쓰고 있는 모양이며, 관 또한 삼각형으로 되어 있다.(李孝定, 詁林附錄 : 2504)

만상晩商의 골판骨板 위에 새겨진 도안은 황皇자가 도대체 어떤 모양의 모자였는지에 대한 우리들의 이해를 도와줄 수가 있다. 뼈 위에 새겨진 도안은 모자를 쓴 신 혹은 귀족이다. 그 모자 장식에는 둥글게 굽은 뿔 모양의 물건이 있고, 모자 정중앙에는 깃털이 하나 꽂혀 있다. 깃 위에는 공작 눈의 무늬와 깃 끝이 세 갈래로 갈라져 있다.(그림 2, 3) 바로 황자가 표시하고 있는 형상이다. 황皇자 아래의 삼각형 부분은 머리가 들어가는 모자의 본체이고, 한 획은 굽은 뿔 모양의 장식이며, 세 갈래로 갈라진 둥근 원은 공작 깃의 꼬리 부분을 특별히 그린 것이다. 황자는 깃털 장식에 중점을 두고 있으므로 고서 속의 황자는 오색 깃으로 장식한 모자나 무구舞具로 사용되었다. 황의 본의는 깃털로 장식한 아름다운 물건이므로 동기의 명문에서는 인신되어 위대한・장대한・아름다운・숭고한・존엄한・한가한・휘황한 등의 형용사가 되었다.(郭沫若, 1962 : 6-7) 왕王자는 바로 황皇자 하반부의 머리가 들어가는 모자의 본체이나 단지 장식이 간단할 뿐이다. 아주 흥미있는 사실은 수메르인의 설형문자에 나타난 군왕 또한 갑골문의 왕王자와 같은 모양이다. (Diringer, 字母 : 삽도 1.3)

갑골의 ☒(령, 令)자에서도 왕자가 면류관의 상형임을 살펴볼 수가 있다. 령자는 꿇어앉은 한 사람이 머리에 삼각형의 물건을 쓰고 있다. 이 삼각형은 황(☒)・왕(☒)자의 하반부이나 더욱 소박하고 무늬가 없는 모자이다. 령令은 바로 모자를 쓴 사람에서 뜻을 취하여 만들어진 자이다. 오늘날 중국 사람들은 카드놀이의 에이스를 〈모자〉라고 부르는데, 바로 A의 모양과 모자가 닮았다고 여기기 때문이다. 북경지구의 사람은 또『모자를 썼다 蓋帽兒』는 말로 아주 뛰어나다는 의미를 표시한다. 고금의 중국인들이 약속이나 한 듯이 삼각형을 모자의 형상이라 여기고 이를 권위 혹은 위대하다는 개념을 표현하는 데 쓰고 있으니(Hoebel, 인류학 : 334), 참으로 교묘한 합치이다. 금문의 ☒(주, 胄)자는 머리 위에 쓴 투구 모양을 본떴다. 이 자의 머리 부위(☒)는 눈(☒)을 사용하여 표시하고 있으니, 이런 투구는 얼굴을 전부 가리고 단지 눈만을 내놓았을 수가 있다. 만일 머리를 뒤집어씌운 주胄자의 아랫부분을 연결하면 삼각형이 되어 왕자의 하반부와 같다. 그러므로 왕王자가 모자의 상형이라는 것은 문제가 되지 않는다.

상대 이전의 것으로 사람의 형상을 본뜬 문물이 거의 전해 내려오지 않아서 당시의 군왕이 왕王자와 같은 면류관을 썼는지 여부를 추측하기는 어렵다. 다만 한대의 화상석畵象石에 하夏의 우왕禹王이 삼각형의 모자를 쓴 형상이 있다.(王德慶, 1957 : 도판 16) 화상석에는 동왕공東王公과 서왕모西王母가 쓰고 있는 세 가지의 모자 모양이 있는데(☒, ☒, ☒) 기본적으로 위가 좁고 아래가 넓어 왕王자의 형태와 일치한다. 특히 그 중의 일식一式(그림 2.4)은 횡간 위의 옥승장식玉勝裝飾을 빼면 갑골문의 왕王자와 구별이 없다. 그리고 옥승 옆에『옥승왕자玉勝王者』란 명문이 있으니, 한대 사람들은 그것이 왕자가 입고 쓴 복식이라고 여겼음이 분명하다.(小南一郞, 1974 : 42-44) 한나라 사람들이 고대 왕자의 면류관은 응당 이런 모양이라고 여긴 것과 왕王·황皇의 고자古字는 모양이 서로 일치하고 있다. 아마도 교묘히 합치되었다고 보기보다는 응당 근거가 있다고 보아야 할 것이다.

면류관은 의복제도 중에서 제일 실제적인 효용을 가지고 있지 못하지만(Hoebel, 인류학 : 334) 도리어 수많은 민족들의 권위의 상징이 되었다. 다만 자주 그 상징적 작용을 과도하게 과장하였기 때문에 그 실효성을 잃게 되었다.(Pearson, 인류학의 소개 : 286) 그 원인은 바로 장식 작용에 바탕을 두고 있다. 구석기 이래로 사람들은 장식을 알게 되었다. 빈부의 차이가 커질수록 사람들은 보기 드문 장식물로 재부를 자랑하고 신분을 표시하였다. 장식품 또한 자연히 계급의 상징 중 하나로 변천되었다. 예를 들면 북미의 인디언은 추장의 깃 장식이 다른 사람들보다 훨씬 성대하다. 갑골문의 ☒(미, 美)자는 깃털이나 혹은 그와 유사한 머리 장식으로 아름답다·훌륭하다는 등의 의미를 표현하고 있다. 중국 운남雲南에 있는 소수민족의 암각화에 나타난 사람의 머리 장식과 미美자는 형상이 같으며, 몸집이 크면 클수록 머리 장식도 훨씬 풍성하고, 몸집이 작은 대다수의 사람들은 어떤 머리 장식도 하고 있지 않다.(그림 2.5) 이 그림은 머리 장식이 고대 혹은 반개화된 부락에서 아주 중요한 사회적 지위의 표상이라는 사실을 충분히 표현해 주고 있다.

깃털은 아주 귀중한 물건이 아닌 듯하다. 고대에 깃털이 일반적으로 고귀한 사람의 머리 장식에 쓰인 것은 반드시 실용상의 가치가 있어서이다. 한 부락이 발전하게 되면 반드시 다른 부락과 자연자원을 쟁탈하게 되며, 이때 전쟁은 피할 수 없는 방법이 된다. 끊임없는 전쟁으로 혼란된 사회는 사람들로 하여금 강력한 힘을 가진 중앙 집권적 사회의 통제를 받아들여 생존에 편하도록 압박하게 된다.(Pearson, 인류학의 소개 : 186) 대규모의 전쟁은 이를 총괄하여 지휘할 사람이 필요하게 된다. 만일 지휘자가 제때에 그의 지시가 부하들에게 알려지기를 바란다면, 그는 반드시 높은 곳에 올라서거나 혹은 그밖에 사람들의 주의를 쉽게 끌 수 있는 방법을 쓸 것이다. 밀집된 사람들 속에서 지휘자가 머리 장식이 높은 모자를 쓴다면 고지에 서있는 것과 마찬가지로 쉽게 주의를 끌 수 있는 효과를 거둘 수 있다. 상대의 청동 투구 위에는 긴 관이 있어서 깃털과 같은 장식품을 꽂은 것과 같은 용도로 쓰였다. 고대에 머리 장식은 영도자의 지위를 얻는 중요한 상징이었다.(Hoebel, 인류학 : 334)

높이 솟은 장수의 지휘기 또한 영도자가 부하들의 주의를 끄는 방법이다. 옛날 기치는 흔히 부족을 모으고 해산하며 나아가고 물러나는 신호로 사용하였다. 그러므로 제후를 봉하여 나라를 세우게 할 때도 토지·백성과 함께 기를 그 나라의 군장에게 주었다.(武者章, 1979 : 93-100)《시경詩經》장발편長發篇에서는 상탕商湯이 하나라를 멸망시킨 일을 노래하고 있으며,《상서尙書》목서牧誓에서는 주 무왕이 상을 칠 때를 묘사하고 있는데, 그때 그들은 모두 손에 기를 잡고 있었다. 마차가 처음으로 사용되었을 때에는 결코 용감하게 적진을 돌격하는 용도로 사용되지 않았다. 그리고 상주商周의 지휘자들은 여전히 쉽게 전복될 수 있는 마차에 올라탔으며, 마차 위에는 지휘를 할 수 있는 큰 기를 세워놓았다. 이것은 모두 기동성있게 군대를 지휘하기 위해서이며, 항상 이동할 수 있는 높은 곳에 있으면 그의 명령을 부하들에게 쉽게 알릴 수 있었다.(許倬雲, 西周史 : 77)

옛날 군사의 최고 통수자는 항상 정치적으로 권력을 장악한 자였다. 높이 솟은 머리 장식은 본래 부하들이 지휘자를 쉽게 볼 수 있도록 하기 위하여 쓴 것이었으나, 점점 영도자의 권위의 상징으로 변하게 되었다. 그와 동시에 머리를 보호할 수 있는 투구로 개량되었다. 머리에 쓴 투구는 본래 무사만이 가질 수 있던 특수한 영예였다. 뒤에 오면서 무사가 아니더라도 권력을 장악하면 관을 쓸 수가 있게 되었으며, 투구가 바뀌어 예를 행할 때 쓰는 예관禮冠이 되었다. 갑골문의 ⚌(면, 免)자는 한 사람이 굽은 뿔 장식을 한 투구를 쓴 모양이다. 투구를 쓰는 목적은 화살이나 돌의 상해를 피하기 위해서이므로, 인신引申되어 피하다·면하다·벗어나다 등과 같이 머리를 보호한다는 의미에서 이와 관련된 의미로 바뀌게 되었다. 면免은 뒤에 와 면冕자로 연변演變되어 의례용의 모자가 되었다. 이처럼 실전에 쓰인 투구에서 의례용의 예관으로 변천된 것에서도, 무인이 권력을 장악한 부락에서 문사가 권력을 잡은 국가조직으로 진화된 과정을 살펴볼 수가 있다.

전설에 의하면 처음으로 의관제도를 창시한 것은 황제였다. 그러나 고고발굴로 얻은 기물의 도안을 살펴보면 앙소문화에서는 오히려 높이 치솟은 머리 장식이 보이지 않는다.(張朋川, 1979 : 52-55)(그림 2.6) 용산문화에서도 단지 머리 장식과 유사한 무늬 장식이 몇 가지 보일 뿐이다.(劉敦愿, 1972 b : 57) 상대에 이르면 비로소 깃털이나 혹은 위로 높이 치솟은 물건으로 장식한 투구와 모자를 확실히 찾아볼 수가 있게 된다.(石璋如, 1957 : 611-47; 胡厚宣, 1972 : 4; 陳仁濤, 金匱 : 5; 石志廉, 1960 : 67)(그림 2.7) 진정한 관면冠冕은 고대사의 제3단계보다 빠르지 않을 것 같다. 높이 솟은 머리 장식은 노동에 불편하므로 경사스런 의식을 제외하면 보통 노동자들은 그것을 쓸 수가 없었다. 항시 쓸 수 있는 사람은 한가한 통치계급이었다. 이때는 이미 통치하는 자와 통치를 받는 자의 계급이 나누어진 시대였다는 것은 의심할 여지가 없다. 하夏나라가 국가의 형식으로 진입하여 높이 솟은 면류관이 권위의 징표가 되었을 때, 모자를 상형한 왕王자를 정치상 최고의 권위자의 호칭으로 사용하기 시작하였을 것이다. 그 동기는 합리적이라고 말할 수 있다.

앞에서 언급한 것처럼 제일 먼저 정치적으로 최고의 권위를 갖춘 사람을 왕이라 불렀으며, 신의 세계에서 가장 위력을 지닌 상제를 제帝라 불렀다. 상대 말기에 이르자 왕의 사후에는 또한 제帝라고 존칭하게 되었다.(胡厚宣, 天神 : 10-11) 주나라 사람이 상을 멸한 뒤에는 왕이란 칭호를 연용하여 살아 있거나 세상을 떴거나 모두 왕이라고 불렀다. 동주에 이르러 왕실이 쇠미해지자, 실력을 갖춘 제후는 왕실보다 훨씬 강했으므로 마땅히 주왕보다 훨씬 위풍을 지닌 명호를 갖춰야 한다고 여기게 되었다. 진秦과 제齊는 한번씩 제帝란 호칭을 채용하였다. 아마도 이 때문에 제帝로써 전설적인 옛제왕의 이름을 붙인 일이 흥기하였을 것이다. 옛것을 좋아하는 사람들은 다시 위대한·휘황한 등의 의미를 형용하는 황皇자로서 황제보다 더 빠른 전설 속의 제왕을 호칭하게 되었다. 진시황秦始皇이 중국을 통일하자, 그는 자기의 권위와 영역이 고래의 모든 정치적 인물보다 뛰어나다고 여기고는『황제皇帝』를 하나로 합친 명호를 사용하였다. 이후로 정권을 맡은 자는 그 능력과 강역의 대소를 막론하고 모두 아무 부끄러움도 없이 가장 위대하다는 의미의 황제란 명호를 계승하게 되었다. 그리고 왕은 한 등급 낮은 정치인물의 칭호가 되어 버렸다.

### 세 단계의 사회적 특징

이런 중국 고대사에 관한 3단계의 구분과 인류학자들이 인류문명의 정도로 구분한 단계가 일치하고 있다.(Pearson, 인류학의 소개 : 231) 중국의 제1단계는 대략 어렵과 채집으로 살아간 평등사회와 같았다. 그 사회의 특징은 소규모의 조직으로 이합이 쉽고 안정되어 있지 않았으며, 유동성이 크기 때문에 일정한 거처가 없었다. 자연계에서 자원을 취하였으나 보충과 투자를 하지 않았다. 수령은 사람들이 자동적으로 귀복하였으며, 권위를 가지고 강제로 집행하지 않았고 개개인의 사회적 지위가 평등하였다. 노동은 연령이나 성별에 따라 분업하였으나 자기만의 가정이나 씨족이 없었다. 비록 친족의 개념이 있었다고는 하지만 엄격하지는 않았고, 생산의 권리나 영역의 개념이 없으며 여러 신들을 믿었다. 소규모의 분쟁은 있었으나 대규모의 투쟁은 없었다. 제2단계는 대략 원예농업으로 삶을 유지한 계급사회와 같다. 그 사회의 특징은 환경에 대하여 투자를 하고 생산의 권리와 영역의 관념이 있었다. 점차 안정된 단체를 이루고 정착이나 혹은 반정착의 사회생활을 하였다. 노동은 기본적으로 연령과 성별에 의하여 분업하였으나, 농경수준의 향상에 의하여 사회에는 점차 계급의 분별이 생기게 되었다. 친족의 연계가 중요시되었으며 집단간의 투쟁이 확대되어 전쟁과 같은 현상도 나타나게 되었고, 조상 혹은 지고한 상제를 숭배하였다. 제3단계는 대략 농업으로 생을 유지한 다층계급사회와 같다. 그 사회의 특징은 환경에 대한 투자를 강화하고 산업 및 영역의 소유권을 긍정하였으며, 농민이 경제생산의 주체가 되었다. 정착생활을 영위하고 국가형식을 갖추게 되었으며 중앙집권적 정치조직을 갖게 되었다. 사회는 다층화되고 전문적인 생산조직이 있었다. 정부를 위하여 세금・노역・병역 등의 복무를 하였다. 자연자원을 통제하고 개인간의 투쟁을 금지하였으며 대규모 전쟁이 있었다. 전문적으로 신과 관계된 직책을 맡은 사람이 있었고 큰 도시가 출현하게 되었다.(Vivelo, 인류학 : 39-40)

### 기억의 발단──홍수

한 사회의 문명 정도가 높을수록 인류발전의 역사에 대하여 더욱더 구원하게 알고 있다. 전국시대의 사람들은 인류문명의 발전이 만년萬年에 이르지는 못한다고 상상하였다. 상대 이전의 사람들이 이해한 역사는 더 짧았다고 여겨진다. 상나라 사람들은 지난날을 석昔자로 표시하였다. 갑골문의 (석, 昔)자는 재재災와 일日로 구성되었다. 재災는 홍수의 재난으로, 그 글자는 홍수가 호호탕탕이 범람하여 파도가 넘실대는 모양을 본뜨고 있다. 태양을 상형한 일日자는 홍수의 환란이 있던 날을 표시한다. 홍수는 지금도 여전히 방지하기 어려운 대재난의 하나이니, 옛사람들에게는 더욱 힘든 일이었다. 그러므로 물의 환란을 써서 재난이란 개념을 표현하였다. 홍수는 사람을 빠져 죽게 할 뿐만 아니라 인류 진화과정의 표지가 되는 물질들도 물에 의하여 깨끗이 씻겨 버리고, 역사의 사적과 그에 관계된 기억도 함께 묻어 버렸다. 이로 인하여 후세 사람들이 생각할 수 있는 가장 오랜 사적 또한 흔히 홍수 뒤에 머물고 있다. 그러므로 수재는 각민족이 기억할 수 있는 극한이 되어 창세신화가 되고, 인류번식 기점의 3대 계통 중 하나가 되었다.(林衡立, 1962 : 129)

중국은 아주 오랜 옛날, 사람들로 하여금 잊기 어려운 두 차례의 대홍수가 있었다. 한 번은 복희·여와시대에 발생하였다. 그때의 수재는 너무 엄중하여 거의 모든 사람이 물에 빠져 죽었으므로, 여와가 흙을 빚어 사람을 만들었다는 이야기와 복희가 사슴 가죽으로 혼인제도를 정하여 인류를 번식토록 하였다는 전설이 있다. 그때는 발생시간이 너무나 아득하여 사정의 경과도 이미 아주 모호해졌다. 또 한 차례의 홍수는 약 B.C.2300년의 요임금시대에 발생하였으며, 마침내 우禹가 물길을 소통시키고 이끌어내는 방법을 사용하여 다스리게 되었다. 이 영웅은 이 때문에 제왕이 되어 중국의 첫째 왕조인 하夏나라를 세우고 유사시대有史時代로 진입하게 되었다.

요임금 시절의 홍수는 그리 오래된 일이 아니었으며, 그 규모와 파괴력도 비교적 적었기 때문에 사람들은 치수과정의 세세한 과정을 기억하고 있다.《상서》우공편 禹貢篇은 바로 대우大禹의 치수를 기록한 문헌이다. 비록 그것이 춘추 말기의 사람이 옛전설에 근거하여 기록한 것이며, 하대의 진짜 문헌은 아니라고 하지만(屈萬里, 1964 a : 53-86) 웬만큼 구체적으로 치수규모를 반영하고 있다. 상나라 사람들이 석昔자를 만들면서 재료를 취한 홍수의 환란시대는 우가 다스린 홍수가 아니었을까? 갑골문은 점복의 기록이며 역사를 서술한 문헌이 아니기 때문에 판명하기가 아주 어려우나, 상나라 사람들의 마음 속에 홍수로 재난을 겪은 시대는 먼 옛날인 요임금시대가 아니다. 상나라 사람이 건국한 역사로 보면 그들의 생명과 관계가 있었으며, 지난날이란 개념으로 쓰인 홍수의 재난은 응당 그들 조상에게 일어났던 일이며 몇백 년 전의 요임금이 아니었다.

상나라 사람들은 그들이 살던 지역이 황하 하류의 충적지구였기 때문에 항상 홍수로 고통을 겪었다.(屈萬里, 1964 b : 87-118; 唐蘭, 1973 : 7-8) 황하의 어느 구역은 물길이 얕고 진흙과 모래가 많아서 빗물이 밀집되면 항상 물길이 제때 흘러 내리지 못하여 범람하게 된다. 황하의 둑이 터지는 일은 흔했다. 청대의 건륭乾隆 때를 예로 들면 하남河南지구는 일곱 차례, 강회江淮지구는 열한 차례나 되었다. (陳登原, 文化史 : 69; 山石誠彦, 神話 : 299-323) 비교적 우량이 많았고 수리시설이 크게 낙후되었던 선상先商시대에 황하는 더 쉽게 재해를 조성하였다. 상인의 건국 역사와 황하의 수재는 밀접한 관계가 있다고 말할 수 있다. 《사기史記》은본기殷本 紀에 따르면, 상이 시조인 설契에서 탕湯의 건국에 이르기까지(B.C.약 1700년) 모두 여덟 차례나 천도하였다. 탕湯으로부터 반경盤庚이 안양安陽에 도읍을 정하기 전까 지 또 다섯 차례나 옮겼다. 비록 문헌에는 그들이 매번 천도한 이유가 수해를 피하 기 위해서였다는 설명은 없으나, 그들이 거주했던 지리환경과 천도시에 한 선언으 로 살펴보면, 대다수가 수재를 피하기 위해서였다.

《상서尚書》의 반경편盤庚篇은 상당히 믿을 만한 고대문헌으로 반경이 상나라 백성을 황하 남쪽에서 북쪽의 안양지역으로 옮긴 상황을 반영하고 있다.(屈萬里, 尚書 : 107-108; 唐蘭, 1973 : 7-8) 천도하기 전후에 상왕 반경은 백성들에게 말하 기를『우리 은나라에 크나큰 재난이 내리니(수재), 선왕께서는 마음 속으로 불안하 게 여기셨다. 선왕께서는 이에 일어나 백성의 이익을 살펴 천도하시기에 이르렀다 殷降大虐, 先王不懷, 厥攸作, 視民利用遷』『옛날 나의 선왕께서는 아주 많은 공적을 쌓으셨으니 그분들은 모두 지대가 높은 곳으로 옮기셨다 古我先王, 將多于前功, 適于山』고 하였다. 이 말들은 은나라 사람들이 멀리 고지대의 이역으로 옮긴 까닭 이 수재를 피하기 위해서였다는 것을 분명하게 제시하고 있다. 반경이 안양에 천도 한 뒤로 2백여 년간 다시는 천도를 하지 않았다. 그것은 은나라 사람들의 수리시설 이 갑자기 크게 발전되어 수재를 충분히 방비할 수 있었기 때문은 결코 아니다. 아마도 그 땅의 지세가 높기 때문에 엄중한 수재를 당하지 않았으므로 다시는 천도 할 계책을 세우지 않아도 되었을 것이다. 갑골 복사에 홍수와 방수防水를 물어 본 것도 몇 차례에 지나지 않는다.(島邦男, 綜類 : 180) 이처럼 상인의 선조가 장기 간에 걸친 수해의 고통을 겪었으니, 홍수의 재난을 문자로 표시한 석일昔日은 비교 적 멀지 않은 조상의 신상에서 발생했을 것이며, 먼 옛날이 아니다. 반경 이후에는 수재가 이미 흔히 볼 수 있는 재해가 아니었으므로, 재災자는 점차 새로 생긴 재난 으로서 지난날의 수재를 대신하게 되었으며, 전쟁의 재㦰, 화재의 재灾와 같은 뜻으 로 표현하게 되었다.

| 商 甲骨文 | 周 金文 | 秦 小篆 | 漢 隷書 | 現代 楷書 |
|---|---|---|---|---|
| | | | | 聖 <br><br> 청력이 예민한 사람이 입[口]에서 나오는 소리를 귀[耳]기울여 듣는다는 뜻을 나타내고 있다. |
| | | | | 帝 <br><br> 크게 부풀어난 씨방을 가진 꽃의 형상을 본뜨고 있다. |
| | | | | 不 <br><br> 크게 부푼 화배花胚 부분의 형상을 본뜨고 있다. |

| 商 甲骨文 | 周 金文 | 秦 小篆 | 漢 隷書 | 現代 楷書 |
|---|---|---|---|---|
| 黃 | 黃 | 黃 | 黃 | 黃 |
| | | | | 짝을 이룬 패옥의 형상. |
| 王 | 王 | 王 | 王 | 王 |
| | | | | 간단한 장식이 있는 모자의 형상. |
| 皇 | 皇 | 皇 | 皇 | 皇 |
| | | | | 높이 치솟은 깃털로 장식한 모자의 모양. |

| 商 甲骨文 | 周 金文 | 秦 小篆 | 漢 隸書 | 現代 楷書 |
|---|---|---|---|---|
| | | | 弁 | 覚弁<br><br>머리에 장식이 있는 변弁형을 쓰고 있다.<br>손으로 삼각형의 변弁형을 받들고 있다.<br>손으로 궁륭형의 변弁형을 받들고 있다. |
| | | | 舍令<br>舍令 | 令<br><br>모자를 쓴 사람이 호령을 내릴 수 있다는 뜻을 나타내고 있다. |
| | | | 美美<br>美美 | 美<br><br>높이 치솟은 머리 장식을 썼으니 아름답다는 뜻을 나타내고 있다. |
| | | | 冑 | 冑<br><br>머리에 투구를 쓰고 눈만 나와 있는 형상을 그리고 있다. |

| 商 甲骨文 | 周 金文 | 秦 小篆 | 漢 隸書 | 現代 楷書 |
|---|---|---|---|---|
| | | | 免冕 | 冕冕 머리에 투구를 썼으니, 시석矢石의 상해를 면할 수 있다는 뜻이다. |
| | | | 災灾灾灾灾 | 災災 홍수가 나 물이 호호탕탕 넘실거리는 형상을 그리고 있다. 형성자形聲字, 재성才聲, 과戈는 전쟁의 재난을 표시한다. 불이 나서 집이 타버렸다는 것으로 재난의 뜻을 나타내었다. |
| | | | 昔昔昔 | 昔 홍수의 재해로 지난날이란 의미를 표현하고 있다. |

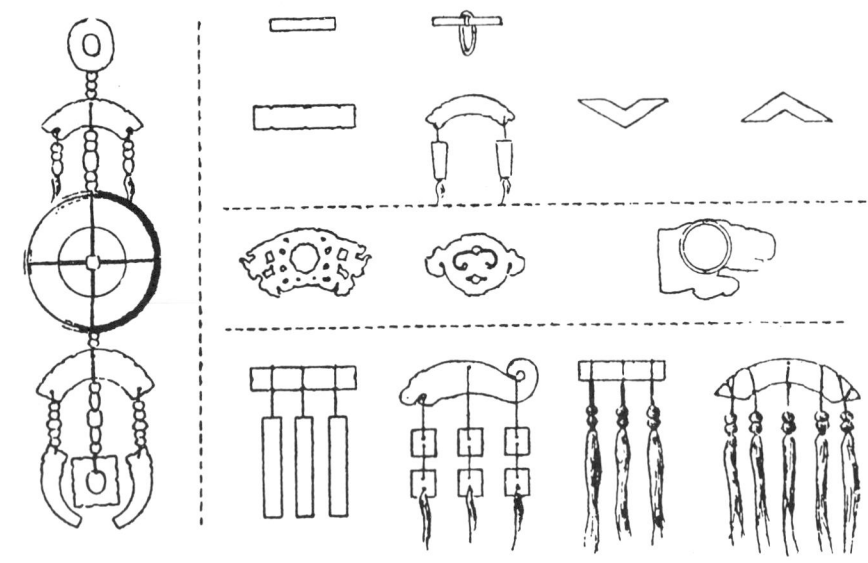

그림 2.1 황패璜佩의 조합형상

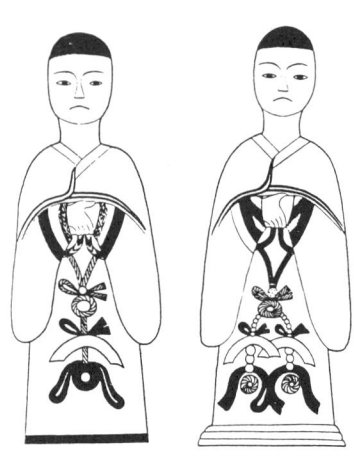

그림 2.2 전국시기에 패옥을 차고 있는
형상의 목용木俑

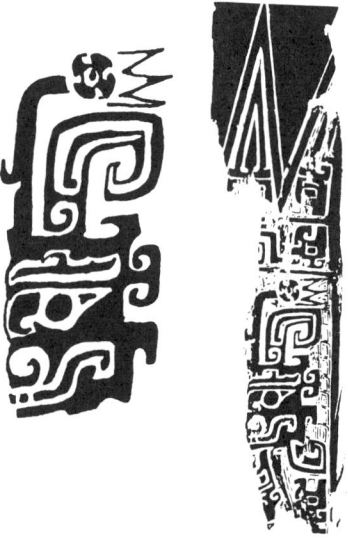

그림 2.3 상대 골기의 문양. 깃털 장식을
한 황皇자형 관을 쓰고 있다.

그림 2.4 한漢 화상석에 나타난 왕王자형 관을 쓴
　　　　서왕모상

그림 2.5 운남雲南 창원滄源 소수민족의 암각화

그림 2.6 신석기시대 도기로 빚은 머리
　　　　형상으로 모두 높은 머리 장식이 없다.

그림 2.7 머리에 높이 치솟은 깃털 장식을 쓰고 있는 상대의 옥인상玉人像

그림 2.8 머리에 굽은 뿔 장식을 한 투구를 쓰고 있는 상대의 청동 주조물

# 제 3 장

# 어렵과 기후

## 개 술

현재 영장류가 소식蔬食을 주로 하고 있다고 본다면 조기의 인류 또한 예외가 아니었다. 그러나 오스트랄로피테쿠스(Austrolopithecus africanus)에 대한 치아의 연구로 지금부터 5백50만 년 전에 이미 인원人猿이 육류를 먹기 시작하였다는 것을 알 수 있다.(Hoebel, 인류학 : 125) 그리고 2백만 년 전에는 벌써 상당한 수량의 육식을 하고 있다.(Isaac, 1971 : 294) 중국에서는 운남雲南의 원모원인元謀猿人이 동물을 잡아서 먹고 있다. 이 유적지의 연대는 1백70만 년 전이라고 여겨졌었다. (張興永, 1978 : 26-29) 그러나 근래에 어떤 사람은 그것이 단지 7,80만 년 전이라고 여기기도 한다.(考古發現 : 3) 상고원인이 포획한 대상은 태반이 비교적 연약한 동물이었다. 석기를 사용할 줄 알고 함정을 설치할 수 있게 되자, 공구와 기술의 발전을 따라서 수렵의 범위도 인류보다 힘센 동물로 확대되었다. 그러자 육류의 비중도 점차 증가되어 사람들의 주식이 되게 되었다. 자료에 의하면 위도가 높은 지역일수록 육식의 의존 비중이 높아져 어떤 지방은 8,90%에 달하기도 한다.(Isaac, 1971 : 279) 그러나 인구의 압력으로 인하여 대다수 지역의 사람들은 더욱더 많은 양식을 제공해 줄 수 있는 농업으로 발전하지 않을 수 없게 되었으므로 재차 식물을 주식으로 삼게 되었다. 수렵의 대상 또한 점차 특정한 경제가치를 지닌 동물로 축소되게 되었으며 육식의 공급도 목축업으로 대체되었다. 이와같이 어느 종류나 널리 수렵하다가 특정한 소수 동물만을 사냥하게 된 변천과정은 유적지에 남아 있는 동물의 뼈로부터 살펴볼 수가 있다. 신석기 유적의 동물뼈는 원숭이·돼지·소·양·사슴·노루·물소·코끼리·개·호랑이·곰·오소리·족제비·이리·수달·고양이·너구리·쥐·표범 등이 흔히 보이고 있다.(黃文几, 1978 : 241-43; 賈蘭坡, 1977 : 49; 西安半坡 : 256) 상대에 이르면 유골도 돼지·사슴·물소·노루·개·소·양 등이 많았다.(楊鐘建, 1950 : 146-47) 그리고 가축을 제외한 야생동물의 수렵도 크게 감소되었다. 일상적으로 식용했던 동물의 종류는 묘지에 수장된 동물의 골격에서 구체적으로 찾아볼 수가 있으며, 단지 가축되어졌던 몇 종류에 한정되었다고 말할 수 있다.(石璋如, 1953 : 5-13) 농경생활이 아직 정착되기 전까지는 채집과 어렵이 생계를 유지해 나가는 가장 중요한 방식이었다. 농업이 장족의 발전을 이루고 나서야 완전히 농업에만 의지하여 살아나갈 수 있게 되었다. 그밖에도 농작물이 동물에게 짓밟히거나 뜯어먹히지 않도록 보호하기 위하여 사냥을 하였으며, 사냥감을 제사에 썼던 오랜 전통과 군진軍陣의 연습 혹은 순수한 유희 등의 원인으로 인하여 수렵활동은 아주 오래도록 지속되어 내려왔다. 상대에 수렵은 상왕이 점을 쳤던 중요한 내용 중 하나였으며, 흔히 군사활동과 동시에 거행되었다.(姚孝遂, 1981 : 58-60) 이것은 수렵이 부차적인 군사목적을 띠고 있었다는 것을 보여주고 있다. 야수와 싸우는 것은 적과 대적하는 기교와 서로 통하는 점이 있었으므로 한 번에 여러 가지 효과를 얻을 수가 있었다. 사냥감은 제사에 바칠 수도 있으며, 군진의 변화를 연습할 수도 있고 또 심신의 오락으로 즐길 수도 있었다. 그러므로 상대에서 수렵은 거의 제사와 맞먹을 정도로 빈번하게 점을 쳤던 일 중의 하나였다. 수렵은 체력을 소모하는 활동일 뿐만 아니라 위험을 겪기도 한다. 후대의 군왕들은 친히 군사활동에 참여하는 일이 적어지게 되었으며 내정에 힘을 쏟는 일이 많아지게 되었다. 그러자 군사훈련을 배울 필요성도 느끼지 않게 되었으므로 사냥을 나가는 일도 적어지게 되었다.

 상왕이 나가는 사냥의 규모도 아주 커 한 번에 3,4백 마리를 잡기도 하였다.(丙編 89; 後編 2, 41, 12) 그러나 통상은 10마리 내외였고 심지어는 한 마리도 잡지 못하기도 하였다. 상왕이 빈번하게 수렵활동에 관하여 점을 쳐 물어보았다고는 하지만, 당시 사람들이 사냥에 의지하여 생계를 꾸려나갔다는 증거가 될 수는 없다. 기본적으로 상왕이 사냥을 나가는 날은 열흘 중에서 을乙·무戊·기己·신辛·임壬 등의 날로 국한되고 있다. 만일 당시에 사냥으로 살아갔다면 이와같이 자기의 기회를 제한하지는 않았을 것이다. 상왕은 점을 칠 때마다 매번 길조를 얻어 사냥을 나갔던 것은 아니었다. 대략적인 통계에 의하면 사냥철에도 약 열흘에 한 번 정도였을 뿐이다.(許進雄, 明義士 : 19-21; 姚孝遂, 1981 : 34-66) 아래에 상대에 사냥을 했던 몇 가지 동물을 소개하겠다. 지금의 문자에서도 그 동물들은 여전히 상형의 형식을 보존하고 있으며 형성자로 대치되지 않았다.

### 코끼리 象

 코끼리는 지금 육지에서 가장 몸집이 큰 동물이다. 코끼리의 성격은 온순하지만 그 습성을 알지 못하는 사람은 반드시 그 거대한 몸집에 경계심을 품게 된다. 절강 浙江 여조餘姚의 하모도河姆渡 유적지에서 이미 코끼리의 뼈와 상아 조각품이 발견되었다.(浙江文管 1976 : 11; 河姆渡考古 1980 : 7,9-10) 이것으로 6천여 년 전 사람들이 코끼리를 잡은 동기 중 하나가 진귀한 상아에 있었다는 것을 알 수 있다. 상아는 줄곧 진귀한 재료였다. 지하에서 출토된 한대 및 그 이전의 상아 기물은 다른 재료들보다 훨씬 적으며(劉道凡, 1980 : 91-92; 于中航, 1976 : 67) 아울러 부장품이 풍성한 묘에 한정되었을 뿐이다.(侯家莊, 1500墓 : 102-08) 상대에 코끼리를 사냥한 기록이 아주 적었으므로, 그때에도 벌써 야생 코끼리의 수가 많지 않았으며 상아는 얻기 힘든 재료였다는 것을 설명해 주고 있다.

갑골문의 ᔕ(상, 象) 자는 상형자로 길고 구부러진 코를 가진 코끼리 모양을 분명하게 묘사하고 있다. 상대 이전에는 반드시 많은 수의 코끼리가 살고 있었을 것이며, 사람들에게도 잘 알려졌을 것이다. 갑골문의 ᔕ(위, 爲) 자는 손으로 코끼리의 코를 잡아당겨 일을 시키는 형상이다. 그 자는 아마 코끼리를 길들여 나무나 돌과 같이 무거운 물건을 운반하는 작업에서 비롯되었을 것이다. 이미 코끼리가 무거운 물건을 옮기는 가축으로 길러졌으니(周明鎭, 象化石 : 65) 상대 혹은 그 이전에 상당한 수량의 코끼리가 존재하였을 것이다.《여씨춘추呂氏春秋》고악편古樂篇에 상인이 코끼리를 길들여 동이東夷에서 반란을 일으켰다는 기록이 나온다.《제왕세기帝王世紀》에도 순舜임금이 죽고 난 뒤에 코끼리 무리들이 위대한 인격에 감화를 받고 묘지 주위의 밭을 갈았다는 전설이 있다. 순임금시대에 짐승의 힘을 이용하여 밭을 간 사실이 있었는지는 알 수 없으나, 이 이야기를 지은 사람은 어느 시기엔가 중국에서 코끼리를 길들여 일을 시켰던 적이 있었다는 사실을 알고 있었음이 분명하다. 서주 동기《광유匡卣》에 있는 춤추는 코끼리의 명문은 고인들에게 코끼리를 훈련시키는 기술이 있었다는 사실을 설명해 주고 있다.

상나라 사람이 코끼리를 포획한 숫자는 아주 적다. 그 이유로는 코끼리가 이미 길들일 수 있는 동물이어서 야생이 적었을 가능성도 있으며, 그렇지 않으면 당시에 코끼리는 벌써 희귀한 동물이 되어 버렸을 가능성도 있다. 안양의 상대 유적지에서는 코끼리의 뼈가 출토되었으며(楊鐘建, 1950 : 146-47) 또 살아 있는 실물처럼 사실적으로 생생하게 주조한 코끼리 모양의 기물도 있다.(熊傳新 1976 : 49; 婦好墓 : 157) 이것은 모두 상나라 사람들이 코끼리의 형태에 대하여 전혀 낯설지 않았으며 실제로 관찰할 기회가 있었음을 설명해 주고 있다. 상대에 사육된 코끼리의 수가 많지 않았던 것은 코끼리의 식량과 관련이 있었던 듯하다. 상대에는 이미 농업이 아주 발달되었으므로 많은 삼림이 개간되어 농토가 되었다. 그러므로 사람들은 이런 거대한 동물을 사육할 만한 사료를 공급할 수도 없었을 뿐만 아니라, 코끼리의 노동효과도 그리 크지 않았을 것이다. 또 아시아의 암코끼리는 상아가 없기 때문에 사육할 만한 경제가치가 크게 감소되었다. 코끼리는 따뜻하고 습한 기후를 좋아하는 동물이다. 중국은 기온이 점차 내려가 다시는 과거와 같이 온난하고 조습한 기후를 되찾지 못하게 되자, 코끼리도 점차 남쪽으로 이동하여 중국에서는 찾아보기 힘들게 되었을 가능성도 있다.《좌전》에는 초楚나라 소왕昭王이 B.C. 506년에 불로 코끼리의 꼬리에 불을 지펴, 성난 코끼리가 오군吳軍의 진지를 짓쳐 들어가 뛰어난 전과를 거둔 사실이 기록되어 있다. 이것으로 춘추시대 말기에도 중국의 남방에는 적지 않은 코끼리가 있었음을 알 수 있다.《한서漢書》무제기武帝紀에는 한나라 무제가 남해에서 바친 길들인 코끼리를 받았다는 기록이 있다. 동한 東漢의《설문해자說文解字》에는 코끼리가 남월南越 지방의 큰 짐승이라고 하였다. 이것은 한대에 이미 강남에서조차 코끼리를 찾아보기 힘들게 되었다는 사정을 설명해 주고 있다.(徐中舒, 1930 : 60-75)

## 코뿔소 兕·犀

코뿔소에는 두 가지 종류가 있다. 하나는 콧등 위에 큰 외뿔이 하나 있는 것이고, 다른 하나는 이마 위에 따로 작은 뿔이 하나 있는 것이다. 코뿔소의 외뿔은 다른 동물들의 짝을 이룬 뿔과는 크게 다르다. 그러므로 사람들도 문자에 외뿔의 특징을 강조하고 있다. 갑골문 ￠(시, 兕)자는 머리 위에 커다란 외뿔이 있는 동물 모양으로 되어 있다. 상대의 코뿔소 두개골 하나에는 『왕 십년 구월의 융肜날에 왕께서 우孟에 사냥을 나갔다가 이 흰 코뿔소를 잡았다 在九月, 唯王十祀肜 日. 王田孟, 于X獲白兕』(屈萬里, 甲釋 : 498)는 글이 새겨져 있다. 어떤 사람은 이 두개골이 이미 멸종되어 버린 물소이며 코뿔소가 아니다. 상대의 코뿔소는 어떤 종류의 물소를 가리키는 것이었으나 뒤에 오면서 코뿔소를 지칭하는 데 쓰이게 되었다고 하였다.(林巳奈夫, 1958 : 30) 그러나 상대의 궁형기弓形器 장식 하나에는 이 글자를 본뜬 도안이 있는데, 그 몸에 두꺼운 껍질을 두르고 있다는 것이 분명하게 나타나 있다.(그림 3.2) 그러므로 이 글자는 코뿔소의 상형임이 틀림없다. 동주 東周 이후에는 코뿔소를 대표하는 글자 두 자가 있었으니, 하나는 상형자인 시兕이고 다른 하나는 형성자인 서犀이다. 옛사람들은 그 동물을 소의 종류에 귀속시켰으므로 우牛로 의부義符를 삼았음이 분명하다. 혹은 이 두 자가 서로 다른 종속이나 성별을 대표한다고 여기기도 하여, 어떤 사람은 시兕는 외뿔이고 서犀는 크고 작은 외뿔을 가진 종속이라고 여기거나, 혹은 시는 수컷이고 서는 암컷이라고도 한다. 갑골문에 언급된 코뿔소의 피부색은 흰색(甲編 3939)과 직색訊色(회청색?) (佚存 518)이다. 직색은 혹 황색이나 적색이라고 여기기도 하지만, 설문에는 코뿔소가 들소와 마찬가지로 청색이라고 하였다. 백색과 회청색의 색조가 근사하니 서로 다른 관찰자가 관찰하여 묘사한 차이일 수도 있다. 출토된 기물로 살펴보면, 상대에서 가리키고 있는 코뿔소는 대개 코와 이마에 각기 외뿔이 하나씩 있는 종류이다. (그림 3.1)

코뿔소는 온난하고 다습한 환경에서 생활하는 동물로 현재 중국 경내에서는 벌써 멸종되었으나, 지금부터 7천 년에서 3천 년 전의 기후는 현재보다 온난하였으므로 중국의 여러 지방에서 번식하였을 것이다. 예를 들면 절강浙江 여조餘姚의 하모도河姆渡와 하남河南 석천淅川의 하왕강下王崗에 있는 6천여 년 전의 유적지에서 모두 코뿔소 뼈가 발견되었다. 상대에 와서도 코뿔소는 여전히 흔히 볼 수 있는 사냥물이었다. 사냥한 지점도 여러 곳이 된다. 사냥방법은 함정・활・몰이・불을 놓는 방법 등으로 다양하였다. 갑골문에는 40마리를 포획한 기록도 있으며(續編 3, 44, 8) 10마리 이상은 여러 차례나 된다. 단지 한 마리나 두 마리를 잡았던 호랑이의 기록과 비교해 본다면 코뿔소는 비교적 쉽게 잡을 수 있었고 대량으로 존재했었다는 것이 분명하다. 전국시대의 투구와 갑옷은 코뿔소 가죽으로 만들어졌으며, 심지어 《국어國語》 월어越語에는 오나라에 코뿔소 갑옷을 갖춘 병사가 10만 3천 명이나 된다는 과장된 기록도 있다. 한대에도 여전히 코뿔소를 수장한 예가 있다. (王學理, 1981 : 28)

상나라 사람이 코뿔소를 포획한 가장 중요한 목적은 그 가죽이 견고하고 질겨 갑옷의 이상적인 재료가 되었기 때문이다. 강철 무기가 아직 충분히 사용되기 전에는 코뿔소 갑옷이 청동 무기의 공격에 아주 뛰어난 방어효과가 있었다. 철갑이 보편적으로 사용된 서한西漢 전에 이미 코뿔소 갑옷은 점차 철갑으로 대체되어 가장 이상적인 호신장비가 되지는 못하였으나 여전히 병사들의 흔한 장비였다. 그러므로 전국 말기에 씌어진 《고공기考工記》에는 코뿔소 갑옷을 만드는 방법과 품질검사법이 상세하게 기재되어 있다. 함인편函人篇에는 서犀로 만든 갑옷은 1백 년을 가고 시兕로 만든 갑옷은 2백 년을, 서犀와 시兕를 합쳐 만든 갑옷은 3백 년을 간다고 기록되어 있다. 비록 과장이라 할지라도 내구성을 바탕으로 삼고 있다는 것은 사실이다. 그러므로 《초사楚辭》 국상國殤에 『오나라 창을 들고 무소 갑옷을 입고 照吳戈兮披犀甲』 하였으니, 이들은 이상적인 전투장비였다. 오나라에 코뿔소 갑옷을 입은 군사가 많았다는 것에서 옛사람들이 남획한 정도를 생각해 볼 수가 있다. 그러므로 코뿔소가 중국에서 멸종된 것은 기후가 차갑게 변하고 초원이 농토로 개간되어 먹이의 내원이 없어지게 된 이유 외에도, 가장 중요한 원인은 질긴 가죽을 얻기 위하여 남획하였기 때문이다. 한대에 이르자 코뿔소는 이미 코끼리보다도 더욱 희소해지게 되었으므로 사람들에 의해 신화神化되어, 코뿔소의 뿔은 열을 내리고 해독을 하며 경기를 가라앉힌다고 여기게 되었으며, 심지어는 피진避塵·피한避寒·피수避水와 같은 갖가지 불가사의한 묘용이 있다고 생각하게 되었다.(孫機, 1982 : 83)

## 호랑이 虎

호랑이는 흉맹한 야수이다. 강한 신체에 예리한 발톱과 이, 민첩한 동작은 인류와 가축에게 크나큰 위협이 되었다. 호랑이는 포획하기가 어려웠으므로 고대에 사냥을 나간 사람들에게는 확실히 용력을 과시할 수 있는 사냥감이었다. 갑골문에 (호, 虎)자는 호리호리한 몸에 입을 벌리고 포효하면서 두 귀를 세운 동물의 상형이다. 상왕이 호랑이를 잡은 지역은 비록 여러 군데이나 많은 사냥물 중에 호랑이는 한두 마리에 지나지 않았다. 예를 들면 대규모의 수렵에서 사슴 40마리, 이리 1백60마리, 순록 1백59마리나 되었으나 호랑이는 한 마리밖에 잡지 못하였다.(乙編 2908; 黃然偉, 1964-65 : 25-46) 이것으로 호랑이가 얼마나 잡기 어려운지를 알 수 있다. 호랑이는 쉽게 잡을 수 없었으므로 상나라 마지막 왕인 주紂가 계록雞麓에서 대열호大烈虎 한 마리를 잡고서는 앞발 뼈의 앞뒤에다 화려한 무늬와 명문을 새기고 터키석으로 상감해 놓았다.(Proctor, 1972 : 21)(그림 3.6) 이것은 그의 찬란한 사냥 성과를 자랑하기 위하여 만든 전시용이 분명하다. 전리품의 장식은 고대에서 지위를 표시하는 작용도 하고 있었으므로(Pearson, 인류학의 소개 : 285), 주왕도 이렇게 한 것이다.

호랑이가 비록 인류의 생명을 위협하는 존재라고는 하지만 잡기가 너무 어려웠다. 상고시대에 만일 어떤 사람이 담력과 용기를 과시하려고 생각한다면, 호랑이와 격투를 벌이는 것보다 더 자극적인 장면은 없을 것이다. 그러므로 호랑이와 싸우는 장면을 연출했던 고사극에서는 심지어 호랑이와 진짜 격투를 벌이기도 하여 고대에 가장 호소력을 지닌 오락프로의 하나가 되기도 하였다. 한대에 바로 이런 기록이 있었으며 제14장에서 소개하고 있다. 호랑이가 비록 인간들의 생명을 위협하는 존재이기는 하지만 중국인은 호랑이에 대하여 특별한 악감이 없었을 뿐만 아니라 심지어 얼마만큼 받들고 존경하고 있다. 상대의 동기에 흔히 보이는 도철문饕餮紋은 태반이 흉맹한 호랑이에게서 제재를 취하고 있다.(袁德星, 1974 : 40-44) 호랑이는 털을 가진 동물 중에서 가장 신령스럽고 위엄을 갖춘 짐승이라 여겨졌으므로, 전국시대에는 28수二十八宿 중에서 서방의 7수七宿를 대표하게 되었다.(王健民,

1979 : 40-45) 비늘이 있는 용, 깃을 가진 봉새, 갑각류인 거북과 같이 신령스러운 동물들이 사방과 사계절을 나누어 대표하고 있다. 뒤에 다시 오행설과 배합되어 백호白虎란 칭호가 있게 되었다.

  호랑이는 또 농업의 보호신으로 간주되었다. 농업은 씨를 뿌리고 긴 성장기간 동안 돌보아주는 과정 중에서 작물이 망쳐지게 되는 경우는 대략 두 가지이다. 하나는 싹이 들짐승에 의하여 밟히거나 뜯어먹히는 경우이다. 사슴류는 무리를 지어 행동하는 초식동물이다. 그들이 먹이를 찾아 떠도는 곳이 흔히 작물을 심는 곳이고, 그들의 행동이 제멋대로여서 농작물을 해치게 된다. 이밖에 들쥐도 식물의 뿌리를 갉아먹는다. 그러므로 옛날에 맹하孟夏에는 짐승들을 쫓아내는 적극적인 작물보호조치를 취하였다. 호랑이는 사슴·멧돼지와 같이 약한 야생동물을 잡아먹었으므로 간접적으로 농업의 생산에 도움을 주었기 때문에 농민들에게 환영을 받았다. 농업의 또 다른 파괴는 물의 공급이었다. 수리시설이 발달되지 않았던 고대에는 농작물의 수확량이 적기에 내려주는 강우에 의해 결정되었다. 흔히 강우량이 부족할 때가 강우량이 과다할 경우보다 많았다. 전설에 의하면 가뭄을 내리는 괴수는 한발旱魃인데, 호랑이는 그 여무女巫 한발을 즐겨 잡아먹는다고 한다.(그림 3.5) 이 또한 인간들을 크게 도와주는 것이 아닌가? 어떤 사람은 호랑이가 수확의 계절인 가을을 대표하고 있으므로 농민들이 풍년이 들도록 호랑이에게 빈다고도 한다.

  고대인들은 무슨 물건이든 모두 정령이 깃들어 있다고 여겼으며, 위력이 클수록 마력도 높다고 믿었다. 또 어떤 물건과 관계가 있는 것은 그 영향력을 발휘할 수 있다고 여겼으므로 그것을 먹거나 입고 쓰기를 바랐다. 후세에 오면서 이런 원시신앙에 관한 믿음성이 약해졌으나 여전히 얼마간은 남아 있게 되었다. 그러므로 무사들은 호랑이 머리나 가죽으로 군복을 장식하여 호랑이의 마력으로 적을 놀래키고 또 동료들에게 자랑을 하고 싶어하였다. 일반인들은 대개 흉맹한 호랑이는 유아를 보호하여 요사한 해침을 받지 않게 할 수 있는 힘을 갖추고 있다고 여겼다. 혹은 사내아이가 자라서 호랑이처럼 용맹해지기를 희망하여 사내아이의 모자를 호랑이 모양으로 만들어 주기도 하였다. 호랑이는 어린아이의 보호신으로 간주되기도 하였다.(永尾龍造, 民俗 : 559-61)

### 사슴 鹿

  사슴 종류는 상나라 사람들이 가장 많이 잡았던 동물이다. 사슴은 번식이 빠르고 수초水草를 좋아하며 생활환경이 인류와 가장 근접하여 인류와 제일 가까이 생활하는 야생동물이다. 게다가 그들에게는 치명적인 공격능력도 없었으므로 사람들이 가장 즐겨 잡고 쉽게 잡을 수 있는 야생동물이 되었다. 갑골문의 ※(록, 鹿)자는 한 쌍의 가지친 긴 뿔을 갖고 발굽이 있는 동물 형상을 묘사하고 있다. 그밖에 사슴류에 속하는 사냥감으로 뿔이 없는 ※도 있고, 눈썹에 특별한 무늬가 있는 ※ 등도 있으나, 이들은 뒤에 오면서 모두 형성자로 대체되었다.

사슴의 가죽·뿔·뼈·고기 등은 모두 이용할 만한 가치를 지니고 있다. 비단 상대뿐만 아니라 지금도 사슴 뿔은 여전히 아름답다고 여겨져 장식품으로 쓰이고 있다. 서주시대의 갑골문에 나타난 ※(려, 麗)자는 특별히 한 쌍의 사슴 뿔을 그려 아름답다는 의미를 표시하고 있다. 그러나 상주시대에 사슴을 잡은 것은 가죽·뿔·고기 외에도 더욱 중요한 경제적 목적을 갖고 있었다. 사슴류는 군집행동을 좋아하고 그들이 떠도는 곳은 사람들이 곡식을 심은 곳이었다. 사슴의 활동은 농작물의 생장을 방해하였으므로 농민들은 사슴을 잡아 농작물의 파괴를 방지하고자 하였다. 《춘추春秋》 노魯 장공莊公 17년에 많은 순록이 재해를 끼쳤다는 기록이 있어 작자의 관심을 표시하고 있다. 《예기禮記》 월령편月令篇에는 다시 맹하孟夏에 짐승을 쫓아내어 오곡을 해치지 못하도록 하는 적극적인 조치가 실려 있다. 몰아내는 짐승류 중 가장 중요한 것이 사슴이었다. 상주시대에는 수렵하는 일을 전田이라고 불렀다. 갑골문의 田(전, 田)자는 경계가 분명한 농토의 모양이다. 곡물을 심은 농지로 수렵활동을 표시하는 이유는 반드시 농지에서 들짐승을 잡거나 몰아냄으로써, 곡식을 밟거나 뜯어먹지 못하도록 하기 위해서이다. 사냥은 경지耕地의 보조작업 중 하나로 여겨졌다. 그러므로 전田자가 사용된 것으로부터 늦어도 상대에는 벌써 수렵이 농작물을 보호하는 부대작업이 되었으며, 완전히 육식과 모피 등만을 얻기 위한 것이 아니었다는 사실을 알 수가 있다.

## 물고기 魚

물고기는 번식이 빠르고 동물보다 수량이 많았으므로 조기의 어로구역은 수렵지구보다 훨씬 많은 인구를 먹여 살릴 수가 있었다. 또한 어로구역이 수렵지구보다 넓은데다 농업이 발전되지 않으면 정착생활을 할 수가 없었다.(Pearson, 인류학의 소개 : 379) 일본은 그 중에서도 명확한 예 가운데 하나이다. 그러나 수렵에 비하여 어로작업은 흥분되거나 자극적인 활동은 아니며, 또한 군사적 훈련에 미치지도 못하였다. 이런 이유 때문에 갑골의 복사에서는 어로에 관해 점을 친 게 많지 않다. 갑골문의 ※(어, 魚)자는 비늘과 지느러미를 지닌 물고기의 모양을 아주 쉽게 알아볼 수가 있다. 비교적 조기의 인간들은 물을 얻기 쉬운 물가 옆 산언덕에 거주하였으며, 어로는 중요한 생활활동 중 하나이다. 앙소문화仰韶文化 유적지는 비록 깊숙한 내지에 자리하고 있지만 하류에서 멀리 떨어져 있지 않아서 물고기를 잡는 데 어려움이 없었다. 그러므로 앙소문화의 도기에는 물고기 문양이 다른 동물의 문양보다 훨씬 많다.(西安半坡 : 163) 후세에는 인구의 압력이 갈수록 커지게 되자 사람들로 하여금 점점 강가에서 멀리 떨어져 살아가지 않을 수 없게 만들었다. 본래 쉽게 얻을 수 있었던 생선이 점차 손쉽게 먹을 수 없는 진귀한 음식으로 바뀌게 되었다.《맹자孟子》고자편告子篇에서 맹자는 생선과 곰발바닥은 함께 먹을 수 없다고 탄식하였다. 전국시대에 해안과 가까웠던 산동지역에서도 생선이 진귀한 식품이 되었으니, 다른 지방은 더 말할 필요조차 없다. 갑골문의 ⟨로⟩(로, 魯)자는 접시 위에 놓여진 한 마리 물고기의 모양이다. 로魯자는 옛날에 훌륭하다는 의미를 지니고 있었으니 생선이 맛있는 식품이라는 개념에서 나왔음이 분명하다. 그러나 선진의 문헌에서는 생선이 때로는 아주 귀중한 음식물이 아니라는 뜻으로도 쓰이고 있어 소·양·돼지 등의 뒤에 놓이기도 한다. 예를 들면《국어國語》초어楚語에 『선비는 구운 생선을 먹고 돼지로 제사를 지낸다. 일반 백성들은 채소를 먹고 생선으로 제사지낸다 士食魚炙, 祀以特牲. 庶人食菜, 祀以魚』고 하였다.《예기禮記》왕제편王制篇에 의하면 선비 이상 계급의 제사에는 품계에 따라 소·양·돼지·개를 쓰나 생선은 쓰지 않는다. 이런 현상은 한대 이전까지 시장에서 육식을 파는 일이 보편적이지 않았기 때문일 가능성이 크다. 잡는 가축의 몸집이 크면 클수록 낭비도 많아지게 되므로 큰일이 아니면 가축을 죽이지 않았다. 생선은 몸집이 작아서 가격도 비교적 낮았으므로 일반인들도 부담할 수 있었다. 만일 무게로 따진다면 생선이 비쌀 것이다. 인공으로 고기를 기르는 일은 늦어도 상주시기에 벌써 있었다. 그리고 춘추·전국시대에는 상당히 보편화되었다.(周蘇平, 1985 : 70)

　물고기를 잡는 방식들은 자형에서도 살펴볼 수가 있다. 물고기를 잡는다는 의미의 어漁자는 갑골문에서 몇 가지 방식으로 쓰이고 있다. 물 속에서 헤엄쳐 노니는 물고기의 모양(⟨字⟩), 손에 낚시를 잡고 물고기를 낚아 올리는 모양(⟨字⟩), 손으로 그물을 펼쳐 물고기를 잡는 모양(⟨字⟩) 등이다. 이밖에도 더 원시적인 방식들도 있다. 예를 들면 몽둥이로 친다거나 혹은 어표魚鏢를 던져 잡기도 하고 심지어는 맨손으로도 잡았다.《춘추》에는 노魯 은공隱公이 기원전 718년에 당읍棠邑에서 물고기를 쏘았다는 기록이 있다. 이것은 아마 고대에 물고기를 쏘아 잡아서 제사에 바쳤던 예속의 흔적일 것이다. 7천 년 전의 무안武安 자산磁山의 유적지에도 어표가 있었다.(邯鄲文管所 1977 : 371) 몽둥이로 물고기를 쳐서 잡거나 어표로 쏘아 잡는 방법은 모두 원시적이어서 상나라 사람들은 거의 사용하지 않았다. 그러므로 자형에 표현되지 않았다. 그물을 던져 잡는 법은 아주 진보된 방법이며, 위에서 말한 자산 유적지에서도 그물추가 발견되었다. 이것은 7천 년 전에 벌써 그물로 물고기를 잡았다는 사실을 밝혀주고 있다.

물고기는 미술의 제재였고, 빈객을 위한 요리에도 물고기가 들어 있다. 심지어 물고기가 드문 지방에서는 잔치에 나무로 만든 물고기를 진열하여 상징적인 의미를 표시하기도 한다. 이것은 〈어魚〉의 음이 〈여餘〉와 같기 때문에 물고기로 여분이 있음을 상징한다. 중국은 인구밀도가 높아 식량이 항상 부족하였으므로, 배불리 먹는 일이 사람들의 가장 큰 관심사였다. 사람들은 모두 모자라지 않고 풍성하기를 바랐으므로 이런 습속이 형성되게 되었다.

## 새 鳥

조류 또한 인류가 아주 오래 전부터 잡아온 대상이다. 그러나 그 이익가치는 다른 육류보다 훨씬 뒤떨어지며 쉽게 잡을 수도 없었다. 아름다운 깃털을 제외하고 나면 새는 그리 큰 경제가치가 없었으므로 많이 잡지 않았다. 그러나 조류는 어린 싹을 쪼아먹기 때문에 사람들이 농작물을 기르면서 조류를 쫓거나 잡아서 작물을 보호하였다. 한대의 《설원說苑》 군도편君道篇에는 뽕잎과 들누에를 보호하기 위하여 새를 쫓는 일이 언급되었다. 상대의 견직업은 이미 규모를 갖추고 있었으므로 아마 뽕잎과 누에를 보호하기 위하여 똑같은 조치를 시행하였을 것이다.

갑골문에는 조류의 상형자로 두 개의 글자가 있다. 하나는 어시語詞 유唯로 가차假借된 ᓚ(추, 隹)로 새의 간략한 윤곽을 그리고 있다. 다른 하나는 조류의 총칭으로 쓰이는 ᓚ(조, 鳥)자로 필획이 비교적 상세하고 깃이 풍부한 모양을 하고 있다. 어떤 사람은 추隹자는 꼬리가 짧은 새이고, 조鳥자는 꼬리가 긴 새를 그린 것이라고 여기기도 한다. 그러나 이런 구별은 별로 적당하지 않다. 왜냐하면 어떤 조류의 형성자들은 의부義符 부분의 추隹와 조鳥가 서로 호환될 수도 있으니 계鷄(혹은 雞)와 작鵲(혹은 䧿) 같은 글자들이다.

갑골문의 ᓚ(척, 隻)자는 상대에 획獲자로 사용되었다. 손에 한 마리의 새를 잡고 있어서 포획한다는 뜻을 갖게 되었다. 새를 잡으려면 흔히 활을 쏘거나 그물을 설치하였다. 갑골문의 ᓚ(리, 離)자는 그물이 새를 덮치는 모양이다. 지금은 이미 사용되지 않고 있는 갑골문의 ᓚ자는 한 사람이 두 손을 높이 들어 설치한 그물에 새 한 마리가 빠져 들어오는 모습을 본뜨고 있다. 활을 쏘는 방법은 새의 이름에서 찾아볼 수가 있다. 상대에 잡은 주요한 새에는 두 가지 종류가 있다. 하나는 🦅(치, 雉)인데 새 한 마리와 줄이 달린 화살 한 대의 회의자이다. 줄이 달린 화살로 날아가는 새를 쏘는 것은 화살에 맞은 사냥감을 잃어버리지 않도록 하기 위해서이다. 맞추지 못한다 해도 쉽게 화살을 회수할 수가 있어서 손실을 감소시킬 수 있다. 줄이 달린 화살로 새를 쏜 것은 5천 년 전으로 거슬러 올라갈 수가 있다.(宋兆麟, 1981 : 77) 또 다른 종류의 새는 🦅자로 어떤 종류의 조류인지는 모르지만 높이 날지 못하거나 오래 날지 못하는 새일 가능성이 높다. 그러므로 상나라 사람들은 달려서 쫓아가는 방법으로 이들을 잡았다. 새 사냥은 활 쏘는 연습의 좋은 방법이다. 왜냐하면 새들은 이동하는 표적이기 때문에 움직이지 않는 과녁보다 훨씬 실제상황에 부합되고 있다.

조류는 비록 고대에서 수렵의 주요 목표는 아니었지만 가금家禽으로 길러진 닭과 오리는 일반 가정의 육식에 공급되었다. 닭은 아주 오래 전부터 사육되었다. B.C. 5200년 무안의 자산 유적지에서 닭뼈가 대량으로 발견되었는데 대부분 수탉이었다. 이것은 집에서 닭을 사육할 때 나타나는 현상이며, 암탉은 계란을 얻기 위하여 의식적으로 남겨두었음이 분명하다.(周本雄, 1981 : 343-45) 다른 가축은 몸집이 커서 낭비가 많았으므로 중대한 축제가 아니고는 도살할 수가 없었다. 그러나 닭과 오리는 한 집의 한 끼 식사에 적당한 양이어서, 손님을 초대하면 수시로 잡을 수 있었으므로 집집마다 상비한 가금이 되었다.

갑골문에서 흔히 찾아볼 수 있는 자로, 사냥방법을 표시하는 상의자象意字 몇 자를 소개하면 다음과 같다. 🦌(정, 阱)자는 한 마리의 사슴 혹은 물소가 사람이 인위적으로 파놓은 함정에 빠진 상태이다. 정阱자는 뒤에 오면서 형성자로 대체되게 되었다. 🦌(축, 逐)자는 들짐승의 뒤를 쫓는 발자취를 그려놓아, 한 사람이 짐승을 쫓는다는 의미를 표시하고 있다. 이런 방식은 앞에 함정을 파놓았거나 그물을 쳐놓았을 때 쓰는 방법으로, 쉽게 잡을 수 없거나 혹은 산 채로 잡고 싶을 때 쓴다. 🔥(분, 焚)자는 수림에 불을 지르는 모양이다. 이것은 짐승이 숨어 있는 곳에서 도망쳐 나오도록 하는 방법이다. 🏹(사, 射)자는 한 대의 화살로 시위를 먹이고 수시로 쏠 수 있는 상황이며, 바로 짐승을 죽이는 직접적인 수단이다. 당시에도 땅 위에 쇠뇌를 설치하였다가, 야수가 움직이기를 기다려 쇠뇌를 발사하여 사살하였다. 상나라의 묘지에서 찾아볼 수 있는 동으로 된 궁형기弓形器는 이런 쇠뇌의 장치일 가능성이 높다. 그 위에 있는 방울은 사냥꾼이 쇠뇌를 발사했다는 것을 알려주는 것일 수도 있다. 주대 이후에 귀족들이 수렵활동을 거의 하지 않았으므로 이런 궁형기도 주조하지 않게 되었다.

## 고대 중국의 기후변천

생태와 기후는 밀접한 관계가 있다는 사실은 모두가 알고 있다. 서로 다른 기후, 서로 다른 환경 혹은 그들의 변천은 모두 서로 다른 생태와 생활방식을 불러일으키게 된다. 이로 인하여 한 문화를 영육한 기후배경을 연구하는 것 또한 홀시할 수 없는 문제이다. 현재 다양한 방법으로 과거 어느 시기 어느 지역의 기후변화에 관한 대강을 추측할 수가 있다. 만일 어느 지역의 설선雪綫(사철 눈이 녹지 않는 부분과 녹는 부분의 한계선, 즉 만년설의 한계선)의 오르내림을 이용하면 어느 시기의 기온변화를 탐측할 수가 있다.(쓰可楨, 1972 : 36) $O^{18}$ 방사선 동위원소의 함량을 이용하면 결빙시의 기온을 연구할 수 있다.(Hoebel, 인류학 : 105) 또 토양 중에 남아 있는 화분의 종류와 수량으로 식피植被(vegetation, 어떤 구역에 모여서 생육하고 있는 특유한 식물의 전체 : 植生)의 분포상황을 탐측할 수가 있다.(考古科學 : 139-49; 周昆叔, 1975 : 64-70; 王開發, 1980 : 59-66) 동물 유해의 백분비로도 그들이 활동했던 시기의 기후상황을 탐측할 수가 있다.(尤玉柱, 1985 : 68-73) 유적지 중에서 발견된 대량의 동물뼈는 사람들이 도살한 구체적 표현이며 그런 동물군이 생활했던 기후를 반영하고 있어 이 장에서 소개하기로 한다.

기후의 변천에 대하여 사람들은 주거와 복장 등의 각종 방법을 택하여 적응해 나갈 수가 있다. 그러나 동물들은 이동 외에는 달리 효과적인 방법으로 불리한 기후에 적응할 수가 없다. 이로 인하여 한 유적지의 서로 다른 지층에서 발견된 동물군의 변화로부터 우리는 그 지역의 기온변화에 관한 계시를 얻을 수가 있다. 하남 석천의 하왕강 유적지에 나온 동물뼈에서 중국문화가 영육된 가장 중요한 한 시기를 살펴볼 수가 있으며, 6천 년 이래 중원지구의 기온변화에 대한 대체적 상황을 알 수가 있다.

그 유적지의 제7층에서 9층까지는 B.C.4000~3000년에 속하는 앙소문화 초기에서 말기의 지층이다. 이 지층들에서는 코뿔소와 같이 따뜻한 기후를 좋아하는 동물이 29%를 차지하고 있으며, 그 나머지는 개와 같이 장강 남북에서 모두 볼 수 있는 적응성이 강한 동물들이다. 제5층에서 제6층은 B.C.2500년에서 2200년에 속하는 굴가령문화屈家嶺文化 중기와 말기의 지층이다. 이 층에서는 따뜻한 기후를 좋아하는 동물들은 찾아볼 수가 없다. 제4층은 B.C.2000년에서 1700년의 용산문화

龍山文化에 속하며, 따뜻한 기후를 좋아하는 동물들이 22%를 차지하고, 고라니와 같이 찬 기후를 좋아하는 동물이 11%를 차지하며, 그밖에 적응성이 강한 동물이 67%를 차지하고 있다. 제2층과 제3층은 대략 B.C.1600년의 선상先商과 조상문화早商文化에 속하며, 따뜻한 기후를 좋아하는 동물이 25%를 차지하고 그 나머지는 비교적 적응성이 강한 동물들이다. 제1문화층은 서주시대로 약 B.C.1000년의 지층이며, 따뜻한 기후를 좋아하는 동물들은 찾아볼 수가 없다.(賈蘭坡 1977 : 41-49) 이상의 통계를 종합하면 그것이 지금부터 3~6천 년간을 반영하고 있으며, 6천 년 전의 기온이 최고점에 도달했음을 알 수 있다. 지금부터 4천2,3백 년을 전후하여 연평균 기온이 점차 차가워지는 추세였다가, 3천6백 년을 전후하여 다시 온난한 기후를 회복하여 3천 년 전까지 지속되었으며, 이후에는 다시 기온이 내려가게 되었다.

 동물군의 유골변화로서 기온을 측정하는 일은 당연히 상대적인 개괄을 얻을 수는 있다고 하나, 그밖의 다른 재료에 근거하여 교정해야 비로소 비교적 실재적인 상황을 얻어낼 수가 있다. 갖가지 과학적인 방법에 근거한 고대 기후에 대한 연구는 모두 기온의 파동이 전세계성을 띠고 있으며 피차 서로 호응된다는 사실을 말해주고 있다. 비록 지구의 기온이 각지에서 동시에 차갑게 변하거나 혹은 뜨거워지는 것은 아니라고 하지만 파동의 곡선은 서로 상응하고 있다.(Flint & Brandtner, 1961 : 321-27) 과거 1만 년간 지구 각지의 기후는 상당한 변동이 있었다. 대략 지금으로부터 9천 년에서 1만 년까지는 연평균 온도가 지금보다 섭씨 5° 정도 낮았다. 이후 기온은 줄곧 상승하여 지금부터 7천 년에서 3천 년까지는 가장 온난한 온도로 지금보다 섭씨 3~5° 정도 높았다. 이후에 기온이 크게 하강하여 지금 평균기온보다 1,2° 낮았다. 서기 1700년에서 근대에 이르기까지 기온은 최저점에 이르렀다가, 그후에 점차 올라가 지금의 온도에 이르고 있다.(安田喜憲, 環境考古 : 97; 쯔可楨文集 : 495)(그림 3.4-5)

 위의 기술에서 과거 1만 년간의 연평균 기온이 섭씨 7° 정도 변화가 있었다는 사실을 알 수가 있다. 이런 변화는 인간의 생활습관에 반드시 크나큰 영향을 끼치게 된다. 예를 들면 절강성浙江省은 6천 년 전의 연평균 기온이 지금보다 3~5°가 높았으며, 강우량이 800mm나 많았다. 그러나 4천 년 전의 양저시기良渚時期에는 기후가 건조하게 변하여 강우량이 700mm밖에 되지 않았으므로 논의 분포도가 크게 축소되었다.(林承坤, 1987; 283) B.C.5000년에서 1000년에 이르는 기간은 중국문화가 바야흐로 잉태되고 발전되어 성숙에 이르는 단계이다. 동식물의 군집분포에 근거한 연구에 의하면 장강 연안의 기후는 6,7천 년 전에 대략 지금의 광동廣東과 같았다. 즉 당시의 광동은 너무 뜨거워 사람이 생활하기에 적합하지 않았다. 그리고 그 기간 동안 화북지구華北地區의 기후는 바야흐로 온난하고 습윤하였으므로 수렵과 농경에 모두 상당히 유리한 조건을 제공하고 있었다. 기온의 상승은 화남지구華南地區 사람들로 하여금 북으로 이주하여 기후의 변화에 적응하도록 하였을 가능성이 높다. 똑같이 춘추 전국시대 이래로 화남지구의 개발이 뒤떨어진 것 또한 기후가 차가워진 것과 얼마간 관련이 있을 것이다. 제5장에서 이런 기후의 변화와 중국의 이민노선 및 농업발전의 관계를 토론하도록 한다.

| 商 甲骨文 | 周 金文 | 秦 小篆 | 漢 隷書 | 現代 楷書 |
|---|---|---|---|---|
| | | | | 象 |
| | | | | 코가 긴 코끼리의 형상. |
| | | | | 爲 |
| | | | | 손으로 코끼리의 코를 끌고 일을 시키는 모습으로, 일을 하게 한다는 뜻이 있다. |
| | | | | 兕 |
| | | | | 큰 외뿔을 가진 코뿔소의 형상. |
| | | | | 犀 |
| | | | | 형성자. 우牛를 좇고 미성 尾聲[從牛尾聲]이다. |

| 商 甲骨文 | 周 金文 | 秦 小篆 | 漢 隸書 | 現代 楷書 |
|---|---|---|---|---|
| | | | | 虎 |
| | | | | 호랑이의 상형. |
| | | | | 鹿 |
| | | | | 가지가 난 뿔을 가진 사슴의 상형. |
| | | | | 麗 |
| | | | | 사슴의 두 뿔은 미려한 장식물이 된다는 뜻. |
| | | | | 田 |
| | | | | 가지런하게 구획된 전지 田地의 상형. |

| 商 甲骨文 | 周 金文 | 秦 小篆 | 漢 隸書 | 現代 楷書 |
|---|---|---|---|---|
| | | | 魚魚 | 魚 물고기의 상형. |
| | | | 漁 | 漁 물고기를 잡는 데 있어서 서로 다른 방법으로 고기를 잡는다는 뜻을 나타내고 있다. |
| | | | 魯魯 | 魯 그릇 위에 놓여있는 물고기의 형상으로 맛이 훌륭하다·기뻐할 일이라는 뜻을 나타낸다. |

| 商 甲骨文 | 周 金文 | 秦 小篆 | 漢 隷書 | 現代 楷書 |
|---|---|---|---|---|
| (고문자들) | (고문자들) | 逐 | 逐 | 逐 들짐승을 뒤쫓는 발자국을 그려놓아 뒤쫓아간다는 뜻을 나타낸다. |
| (고문자들) | | 阱穽 | 穽 | 阱 들짐승이 함정에 빠진 모습으로 함정이란 뜻을 나타내고 있다. |
| (고문자들) | | 焚 | 焚 | 焚 불이 숲을 태우는 형상으로 불탄다는 뜻을 나타내었다. |
| (고문자들) | (고문자들) | 射 | 射 射 | 射 화살을 시위에 먹이고 쏘려는 상태를 그리고 있다. |

| 商 甲骨文 | 周 金文 | 秦 小篆 | 漢 隸書 | 現代 楷書 |
|---|---|---|---|---|
|  |  |  |  | 隹 |
|  |  |  |  | 새의 간략한 윤곽을 그린 모양. |
|  |  |  | 隻 | 隻 |
|  |  |  |  | 손으로 새를 잡았다는 뜻을 나타내고 있다. |
|  |  |  | 鳥 鳥 | 鳥 |
|  |  |  |  | 새의 상형. |
|  |  |  |  |  |

그림 3.1 청동으로 주조된 코뿔소 형상의 기물  좌:전국시대  우:상대

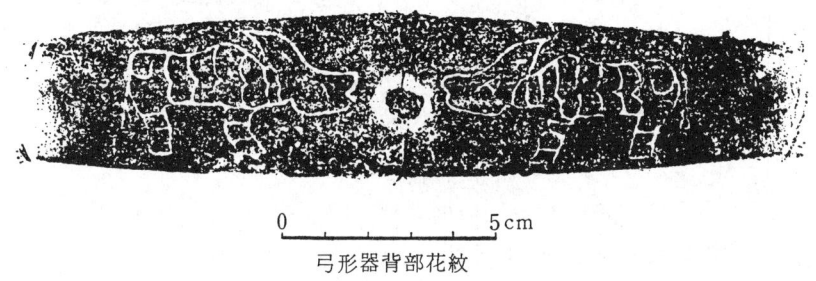

弓形器背部花紋

그림 3.2 상대 궁형기弓形器 배부背部의 코뿔소 문양

그림 3.3 한 화상석의 귀식여발도鬼食女魃圖

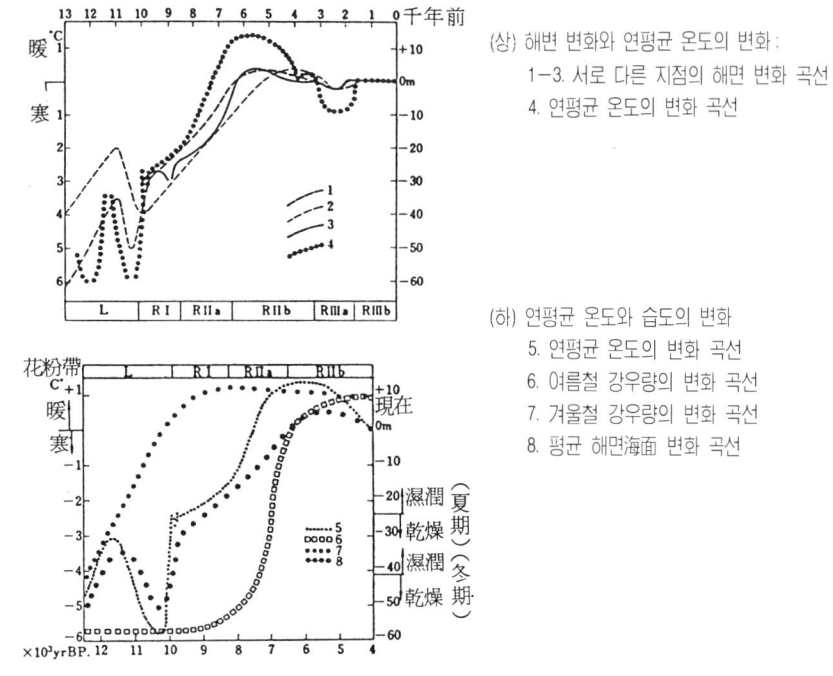

그림 3.4  1만 년 이래 일본 해변의 변화와 기후의 변화

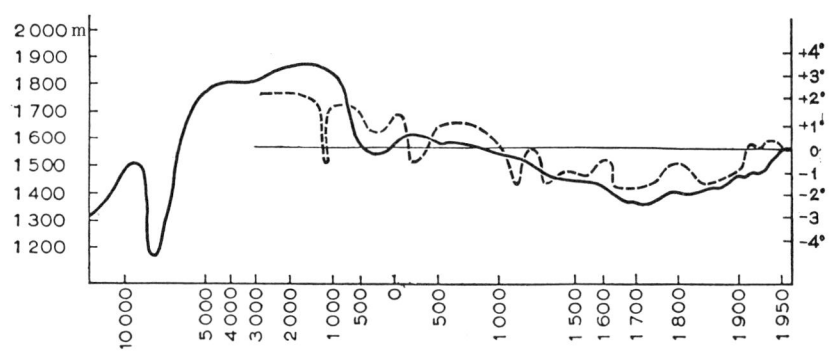

그림 3.5  1만 년 이래 노르웨이의 설선(snow line) 높이(실선)와 5천 년 이래 중국 기온(점선) 변천도

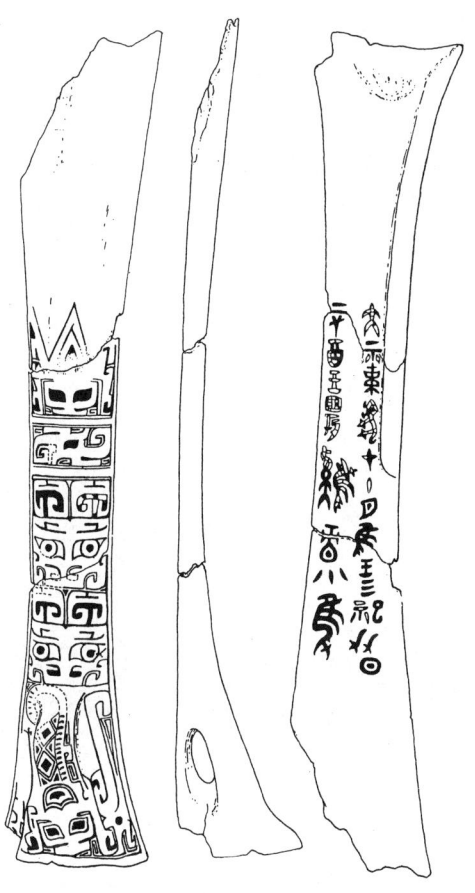

그림 3.6 상대 터키석으로 상감한 호랑이 뼈의 조각, 위에는 상의 주紂왕이 호랑이를 사냥한 기록이 있다.

제4장

# 목 축

**목축의 시작**

　인류는 몇백만 년 전부터 작은 동물을 잡기 시작한 잡식성 동물이었다. 그러다가 점점 공구를 만들 줄 알게 되자 몸집이 큰 짐승을 사냥하게 되었다. 사냥은 육식의 공급 외에도 주거지에서 받게 될 야수의 공격과 해침을 감소시킬 수 있었다. 그러나 사냥은 결코 충분한 육식을 제공할 수 없었다. 왜냐하면 야수의 생활과 번식에는 일정한 지역과 계절이 있어서, 일년내내 적시에 사람들의 수요를 만족시켜 줄 수가 없었다. 하물며 야수를 잡는다는 것은 위험스러운 일이었다. 가축을 사육하게 된 것은 인류가 몇백만 년의 수렵 경험을 거치고 난 뒤에야 비로소 배우게 된 혁명적 사건이다. 사람들이 일단 분명한 이익을 깨닫게 되자, 공급의 편리함을 좋아하게 되어 가축을 대량으로 사육하게 되었다. 갑골문의 ▲(축, 畜)자는 한 동물의 위에 이어져 있는 창자의 모양이다. 고대에는 동물의 위장을 이용하여 물이나 술 또는 음식물을 오래 저장하는데 이용하였으며, 혹은 여행시에 사용하였으므로 축畜에는 모아 간직한다는 의미가 있다. 가축은 사람들이 기르다가 필요한 날을 위해 쓸 수 있으므로 가축이라 부르게 되었다.

　동물을 길들여 기르게 된 것은 1백 만 년의 수렵기간을 걸친 뒤의 산물이므로 반드시 간단한 일은 아니다. 그렇다면 도대체 어떻게 하여 사람들로 하여금 동물을 길들여 기르도록 동기를 유발시키게 되었던가? 부상을 입고 죽지 않은 짐승을 잡았다거나 아직 성장하지 않은 새끼를 잡았다고 상상해 보면 즉시 도살할 필요는 없었을 것이다. 잠시 우리에 넣어 기르다가 사냥하지 못한 날을 기다렸다 잡을 수가 있었다. 때로는 우리에 넣어 기른 시간이 오래되자, 짐승 새끼는 사람과 친근해지게 되고 사람의 사육과 보호를 좋아하게 되었으며, 심지어 우연하게 새끼를 낳는 일이 생기기도 하였다. 이런 일이 사람들로 하여금 사육의 흥미를 촉진시키게 되었다.(Fagan, 인류 : 184) 갑골문의 ▲(환, 豢)자는 두 손으로 돼지를 받쳐들고 돌보아 주는 모양이며, 그 중 한 자형의 돼지는 뱃속에 새끼를 잉태하고 있다. 점점 경험이 쌓이면서 어느 종류의 야생동물의 성질이 비교적 선량하여 기르기 쉽고 힘이 많이 들지 않는지를 알게 되었다. 이로 인하여 점차 사육동물의 종류와 규모가 확대되었다.(考古科學 : 245) 뒤에 오면서 거세하는 방법을 통하여 야생동물을 순화시키기도 하였다.

　사람들이 수렵을 하게 된 최초의 실용적인 동기는 육식이나 모피에 있었으나,

뒤에 오면서 농작물의 보호·제사의 공물·군진軍陣의 연습·심신의 활력 등과 같은 여러 부차적 목적을 지니게 되었다. 사육의 과정은 가치있는 고기를 공급할 수 있고 쉽게 기를 수 있는 동물에서부터 시작되었으나, 점차 가죽·털·우유 등과 같은 부산물에 주의를 기울이게 되었다. 또 좀더 발전되자 교배를 선택하여 어느 산품의 질과 생산량을 향상시킨 우량품종을 만들어내게 되었다.(Fagan, 인류 : 184 -85)

　어느 한 지역에서 어떤 시기에 목축이 시작되었는지를 판단하는 방법은, 일반적으로 유적지에서 출토된 어린 짐승의 뼈가 차지하는 비율을 표준으로 삼는다. 수렵시에는 통상 새끼를 다량으로 잡지는 않는다. 단지 가축단계에 이르러서야 비로소 어떤 필요 때문에 새끼를 대량으로 도살한다. 사냥하는 사람들은 비교적 장성한 동물의 고기를 좋아하나, 단지 가축업이 이미 상당하게 발전된 사회에서만이 새끼를 도살하고 어미를 남겨놓아 번식시키는 습관이 있다. 그러므로 한 유적지의 동물유해에서 만일 새끼가 차지하는 비율이 높다고 한다면 이미 가축단계에 들어섰다고 볼 수 있다.(Fagan, 인류 : 184) 예를 들면 광서廣西 계림桂林 증피암甑皮岩의 적어도 8천 년 전의 한 유적지에서 63마리의 돼지뼈가 발견되었는데 나이가 모두 한 살 반 정도였다. 이것은 집에서 기를 때 나타나는 현상이 분명하다.(黃展岳, 1983 : 2) 윗장에서 언급했던 무안의 자산 유적지에서도 다량의 수탉뼈가 발견되었다. 이 또한 집에서 길렀다는 구체적 현상이다. 비록 과학적인 방법으로 동물 골격의 골질과 형태를 검사하여 집에서 기른 정도를 판단할 수 있다고는 하지만, 일반적으로 가축을 기른 지 1천 년이란 시간이 흘러야 골격의 형태에 명확한 변화가 생겨나게 된다. 그러므로 집에서 가축을 기르기 시작한 초기단계의 판정에는 도움이 되지 않는다.

　일반적으로 가축이 농업보다 일찍 발전되었다고 말한다. 그러므로 중국의 전설에는 신농씨神農氏가 곡식의 경작을 가르쳐 주기 전에, 복희씨伏羲氏가 그물로 야생동물을 잡도록 하여 목축업을 창립하였다고 한다. 그러나 이 전설을 만든 사람은 야생동물을 산 채로 잡는 것이야말로 가축을 기르는 선결조건이 된다는 사실을 이해하고 있었다는 반증이 된다. 그러나 집에서 기르는 가축의 종류는 지역에 따라 정해진다. 연구에 의하면 중앙아시아에서는 벌써 1만1천 년 전에 면양을 길들여 길렀다. 그 원인의 대부분은 면양에게는 반격 능력이 없고 사람들이 쉽게 사로잡을 수 있으며, 성질 또한 온순하고 무리지어 생활하기를 좋아하기 때문에 사료를 준비할 필요도 없으며 힘들이지 않고 돌볼 수 있어서이다. 그러나 중국인이 거주한 주요 지역은 반건조기후에 속하지 않았기 때문에, B.C.4000년 전 농업을 경영했던 유적지에서 출토된 골격은 돼지와 개가 많았다. 그 이후에야 비로소 점점 소·양의 뼈가 나오고 있다.

**목축과 농업의 관계**

초원이 넓고 야생동물의 번식이 빠르며 쉽게 잡을 수 있다고 해도, 사냥을 하기 위해서는 상당히 긴 시간을 허비해야 하고 필요한 준비를 해야만 한다. 목축업이 생기게 되자 사람들은 시간을 절약하게 되었으므로 다른 활동에 종사할 수 있게 되었다. 농업이 생기고 발전하게 된 것은 목축업으로 절약된 남는 시간에서 비롯되었을 수 있다. 목축업은 사람들로 하여금 야생식물의 생장조건을 관찰하고 실험을 할 수 있는 충분한 시간을 갖도록 해주었다. 목축과 농업의 발전은 서로 보충하고 배합되었다. 농업은 사료를 생산하여 가축을 먹일 수 있었고, 가축 또한 노동력과 비료를 제공하여 농산물의 생산을 증가시켜 주었다. 그러나 이 둘은 기본적인 모순을 갖고 있었다. 소와 양을 기르는 목축업이 발전된다면 목초지가 농경지를 점유하게 될 것이다. 그리고 농업이 발전되면 초원과 산지를 개간하여 농토를 만들게 된다. 동일한 면적의 토지에서는 식량의 생산이 목축보다 더 많은 인구를 먹여 살릴 수가 있었다. 그러므로 인구의 압력하에서는 만일 자연조건만 허락된다면 목초지를 필요로 하는 목축업은 농업에 의하여 대체되게 되었다. 중국의 상황이 하나의 좋은 예이다. 앞장에서 말한 것처럼 수렵은 흔히 농민들이 야생동물을 몰아내어 농작물을 보호하는 여가활동이었다. 게다가 소와 양은 몸집이 크기 때문에 많은 고기를 제공할 수 있어서 초기에는 중요한 고기 공급원이었다. 그러나 동주시대에 이르자 소는 밭을 가는 중요한 노동력이 되었으므로 다시는 육식의 공급원이 되지 않게 되었다. 양은 본래 가축의 지위를 잃어버렸으므로 잡식성인 돼지가 마침내 육식의 공급원이 되었다. 이런 것들 모두가 목축업이 농업에게 자리를 양보한 구체적 표현들이다.

갑골문의 목牧자는 쓰는 방법이 두 가지 있다. 하나는 ¥¥으로 손에 든 막대기로 소를 모는 모양이며, 다른 하나는 ¥¥으로 양을 모는 상황이다. 그리고 때로는 한 줄기 길(⺊)을 더하기도 한다. 그 자는 상대의 방목이 길 옆에서 여가로 행하여진 소규모 방식이었으며, 산자락이나 초원에서 대규모로 하는 방목이 아니었다는 사실을 반영하고 있다. 이 글자가 만들어진 시대에 소와 양은 모두 중요한 가축이었으므로 둘 모두를 취하여 목牧이란 글자를 만들게 되었다. 이 두 동물은 몸집이 모두

커서 충분한 고기를 제공할 수 있으며, 가죽·뼈·뿔 또한 모두 이용할 수 있는
재료였다. 그러나 중국인이 활동한 주요 구역이 농업지구였으므로, 소는 밭을 갈고
물건을 옮기는 데 크게 쓸모가 있어서 농업발전에 필수적이었다. 그러나 양은 농사
에 큰 쓸모가 없었고 아울러 목초를 사료로 하였으므로 농지와 공존하기 어려웠
다. 그러므로 춘추시대 이후에도 소는 시종 중요한 가축의 지위를 유지하였으나
양은 널리 사육되지 않았다. 한대 이후에는 단지 막대기로 소를 모는 자형만을
취하여 목축이란 뜻을 표현하게 되었다.

## 양 羊

양과 소는 모두 옛날에 방목되었던 중요한 가축이다. 그들과 다른 가축의 모습에
서 가장 큰 구별은 뿔에 있었다. 그러므로 갑골문의 우牛와 양羊자는 소·양의
머리 부위로서 그 종속을 대표하여 분별하였다. 소는 뿔이 위로 굽었고(ψ) 양은
아래로 굽어졌으므로(𝜓) 명확하게 구별되어 더이상 해석할 필요가 없었다. 양은
무리생활을 좋아하였으므로 초지草地에 먹이를 뜯도록 방임해 둘 수가 있었다.
그리고 사람들이 필요로 하는 식물로 먹일 필요도 없었고, 많은 인력을 소비하여
돌보지 않아도 되었으므로 대다수 지구, 특히 반건조지대에서 양은 최초의 가축이
되었다. 그러나 중국에서는 양이 아마 최초로 길들여져 사육된 가축은 아닌 듯하
다. 비록 B.C.6000년의 배리강裵李崗 유적지에서 이미 도기로 된 양과 양의 유해가
발견되었다고는 하지만, 주요한 농경지역에서는 B.C.4000년 혹은 더욱 조기의 유적
지에서 대부분 돼지와 개의 뼈가 출토되었다.(廟底溝 : 63; 周本雄, 1981 : 340; 邯鄲
文管 1977 : 371) 용산문화 시기에 이르자 비로소 비교적 대량의 소와 양의 뼈가
있었다. 중원의 이북·이서의 반건조지구에서는 신석기 이래로부터 줄곧 소와 양이
돼지나 개보다 많았다.(鐘遐 1976 : 25; 烏恩 1981 : 45-61) 중원지구에서 양을 사육
하게 된 것은 유목지구의 영향을 받은 게 분명하다. B.C.8,9000년에는 기후조건
때문에 화남에 사람의 자취가 있었다. 그 지구는 온습하여 돼지와 개의 활동구역이
었으므로 먼저 개와 돼지가 있었다. 화남 사람들이 북으로 이주하여 농사를 짓게
되자, 돼지와 개들을 데리고 오게 되어 돼지와 개가 많아지게 되었다.

한대 이전에는 양이 제사의 중요한 희생이었다. 아마 양의 몸집이 크기 때문에
소 다음으로 귀중히 여겨졌던 것 같다. 그러나 초지가 농토로 개간되었기 때문에
먹이를 구하기 힘들게 되자, 사육 두수가 크게 감소되었으며 점차 그 위치를 잃어
버리게 되었다. 양은 후세에 비록 중요한 육용가축은 아니게 되었으나 도리어 예술

작품에는 중요한 제재가 되었다. 양은 순한 성격 탓인지 아니면 발음상의 차용 때문인지는 모르겠으나, 상대에 이르기까지 양은 길상吉祥의 상징으로 여겨졌다. 세 마리의 양이 무리를 이룬 도안은 흔히 볼 수 있는 것이다. 이것은 춘계春季의 첫달을 대표하는 《역경易經》의 태괘泰卦에서 비롯되었다.(屈萬里, 易例述評 : 80) 태괘는 전삼양효前三陽爻와 후삼음효後三陰爻로 구성되었고, 양羊의 발음이 양陽과 같으므로 삼양三羊으로서 삼양三陽을 상징하고 있다. 정월 이후에 양기가 점차 쌓이면서 만물이 이로부터 생기가 불어나게 되어 활기를 띠게 된다. 전세계 사람들 중 봄이 오는 것을 환영하지 않는 사람은 없을 것이다.

### 소 牛

소는 비록 몸집이 큰 짐승이지만 성정이 온순하여 조그마한 아이라도 고삐를 끌고 부릴 수가 있다. 그러나 이것은 가축으로 길들여 기르게 된 후의 현상이다. 아직 소를 길들이기 전에 사람들은 몸집이 크고 뿔이 날카로운 모습을 보고서, 소가 온순한 동물이라고 상상하지는 못하였으리라고 믿어진다. 이런 원인 때문에 보편적으로 집에서 기르고 있던 돼지・개・양보다 뒤늦게 소를 길들여 기르게 되었을 것이다. 서양에서는 집에서 소를 기른 최초의 유적지가 대략 B.C.5800년경이다.(Hoebel, 인류학 : 205) 중국에서는 소뼈가 B.C.5000년의 유적지에서 발견되었다고는 하지만, 집에서 사육되었는지의 여부는 알 수가 없다.(周本雄, 1981 : 340) 소를 집에서 기르게 된 구체적 연대는 비록 확실히 알기 어려우나 B.C.3000년의 유적지에서는 이미 집에서 기르던 품종이 보편적으로 발견되고 있다.(考古收獲 : 32)

소는 유일하게 군사와 농업에 모두 사용된 가축이다. 고기는 식용으로 쓰이고 뼈는 도구를 만들 수가 있었다. 힘이 세고 성질이 온순하여 수레나 쟁기를 끌게 할 수가 있었다. 무거운 군수품을 운반하는 기능은 전시에 빼놓을 수 없는 것이다. 쟁기를 끌어 밭을 깊이 갈면 농산물의 양을 높일 수 있어 상업도시의 건립에 유리하였다. 소를 이용하여 수레와 쟁기를 끌도록 한 것은 집에서 소를 기르게 된 뒤로부터 아주 오랜 시간이 지나서이다. 서양에서는 B.C.3200년에서 2800년의 수메르 초기 왕조에서 이미 소와 노새에게 수레를 끌도록 하였다.(Hoebel, 인류학 : 218) 《고사고古史考》는 중국에서 소를 몰기 시작한 일이 지금부터 4천6백 년 전인 소호씨少昊氏 시대였으며, 하후씨夏后氏 시대에 와서야 비로소 말을 몰게 되었다고 하였다. 만일 상대의 마차 제조기술이 정미하다는 것을 참작한다면, 그것은 1천여 년의 발전을 거친 결과라고 말해도 크게 벗어나지는 않을 것 같다. 물론 중국에서 마차를 몰기 시작한 연대는 여전히 금후 고고발굴의 증거를 기다려야만 한다. 선진의 전적에서 우마차가 마차보다 훨씬 적게 언급되고 있다고 하여, 당시에 우마차가 흔치 않았다고 여길 수는 없다. 왜냐하면 소는 무거운 짐이나 날랐을 뿐 귀족계급의 나들이에 사용되지 않았기 때문이다. 우마차는 마차의 위무威武와 속도에 미칠 수가 없었으므로 귀족들의 전유물인 문학작품에는 우마차가 적게 묘사되었다.

다음장에서 상대에 이미 우경牛耕이 있었다는 사실을 토론하겠다. 그러나 그때는 널리 응용되지 않았다. 아마 당시에는 그렇게 인구의 압력이 높지 않았으므로 증산의 길을 강구할 필요가 없었을 것이다. 또 당시에는 아직 쇠로 된 쟁기가 사용되지 않아서 우경의 효용도 그리 두드러지지 않았을 것이다. 어떤 사람은 소에게는 더 중요한 임무가 있어서 밭 가는 일을 나누어 맡을 수 없었다고도 한다. 쇠고기가 맛이 있어서 그런지 아니면 몸집이 커서 그런지는 모르겠으나, 상대에서 소는 가장 융숭한 제사의 희생이었다. 상왕실에서는 통상 수십 두의 소로 제사를 지냈으며, 양·돼지·개 등과 같이 고기를 공급하는 가축으로 여겼다. 동주시대에 소가 쟁기를 끌어 밭을 가는 효용을 중시하게 되었으므로,《예기禮記》왕제편王制篇에서는 제후들에게 연유없이 소를 죽이지 말라고 하였다. 동한 이후에는 불교 교리의 영향으로 사람들이 다시 쇠고기를 적게 먹게 되었다.

상대 때 제사에 희생으로 사용된 소·양은 각기 두 종류의 문자로 쓰이고 있다. 그 하나는 흔히 볼 수 있는 자로서 머리 부분으로 소·양의 전체를 대표하는 자이다.(ψ, Ψ) 다른 하나는 우리 속에서 특별히 사육한다는 ⊞(뢰, 牢)자이다. 소 한 마리가 우리 속에 들어 있는 뢰牢자는 지금도 여전히 사용되고 있다. 아마도 양은 이미 중요한 가축의 지위를 잃어버렸기 때문에 양이 우리 속에 들어 있는 자형은 도태되어 버렸을 것이다. 상대의 제사에서 소를 사용한 뢰牢는 항상 대大로서[大牢] 양을 사용한 뢰는 소소로서 형용된다.[小牢] 이 양자가 도대체 사육방법을 표시하는 것인지, 혹은 지점이 다른 일반적인 소와 양인지, 혹은 제사지낼 때 세트를 이룬 서로 다른 수량을 표시하는 것인지에 관하여 학자들간에 많은 논쟁이 있다.(孔德成, 1966 : 181-85; 張秉權, 1968 : 211-15; 胡厚宣, 1939 : 155-57; 黃然偉, 殷禮 : 19-28; 嚴一萍, 1970 : 14) 자형으로 본다면, 그 주된 의미는 아마도 제사의 융숭함을 표시하기 위하여 특별히 우리에 가두어 기른 것인 듯하다. 대개 밖에 놓아두어 마음대로 돌아다니지 못하도록 하는 것은 신에 대한 공경과 신중을 표시한다. 그러므로 《춘추》에 소 뿔이 쥐에 의해 쏠렸기 때문에 점을 쳐 소를 바꿀지 물어본 일이 기록되어 있다. 또 우리는 견고하게 건축되어져 짐승이 밖으로 나가지 못하도록 해야 했으므로 이 자는 견고·감옥의 의미로 인신되었다. 상주시대에 소와 양은 귀족에게만 허락된 제물이었으므로 격리하여 사육되도록 특별히 조치하였다. 선비나 서민계급이 제사에 사용하는 돼지와 개는 이렇듯 정중하게 우리에서 기를 필요는 없었다. 소는 우리에서 기를 뿐만 아니라 최대한 귀신을 기쁘게 하기 위하여 때로는 소의 성별과 연령을 분명하게 물어보아야만 했다. 문자에서 소 뿔 위에 한 획을 그으면 한 살을 표시하는 것이다. 갑골문에서는 네 개의 횡획을 그어 네 살 먹은 소라고 표시한 글자가 보인다. 그밖의 동물에게는 상나라 사람들이 이처럼 나이에 특별히 주의를 기울인 동물은 없다.

### 돼지 豬

돼지는 농업사회에서 흔하게 볼 수 있는 가축이다. 돼지가 사람들에게 길러진 시간은 벌써 8천7백 년의 역사를 갖고 있다고도 하며(孔슈平, 1980 : 550) 혹은 거의 1만 년의 역사를 지니고 있다고 여기기도 한다.(何炳棣, 搖籃 : 107) 하남 신정의 배리강·절강 여조의 하모도 두 유적지에서는 모두 돼지의 도기상이 발견되었다.(開封文管 1979 : 202; 浙江文管 1978 : 70-71) 우리들은 유골로 가축된 정도를 연구할 수 있을 뿐만 아니라 도자기의 모양으로 외형의 형태를 관찰할 수도 있다. 하모도의 도기상(그림 4.1)은 6천여 년 전의 집돼지와 멧돼지가 벌써 분명한 차이가 있다는 사실을 알려주고 있다. 이 도기로 된 돼지의 복부가 분명하게 아래로 처져 있어 몸 뒤쪽이 거의 전신의 반에 가까우며 뚱뚱한 모습도 지금 집돼지와 아주 흡사하다.(鐘遐, 1976 : 25)(그림 4.2) 비록 우리가 8천 전 배리강의 집돼지가 이미 얼마나 오랫동안 사육의 역사를 갖고 있는지 알 수는 없지만, 하모도의 돼지는 벌써 장기간에 걸친 사육과정을 거쳤다는 것은 의심할 여지가 없다.

돼지는 가축과 야생의 두 종류가 있다. 갑골문의 ![豕](시, 豕)자는 집에서 기르는 돼지이다. 살이 뚱뚱하게 찐 몸집과 다리는 짧고 꼬리는 아래로 늘어뜨린 상태를 묘사하고 있다. 자형에서 이미 이런 종류는 먼 거리를 걸려 방목하기 어려운 동물임을 알아볼 수가 있다. 갑골문의 ![彘](체, 彘)자는 야생돼지이다. 몸에 화살이 꿰뚫고 있는 형상은 사냥하는 동물이라는 사실을 밝혀주고 있다. 신석기시대 이래로부터 돼지는 줄곧 중원과 화남 등지의 농업지구에서 고기를 공급하는 중요한 가축이었다. 묘지에서 돼지뼈는 흔히 볼 수 있으나 다른 종류의 가축뼈는 드물다.(王仁

湘, 1981 : 80-81; 彭適凡, 1980 : 78-79) 상대에서는 돼지가 비록 가장 존귀한 제사의 희생이 아니었다고는 하나, 도리어 일반 사람들에게는 가장 중요한 고기의 공급원이었다. 돼지는 몸집이 비대하여 멀리 나다니기에는 불편하므로 정착농민의 가축으로만 가능하였다.(Ucko & Dimbley, 馴養: 367) 돼지를 집에서 기르기 시작한 시대는 농경이 시작된 시대와 대략 일치될 가능성이 있다. 유목지구에서는 소·말·양이 많이 보이고 돼지의 뼈가 적다. 이것은 돼지가 멀리 달리지 못하는 습성과 분명한 관련을 갖고 있다. 돼지는 잡식성 동물로 목초를 필요로 하지 않으며, 사람들이 먹다 남긴 음식물 혹은 먹을 수 없는 채소로 기를 수가 있어서 농민들의 필요에 가장 적합하였다. 중국은 농업국이므로 돼지는 지금까지 줄곧 가정에서 가장 중요한 육식 종류이다.

상대에서 제사에 바친 돼지에는 돈豚·시豕·체彘·축豕 등의 서로 다른 이름을 갖고 있다. 갑골문의 ⿰(축, 豕)자는 생식기가 이미 거세되어 수컷의 상징이 몸에서 분리되었다는 뜻이다. 이 자의 중점은 돼지가 거세되었다는 점에 있으므로, 축성豕聲을 쫓는 자는 탁琢·탁啄 등의 자와 같이 거세되었다는 의미와 관련을 갖고 있다. 어떤 사람은 동물을 거세시키는 것이 가축을 기르는 첫단계라고 말한다. 멧돼지는 몸집이 비록 소보다는 작지만 훨씬 저돌적이고 밖으로 흉하게 튀어나온 이를 갖고 있어서 사냥시에 위험이 뒤따랐다. 그러나 일단 거세되면 저돌성이 크게 감소되어 길들이기가 쉬웠다. 그러므로 《역경》 대축大畜에 있는 『거세된 돼지가 우리 속에 있으니 길하다 豶猪云牙, 吉』(역주 : 牙는 瓦와 통한다. 高亨 著《周易古經今注》참조)는 이미 거세된 멧돼지는 비록 날카로운 이빨이 있다고 할지라도 다시 사람을 상하게 하기 어렵다. 그러므로 위험이 없는 길조라는 뜻이다.

돼지의 사육장소는 다른 가축과 다른 점이 있다. 위에서 말한 소와 양의 우리는 입구가 좁은 노천 울책이다. 말도 마찬가지이다. 갑골문의 ⿰(구, 廐)자는 울타리 안에서 말을 기르는 모양이다. 그리고 갑골문의 ⿰(가, 家)자는 집 아래에서 기르는 돼지의 모양이다. 앙소문화에서는 돼지도 소·말·양 등과 같이 지붕이 없는 울타리 안에서 길러졌다. 그러나 상대부터 돼지를 빨리 자라고 살찌우기 위하여 흔히 거세를 하기 시작하였다. 거세된 뒤에는 돼지의 체격도 함께 쇠약해졌으므로 비와 이슬을 맞으면서 노천에서 기를 수 없게 되었다. 그래서 돼지는 지붕으로 가려진 곳에서 사육되었다. 사람들은 자기가 살고 있는 곳에서 사육하는 게 편하였기 때문에, 이 자에는 가정·가옥의 의미를 갖게 되었다. 한대에 수장된 돼지우리의 명기明器는 통상 지붕이 있는 것이었다. 그러나 소와 양 모형의 명기는 이와같은 것이 아주 드물었다.(張仲葛, 1979 : 88-90) 갑골문의 ![](혼, 溷)자는 화살에 맞은 멧돼지가 돈사에 가두어져 있는 모양이다. 이 멧돼지는 응당 거세되어 이미 순해진 돼지이다. 아마 몸집이 큰 다른 가축도 이런 과정을 거쳐 길러졌을 것이다.(謝崇安, 1985 : 283) 거세된 돼지가 글자로 만들어졌을 정도이니 당시 거세는 가축의 통례였을 것이다. 당시 거세의 기술과 소염의 약물사용은 반드시 상당한 자신이 있었으므로 이를 가축에게 시술하였으리라 생각된다. 이런 지식은 사람을 치료하는 외과 의학에도 적지 않은 도움을 주었을 것이다.

**말 馬**

갑골문의 ![](마, 馬)자는 아주 용이하게 판별할 수가 있다. 이를 드러내고 길게 울부짖으며 긴 갈기를 떨치고 있고 몸집이 크며 발굽이 건장하여 잘 달릴 수 있는 동물의 형상이다. 말의 가장 큰 특징은 긴 얼굴과 갈기이다. 그러므로 전국시대에는 때때로 단지 이 두 가지 특징만을 그리고 있다. 비록 상대 이래로 이미 3천여 년이 흘러 자형에 상당한 변화가 생겼다고는 하지만, 지금의 마馬자도 여전히 긴 얼굴과 갈기 및 네 발로 뛰어오르는 기백을 보유하고 있다.

말은 굴레를 하지 않으면 다스리기 어려운 특성이 있으므로 몇몇 가축 중에서 가장 늦게 길들여졌다. 말이 중국에서 길들여진 시대는 확실히 알 수가 없다. 말기의 신석기 유적지에서도 말은 돼지·소·양·개 등의 다른 가축의 유골과 비교하여 아주 찾아보기 힘들다.(楊鐘健, 1950 : 146-47) 말은 집에서 길러진 시간도 늦을 뿐만 아니라 고기를 얻기 위한 가축으로 길러지지 않았을 것이다. 전설에 의하면 하우夏禹시대에 말이 소를 대신하여 마차를 끄는 운수수단으로 사용되었다고 한다. 용산시대의 성자애城子崖 유적지에서 집에서 말을 길렀다는 증거가 발견되었다.(城子崖 : 91) 이 유적지의 연대와 전설의 하우시대는 B.C.2200년으로 서로 비슷하다. 이 전설은 말을 길들여진 것이 늦으며 그 주요한 쓰임새가 수레를 끄는 것이었다는 사실을 반영하고 있다.

말은 상대에 주로 군사와 수렵에 쓰였다. 상대에서 전국에 이르는 부장묘에서 말은 항상 수레와 함께 매장되었다.(楊泓, 1977 a : 90)(그림 12.4-6) 갑골의 각사刻辭에는 말을 제사의 희생으로 썼다는 기록이 보이지 않고 있으며, 단지 수렵과 군사에 관해서만 찾아볼 수 있다. 군사는 국가 존망이 달려 있고, 말은 군사상 중요한 용도가 있었으니, 당연히 말의 사육을 중요시하였을 것이다. 상대는 비단 중앙의 왕실에 마관馬官이 있어서 말을 기르고 훈련시키는 일을 관리하였을 뿐만 아니라,

각 방국方國에도 각기 마관이 있었다. 방국에서 마필을 공물로 바칠까의 여부를 점쳐 물어본 것이 갑골에 보인다. 갑골문에는 이미 마馬를 의부義符로 삼은 형성자가 14개나 보이고 있어서(李孝定, 甲骨 : 3035-50)(그림 4.4) 다른 가축으로 뜻을 창조한 자보다 훨씬 많다. 3천여 년 전에 사람들은 말을 다른 동물보다 중시하여 세밀히 분류하였음을 알 수가 있다. 《시경》경시편駉詩編에는 서로 다른 말의 명칭 16종이 언급되어 있어서, 동주시대 사람들이 말을 보는 데 뛰어났었다는 사회배경을 반영하고 있다.(謝成俠, 1977 : 23-26)

《춘추좌씨전春秋左氏傳》은 본래 역사저작이면서 뛰어난 문학작품이어서 안에는 전차를 생동적으로 묘사하고 있다. 상대의 도로는 후대에 만들어진 평탄하고 곧은 길에는 미치지 못하며 도로도 적었다. 그때의 차체는 지면에서 높이 떨어져 있었으므로 중심이 안정되지 않았다. 마차를 빨리 몰면 쉽게 전복되어 버렸으므로 적진을 충돌하여 들어간다는 목적은 근본적으로 이룰 수가 없었다. 어떤 사람은 상대에서 마차는 단지 여행이나 소식의 전달·명령을 내리는 데에나 사용되었을 뿐이며, 결코 고속으로 짓쳐들어갈 때 마차 위에서 공격을 할 수는 없었다고 하였다.(Creel, 서주 : 270-71) 갑골의 각사에서는 수렵시에 마차가 전복된 사실을 언급하고 있어서(菁華 3; 佚存 980) 그때에 마차에 올라타는 일이 위험스러웠다는 것을 알 수 있다. 그러나 마차는 이미 수렵시 들짐승을 쫓는 데 사용되었으며, 수장된 마차에도 멀리 쏠 수 있는 활과 화살 및 가까이서 공격할 수 있는 창이 갖추어져 있었다. (石璋如, 1947 : 18-19)(그림 17.1) 마차를 재빨리 몰아 적진을 짓쳐들어갔던 효과를 상나라 사람들이 응용하여 전투효과를 강화하지 않았다고 말하기는 아주 어렵다. 문제는 응당 전투에 응용한 빈도와 규모의 크기일 뿐이다.

마차를 끌고 빨리 달릴 수 있는 일은 결코 아무 말이나 모두 할 수 있는 것은 아니다. 좋은 말을 선정하여 장기간의 훈련을 거쳐야 비로소 해낼 수 있다. 심지어는 거세하여 말의 성질을 온순하게 하여 서로 차고 물어뜯는 나쁜 습성을 없애야 하고(鄭介正, 1985 : 311) 갑자기 성질대로 날뛰지 않도록 해야 한다. 이런 일들은 일반 사람의 재력으로 감당할 수 있는 게 아니다. 그러므로 말과 마차는 줄곧 권세자의 애용물이며 상징이었다. 전장터이든 사냥터이든 말의 우열과 주인의 영욕은 서로 상관이 있다. 그러므로 좋은 말은 항시 귀족들이 상으로 내리거나 뇌물로 바치는 귀중한 물품이었다. 예를 들면 《춘추좌씨전》에는 B.C.536년에 초楚나라의 공자 기질棄疾이 정백鄭伯에게 말 8필을 주었고, 자피子皮에게 6필을, 자산子産에게 4필을, 대숙大叔에게 2필을 준 일이 기록되어 있다. 말과 기사 사이에는 상당한 감정상 교류가 있어야 비로소 호흡이 잘 일치될 수가 있다. 그러므로 귀족들은 말의 훈련과 사육에 대하여 중시하였을 뿐 아니라, 때때로 보살펴 주어 말과 감정을 통하려 했으므로 말은 총애받는 동물이 되었다. 말을 기르는 심정은 고기를 얻기 위한 다른 가축과 크게 달랐다. 《사기》 조세가趙世家에 의하면, 조나라의 무령왕武靈王은 B.C.307년에 호복 차림을 하고 말 타고 활쏘기를 시작하여 북방 유목민족에 대항하였다. 이에 그밖의 귀족들도 분분히 모방하여 전장의 주력이 점차 마차와 보병에서 기병으로 변하게 되었다. 한대에 이르자 병거兵車의 전략은 완전히 도태되게 되었다.(楊泓, 1977 b : 28) 그러나 《춘추좌씨전》에는 단기單騎의 상황을 묘사한 곳이 몇 군데 보인다. 그러므로 어떤 사람은 벌써 기원전 6세기 중엽에 중국에서는 말등에 올라탄 사례가 있었으나, 단지 전국시대에 이르러 그 기술이 보편적으로 전장에 이용되었다고도 한다.(陳槃, 1967 : 888-89) 혹은 안양의 상대 묘지 한 곳에서 벌써 단기의 증거가 있었다고 한다.(石璋如, 1947 : 23-24) 그 묘는 사람 한 명과 말 한 마리가 수장된 묘이다. 출토 기물은 단지 말채찍·활·화살·창·칼과 말의 장식물만 보일 뿐(그림 4.3) 마차 위에 흔히 쓰이는 장식물은 보이지 않았다. 이로 인하여 수레를 끌던 두 필의 말 중 한 마리가 아니라 묘의 주인이 타고 다니던 말이라고 여기게 되었다. 또 어떤 사람은 갑골문에 있는 어떤 한 자가 사람이 말 위에 올라앉은 모습과 흡사하다고 여겨(乙編 8728, 8814), 즉 기奇자이며 기騎의 초형初形이라고 여기기도 한다.(康殷, 文字 : 5) 어떤 사람은 상대에 이미 단기와 기마 위의 활쏘기가 성행하였다고도 한다.(楊升南, 1982 : 378-80) 기騎가 말등 위의 일이라고 본다면 천천히 걷거나 혹은 전투를 하였거나를 막론하고 상대에 이미 존재하였었다. 그러나 높은 귀족으로 말하면 말에 걸터앉은 자세가 고아하다고 여겨지지 않았으므로, 일반적인 상황에서는 말을 타지 않았다. 하급 무사계층에서나 말을 탔을 가능성이 높다. 조나라의 무령왕은 일국의 왕이란 존귀한 신분에 말을 탔으므로 비로소 정중하게 기록되게 되었다.

말은 체격이 강건하고 빨리 달릴 수 있으므로 전투·통신·수렵 등의 활동에서 그 중요성은 더 말할 필요가 없었다. 그러므로 말의 훈련과 식별의 기교·품종의 개량을 더이상 늦출 수가 없었다. 상대에도 이미 말을 관리하는 전문적인 사람이 있어서 이 일에 종사하였을 것이다. 중국은 우수한 종마를 필요로 하였다. 《금본죽서기년今本竹書紀年》에 따르면 주효왕周孝王 때 서융西戎에서 말을 바쳤고, 이왕夷王 때는 태원太原의 융戎을 정벌하여 유천兪泉에 이르렀으며, 말 1천 필을 획득하였다는 기록이 있다. 한경제漢景帝가 B.C.155년 서북 변경의 대흥大興에 마원馬苑

36곳을 설치하고 30만 필의 말을 길렀다는 사실로도 미루어 알아볼 수 있다.(科技史稿 : 163) 가장 유명한 것은 《사기》 대완열전大宛列傳에서 한무제漢武帝가 대완을 향해 발병한 역사적 사건이다. 한무제는 B.C.104년에 대군을 파견하여 3년의 시간과 무수한 생명 및 재물을 소비하고서야 비로소 대완의 종마를 얻겠다는 원망을 이루었다. 이로부터 여기에서 들여온 말과 원래 몽고에서 온 중국산 말을 교배하여 우수한 잡종마를 많이 길러낼 수가 있었다. 한 이후에 보이는 말의 화상과 조상은 전대보다 훨씬 웅위해 보인다.(張廷皓, 1985 : 139-40)

## 개 犬

개는 길들여 길러진 시간이 아주 빨랐으며, 양보다 늦지 않을 것이다. 어떤 사람은 빠르면 구석기 말기에 이미 개가 길러졌을 것이라고 한다.(鐘遐, 1976 : 25 ; 考古科學 : 243-44) 적어도 B.C.7,8000년 혹은 농경이 시작되기 전에 집에서 길러졌다. 갑골문의 ✦(견, 犬)자와 시豕자는 아주 흡사하나, 개의 특징은 몸집이 호리호리하고 꼬리가 위로 말려 올라갔다. 때로는 몸집이 호리호리하고 꼬리를 아래로 내려뜨린 것도 있다.

가축 중에서 개는 인간의 생활과 가장 가깝다. 개는 상고시대부터 문을 지키고 수렵을 돕는 좋은 동반자였다. 갑골문의 ✦(수, 獸)자는 수렵용의 그물 하나와 개 한 마리가 합쳐진 회의자會意字이다. 이 둘은 모두 사냥할 때 필요한 것이므로 이 자는 수렵의 의미를 나타내고 있다. 뒤에 오면서 사냥의 대상인 들짐승으로 그 의미가 확대되게 되었다. 사냥개는 행동이 민첩하고 재빨리 달릴 수 있어서 비교적 작은 동물을 잡는 데 능숙하게 협조하였다. 과거 어렵생활을 했던 사람들에게 가장 유익하였으므로, 농업사회의 돼지보다 훨씬 빨리 집에서 길러지게 되었다. 개가 집에서 길러지게 된 것은 예민한 후각 때문이기도 하다. 갑골문의 ✦(취, 臭)자는 개와 개의 코를 합한 회의자이다. 사람들이 알고 있는 동물 중에서 개의 취각이 가장 예민하였다. 이로 인하여 개와 그 코를 취하여 맛을 분별하는 후각을 표시하였다. 취의 본의는 사람들이 좋아하고 혐오하는 맛을 겸하고 있었으나, 뒤에 오면서 불유쾌한 맛만을 나타내는 의미로 편중되어 쓰이게 되었다. 이에 구口의 의부를 더하여 후嗅자를 만들어 취臭자와 구별하였다. 개의 예민한 후각은 들짐승의 흔적을 찾는 데만 국한되지 않았으며, 적의 자취를 정찰하는 데도 아주 유용하였으므로 곧 군사적 목적에 이용되었다. 상대에는 견관犬官이 있어서 왕의 사냥에 참고가 되도록 짐승의 출몰상황을 보고하였으며, 아울러 왕을 따라 군사행동에

참가하였다.(陳夢家, 綜述 : 514)

　개는 문을 지키는 직책을 맡고 있었기 때문에 상나라 사람들은 건축물의 터를 다지는 데 희생으로 바쳤다. 또 개는 사람에게 가장 귀염받는 동물이었기 때문에, 상대에서는 조금 대형의 묘에서는 개가 흔히 시체 아래의 요갱腰坑에 묻혀 영원히 지하에서 주인을 따르게 하고 있다. 상대에서는 개가 제사의 희생 중 하나이다. 뒤에 오면서 개는 인간을 따르는 충실한 동물이었기 때문에 서로 감정이 통하여 사람들은 차마 그 고기를 먹지 못하게 되었다. 게다가 경제적 측면에서도 개는 몸집이 소·양·돼지보다 작고 성장 속도가 빠르지 않았다. 정착하여 농경생활을 하는 사람들에게 개는 고기에서 얻는 이익도 적었고 예민한 후각도 실직적인 필요가 없게 되었다. 그러므로 한대 이후에는 점점 개고기를 먹는 습관이 없어지게 되었다.

| 商 甲骨文 | 周 金文 | 秦 小篆 | 漢 隷書 | 現代 楷書 |
|---|---|---|---|---|
| | | 畜 | 畜 | 畜 |
| | | | | 창자와 연이어진 위의 형상으로, 식품을 저장할 수 있다는 뜻이다. |
| | | 牧 | 牧 牧 | 牧 |
| | | | | 목牧은 나무 막대기로 소, 혹은 양을 모는 형상으로 방목한다는 뜻을 표현하고 있다. |
| | | 牛 | 牛 牛 牛 | 牛 |
| | | | | 소 머리 부분의 상형. |
| | | 羊 | 羊 羊 羊 | 羊 |
| | | | | 양 머리 부분의 상형. |

| 商 甲骨文 | 周 金文 | 秦 小篆 | 漢 隷書 | 現代 楷書 |
|---|---|---|---|---|
| | | | | 豢 두 손으로 돼지를 들고 있는 모양으로, 돌보아 기른다는 뜻을 나타낸다. |
| | | | | 牢 소 혹은 양을 우리에 가두어 놓은 형상으로, 가축을 기른다는 뜻을 나타낸다. |
| | | | | 馬 말의 상형. |
| | | | | 廐 말을 마구간에 가두어 놓은 모양으로 뜻을 취하고 있다. |

| 商 甲骨文 | 周 金文 | 秦 小篆 | 漢 隸書 | 現代 楷書 |
|---|---|---|---|---|
| | | 豕 | 家 豕 | 豕<br><br>살이 통통하게 찐 돼지의 상형. |
| | | 家 | 家 家 | 家<br><br>지붕이 있고 돼지를 기르는 곳이 집이라는 뜻이다. |
| | | 彘 | 彘 | 彘<br><br>활을 쏘아 멧돼지를 잡았다는 뜻이다. |
| | | 豖 | | 豖<br><br>거세된 돼지의 모습으로 기관이 이미 분리된 상태이다. |

| 商 甲骨文 | 周 金文 | 秦 小篆 | 漢 隷書 | 現代 楷書 |
|---|---|---|---|---|
| | | | | 犬 |
| | | | | 개의 상형. |
| | | | | 獸 |
| | | | | 개와 그물은 모두 사냥에 사용되는 용구이므로 여기에서 뜻을 취했다. |
| | | | | 臭 |
| | | | | 개의 코가 예민한 취각을 갖고 있다는 것에서 뜻을 취하였다. |
| | | | | 溷 |
| | | | | 돼지를 기르는 곳을 본뜨고 있으며, 또 사람이 사용하는 변소라는 뜻도 있다. |

제 4 장 목축

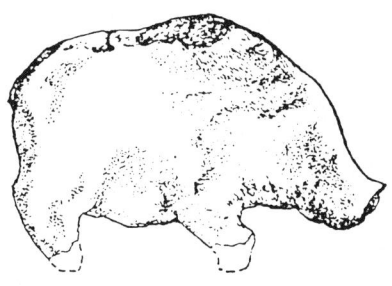

그림 4.1 6천 년 전 여조餘姚 하모도河姆渡 유적의 도기로 된 돼지

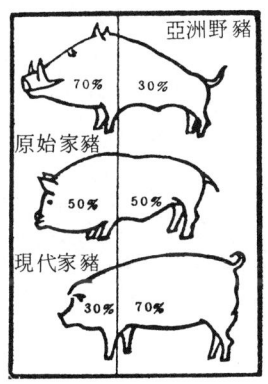

그림 4.2 돼지의 진화와 몸의 앞부분이 차지하는 비율

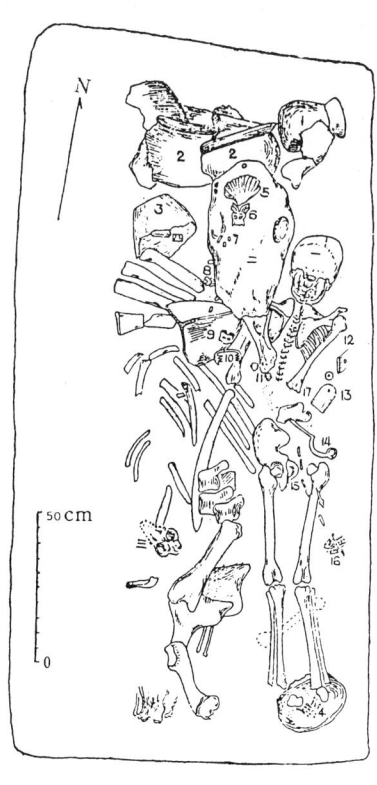

그림 4.3 단기單騎의 증거가 될 수도 있는 상대의 마갱馬坑

그림 4.4 마馬로서 의부義符로 삼은 갑골문의 형성자

# 제 5 장

## 농업의 발전과 중화민족의 형성

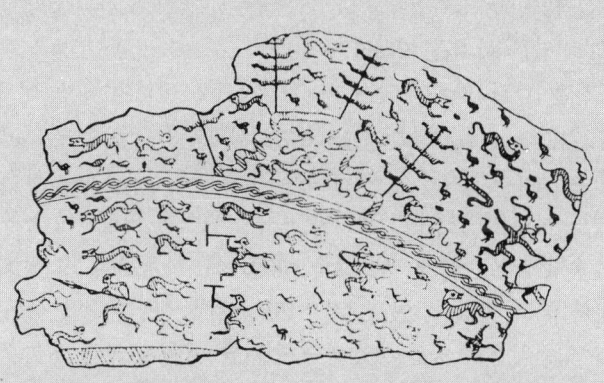

**농업의 중요성**

농업의 발달은 몇 가지 방면에서 한 부락의 발전을 촉진하여 국가를 이루도록 하였다. 경제의 약탈은 항시 전쟁을 야기시키는 주요한 동기 중의 하나이다.

농경을 영위하여 살아가는 사람들은 무장된 힘을 조직하여야 했으며, 온난한 지역과 비옥한 토지를 점유하고 식량을 생산할 수원을 차지하여야 했다. 힘든 노동의 성과가 약탈되고 훼손되지 않도록 보호하기 위하여 반드시 무장을 해야만 했다. 작은 무장집단은 강력한 힘을 가진 자의 영도하에 점점 확장되어 대집단과 부락을 이루었다. 자연자원의 쟁탈전은 산업의 발달을 촉진시켜 조직능력을 향상시키게 되었다. 수원은 농업발전의 중요한 조건이었으므로 수원을 효과적으로 제어하기 위하여 관개시설을 하고 저수지를 쌓아 가뭄을 대비하였다. 혹은 수로를 보호하고 유지하기 위하여 합리적으로 용수를 분배하였다. 이런 일은 많은 인력을 동원하여야 만들어질 수 있을 뿐만 아니라 더욱 효과적인 조직이 있어서 명령을 통일하고 집행해야만 했다. 이런 여러 요인들은 사람들에게 중앙집권 정부의 건립을 필요로 하고 바라게 되었다.(Vivelo, 인류학 : 65) 중국에서 국가조직의 건립과 농업의 발전은 시종 극히 밀접한 관계를 지니고 있었다.

농업의 생산은 채집·어렵과 목축의 생활방식에 비하여 훨씬 더 많은 인구를 먹여 살릴 수 있었다.《백호통白虎通》에는『옛백성들은 모두 금수의 고기를 먹었으나 신농씨에 이르러 백성이 많아지자 금수가 부족하였다. 이에 신농씨는 하늘의 때에 따라 땅의 이로움을 나누고 쟁기와 보습을 만들어 백성에게 농사를 가르쳤다 古之人民皆食禽獸肉, 至於神農, 人民衆多, 禽獸不足. 於是神農, 因天之時, 分地之利, 利耒耜, 教民農作』고 하였다. 여기에서 이미 농업발생의 배경을 충분히 설명하고 있다. 게다가 일반적으로 농업의 성과는 얼마쯤 예측할 수가 있다. 다만 농경의 성과는 상당히 긴 시간이 경과되어야 비로소 실현될 수 있어서 빨리 거둔 성과를 알 수 있는 다른 생활방식과는 다르다. 이 때문에 농경의 발생은 반드시 점진적이었으며, 돌발적이고 우연한 과정은 아니었다. 우리는 어느 때에 사람들이 작물을 심고 길렀는지는 모른다. 농업의 발전에는 필연적으로 기후·토질·품종 등의 복잡한 조건이 있어야 한다. 발전의 조건이 목축보다 복잡하기 때문에 농업의 발생 이전에 일단의 과정이 있었으리라 추측되나, 자연히 쉽게 긍정할 수 없는 어려운 문제이다.(Fagan, 인류 : 178-83) 일반적으로 채집생활은 농경생활보다 힘이 덜

들고 여유있다고 말할 수 있다. 만일 필요한 압력이 없었다면 사람들은 이렇듯 어려운 생활방식을 선택하지 않았을 것이다.(UcKo & Dimbleby, 馴養 : 75-76) 바꾸어 말하면 야생의 식물이 인간생활의 필요를 충족시킬 수 있었다면 농업은 발생되지 않았을 것이다.

농업이 이미 압박에 의하여 발전된 것이니 인구의 압력이 크지 않고 야생곡물이 풍부한 곳에서는 자발적으로 농업이 생겨나지 않았을 것이다. 또 식물의 생장에는 일정한 토질・온도・일조・수분 등의 필요조건이 있다. 지리환경 또한 농업발전에 중요한 결정요소가 된다. 고고학적인 증거 및 과학적 원리와 법칙에 의한 추측에 근거하여, 어떤 사람은 구세계에서 종자작물의 기원지구起源地區로 가능한 지역은 북위 25°에서 45° 사이로 인구의 압력이 컸던 변록지구로, 기후는 겨울에 춥고 봄가을에는 비가 많고 여름은 무더운 지역이며, 지점도 강의 양안・사력층・바위의 급경사・흙이 무너져 내린 곳 등의 한정된 범위의 산상山上이라고 한다.(Ucko & Dimblehy, 馴養 : 19-21)

## 중국 조기의 세 농경구

한 지구에서 농경생활방식이 흥기하게 된 것은 두 가지 경우를 벗어나지 않는다. 즉 자발적이거나 혹은 외지에서 들어온 지식에 의하여 생겨났다. 자발적인 지식은 사람들이 장기적인 채집을 경과하면서 채집식물에 대하여 점차 일정한 지식을 갖게 되었다가, 점차적으로 인구의 압력에 부딪히게 되자 비로소 어떤 계발에 의하여 식물을 심어야겠다는 생각이 싹트게 되었다. 중국의 농경지식은 자발적으로 생겨난 것인가 아니면 외부의 영향에 의해서인가? 어느 때 어느 지구에서 발전되기 시작하였을까? 이 해답을 얻으려면 먼저 중국의 오랜 문화구들을 살펴보고, 그들 유적지의 연대 및 농업이 어떤 단계를 거쳐 발전되어 왔는가를 안 연후에야 비로소 비교적 합리적인 추론을 할 수가 있다.

중국에서 비교적 오래된 문화 중심은 세 곳이 있다. 한 곳은 장강 이남의 광대한 화남지구華南地區이고, 두번째는 황하 중류의 화북지구華北地區이며, 세번째는 장강 하류 및 회하淮河 유역의 동해안지구이다.(張光直, 考古 : 83-84 ; 潘其風, 1980 : 84-89) 아래에서는 일일이 각지구 유적지의 연대와 농업발전의 순서를 토론하여, 각지구에서 자발적 농업이 가능하였는지를 살펴보기로 한다.

화남문화구의 범위는 상당히 넓어서 대만臺湾・복건福建・강서江西・광동廣東・광서廣西・호남湖南・사천四川 등의 성을 포함하고 있다.(彭適凡, 1976 : 15-22 ;

Meacham, 1977 : 421-27 ; 丘立誠, 1985 : 24-28) 방사성 C¹⁴의 연대측정을 거친 신석기 유적지들로는 B.C.9980년의 광동廣東 봉개封開의 황암동黃岩洞(C¹⁴ 수치에 근거 : 101), B.C.8920년의 강서江西 만년선인동萬年仙人洞(C¹⁴ 수치에 근거 : 60), B.C.8770년의 광서廣西 남녕南寧의 표자두豹子頭(C¹⁴ 수치에 근거 : 106), 그리고 B.C.9360년의 광서廣西 계림桂林의 증피암甑皮岩(C¹⁴ 수치에 근거 : 107) 등이다. 어떤 유적지의 표본은 조개 껍질에서 취했으므로 측정해낸 연대가 실제보다 빠를 수도 있다. 그러나 많은 수치의 비교를 통하여 살펴보면, 이 유적지들의 연대가 7천 년보다 빠르다는 것은 문제가 되지 않는다.(北大歷史 1982 : 249 ; 張光直, 1978 a : 116) 선인동 유적지에서 출토된 유물은 돌자귀·뼈끌·아도牙刀·구멍 뚫는 석기·골침·골추·골도·골어차骨魚車·돌끌·조개 껍질 그릇 및 대량의 동물 유해가 출토되었다.(江西文管 1963 : 6-9) 이 유적지에 살았던 사람들의 주요한 생활방식은 채집과 어렵이었다는 것을 설명해 주고 있다. 그러나 이미 원시적인 원예농업에 종사했었을 가능성도 아주 높다.(彭適凡, 1976 : 19)

 화남지구도 적지 않은 유적지가 있으나 위의 몇 유적지와 유사한 면모를 지니고 있다. 대만의 일월담日月潭 지하에서 채집된 화분의 분석으로 기원전 1만 년에 벌써 인류가 산림을 벌목했다는 활동자취를 발견하게 되었다.(張光直, 1974 : 280) 줄무늬 토기는 당시 인류활동에서 흔히 볼 수 있는 표지이며, 또한 화남지구의 다른 유적지에서도 두루 보인다.(張光直, 1970 c : 154-58) 화남 이남의 태국은 C¹⁴의 연대측정에 의하여 지금으로부터 9천1백80년 전으로 밝혀진 Mae Hong Son 유적지에서 백호도·은행·구장·꼬투리콩·조롱박·올방개 등 원시재배 식용작물 이 발견되었다.(張光直, 1970 c : 154 ; Solheim, 1970 : 145-46) 이상의 자료는 이 지구의 농경이 자생적인가, 혹은 외부에서 들어온 지식에 의해 생겨난 것인가에 대한 해답을 주기에는 여전히 부족하다. 그러나 적어도 이것들은 이 지구에서 아주 일찍부터 나무를 벌목하여 농경을 한 현상이 있었다는 것을 말해 주고 있다. 그리 고 이 지구보다 더 남쪽 지방에 대하여, 어떤 학자의 보수적인 통계에 의하면 1 만 년에서 1만2천 년 전에 이미 인공재배식물이 있었으며, 세계 최초의 농업발상지 중 하나라고 한다.(張光直, 1970c : 158 ; Solheim, 1979 : 339) 화남지구는 B.C.7000 년에 상당한 수준에 도달하여 손도끼·끝이 뾰족한 나무 막대기 등과 같이 원시 적인 공구를 사용하여 자연자원을 보호하지 않으면서 간단한 원예농작을 하였다. (孔슈平, 1979 : 96)

 화북의 문화중심지역은 하북·하남·산서·섬서와 감숙 등의 성을 포함하고 있다.(安志敏, 1979 : 334-46; 李友謀, 1979 : 347-52) $C^{14}$ 측정을 거친 조기의 유적지로는 B.C.5934년의 하남 신정의 배리강($C^{14}$ 수치근거 : 77), B.C.5340년의 하남 밀현密縣 아구莪溝($C^{14}$ 수치근거 : 83), B.C.5315년의 하남 공현鞏縣 철생구鐵生溝 ($C^{14}$ 수치근거 : 75), B.C.5405년의 하북 무안의 자산($C^{14}$ 수치근거 : 11), B.C.5200년의 감숙 진안秦安의 대지만大地湾($C^{14}$ 수치근거 : 138)이다. 배리강 유적지에서는 돌삽·돌도끼·돌낫·돌칼·돌절구·돌절굿공이 등이 발견되었으니(開封文管 1978 : 73-79), 땅을 파고 벌목을 하며 수확과 곡물가공 등 농경에 필요한 도구들을 모두 완비하고 있었다. 기장도 아주 많은 유적지에서 발견되고 있으니, 이미 상당히 높은 정도의 농업경제가 있었음이 분명하다.(周本雄, 1981 : 339)

동해안의 문화중심은 강회江澮 유역의 절강·강소·안휘·산동성 등을 포함하고 있다. $C^{14}$의 연대측정에 의하면 비교적 빠른 유적지로는 B.C.4360년의 절강 여조의 하모도($C^{14}$ 수치근거 : 53), B.C.4450년의 절강 동향桐鄕의 나가곡羅家谷($C^{14}$ 수치근거 : 52) 등이다. 하모도에서는 농경도구인 돌도끼·돌끌·뼈쟁기·나무삽 등이 대량으로 출토되었으며, 많은 벼가 발견되었다.(浙江文管 1978 : 51-60) 이 지구의 농업생산이 이미 생활의 주요한 방식이었으며, 초기단계가 아니므로 대량의 농구와 저장된 양곡이 발견되었다는 것을 알 수가 있다.

### 최초로 발전된 농경의 흔적을 찾아볼 수 있는 화남지구

이상 세 지역의 농경 정도를 비교해 본다면, 동해안의 연대가 가장 높고 농업도 상당히 진보되어 있었다. 화북의 유적지는 연대가 빠르면서도 지형이 산록의 강안에 근접하고 있으며 농경에 필요한 농경기구가 모두 갖추어져 있어서, 이미 농경을 처음 시작한 것이 아니라는 사실을 밝혀주고 있다. 게다가 이 두 지역은 연대가 더 빠른 농경문화들과는 닮지 않았다. 도리어 화남지구는 유적지의 연대가 가장 빠를 뿐만 아니라, 농기구도 완전하게 갖추어져 있지 않아서 더욱 초보적인 농경현상을 보여주고 있다. 그러므로 중국 경내에서 가장 최초로 농경을 시작한 지구가 화남이라는 가설은 이유가 있다.(李光周, 1976 : 131-32 : Gorman, 1971 : 305-06) 화남지구에서 비교적 빨리 원시농업이 생기게 된 주요한 원인은 기후가 온난하여 종자의 발아농법이 있었고, 유적지와 인구의 압력이 많아서이다.(張之恒, 1985 : 41-46) 비록 화남의 조기 유적지가 자연발생적인 농경의 지리적인 조건을 갖추고 있었다고는 하지만, 이 지구의 농경이 자발적인지 아니면 더욱 남쪽 지역에서 들어온 것인지는 확정하기가 어렵다.

만일 화북과 동해안 두 지구에서 초보적인 농업의 형태를 띠고 있지 않았다고 한다면, 그 지식은 화남지구에서 들어왔을 것이다.(Solheim, 1970 : 155) B.C.6000 ~4000년 사이에 화북과 동해안의 유적지가 크게 증가하였으나, 화남지구는 그에 상응하여 증가되지 않았다. 이런 현상은 인구의 압력 때문에 사람들이 경작할 만한 땅을 찾아 북쪽으로 왔다는 설명도 가능하다. 더욱더 가능한 것은 기후의 변화로 인하여 사람들을 북으로 쫓아 거주와 경작에 적합한 지역을 찾도록 하였다는 것이다. 제3장에서 소개했던 것처럼 지금부터 9천 년 전에서 1만 년 전에는 연평균 기온이 지금보다 섭씨 4°에서 5° 정도 낮았다. 그때 화북지구는 아마 너무 추워서 농경이 발전되기에는 적합하지 않았을 것이다. 7천 년 전에는 기온이 상승하여 지금보다 2°쯤 높았다. 동식물피의 연구에 의하면, 그때 장강 연안의 기후는 장강 유역처럼 농업이 발전하기에는 아주 적합하였다.(王開發, 1980 : 59-66 : 賈蘭坡, 1977 : 41-49) 이와 반대로 화남은 너무 무더워서 곡물의 생장을 방해하였으며 사람들의 생활에도 적합하지가 않았다. 기온의 상승은 이미 아주 따뜻한 화남지구에서 살아왔던 사람들로 하여금 기후의 변화에 적응하기 위하여 곡물의 파종지식을 가지고 화북과 동해안으로 옮겨가게 하였을 것이다.(仇士華, 1982 : 318-19 : $C^{14}$ 측정의 수치에 근거 : 309-10)

벼는 본래 온난하고 물이 많은 지역에서 자라는 종자식물이었으나(張光直, 考古 : 142) 후에 가뭄에 견딜 수 있는 품종으로 개량되었다. 화북에서는 반건조지대의 보리를 위주로 심었으나, 비교적 늦은 문화층에서는 벼도 발견되고 있다. 화북의 조농사는 화남의 농경지식이 북쪽 기후에 적응하면서 발전되었을 가능성이 아주 높다.(吳汝祚, 1985 : 12-17) 대두大豆는 본래 저습한 지역에 심는 작물이었으나 뒤에 오면서 가뭄에 잘 견디는 산간작물로 변하였다.(何炳棣, 農業 : 167-69) 화북지구는 조건이 좋은 별개 지구로 여전히 벼 재배의 전통이 남아 있었을 것이다. 쌀이 발견된 신석기시대 유적지로는 하남의 승지澠池·정주鄭州·석천淅川·낙양洛陽·섬서의 호현戶縣·화현華縣·서향西鄕·산동의 서하棲霞가 있다.(陳文華, 1877 : 422-24)

화남지구의 조기 유적지는 모두 산 위에 있으며, 화북 및 동해안은 산자락과 물가의 평지에 자리잡고 있다. 이와같이 산 위에서 점차 평지로 이주하여 내려온 생활습관의 변화과정은 다른 조기의 농경문화에서도 보편적으로 찾아볼 수가 있다.(孔슈平, 1986 : 29 : Pearson, 인류학의 소개 : 347) 예를 들면 태국 북부의 Mae Hong Son 선인동 유적지는 약 1만 년 전에 사람들이 산상에 거주하면서 살아왔던 채집과 원예생활을 끝내고 있다. 8천5백 년 전에 이르자 벼농사의 발전으로 인하여 물가의 평지로 내려와 거주하게 되었다.(Fagan, 인류 : 210) 동해안의 벼문화는 이런 거주지의 변화를 구체적으로 반영하고 있다.(孔슈平, 1986 : 33)

 B.C.5000년 이후부터 중국문화의 주요 중심지는 바로 위에 기술한 원인들로 말미암아 화북과 동해안 두 곳으로 옮겨지게 되었다. 그들은 기후의 변천으로 말미암아 기후가 적합하고 강우량이 적당한 이상적인 지방이 되었다. 게다가 지세가 평탄하고 광활하며 토질이 비옥하여 농업의 발전에 적당하였다. 이 두 지구의 농경문화는 화남에서 발전되어 나왔을 것이며 상호 전파되었을 가능성은 적다. 왜냐하면 이 두 지역 사이의 화북평원에는 6천 년 전보다 더 빠른 유적지가 없기 때문이다. (그림 5.1) 화북지구는 육로를 통하여, 동해안지구는 대개 해안을 경유하여 화남으로부터 발전되어 왔을 것이다.(許順湛, 1980 : 15) 호북 서부와 사천 동부의 한수 상류와 장강 중류는 화남과 화북지구가 교류하는 한 가닥 길을 제공해 주고 있다. (張光直, 考古 : 200) 화남지구가 광활하고 문화의 면모에도 지역적인 차이가 있기 때문에 여기에서 발전되어 이루어진 화북과 동해안 문화에는 각기 나름대로 가까운 점도 있고 다른 점도 있다.

### 중국 동서문화의 융합

 동서 양문화의 중심에 자리잡고 있는 화북평원은 중국에서 유사시대 이후 정치활동의 중심이 되었다. 그곳은 황하와 그 지류가 충적되어 이루어진 범람구여서 원시적인 농경에는 적합하지 않았으므로 6천 년 전의 유적지는 거의 발견되지 않고 있다. 시작 단계에서 서쪽의 화북 중심이 대체로 서로 발전되어 나가면서 황하와 그 지류를 돌며 앙소문화를 이루었고, 이어서 다시 서진하여 감숙성에 이르자 제가문화齊家文化를 형성하였다.(張光直, 1970 a : 90-107) 동해안의 문화는 북과 남을 향하여 나아가 청련강靑蓮崗 및 마가빈馬家濱 등의 문화를 형성하였다.(南京博物院 1980 : 31-36) 북진의 주류는 산동과 요동반도에 도달하였다. 이 두 개의 동서문화 중심은 모두 평탄한 화북평원을 향하여 발전하지 않았다. 아마도 동해안의 사람들은 물길이 종횡으로 뻗어 있는 소택지에 습관이 들었으므로, 인구의 압력을 받게 된 후에야 부득이 원시적인 경작에는 적합하지 않은 이곳을 향하여 이주하여 개간하지 않을 수 없게 되었을 것이다. 적합한 토지를 찾기 위하여 그들은 점점 서쪽으로 이주하여 마침내 서편의 산자락에 살고 있던 주민들과 접촉하게 되었다. 그들은 서로 투쟁하고 협조하는 과정중에 점점 동일한 배경과 전통을 가진 중화민족으로 융합되게 되었다.

고대의 전설에서 우리는 이와같이 동에서 서로 이주해온 흔적을 살펴볼 수가 있다. 황제시대 이전의 전설에서는 구체적으로 동서문화의 접촉・투쟁 및 국가의 건립 등을 살펴볼 수가 없다. 이것은 아마도 동서 두 문화가 아직 접촉과 충돌을 하지 않았다는 사실을 반영하고 있을 것이다. 전설 속의 황제는 서쪽 지역을 호령할 수 있는 패권을 얻고 나서, 하북의 탁록지방에서 강하고 사나운 웅족雄族 치우를 물리치고 전중국을 통일하였다.(郭沫若, 中國史稿 1 : 122-24) 탁록은 서부 문화구의 가장자리로 동방의 사람들이 서부의 이익을 침입하여 일으킨 전쟁이었을 것이다. 전설상의 황제는 B.C.2700년의 인물로 화북평원은 B.C.3000년 후에야 비로소 점차 유적지가 생겨나는 고고현상과도 충돌하지 않는다.

또 다른 전설에 의하면, 상商의 시조 설契에서 탕湯에 이르는 그 기간 동안 상나라 사람들은 화북평원에서 모두 여덟 차례나 이주하였다. 그것은 이 지역에서 장기적으로 안정된 생활을 하기가 곤란하였다는 충분한 표시이다. 이 기간에 상나라 사람들과 서편에서 안정된 생활을 하고 있던 주민들 사이에는 몇 차례 접촉과 충돌이 있었으며, 끝내는 하왕조를 무너뜨리고 상왕조를 세웠다.(鄒衡, 1979 : 68 : 傅斯年, 1935 : 1094-1103) 상은 건국 후에도 다시 다섯 번을 이주하였고 반경盤庚에 이르러 현재의 안양安陽으로 옮기고 나서 비로소 안전하게 정착하였다. 대개 이후부터 상나라 사람들은 기본적으로 홍수범람과 충적평원상의 경작의 곤란을 극복하였다. 지하발굴을 통하여 안양시기 이전의 화북평원에는 상 초기의 유적지가 아주 적으며, 상 말기에 이르러서야 각지에 두루 퍼졌다는 것을 보여주고 있다.(張光直, 商文明 : 289-321) 하대夏代부터 시작하여 동서 양문화는 모든 화북지구에서 갈수록 빈번하게 접촉하였다. 원래는 동방에 근원을 두고 있었으나, 서방에서 일어난 진秦이 전국을 통일할 때까지 각부족 사이에는 무수한 전쟁・연맹・이주를 통하여 원래의 씨족・혈통・지역 등의 한계를 모두 타파해 버리고, 마침내 하나의 한漢민족으로 융합하게 되었다.(陳槃, 1978 : 703-10) 화북지구는 농업발전의 원인으로 말미암아 개발되어 중국문명의 주요한 중심이 되었다. 문명의 요람이었던 화남은 지리와 기후의 요인으로 말미암아 문명의 성장기에는 도리어 그 작용을 하지 못하였다. 그러다가 B.C.1000년 이후에 기후가 차갑게 변하게 되자 비로소 다시 개발되어 마침내 인문人文이 모이는 곳이 되었다.

**농경기술 —— 제초**

농업은 중국인이 유사 이래로 종사해왔던 중요한 생활방식이었다. 갑골문의 ※
(농, 農)자는 ※※(림, 林)과 ㄹ(신, 辰)으로 만들어졌다. 림林자는 농업이 수목이
울창한 곳에서 행해진 일이라는 것을 표시하고 있다. 신辰자는 신蜃자의 초형初形
으로 단단한 껍질을 지닌 연체동물을 본뜨고 있다. 민물조개는 구석기시대 이래로
사람들이 잡아서 식용으로 삼았던 대상이었으며, 게다가 이것으로 장식물을 만들기
도 하였다. 조개 껍질이 파열된 곳은 아주 예리하면서 가볍고 편하여 별로 가공을
하지 않아도 되었으므로, 사람들이 흔히 이용하는 이상적인 절단공구였다. 조개
껍질이 비록 나무를 벌목하는 데는 사용할 수 없었지만 제초와 이삭을 자르는 도구
로는 이상적이었다. 《회남자淮南子》 범론훈泛論訓에 『옛날에는 보습을 깎아서 밭을
갈고, 조개 껍질을 갈아서 김을 맸다 古者剡耜而耕, 磨蜃而耨』는 말이 있다. 이로
인하여 농農자의 원래 조자造字 의미는 수목이 많은 곳에서 조개 껍질로 만든 도구
를 가지고, 잡초를 제거하고 수확을 하는 것과 같은 농경의 필수적인 일을 한다는
뜻이다. 강서江西 만년현萬年縣의 선인동仙人洞 초기단계에서 많은 수량의 방기蚌
器가 발견되었다.(王仁湘, 1987 : 145-55)

초기의 농경방식은 산림에 불을 질러 경지를 만들고 나무의 재를 비료로 삼았
다. 그때의 사람들은 초지를 개간할 능력이 없었으며, 농지에도 일정한 경계가 없었
다. 그것으로 본다면 갑골문의 농農자는 아주 원시적인 농업기술에 바탕을 두고
글자가 만들어졌다고 할 수 있다. 뒤에 오면서 정제된 평지 위에 농토를 구획하게
되면서 더이상 무계획적이고 불규칙한 화전방식을 쓰지 않게 되었다. 그리하여
서주西周의 금문金文에서는 상대의 자형字形에다가 반듯하게 경계가 나누어진 전田
자를 더하여, 이미 진보된 경작방식이 보편적으로 채용되었다는 것을 표시하고
있다.

농업발생의 초기에는 여전히 정착생활을 하기가 힘들었다. 사람들은 흔히 한
번 땅에다 파종을 한 뒤에는, 다른 곳으로 수렵을 떠났다가 수확기가 되어서야
비로소 돌아와 수확을 하였다. 이와같이 연속적으로 몇 차례 경작을 하고 나면
땅의 양분이 감소하게 되므로 사람들은 그 땅을 버리고 다른 새 경작지를 개간하게
되었다. 뒤에 또다시 몇 년이 지난 뒤에 버렸던 경지의 지력이 회복되어 다시 생산
을 할 수 있다는 것을 발견하게 되었다. 이에 몇 군데의 경지를 번갈아 가면서
경작하는 법을 배우게 되면서 비교적 장기간의 정착생활을 할 수 있게 되었다.
한 곳에 정착을 하면서 잡초가 곡물의 성장을 방해한다는 사실을 발견하고는 의도
적으로 베어내고 뽑아내게 되었다.(郭寶鈞, 銅器 : 37) 잡초를 제거하는 일은 시간이

걸리고 힘든 일이었으나 좋은 수확을 바랄 수가 있었으므로 고생스러움을 마다하지 않고 여름철에 서너 차례 잡초를 제거해 주었다. 갑골문의 ☒(호, 薅)자는 이런 작업을 표현하고 있다. 한 손에는 조개 껍질로 만든 칼을 들고 산자락에서 곡물의 성장을 방해하는 잡초를 제거해내는 모양이다. 갑골문의 ☒(욕, 蓐)자는 호薅와 같은 뜻으로 만들어졌으나, 단지 산자락만이 줄어들고 조개껍질칼로 풀을 베는 상태이다. 뒤에 오면서 욕蓐자는 베어낸 풀이나, 혹은 베어낸 풀로 짜서 만든 자리를 표시하는 뜻으로 변천되었다. 상대에 이르자 농업은 이미 중요한 생활방식이 되었으며, 아침에 일찍 일어나 해야만 하는 일이 되었다. 그러므로 갑골문의 ☒(신, 晨)자는 두 손에 조개 껍질로 만든 도구를 든 회의자會意字로, 조개칼로 제초 작업을 해야 하는 일은 사람들이 아침 일찍 해야 할 일이라는 의미를 표시하고 있다. 그러나 상대에 신晨과 농農의 의미는 모두 구별없이 농업생산을 관리하는 관리였다. 웬만큼 뒤에 와서야 비로소 신晨이 아침이란 시간을 나타내는 말로 사용되었다.

**농경기술——관개**

반경이 안양으로 옮기고 난 뒤로는 기온이 이미 수천 년 전처럼 온난하지 않았으며, 현재의 평균온도에 비하여 얼마 높지 않았다. 그것은 제3장에서 이미 토론하였다. 황하의 물길이 항상 폭우로 인하여 하류에서 물길을 바꾸었으므로 화북평원은 수재와 한재를 겪어야만 했다. 만일 효과적으로 홍수를 방지하기 위한 방범防泛과 물을 저장하는 수리시설이 없다고 한다면, 고도로 인구가 집중하여 정착생활을 하는 농업경제를 바탕으로 한 정권을 세우기가 아주 어려웠을 것이다. 아마도 이와 같은 원인으로 인하여 이곳에서 조기의 유적지가 발견되지 않았을 것이다. 절강 하모도의 사람들은 벼의 생산기술을 이미 초보적으로 장악하고 있었으며, 지세의 높낮이를 이용하여 물을 끌어들이고 논두렁을 만드는 등의 관개기술을 갖고 있었다.(科技史稿 : 15) 이런 문화가 발전되어 내려오면서 강회江淮지구의 사람들은 낮고 평탄한 지세와 종횡으로 교차하는 물길에 대하여 이미 2,3천 년의 경험을 누적해오고 있었다. 그들은 제방을 축조하는 지식을 가지고 화북평원에 와서 생활을 꾸려나갔을 것이다.

제방을 건조하는 일은 대량의 인력을 필요로 한다. 공정의 진행을 순조롭게 하기 위해서는 다시 잘 갖추어진 조직과 명령체계가 필요하다. 고고학자들은 하남의 정주에서 안양 초기의 상성商城터를 발굴하였는데, 어떤 사람은 1만여 명의 노동력을 동원하여 18년의 시간이 걸려야 비로소 완성될 수 있다고 한다.(安金槐, 1961 : 77) 혹은 단지 4,5년의 시간이 필요하였을 뿐이라고도 한다.(商周考古 : 59) 이런 공정으로부터 상대 사람들이 민중을 조직하여 대공정을 건조할 수 있는 능력을 갖추고 있었다는 사실을 알 수가 있다. 갑골문의 川(협, 協)자는 세 개의 력力으로 만들어졌다. 갑골문의 ナ(역, 力)자는 일종의 원시적인 흙 파는 공구의 상형으로, 뾰족한 나무 몽둥이의 아래에다 발판을 묶어놓아 발로 밟아 흙을 파내는 데 편리하도록 만든 간단한 도구이다. 협協자는 원시적인 흙 파는 공구 세 개로서 사람들이 힘을 합하여 일한다는 뜻을 표시하고 있다. 단지 대형 궁전의 터를 닦거나, 제방을 쌓고 저수지를 만드는 등의 공사에서만이 비로소 사람들의 힘을 규합하여 땅을 깊이 파게 된다. 이 자는 갑골 각사에서 농사와 관련된 시설에 사용된다. 상대의 사회배경으로 살펴본다면 저수지를 파는 공사가 가장 적당할 것이다. 왜냐하면 경지는 흙을 아주 깊이 팔 필요가 없으나 깊은 구덩이를 파는 것이 협協자에서 표현하고자 하는 중점이니, 사람들이 힘을 합하여 구덩이를 파는 목적은 농사를 지으면서 흙을 갈아엎는 것이라기보다는 가뭄을 막기 위한 수리작업일 것이다. 반경이 안양으로 천도한 뒤에 더이상 천도를 하지 않은 것은 한편으로 안양의 지형과 지세 때문이고, 다른 한편으로는 저수지와 같은 수리시설의 건설일 수도 있다.

멀리 B.C.4000여 년의 서안 반파 유적지 및 그밖에 상자현像磁縣 하번왕下潘王·임동 강채에서는 사람들이 모두 깊은 도랑을 파 야수의 침입을 방지하거나 빗물이 빠져 흘러나가도록 하였다.(西安牛坡 : 49-52 ; 河北文管 1975 : 83 ; 牛坡博物館 1980 : 3) B.C.4000~3000년의 동해안 마가빈문화馬家濱文化 또한 작은 수로를 뚫어 물을 저수지 안으로 끌어들이는 시설을 하였다.(浙江文管 1960 b : 93-106 ; 考古 三十年 : 218) 하남의 용산문화 유적지에도 도랑의 유적이 있다.(河北文管 1975 : 89) 상대에서는 다시 유수량을 조절하기 위한 수문의 흔적이 있다.(石璋如, 建築 : 268) 그런 도랑은 빗물이 흘러나가도록 만든 것이 아니라 하수구 계통일 가능성이 높다. 그 도랑은 나무 말뚝으로 둑을 보호하고 있으니(그림 5.2) 이 도랑으로 항상 대량의 물이 흘러 내려가고 있었음이 분명하다. 그러므로 나무 말뚝으로 둑을 보호하도록 설계하여 둑이 붕괴되는 것을 방지하였다. 금문의 ㊗(류, 留)자는 전지田地 옆에 수로가 있는 형상이다. 수로는 다른 곳에서 물을 끌어들여 농지에 관개하는 것에 사용되었으므로 보류하다·머물다 등의 의미를 갖게 되었다. 관개를 위한 물을 모아두는 것은 수로의 진일보한 응용이다. 안양의 수로 및 나무 말뚝을 박아 둑을 보호하는 조감도와 류留자 옆 농지의 수로는 같은 모양이다. 안양에서도 저수지와 같은 상대의 장방형 못이 발굴되었다.(石璋如, 建築 : 202) 이상과 같은 각종 흔적으로 추측해 보면 상대에 물을 저장하여 관개하던 시설이 있었다는 것은 문제가 되지 않는다.(張政烺 1973 : 102-03)

**우경牛耕**

자연과 인위적인 요소가 모두 경작의 효과에 영향을 끼칠 수가 있다. 관개·시비·제초·제충 및 효율이 뛰어난 도구 외에도 우경은 생산효과에 큰 영향을 미칠 수 있는 기술이다. 관목휴경灌木休耕의 방식으로 농사를 지을 때는 토지의 비옥 정도에 따라서 다르나, 2~8년을 경작하고는 6~8년을 휴경하여 지력이 회복되기를 기다려야 한다.(Boserup, 농업 : 15) 이런 낮은 수준의 생산방식은 밀집된 촌락이나 도시생활의 요구를 만족시키기가 아주 어렵다. 상 말기의 안양安陽은 인구가 집중된 도시로 응당 상당한 높은 토지 이용률이 있어야 비로소 많은 인구를 먹여 살릴 수가 있었다. 그러나 고대문헌에는 경작방식을 반영한 기록이 아주 적으므로, 중국에서 어느 때 우경이 시작되었는지는 아주 쟁론이 많은 논제이다.(郭沫若, 奴隷制 : 21 ; 郭寶鈞, 銅器 : 32 ; 李亞農, 史論 : 456 ; 許進雄, 1981 : 91-104 ; 倪政祥, 1964 : 53-57)

연구에 의하면, 세계의 고대 문화구에서 짐승의 힘을 이용하여 수레를 끌던 것과 거의 같은 시기에 쟁기를 끄는 방식이 출현한 곳은 고대 그리스와 로마였다. 그러나 고대 이집트(Egypt)와 수메리아(Sumeria) 같은 지역에서는 짐승의 힘을 이용하여 쟁기를 끄는 것이 수레를 끄는 것보다 빨랐으며, B.C.3500~2800년 사이에 이미 아주 복잡한 우경방식으로 땅을 갈았다.(Hoebel, 인류학 : 218, 246 ; 何炳棣, 搖籃 : 116) 중국의 전설에는 우마차가 마차보다 빨랐다. 상대의 마차는 벌써 아주 정교하게 만들어졌으니, 이미 장기간의 발전을 거쳐왔을 것이다.(孫機, 1980 b : 448) 상대에 소를 이용하여 수레를 끄는 일은 벌써 오랜 경험이 축적되어 있었으니, 이를 응용하여 쟁기를 끌게 하는 일은 문제될 것이 없었다.

상대에 이미 우경이 있었다는 것을 증명하려면 현재로서는 문자에서 찾아보아야만 한다. 갑골문에 있는 수렵지역의 지명과《설문해자設文解字》양襄의 고문古文은 서로 아주 흡사하다. 이들은 응당 동일한 글자가 선후로 발전된 형식일 것이다. 양襄자에 대한《설문해자》의 해석은『옷을 벗어부치고 쟁기질을 한다 **解衣而耕**』이며, 인신되어 땅을 개간하다·반복하다·멍에를 씌우다·제거하다와 같은 의미로 쓰였으니(說文段注 : 398) 모두 소를 이용하여 밭을 가는 작업과 관련이 있다. 양襄의 고문자형이 비록 와변訛變되었다고는 하지만 기본적으로는 여전히 갑골문의 자형을 보류하고 있다. 이 자는 마땅히 두 손으로 땅에 박힌 쟁기를 잡고 있으며, 쟁기 앞에는 한 동물이 끌고 있고, 게다가 흙이 갈아엎어지는 상태로 해석하여야 한다. 때때로 이 자는 두 손으로 두 개의 쟁기를 잡고 있고, 앞에는 두 마리의 동물이 끌고 있는 모양으로 쓰이기도 한다. 그 자와 또 다른 수렵지인 의 구조는 아주 흡사하다. 어떤 사람은 후자가 두 마리의 개가 쟁기 하나를 끌고 있는 모양이라고 한다. 사실 이 두 자에 나오는 동물은 모두 소이다. 소의 측면 윤곽은 개·돼지와 구별하기가 어려우며, 단지 개별적인 종속을 밝힐 때만 비로소 소·양의 머리 부위로 전체를 대표하고 있다. 이 두 자는 동물과 쟁기의 관계에 중점을 두고 있으므로 측면에서 본 모양으로 몸 전체를 그리고 있다. 갑골문에는 또 다른 자가 있는데, 소와 땅을 가는 쟁기가 조합되어 만들어졌으며, 려犁 혹은 물物로 해석되고 있다. 상대에서 제사에 희생으로 바치는 소의 종류는 태반이 회흑색의 물소이다. 이렇게 쟁기와 가축으로 만들어진 글자들은 사실 소가 쟁기를 끈다는 것보다 더 합당하게 표현할 수는 없다.

　쟁기의 모양에서도 상대에 사용한 쟁기질의 방식을 살펴볼 수가 있다. 당시에 경작한 쟁기날은 두 종류가 있다. 하나는 한 날이고, 다른 하나는 두 날이다. 갑골문의 (력, 力)자가 한 날로 땅을 파는 도구의 상형자라는 것은 이미 소개했다. (그림 5.6) 갑골문의 (방, 方)자는 끝부분이 두 개의 날로 갈라져 있는 쟁기의 상형이다. 그 모양과 용법은 (적, 耤)자에서 찾아볼 수가 있다. 갑골문의 적耤자는 한 사람이 손으로 쟁기의 자루를 잡고, 발로는 방方자형의 쟁기날을 밟고 밭을 가는 모양이다. 이상 두 종류의 쟁기는 모두 원시적이다. 비교적 진보된 방식은 볏을 부착시킨 것이다.(그림 5.3) 쉬지 않고 연속적으로 쟁기질을 하려면 볏이 파올라오는 흙덩이를 부수어 양편으로 밀어내야만 한다. 그것은 한발 한발 발로 쟁기를 밟아서 땅을 갈아엎는 방식보다 훨씬 많은 시간을 절약할 수가 있다.(그림 5.7-8) 갑골문의 (방, 旁)자는 바로 이런 쟁기로 의미를 표현해내고 있다. 이 자는 날이 있는 쟁기날 위에 횡판橫板의 볏을 장치한 것이다. 볏의 작용이 흙을 양옆으로 밀어내어 땅을 갈아엎는 작업을 수월하게 해주기 때문에, 이 자는 근방·양옆의 의미를 갖게 되었다. 둥글고 뾰족한 쟁기날에 볏을 장치한 모양은 갑골문의 자에 나타나 있다. 이 자는 두 손으로 이미 땅 속으로 파고 들어간 볏이 장치된 둥글고 뾰족한 쟁기를 잡고 있는 모양이다. 또한 이 자는 두 손으로 땅 속을 파고 들어간 둥글고 뾰족한 돌도끼 모양을 잡고 있는 모양()으로 쓰기도 한다. 돌도끼는 쟁기가 아직 발명되기 전에 흙을 파던 원시적인 도구이다. 상대에 이 자는 황무지를 개간하는 작업이었다.(張政烺, 1973 : 117 ; 于省吾, 1972 : 41) 쟁기로 땅을 갈아엎는 것은 황무지를 개간하는 기본적인 작업이었다. 볏은 쟁기의 특수한 장치이다. 개간되지 않은 단단한 땅은 소가 있어야 쟁기를 끌 수가 있다. 황무지를 개간한다는 의미를 가진 이 자는 때때로 양襄자와 같은 모양의 쟁기를 쓰기도 한다. 그것은 둥글게 굽은 볏으로 평소에 사용하는 평판平板의 볏과는 조금 다르다.(자형표를 보라) 평판의 볏은 저항력을 감소할 수 있기 때문에 대부분 개간되지 않은 땅에 사용하고, 곡판曲板은 농사를 짓고 있는 땅에 사용된다.(倪政祥, 1964 : 56)

이밖에 갑골문의 ᵕᴀ(주,疇)자 또한 간접적으로 상대에 쟁기질로 경작한 방식을 살펴볼 수가 있다. 그 자는 쟁기질에 의하여 흙이 갈아엎어져 둥글게 말려 올라가 뒤집어진 모양이다. 쟁기를 발로 밟는 방식은 흙이 말려 올라가지 않는다. 상대에 이미 뒤집어엎어진 흙으로 밭두둑이란 의미를 표현하고 있으니, 당시에 이런 경작 방식이 흔히 볼 수 있는 것이라는 사실을 알 수가 있다. 상대에 동물이 끄는 쟁기가 있었고, 또 소·말로 수레를 끌게 할 줄을 알았으니 사실 그들이 가축의 힘으로 쟁기를 끌게 하지 않고 사람의 힘만을 이용했다고 하기는 아주 어렵다. 어떤 학자는 신석기시대의 대형 돌쟁기를 복원하니 길이가 90cm, 넓이가 40cm에 달하고 있어 인력으로 조작하기는 어렵다고 하였다.(葉玉奇, 1981 : 93)

위에 기술한 현상을 근거로 하면 상대에 소로 쟁기를 끌게 하여 밭을 갈았다는 것은 문제가 되지 않는다. 우경은 땅을 깊이 파헤쳐 휴경기간을 단축할 수가 있었다. 후세의 경험에 근거하면 우경은 다섯 사람의 효율과 맞먹는다고 한다.(嶺南代答 : 55) 그 이익이 명확하므로 생산에 관심을 가진 인군은 응당 힘껏 장려하였을 것이다. 그러나 제한된 서주의 문헌에서 우리는 우경을 널리 이용했다는 현상을 찾아볼 수가 없다. 한편으로는 당시에 충분한 인력이 있어서, 인력을 절감할 기술을 강하게 필요로 하지 않았을 가능성도 있다. 또 다른 한편으로는 당시 사회에서 소는 양식을 생산하는 것보다 더욱 중요한 임무가 있었으므로 우경이 보편화되지 않았을 수도 있다.

서주의 초기 문헌인 《상서尙書》의 주고酒誥·무일無逸·미자微子와 《시경》 탕湯에는 모두 상나라 사람들이 모여서 술을 마시는 습관이 있었다는 사실을 반영하고 있다. 당시 곡물의 생산이 많이 남아돌았으므로 사람들이 아끼지 않고 술을 담갔다는 것을 표시하고 있다. 만일 당시에 장기간 식량을 저장할 수 있는 기술과 설비가 없었다고 한다면 과다하게 생산된 양식도 그다지 큰 쓸모가 없었을 것이다. 그러므로 크게 증산기술을 강구할 필요가 없었다. 게다가 상나라 사람들은 대량으로 사람들을 제사의 희생으로 사용하였다.(黃展岳, 1974 : 158 ; 胡厚宣, 1974 : 56) 이 또한 그들이 결코 인력자원이 부족하지 않았다는 것을 표시하고 있다. 가축 중에서 쟁기를 끌 수 있는 커다란 짐승은 소와 말이다. 말은 사냥이나 군사적으로 큰 쓸모가 있어서 귀족들이 아끼는 짐승이었으므로 이것으로 밭을 갈게 하지는 않았다. 소는 제사시에 가장 성대한 희생이었고, 또한 작전시에 치중을 운반하는 가축이었다. 고대에는 〈제사와 전쟁〉보다 더 중요한 일은 없었다. 《풍속통의風俗通義》 일문佚文에 『건무建武 초에 군역이 극히 빈번하니 소 또한 소실되었다. 그러자 농업이 아주 피폐하여 곡물의 가격이 아주 비쌌다 建武之初, 軍役亟動, 牛亦損耗, 農業頗廢, 米石萬錢』고 하였다. 동한시대에 이르러서도 소의 농업상의 용도가 여전히 군사상의 수요에 양보하고 있는데 하물며 1천 년 전의 상대는 말할 것도 없었다. 이미 당시에 식량의 공급을 우려하지 않았으며 소는 식량 생산보다도 더 중요한 임무가 있었다. 또한 상대에 사용된 청동쟁기와 돌쟁기는 후세의 쇠쟁기처럼 인력의 다섯 배 효과도 갖추지 못하였으니, 당시에 적극적으로 우경기술을 발전시키지 않았다고 탓할 수도 없다.(李根蟠, 1986 : 129-132) 심지어 춘추시대에 이르러서도 《국어國語》 진어晉語에는 진晉나라의 귀족이 『종묘의 희생이 밭고랑에서 부지런히 일한다 宗廟之犧, 爲畎畝之勤』고 하면서, 소의 가치가 떨어져 밭을 가는 데 사용되고 있음을 애석해한 기록이 있다.(그림 5.4)

이미 상나라 사람들은 우경을 알고 있었으나, 소는 그밖에도 더욱 중요한 용도가 있었으므로 인력으로는 해내기 어려운 일이 있을 때라야 비로소 우경을 사용하였을 것이다. 처음 개간하는 토지는 너무 딱딱하여 충분한 힘이 없으면 흙 속에 박힌 쟁기를 끌 수 없었으므로 그런 때만 부득이 소를 사용하였다. 그러므로 황무지를 개간한다는 의미는 위에서 말한 것과 같이 두 손으로 볏이 있는 쟁기를 잡은 것으로 뜻을 표현하였다. 개간된 땅이 기름진 농토가 된 뒤에는 사람의 힘으로도 쟁기질을 할 수 있었기 때문에 굳이 소를 사용할 필요가 없었다. 이런 경작방식이 대체로 춘추시대까지 연용되었다. 당시에는 나라들 사이에서 전쟁이 빈번하였으므로 많은 병사들이 필요하였다. 그 당시에 마침 철기가 점차로 널리 응용되고 있어서 경작의 효과도 크게 증가하였다. 그러자 각지에서는 비로소 인력을 절감하고 생산효과를 증가시킬 수 있는 우경기술이 발전되기 시작하였다. 《맹자孟子》 등문공상滕文公上에 『하후씨의 제도는 성년 남자들마다 50무畝를 주는 공貢법을 실행하였고, 은나라의 제도는 70무를 주는 조助법을, 주나라의 제도는 1백 무를 주는 철徹법을 시행하였으니, 모두 십분의 일을 조세로 취하는 것이다 『夏后氏 五十而貢, 殷人七十 而助, 周人百畝而徹』라고 하였다. 농업기술의 개량으로 말미암아 경지면적도 증대하였다. 서주시대는 1백 보를 무라 하였고, 춘추 후에는 2백40보를 무라 하여 한 사람이 1백 무를 경작하였다.(林甘泉, 1981 : 37) 경작면적이 주대의 두 배 반이 되었으니 쇠쟁기 및 우경의 발전과 절대적인 관계가 있다는 것은 의심할 여지가 없다.(越智重明, 1977 : 23-24)

### 농업발전의 단계

원시생활을 지내던 사람들은 크게 노고를 겪지 않고서도 열량이 충분한 식량을 채집할 수가 있었다. 그러나 인구의 압력은 항상 사람들로 하여금 채집보다도 더 진보된 생산방식으로 발전하도록 밀어주는 중요한 힘이 되었다.(Fagan, 고고소개 : 321) 구석기시대 말기에는 1백 평방마일의 구역이 12.5명의 생활을 유지하게 해줄 수 있었다. 초보적인 채집과 어렵사회에서는 1백 명이, 고급 채집사회는 1천5백 명에서 2천 명까지 먹고 살 수 있었다.(Pearson, 인류학의 소개 : 349 ; 張光直, 1970 b : 121) 상나라 사람들이 적극적으로 우경의 효용을 발전시키지 않았던 것은 인구의 압력이 그리 크지 않았기 때문일 것이다. 농업발전의 일반과정은 삼림휴경·관목휴경·단기휴경·일모작 및 다모작이다.(Boserup, 농업 : 15-16) 일종의 새로운 생산방식을 채용하는 것은 항상 새로운 공구와 새로운 기술의 사용을 수반한다. 생산방식이 진보될수록 시간과 노력을 허비하여 갖가지 예비작업에 종사해야만 한다. 농사짓는 일은 침종浸種·제초·시비·제충·배종·관개 등을 포함하고 있다. 결론적으로 말하면 근대에 에너지를 이용해서 기계를 사용하기 전에는 비교적 진보된 농업경작법이 흔히 같은 양의 식량을 생산해내는 데 더 많은 시간을 소비하여야만 했다.(Boserup, 농업 : 36-41) 인구의 압력만 아니었다면 비경제적인 휴경지를 이용하도록 핍박하지도 않았을 것이며, 사람들은 주동적으로 더 많은 노력과 시간을 허비하면서 진보적인 경작법으로 단위면적의 생산량을 높이려고 하지도 않았을 것이다. 간단히 말해서 고대 중국의 농업이 도달한 단계 중 앙소문화시대는 대략 삼림휴경이었다.(張光直, 考古 : 97) 용산문화시대는 관목휴경이었고, 상대는 진보되어 단기휴경에 도달하였으며, 어떤 지역에서는 심지어 일모작을 하기도 하였다.《순자荀子》부국편富國篇에는 『한 해에 두 번 수확을 거둔다 一歲而再獲之』고 하였으니, 전국시대에 어떤 곳에서는 이미 이모작도 하였다는 것을 밝혀주고 있다.

한 사회의 경제력은 의심할 바 없이 그때의 자원취득방식과 밀접한 관계가 있다. 농업을 예로 들면 진보된 경작법은 흔히 고도의 문명을 산생한다. 그러나 사회의 내함은 아주 복잡하여 어떤 생산방식이나 공구의 출현 또한 반드시 그 사회가 이미 어떤 문명의 정도에 이르렀다는 절대지표는 아니다. 그밖에 관련된 요소들도 고려를 해야만 한다. 농업기술을 예로 들어 말하면 그곳의 지리상황·기후조건뿐만 아니라, 사람들의 사상·사회조직의 우열 등등의 인위적인 요소들도(Fogg, 1983 : 108) 아주 커다란 영향을 끼치고 있다. 예를 들면 상대에 비록 청동제 농구가 있었고 우경의 경험이 있었다고는 하지만, 청동과 소가 모두 제사와 군사상에서 더 중요한 용도로 사용되었으므로, 상나라 사람들은 생산을 향상시킬 수 있는 이런 기술들을 적극적으로 발전시키지 않았다.

| 商 甲骨文 | 周 金文 | 秦 小篆 | 漢 隸書 | 現代 楷書 |
|---|---|---|---|---|
| | | | | 農 |
| | | | | 숲에서 조개 껍질로 된 도구를 가지고 제초작업을 하거나, 수확을 하는 것과 같은 작업을 하고 있는 모습이다. |
| | | | | 辰 |
| | | | | 단단한 껍질을 가진 연체동물이 평면을 기어가고 있는 모습이다. |
| | | | | 晨 |
| | | | | 두 손으로 조개 칼을 든 모습으로, 농사일은 아침 일찍 해야 할 일이라는 것을 표시하고 있다. |

| 商 甲骨文 | 周 金文 | 秦 小篆 | 漢 隸書 | 現代 楷書 |
|---|---|---|---|---|
| | | | | 蓐
손에 조개 칼을 들고 산기슭에서 곡물의 성장을 방해하는 잡초를 제거하는 상태를 표시하고 있다. |
| | | | | 蓐
조개 칼로 풀을 베는 모습을 본뜨고 있다. |
| | | | 協 | 協
흙을 파는 도구로 많은 사람들이 힘을 모아 일한다는 뜻을 나타내고 있다. |
| | | | 力 | 力
발로 밟는 판자가 있고 끝이 뾰족한 도구의 모양으로, 원시적인 흙 파는 도구의 일종이다. |

| 商 甲骨文 | 周 金文 | 秦 小篆 | 漢 隷書 | 現代 楷書 |
|---|---|---|---|---|
|  | 🝢 | 畱 | 留留 | 留<br><br>전지 옆에 도랑이 있는 모양으로, 물을 저장하였다가 관개할 수 있다는 뜻이다. |
| (甲骨文字) | (金文字) | 襄 | 襄襄 | 襄<br><br>두 손으로 흙 속에 깊이 박혀있는 쟁기를 잡고 있으며, 앞에서는 동물이 끌고 있고 흙이 말려 올라가는 형상을 그리고 있다. |
| (甲骨文字) | (金文字) | (小篆) |  | <br>쟁기와 동물의 조합으로 동물이 농사일을 돕고 있다는 뜻을 표현하고 있다. |

| 商 甲骨文 | 周 金文 | 秦 小篆 | 漢 隷書 | 現代 楷書 |
|---|---|---|---|---|
| (갑골문 자형들) | | 辭 | 犁 犁 | 犁 흙을 파서 뒤집는 쟁기의 모양. 혹은 소(牛)를 더하여 쟁기질에 소를 사용하였다는 표시를 하고 있다. |
| (갑골문 자형들) | (금문 자형들) | 方 | 方 | 方 머리 부분이 두 개의 이로 갈라진 밭 가는 도구의 형상. |
| (갑골문 자형들) | (금문 자형들) | 旁 | 旁 旁 | 旁 가지친 이를 갖고 있는 쟁기날에 볏이 장치되어 있는 모양이며, 흙덩이를 양옆으로 파서 밀어낸다는 뜻을 나타낸다. |

| 商 甲骨文 | 周 金文 | 秦 小篆 | 漢 隸書 | 現代 楷書 |
|---|---|---|---|---|
|  |  |  |  | 耤 한 사람이 손에 쟁기 자루를 잡고 발로는 쟁기를 밟고 밭을 경작하는 상태를 본뜨고 있다. |
|  |  |  |  | 疇 쟁기질을 하고 난 뒤 말려 올라간 흙덩이의 모양. |
|  |  |  |  |  |

(주 : 숫자 23은 B.C.2300년이니 나머지는 이것을 근거로 유추하면 된다.)

그림 5.1 $C^{14}$ 연대측정으로 B.C.2000년 전의 신석기시대 유적분포도($C^{14}$수치에 근거한 자료지도)

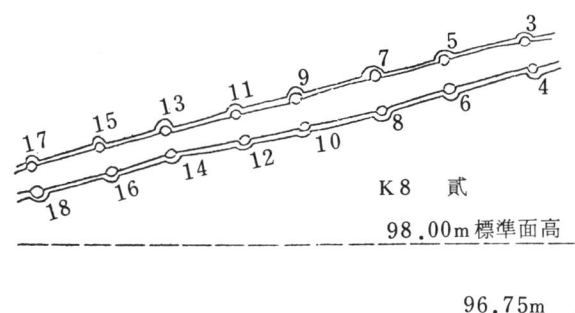

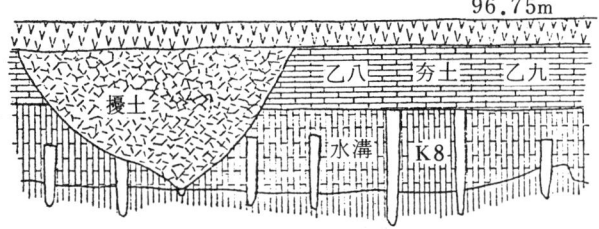

그림 5.2 상대 도랑의 단락 조감도

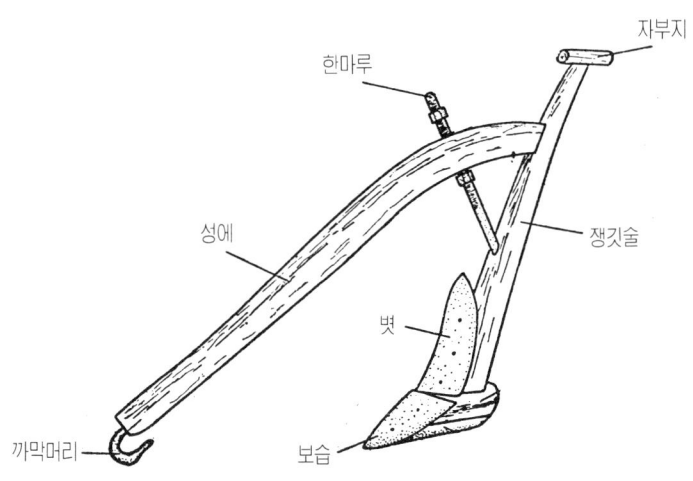

그림 5.3 쟁기의 구조도

그림 5.4 위진묘魏晉墓의 벽돌 위에 그려진 쟁기질과 써레질 그림

그림 5.5 동한 화상석의 우경도

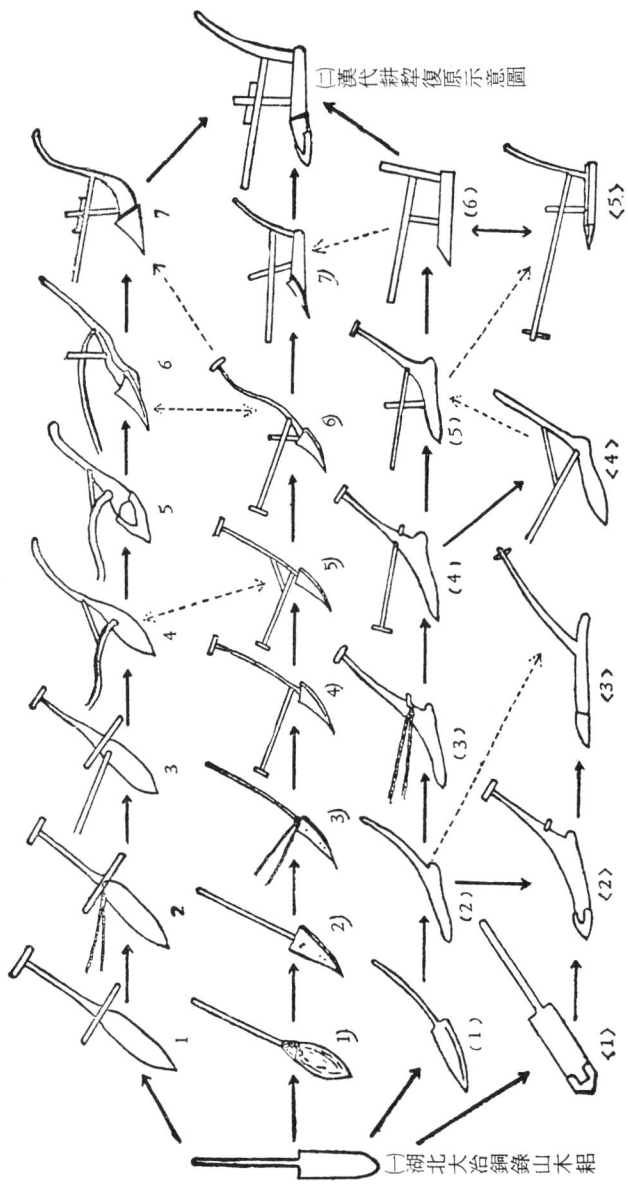

그림 5.6 나무 보습에서 쟁기까지의 발전변화도

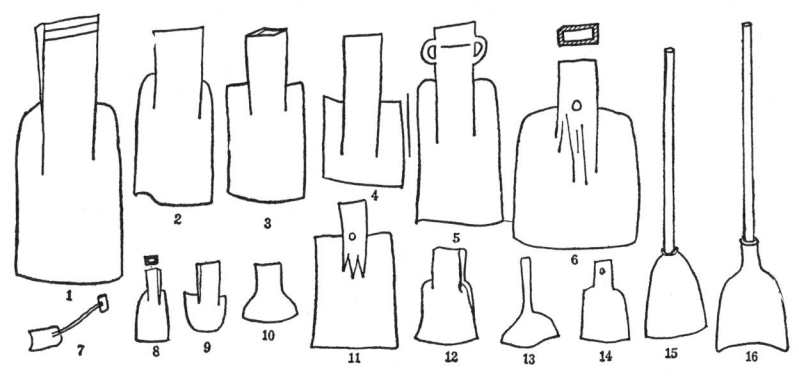

그림 5.7 상에서 한대까지의 대패 모양

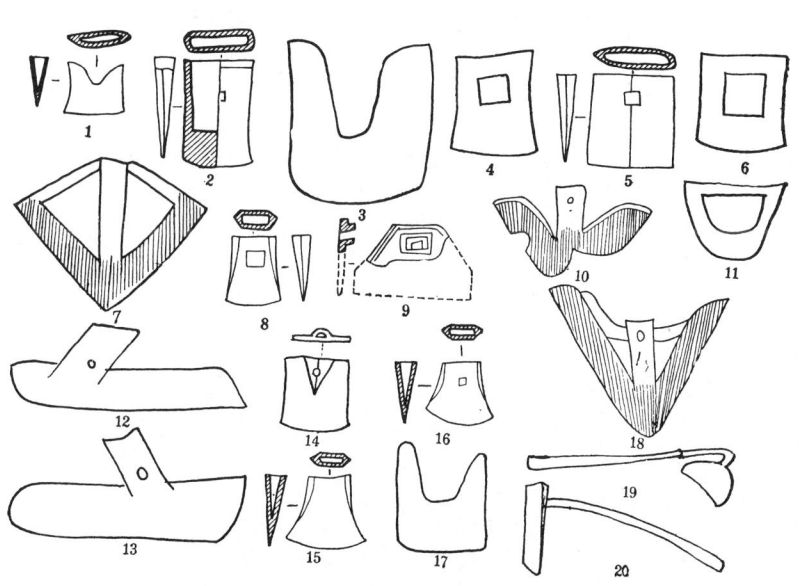

그림 5.8 상商에서 한대까지의 호미 모양

# 제6장

## 식량 작물

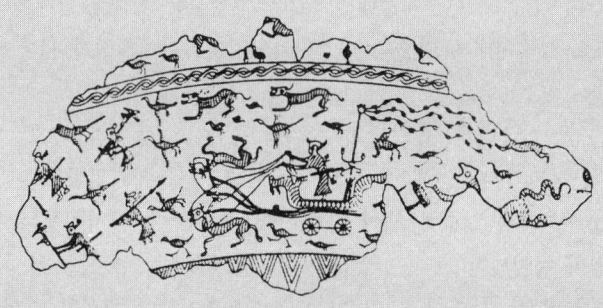

## 수확의 기쁨

　농사를 지어 가정을 꾸려가는 집에서의 최대 즐거움은 힘들고 어려운 경작 뒤에 아무 재해없이 마침내 예상했던 수확을 거두는 일이다. 이 수확으로 그 가정은 얼마 동안의 생활을 보장받게 된다. 상대사회는 벌써 농업에 의하여 생계를 꾸려나 갔으므로 농작물을 수확하는 기쁨으로 행복이란 의미를 표시하였다. 갑골문의 ㅊㄴ(리, 犛)자는 한 손에 나무 막대기를 들고 볏단을 때려 낟알을 털어내는 모습이다. 때로는 다른 손으로 볏단을 들고 있기도 하다. 곡물을 수확하는 가장 원시적인 방법은 손으로 이삭을 따내는 것이다. 예를 들면 대만의 고산족高山族이 조를 수확하는 방법이다.(Fogg, 1983 : 103) 소전小篆의 수穗자는 한 손으로 벼이삭을 따는 모양이다. 신석기시대에 이르자 좀더 발전하여 안으로 굽어진 돌칼을 이용하여 곡물의 이삭을 따고 있다.(安志敏, 論集 : 257) 용산문화시대에는 돌낫이 출현하기 시작하였는데, 어떤 사람은 이것이 벼를 베는 데 사용되었다고 한다.(安志敏, 論集 : 187) 상대에 이르자 확실히 예리한 도구가 있게 되어 리犛자가 표현하는 것처럼 줄기와 이삭을 함께 베었다. 이렇게 하면 수확의 속도를 높일 수 있을 뿐만 아니라, 볏짚도 다른 용도로 쓸 수 있었다.(石毛直道, 1968 : 108-11, 147-48) 농업은 당시 국가의 가장 중요한 재정내원이었다. 백성들은 곡물로 납세를 하는 게 보편적이었으므로 서주시대의 리釐는 다스리다·정리하다·개정하다는 의미를 갖게 되었다.

　수확은 농민이 1년에 한 번씩 하는 가장 중요한 활동이다. 베고·말리고·저장하는 일은 한정된 시간 안에 모두 끝마쳐, 1년 동안 애써왔던 일이 풍우나 그밖의 요인으로 손상되지 않도록 해야 한다. 이로 인하여 수확시기에는 동원할 수 있는 모든 인원이 참여해야 한다. 갑골문의 ㅊ(년, 年)자는 한 성년 남자가 머리에 볏단을 이고 운반하는 상황이다. 이 자는 상대에『기장의 풍성한 수확을 거두다受黍年』『벼의 풍성한 수확을 거두다受稻年』등의 구로 사용되어, 어느 한 곡물의 수확계절을 표현하였다. 비록 종류가 다른 곡물은 서로 다른 계절에 수확을 하지만, 상대에서는 한 지역에서 1년에 단지 주곡을 한 차례 수확하였다. 그러므로 년年자는 1년이란 시간 길이를 표시하는 데 사용되었다. 수확의 계절은 씨족사회에서 연대를 계산하는 근거가 되었다.(管東貴, 1960 : 243-52) 농업이 비교적 발달된 사회에서는 곡물수확의 주요 노동력을 성년 남자들이 충당하였으므로, 이들이 수확

활동을 대표하였다. 만일 다른 인원이 이 일을 하였다면 우발적인 상황이었다는 의미를 표시하였다. 예를 들면 소전의 ☱(위, 委)자는 한 부녀자가 볏단을 인 모양이다. 어렵 채집과 초기의 원예사회에서 보조적인 농업은 부녀자가 하는 일이었다.(Vivelo, 인류학 : 49) 그러나 대규모로 농경을 하던 시대에 이르자, 남자보다 체력이 약한 여자들은 볏단을 운반하는 일과 같이 많은 체력을 소모하는 일에는 적합하지 않았다. 그러므로 이 자는 한 해의 수확을 표시하는 데 쓰이지 않고 체력을 이기지 못하는 〈연약함〉〈유순함〉 등의 뜻을 표현하고 있다. 갑골문의 ☱(계, 季)자는 한 어린아이가 볏짚을 이어 나르는 모양이다. 아이들은 여자들보다 체력이 더 약하기 때문에 결코 수확이나 운반과 같이 힘든 일은 할 수가 없다. 단지 베고 운반한 뒤에 이삭 줍는 일이나 하여야 마땅하다. 상고시대에 남자·여자·아이들 사이에는 체력에 따른 자연적인 분업 외에는 다른 불평등한 권력이 없었다. (Pearson, 인류학의 소개 : 232-33) 이것은 년年, 위委, 계季 세 자 사이의 구별과 유사하다. 기후의 변화로 인하여 부득이 시간내에 일을 마치지 못할 경우에만 비로소 아이들이 곡물을 운반하는 일에 동원되었다. 아이들은 수확의 일에서 최후로 동원되는 인력자원이었으므로 계季자는 순서 중에 가장 끝이라는 의미를 표현하게 되었다. 따라서 계季자는 뒤에 일정한 기간의 길이를 표시하는 데 쓰이게 되었다. 아마 이것은 계절의 끝달을 표시하는 계춘季春, 계하季夏 등으로 어느 기간의 말기를 나타내는 데 쓰였기 때문에 비롯되었을 가능성이 있다.

   농사의 성공 여부는 아주 많은 요인에 의하여 결정된다. 상대 사람들은 일조의 길이·강우의 수량·해충의 유무 등과 같이 많은 일들을 통제하기 어려웠다. 그러므로 상왕은 이렇게 완전히 예측할 방법도 없고 조절하기도 어렵지만, 농작물의 수확조건에 영향을 미치는 일들에 대하여 점을 쳐 물어보고 있다. 점을 쳐서 물어보는 대상은 그들이 바람을 불게 하고 비를 내리게 한다고 여긴 자연신인 황하黃河·곽산霍山·상제뿐만 아니라 자신의 조상들도 영향력을 갖추고 있다고 여겼다. 그들 조상도 힘들고 고생스러운 노동에 좋은 성과를 거둘 수 있도록 도와줄 수 있으며, 재앙을 내려 흉년이 들게 할 수도 있다고 여겼다.(張秉權, 1970 b : 314-22) 상나라 사람들은 풍년이 들도록 빌었으므로 모든 경작과정에 대하여 아주 조심했다고 말할 수 있다. 그러므로 농업에 관한 복사는 4,5천 조가 넘으나 목축에 관한 복사는 아주 적다. 농업의 성과는 생활에 최대한 보장을 해주기 때문에 그들은 모든 방법을 다 생각하여 귀신의 호감과 동정을 사려고 했다. 그러므로 수확하기 전에 서로 다른 신에게 수많은 제사를 받들어 뭇 귀신들이 위해를 가하지 않도록 빌었다. 당연히 수확을 끝내고 나서도 햇곡식으로 다시 감사를 드렸다. 상대에 이르자 농작물의 재배기술에 관하여 상당한 경험을 축적하게 되었다고는 하지만, 그들이 점쳐 물어본 내용은 때로 아주 사소하고 구체적이기도 하였다. 예를 들면 언제 파종을 하고 누구를 파견하여 감독해야 하며 어떤 사람을 보내어 경작을 해야 되는지 등이어서, 우리는 그들이 정말로 황공해하며 농업의 수확에 관심을 기울인 심정을 살펴볼 수가 있다.(張秉權, 1970 b : 310-14)

### 중요한 곡물

상주시대의 중요한 곡물은 어떤 것들이었는지에 대하여 지금 해답을 찾기에는 어려움이 많다. 지하에서 발굴된 유물들이 혹 우리의 판단에 도움을 주기도 하지만 동류이속同類異屬의 작물에 대해서는 발굴보고자들의 일치된 동의와 긍정적인 답안을 얻어낼 수가 없다. 더욱이 고대문헌과 대조해 볼 때는 어느 곡물의 고대 명칭문제에 관하여 고고자료도 반드시 우리의 해결에 도움을 줄 수 있는 것은 아니다. 언어 자체의 변천과 서로 다른 시대·지역 때문에 동일한 곡물도 다른 명칭을 갖게 되거나, 혹은 동일한 이름을 갖고 있으나 서로 다른 곡물류가 있다. 게다가 곡물 자체의 품종도 아주 많아서, 대만의 남투포농족南投布農族은 좁쌀 품종만도 열여덟 가지의 서로 다른 명칭을 갖고 있다.(Fogg, 1983 : 96-97, 109-10) 어떤 곡물은 알맹이의 외관이 흡사하여 일반 사람은 구분할 수가 없으며, 때로는 농부들조차도 어린 싹을 보고는 가려낼 수가 없어서 자주 잘못 부르기도 한다. 이로 인하여 서로 다른 시대의 문헌에 언급된 곡류의 진정한 유속類屬에 관해서는 아주 이설이 분분하다. 본장에서는 고대에 흔히 보이는 곡류의 상형자로서 충분히 판별할 수 있는 것들만 소개하기로 한다.

곡물은 야생식물의 변종으로 인공재배를 거쳐 이루어졌으며, 유사시대에 인류의 생명을 유지해 준 기본적인 식물이다. 최초의 종류는 각기 다른 환경에서 재배에 성공했기 때문에 그 종류가 아주 많았으므로 〈백곡百穀〉이라고 불리게 되었다. 뒤로 오면서 경제가치를 갖추고 있으며 맛이 좋은 품종만을 재배하여 내려오게 되었고, 다른 품종들은 천천히 도태되었다. 이런 이유로 재배된 곡물의 종류도 9종·8종·6종·5종 등과 같이 몇 종류로 점차 감소되었다.(齊思和, 中國史 : 3 ; 黃乃隆, 農業 : 113-14) 진한秦漢시대에는 오행학설의 영향을 받아서 5란 숫자로 일상생활에 식용되는 모든 곡물을 개괄하게 되었다. 그러므로 〈오곡〉이 한대 이래로 곡물의 통칭이 되었다. 이 다섯 종의 곡물은 중국에서 가장 중요하고 대표적인 곡물이다. 각지역에서 심는 종류가 다르고 중시하는 정도가 다르기 때문에 의견이 일치되지 않지만, 일반적으로는 수수·기장·벼·보리·콩을 오곡이라고 하며 마도 흔히 오곡 속에 포함되고 있다.(黃乃隆, 農業 : 113-14)

### 소미小米 —— 서黍·직稷·속粟·량粱(그림 6.4-6)

화禾는 곡류 작물의 총칭이다. 갑골문의 ✗(화, 禾, 농작물, 작물의 모)자는 곧은 줄기에 이삭을 숙이고 있는 곡물의 모양이다. 화禾자의 형태가 어떤 사람은 기장(黍, Broomcorn millet)에 가깝다고 하고, 어떤 사람은 벼(稻, Oryza sative)에 가깝다고 한다. 그러나 화禾는 단지 농작물의 일반적인 형상에 착안한 것이며, 어느 특정작물을 핍진하게 묘사한 것은 아니다. 그래서 때로는 기장 모양을 본떠 쓰기도 하고 벼 모양을 본뜨기도 한다. 갑골의 복사와 선진의 전적에서 기장은 가장 흔하게 언급되는 곡물이다. 갑골문의 ✗✗(서, 黍)자는 줄기가 곧은 식물로 입이 위로 올라갔다가 끝이 아래로 처졌다. 상대에서 기장은 술을 담그는 주요 재료였다. 아마도 이런 이유 때문에 이 식물 옆에 물방울 혹은 물의 형상을 부가하여 술을 담그는 용도를 분명히 가리키려고 한 듯하다. 기장의 품종은 다양하였으며, 술을 빚고 빵을 굽는 것은 점성이 있는 종류이고, 일상적으로 식용하는 기장은 점성이 없는 것이다. 그러나 상대에 기장의 점성이 있고 없고의 여부에 따라서 이름이 달랐는지에 관해서는 지금 고증하기가 어렵다.

상나라 사람들은 술을 아주 좋아하였다. 술은 또 제사의 중요한 공물이었으므로 상나라 사람들은 기장의 생산에 특별한 관심을 기울였다. 갑골 각사에 보이는 기장 재배지역은 아주 넓은 지역에 걸쳐 있다. 동으로는 산동山東에 이르고 남으로는 하남의 남쪽 경계까지 미치고 있으며, 서로는 안양 서편을 지나고 있다.(張秉權, 1970 b : 304) 지하발굴자료를 참조해 보면, 기장 재배지역은 남으로는 장강을 넘어가지 않고 북으로는 동북의 여러 성에 미치고 있다. 당시 중국인이 거주한 주요 지역이 바로 이 범위였다. 기장은 당시의 주곡이었으며, 비교적 가뭄에 잘 견디는 작물이었다.

서주의 문헌은 흔히 서직黍稷으로 식용곡물을 개괄하고 있다. 稷(직, 稷)자는 갑골문에 흔히 보이지는 않으며, 한 그루의 작물과 꿇어앉아 있는 사람으로 만들어졌다. 이 자는 어떤 의미로 만들어졌는지는 확실하지 않다. 이 자는 상대에서 지명으로 사용되었으며 곡물의 명칭으로는 쓰이지 않았다. 아마도 직稷은 곡물신에게 풍작을 기원하던 사당터인지도 모른다. 전설에 따르면 주나라 사람들의 선조인

기棄는 순임금 시절에 농사를 담당한 관리였다고 한다. 기棄는 주나라 사람 중 처음으로 이름난 인물이며, 주나라는 농업이 발전된 후에야 비로소 흥기하게 되었다. 기는 이 방면에 큰 공헌을 하였으므로 주나라 사람들은 그를 기념하여 농업의 신으로 삼고, 아울러 다른 식용곡물의 이름으로 불렀을 가능성도 있다. 주나라가 상나라를 무너뜨렸을 때는 벌써 농업사회 단계로 접어들었다. 토지가 없으면 농업이 발전될 수가 없으며 국가를 건립할 수도 없었다. 주나라 사람들은 토지와 농업의 신을 가장 중시하였으므로, 이를 합하여『사직社稷』이라 부르고 이 단어로 국가를 대표하였다.

직(稷, Panciled millet)은 주나라 사람들이 일어나고 난 뒤에 있었던 곡물이라고 말할 수 있으며, 반드시 주나라 사람들이 상식한 곡물로 상나라 사람들이 서黍라고 부른 곡물과는 대동소이하였다. 어떤 사람은 직이 기장(黍) 중 점성이 없는 것으로 일상적으로 밥을 해먹는 곡물이며, 작물의 모양은 기장과 유사하나 조금 다르다고 한다. 지금 사람들이 말하는 직稷이 탄소의 방사선 동위원소 $C^{14}$ 측정에 의하여 B.C.5200년으로 밝혀진 감숙甘肅 태안泰安의 유적지에서 발견되었다.(大地湾發掘 1982 : 2) 이로써 직은 주 지역의 곡물임이 확실해졌다. 직은 기장에 비하여 낟알이 크나(遼寧文訓班 1976 : 208), 많은 사람들이 이것과 기장을 구분하지 못하고 이를 함께 소미小米라고 부른다. 서黍와 직稷은 비록 시가의 편장에서 흔히 찾아볼 수가 있으나 동기의 명문에서는 보이지 않는다. 상주시대의 서와 직은 줄기와 이삭이 있는 식물을 가리키거나, 혹은 술을 빚는 품종을 말하는 것인 듯하다.《순자荀子》〈예론禮論〉에서는『제사는 가장 중한 일이니 술과 단술을 사용한다. 먼저 서와 직으로 하고 밥은 쌀과 수수로 한다 饗尙元尊而用酒醴, 先黍稷而飯稻粱』라고 하였다. 서와 직은 알곡을 쪄서 익힌 것이 아니므로 밥을 담는 목적으로 만들어진 동기의 명문에도 보이지 않고 또 신에게 바치는 제물로 쓰이지도 않았다.

갑골문의 ※(속, 粟)자는 한 그루의 곡물류 식물과 낟알로 이루어져 있다. 혹은 이 자형은 서黍자를 달리 쓴 것이라고도 한다. 그러나 이 자는『기장의 풍성한 수확을 거두다 受黍年』『벼의 풍성한 수확을 거두다 受稻年』와 같은 글귀에는 쓰이지 않고 있으니, 귀신에게 바치는 제물의 일종이다. 아마 이 자는 타작을 한 낟알을 이미 가공한 것으로 찌어서 제사에 올릴 수 있는 곡식일 것이다. 아울러 이것은 단지 소미의 낟알을 가리키는 게 아니고, 어떤 곡물류 낟알의 명칭일 가능성이 높다. 예를 들면《진률십팔종창률秦律十八種倉律》에 속粟 한 석 여섯 말 반이면 좋은 쌀 여덟 말을 얻을 수 있다고 하였다. 한대의 도창명기陶倉明器에는『서속만

석黍粟萬石』『서미만석黍米萬石』과 같은 명문이 있다.(天野元之助, 農業 : 6) 그 구분은 속粟은 아직 껍질을 벗겨내지 않았거나 혹은 껍질은 벗겨냈으나 아직 정제하지 않은 것이고, 미米는 정제한 곡물임이 분명하다. 후세에는 황·담황·청 등의 색으로 기장보다 알맹이가 적은 품종을 속粟이라고 하였다. 주대에서 속은 아직 껍질을 벗겨내지 않은 상태여서 찌고 익힐 수 없었으므로, 동기 명문에서도 속을 언급하지 않았다. 청동기 명문에서 언급된 곡물은 량(粱, Spiked or Common millet)과 도稻이다. 금문의 ※(량, 粱)은 형성자로 의부義符는 미米를 따르며 이미 껍질을 벗겨낸 곡물을 표시하고 있다. 량은 흔히 황양黃粱이라 칭하는데, 속도 황색이 많다. 그러니 이 두 자는 동일한 곡물의 서로 다른 처리단계나 혹은 동일 곡물의 시대에 따른 명칭을 가리키고 있을 가능성이 높다. 이로 인하여 량은 희게 정제된 기장임을 알 수가 있다. 양은 품질이 아주 좋은 소미였으므로 주대의 귀족들은 이를 제사와 손님을 접대하는 곡물로 사용하였다.

낟알은 모두 단단한 외피를 가지고 있으므로 껍질을 벗겨내야만이 먹을 수가 있다. 갑골문의 ※(진, 秦)자는 두 손으로 절굿공이를 잡고 두 단의 볏짚을 찧는 모양이다. 진秦의 의미는 정미이다. 찧는 동작은 껍질을 벗겨내는 것이다. 단지 줄기에 붙은 이삭에서 낟알을 털어내지 않았을 뿐이다. 갑골문의 진은 제사의 의례로 껍질을 벗겨낸 햇곡식을 신 앞에 바치는 의식이다. 그러나 풍성한 수확장면을 춤으로 연출하여 신의 축복에 감사드리는 장면일 수도 있다. 고대에 햇곡을 바쳐 신에게 제사지내는 일은 큰일이었다. 곡물가공의 구체적인 표현은 갑골문의 ※(용, 舂)자에 나타나 있다. 용舂자는 두 손으로 절굿공이를 잡고 방아를 찧는 모양이다. 곡물을 채집하면서부터 아마도 껍질을 벗기는 작업이 시작되었을 것이다. B.C.5900년의 유적지인 하남 신정의 배리강 및 조금 뒤의 밀현密縣·공현鞏縣·하북 자산磁山 등의 고대유적에서 모두 곡식의 껍질을 벗겨내는 맷돌과 절굿 공이가 발견되었다.(開封文管 1978 : 75-76 ; 또 1979 : 199 ; 또 1981 : 283 ; 河南博物館 1979 : 17-18 ; 邯鄲文管 1977 : 363-64)(그림 6.11) 신석기시대의 맷돌과 공이는 곡물의 껍질을 눌러 벗겨내는 것이며, 곡물을 갈아서 분말로 만드는 공구가 아니었다. 가루음식의 발전은 동주에 밀이 보급된 뒤의 일일 것이다. 밀은 외피가 비록 단단하나 안의 속살은 아주 연하여 조금만 힘을 가하면 부서졌으므로 쉽게 분식으로 발전될 수가 있었다. 그러나 다른 곡물의 속살은 그렇지 않다.(篠田統, 食物 : 53) 맷돌 위에 놓고 갈고 눌러 껍질을 벗겨내는 일은 비교적 시간이 걸리고 곡물 알갱이도 쉽게 밖으로 튀어나갔다. B.C.4000년의 서안西安 반파半坡 유적지에 이르게 되자, 돌절구와 절굿공이가 발견되었다.(西安半坡 : 72, 76-87)(그림 6.12) 이때는 아마도 땅을 파 절구를 만들고 그 위에 짐승 가죽을 깐 뒤에 곡식을 찧었을 것이다. 춘추 말기에 이르러 철기가 보급되자 돌절구를 만드는 일이 어렵지 않게 되었다.(그림 6.13) 《설문》에서는 공수반公輸班이 맷돌을 만들어 곡물을 갈았다고 하였다. 맷돌은 밀뿐만이 아니라 다른 곡물들도 갈아서 분말로 만들 수 있었다.

　서黍·직稷·속粟·량粱은 같은 유에 속하는 곡물의 다른 품종과 가공단계를 가리킨다고 볼 수 있다. 그러나 각시대에 사용된 의미는 크게 일치하지 않는다. 고고보고에 따르면 조粟가 발견된 신석기 유적지는 다음과 같다. 하북의 무안武安, 하남의 신정新鄭·허창許昌·임여臨汝·석천淅川·낙양洛陽·안양安陽, 섬서의 서안西安·보계寶雞·화현華縣·빈현彬縣·무공武功, 산서의 만현萬縣·화현華縣, 요녕의 적봉赤峰·여대旅大·북표北票, 흑룡강의 영안寧安, 감숙의 난주蘭州·임하臨夏·영창永昌·옥문玉門·영정永靖·청해낙도靑海樂都, 신강의 합밀哈密 및 강소의 비현邳縣이다. 서黍가 발견된 유적지는 요녕의 심양沈陽, 섬서의 임동臨潼, 산동의 청도靑島, 감숙의 태안泰安, 청해의 민화民和, 길림의 연변延邊이다. 직稷이 발견된 유적지는 신강의 화석和碩·감숙의 난주·동향東鄕·흑룡강의 영안이다.(陳文華, 1987 : 413-18) 기본적으로 이들 모두는 비교적 건조한 지역이어서 수분의 발산이 아주 적은 소미의 특성에 적합한 지역이다. 이들은 장강 이남에서 발견되지 않고 있다. 만일 있다고 해도 태반이 벼를 심기에 적당하지 않은 산간지역일 것이다. 화남지역은 제일 먼저 농경이 발전되었을 가능성이 있기 때문에, 소미의 재배도 화남의 재배기술이 화북의 반건조기후에 적응하여 발전되었을 것이다. 그러나 어떤 사람은 소미의 재배가 쉽기 때문에 벼보다 빨리 심어졌을 것이라고 여긴다.(Fogg, 1983 : 112)

　벼 稻(그림 6.1-3)

　상대에서 두번째로 중요한 곡물은 벼이다. 지금은 이것을 미米 혹은 대미大米라고 칭한다. 갑골문의 ⸫(미, 米)자는 몇 개의 작은 곡물 알맹이의 형상이다. 작은 점으로 대표되는 사물이 아주 많기 때문에 소少·소小 등의 자와 구별하기 위하여 작은 점 사이에 횡획을 더하였다. 미米는 처음에 껍질을 벗겨낸 알맹이를 가리켰으며, 서黍·직稷·도稻의 알곡을 모두 미라고 불렀다. 미는 갑골 각사에서 제사에 올리는 제물이었지 어느 특정한 곡물의 이름이 아니었다.

　상대에서 쌀을 가리킬 때 사용된 자는 도稻이다. 갑골문의 🌾(도, 稻)자는 두

부분으로 만들어졌다. 하나는 곡물 알맹이의 형상이고(﹕) 하나는 곡물을 저장하는 항아리의 모양이다.(豆) 어떤 사람은 이 자가 형성자라고 여긴다. 그러나 쌀의 특성은 다른 곡물보다 오래 저장할 수 있으므로(植物名實 : 7) 이 자는 쌀을 용기 속에 오래 저장해도 변질되지 않는다는 뜻에서 취해왔다고도 한다. 또 쌀은 남방에서 생산되었기 때문에 화북지구에 사는 사람들은 단지 쌀만 보았을 뿐, 벼를 보기 어려웠으므로 용기에 담긴 쌀의 모양으로 뜻을 표시하였을 수도 있다. 이를 종합해 보면 도稻자는 아마 형성자가 아닐 것이다. 주대에 이르자 요성舀聲이 용기 부분을 대신하게 되었으며, 뒤에 오면서 미米도 화禾란 의부義符에 의해 대체되어 현재의 도稻자가 되었다.

쌀이 발견된 신석기 유적지는 아주 많다. 절강浙江의 동향桐鄕·여조餘姚·항주杭州·오홍吳興, 강소江蘇의 오현吳縣·무석無錫·남경南京·구용句容·해안海安·단도丹徒·강포江浦·상주常州·소주蘇州·연운連雲·감수贛楡, 상해上海의 청포青浦, 호남湖南의 예현澧縣·화용華容·경산京山·수주隋州·무창武昌·천문天門·기강枝江·의도宜都·강릉江陵·운현隕縣, 안휘安徽의 비동肥東·고진固鎭·잠산潛山, 강서江西의 수수修水·평향萍鄕·영풍永豐, 복건福建의 영춘永春·남안南安, 광동廣東의 곡강曲江, 운남雲南의 원모元謀·빈천賓川·진녕晉寧·경마耿馬, 하남河南의 민지澠池·정주鄭州·석천淅川·낙양洛陽, 섬서陝西의 호현戶縣·화현華縣·서향西鄕, 산동山東의 서하棲霞이다.(陳文華, 1987 : 422-24) 소수지역을 제외한 다른 모든 곳은 장강 유역이나 장강 이남 지역으로, 기후가 온난하여 습하고 따뜻한 것을 좋아하는 벼의 특성에 적합하였다. 고대 기후에 대한 연구에 의하면 상대 이후의 기후는 점차 춥고 건조한 현상이 나타나 다시는 과거 몇천 년의 온난함을 회복하지 못했다. 그러나 문헌에 근거하면 벼농사는 남쪽으로 옮겨가지 않았을 뿐만 아니라, 도리어 북상하는 추세였다. 전국시대에 벼를 경작했던 지역은 북위 40°인 북경지역에까지 이르렀다.(Chang Tetzu, 1983 : 67의 그림) 이와같이 기후가 점점 추워졌으나 도리어 벼농사가 북으로 옮겨가게 된 모순은 대개 두 가지 요인에 의해서이다. 하나는 벼의 품종이 개량되어 내구성과 내한성이 있는 벼를 재배하게 되었기 때문이며, 다른 하나는 장기간 물을 공급할 수 있는 수리시설의 발전 때문이다. 벼농사에 필요한 물은 관개로 공급할 수 있어서, 완전히 적시에 내리는 비에 의존할 필요가 없었다. 벼농사 발전에 대한 관개시설의 중요성은 다음과 같은 기록에서도 찾아볼 수가 있다.《전국책戰國策》의 동주책東周策에는『동주는 벼를 심고 싶었다. 그러나 서주에서 물을 공급하지 못했었으므로 동주는 이를 근심하였다……

지금 동주의 백성들은 모두 보리만을 심을 뿐 다른 작물을 심지 못하고 있다 東周欲爲稻, 西周不下水, 東周患之 …… 今其民皆種麥, 無他種矣』라고 하였다. 이 말은 화북지구에서 벼 이외의 곡물을 심어야 했던 것은 물을 공급할 수 없다는 제한 때문임을 설명하고 있다.《사기》하거서河渠書는 진나라가 동방 여러 나라의 수리시설을 본받아 관중지역에 수리시설을 발전시키고 나서 부강한 나라가 되었다고 말한다. 이로써 수리시설이 벼농사 발전에 얼마만한 중요성을 갖고 있는지 살펴볼 수가 있다.

신석기 유적지에서 발견된 쌀은 멥쌀과 찹쌀 두 종류가 있었다.(丁穎, 1959 : 32)◆메벼는 야생벼에서 나왔다.(楊式挺, 1978 : 28) 오늘날 주요한 분포는 화남의 열대와 회하 이남의 아열대지역으로 내열의 특성을 갖추고 있다.(生物史 : 16) 찰벼는 메벼 혹은 야생벼에서 나왔다. 온도의 영향하에서 인공적인 선택재배로 이루어졌다.(楊式挺, 1978 : 28) 주요한 분포지는 황하유역·화남 열대 부근의 고산지구·태호太湖지구와 회북淮北의 온도가 비교적 낮은 지역 및 서남의 운귀고원雲貴高原으로 내한의 습성을 구비하고 있다.(生物史 : 16) 벼의 기원지는 운귀고원이나 혹은 인도의 아살모지구라고 여겨진다.(渡部忠世 1986 : 108-09) 인도에서는 B.C.6500~4500년에 이르는 유적지에서 탄화된 쌀이 발견되었다.(Reed, 1985 : 102) 현재 중국에서 벼가 발견된 가장 오랜 유적지는 B.C.4300년의 하모도 문화에서 발견된 메벼이다.(浙江博物館 1978 : 103) 만일 화북의 기장 재배가 화남의 농경지식이 화북의 지리환경에 배합되어 발전되었다고 한다면, 좀더 일찍 벼농사가 시작되었다고 가정할 수도 있다. 약 8천 년 전의 신정 배리강에 이미 기장이 있었으니, 화남의 벼농사도 8천 년의 역사를 갖고 있을 것이다. 어떤 사람은 쌀의 고향이 태국이며 1만 년의 역사를 갖고 있다고도 한다.(金元龍, 한국상고사 : 129) 쌀은 단위면적의 생산량이 많고 요리와 소화가 쉬워 대량의 인구를 먹여 살릴 수 있으므로 인구가 밀집된 지역에서 이루어졌다. 중국은 인구가 밀집된 나라이므로 벼의 재배에는 얼마쯤 관계가 있을 것이다.

보리 麥 —— 小麥(Triticum aestivum), 大麥(Hordeum vulgare)(그림 6.7-8)
보리는 북방의 중요한 식량이다. 그러나 상대에서 보리는 드물고 귀한 곡물이었다. 갑골문에는 보리를 상형한 글자가 두 자 있다. 하나는 ❋(래, 來)자로 줄기가 곧고 잎은 아래로 숙였으며 이삭이 꼿꼿한 식물 모양이다. 다른 하나는 ❋(맥, 麥)자로 래來 모양의 식물에다 뿌리 부분이 특이한 형상을 하고 있다. 보리의 뿌리는 아주 길어 때로는 1장에 이르기도 한다. 다른 종의 곡물과는 뿌리가 상이하여 옛 사람들이 이 특징으로 글자를 만들었을 수도 있다.(張哲, 1962 : 3-4) 몇 가지의 예를 제외하고 래來자는 갑골의 복사에서 모두 왕래의 의미로 차용되었다. 맥麥은 본의本義인 보리의 의미 혹은 지명으로 사용되었다. 맥과 래는 상대에서 보리의 서로 다른 품종을 표시하였는지, 혹은 다만 전후기의 서로 다른 자형이었는지 여부는 이미 고증하기가 힘들다. 보리가 왕래의 의미를 표시하는 데 쓰인 것 또한 음의 가차假借인지 혹은 외지에서 들어왔다는 사실에서 인신引伸된 것인지에 대해서도 확정하기가 아주 어렵다.

상대에 보리가 희귀하였던 것은 발견된 지 오래되지 않은 곡물이었기 때문일 가능성이 높다. 초기의 신석기 유적지에서는 모두 보리의 흔적을 찾아볼 수가 없으며, 단지 중원에서 멀리 떨어진 신강新疆에서만 발견되었다.(陳文華, 1987 : 418) 비록 안휘安徽 박현毫縣의 조어대釣魚台에서 발견되었다는 보고가 있으나(安徽博物館 1957 : 23) 그 지층은 B.C.3000~2000년 사이의 용산시대龍山時代보다 빠르지 않으며, 심지어 어떤 사람은 발견된 보리가 서주시대의 유물이라고도 한다.(楊建芳, 1963 : 630-31) 보리는 다른 곡물처럼 6,7천 년 전의 유적지에서 흔하게 발견되지 않고 있다. 이로 인하여 래來자에 왕래의 의미가 있게 된 것은 아마 외부에서 들어온 곡물이란 뜻에서 인신되었을 것이다. 혹은 청장고원青藏高原 또한 보리의 발원지 중 하나이므로 반드시 근동에서 들어온 것은 아니라고 여기기도 한다.(何兆雄, 1985 : 92 ; Chang Te-tzu, 1983 : 77) 그러나 결코 상고시대에 화북지구에서 볼 수 있던 곡물은 아니다. 《춘추》 노장공魯莊公 28년에 『큰 가뭄이 들었다 大無麥禾』란 말이 기록되어 있으며, 《여씨춘추呂氏春秋》 임지任地에는 『올 겨울에 보리싹이 잘 자라야 내년 여름에 좋은 보리로 자랄 수 있다 今茲美禾, 來茲美麥』고 하였다. 이들 모두 보리를 기장이나 벼와는 다른 유로 여기고 있다. 이것은 보리가 외부에서 들어온 종자이고, 기장이나 벼는 중국에서 원래 자랐던 종류라고 여겼기 때문일 수도 있다. 갑골의 각사에는 『정월에 보리를 먹는다 正月食麥』(後編 2.1.5)라는 말이 있으니, 보리는 시절에 따른 특별한 음식이며 일상적으로 먹는 식품이 아니었던 것으로 여겨진다. 《일주서逸周書》 상맥해嘗麥解에는 『여름으로 접어드는 첫달인 4월 맹하에 왕이 처음으로 종묘에 기도하고 대조에게 보리를 맛보도록 올렸다 維四月孟夏, 王初祈禱于宗廟, 乃嘗麥於大祖』고 하였다. 곡물의 제물로는 단지 보리만을 언급하고 있으니 그 진귀하게 여김이 소·양보다 더하다. 양주의 노래 속에는 보리가 점점 많이 나오게 되었으며, 《춘추》에는 보리의 수확을 다른 곡물보다 중시하고 있다. 한대에 이르자 보리는 이미 북방의 일반적인 양식이 되었다.(錢穆, 1956 : 27) 보리는 맛이 좋은 구황식물이었다. 벼를 심을 만한 충분한 물이 없는 곳에서 보리를 심기 시작하였으며, 화북지구에서 보리가 기장을 대체하는 곡물이 되었다. (何炳棣, 搖籃 : 59) 단지 조건에 큰 차이가 있었기 때문에 보리를 심기 어려운 지방에서만이 기장류를 심었으므로 보리는 마침내 화북의 주요한 양곡이 되었다.

### 콩 菽(그림 6.9)

오곡 중 다섯번째는 콩[菽]으로 자원字源은 숙叔이다. 금문의 ![숙](숙, 叔) 자는 손으로 콩 꼬투리를 따는 모양이다. 이 자는 서주시대에 귀족의 작호로 차용되었으므로, 뒤에 오면서 의부義符인 초草를 더하여 가차의假借義와 구별하였다. 숙菽은 원래 모든 콩과 식물을 가리켰었으나, 그 중에서도 대두大豆가 가장 경제가치가 높아 양식의 대용품이 될 수 있었으므로, 숙菽은 마침내 대두 하나만을 가리키는데 사용되었다. 어떤 사람은 대두가 강우량이 많고 지세가 낮은 중국 동부지역의 원생식물이라고 한다.(何炳棣, 農業 : 167-69) 그러나 전국시대에 오면 보리를 심기에 적당하지 않은 산간지역에서 대두를 심게 되었다. 《전국책》 한책韓策에 『한나라의 땅이 험준하여 산에서 자라는 오곡은 보리가 아니라 콩이다. 백성이 먹는 음식은 대개 콩밥과 콩국이다 韓地險惡, 山居五穀所生, 非麥而豆. 民之所食, 大抵豆飯藿羹』라고 하였다. 대두는 사람들의 장기간에 걸친 재배로 이미 가뭄에 강한 작물로 변하게 되어 화북의 산간지역에서도 심을 수 있게 되었다. 대두는 가난한 사람들의 식량 대용품이었으므로, 상왕은 이를 제사에 바치지 않았다. 서주의 귀족들도 이 자를 청동기에 새기거나 연회에 콩을 쓰지 않았다.

숙菽은 전국시대에 다시 두豆라고 불렀다. 왜냐하면 알이 다른 곡물 또는 심지어 다른 콩류보다 컸기 때문이었다. 그러므로 한대에서는 이를 대두라고 불렀다. 대두는 맛이 다른 곡물보다 못하고 또 많이 먹을 수도 없었으나, 재배하기가 쉬워 산등성이에서도 성장할 수 있었다. 그리하여 농민들은 항상 다른 작물의 흉작에 대비하여 콩을 심었다.(張光直, 考古 : 73) 대두는 가격이 저렴하여 가난한 사람들이 항시 이를 먹게 되었다. 다행스러운 것은 콩의 양분이 높아 그들에게 필요한 단백질을 제공해 주었다.

### 마 麻(그림 6.10)

마도 항상 오곡 속에 포함된다. 금문의 ![마](마, 麻)자는 집안 혹은 채양 아래에 이미 껍질이 벗겨진 두 그루의 삼이 있는 모양이다. 삼은 여러 종류가 있어서 갖가지 질이 다른 삼베를 짤 수가 있었다. 삼베는 대중들이 옷을 지어 입는 재료였으므로, 마는 중요한 경제작물이었다. 아마 삼이 많은 지역에서 곡물보다 더 중요한 작물이었으므로, 사람들이 삼을 오곡 속에 놓았을 것이다. 삼은 껍질을 벗겨낸 뒤에 물에 삶거나 오래 물 속에 담가 섬유를 분리해낸다. 대개 이런 일은 집 안에서 처리하였으므로, 다른 식용작물처럼 집 밖에서 탈곡하고 껍질을 벗겨내는 것과는 달랐다. 이 때문에 글자를 만들 때 삼나무가 집 안에서 보이는 것을 강조하였다. 삼을 꼬아 만든 노끈은 아주 오래 전부터 이용되었다. 구석기 말기의 유적지에서 찾아볼 수 있는 골침은(張仲葛, 1979 : 91) 이미 삼으로 의복을 짓는 데 사용되었다. 삼베의 흔적은 6천여 년 전 앙소문화의 도기 밑에 있는 인흔印痕에서도 찾아볼 수가 있다.(西安半坡 : 161-62, 그림 151) 실물은 5천여 년 전의 오흥吳興 전삼양錢三漾 유적지에서 볼 수 있다.(王濟英, 1980 : 354) 그때는 벌써 장기간에 걸쳐 재배되었다. 참깨도 삼 종류의 하나로 전삼양 및 그와 동시대인 항주杭州 수전판水田畈에서 발견되었다.(浙江文管 1960 a : 89 ; 浙江文管 1960 b : 104) 참깨의 열매는 먹을 수 있고 기름을 짤 수도 있다. 아마 이런 이유 또한 사람들이 삼을 벼·기장 등과 함께 오곡에 넣은 까닭일 것이다. 상대에는 이미 기름으로 등불을 켰으며, 등유는 식물성이었을 것이다. 이 때문에 그때 사람들은 기름 짜는 방법을 알았을 것이다.

| 商 甲骨文 | 周 金文 | 秦 小篆 | 漢 隸書 | 現代 楷書 |
|---|---|---|---|---|
| | | | | 秂 |
| | | | | 손에 나무 막대기를 들고 벼를 때려 낟알을 털어내는 형상으로, 수확의 즐거움을 표현하고 있다. |
| | | | 鼛 | 鼛 鼛 |
| | | | 秊 秂 秂 | 年 |
| | | | | 남자가 수확한 벼를 나르는 모양으로, 1년에 한 차례의 수확을 한다는 뜻이다. |

| 商 甲骨文 | 周 金文 | 秦 小篆 | 漢 隸書 | 現代 楷書 |
|---|---|---|---|---|
|  |  | 委 | 委 | 委<br><br>여자가 수확한 벼를 나르는 모습으로, 짐을 지고 이겨내지 못한다는 뜻을 표시하고 있다. |
| 季 | 季 | 季 | 季 | 季<br><br>아이들은 최후로 불러내어 수확을 끝내는 인력이라는 뜻을 나타낸다. |
| 禾 | 禾 | 禾 | 禾 | 禾<br><br>벼[禾]류 식물의 상형. |
| 黍 | 黍 | 黍 | 黍 | 黍<br><br>기장[黍]의 상형이며, 물방울은 기장이 술 담그는 재료가 된다는 뜻을 나타내고 있다. |

| 商 甲骨文 | 周 金文 | 秦 小篆 | 漢 隸書 | 現代 楷書 |
|---|---|---|---|---|
| 䅟䅟 | | 䅟䅟 | 稷稷稷 | 稷<br><br>화신禾神 앞에 꿇어앉아 기도를 하는 형상이 아닐까? 농관農官의 직무. |
| 𣎴𣎴𣎴𣎴 | | 𣎴𣎴 | 栗 | 栗<br><br>화禾의 낟알 형상. |
| 𣎴𣎴𣎴𣎴 | 𣎴𣎴 | 𣎴 | 秦秦 | 秦<br><br>절굿공이로 벼를 찧는 형상으로 탈곡한 낟알을 정제한다는 뜻이다. |
| 𣎴𣎴𣎴 | 𣎴 | 舂 | 舂舂 | 春<br><br>절굿공이를 가지고 절구 안에서 미곡을 찧는다는 뜻을 나타내고 있다. |

| 商 甲骨文 | 周 金文 | 秦 小篆 | 漢 隸書 | 現代 楷書 |
|---|---|---|---|---|
|  | 梁梁梁 | 梁 | 梁梁 | 梁<br><br>형성자, 米미를 따르고 양성梁聲이다. [從米梁聲] |
| 쌀쌀쌀 |  | 米 | 米米 | 米<br><br>아주 많은 쌀 알갱이의 형상, 횡획은 소少자와 구별하기 위해서이다. |
| 稻稻稻稻 | 稻稻稻稻 | 稻 | 稻稻 | 稻<br><br>쌀을 항아리 속에 저장하여 둔다는 의미이다. |
| 來來來來 | 來來來 | 來 | 来来<br>来来 | 來<br><br>보리의 상형. |

| 商 甲骨文 | 周 金文 | 秦 小篆 | 漢 隷書 | 現代 楷書 |
|---|---|---|---|---|
| | | | | 麥<br><br>뿌리의 모양이 다른 것과는 다른 보리의 상형. |
| | | | | 叔<br><br>손으로 콩 꼬투리를 딴다는 뜻을 나타내고 있다. |
| | | | | 麻<br><br>덮개로 가려져 있는 밑에 삼의 껍질이 이미 벗겨져 있는 상태. |

稻 Oryza sativa
**1.**根 ; **2.**花序和葉

그림 6.1 도稻

그림 6.2 도稻

그림 6.3 절강 여조 하모도 유적에
새겨진 벼의 무늬

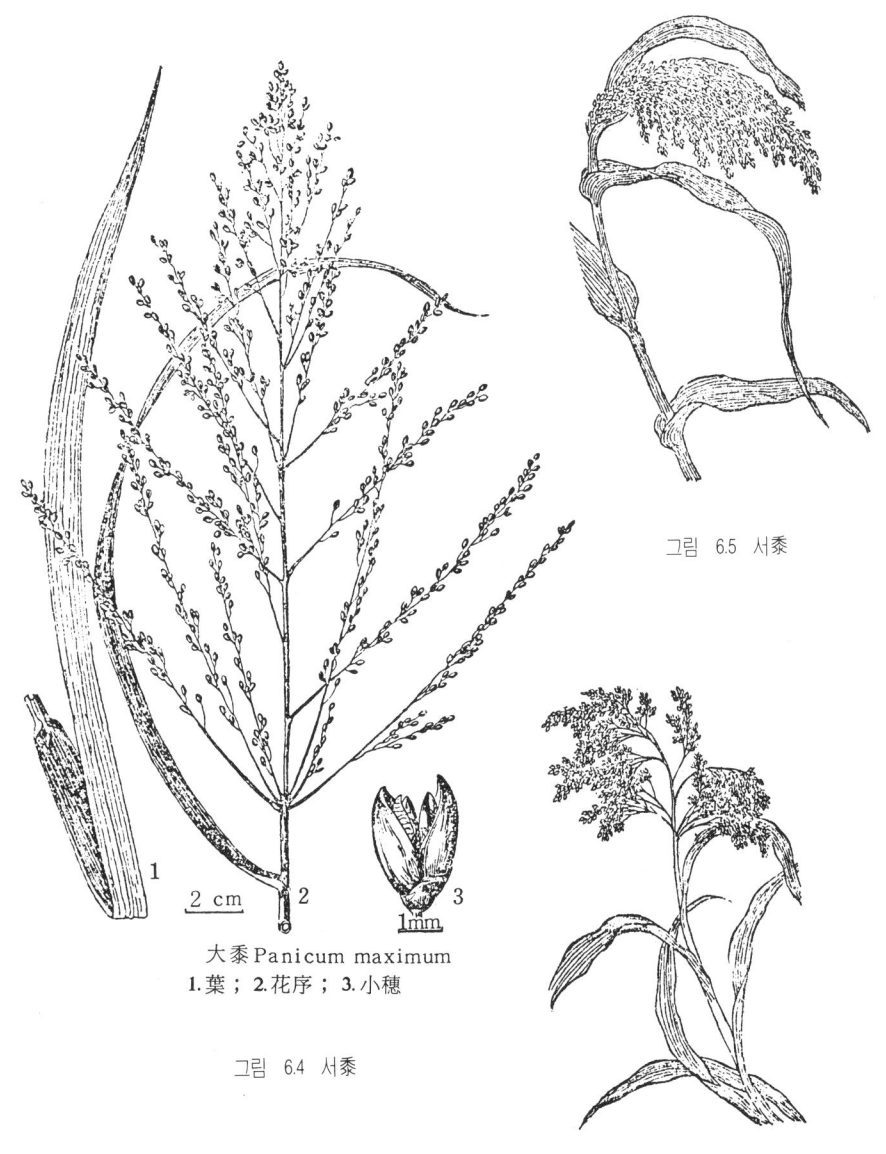

大黍 Panicum maximum
**1.**葉; **2.**花序; **3.**小穗

그림 6.4 서黍

그림 6.5 서黍

그림 6.6 직稷

小麥 Triticum aestivum
1. 植株的一部分   2. 花序
3. 小穗   4. 小花

그림 6.7 소맥小麥

大麥 Hordeum vulgare
1. 植株的一部分   2. 花序
3. 小穗(3個)   4. 小花

그림 6.8 대맥大麥

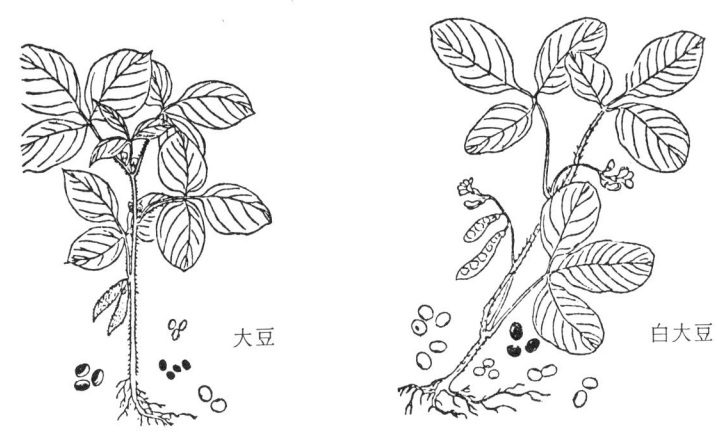

그림 6.9 대두 大豆

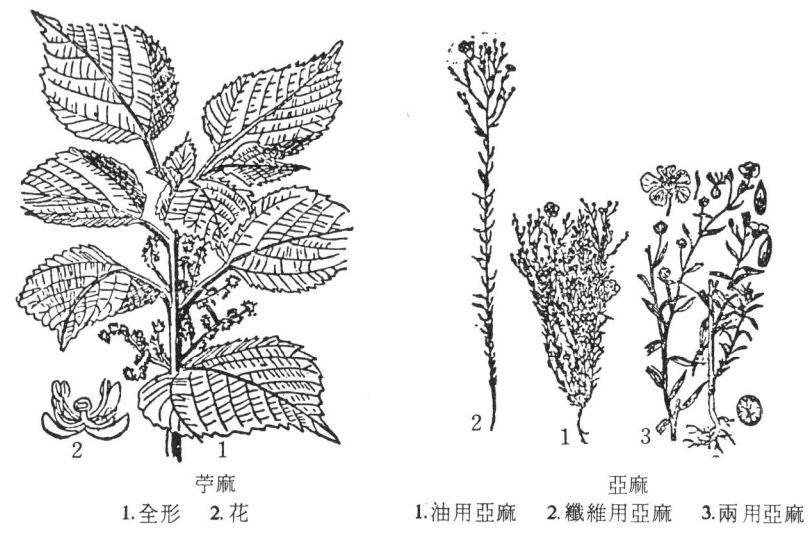

그림 6.10 저마苧麻 아마亞麻

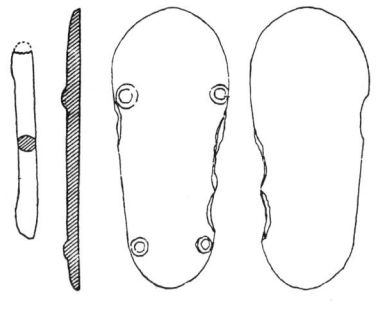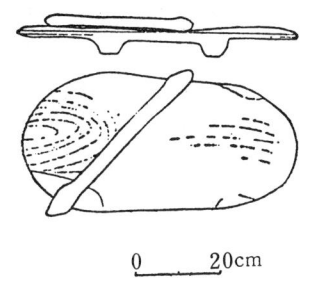

그림 6.11 B.C.5000년 이전의 연석과 돌공이

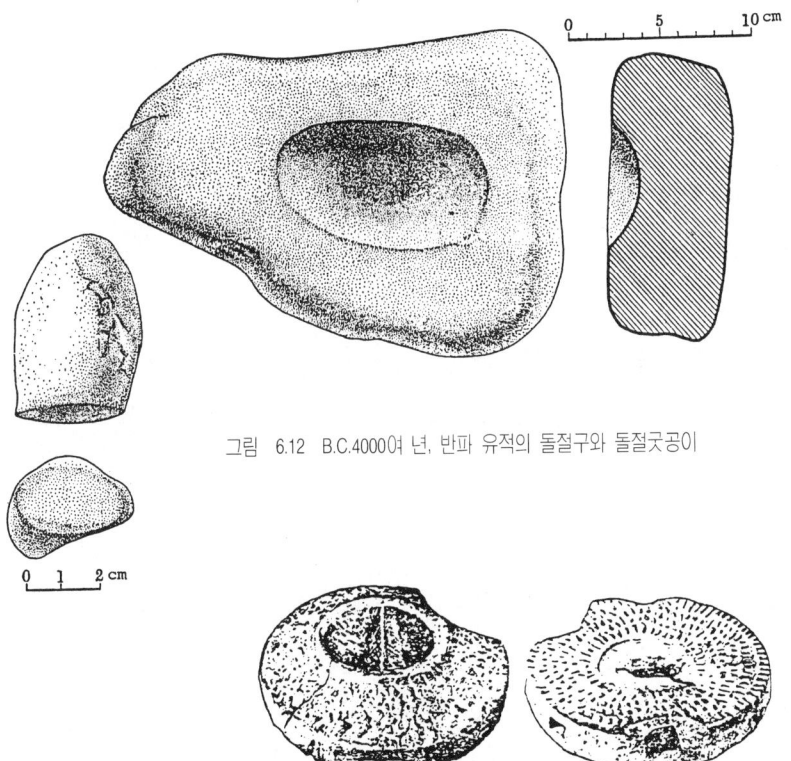

그림 6.12 B.C.4000여 년, 반파 유적의 돌절구와 돌절굿공이

그림 6.13 한대의 맷돌

# 제 7 장

# 금 속

### 야금술의 발명

생산력은 한 사회의 경제수준을 결정하는 주도적 역할을 하며, 사용하는 도구는 생산력을 측정하는 척도가 된다. 생산도구의 개량은 도구를 사용하는 사람들과 그들이 창조한 문명 모두에게 상응한 변화와 영향을 끼친다. 경제의 변화는 때때로 잠시 사회구조의 긴장을 불러일으키기도 하지만, 먼 장래를 내다보면 사회의 생존에 유리하였다.(Pearson, 인류학의 소개 : 315-16) 고대에서 도구를 만드는 재료는 약 세 단계의 발전과정을 거치게 되었다. 즉 돌·청동 그리고 철이다.(Fagan, 고고소개 : 75-76) 그리고 매단계의 사회구조 또한 상응한 변화를 일으켰다. 어떤 사람은 중국사회는 원시공산사회(primitive commune stage)·노예사회(slave soeiety)·봉건사회(feudal society)의 세 단계로 대표할 수 있다고 한다. 우리는 그 술어를 받아들일 필요도 없으며 혹은 단계를 나눈 구체적인 내용에 동의하지 않는다고 할지라도, 도구의 효율과 사회발전의 단계에는 밀접한 관계가 있다는 사실을 부인할 수는 없다. 생산력을 향상시키고 사회면모를 바꾼다는 정도면에서 철의 보편적인 사용은 청동이 석기문화를 바꾼 것보다 훨씬 큰 작용을 하였다. 즉 더욱 큰 충격과 생산력을 가져다 주었다.(Fagan, 고고소개 : 291 ; Vivelo, 인류학 : 469)

석기의 사용은 사람이 동물의 무리 속에서 벗어나게 만든 첫걸음이었다. 사람들의 석기에 대한 요구가 갈수록 간절해지고, 석기의 제작요구도 갈수록 높아져 가면서 자연히 의식적으로 좋은 석재를 찾도록 발전되었다. 자연계에는 금·동 등 금속상태의 광물이 존재하고 있었으므로, 사람들이 석재를 찾아 도구를 제작하는 경험 속에서 어떤 재료는 일반적인 돌과는 아주 다른 성질을 지니고 있다는 사실을 발견하게 되었다. 그들은 때려서 얇은 조각을 만들 수도 있고 잡아당겨 길게 늘일 수도 있으며, 게다가 광택을 띠고 있어 아름다운 장식물을 만드는 이상적인 재료가 되었다. 사람들은 이들을 주의하여 수집하고 보물로 여기게 되었다. 그러나 사람들이 이런 유형의 물건에 상당한 정도의 열을 가하면 용해되고 변형되며 냉각된 뒤에는 다시 응결된다는 사실을 어떻게 발견했으며, 돌을 용해하여 금속을 만드는 야금술을 발명하게 되었는지에 관해서는 합리적인 해답을 하기가 곤란하다.

불은 야금의 필요조건이다. 그러므로 야금술을 발견하게 된 계기에는 반드시 불이 광석에 대하여 일으킨 변화에서 비롯되었을 것이다. 그 가설에는 대략 두 가지가 있다. 하나는 우연히 불이 돌에 일으키는 변화를 발견하게 되었다. 그 시기는 산림에 큰 불이 났을 때일 수도 있고, 혹은 동이나 철을 함유한 광석에다 불을 지펴 음식을 익혔을 때일 수도 있다. 또는 석재를 찾으러 깊은 산 속의 동굴에 들어갔을 때일 수도 있다. 도구로 만들기에는 너무 큰 돌은 위 혹은 가에다 불을 가하여 균열이 가게 만들어 몽둥이와 같은 도구로 잘라서 가지고 나왔을 수도 있다. 높은 온도의 열로 돌 속의 광물이 용해되었다가 다시 금속으로 응결되자 사람들의 호기심을 불러일으키게 되었다. 이것이 의도적으로 실험을 하게 만들었으며, 마침내 이런 위대한 기술을 발명하게 되었다.(楊寬, 冶鐵 : 111; 唐蘭, 1979 : 4) 또 다른 가설은 도기를 구울 때 오랜 시간이 경과하게 되자, 가마벽에 점차 얇은 한 층의 쇠부스러기가 쌓이게 되었다. 이런 이질적인 쇠부스러기가 사람들로 하여금 돌에 불을 가하는 실험을 하도록 유도하여, 마침내 주조술을 발명하게 되었다는 것이다.(吉田光邦, 1959 : 58-59)

가마벽에 쇠부스러기가 환원되어 모이게 되었다는 설은 성립되기 어렵다. 왜냐하면 조기의 가마에는 결코 장기간 지속적으로 열을 가할 수가 없었다. 구어진 도기를 꺼내기 위하여 가마벽을 파괴해야 했으므로, 가마벽에 쇠부스러기가 쌓여 사람들의 주의를 끌기는 어려웠다. 산림에 큰 불이 났거나, 음식을 익힐 때 혹은 석재에 열로 균열이 가도록 했다는 가설은 비록 동이나 청동을 용해할 수 있는 고온에 도달하기는 어렵다고 하지만, 주석을 용해할 수 있는 섭씨 230°에는 도달할 수가 있었다. 그러므로 이런 가설이 비교적 합리적이다. 다만 저온에서 용해된 주석은 광채가 없고 생산량이 적으며 질도 아주 물러, 금속을 사용하지 않았던 신석기시대 사람들에게는 실제적인 용도가 없었다.(岳愼禮, 1957 : 356) 고대인들이 아무 쓸모없는 이런 것 때문에 서로 다른 석재에 고온으로 불을 지필 만한 호기심을 일으켰다는 것에는 회의를 품지 않을 수가 없다. 실제적인 이론으로 본다면 도기 가마를 이용하여야만 비로소 동을 녹일 수가 있다. 그러나 문제는 어떤 사람이 가마를 사용하여 돌을 녹이려고 생각하게 되었는지이다.

### 동의 우수한 점

적동을 두드려 도구를 만들면 돌보다 우수한 점이 세 가지 있다. 첫째, 두드려 길게 늘일 수 있고 마음대로 형태를 만들 수 있으므로, 돌처럼 형상의 제한을 받지 않는다. 둘째, 내구성이 있어 쉽게 부서지지 않는다. 셋째, 다시 주조할 수가 있다. 적동은 이런 우수함이 있다고는 하나 경도가 낮아서 석재의 예리하고 강함에는 미치지 못한다. 또 생산과정이 곤란하고 생산량도 많지 않아서 보편적으로 쉽게 만들 수 있는 석재만 못하다. 그러므로 적동은 주로 장식물을 만드는 데 이용되어 (Fagan, 고고소개 : 287) 한 사회의 생산경제에 별로 큰 영향을 미치지 못하였다. 그리하여 천연적동이 생산되는 지역의 생산방식도 시종 원시공산사회의 단계에 머물렀다.(Fagan, 고고소개 : 286 ; Hoebel, 인류학 : 315) 청동도구의 보편적인 사용은 새로운 시기의 도래를 의미한다.

  적동과 그밖의 납·주석·아연 등 금속의 합금은 기화된 뒤에 청색을 띠게 되므로 중국인은 이를 청동이라고 하였다. 청동의 용해점은 적동보다 낮으나 경로는 오히려 청동보다 높았으므로 예리한 날을 가진 무기를 주조해낼 수가 있었다. 청동은 합금 성분에 따라서 색·경도·내구력이 다른 물건을 주조해낼 수가 있다.『국가의 큰 일은 제사와 전쟁에 있었던 國之大事, 在祀與戎』 고대사회에서, 청동의 예리한 특성은 전투용의 무기를 주조할 수가 있었고, 아름다운 색채와 풍부한 광택은 신에게 제물을 바치는 제기를 주조할 수가 있었으므로 극히 커다란 가치를 지니게 되었다. 상대를 예로 들면, 출토된 동기의 수량은 먹고 마시는 것으로 목적을 삼았던 제사의 예기禮器가 가장 중요했으며, 전투를 목적으로 하는 수레·병기의 수량이 가장 많았다. 그밖에 다른 용도의 도구나 잡다한 기물의 수량은 얼마되지 않았으므로 상대에서 동은 주로 제사와 전쟁을 목적으로 쓰였다는 사실을 설명해준다. 그러므로 청동재료의 발견은 고대인에게 가격에 상관없이 재료를 구하여 주조하고자 하는 열망을 불러일으켰다. 다만 채광은 힘들고 위험한 작업이었으므로 일반인들이 즐겨 종사하려고 하지 않았다. 그러므로 어떤 학자는 고대인의 금속에 대한 요구가 강제적인 노동제도의 성립을 촉진하여, 군중을 조직하고 관리하는 능력을 향상시켰으므로, 국가기구의 성립에 크나큰 도움을 주었다고 한다.(Franklin, 1983 : 287-89)

  주조기술이 발전되어 농업과 수공업의 생산에 광범하게 사용될 수 있는 많은 양의 주조도구를 생산할 수 있게 되자, 생산력이 점차 향상되어 생활이 개선되었으며 사회의 면모도 이로 인하여 바뀌게 되었다. 상대에 도대체 청동으로 주조된 도구가 얼마나 되었는지는 여전히 토론할 문제로 남아 있다. 어떤 사람은 당시에 상당히 많은 청동도구가 사용되었다고 하며(天野元之助, 1958 : 1-4 ; 馬承源, 1980 : 11 ; 唐蘭, 1960 : 10-34 ; 郭寶鈞, 銅器 : 17-23) 어떤 사람은 별로 많지 않았다고 한다.(黃展岳, 1957 : 106 ; 于省吾, 1958 : 65 ; 陳文華, 1981 : 410) 묘지에서 출토된 청동기의 거의 대다수가 무기와 제기였기 때문에, 그때의 주요한 생산도구는 돌로 만들어졌고 청동으로 주조된 것은 아주 적었다고 여겨진다. 그러나 농구와 손도구는 사람들이 생활을 꾸려나가야 하는 긴요한 물건이었으므로 쉽게 수장할 수가 없었다. 제기와 무기는 귀족의 소유였으며, 종교의식이나 혹은 사자의 신분을 빛내기 위한 목적으로 매장되었다. 이로 인하여 청동기는 묘의 발굴과 함께 출토되었으나, 당연히 당시 주조된 비율이 얼마나 되었는지는 모른다. 상대 수공업 제품의 정교함과 수량으로 본다면 당시에도 반드시 상당한 양의 청동도구가 사용되었을 것이다.

## 중국에서 야금이 시작된 시대

일반적으로 중국에서는 청동합금 이전에 먼저 적동이 사용되었다고 여겨진다. 왜냐하면 적동은 자연적인 형태로 존재하므로 제련과정을 거칠 필요가 없다. 이집트는 B.C.5000년에 벌써 적동을 가열하고 두드려 장식품을 만들 줄 알았다.(Pearson, 인류학의 소개 : 463) 그러나 이론상으로는 청동의 용해점이 적동보다 낮으므로 청동 제련기술이 적동 제련기술보다 쉽다. 그러므로 어떤 사람은 적동 제련기술이 청동보다 늦다고 한다. 중국에서는 과거의 고고학적 증거에 의하면 적동 제련기술이 청동보다 빠른 것 같다. 방사선 동위원소 $C^{14}$의 연대측정에 의하면, B.C. 약 1800년의 산서山西 양분襄汾의 도사陶寺 용산龍山 유적지(山西工作, 1984 : 1068-71) B.C. 약 1700년의 감숙甘肅 무위武威의 황낭낭대皇娘娘台(甘肅博物館 1978 : 435-37)·영정永靖의 대하장大何莊 유적지(甘肅工作 1974 : 57) 등에서 모두 동의 함유량이 99%를 초과하는 방울·추·칼·끌·고리 및 잔편殘片 등이 발견되었다. 황낭낭대 유적지에서는 30건이 넘는 적동제품이 발굴되어, 이미 금속에 관하여 퍽 발달된 지식을 갖고 있었으며, 의식적으로 재료를 구하여 주조한 시대였다는 것을 밝혀주고 있다. 그러나 비교적 믿을 만하고 또 다량으로 청동기가 출토된 곳은 B.C. 약 1600년의 하남河南 언사偃師의 이리두二里頭로 청동으로 된 술잔 작爵·도끼·창·낚시바늘·화살촉 등이 발견되었으며(二里頭工作 1974 : 238-39 ; 또 1975 : 304; 또 1976 : 259-63), B.C.1500여 년의 강서江西 청강淸江 오성吳城의 청동도(江西博物館 1975 : 53)는 모두 적동의 유적지보다 1,2백 년이 늦다.

그러나 근래에 들어 어떤 학자는 중국에 먼저 청동을 제련하는 기술이 있었으며, 용해점이 높은 적동을 제련하는 기술은 이보다 상당히 늦다고 한다.(唐蘭, 1979 : 4; 北京鋼鐵學院 1981 : 293) 1956년에 서안 반파의 한 유적지에서 동조각이 발견되었다. 화학분석에 의하면 다량의 동과 아연·니켈이 함유되었다고 한다. 1973년 임동臨潼 강채姜寨의 앙소문화 유적지에서도 동편 하나가 발견되었는데,

동 65%・아연 25%・주석 2%와 납 6%가 함유되었다.(唐蘭, 1979 : 4) 이밖에도 조금 늦은 B.C.3000년의 마가요문화馬家窰文化에서도 청동도가 발견되었다.(北京鋼鐵學院 1981 : 294, 299) 모의실험에 의해 발견된 동・주석・아연・납 등이 함께 섞인 광석은 상당히 쉬운 방법으로 아연과 황동을 제련해낼 수가 있었다.(北京鋼鐵學院, 1981 : 293) 그러나 어떤 학자는 이런 것들이 비교적 후기의 지층에 뒤섞여 들어간 것이라고 한다.(安志敏, 1981 : 282) 태국에서도 B.C.3600~2600년 사이의 유적지에서 제련된 청동이 발견되었다는 보도가 있다.(Fagan, 인류 : 210) 이상의 사례로 본다면 B.C.4000~3000년 사이에 중국에서는 무의식적으로 청동을 제련해내었을 가능성이 높다. 그러나 이렇게 제련된 청동은 그 수량이 아주 적어서 사회에 영향을 끼치기는 어려웠다. 진정한 청동기시대는 충분히 그 기술을 장악하여 일정한 양을 생산해냈을 때라고 칠 수가 있다. 하남 용산 말기의 유적지인 임여臨汝의 매산煤山・등봉登封의 왕성강王城崗・정주鄭州의 우채牛寨 등지에서 계속하여 도가니・동부스러기・동기잔편・동괴 등이 발견되었다. 이것은 B.C.2000년에 이미 진정한 동기시대로 진입했다는 것을 설명하고 있다.(楊育彬, 1983 : 47)

**야금술 발명의 전설**

치우蚩尤는 중국에서 금속무기를 발명한 전설 속의 인물이다.(周策縱, 1973 : 5-7) 한대의 화상석 중에서 치우의 형상은 항시 머리와 사지에 다섯 가지 병기를 든 인물로 그려져 있다.(水野清一, 1954 : 162, 168-69) 치우는 비록 진보된 예리한 무기를 갖고 있었으나 끝내 황제黃帝에게 패하였다. 이 전설은 전국시대에 유가의 왕도사상 아래에서 생겨난 것으로, 황제는 덕으로 사람을 복종시킨 성군이라는 것을 강조하고 있다. 그러나 완전히 상상에서 나온 것만이 아니라 근거가 있을 것이다. 치우는 동해안문화에 속한 부족이며, 동해안은 고대 동석광銅錫礦의 저명한 산지이다. 지금의 산동・호남 경내에는 여전히 동과 아연이 혼합된 광물이 많이 있다.(北京鋼鐵學院 1981 : 291) 그 지역 사람들은 비교적 일찌감치 청동을 제련한 경험이 있었을 수 있다.

전설의 치우는 B.C.2700년의 인물로 태국과 마가요문화의 청동유적지보다 늦다. 그러므로 그때 청동무기가 있었다는 것은 결코 불가능한 일이 아니다. 만일 6천년 전의 앙소문화 사람들이 이미 청동물질을 알았다면, 1천 년 이후에 청동으로 병기를 주조할 정도로 발전된 것과 조금 뒤의 황제가 정鼎을 주조했다는 것은 아주 합리적이다. 이전에는 지하 고고자료의 방증이 없었으므로, 치우가 병기를 주조했다는 전설은 역사를 좀더 옛날로 돌이키려는 사람들이 날조했다고 생각해 왔다. 지금은 이미 치우의 시대에 청동무기를 사용했을 가능성이 있다는 것을 알고 있으니, 이 전설을 흘려 버릴 수가 없으며, 응당 그 가능성에 관하여 조심스럽게 탐구해 보아야 할 것이다.

### 고대 중국의 금속주조

고대에서 금속은 혁명적인 발견이었다. 그것이 어떻게 언어로 표현되었는지 살펴보는 것은 아주 흥미있는 일이다. 상대의 청동기는 안양 지역에서만도 수많은 청동제 무기와 제기가 발굴되었다. 사람들은 이런 재료가 문자로 표현되었을 것이라고 여긴다. 그러나 지금까지의 갑골문에서는 금金자를 찾아볼 수가 없다. 그 원인의 하나는 기물을 주조하는 일은 상왕이 점치는 주제가 아니었으므로 복사에 보이지 않는다는 것이다. 다른 원인은 상대의 금속은 다른 자로 썼으나 우리가 판독하지 못하는 것인지도 모른다. 全(금, 金)자는 제일 먼저 서주 초기의 금문에 보인다. 이 자의 조자 의미에 대한 해석은 많지만 사람들로 하여금 만족하게 할 만한 해석은 없다. 어떤 학자는 흙 속에 묻혀 있는 광석에다 독음을 나타내는 성부를 덧붙였다고도 하고, 혹은 흙더미 아래의 금속이라고도 한다. 혹은 도가니를 기울여 거푸집에 동액을 흘려넣는 상태, 혹은 집기 쉽게 만든 금속의 주괴 형태, 혹은 광석을 캐내는 도끼와 잘게 잘라낸 금속조각이라고도 한다. 금金자를 다른 자와 비교하여 연구하지 않는다면 아마 원래의 창조 의미를 추측해내기 어려울 것이다.

갑골문의 주鑄자는 두 종류의 자형이 각기 한 번씩 보인다. 갑골문의 ′쬬(주, 鑄)자는 두 손으로 그릇을 거꾸로 들고 ∆(토, 土)형 위에 덮는 모양이다. 이것은 동액을 기울여 거푸집에 붓는다는 의미를 표현하고 있다. 또 다른 자형은 도禱자로 차용된 ′쬬(도, 禱)자이다. 이 자는 두 손으로 잡은 그릇을 기울여 동액을 다른 그릇에 붓는 모양이다. 이 두 종류의 자형은 모두 기물을 주조하는 조작과정에서 뜻을 취하고 있다. 금문의 시대에서는 항시 명문에 기물의 주조원인과 목적을 서술하고 있으므로 주鑄자는 늘상 보이는 자이다. 이 자형의 이형異形은 아주 많지만 변천과정은 갑골문의 기본 자형에다 의부인 금金·화火 혹은 성부인 쬬(주, 疇)로 이루어진다. 가장 주의해야 할 자형은 ′쬬에서 발전된 ′쬬자로, 全에서 요으로 변한 것이다. 갑골문 주鑄자에서 요는 동액을 받는 거푸집이다. 그렇다면 금金은 바로 주기모형의 상형자가 된다. 금문 쬬(동, 銅)자에서 금金의 부분은 숲(金)으로 더욱 생동감 있게 끈으로 단단하게 묶고 쇳물을 부어넣기를 기다리고 있는 거푸집의 형태를 표현해내고 있다.(그림 7.1) 금속을 대표하는 금金자는 거푸집의 개념에서 온 것으로 보여진다.

금金자는 여러 조각으로 된 거푸집의 입체적인 형상을 본뜬 것이라는 직접적인 증거는 주鑄자이다. 금문의 [법] (법, 法)자에서도 간접적인 증거를 얻을 수가 있다. 《설문해자》에는 법法자를 두 가지로 해석하고 있다. 하나는 일반적인 용법으로 규율·법칙의 의미와 관련이 있다. 그리고 다른 하나는 거의 사용되지 않는 〈주형〉이란 의미이다. 그 자형에도 두 가지가 있다. 하나는 금문에서 변해 내려온 (법, 灋)으로, 『법은 공평하기가 물과 같다. 신수神獸인 사슴은 바르지 않은 자를 뿔로 받아 버린다 法平如水, 鹿觸不直者去之』는 판결과 관련된 것에서 뜻을 취하고 있다. 다른 한 식은 동방 6국에서 사용된 소위 고문 金으로 허신이 법을 주형이라고 한 정의는 이 자형을 가리켜 말한 것이다. 金과 金자의 쓰는 법이 서로 비슷하니 아마 한 근원에서 나왔을 것이다. 금金자의 자형으로 보면 서로 연관된 두 개의 의미를 지니고 있다. 하나는 주형이고 하나는 금속이다. 금속이란 의미는 흔히 보이나 주형이란 의미로 쓰인 것은 드물다. 법률과 주형은 공통된 개념을 갖고 있다. 모두 다른 사물의 규범이 된다는 것으로 쓰였다. 전국시대 위魏와 중산中山에서는 金을 〈법法〉자로 사용하였으니, 또한 이런 해석을 인증할 수가 있다. 하북河北 평산현平山縣에 위치한 중산국에서는 흔히 金·金·金 등의 자형을 숫자인 〈백百〉으로 사용하였다. 이러한 자형은 금문의 금金과 설문 고문의 법法자와 아주 흡사하다. 선진시대의 고음은 백百을 Pjwak로 읽고, 법法을 pjwap로 읽는다.(周法高, 音彙 : 213, 167) 백과 법의 독음이 서로 비슷한 것은 어느 지구의 특수한 방언일 수 있다. 금金의 자형이 어느 지역에서 법法자로 사용된 것은 응당 〈주형〉이란 의미에서 온 것이다.

위魏의 삼체석경三體石經에 있는 할割자의 고문 金과 소전의 釗(쇠, 釗)자는 모두 쇠 금金과 칼 도刀로 구성되어 있다. 이 글자의 창제의미는 칼로서 모형을 묶은 새끼줄을 끊어내고, 아울러 주조된 기물에서 진흙을 긁어낸다는 것이다. 중국인은 주형을 사용하여 금속이란 물질을 표현하였다. 상과 전대의 동기 주조방법을 살펴보면 여러 가지 주조방법 중에서 기물의 주조뿐 아니라, 심지어 무늬와 부품 등의 가공까지 거의 주형에 의존하는 한 가지 방법만을 사용하였다. 이것은 다른 고대 문명국들이 실납법失臘法 주조(lost wax mathod)·리베팅·융접 등의 갖가지 가공법을 주로 사용한 것과는 분명히 기본적으로 다르다. 중국은 춘추 중·말기에 와서야 비로소 실납·납땜·리베팅 등의 방법을 사용하였다.(湯文興, 1981 : 174-

76; 張劍, 1980 : 23) 중국의 제련기술이 서양과 차이가 있고 서양에서 흔히 쓰는 가공법이 없기 때문에, 어떤 학자들은 그것이 중국 주조술의 독자성을 강하게 반영한다고 여긴다.(萬家保, 1979 a : 230-32; Barnard 1963 : 227)

여러 조각으로 된 주형으로 기물을 주조하는 것은 상당히 진보된 기술이다. 아마도 현재의 금금자가 사용되기 전에는 비교적 조잡한 주조법에서 뜻을 취하여 금속이란 사실을 표현해냈을 것이다. 금속을 용해하는 기술은 자연적인 금속을 두드려 모양을 만들던 것에서부터 시작되었을 것이다. 그런 뒤에 발전되어 돌 위를 파내어 만든 단범성형單范成形으로 되었다가, 다시 쌍범성형雙范成形으로 발전되었고, 마침내 복잡한 기물을 주조할 수 있도록 여러 조각의 주형을 합하여 만들어진 다편범성형多片范成形으로 발전되었다. 현재 발굴된 초기의 돌 용범은 B.C. 약 1500년의 강서江西 오성吳城(江西博物館 1975 : 53)과, 산서山西 하현夏縣의 동하풍東下馮 유적지이다.(東下馮考古 1980 : 100-01) 진한시대에 형형이라 부른 주형은 형성자이다. 의부는 주형의 제작재료인 진흙을 표시하고 있으며, 음부는 형刑이다. 그러나 이 자에서는 주형의 모양을 살펴볼 수가 없다. 그러나 갑골문에서 지명으로 쓰인 ϒϒ(진, 쯥)자는 진한시대에 두 조각의 주형으로 주조된 동화살촉·칼자루의 동테와 같은 간단한 주조물이었다. 후세의 주석가들은 그것이 소리의 가차 때문이며, 진쯥자의 원래 의미가 아니라고 여긴다. 사실 진쯥자는 두 조각으로 된 주형의 상의자象意字이므로, 고대전적에서는 이런 주형에서 만들어진 주물을 표시하는데 사용되었다.(許進雄, 1980 : 143-60) 그 자의 창제 의미는 그림 7.2의 도해와 같다. ○은 결합된 후의 쇳물 주입구이며, ϒϒ은 병렬을 표시하는 것이거나 혹은 상하 주형의 화살촉 홈을 나타내는 것이다. ○와 日자의 모양이 유사하기 때문에 역대의 문자학자들 모두 태양과 화살의 합리적인 관계를 찾아내지 못하였다. 이런 도해를 보면 자형과 의미 사이의 관계를 어렵지 않게 이해할 수가 있다.

채 광

기물의 주조는 대체로 세 단계를 거친다. 광석의 정련·주형제작·주조이다. 광석의 정련은 광석을 제련하여 금속 알맹이로 만드는 첫순서이다. 정련하기 전에 당연히 먼저 광석을 판별하고 채굴해내야 한다. 광석의 색은 일반 돌과 달라서 조금만 경험이 있다면 어렵지 않게 식별할 수가 있다. 예를 들면 공작석은 녹색이고, 남동광은 남색이며, 적동광은 적색이고, 자연동은 금홍색이다.(銅綠山發掘 1975 : 10) 그러나 광석은 지표에 노출된 것이 적고 깊은 산중이나 땅 속에 매장된 것이 많아서 깊이 파고 들어가야 캐낼 수가 있다.

　광물을 채굴하는 일은 힘들고도 위험한 일이다. 지금의 채광기술과 안전설비는 옛날과는 비교도 할 수 없으나 여전히 사고가 나고 있다. 노동자의 복리를 중시하지 않았던 고대에는 더 말할 필요가 없다. 《사기》외척세가外戚世家에는 두광국竇廣國이 산에 들어가 석탄을 캐는데 탄이 무너져 내려 일꾼 1백여 명이 모두 다 죽고 두광국 혼자만이 탈주하였다는 기록이 있다. 채광은 힘들고 위험한 일이라, 그 일을 하는 노동자들은 항시 강제적으로 종사하였다. 상대 혹은 그 이전의 광산 노동자들은 주로 범죄자·포로·노예 등으로 충당했다. 광산 노동자들의 도망을 방지하기 위해서 발전된 효과적인 통제와 조직방법은 국가조직의 조기완성을 촉진하였다. 비록 광산 노동자의 통제가 국가조직의 건립에 얼마만한 영향을 미쳤는지는 알기 어려우나, 확실히 중국에서는 국가조직의 건립과 야금업의 흥기가 대략 같은 시기에 이루어졌다.

　채광의 고생과 위험은 금문의 (엄, 嚴)자에서 살펴볼 수가 있다. 엄嚴자는 산의 바위와 지독히 힘들다는 두 가지 의미로 만들어졌다. 자형은 한 손에 채굴도구를 들고 산의 동굴 속에서 광석을 캐낸 다음 바구니에 담아 놓고 갱도로 운반해 가기를 기다리는 모양이다. 바위 위에는 광물을 운반하는 바구니가 몇 개 있기도 하다. 채광은 대부분 산 속에서 이루어지므로 이 자에는 암석이란 의미가 있다. 그 관리가 엄격하고 일이 지독하게 고되므로 또 아주 힘들다는 뜻을 갖고 있다. 뒤에 오면서 엄嚴자의 용법이 분화되었으므로 산山이란 의부를 더하여 암석·암혈의 의미를 가진 암巖으로 나누어졌다. 금문의 (감, 敢)자는 엄嚴자에서 산의 동굴을 나타내는 부분을 떼어내어, 채광은 쉬운 일이 아니어서 담량을 지닌 사람만이 할 수 있다는 의미를 나타내었다. 또 이 자는 그 위험성을 강조하고 있다. 이를 종합하면 채광은 강제적인 노동이나 혹은 높은 봉급을 받으려고 하는 사람만이 부득이 종사한 일이다.

　광원은 장기간의 채굴을 거쳐야만 비로소 고갈된다. 예를 들면 호북湖北 대야大冶의 동록산銅綠山은 전국시대에도 여전히 광석을 캐내었다. 그러나 갱도 속의 버팀목에 대한 방사선 동위원소 C$^{14}$의 연대측정으로 상대에서도 이 산에서 이미 광석을 캤었다는 사실을 알게 되었다.(C$^{14}$ 수치에 근거 : 93) 장기간의 채취로 약 4천 톤의 적동이 제련되었다.(夏鼐 1982 : 1–2) 동록산의 광산에는 아주 상세한 보고가 있다.(銅綠山 1975 : 1–12; 또 1981 : 19–23)(그림 7.3) 그 갱도는 수직·경사·수평의 세 종류가 있으며 모두 좋은 나무 버팀목과(그림 7.4) 훌륭한 통풍시설을 갖추고 있다. 갱도는 산 속으로 50여 미터나 깊이 파들어가고 있다.(銅綠山 1981 : 19-23) 한대에 이르자 갱의 깊이는 1백 미터에 이르고 있다.(羅平 1957 : 22-23) 《한서漢書》 공우전貢禹傳에 의하면, 공우가 상서하여 말하기를 당시 동을 채굴하기 위하여 땅 속으로 수백 장 깊이까지 파들어갔다고 하였다. 시대가 늦을수록 지면에 가까운 광맥은 갈수록 찾기 어려웠으므로 점점 더 깊이 파들어갔다는 사실은 의심할 여지가 없다. 갱이 깊어지면 깊어질수록 새로운 위험이 야기되었다. 공기의 유통에는 두 가지 위험이 따랐다. 하나는 산소의 부족으로 호흡이 곤란하다는 것과, 또 하나는 가스중독이다. 적어도 진대晉代 사람들은 이미 깃털이 뜨는지 가라앉는지의 여부로 갱 안의 가스 유무를 판단할 줄 알았다. 갱도 안에서 호흡이 곤란한 것은 금문의 ◯(심, 深)자로 살펴볼 수가 있다. 이 자는 나무 버팀목으로 지탱되고 있는 갱도에서 한 사람이 입을 벌리고 숨을 들이쉬고 있으나 식은땀이 떨어져 내리고 있어 호흡하기가 곤란한 모양을 나타내고 있다. 희박하고 혼탁한 공기는 깊은 갱도 속에서 흔히 부딪히는 상황이므로 이 자로 깊다는 의미를 뛰어나게 표현하고 있다.

  다른 석재의 채굴도 동광의 채굴에 비추어 알 수 있다. 박璞자의 뜻은 아직 가공되지 않은 옥이며, 또 아직 제련되지 않은 광석을 표시한다. 갑골문은 ◯(박, 璞)자는 두 손으로 땅을 파는 공구를 들고 깊은 산 속에서 옥을 캐내어 광주리에 담는 상황이다. 갑골문의 ◯(롱, 弄)자는 산 속에서 옥을 캐내고는 기쁨을 이기지 못하여 손에 들고 감상하는 모습이다. 그러므로 가지고 논다는 의미를 갖고 있다. 옥을 캐든 동을 캐든 모두 깊은 산중으로 들어가 울퉁불퉁한 갱도 속에서 희박하고 더러운 공기를 참아야 했으며, 언제 무너져 내릴지 모르는 생명의 위험을 무릅써야 했다.

### 제 련

  캐내온 광석은 일정한 크기의 알맹이로 부수어 불순물을 골라낸 뒤에 용광로에 넣어야 연료의 소모를 줄일 수 있다. 흐르는 물 속에 담가 불순물을 용해하여 물에 씻겨나가도록 하는 것이 가장 간편하고 경제적인 방법이다. 간성柬聲을 따르는 많은 자들은 선택하다·정제하다의 의미를 갖고 있으니, 바로 이런 방법으로 불순물을 제거하는 작업에서 나왔을 가능성이 높다. 금문의 ◯(간, 柬)자는 자루 속에 물건을 담은 모양이다. 자루에 담긴 물건은 생사일 수도 있고 광물 알맹이일 수도 있다. 왜냐하면 연사鍊絲와 세광洗礦 모두 자루 속에 넣어 물 속에서 천천히 불순물을 제거하여, 정련의 목적을 이루고 인공적인 비용을 절감하기 때문이다.(陳槃, 1954 : 257-62) 그러므로 대야大冶 동록산銅綠山의 광산터에는 대지당大池塘이 있다.(그림 7.3) 정주鄭州 고형진古滎鎭의 야철 유적지에도 우물과 못이 있다.(考古 發現 : 282) 이들 모두 광석의 불순물을 제거하기 위하여 사용된 것들이다.

동광을 용해하려면 고온이 필요하다. 동액의 비중 또한 크다. 그러므로 동을 녹이는 용기는 두껍고 무거워야 비로소 불에 견디고 파열을 방지할 수가 있다. 발굴현상에 의하면 처음에는 전적으로 동을 녹이도록 설계된 도가니나 용기가 없었으며, 단지 입이 큰 항아리에다 진흙을 두텁게 입혀 사용하였다.(河南文工 1957 : 53-73) 상당한 경험이 누적된 후에야 비로소 전적으로 동을 녹일 수 있도록 입이 크고 밑이 좁은 도가니를 만들게 되었다. 그 모양은 갑골문의 ⌒⊟(후, 厚)자에 나타나 있다. 후厚자는 입이 넓고 바닥이 좁은 용기가 모처에 기대어 있는 모양이다. 그 외형은 상대 유적지에서 발견된 속칭 장군회將軍盔라 불리는 도가니와 아주 흡사하다.(그림 7.5) 용기 자체가 이미 두껍고 무거운데다 다시 동액을 담으면 최소한 중량이 20kg 이상이 된다.(石璋如, 1955 a : 122; 萬家保, 1970 : 109) 펄펄 끓는 동액을 쉽게 기울여 부을 수 있도록 위가 무겁고 아래가 가벼운 첨저형식尖底形式으로 설계하였다. 그러나 위가 크고 무거우며 아래가 가볍고 좁은 물건은 스스로 서기 힘들므로 다른 물건에 기대어야 했다. 도가니의 벽이 일반 용기의 벽보다 훨씬 무겁고 두꺼웠으므로 옛사람들은 이 자로 두껍다는 개념을 표현하였다.

### 거푸집의 제조

기물주조의 두번째 순서는 거푸집의 제조이다. 거푸집의 모양에 관한 금金·법法·진晉 등의 자는 이미 소개했다. 제조과정은 먼저 모형을 빚는 것이다. 즉 진흙으로 주조하려는 물건과 크기가 같은 형상을 만든다. 그런 뒤에 그 위에다 무늬나 문자를 조각하고 모형으로부터 주형을 만든다. 그 방법은 물에 여과시켜 가라앉은 고운 진흙을 축축하게 반죽한 다음 두드려 판판하게 만들고, 모형의 외부에 대고 눌러 문양이 진흙 위에 반각되도록 한다. 진흙편이 반쯤 건조되면 칼을 사용하여 몇 조각으로 자른 뒤에 구워내면 이 조각들이 하나의 형이 된다. 마지막 단계는 이 주형 조각을 하나로 합치는 것이다. 주조할 기물의 두께에 맞도록 모형을 깎아낸 연후에 외범外范과 안의 모형을 함께 결합한다. 둘 사이의 공간이 바로 기물의 두께가 된다. 안팎의 모형을 끼워 맞추고는 끈으로 단단하게 묶고 위에다 진흙을 발라 견고하게 만들어, 동액을 부을 때 주형의 조각이 튀어나가지 않도록 한다.

그런 뒤에 동액을 주입한다.(馮富根, 1980：91-94; 또 1982：532-41) 이와같이 시간이 많이 걸리는 복잡한 방법이 중국에서 초기에 기물을 제조하는 유일한 방법이었다. 심지어 자잘한 부속과 보수도 똑같은 방법을 사용하였다. 이것이 중국 주조기술의 특색으로 서양의 가공법과 크게 다른 점이다. 중국과 서양의 주조술이 판이한 것은 중국에서 독자적으로 이런 기술을 발전시켰다는 명백한 사실을 표시해 주고 있다.

주 조

세번째 단계인 주조는 동액을 모형에 붓는 과정이다. 이것은 고온의 용광로가 있어야 한다. 갑골문의 ⿱(로, 鑪)자는 지탱할 수 있도록 다리가 있는 화로이다. 복사에서 이 자는 제사의 이름 및 희생의 사용방법으로 차용되었다. 금문에서는 화로와 관련된 두 가지 용법으로 쓰였다. 하나는 따뜻하게 데우기 위한 화로이고, 다른 하나는 제련된 주괴로 기물주조의 원료이다. 보통 밥을 짓고 술을 데우거나 온도를 따뜻하게 하려고 피우는 화로는 청동을 용해하는 것처럼 고온을 필요로 하지 않는다. 고고의 발굴과 사용된 문자로 살펴보면 상대에는 동을 용해할 수 있는 용광로가 있었다. 발굴된 상 말의 용광로는 직경이 1m였다.(冶金簡史：27) 갑골문의 로鑪자에서 상대의 용광로는 다리가 있어서 이동할 수 있었다는 것을 알 수가 있다. 그들의 용량이 크지 않으니 비교적 조기의 형식일 것이다. 복원된 서주의 용광로는 내경이 88-170cm의 타원형이다.(葉萬松, 1984：660-62) 춘추시대에 이르면 이미 아주 진보된 고온의 로爐가 있었다.(侯馬工作 1960：12; 黃石博物館 1981：30-39; 銅綠山 1982：18-22)(그림 7.7)

용광로에 바람을 보내어 연소온도를 높이는 설비를 주대에는 탁橐이라고 하였다. 갑골문의 ⿱(탁, 橐)자는 양끝을 꼭 잡아맨 자루의 모양이다. 비록 이 자가 복사에서는 지명으로 사용되었으며 주조와 관계된 일에는 쓰이지 않았다고 하지만, 우리는 상대에 반드시 송풍설비가 있었으며 탁은 송풍자루의 상형이라고 긍정할 수가 있다. 갑골문에는 탁橐과 로爐자가 나란히 붙어 있거나, 혹은 탁자가 로자 위에 있는 모양으로 쓰고 지명으로 사용된 글자가 있다.(자형표를 보라) 밥을 짓는데 쓰이는 로爐자는 송풍설비가 필요없으나, 금속을 제련하는 노에는 반드시 고온으로 올리기 위한 송풍장치가 되어 있다.(그림 7.6) 상대 용광로 벽의 용해점에 대한 측정은 일반적으로 섭씨 1160~1300° 사이이다.(冶金簡史：28) 송풍설비의 도움을 받아야 비로소 이런 고온에 도달할 수가 있다. 그러므로 로 위에 자루가 붙어 있는 갑골문의 자형은 풀무를 제외하고는 그밖의 다른 것으로 더 합리적인 해석을 할 수가 없다. 어떤 사람은 심지어 도기 조각에서 5천 년 이전의 앙소문화의 가마에 벌써 풀무설비가 필요하였다고 한다.(袁翰青, 化學史 : 44) 아마도 이것은 좀 빠르지 않을까 생각된다. 풀무는 소의 가죽으로 만들어졌으므로 지하에서 아주 빨리 부식되어 버리며, 바람을 노에 보내는 도입관도 쉽게 부서져 버리므로 형상을 보존하고 있는 것이 결코 많지 않다. 다만 하남 정주의 상대 유적지에서 이미 그 모양을 볼 수가 있다.(그림 7.9)

풀무의 조작은 가죽 주머니의 압축을 이용하여 공기를 노 안으로 보내고, 다시 느슨하게 하여 공기를 주머니 속에 채운다. 이런 방법으로 공기를 계속하여 노 속으로 보내어 연소를 돕는다. 어떤 사람은 갑골문의 ☒(복, 復)자가 바로 송풍 주머니를 본떠 만들어졌다고 한다. 이 자의 중간 부분인 긴 장방형이 바람을 보내는 가죽 주머니의 본체, 즉 소 가죽으로 만들어진 부분이라고 한다. 양끝은 송풍관과 발판이고 발은 발판을 움직이는 동력이 된다. 바람을 보내는 동작은 반복되어 끊이지 않으므로 복復자에는 반복·회복·왕복과 관련된 의미를 지니고 있다. 만일 용광로에 공기를 세게 압입하여 연소효율을 높이려고 한다면 용광로 끝의 송풍관 구멍이 좀 작아야 한다. 그러므로 갑골문 복자의 도관陶管 부분은 좁게 표현되어 있다.(그림 7.9) 그러나 중국의 전통적인 풀무조작은 수평식이다. 예를 들면 동등현 東縢縣의 한 화상석畫象石에 보이는 고야도鼓冶圖와 같다.(그림 7.8) 뒤에 오면서 수력이나 마력으로 움직이도록 발전되었지만 역시 수평식을 쓰고 있다.(楊寬, 1960 : 47-49; 劉仙洲, 機械 : 51-52) 이것은 서양에서 초기에 흔히 사용된 상하족답식上下足踏式과는 다르다. 아마 중국 최초의 풀무 또한 상하족답식으로 조작되었으나, 뒤에 오면서 수평식으로 개량되었을 것이다.

주조는 특별한 기술로 상당한 훈련과 경험을 필요로 한다. 바람을 보내어 금속을 용해하고, 동액을 기울여 주형에 붓는 과정들은 모두 위험성을 지니고 있다. 조금만 잘못하면 1000°에 가까운 고온의 용액이 폭발한다. 그 위력은 사람들을 상당히 놀라게 만든다. 《한서》 오행지五行志에는 용광로가 폭발을 일으킨 사건을 다음과 같이 기록하고 있다. 『쇠가 아래로 흘러내리지 않고 웅웅거리니 천둥 소리 같기도 하고 북이 울리는 소리 같기도 하였다. 장인들 열셋이 놀라 달아났다가 소리가 그치자 다시 돌아와 살펴보았다. 땅은 수 척이나 꺼져 들어갔고 용광로는 열 조각으로 부서졌으며, 노 속에 있던 쇳물이 유성처럼 모두 위로 날아갔다. 鐵不下, 隆隆如雷聲, 又如鼓聲. 工十三人驚走, 音止還視地, 地陷數尺爐分爲十, 一爐中鎖鐵散如流

星皆上去』춘추 전국시대, 심지어 그 후대에도 장인이 자기의 생명을 바치면서 동이나 쇠를 녹여 좋은 검이나 불상을 만들었다는 과장된 기록들이 있다.(吉田光邦, 1959 : 109-10) 이것은 사람들이 마음 속으로 생각했던 주조공예가 얼마나 위험하고 어려웠던가를 반영하고 있다.

### 상대의 청동공예

상대에 이르자 중국의 청동주조 사업은 이미 동시대의 다른 문화를 뛰어넘었다. 상대의 청동주조업의 규모는 하나의 커다란 정鼎으로 측정해볼 수 있다. 무게가 875kg인 사모무대정司母戊大鼎은 지금까지 알려진 것으로는 가장 큰 상대의 청동기이다.(楊根, 1959 : 27) 상대의 도가니는 불순물을 제외하고 하나에 동액 12.7kg을 담을 수 있다.(楊根, 1959 : 27 ; 郭寶鈞, 銅器 : 6) 만약 그토록 큰 정을 주조하려면 동시에 7,80개의 도가니에 담긴 동액을 단시간내에 계속하여 주입해야 한다. 그렇지 않으면 기물이 파열되게 되어 완미한 상태가 될 수 없다. 동을 녹이고 불을 살피고 재료를 운반하고 용액을 붓는 모든 장인들이 3백여 명은 있어야 비로소 해낼 수가 있다. 이런 상황에서 일관작업에 숙련된 경험이 없었다면, 이토록 큰 기물을 주조해내기 위하여 필요한 많은 인원과 설비에다 넓은 작업장에서 문란하지 않고 원만하게 이 일을 완성해낼 수는 없었다.(楊根, 1959 : 28 ; 商周考古 : 47) 대량으로 출토된 상대 청동기와 1만 평방미터가 넘는 청동기주조 작업장 등은 그때 주조업이 얼마나 성황을 이루었는지 상상하고도 남음이 있도록 해준다.

출토된 실물에서 우리는 상대 청동공예의 성황과 고도의 수준을 알아볼 수가 있다. 다만 상대에서는 주조에 관하여 점을 쳐 물어본 일이 한두 차례밖에 보이고 있지 않으니, 기이한 일이라고 여기지 않을 수 없다. 기물을 주조하는 일이 장인들의 일이었기 때문에 상왕이 점을 쳐 물어볼 필요가 없었을까? 아니면 상나라 사람들은 이미 주조에 대해 아주 자신이 있었기 때문에 귀신에게 대책을 물어본다든가 혹은 성공하도록 도와달라고 빌지 않아도 되었을까? 우리들로서는 이 해답을 구할 방법이 없다.

### 주나라 사람들의 청동합금 지식

상나라 사람들의 야금에 관한 지식에 대하여 우리는 실물로부터 얼마간의 개괄적인 상황을 알 수가 있다. 중국 고대 청동기의 주요한 성분은 동·주석과 아연이다. 상나라 사람들은 이 세 금속의 개별적인 성질과 외관에 대하여 모두 알고 있었다. 예를 들면 순수한 주석으로만 주조된 창[戈]이 상대의 묘에서 출토되었다.(張子高 : 化學史 : 30) 또 순동으로 된 투구에 얇게 주석으로 도금하여 미관을 뛰어나게 한 것도 있다.(周緯, 兵器史 : 151) 묘에서는 또 순아연으로 창을 만들어 염가로 부장품을 대용한 것도 발견되었다.(馬得志, 1955 : 52; 郭寶鈞, 1955 : 97) 상나라 사람들은 벌써 이 세 가지 금속을 구분하여 제련할 수 있었다는 것을 알 수가 있다. 그러나 동류同類의 청동기물도 그 함량이 일정하다고 볼 수가 없으니(陳夢家, 1954 : 54-56) 상나라 사람들은 아연이 용액의 유동성과 표면의 치밀도에 도움을 준다는 사실을 충분히 이해한 것 같지는 않다. 그들은 싼 가격에 주석을 대신할 수 있었기 때문에 동에다 아연을 섞었을 뿐이며, 여전히 그 화학성능을 잘 이해하지 못하였으므로 두께가 얇은 큰 기물을 주조하기 어려웠다. 동주시대에 이르러서야 두께가 얇은 기물에는 아연의 함량을 높이게 되었다.(萬家保, 1974 : 111) 이것은 이미 아연이 동에 일으키는 화학적 성질을 발견하였다는 표시이다.

상대에는 다른 용도의 청동기를 주조할 적에는 서로 다른 성분의 동과 주석(아연을 포함) 합금을 사용하였다. 그리고 같은 용도의 기물에는 대략 합금성분이 일치되었다. 이것은 상대에 이미 대략적이나마 합금성분과 성능의 관계에 대하여 이해했었다는 것을 밝혀주고 있다. 상말 혹은 주초의 갑골문에 보이는 𠛷(즉, 則)자는 하나의 정鼎과 칼로 만들어졌다. 동으로 된 정은 제사지낼 때에 사용된 기구로 색이 휘황하여 진열시의 위용을 더해 주어야 했다. 칼은 베고 자르는 실용적인 도구로 예리하면서 내구력이 있어야 날카로움을 유지할 수가 있다. 이 두 가지 서로 다른 요구는 다른 합금성분에 의하여 결정된다. 갖가지 주물의 성능은 일정한 표준의 합금성분에 의해서만이 이상에 합치되었기 때문에, 한 개의 정과 한 개의 칼로 준칙・원칙 등의 의미를 표현하였다.

고대문헌에서 청동의 합금성분과 성능 사이의 관계에 대하여, 가장 분명하게 말하고 있는 책은 전국시대 말기에 편집된 《고공기考工記》이다. 그 책에서는 합금의 성분에 대하여 다음과 같이 기술하고 있다. 『그 금金을 여섯으로 나누어 주석이 그 중 하나를 차지하면 이를 종정鐘鼎의 정확한 비율이라고 말한다. 금을 다섯으로 나누어 주석이 그 중 하나를 차지하면 이를 도끼[斧斤]의 정확한 비율이라고 말한다. 금을 넷으로 나누어 주석이 그 중 하나를 차지하면 이를 칼날의 정확한 비율이라고 말한다. 금을 다섯으로 나누어 주석이 그 중 둘을 차지하면 이를 창칼・화살촉의 정확한 비율이라고 한다. 주석이 반을 차지하면 이를 동경의 정확한 비율이라고 한다.六分其金而錫居一, 謂之鐘鼎之齊. 五分其金而錫居一, 謂之斧斤之齊. 四分其

金而錫居一, 謂之刀刃之齊. 五分其金而錫居二, 謂之削殺失之齊. 金錫半, 謂之鑑燧之齊』이 여섯 가지 서로 다른 기물의 합금비율은 금금자에 대한 해석이 다르기 때문에 동과 주석의 비율에 대하여 서로 다른 의견이 있다. 전통적인 견해는 83.4% : 16.6%; 80% : 20%; 75% : 25%; 66.7% : 33.3%; 60% : 40%; 50% : 50%이다.(梁律, 1955 : 54; 章鴻釗, 1955 : 21) 요즘 학자의 의견은 85.7% : 14.3%; 83.4% : 16.6%; 80% : 20%; 75% : 25%; 71.4% : 28.6%; 66.7% : 33.3%이다. (萬家保, 1970 : 9〜11; 楊寬, 冶鐵 : 17) 뒤의 견해가 요즈음 실험소에서 얻어낸 결과에 근접하고 있다. 주석의 성분이 17〜20%를 차지할 때 청동의 재질이 가장 강인하여 도끼·창 같은 물건을 주조하기에 적당하다. 주석이 3,40%를 차지할 때는 경도가 가장 높아 칼·화살촉 등과 같이 예리하고 강인한 기물에 적합하다. 또 주석의 성분이 증가할수록 청동의 색도 적동·적황·등황·담황으로 변화하다 회백에 이른다.(郭寶鈞, 銅器 : 12) 종정은 휘황한 적황색을 띠어야 진열에 쓰일 수 있었으므로 동의 성분이 높아야 한다. 거울은 비춰보는 데 회백색이 효과적이므로 주석의 성분이 높아야 되었다.

고대에는 합금의 성분을 분석해볼 수 있는 측정기기가 없었으므로, 합금의 분량은 장인의 장기간에 걸쳐 누적된 경험에 의존하였다. 《고공기》에는 노의 불꽃의 색과 온도의 변화에 대한 관찰을 다음과 같이 기술하고 있다. 『금속이 녹는 상태는 동과 주석에서 검고 탁한 기운이 없어지고 나면 황백색이 된다(검고 탁한 연기는 휘발성 불순물의 기화이고 황백색은 주석이 먼저 녹기 때문에 황백색을 띠게 된다). 황백색의 기운이 다하면 청백색이 된다(온도가 높아지면 동의 청색이 얼마간 섞이게 되어 청백색을 띠게 된다). 청백의 기운이 다하면 청색이 된다(온도가 더 높아지면 동이 전부 용해되어 동의 양이 주석보다 많아지게 되어 청색이 된다). 그런 뒤에야 주조할 수가 있다. 凡鑄金之狀, 金與錫黑濁之氣竭, 黃白次之, 黃白之氣竭, 靑白次之, 靑白之氣竭, 靑色次之, 然後可鑄也』(郭寶鈞, 銅器 : 13) 이것은 장인이 장기간에 걸쳐 노 앞에서 정련과정의 화염 색깔을 관찰하고 나서야 알 수 있는 것이다. 오늘날 『노화순청爐火純靑』으로서 아주 뛰어난 기예를 표현해내고 있는데 바로 이런 관찰에서 온 것이다. 《고공기》에는 비록 다른 합금성분의 화염 색깔의 변화는 언급하고 있지 않으나, 장인들은 이 문제에 주의하였다고 생각된다. 《순자荀子》강국편強國篇에 『모형과 용범을 정확하게 만들고, 동과 주석이 올바르게 섞인 뒤에, 기술이 정교하며 불이 적절하다면 주형을 연 뒤에 막야莫邪같이 훌륭한 검이 주조되었을 것이다 刑范正, 金錫美, 工冶巧, 火齊得, 剖刑而莫邪已』라고 하였다. 이 말은 모든 주조과정중에서 합금성분과 화염 색깔의 중요성 및 이런 개념의 보편성을 반영하고 있다. 전국시대는 무기주조에 대한 질과 양을 상당히 중시하였다. 더욱이 조趙나라에서는 흔히 무기 위에 감독관원과 주조한 장인의 이름을 새겨놓도록 하여 품질에 관한 책임자를 확정해 놓았다. 명문의 끝에는 자주『아무개가 정확한 합금성분을 배합하여 주조했다 冶某執齊』라는 말이 보인다.(黃盛璋, 1974 : 18-28) 제齊는 합금 성분의 비율이고, 집제執齊는 정확한 합금성분을 장악했다는 말이다. 여기에는 당연히 화염의 색에 대한 관찰도 포함된다. 합금의 지식은 우수한 품질을 주조하는 중요한 조건이다.

### 동 銅

갑골 복사에서 주조에 관해 물어본 것은 지금까지 다만 두 조목만이 보인다. 하나는『왕께서 황색 여呂를 주조하시고 피를 바르는 의식을 거행하려 하는데 오늘 을미날이 괜찮겠습니까? 王其鑄黃呂, 奠血, 更今日乙未利?』이다.(金璋 511) 전혈奠 血은 새로 주조한 기물에 피를 바르는 의식으로,《맹자孟子》양혜왕편梁惠王篇에 보인다. 려呂는 주조와 관계가 있고 또 황색이니 복사에서 물어본 것은 틀림없이 동을 주조하는 일과 관계있다. 다른 한 조의 복사는『황색 려呂 …… 범凡의 모양으로 만드려 하는데 잘 되겠습니까 ……? ☐其鑄黃呂☐乍凡, 利更☐』(甲編 1647)이다. 복사가 완전하지 않고 鑄자의 의미도 확실하지 않다. 황색 려呂가 이미 그릇[盤] 만드는 것과 관계가 있으니, 이 또한 주조하는 일이다. 갑골문의 呂(려, 呂)자는 주대의 동기 명문에도 자주 보이며 기물의 주조와 관계가 있다. 예를 들면『주공邾公께서 좋은 금속을 선택하여 검은색 류鏐와 려呂를 녹여 자신이 종을 주조하였다 邾公牼擇其吉金, 玄鏐鑢呂, 自作和鏡』『왕께서 려呂를 하사하시어 이彝를 만들도록 하셨다 王賜X呂, 用乍彝』등이다.(周法高, 金文 : 4782-4804) 려呂자는 두 개의 방형이나 타원형으로 되어 있으며 때때로 의부인 금金을 더하기도 한다. 이 자는 금속 덩어리의 상형이다. 려呂는 광석을 제련한 것으로 순동 혹은 다른 금속 알맹이일 것이다. 당연히 어떤 금속이라고 확정하여 가리킬 때는 황려黃呂 혹은 노려爐呂 등으로 설명한다.

한 시대에는 그 시대의 용어가 있다. 금속의 명칭도 주대에 사용된 것과 지금의 명칭 사이에는 상당한 차이가 있으니, 상대 이전은 당연히 더욱더 이해하기 어렵다. 지금 금金자는 황금을 가리키는 데 쓰고 있으며, 진한 이래에는〈황금黃金〉을 금자金子라고 말하였다. 그러나 상대와 주초에는 청동을 가리키는 말이었다. 청동은 처음 녹을 때 황색에 가까운 색을 띠기 때문이며, 산화된 후에야 비로소 점차 청색으로 된다. 《역경易經》 서합괘噬嗑卦에는 『딱딱한 고기를 씹다가 황금을 얻었다 噬乾肉, 得黃金』는 말이 있다. 여기에서의 황금은 짐승을 사냥하여 죽인 뒤에 짐승의 몸에 남아 있는 청동화살을 가리키는 것으로, 의외의 재물을 얻었으니 기쁜 조짐이라는 것이다.

상대에 비록 황금을 두드려 장식물을 만들기는 하였으나, 그 수량은 아주 적었다.(Barnard & Sato, 금속유물 : 96-99) 지금 우리는 당시에 황금을 무어라 불렀는지 모르고 있다. 금金자는 원래 금속의 통칭이었다. 그리고 가장 흔하게 쓰인 금속이 청동이었기 때문에 금金은 대부분 청동을 가리키는 말이었다. 뒤에 오면서 점차 동은 청동 혹은 순동이라 부르게 되었으며, 금은 황금을 가리키는 말로 바뀌게 되었다. 한대에 이르자 금자는 대부분 황금을 가리키는 말로 사용되게 되어, 동과는 분명히 다른 의미를 지니게 되었다. 금문의 金당(동, 銅)은 형성자로 처음에는 다만 이미 주조된 청동기물만을 가리켰으며, 주조의 소재인 순동이나 청동 덩어리를 말하는 데는 쓰이지 않았던 것 같다. 원료인 동은 여전히 금이라 불렸다. 진秦 말엽의 《금포율金布律》에 『현도관이 7일 동안 공기公器를 버려두고 수선하지 않았으나, 식견이 있는 사람은 이를 비웃지 않았다. 금金과 철을 기물에 넣은 것을 동銅이라고 하였다. 縣都官以七日糞公器不可繕者, 有久識者靡蛋之, 其金及鐵器入以爲銅』(雲夢竹簡小組 1976 : 4) 전국시대의 문헌 《월절서越絶書》 보검편寶劍篇과 《관자管子》 지수편地數篇에는, 비록 동銅으로 동광이나 동재료를 일컬어 부른 예가 있으나, 후세에 문헌을 편집하면서 동銅자로 금金자를 대체하였을 가능성이 아주 높다.

## 주 석

춘추시대의 동기銅器에 보이는 金당(석, 錫)자는 세 부분으로 되어 있다. 의부인 〈금金〉은 이 물질이 금속에 속한다는 것을 보여준다. 〈역易〉은 음부이고 ⊘은 주석의 주괴 형상이다. 아마 화북의 주석은 화남에서 수입되었을 것이다. 그래서 화북지방 사람들은 대부분 주석의 주괴를 보아왔으므로 이에 의하여, 글자를 만들었을 것이다. 《신당서新唐書》 지리지의 기록에 의하면 화북의 정치적 중심지에서 비교적 가까운 동과 주석 산지는 두 곳이 있다. 한 곳은 하남·산서·협성 세 성의 교계이고, 다른 한 곳은 강소·절강·안휘 세 성의 교계이다.(그림 7.12) 앞지역은 주나라 사람들의 근거지였다. 그들은 자기 나라에서 나는 산물에 대하여 자세히 알고 있었을 것이며, 구리와 주석의 수요는 자급하고도 남았으므로 다른 곳에서 들여올 필요가 없었을 것이다. 그러나 한과 선진의 문헌에 기록된 중요한 주석 산지는 모두 하남에 있었으며 하북지역은 거의 언급하고 있지 않다.(萬家保, 1970 : 102; 楊寬, 冶鐵 : 17-18)

주석은 청동기를 주조하는 중요한 원료이다. 초기의 문헌에는 단지 강남의 주석 산지만을 알고 있었으나, 아마도 강남지구가 바로 중국 청동업의 발원지일 것이다. 《사기》 오제본기五帝本紀의 정의正義에는, 산동지구에 살았던 구려九黎의 추창인 치우蚩尤는 모래와 돌을 먹고 동으로 된 머리에 철 이마를 하였으며 다섯 가지 병기를 가지고 있는 인물이라고 하였다. 산동지구는 청련강문화青蓮崗文化가 발전된 곳으로 동남해안지구의 문화와는 밀접한 관계가 있다. 치우의 전설은 분명히 어느 씨족의 직업이 의인화되었을 것이다. 강남지구는 상대 초기에 아주 진보된 청동주조와 주조작업장이 있었다.(湖北博物館 1976 a : 26-41; 또 1976 c : 5-15) 태국에서는 B.C.3000년의 청동기 유적지가 발견되었다. 비교적 진보된 청동 제련기술은 남방에서 북쪽의 화북지구로 전해졌을 것이다. 주나라 사람들은 상나라 사람들의 고명한 주조술을 배우고 나서 대량으로 동기를 주조하고 광산을 찾았을 것이다. 그러나 단기간내에는 광범한 조사와 채굴을 하기 어려웠으므로, 이미 규모를 갖춰 채굴해왔던 강남에서 대량으로 원료를 들여왔을 것이다. 그러므로 강남지구가 선진의 문헌에서 홀로 주석산지의 대명사로 영예를 누려왔다.

### 아 연

아연은 주대 청동합금에서 흔히 보이는 금속이다. 아연은 백색으로 주석과 대략 같으나 공기 중에서 산화되면 회흑색의 얇은 막이 생긴다. 상대에는 이미 순수한 아연 부장품이 있으니, 그 성질에 대해서도 얼마간 알고 있었을 것이다. 그러나 지금 사용되는 연鉛자는 결코 갑골문이나 금문에 보이지 않는다. 동기 명문에서 청동의 성분을 언급할 때, 어떤 것은 후세에 사용되지 않는 것도 있다. 그 중에 아연이란 금속을 가리키는 말이 있을지도 모른다.

동기에 언급된 주조재료에는 다음과 같은 것들이 있다.『좋은 금을 택하고 검은색의 류鏐와 그리고 려呂를 로에서 녹였다. 擇其吉金, 玄鏐鑢呂』『좋은 금을 택하고 누렇게 녹였다. 擇其吉金黃鑢.』『좋은 금속 려呂를 녹였다 吉金鑢呂』『좋은 금의 으뜸인 려呂 吉金元呂』『좋은 금과 검은색 광鋐, 흰색 광을 택하였다. 擇其吉金, 玄鋐白鋐』『이에 좋은 금과 교조鐈鋚를 사용하였다. 乃用吉金鐈鋚』(周法高, 金文 : 7565, 7611, 7622, 7659, 7668) 중국 청동합금의 재료는 구리・주석・아연의 세 가지 재료이기 때문에 길금吉金이 구리를 가리키는 말이라면 나머지 성분은 자연히 주석과 아연이다. 그러므로 어떤 사람은 교조鐈銚·현류玄鏐·현광玄銧은 구리이고, 백광白銧은 주석이라고도 한다.(周法高, 金文 : 7611-12, 7660-61) 현재의 재료로는 도대체 어떤 설이 맞는지 판단하기가 어렵다. 단순하게 금속의 색으로 말하면 황로黃鑪·적로赤鑪는 구리에 가깝거나 혹은 거의 대부분이 구리의 합금이고, 현류·현광은 아연에 가깝고 백광은 주석에 가깝다. 주대에 반드시 아연을 대표하는 언어와 문자가 있었을 것이나 단지 시간에 따라 바뀌어졌으므로 이미 살펴보기 어렵다.

## 철의 성질

서양은 금속의 분류를 철과 그밖에 구리·주석·아연·납 등과 같은 비철금속으로 나눈다. 전국 말기의《관자管子》소광편小匡篇에는〈미금美金〉·〈악금惡金〉으로 청동과 철을 구분하였다. 대개 철은 쉽게 산화되어 녹이 난다는 것에 착안한 것이다. 금속 종류의 자는 모두〈금金〉이란 의부나 성부로 구성되어 있다. 다만 조기의 𢧜(철, 鐵)자는 상의자象意字로 의부인〈금金〉은 뒤에 덧붙여진 것이다. 𢦒은 철鐵의 성부이며 예리하다는 의미이다. 철의 이용가치는 예리함에 있으니 𢦒이 철鐵자의 초형初形임이 분명하다.

청동기는 주조된 뒤에 단조가공할 필요가 없다. 그러나 상주시대의 철기는 단조로 이루어졌다. 𢦒자는 모루(丁) 위에서 단조되는 무기(𠚍)라는 뜻을 취하여 만들어졌을 가능성이 높다. 철과 예리하다는 두 가지 의미를 겸하였을 것이다. 𢦒자는 서주 초의《반궤班簋》명문에 있는 『보병, 마부, 그리고 𢦒 土馭𢦒人』는 어느 직공의 직업적 호칭이다. 자형의 변천추세로 보면 𢦒 자는 아마 戠의 초기 자형일 것이다. 그러므로 어떤 학자들은〈𢦒人〉은 철제련공일 것이라고 여겼다.(郭沫若 1972 b:6) 후세에 제련업은 흔히 도요업과 함께 언급된다. 이 둘은 업무상 관련된 곳이 있기 때문이다. 춘추시기의《숙이종叔夷鐘》에는『도공과 철공 4천 명을 너희 지방에 속하게 한다 陶戠徒四千, 爲汝敵(嫡)寮』는 명문이 있다. 여기에서 도공과 철공을 함께 언급하였으니, 철공은 철을 제련하는 장인일 가능성이 아주 높다.

철은 쉽게 산화되어 녹이 슨다. 철기는 장기간 땅 속에 매장되다 보면 습기를 접촉하지 않아 부식되지 않는 것은 아주 드물다. 지금까지 발굴된 춘추·전국시대의 철기에 완전한 것이 드문판에 상이나 주대의 철기는 더 말할 필요도 없다. 과거에는 발굴작업이 많지 않았으므로 초기의 철기가 출토된 적이 없었다. 그러므로 적지 않은 사람들이 중국에는 춘추 말기 이전에 철을 제련한 일은 없었을 것이라고 의심했다. 철을 언급한 초기의 문헌에 대해서는 생각할 수 있는 방법은 다 동원하여 부정적인 해석을 하였다.(李學勤, 1959 : 69; 黃展岳, 1976 : 62-64) 근년에 상대 유적지에서 칼날에 철을 상감한 동병기가 발견되었다.(河北博物館 1973 : 266; 또 1974 : 42-43) 또 서주의 동병기에도 쇠날을 상감했다는 보고가 있다.(Freer Gallery, 중국 청동기 : 96) 이것은 당시 사람들이 예리한 철의 성질을 알고 있었으므로, 번거로운 공정에도 불구하고 철을 단련하여 날카로운 날을 만들고, 다시 창·도끼와 같은 청동병기에 주조하여 접합했다는 사실을 설명해 주고 있다. 다행히 쇠날이 동 속에 주조되어 접합되면 완전히 산화되지 않으므로 여전히 그 존재 흔적을 알아볼 수가 있다. 만일 병기 전체가 철로 만들어졌다고 한다면 아마 부식되어 흔적도 없었을 것이다. 철은 제련을 거치지 않고도 자연계에서 발견될 수가 있다. 그것은 다른 동기보다 더 예리하게 단련할 수가 있다. 아마도 동의 주조방법을 발견하기 전에, 사람들은 우연히 운철隕鐵을 얻게 되었을지도 모른다. 그리고 그 성질을 이해하게 되자 사람들로 하여금 돌을 녹이도록 유혹하여 야금술을 발명하도록 이끌었는지도 모른다.

### 중국에서의 철의 시대

근년래의 발굴작업은 중국에서 철을 주조하기 시작했던 시대가 상상했던 것보다 훨씬 빠르다는 사실을 실증해 주었다. 춘추 초기에 이미 연철된 실물이 있었다. (雷從雲, 1980 : 95) 춘추 말기에는 연철을 써서 침탄법으로 단련하여 강철이 된 검이 있었다.(長沙火車站 1978 : 44, 46-47) 그 발전 시기는 의심할 여지없이 더 빨랐을 것이다. 어떤 사람은 서주시대에 철은 이미 흔히 볼 수 있는 물건이었다고 여긴다.(郭沫若, 中國史稿 1 : 313; 許倬雲, 西周史 : 124) 상대의 쇠날이 붙은 동병기는 잔류된 철이 아주 적어서 과학적인 추론을 얻어내기가 어렵다. 그러므로 어떤 전문가들은 그것이 연철을 두드려 만든 것이라고 하고(唐云明, 1975 : 57-59) 어떤 사람은 운철이라고도 한다.(李衆, 1976 : 31-32) 상나라 사람들은 이미 철이 예리하다는 우수성을 알고 있었다. 당시에는 또 광석을 제련하여 금속을 만드는 기술에 상당한 경험이 축적되어 있었다. 중국에서는 철광이 동이나 주석보다 훨씬 널리 분포되어 있다. 철광을 제련하면 해면철海棉鐵이 되어 일반적으로 섭씨 900~1200°의 온도를 필요로 하였으므로, 상대의 도자기 가마에서 충분히 그런 온도를 제공할 수가 있었다. 지리적 조건과 기술적인 단계로 보면 상나라 사람들은 연철을 두드려 기물을 만들 수 있었을 것이다.(楊寬, 冶鐵 : 111-12) 혹은 춘추 말기의

《숙이종叔夷鐘》에서 어느 소국에 도공과 철공 4천 명이 있다고 말한 것은 아무래도 규모가 과장된 것이라고도 여긴다. 그러나 이 4천 명에는 도공과 철공이 포함되어 있고, 철공에는 또 광석을 캐는 광부·제련공·단련공 등 각기 분업화된 직공들을 포함하고 있다. 즉 한 광업지구에 이만한 인원이 있었다는 것은 결코 놀랄 만한 일이 아니다. 그러므로 서주시대에는 이미 철을 대표하는 문자가 있었을 것이며, 그 자가 바로 ㄇㅑ이다. 단련방식은 아주 시간이 많이 걸리기 때문에 초기의 기술로는 제대로 해내기가 어려웠을 것이다. 그러므로 만들어진 물건이 적어 보급되지 않았으며, 주철이 발명된 후에야 야철업은 크게 발전되었다.

### 중국은 고대에 생철기술을 발견하였다

중국에서 생철로 주조한 기물은 서양보다 1천5백 년 이상이 빠르다.(李衆, 1975 : 2-3) 적어도 기원전 6세기에 중국에서는 고온으로 용해된 쇳물로 대형용기를 주조할 수 있는 기술이 있었다.(黃展岳, 1976 : 68 ; 楊寬, 1980 : 89-90) 주형으로 기물을 주조하는 방법은 중국의 전통적인 주조방식이었으므로, 연철의 단련단계가 얼마되지 않아서 곧 전통적인 주조법으로 발전되었을 것이다.(楊寬, 冶鐵 : 20) 어떤 사람은 중국에 먼저 주철이 있었다고 여긴다.(萬家保, 1979 b : 146) 서양에서 3천 년이 지나서야 철의 단련에서 주철로 발전된 것과는 다르다. 전쟁은 춘추 말기에 주철을 발전시킨 계기가 되었을 것이다. 그때 제후들의 교전이 빈번해지자, 병사들은 점차 직업화되어 생산에 종사하는 인원이 감소되었으므로 부득이 증산방법을 찾지 않을 수 없게 되었다. 공구의 개량은 증산의 주요한 원동력의 하나였다. 그러나 청동은 무기를 주조하는 데 필요로 하였으므로, 대량으로 농구를 제작하기는 어려웠다. 그래서 철의 주조에 착안하게 되었다. 주철은 쉽게 부서져서 생명과 관계 있는 전쟁에는 적합하지 않으나 땅을 가는 데는 상관이 없었다. 대량으로 주조하면 충분히 쉽게 부서진다는 결점을 보충할 수 있었으므로 아주 빨리 발전되었다.

춘추 말기의 사람들은 주철을 단련하면 함유된 탄소성분이 감소되어 부서지기 쉽다는 주철의 결점을 보완할 수 있다는 사실을 발견하게 되었다.(北京鋼鐵學院 1974 : 342) 아마도 탄소를 제거하여 강으로 만드는 기술을 장악하기 어려웠거나, 색이 아름답지 못하였기 때문에 그때의 명검은 여전히 주로 동으로 주조되었을 것이다. 전국시대 중·말기에 이르자 생철을 두드려 강으로 만드는 기술이 점차 익숙해지게 되었으므로 철이 비로소 무기의 재료가 되었고, 그밖에 다른 용도로도 대량으로 응용되게 되었다. 그것은 다시 사용할 수 있는 주형을 만들 수 있게 되었으며 크게 생산속도를 높일 수가 있었다. 사회의 면모가 이로 인하여 크게 변화되었다. 그러므로 어떤 사람은 철의 광범위한 사용이 봉건사회의 발단이 되었다고도 한다.(陽寬, 1980 : 90) 한무제 때에 이르자 예리함을 목적으로 삼는 생산공구와 무기는 대부분 철제로 만들어졌으며, 일상용구와 기계도 점차 철로 대체되었다. (北京鋼鐵學院 1974 : 342) 동은 전대에 중요한 특색으로 여겨졌던 미려한 외관도 가볍고 아름다운 칠기漆器로 대체되었다.(標準計量局 1977 : 38) 이로부터 동기주조업은 크게 부진하게 되어 단지 도량형의 도구에나 사용되게 되었다. 왜냐하면 동의 재질은 조습燥濕·한서寒暑 등과 같은 외부영향을 받지 않기 때문이었다.(王人聰, 1972 : 45-47)

### 제철과 전문용어

제철업의 흥기에 따라서 새로운 언어가 생겨나게 되었다. 그 중 가장 중요한 것은 〈야冶〉자이다. 야冶자는 주조와 단련기술에 관계된 많은 복합명사로 조합되게 되었다. 예를들면 광야礦冶(채광·광업) 단야鍛冶(단조·주조) 도야陶冶, 야금冶金, 야련冶煉 등이다. 야冶자의 사용은 아주 늦어 전국시대의 기물에서 처음으로 보인다. 이 자의 초기 자형은 ᄐᄂ로, ᄐ는 칼의 형상과 아주 흡사하고, ㅁ는 모루이고, ㅊ은 불이며, =는 금속조각일 것이다. 야冶자는 강철이 흥기된 후에 비로소 생겨난 자이며, 새롭게 발전된 단련기술과 관련이 있을 가능성이 높다. 야는 모루 위에서 가열된 생철을 두드려 만들어진 칼로 탄소와 불순물을 제거하는 연강법을 표현하고 있다. 또 연철을 반복하여 숯불 위에 가열하고 두드려 탄소가 고르게 분포되도록 하고, 아울러 불순물을 몰아내는 제강법일 수도 있다. 어느 경우든지 야冶는 강의 단련과 관련된 기술이다.

야冶자는 청동병기의 명문에 병기를 제조하는 가장 기층 장인이며 최후 가공작업에 종사하는 장인의 이름으로 나타난다. 야冶의 상급자는 순서대로 무고공사武庫工師·사구司寇·령令 등의 감독관원이다.(郝本性, 1972 : 35; 黃盛璋, 1974 : 38) 실험에 의하면 경도 80의 동기는 단련처리를 거친 뒤에 경도 200 이상으로 높일 수 있다고 한다.(黃展岳, 1976 : 63) 철기가 발명되기 전에 동병기는 일반적으로 단련가공을 하지 않았다.(黃展岳, 1976 : 63) 야冶는 살상효과를 높이기 위해 단련하고 연마하는 기술의 일종이었으므로, 야冶하는 사람[冶者]은 무기의 정미한 제작에 책임을 져야 한다. 제련기술이 점차 보편화되면서, 이 단어는 금속공업의 일반적 칭호가 되었다. 동기업이 몰락하고 나서 야冶의 작업은 곧 철을 다루는 작업이 되었다. 야의 기술은 효용을 높이는 데 중점을 두고 있으므로, 도야란 단어는 수양이나 교육으로 사람의 덕성을 향상시키는 과정을 표시하는 데 사용되었다.

　야철의 용어가 일반적인 용도로 확산된 말에는 단련鍛煉이란 말이 있다. 단鍛은 두드리는 방식으로 효용을 높이고, 련煉은 고열을 가하여 재질을 순수하게 만드는 방법이다. 그러므로 단련은 심지心志나 혹은 경험을 높인다는 표현으로 사용되게 되었다. 단鍛의 자원은 단段이다. 금문은 ┌┐(단, 段)으로 한 손에 공구를 들고 어느 물건을 치는 형상이다. 그 일은 산 속에서 진행될 수가 있으므로, 본의는 산 속의 석재를 잘라낸다는 뜻이며, 인신되어 단련의 순서가 되었다. 련煉자의 자원은 간柬이며, 이미 앞에서 소개한 바 있다. 특별히 품질이 우수한 동을 연동煉銅 혹은 연금煉金이라 부른다. 옛날에는 흔히 몇 련煉이란 말로 품질의 정미한 정도를 나타냈다. 동한시대의 한 자루 강도鋼刀 위에는 『삼십련三十煉』이란 명문이 있다.(劉心健, 1974 : 61) 이 말은 삼십 차례나 가열하고 두드려 완성했다는 표시이다. 더 과장된 것은 백련百煉 혹은 백벽百辟이라 말하고 있으니, 그 정련과정에 소비한 시간은 말하지 않아도 알 수가 있다.

| 商 甲骨文 | 周 金文 | 秦 小篆 | 漢 隸書 | 現代 楷書 |
|---|---|---|---|---|
|  | (금문 자형들) | 金 | 金 金 金 | 金 |
|  |  |  |  | 모형이 이미 잘 갖추어진 용범, 혹은 이미 금속의 용액을 넣어 금속의 액이 약간 넘쳐 흐른 상태. |
| (갑골문 자형들) | (금문 자형들) | 鑄 | 鑄 | 鑄 |
|  |  |  |  | 두 손으로 용기를 기울여 용액을 붓고 주조한다는 뜻을 본뜨고 있다. |

| 商 甲骨文 | 周 金文 | 秦 小篆 | 漢 隸書 | 現代 楷書 |
|---|---|---|---|---|
| | | | | 法 |
| | | | | 신수神獸가 법을 수면과 같이 공평하게 유지하여 정직하지 않은 자는 뿔로 받아버린다는 뜻을 나타내고 있다. |
| | | | | 이미 잘 갖추어진 모형의 형상으로, 주조한 물건은 반드시 모형의 형상에서 나온다는 것을 표시하고 있다. |
| | | | | 割 |
| | | | | 도刀를 따르고 해성害聲의 형성자. |
| | | | | 칼로 용범을 벗겨내고 주조한 기물을 취한다는 뜻을 나타내고 있다. |
| | | | | 晋 |
| | | | | 두 조각으로 된 모형의 주입구 및 화살촉 모양을 주조하도록 만들어진 형상. |

| 商 甲骨文 | 周 金文 | 秦 小篆 | 漢 隷書 | 現代 楷書 |
|---|---|---|---|---|
| | 嚴金文 | 嚴 | 嚴嚴 | 嚴 산의 암석 속에서 광석을 파내어 바구니에 담는다는 뜻을 나타내고 있다. |
| | 敢金文 | 敢 | 敢敢敢 | 敢 광석을 캐는 것은 용감한 행동이라는 의미이다. |
| | 深甲骨 | 深篆 | 深深深 | 深 공기가 희박한 깊은 굴 속에서, 입을 크게 벌리고 호흡하며 식은땀을 흘리는 형상. |

| 商 甲骨文 | 周 金文 | 秦 小篆 | 漢 隷書 | 現代 楷書 |
|---|---|---|---|---|
| 璞 璞 璞 璞 | | | | 璞<br><br>손에 공구를 들고 산 속에서 옥돌을 캐낸다는 뜻. |
| 弄 弄 弄 弄 | 弄 弄 | 弄 | 弄 | 弄<br><br>산 속에서 캐낸 옥석을 만지작거린다는 뜻을 그리고 있다. |
| | 朿 | 朿 | | 朿<br><br>자루 속에 담은 물건을 물 속에 집어넣어 불순물을 제거해낸다는 뜻이다. |
| 厚 厚 | 厚 厚 厚 | 厚 | 厚 厚 | 厚<br><br>두껍고 무거운 도가니를 어떤 물건에 기대어 놓은 모양. |
| 橐 橐 橐 橐 | 橐 橐 | 橐 | 橐 橐 | 橐<br><br>양끝을 꽉 조여맨 자루의 상형. |

| 商 甲骨文 | 周 金文 | 秦 小篆 | 漢 隸書 | 現代 楷書 |
|---|---|---|---|---|
| (그림) | (그림) | (그림) | 鑪 | 鑪 |
| | | | | 받침대가 있어 이동할 수 있는 화로의 형상. |
| (그림) | | | | |
| | | | | 풀무가 로와 이어져 있는 형상. 혹은 虍虎의 성부聲符가 더해지기도 한다. |
| (그림) | (그림) | 復 | 復 復 復 | 復 |
| | | | | 풀무를 발로 밟아 계속 바람을 보낸다는 의미를 본뜨고 있다. |

| 商 甲骨文 | 周 金文 | 秦 小篆 | 漢 隸書 | 現代 楷書 |
|---|---|---|---|---|
| 鼎彡 | 鼎彡 鼎彡 鼎彡 鼎彡 鼎彡 | 鼎彡 鼎彡 鼎彡 | 鼎彡 財 | 則<br><br>정鼎과 도刀의 회의會意. 정은 색이 휘황하여야 하고 칼은 예리하고 내마모성이 있으려면, 각기 일정한 합금규칙이 있어야 한다는 뜻. |
| 吕 | 〇〇 = 〇〇 金吕 〇〇 | 吕 | 吕 呂 | 呂<br><br>금속 정錠의 상형. |
| | 銅 銅 | 銅 | 銅 銅 銅 | 銅<br><br>금金을 따르고 동성同聲의 형성자. |
| | 錫 錫 金錫 | 錫 | 金錫 錫 | 錫<br><br>금金을 따르고 역성易聲의 형성자, 아울러 금속 정錠을 덧붙이고 있다. |

| 商 甲骨文 | 周 金文 | 秦 小篆 | 漢 隷書 | 現代 楷書 |
|---|---|---|---|---|
| | | | 銕鐵 | 戩鐵 모루 위에 놓인 무기를 단련하여 예리하게 만든다는 의미를 본뜬 것이 아닐까? |
| | | | 冶 | 冶 뜨겁게 달군 칼을 모루 위에 놓고 단련하여 불순물을 제거하는 연강법을 본뜬 것일 터이다. |
| | | | 叚 | 段 공구로 암석을 쳐서 광석을 취한다는 뜻을 나타내고 있다. |

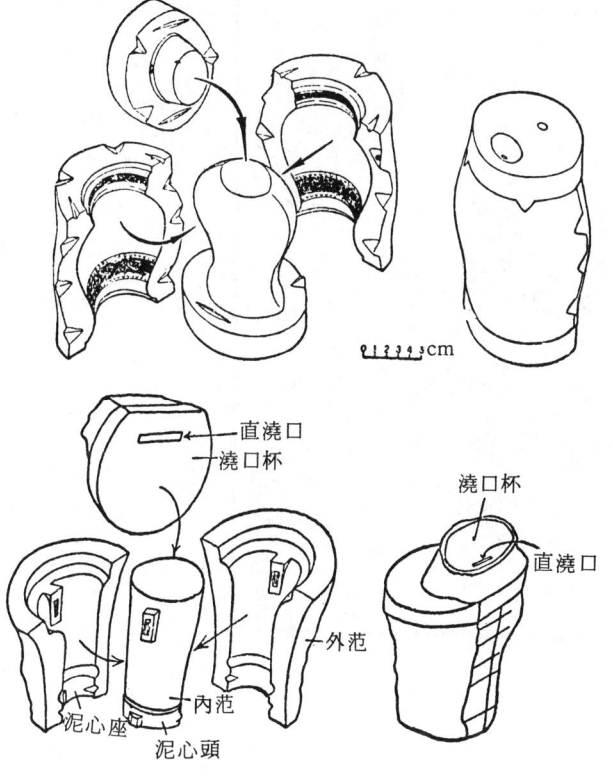

그림 7.1 청동 주조의 다편多片 용범 모형도

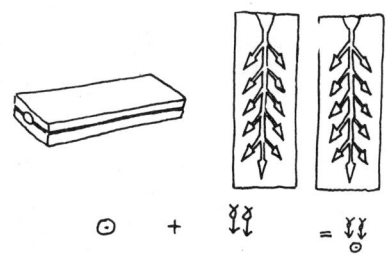

그림 7.2 진쯥자의 창조 도해인 양편兩片 주조법

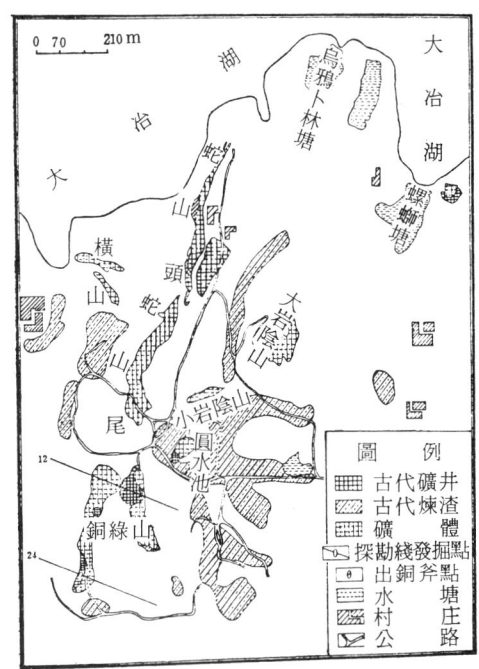

그림 7.3 호북 대야大冶 동록산의 고대 광정 유적

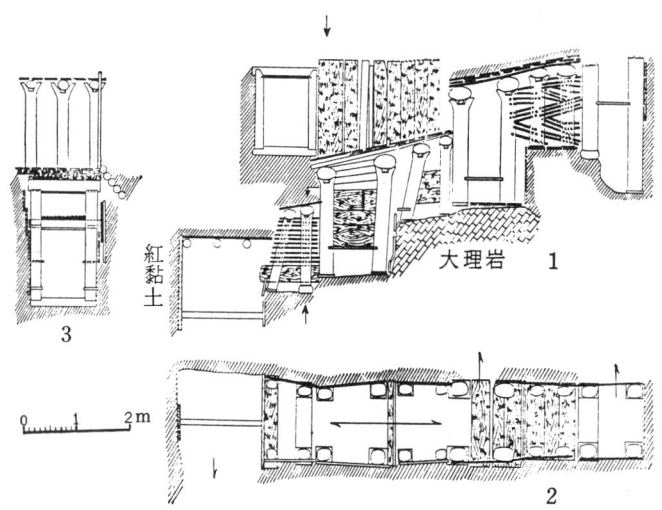

그림 7.4 광정지주의 경사 단면도

제 7 장 금속

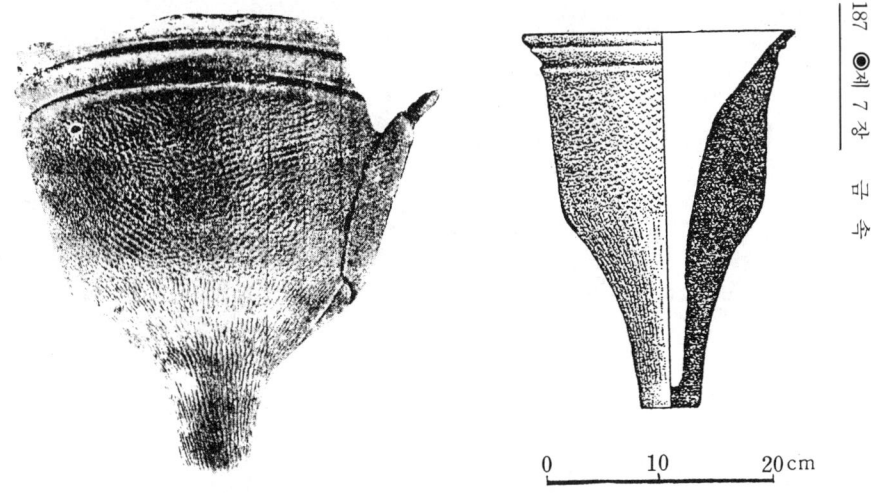

그림 7.5 상대의 도가니(장군회)

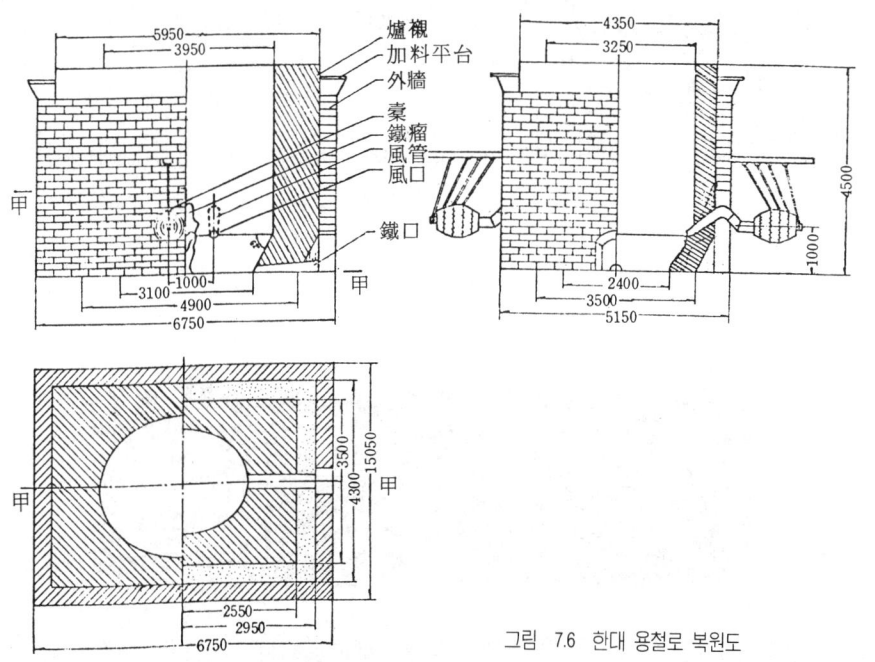

그림 7.6 한대 용철로 복원도

그림 7.7 춘추시대 고용로 복원 구조도

1. 爐基   2. 風溝   3. 風溝墊石
4. 爐缸底  5. 爐壁   6. 爐襯
7. 風口   8. 金門   9. 工作面

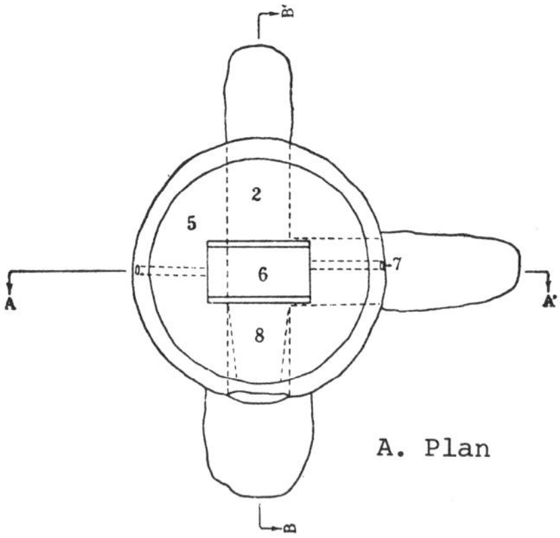

A. Plan

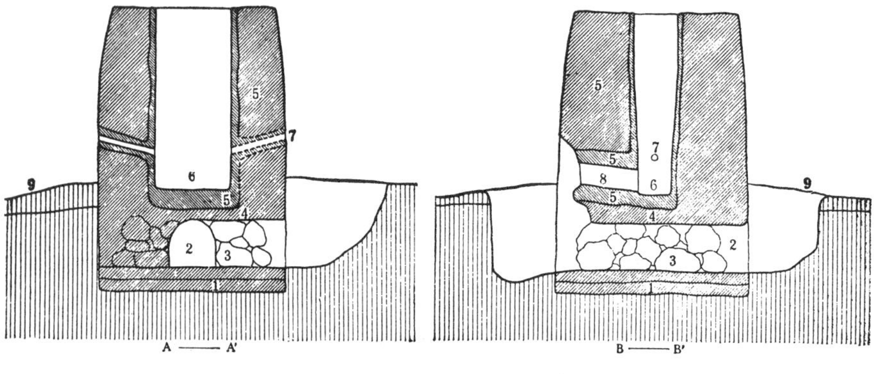

A —— A'   B —— B'

그림 7.8 한 화상석의 동을 녹이는 송풍설비

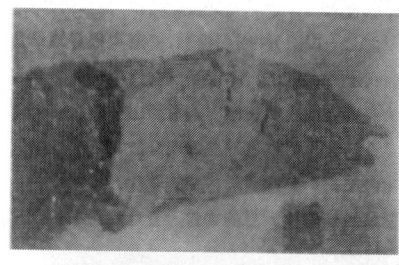

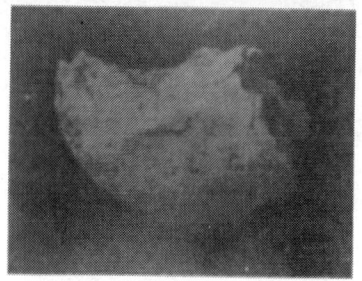

그림 7.9 도기 송풍관
　　　　좌:상대 우:춘추시대

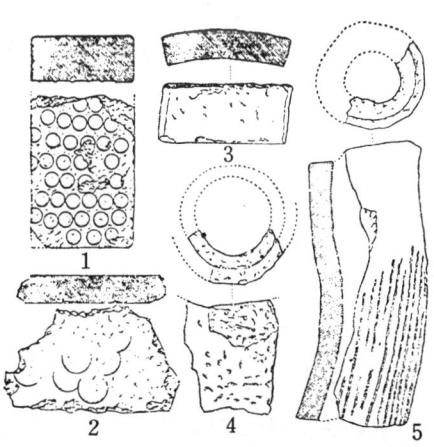

그림 7.10 한대의 내화재료 및 송풍관

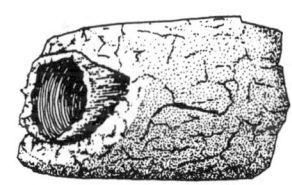

그림 7.11 한대의 송풍관

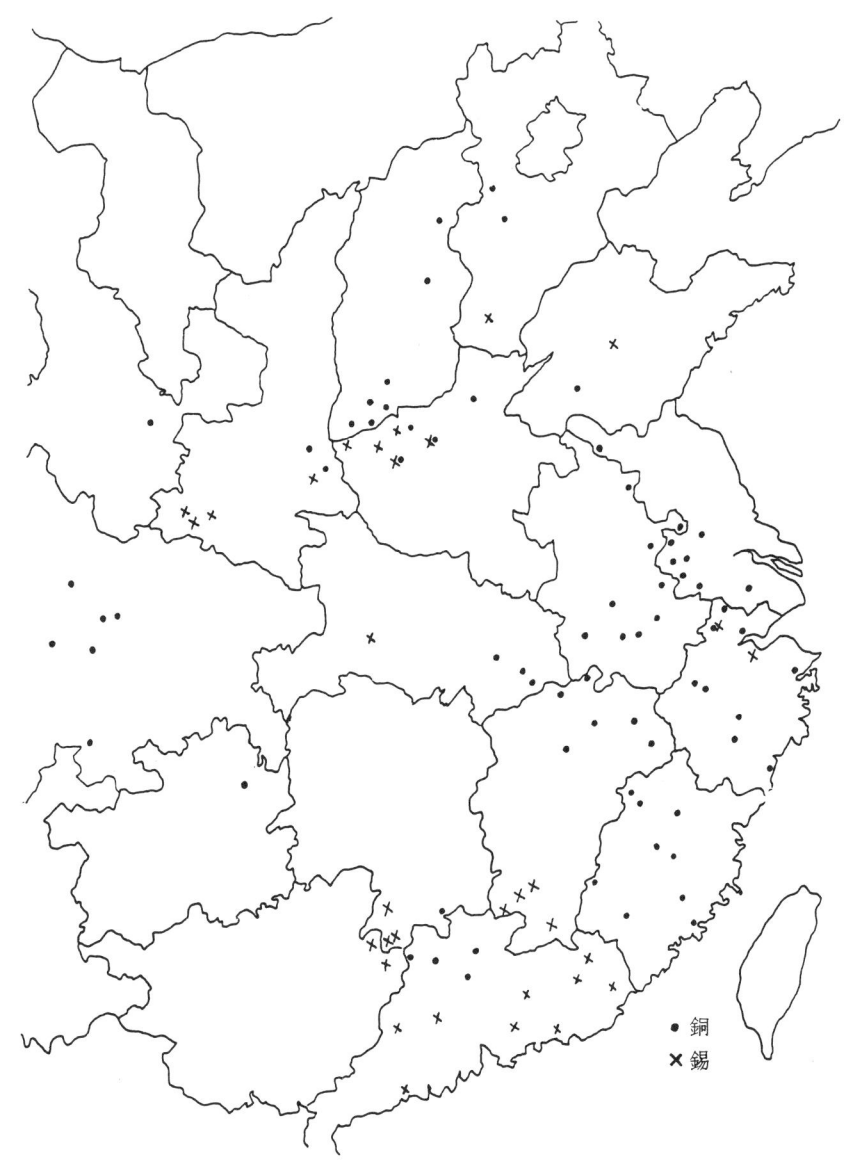

그림 7.12 《신당서》 지리지에 기재된 동 및 주석 광산지도

# 제8장

# 공 예

### 도구의 사회적 작용

도구는 원시인들로 하여금 그들의 육체적 한계를 뛰어넘게 하였다. 도구는 또 획득할 수 있는 원료의 효과를 증진할 수 있도록 해주었으므로 생활의 향상을 가져다 주었다. 생활수준의 향상은 도구의 개량에 대한 요구를 자극하게 되었다. 결과적으로 도구가 좋아질수록 생활이 개선되었고 문명도 따라서 향상되었다.

### 분 업

도구의 제작은 본래 여가시간에 하는 일이었다. 그러나 정교한 도구에 대한 욕망 때문에 갈수록 많은 사람들이 전적으로 이 일에 종사하게 되었다. 재료를 정선하고 제조기술을 정교하게 익혀서 이것으로 생계를 꾸려나가게 되었다. 원래 남녀노소의 체력적 요인으로 분업화된 것 외에도 다시 더 세밀한 사회적 분업현상이 생겨나게 되었다. 고고학 지식으로 일찍이 앙소문화시대에 도요지와 거주지가 달랐다는 것을 알 수 있게 되었다.(西安半坡 : 9) 상나라 초기에 이르자 주초·도요·제골製骨 등의 서로 다른 전문적인 작업장이 생겨나게 되었다.(河南博物館 1977 a : 27-28 ; 1977 b : 91-92) 그때의 씨족은 그들의 종사하는 직업으로 이름을 삼았다. 예를 들면 《좌전》 노정공魯定公 4년에는, 주초에 분봉된 제후에게 내린 상나라 유민의 씨족에는 삭씨索氏·장작씨長勺氏·미작씨尾勺氏·도씨陶氏·시씨施氏·번씨繁氏·기씨錡氏·번씨樊氏·종규씨終葵氏 등이 기록되어 있다. 이 이름에서 그들이 끈·주기·도기·기치·말의 가슴걸이·솥·울타리·방망이 등의 전문적인 일에 종사하였다는 것을 알 수가 있다. 그때는 심지어 이것보다 더 세세하게 분업화되었다. 초기 상대 유적지의 발굴에 따르면, 전문화된 구역의 용범은 전적으로 칼·창을 주조하는 것도 있고 어떤 곳은 화살촉·도끼를 만들기만 하였다. 어떤 도요지의 도기조각은 대부분이 진흙을 재질로 한 동이[盆]나 시루[甑]에 속하였으며, 모래가 섞인 발굽은 솥[鬲]이나 시루[甗]에 속하는 것은 적었다.(商周考古 : 45, 48-50) 섬서성 부풍현 운당雲塘에 있었던 서주西周의 뼈가공 공장에서는 90% 이상이 뼈로 만든 머리핀이었다.(周原考古 1980 : 35) 이것은 모두 당시에 같은 품종에도 더욱 세밀하게 분업화되었음을 밝혀주는 것이다.

### 직업의 분류

전국시대 직업의 분류를 《고공기》에 따르면, 대체로 나무·쇠·가죽·돌·흙의 다섯 가지 재료에 30종으로 나누고 있다. 목공은 바퀴[輪]·가마[輿]·활[弓]·무기의손잡이[廬]·목공[匠]·마차[車]·일상 용구[梓]를 만드는 7공이 있고, 철공에는 서도書刀 제조[築]·창[冶]·음악기기[鳧]·측정기기[栗]·농기구[段]·검[桃]을 만드는 6공이 있었다. 가죽을 다스리는 장인은 갑옷[函]·무두질[鮑]·북[韗]·갑옷[韋]·가죽옷[裘]을 제조하는 5공이 있다. 색공色工에는 그림[畫]·자수[繢]·염색[鍾]·연사湅絲[㡛]·대그릇 제조 장인[筐] 등의 5공이 있다. 연마공에는 옥[玉]·빗[櫛]·조각[雕]·화살[矢]·경磬의 오공五工이 있다. 흙을 주물러 빚어내는 장인에는 도陶·방旊·양공兩工이 있다. 상商·주周시대의 분업현상에 비추어보면 이때는 응당 더욱 세밀한 공정과 물품간의 분업이 있었을 것이다.

### 장인의 신분

장인은 생활을 개선하는 중요한 동력으로 공구를 사용하여 더욱더 많은 재화를 창조하게 해줄 수 있는 사람이니 신분도 자연히 일반 사람들보다 높았다. 《고공기》에는 백공百工의 일은 모두 성인이 제작하였다는 말이 있다. 옛성인은 모두 공구의 발명자이거나 개량자이기 때문에 사람들의 숭앙을 받았다. 유일한 예외는 치우로 그가 개량한 것은 무기였다. 후세에 인도사상을 지니게 된 문명인의 눈에는 무기가 백성을 해치는 도구였다. 유가사상이 주류를 이룬 중국에서 치우는 멸시받는 인물이 되었다. 뒤에 공구제작이 보편화되면서 기술을 지닌 사람이 갈수록 많아지게 되자, 장인의 지위도 점차 낮아지게 되었다. 그러나 선진시대에 장인은 여전히 상당한 대우를 받았다고 말할 수 있다. 《고공기》의 육직六職은 왕공·사대부·백공百工·상인·여자의 일 등이었다. 이것은 백공의 신분이 일반인보다 높았음을 밝혀주고 있으며, 고대의 다른 사회에서도 단지 정치·신권 및 무사계급의 아래에 위치했던 것과 완전히 일치하고 있다.(Hoebel, 인류학 : 371)

상대의 일반 대중은 반지하식의 집에 거주하였으나, 금속주조공·도공과 같은 장인은 지면에 거주하면서 땅을 기반으로 삼아 작업을 했다.(廖永民, 1957 : 73) 이것은 장인들의 비교적 높은 사회적 지위를 반영하고 있다. 《상서》 주고편酒誥篇에서 주공周公이 강숙康叔에게 경계하기를 금주법을 어긴 사람은 중벌에 처하되, 다만 상의 유민인 장인이 법을 어기면 가볍게 처벌하라고 하였다. 《좌전》에는 B.C. 589년에 초나라 군대가 위衛를 치고 노나라에 침범하자, 노나라에서 목수[執斲]·침모[女紅]·직공[紡織] 각기 백명 씩을 보내서 맹약을 요청하였다. 3백 명의 장인으로 국가가 병란에 휘말리는 것을 모면하였으니, 당시 숙련된 전문기술 인원은 각국의 쟁취대상이었음을 알 수가 있다. 상대의 갑골 복사에는 『장인을 잡았다 呼X 執工』란 구가 있으니 (屯南 2148) 이미 장인을 약탈하여 포로로 잡은 일이 있었다.

### 공예工藝는 배우기 쉬우나 정미해지기는 어렵다

수공업자가 가지고 있는 기술을 공예라고 한다. 이를 구분하여 말해보면 공工은 사람이고, 예藝는 그 사람의 기술이다. 이 두 자가 어떻게 창조되었는지 살펴보기로 하자. 갑골문의 凸 혹은 工 (공, 工) 자는 어떤 공구의 형상이다. 어떤 사람은 그것이 돌도끼라고 한다. 왜냐하면 도끼로 벌목을 하는 것은 수공예의 가장 기본공정이기 때문이다. 혹은 옥을 쪼는 것에서 다른 기예로 발전되었다고 여겨 옥을 쬔 모양이라고도 한다. 또는 네모지게 그리는 곱자[矩]라고도 하고, 실을 감는 공구라고도 한다. 그러나 갑골문에 있는 (공, 攻) 자는 손에 한 물건을 잡고 공형工形 모양의 기물을 치는 상태이다. 공工은 두드려지는 물건이 분명하며, 목재를 벌목하는 데 쓰인다거나, 선을 그리고 측량을 하거나 혹은 방직에 쓰이는 공구가 아니다. 갑골문에서 이 두드리는 것은 항시 악기이며, 손에 나무막대기를 들고 때리거나 쫓는 , 이 형과는 아주 다르다. 그러므로 공자는 어떤 악기의 상형일 가능성이 높으며, 경쇠[磬]처럼 매다는 악기일 것이다. 상대의 유적지에서 좁고 길며 평평한 판자 모양의 석경이 발견되었는데 (婦好墓 : 198-99) 바로 공工자에서 형상을 취한 악기일 수도 있다. 공자는 장인과 관련된 일을 두루 칭하는 것 외에도 악사를 가리킬 때 사용된다. (陳夢家, 綜述 : 519) 고대는 귀신을 믿고 백성을 통치했던 시대였으며, 음악은 귀신을 부르고 복을 얻도록 해줄 수 있는 신기한 힘이 있다고 여겨졌다. 음악은 정사를 배푸는 큰 일이었으며, 악사는 제전에 참여하는 소수인원의 하나였다. 그들의 신분이 다른 장인보다 높은 것은 말할 필요가 없었고, 사실은 일반 관원들보다도 낮지 않았다. 그러나 음악은 점점 일종의 오락으로 변해갔다. 악기를 연주할 수 있는 사람도 많아졌고 신비성도 사라지면서 지위 또한 따라서 내려가게 되었다. 제일 처음에는 백관과 동류였으므로 백공이라고 하였다. 뒤에 오면서 점점 낮아져 일반 장인의 대오에 들어가게 되었다. 다른 기예와 마찬가지로 음악은 배우기는 쉬우나 정밀해지기는 어려웠으므로 뛰어난 기예를 지닌 사람은 귀했다. 그러므로 공工자에는 정선精善의 의미를 겸하게 되었다.

갑골문의 (예, 藝)자는 한 사람이 나무 묘목을 잡고서 심는 모습이라는 것을 아주 쉽게 알 수가 있다. 나무를 심는 일은 토양이 없으면 안 되므로 주대에는 의부인 〈토土〉를 덧붙여 그 의미를 명확하게 하였다. 나무를 심으면 사람들에게 식용할 과일을 제공해줄 뿐 아니라, 목재는 공구나 무기의 제작에도 항상 필요한 재료였다. 나무를 가꾸는 일 또한 접지·시비·물주기·해충제거·토양·기후 등의 전문적인 지식을 필요로 하는 직업이었다.

공예 두 자가 표현하고 있는 기술은, 배우기는 쉬울지라도 정밀해지기는 어려웠으므로 장기간 심혈을 기울여 배워야만 했다. 농작물의 생산은 갈수록 기술이 숙달되었으므로, 농업에 종사하는 사람도 많아지게 되었으며, 그에 따라서 그들의 지위도 자연히 낮아지게 되었다. 그러나 장인들은 한 마음으로 한 가지 일에 전심하여 고도의 기예를 갖추게 되면 전대前代보다 훨씬 더 존경을 받게 되었다. 그들의 범위는 예술성이 높은 조각·회화·음악 및 예술성이 비교적 낮은 공구 및 기구의 제조자들이 포함된다.

### 석재가공

원시인들은 자연적인 재료를 이용하여 공구와 무기를 제조하고 생활을 영위하였다. 가장 쉽게 사람들에게 이용된 소재는 대개 나무와 돌이었다. 짐승을 잡기 위해서는 돌이 나무보다 훨씬 효과적이었다. 돌은 무겁고 단단하였으므로 짐승에게 치명적인 상처를 입힐 수가 있었다. 깨진 돌조각은 예리한 모서리가 있어서 이상적인 절단공구가 되었다. 그것은 나무를 베거나 짐승 가죽을 벗기기에 편리하였으므로 널리 이용할 수 있는 생활의 소재였다. 예리한 모서리가 있는 돌은 치명적인 무기였다. 1백여만 년 전의 인류는 돌을 쳐서 깨뜨려 공구를 만드는 방법을 알게 되므로써 구석기시대에 들어서게 되었다.(Hoebel, 인류학 135; 張興永, 1978 : 26-30) 일단 더 효과적인 마제석기로 진보하게 되자 곧 신석기시대로 들어섰다. 마제석기는 형상이 더욱 이상적이었으며 용도도 전일화되었다. 날 부분을 예리하게 만들어 사용시의 저항력을 감소시켜 더욱 큰 작용을 발휘하도록 하였다.(科技史稿 : 7) 석石자의 창제는 인류가 예리한 모서리를 가진 돌의 사용에 착안하였음을 보여준다. 갑골문의 ▽(석, 石)자는 예리하게 만든 암석의 한 모서리의 모양이다. 사람들은 점점 진보하여 석기로 함정을 파서 짐승을 사로잡고 집을 짓게 되었으므로, 우묵한 함정 모양인 ㅂ을 덧붙여 석기로 땅을 파는 데 썼다는 새로운 용도를 표현해내었다. 뒤에 오면서 이 함정이 원형으로 잘못 변하면서 둥근 조약돌을 표시한다고 오인하게 되었다. 그리하여 고인들이 중시했던 돌의 원시적 가치를 잃어버리게 되었다.

돌은 비록 쉽게 찾을 수 있는 재료이지만 갖가지 돌은 각자의 성질과 용도를 갖고 있다. 어떤 것은 망치를 만들기 쉽고 어떤 것은 자르는 도구를 만들기가 쉽다. 어떤 것은 재질이 미세하여 쪼고 갈아서 아름다운 장식물을 만들 수 있다. 석기의 사용과정 속에서 사람들은 점점 공구의 효능을 강구하게 되었으며, 적당한 석재를 찾아내어 그에 알맞는 공구를 만들게 되었다. 그러나 서로 다른 성질을 가진 석재는 한 곳에서 얻기 힘들었으므로, 석재나 만들어진 도구의 교환을 촉진시키게 되었다. 적합한 석재에 대한 요구나 석재의 인식은 또 야금술의 발명을 이끌게 되었다.

돌은 인류가 제일 먼저 이용한 재료이며 초기 교역의 매개물 중 하나였다. 구석기시대부터 석기의 제조장이 있었다.(內蒙博物館 1977 : 7-15) 그러나 돌 자체는 중대한 결점이 있었다. 첫째, 무거워 대량으로 휴대하기가 불편하다는 것이다. 둘째, 도구를 만들 때 시간이 걸리며 특히 섬세하고 작은 물건은 더욱 신경을 써야 했다. 셋째, 가늘고 긴 기물은 부러지기 쉽다. 넷째, 대부분 소박하고 무늬가 없어 외관상 아름답지 못하다. 이로 인하여 일단 더욱 이상적인 재료로 대체하게 되자, 가격이 저렴하기 때문에 무거운 생산공구가 청동기시대까지 여전히 사용된 것을 제외하면 석기는 거의 사용되지 않았다.

## 옥 玉

신석기시대 말기에 이르자, 사람들은 우연히 재질이 무겁고 세밀한 돌과 마주치게 되었다. 갈고 쪼은 뒤에 보니 무늬가 더욱 세밀하고 색조가 영롱하여 사람들에게 사랑을 받게 되었다. 어떤 사람은 이 때문에 특별히 이런 석재를 찾아내어 갈고 쪼아 장식물을 만들어 항상 휴대하게 되었다. 갑골문의 ¥(옥, 玉)자는 바로 이런 장식물이다. 이 자는 몇 개의 옥조각을 함께 꿰어놓은 형상이다.

현대에서 말하는 옥은 휘석輝石 중의 일종으로 연옥과 경옥의 구분이 있다. 연옥은 모스 경도 6~6.5 사이이고, 경옥은 경도 7이다. 이 둘은 결정조직이 다르다. 옥은 풍화를 받거나 사람의 가공 등을 거쳐 청·록·백·흑·갈색 등을 띠게 된다. 의기儀器로 사용되지 않았다면 육안으로 표면의 현상을 감정한다는 것은 아주 어렵다. 옥의 경도는 동이나 철보다 높기 때문에, 옥의 성형은 동류나 혹은 경도가 더 높은 물건을 사용해야 천천히 연마할 수가 있다. 처음에는 단지 평마平磨만을 할 수가 있었으나, 끌·톱 등 공구의 개량으로 점차 선각·입체조각으로 제작할 수가 있었다.(그림 8.1)

고대 중국의 옥은 모두 연옥에 속한다.(李濟, 1948 : 179-82; 1969 : 930) 어떤 사람은 화북지구에 옥이 나지 않기 때문에 그 옥들은 모두 다른 곳에서 교환해 왔다고 한다.(婦好墓 : 114) 그러나 중국인 눈에 비친 옥은 단지 단단하고 세밀한 표면을 가진 돌로 갈아서 부드럽고 광택이 나면 옥이라고 여겼으며, 반드시 과학적 정의에서 가리키는 옥은 아니었다. 지금부터 7천9백 년 전의 신정 배리강 유적지에서 교환하여 들여왔음직한 터키석 장식물이 발견되었다.(開封文管 1978 : 74) 중국인의 마음 속에서 그것은 이미 의심할 바 없이 옥의 장식물이다. 윗장에서 소개한 갑골문의 박璞과 롱弄자는 몇천 년 전의 중국인이 옥을 캐었던 지식과 경험이 있었다는 사실을 밝혀주고 있다. 중국의 질이 뛰어난 옥재는 먼 지방에서 교역하여 들어온 것이 많으므로, 구하기가 쉽지 않았고 가격이 높았다. 그러나 상대 묘장에서 발굴된 옥기의 수량은 도리어 좋은 동기에 버금갔다. 부호묘婦好墓를 예로 들면, 묘 속에서 출토된 대소 옥제품은 755건이고 동기는 468건이었다.(婦好墓 : 15) 고인들이 이처럼 옥을 좋아하여 재물을 아끼지 않고 대량으로 수입한 것은 반드시 사회적인 효용이 있었을 것이다.

중국은 B.C.3000년에 옥을 사용하기 시작하였다. 그 당시에 계급은 이미 분화되기 시작하였다. 어떤 사람은 노동할 필요가 없이 다른 사람의 생산성과에 의지하여 살아갔다. 이와같이 계급이 나뉠 때는 세계 각지에서 보편적으로 어떤 장식물을 착용할 수 있는 특권을 가지므로써, 다른 사람보다 지위가 높다는 것을 표시하게 되었다. 흔히 볼 수 있는 장식물은 귀한 조수의 깃과 털·치아·조개 껍질 등이었다. 대개 중국인은 옥을 선택하여 권위의 상징으로 삼았다. 고대 옥기의 제작에는 몇 종류가 있다. 가장 중요한 것은 크게 실용가치는 없으나 권위의 상징이 될 수 있는 물건이다. 하나는 직접 칼·도끼 등의 무기나 공구의 형상을 모방하였으며, 다른 하나는 이를 변형한 규圭·장璋·황璜·종琮 등의 의례적 용구였다. 그들은 대귀족이 소귀족에게 주어 합법적인 권위의 신물로 삼도록 하였다. 그러므로 귀족들은 금전을 아끼지 않고 그것을 얻으려 하였다. 그 다음은 장신구의 제작이다. 옥은 표면이 광택이 나고 부드러워 다른 소재들보다 아름다웠다. 옥으로 장신구를 만들어 몸에 휴대하면 아름다움을 더할 수 있고, 또 다른 사람에게 부유함을 과시할 수가 있었다. 또한 옥은 손상되지 않아서 장구하게 보존할 수 있었다.

옥에는 또 하나의 특징이 있다. 질이 견고하고 세밀하여 얇게 간 조각이 서로 부딪칠 때 소리가 맑고 깨끗하여 귀를 즐겁게 해준다. 옥으로 패옥을 만들어 몸에 차면 움직일 때 맑은 소리가 울려 걸음걸이를 절도있고 엄숙하게 만드는 작용을 한다. 특히 통치계층은 유한한 모습을 표현해내야 했으므로 옥을 꿰어 만든 패옥을 차게 되었다. 일을 하는 데는 이런 패옥이 방해가 되었으므로 노동자들에게는 적합하지 않았으나, 도리어 이런 점이 귀족의 형상을 표방하는 목적이 되었다. 그러므로 옥은 훌륭한 군자에 비견되었다. 수양을 통하여 이루어진 군자의 갖가지 품덕은 옥의 품질로 찬미되어졌다. 《예기禮記》 빙의편聘義篇에는 다음과 같은 글이 있다.

예전에 덕행을 갖춘 군자는 아름다운 덕을 옥에다 비견하였다. 옥은 온후하고 영롱한 아름다움을 지니고 있으니 어진 사람의 덕성과 같다. 그 바탕이 지극히 세밀하고 굳세니 지혜로운 사람의 덕성과 같다. 반듯하여 올바르되 사람을 상하게 하지 않으니, 의로운 사람의 덕성과 같다. 옥은 바탕이 무거워 이를 몸에 차면 아래로 몸을 숙이니, 군자가 예를 지켜 겸허함과 같다. 한 번 부딪히면 맑은 소리가 길게 울려 퍼지나 그치면 여음이 없으니, 음악을 연주함과 같다. 옥의 결점은 자신의 아름다움을 감추려 하지 않고, 옥의 아름다움 또한 결점을 감추려 하지 않으니, 충忠의 덕성처럼 선악을 모두 드러내어 감추려 하지 않는다. 옥의 색은 대나무의 푸르름과 같이 광채가 밖으로 뻗어나가 사방으로 퍼지니, 믿음의 덕이 마음 속에서 발하는 것과 같다. 옥의 광채는 태양의 백광과 같으니, 뒤덮지 않음이 없는 하늘의 덕성과 같다. 옥은 산천 속에 있면서 밖으로는 정기를 드러내고 안으로는 땅의 기운을 갈무리하고 있으니, 싣지 않음이 없는 땅의 덕성과 같다. 조빙朝聘이나 빙례聘禮에 모두 옥으로 만든 규장圭璋을 신물로 삼으니, 옥이 아름다운 덕을 지니고 있기 때문이다. 천하에 모두 옥을 귀중하게 여기는 것이 도를 귀중하게 여기는 것과 같으므로, 옥은 또한 도와 같이 귀중하다.

夫昔者君子比德于玉焉, 温潤而澤, 仁也. 縝密以栗, 知也. 廉而不劌, 義也. 垂之如隊, 禮也. 叩之其聲清越而長, 其終詘然, 樂也. 瑕不掩瑜, 瑜不掩瑕, 忠也. 孚尹旁達, 信也. 氣如白虹, 天也. 精神見于山川, 地也. 圭璋特達, 德也. 天下莫不貴者, 道也.

이런 고귀한 덕성들을 옥이 지니고 있다고 찬미되었기 때문에, 옥은 중국인의 마음 속에서 숭고한 위치를 차지하게 되었다. 그리하여 금은보다 더욱 소중하게 애장되었다. 옥은 후에 다시 전적으로 부장용품으로 제작되었다. 옥은 아주 일찍부터 묘에서 발견되었다. 이 또한 권위의 징표였을 것이다. 동주 이래로 사람들은 옥을 꿰어 얼굴을 가리고, 옥으로 귀·코·눈 등의 구멍을 막았으며, 심지어는 수천의 옥편을 사용하여 옥의玉衣를 만들기도 하였다. 옥이 생명력을 더하여 준다는 믿음 외에도(林巳奈夫, 1973 : 32-36) 시신이 부패되지 않기를 바랐거나, 혹은 영혼을 보호하여 사귀의 침범을 받지 않도록 하기 위한 사상에서 비롯되었을 것이다.

### 대나무와 목재공예

돌 외에 또 쉽게 얻을 수 있는 재료로는 대나무와 목재류이다. 인류가 대와 목재를 이용하기 시작한 것은 돌과 마찬가지로 구원한 역사를 지니고 있다. 대와 목재는 개조하지 않고도 사용할 수 있었다. 그러나 쉽게 썩기 때문에 금석이나 진흙 기물처럼 지하에서 오랫동안 보존될 수 없었으므로 초기의 유적지에서는 죽목 기물의 유물을 찾아보기 힘들다. 갑골문의 𣠽(죽, 竹)자는 양가지를 아래로 늘어뜨린 대나무 모양이다. 오늘날 대나무는 화남에 많고 화북에는 적으나, 고대문명 초기의 기후는 지금보다 훨씬 따뜻했으므로(竺可楨, 1972 : 17-18)대나무의 생장에 어려움이 없었다. 대나무는 자체의 형상에 제한이 있었으므로 나무보다 효용성이 좁았다. 유사시대 초기에 대나무의 최대효용은 서사용의 죽간竹簡이었다. 대나무는 쉽게 쪼개져 가늘고 긴 평면이 되므로 종서縱書에 유리하였다. 이것이 중국인의 종서습관을 만들게 되었다.

갑골문의 𣎳(목, 木)자는 뿌리가 있고 가지가 벌어진 Y 모양의 나무 형태이다. 나무는 종류가 많고 성질도 다양하다. 재질이 가볍고 모양을 만들기 쉬우며 강인하고 내구성이 있다. 나무는 갖가지 크고 작은 물건을 만들기에 모두 적합한 재료이며 훼손된 뒤에도 다른 용도로 고쳐서 쓸 수가 있다. 살상능력이 대단치 않고 비바람에 강하지 않다는 것 외에 목재는 다른 모든 조건에서 석재보다 우월하다. 그 중요성은 지금까지 계속되고 있으며, 동·철 등의 새로운 재료의 사용 때문에 가치가 떨어지지도 않았다. 《고공기》의 30가지 직종 중에 목공은 7가지며, 전책의 해설 중 ⅔를 차지하고 있다. 목재가 인류에게 가장 실용적이고 흔한 재료이기 때문에 기록이 특히 상세하다.

### 목공공예

나무는 벌목을 하고 다시 쪼개야 하며, 쪼개진 뒤에야 비로소 널리 응용될 수가 있다. 갑골문에는 이런 공정을 나타내고 있는 글자가 두 자 있다. 𣂪(절, 折)자는 도끼로 벌목한 나무를 두 조각으로 만드는 모양이다. 갑골문의 근斤은 나무로 된 자루에 돌이나 청동으로 된 벌목공구를 끈으로 묶어놓은 것이다.(그림 8.4) 근斤은 상대 및 그 전대에 흔한 공구로 초기의 손도끼보다 훨씬 진보되었다. 자루가 달린 도끼는 휘두를 수가 있어 쪼개는 힘을 증가시킬 수 있을 뿐만 아니라, 반탄력으로 손에 전해지는 통증을 감소시킬 수가 있었다. 절折자는 적합한 길이대로 나무를 횡으로 잘라내는 모습을 표현해내고 있다. ※刂(석, 析)자는 도끼로 나무를 종으로 자르는 상태이다.(그림 8.3) 이 방법은 두께가 다른 목판으로 잘라낼 수가 있다.

절강성 여조현의 하모도에서는 B.C.4300년의 목기가 발견되었다. 이미 얇은 판으로 만들어졌을 뿐만 아니라 장부촉이음으로 발전되어 있었다.(浙江文管 1978 : 47－48)(그림 8.2) 장붓구멍은 돌끌이나 뼈끌로 만들었다. 방원 등의 서로 다른 형식으로 나무를 접합하였으며, 어떤 것은 위에 못을 박아 견고하게도 하였다. 장부촉이음은 목판의 양쪽에 장붓구멍과 장부촉을 만들어 양쪽을 서로 꼭맞게 끼워 결합하는 방식이다. 이런 기술은 대부분 상자·함·침상 등의 가구를 만드는 데 쓰인다. 하모도 사람들은 단지 석기와 골기만을 가지고 이처럼 교묘한 구재構材를 제조해냈다. 청동과 철기시대에 이르자 그 기술의 정교함을 한층 더 향상시킬 수가 있었다. 상대에는 비록 완전하게 훼손되지 않은 목재공예품이 발견되지는 않았지만 진흙 위에 반인反印된 복잡한 무늬와 화려한 색채는 찾아볼 수가 있다.(梅原末治, 木器印影) 이것으로 당시 목공예의 뛰어남을 상상할 수가 있다.

《고공기》에서는 나무를 다스리던 목공을 제조한 기술의 용도로 분류하고 있다. 건축[匠人]·수레[輪人·輿人·車人]·병기[盧人·弓人]와 용기[梓人]이다. 목공을 대표하는 소전小篆의 𠤎(장, 匠)자는 상자 속에 놓여 있는 도끼에서 뜻을 취해왔다. 도끼는 목공의 중요한 도구로 그 재료는 돌에서 청동·철로 변했으나 기본적인 모양은 크게 달라지지 않았다. 비록 목기의 종류가 다양해졌다고는 하지만 요구의 차이와 기교에 대한 편중 때문에 생긴 것이며, 시공순서와 응용된 기교는 기본상 서로 유사하다. 여기서는 《고공기》 중에서 가장 공정이 복잡한 수레의 제작으로 다른 기구 제조기술을 개괄해 보겠다.(郭寶鈞, 銅器 : 89－91)

 1) 재료의 선택 : 기물의 작용이 다르기 때문에 재료에 대한 요구 또한 다르다. 그러므로 장인은 갖가지 목재의 성질에 대하여 충분히 알아야만 비로소 각종 목재의 최대효용을 발휘할 수가 있다. 그래야 서로 다른 부품의 유연성·강도·가벼움·부드러움 등의 각자 다른 요구에 대하여, 어떤 목재를 사용해야 될지 강구해야 되며, 심지어는 재목의 햇수와 계절도 따져보아야 한다. 활과 같은 기물은 상당히 긴 기간이 걸려야 비로소 재료를 완전히 수집할 수가 있다.

 2) 유연성 : 목재의 특성은 탄성에 있으며, 또 열을 가하여 일정하게 구부릴 수도

있다. 그러나 나무는 고유의 특성을 가지고 있으므로 유연성이 있는 나무의 부위를 택하여 정확하게 열을 가해야만 한다.

3) 요구 : 이용할 곳을 보고 기물의 탄성·강도 등 특별한 요구에 배합하여 설계한다.

4) 크기 : 미관과 실용적 효과를 겸하여 고려해야 한다.

5) 측정 : 각도는 규구規矩의 각도에 맞아야 하며, 또 평형을 고려해야 한다.

6) 기교 : 가장 효과적으로 사용하기 위하여 역학상의 기교와 사용상의 편리함을 고려하여 설계해야 한다.

7) 조각 : 미감을 증가시키고 아울러 미학상의 연상효과를 발휘해야 한다.

8) 칠 : 칠은 광택과 색채를 증가시킬 뿐 아니라 방습효과가 있어서 오래 사용할 수가 있다.

선진시대에는 이런 순서와 요구를 고려하여 정교하고 아름다운 목기를 제작해내었다. 가장 유명한 것은 초묘楚墓에서 출토된 대량의 칠회목기漆繪木器이다. 2천 년 동안 매장되었다가 출토되었으나 여전히 그 아름다움을 유지하고 있어 사람을 끄는 매력이 있다.

### 옻칠의 응용

칠은 비록 목기를 제작하는 재료는 아니지만, 목기에 채색을 더하여 사람을 잡아 끌게 만드는 주요 재료이다. 목재는 태반이 소박하고 무늬가 없어서 칠을 하지 않으면 사람들이 좋아하는 색채와 광택을 낼 수가 없다. 목기가 귀중하게 여겨지는 중요한 이유는 칠의 색 때문이기도 하다. 갑골문에서는 비록 칠漆자가 보이지 않으나, 금문의 ※(칠, 漆)자 자형에서 그 자의 창제 의미를 살펴볼 수가 있다. 칠漆자는 한 그루 나무의 외피가 절개된 곳에서 즙액이 흘러나오는 모양이다. 지금 칠을 채집하는 것도 여전히 이와 유사한 방법을 쓰고 있다. 칼로 나무 껍질을 절개하고 대롱을 꽂아 즙액이 통 속으로 흘러들도록 한다. 이 자는 전국시대에 때때로 숫자인 7로 차용되기도 하였다. 7의 갑골문 자형은 十자형이어서, 어떤 사람은 이 자가 바로 옻나무를 절개한 형상이라고도 한다.(史樹靑, 1957 : 55)

중국인이 칠을 이용할 줄 알게 된 것은 적어도 5천 년의 역사를 지니고 있다. 하모도 유적지에서는 B.C.3500년의 문화층으로 측정된 지층에서 홍색의 칠그릇이 출토되었다.(王世襄, 1979 : 49) 조금 뒤인 B.C. 약 3000년의 유적지인 강소성 우돈 圩墩에서 흑색과 암홍색의 보호도료를 칠한 목기가 출토되었다.(吳蘇, 1978 : 233

—38) 기물에 옻의 액을 칠하면 처음에는 아주 두터운 형태로 나타나지만 용제가 증발된 뒤에는 엷은 막이 이루어진다. 공기가 습할수록 칠은 훨씬 쉽게 응고된다. 칠이 응고된 뒤에는 고도의 내열성과 내산성을 갖추게 되며, 갈아서 윤을 내면 사람을 비출 수 있는 빛을 내게 된다. 칠이 건조된 뒤에는 흑색을 띠지만 만일 용액 중에 붉은색을 가하면 홍색이 된다. 만일 기름을 더하면 그밖에 엷고 진한 색을 조절해낼 수가 있다. 춘추시대에는 벌써 선홍·암홍·담황·황·갈·록·백·금 등의 색채로 발전되었다.(王世襄, 1979 : 49) 하모도와 우돈이 있는 지구는 아주 습하니 목기 위에 바른 보호제는 틀림없이 칠일 것이다.《한비자韓非子》십과편十過篇에는 지금부터 4천5백 년 전의 일을 말하고 있다.

    요임금이 천하를 선양하니 우순虞舜이 이를 받았다. 순임금이 천하를 다스리게 되자 여지껏 쓰던 기물에 만족하지 않고, 산의 나무를 베어 재료로 하여 이를 깎고 자르고 다듬은 뒤에 위에 검게 옻칠을 하고는 이를 궁으로 운반하여 식기로 만들었다. 제후들은 순이 사치를 한다고 여기고 여기에 복종하지 않은 나라가 열셋이나 되었다. 순이 천하를 선양하여 이를 우禹에게 전하였다. 우는 식기를 만들어 그릇의 겉은 검게 칠하고 안은 붉게 칠하였다.
    堯禪天下, 虞舜受之, 作爲食器, 斬山而爲財, 削鋸修之跡, 流漆墨其上, 輸之於宮爲食器. 諸侯以爲益侈, 國之不服者十三. 舜禪天下而傳之禹. 禹作爲食器, 墨染其外, 朱畫其內.

    이 말은 조금도 과언이 아니다. 상대의 칠기는 이미 아주 산뜻하고 아름다웠다. 칠은 도기(安陽發掘 1976 : 268)·동기(羅西章 1974 : 85)·석기(王勁 1980 : 8)·피혁(湖北博物館 1979 : 542) 등과 같이 보호할 필요가 없는 기물에다 칠하기도 하였다. 절강성 오강吳江의 신석기 말기의 유적지에서는 검게 칠을 한 항아리가 출토되었다.(科技史稿 : 202) 일본의 신석기시대 도기에도 칠을 한 예가 있으며 목기에 칠한 것보다도 빠르다.(古代史發掘 2 : 23) 사람들이 가장 먼저 이용한 것은 칠의 광택이었으나 뒤에 오면서 칠이 목재를 보호한다는 사실을 알게 되었다. 칠은 습한 지구의 특산이어서, 칠의 생산과 사용은 당연히 강남지구가 많다.(郭德維, 1982 : 178; 吳銘生 1957 : 18−19)《여씨춘추》구인편求人篇에『남으로 교지·손박·속만의 나라에 이르기까지 단속과 옻나무가 있다 南至交阯·孫樸·續滿之國, 丹粟漆樹』고 하였다. 이 또한 화남에 옻나무가 많다는 사실을 분명하게 지적하고 있다. 대개 서주의 중기·말기에 이르자 화북지구의 칠기제작과 사용이 점차 보편화되기 시작하였다. 초 지역에서 출토된 칠기는 종류가 아주 광범하여 식기·가구·무기·악기·묘지의 부장품·일상용구에 이르기까지 모두 다 있었다. 어떤 것은 매장된 지 2천여 년이 지났어도 여전히 새것과 같았다.

옻은 생산량이 한정되어 있고 채집에도 일정한 계절이 있으며, 제작과정도 복잡한데다 건강에도 좋지 않아서 귀중한 상품이 되었다. 한대에 씌어진 《염철론鹽鐵論》에는 『옻칠한 나무잔 하나에는 1백 사람의 힘을 써야 하고, 병풍 하나에는 만인의 공이 들어야 한다一杯棬用百人之力, 一屛風就萬人之功』『옻칠한 잔 하나에 동으로 된 잔 열 개를 얻을 수가 있다一文杯得銅杯十』고 하였다. 청동의 가격이 싸지 않은데도 칠기는 동기의 열 배 가치가 있었으니 당연히 사치품이었다. 전국시대 말기의 《주례》재사載師에서 다른 농산품은 태반이 1할의 세금을 부과하였으나, 칠기는 2.5할의 중세를 부과한다고 한 것은 이상할 게 하나도 없었다. 옻나무는 많은 이익을 얻을 수 있었으므로 전국시대의 통치자는 전문기구를 특설하여 관리하고 전매이익을 거두었다.(馬文寬, 1981 : 112) 한대에 이르자 전매제도는 다시 철과 소금의 두 가지 상품으로 확대되었다.

### 골각기骨角器

동물의 뼈나 뿔로 만들어진 기물은 나무나 돌보다 빠르지는 않으나, 아무곳에나 있고 견실하며 강인하여 도구를 만들기에 적합한 성질을 지니고 있어서, 사람들이 아주 일찍부터 이용했던 재료이다. 골각이 파열된 가장자리는 아주 뾰족하고 날카로워서 구멍을 파내거나 찔러 죽이는 데 유용한 천연적인 도구이며 무기였다. 원시인들은 돌로 뼈를 부숴 그 속에 있는 골수를 마시면서, 이런 특징을 발견하고 이용하게 되었다. 몇십만 전부터 이를 응용하기 시작하였다. 중국은 대략 10만 년 전의 유적지에서 마제 골각기가 발견되었다. 사람들이 골각의 재료에 대하여 인식을 하게 되고, 다시 전보다 진일보하여 깎고 갈아서 손에 맞는 도구를 만들 줄 알게 되었다. 갑골문의 ㅂ(골, 骨)자는 동물 견갑골肩胛骨의 상형이다. 상대에서 소 견갑골의 최대용도는 점을 치는 데 있었다고 말할 수가 있다. 그러므로 이 자는 이미 수정을 완전히 끝내고 불에 지져 점을 칠 수 있도록 만든 견갑골의 모양이다. 점복은 화복을 예측할 수 있으므로 이 자는 상대에서 재해의 의미로도 사용되었다. 옛사람들은 귀신에게는 특별한 능력이 있어서 사람들을 도와 곤란을 해결해 줄 수가 있다고 믿어왔다. 그러므로 귀신의 지시를 받아서 적당한 행동방침을 확정하면 일이 잘못되어 일어날 수 있는 재난을 피할 수 있다고 여겼으므로 점을 쳐서 의문을 해결하려고 하였다. 그들은 뼈에 미래를 예지할 수 있는 신기한 힘이 있다고 여겨, 뼈를 불로 지져 무늬가 생기도록 하고는 그 무늬의 모양을 보고 해답을 찾아내었다. 중국에서 골복骨卜의 습관은 이미 5천여 년의 역사를 갖고 있다. 이 글자를 만들 때는 골복이 이미 아주 성행했으므로 여기에 사용된 재료로 이 자를 대표하도록 하였다. 동물의 뿔도 유용한 재료였다. 갑골문의 ✦(각, 角)자는 투박하고 거친 뿔의 모양이다. 당시 사람들에게 아주 잘 알려진 동물이라고 한다면, 이 뿔은 당연히 소의 뿔에서 뜻을 취한 것이다. 갑골문의 ✦(해, 解)자는 두 손으로 소의 뿔을 잡고 가르는 모양이다. 소 뿔은 아주 유용한 재료였으므로, 소 뿔을 잡고 가르는 일은 그 당시 아주 흔한 일이었다. 그러므로 이 자로 해석解析의 개념을 표현하였다.

 뼈는 가볍고 강하며 내마모성이 있으나 자체적인 형상의 제한으로 인하여, 대부분 석재로 만들기 어려운 물건을 제작하였다. 그런 물건은 가늘고 길거나 넓고 평평한 것으로 화살촉·바늘·머리핀·몸에 다는 장식품 같은 작은 물건들이었다. 어렵시대는 수렵한 동물이 다양하였기 때문에 갖가지 동물뼈를 두루 재료로 사용하였다. 그러나 농업이 발전된 시대에는 수렵이 이미 생계를 유지하는 주요 방식이 아니었으므로, 가축이 재료를 얻기에는 가장 편하였고 그 중에서도 소가 제일 적합하였다. 골각은 식용 가축의 부산물로 재료를 쉽게 얻을 수 있고, 가격이 높지 않아서 사람들마다 사용하였으므로 산품이 많았다. 어떤 때는 한 유적지에서 5천 건 이상이 발굴되었다.(安陽發掘 1961 : 69) 서주의 한 골방骨坊에서는 4000kg의 골료骨料가 출토되었으며, 대략 소 1천3백 두, 말 21필이 사용되었다. 게다가 이미 전문적으로 뼈로 된 비녀를 상품으로 제작하게끔 발전되었다.(周原考古 1980 : 34-35)

 골기와 목기의 제작순서는 크게 다를 바 없으나 단지 기술이 약간 뒤질 뿐이다. 그 기본공정은 재료의 선택·절단·다듬질·구멍·광택·조각이다. 상 이전의 골제품은 대부분 소박하고 무늬가 없었다. 상대에 오자 청동제 새김칼이 보편적으로 사용되었기 때문에 무늬를 새기기가 쉬워 조골업雕骨業이 성행하였다. 상대의 골제품은 일상적으로 쓰이는 소형용구로 비녀·빗·추·침·비수·재갈·호각·송곳·화살촉 등과 장식품이 주를 이루었다.(虞禺, 1958 : 26-284) 그리고 가장 많이 생산된 것은 비녀였다. 당시 성년 남녀는 모두 결발結髮을 했으므로, 비녀를 꽂아 머리가 흐트러지지 않도록 해야만 했다. 남자는 단지 한 개만 필요했으나 성장한 부녀자는 여러 개가 필요했다. 상대의 한 묘에서는 어느 부인의 머리 주위에 수십 개의 비녀가 남아 있었다.(梅原末治, 殷墟 : 85 ; 安陽工作 1981 : 492 ; 石璋如 1957 : 80-126) 어떤 때는 한 묘에서 출토된 골비녀의 부장품 수가 5백여 개에 달하기도 하였으니(安陽工作 1977 : 90), 당시 수요량이 얼마나 많았는지 상상해볼 수가 있다. 신분이 낮은 사람의 비녀에는 조금도 조각을 하지 않았으나, 고귀한 사람의 머리에는 화려하게 조각이 되어 있었다. 화려하거나 간소한 새의 모양이 자주 보이며 제일 크고 화려한 것은 깃을 높이 치켜올린 새, 혹은 사람의 머리 모양이었다. (그림 10.18) 그런 비녀는 가격이 높을 뿐만 아니라 아마 일반 사람은 마음대로 꽂을 수 없었을 것이다. 계급의 분별이 엄격한 사회에서 의복은 가장 흔한 지위의 상징이었으므로, 일반 사람의 작은 묘에서는 화려하게 조각된 비녀는 찾아볼 수가 없다.

　동주 이후로 골질제품은 크게 감소되었으며, 대개 중요하다고 칠 수 있는 것은 각궁角弓이었다. 그 중요성은 빈번한 전쟁으로 인하여 높아졌다. 그때의 복궁複弓은 나무를 몸체로 하고 각角을 그 안에 부착하였다. 궁세弓勢의 강약은 각角의 후박厚薄과 반탄력으로 정해졌기 때문에 양궁良弓은 이름난 각궁이 많았다. 활은 먼 거리를 공격하는 주력이어서 제작이 아주 중시되었다. 《고공기》 궁인편弓人篇에 의하면 겨울에는 나무를 자르고 봄에는 뿔을 물에 담그고 여름에는 시위를 위한 심줄을 다스리며, 가을에는 재료를 합하고, 다음해 봄에 시위를 달아야 비로소 완성된다. 활은 승패와 생사가 걸려 있어서 엄격함이 요구되지 않을 수가 없었다. 정밀하게 살펴 재료를 선택하고, 법도에 맞도록 정확하게 만들어야 하며, 힘과 세勢가 조합되어야 조금의 차이없이 쏘면 반드시 맞출 수가 있었다. 활은 다른 골제품과는 달리 높은 기교를 강구해야만 했다.

**피혁皮革**

　바느질도 중요한 공예이다. 지금부터 1만8천 년 전의 산정동인山頂洞人은 이미 바늘을 사용하였다.(賈蘭坡, 1978 : 91) 처음에 의복을 만들었던 재료는 당연히 짐승의 가죽이었다. 짐승의 모피는 유연하고 질겼으며 또 화려한 색조를 지닌 것도 있었다. 사람들은 자연적으로 이들을 유용하게 만들 수 있는 방법을 발견하게 되었다. 가죽에는 털이 있는 것도 있고 없는 것도 있으며, 또 생피生皮와 숙피熟皮의 구분도 있었다. 갑골문의 ⻡(구, 裘)자는 짐승털이 밖으로 나온 가죽옷의 모양이다. 어떤 사람은 朱(구, 求)자가 아직 재봉되지 않은 모피의 원료 모양이라고 한다. 금문의 羍(혁, 革)자는 햇빛에 말리는 동물의 가죽 모양으로 머리·몸·꼬리의 형상을 분명히 볼 수가 있다. 혁革자는 본의 외에도 개혁이란 의미가 있다. 단연히 가죽에서 이미 털을 제거하고 부드럽게 처리한 순서에서 인신되어 나온 것이다. 피皮자는 갑골문에서는 보이지 않으나 금문의 ᄝ(피, 皮)자는 손에 극克형 모양의 기물을 잡고 있는 모양이다. 당연히 극克의 제작재료로 그 의미를 표현해내고 있다. 갑골문의 ᄝ(극, 克)자는 방패의 상형으로 공격과 방어를 겸하고 있는 무기이다. 그러므로 극복하다·할 수 있다 등의 의미로 사용된다. 피皮·극克 두 자에서 방패를 만드는 주요 재료가 피혁임을 알 수 있다. 당연히 그밖에도 질기고 강한 금속·등나무·대나무 같은 종류도 모두 될 수가 있다.

《고공기》에 가죽을 만지는 장인에는 오공五工이 있다. 위韋와 구裘는 일상적인 복장이나 용구를 제작하는 장인이다. 함函·포鮑·운韗은 군사장비를 만드는 장인이다. 옷은 사회의 생존에 밀접한 관계가 있으며, 더욱이 농업국인 중국에서 가죽옷은 비단이나 베로 된 옷의 편안함과 보급에는 미치지 못했으므로, 이 두 직업[韋·裘]의 기록은 실전되어 버렸다. 함函이 만든 가죽 갑옷은 시석矢石의 상해로부터 몸을 보호할 수 있는 중요한 군사장비였으므로 기록이 특히 상세하다. 코뿔소 가죽은 여러 동물 중에서 가장 질기고 강하다. 그 제작방법은 먼저 가죽을 긁어 얇게 하고 다시 판판하게 두드려 질기고 유연하게 만든다. 그런 뒤에 몸의 크기에 따라 마름질을 한 뒤에 꿰맨다. 《고공기》 함인편函人篇에는 품질검사방법이 서술되어 있다. 오랫동안 보존할 수 있고 화살과 돌을 막을 수 있도록 질겨야 하며, 아울러 옮기거나 입고 쓰기에 편해야 한다. 진한 이래의 법률에는 백성들이 사사로이 갑옷을 간직하지 못하도록 금하고 있으며(楊泓, 1976:93-94) 그 처벌은 심지어 무기를 사장한 것보다 더 엄중했다.

짐승의 모피로 신체를 보호하도록 조치한 것은 아주 오래 전부터 시작되었다. 상대에는 완전한 가죽 갑옷의 실물이 있었다.(陽泓, 1976:21) 17장에서 소개한 갑골문의 졸卒과 개介자는 상대에 작은 가죽조각을 이어서 만든 갑옷이 있었다는 사실을 알게 해준다. 질긴 가죽 갑옷이 비록 청동무기의 공격에는 지탱할 수 있으나 강철과 궁노의 위력 앞에서는 효력이 크게 감소되었다. 전국시대에는 점차 철편을 이은 갑옷 기술이 발전되었으나, 철병기가 대량으로 사용되기 전에는 코뿔소 갑옷이 여전히 몸을 보호하는 효과적인 장비였다. 그러므로 오나라에 코뿔소 갑옷을 갖춘 군사가 13만이나 되었다는 과장된 말이 있게 되었다.

마포麻布

피혁이 이용된 주요 원인은 내마모성과 견인한 성능 때문이었다. 그러므로 말을 제어하는 가죽 재갈·수레의 가죽끈·가마의 깔개·바람을 보내는 풀무·병기를 넣는 집과 북 등에 사용되었다. 그밖에 가볍고 유연함을 필요로 하는 것은 대부분 비단과 삼베를 사용했다. 마의 표피가 질기고 또 쉽게 가는 실로 가를 수가 있어서 대중들의 베로 짜 옷을 해입는 재료로 이용되었다. 옷을 재봉하여 만드는 일은 여자들이 모두 배워야 하는 기능이었다. 대개 이런 이유 때문에 《고공기》에는 일상 의복을 만드는 바느질에는 전문적인 공인이 없었다. 산정동인의 골침은 아마 마로 옷을 지어 입는 데 쓰였을 것이다. 십수만 년 전의 구석기시대 사람들은 돌 탄환으로 사냥을 했는데, 마를 꼰 끈으로 묶어 던졌을 것이다. 1만 년 전의 도기에는 벌써 노끈으로 날인한 흔적이 보인다.(張光直, 1974 : 279) 앙소문화의 도기 밑에는 마포의 무늬가 보인다.(西安半坡 : 161-62, 그림 151) 그때의 삼베는 선이 굵고 성겨서 1㎠당 경위선經緯綫이 각기 열 가닥 정도였다.(郭沫若, 中國史稿 1 : 66) B.C. 2700년의 절강성 오흥현의 산양山漾 유적지 시대에 오면 이미 경위선이 각기 20가닥·16가닥 혹은 30×20 등 세 종류의 영마포가 발견되었다.(汪濟英, 1980 : 354) 조금 뒤의 제가문화齊家文化는 삼베의 세밀한 정도가 거의 현대 삼베와 비견될 수 있을 정도로, 대개 경위 각기 40가닥에 이른다.(甘肅工作 1974 : 57)

**잠사업蠶絲業**

귀족에게 사랑을 받는 것은 더욱 세밀하고 유연하며 광택이 풍부한 잠사이다. 대중화된 삼베는 비단에 비하면 조잡하고 누추하며, 삼베는 군자가 읊은 시에는 거의 보이지 않고 견사가 흔히 등장한다. 지금도 비단은 여전히 유명한 중국의 경제산품이다. 갑골문의 🎋(사, 絲)자는 두 개의 비단 다발을 묶은 모양이다. 비단은 가늘고 얇으므로 인신되어 세밀하고 작다는 뜻이 있다. 사람들은 모두 비단이 누에가 토한 고치를 방직하여 만들어졌다는 사실을 알고 있다. 갑골문의 🐛(잠, 蠶)자는 누에의 모양이다. 잠사는 상대에 이미 중요한 산업이 되었다. 복사에 그 작업을 자세히 살피고 제사를 지냈으며 신령에게 점을 쳐 물어본 것이 있다.(胡厚宣, 1972 : 5-6) 전설에 의하면 양잠은 황제의 妃가 발견했다고 한다.(夏鼐 1972 : 13) B.C.4300년 하모도 유적지에서 출토된 상아조각에는 이미 누에의 도안이 보인다.(河姆渡考古 1980 : 7) B.C. 약 3400년의 하북 정정正定의 남양장南陽莊 유적지에서 도기로 된 잠용蠶俑이 출토되었다.(郭郛 1987 : 302) 그리고 B.C.3000~2500년의 앙소문화 말기에 절개된 누에고치가 발견되었다.(李濟, 西陰村 : 22-23) 오홍오흥吳興의 전산양錢山漾 유적지에서 다시 1cm²당 경위선이 각기 47인 양잠 사직품이 발견되었다.(汪濟英, 1980 : 354 ; 浙江文管 1960 a : 89) 이들 유적지는 모두 전설 속의 4천7백 년 전인 황제와 누조嫘祖시대보다 빠르다. 양잠이 분명히 그 시대보다 빨랐다는 것은 확실하다. 신석기시대의 고치 크기는 길이 1.52cm, 넓이 0.71cm였다. 당대唐代에는 이미 개량되어 길이 3.18cm 넓이 1.53cm로 현대의 품종과 별차이가 없다.(郭郛 1987 : 302-09) 고치가 크면 실은 많이 뽑아낼 수가 있다. 상대의 고치 크기는 이 둘 사이의 반 가량일 것이다.

사직수공업은 상대에 이미 상당하게 발전되었다. 왜냐하면 청동기에는 동에 산화되어 보존된 모시와 비단의 흔적이 적지 않기 때문이다.(萬家保, 1977 : 그림 2, 3, 5 ; 婦好墓 : 그림 187-88) 당시에 반드시 상당한 수량의 생산이 있어야 이것으로 동기를 덮어 묘 속에 수장했을 것이라고 생각된다. 방직업에 관련된 갑골문의 글자가 다른 직업보다 많다는 사실이 바로 그 구체적인 표현이다. 옥잠은 묘에서 누차 발견되고 있다. 산동성 유대劉台에 있는 서주 초기의 묘에서는 크기가 서로 다르고 형태가 틀린 22개의 옥잠이 발견되었다.(態建平, 1987 : 310-11) 고인들은 누에가 껍질을 벗는 과정으로 재생신앙을 연상하였다고 생각된다.

누에는 뽕잎을 먹고 산다. 이로 인하여 뽕나무의 재배는 사직업의 기본조건 중 하나이다. 갑골문의 ※(상, 桑)자는 뽕나무의 상형이다. 뽕잎을 따는 작업을 표현하고 있는 자는 상喪자이다. 이 자는 상대에 이미 가차되어 죽음·상실의 의미를 표현하고 있다. 갑골문의 ※(상, 喪)자는 뽕나무 가지와 잎 속에 매달려 있는 허다한 광주리 모양이다. 어떤 뽕나무 품종은 키가 높지 않아서 선 채로 딸 수가 있다. 그러나 대다수는 키가 큰 품종이어서 나무 위에 기어 올라가야 비로소 뽕잎을 딸 수가 있다. 전국시대의 동기 몇 개에는 여자가 뽕나무 가지 사이에 걸터앉아 있고, 가지에는 광주리가 걸려 있는 뽕 따는 풍경이 새겨져 있다.(杜恆 1976 : 51, 그림 2 ; 夏鼐 1972 : 15)(그림 8.6)《좌전》노희공魯僖公 23년에는 진晉의 공자 중이重耳가 제齊에 망명할 때가 기록되어 있다.『뽕나무 아래에서 모의를 하였는데, 공교롭게도 누에 치는 여자가 뽕나무 위에서 그들의 모의를 듣고는 곧 강씨에게 가서 고하였다.謀桑下, 蠶妾在上, 以告姜氏』이 일은 나무 위에 기어 올라가 뽕잎을 땄다는 사실을 말해 주고 있다.

뽕나무는 습하고 따뜻한 기후를 좋아하고, 뽕잎의 수확 횟수도 기후에 따라 달라진다. 누에알이 부화되어 고치를 만드는 기간은 기후와 누에의 품종에 관계가 있다. 결잠시간은 빠르면 17~22일이고 늦으면 33~40일이다.(曾同春, 絲業 : 33) 오늘날 중국에서 주요한 생사 산지는 절강·광동과 강소성 등이며, 다음은 사천·산동과 안휘성이다.(曾同春, 絲業 : 8-10) 모두 관개가 편리한 하류지역으로 기후가 온난다습한 지구이다. 고대의 기온은 지금보다 높았다. 그러므로 뽕의 주요한 산지도 대개 지금보다 북쪽이 된다.

춘추시대에 씌어진 《상서》 우공편禹貢篇에는 하남·하북·산동 삼성의 경계인 연주兗州지구를 말하고 있다.『뽕나무를 심기에 적당한 곳에서는 이미 양잠이 시작되었다…… 여기서 진공하는 것은 칠과 비단이 참대 그릇에 담은 질 좋은 견직품이다. 桑土旣蠶…… 厥貢漆絲, 厥篚織文』지금의 주요 비단 산지는 서주와 양주로 비록 짙은 청색 비단이나 다른 직물 등을 언급하고 있으나 결코 특별한 뽕잎을 말하지는 않는다. 그것은 옛날 뽕잎은 화북의 품종이 뛰어났고 잠사업도 화북에서 흥성하였다는 것을 반영할 뿐만 아니라(孫毓棠, 1963 : 144) 중국 인구분포의 역사적 요인도 반영하고 있다. 양잠은 많은 인력을 필요로 하였으므로 인구 밀집지역에서 발전되었다.(曾同春, 絲業 : 11-17) 하남지구는 유사시대 초기에 인구가 비교적 적었으므로, 철기가 이용된 뒤에야 비로소 고도로 찬란한 문명이 생겨나게 되었다.(夏鼐 1960 : 1 ; 何炳棣, 농업 : 11-17) 위에서 초나라가 노나라를 침범하자, 노는 목공·침모·방직의 숙련공 각기 1백 명씩을 보내고 맹약을 청하여 초나라 군대의 침범을 면했다는 말을 했었다. 노나라는 당시 비단 생산지역이었으므로 아마 초나라에서는 북쪽의 앞선 기술을 얻어, 그들의 좋은 지리환경과 배합하여 방직업을 발전시키려고 하였을 것이다. 이것은 전국시기 초묘楚墓에서 다량의 견사가 출토된 것으로도 해석될 수가 있다.(郭德維 1982 : 163)

《시경》의 맹氓이란 시에는『그 사람 히히 웃으며 와서는, 피륙을 안고 와 비단을 산다고 했지요. 진짜 비단을 사려고 온 게 아니라, 나와 혼사를 말하려고 하였답니다 氓之蚩蚩, 抱布貿絲, 匪來貿絲, 來即我謀』고 노래하였다. 비단이 고대에는 가격이 높은 귀중한 상품이었으므로 뽕밭은 좋은 논보다 배나 비쌌다.(曾同春, 絲業 : 20)《사기》오세가吳世家에는 B.C.519년에 오吳·초楚의 두 집이 변경에 있는 뽕나무의 소유권을 놓고 다투어 양국의 전쟁을 일으킨 사실이 기록되어 있다. 이로써 당시 뽕밭에 대한 경제적 중요성을 살펴볼 수가 있다. 방직은 아주 전문적인 직업이다. 양잠에서 비단을 짜기까지는 단계마다 모두 전문적인 기술을 필요로 한다. 뽕나무의 재배·뽕잎을 따는 횟수·누에의 품종·먹이를 주는 횟수 및 분량과 시간·양육의 온도 등이 전부 품질과 밀접한 관계가 있다. 번데기의 정확한 선택과 죽임·고치에서 실을 뽑고 짜는 과정 모두가 전문적인 훈련을 필요로 한다. 그러므로 갑골문의 ⊕(전, 專)자는 한 손에 실패를 들고 있는 상태이다. 실패에 실을 감아 방직기에 올라가기를 기다리는 상태이다. 방직은 전문적인 기술을 필요로 할 뿐만 아니라, 정신을 집중시켜야 하는 일이다. 그렇지 않고 수많은 실들을 앞에 두고 정신이 흐트러지면 무늬가 틀려 버리게 된다. 그러므로 전專자는 전문專門과 전심이라는 두 가지 의미를 겸하고 있다.

### 직조기

실을 뽑아 비단을 짜는 과정은 갖가지 많은 도구가 필요하다. 그 중에서도 가장 중요한 것은 직조기이다. 상대에 비록 아주 진보된 방직품이 있었다고는 하지만 여전히 직조기를 나타내는 자는 찾아볼 수가 없다. 이것은 방직이 점복의 내용이 아니었기 때문일 것이다. 금문의 ⊞ 자는 바로 후대에 경經자로 직조기에 이미 날줄이 자리잡은 모습을 보여주고 있다. 먼저 날줄이 자리잡고 나서 씨줄을 짜넣으면 피륙이 이루어진다. 그러므로 이 자는 경전·표준 등의 의미를 나타낸다. 경經의 자형은 직조기의 한 부분을 나타내는 상형문자이나, 또한 원시적인 요기형腰機形을 표현하기도 한다. 그 모양이 운남雲南의 동고銅鼓에서 발견된 요기와 아주 흡사하다. 요기는 세로폭의 한 끝은 허리에 두고 다른 한 끝은 발판으로 조작된다.(그림 8.7) 이렇게 짜여진 피륙은 폭이 좁고 복잡한 도안을 짜내기도 어려우며 방직속도도 느리다. 그러나 이것은 그물을 짜거나 편물로 옷을 만들던 시대보다는 크게 진보된 것이다. 하모도 제4문화층에서 출토된 관 형태의 골침·목도·작은 목봉은 바로 좌기坐機의 기계부품과 씨줄을 끌어내는 공구일 가능성이 있다.(科技史稿: 20) 반파의 마포도 좌기를 사용한 것 같다.(西安半坡: 162) 적어도 B.C.4000년에 이미 요기를 사용하였으며 심지어 간단한 좌기도 있었다.

상대의 동기나 병기에 부착되어 있는 비단의 흔적은 당시 이미 능직을 짤 수 있는 단계에 도달했으므로, 또 자카드로 짠 도드라진 무늬가 들어 있는 사직물도 있었다.(Sylwan, 1937 : 122 ; 李也貞, 1976 : 61-62 ; 王若愚, 1979 : 49)(그림 8.11) 그들은 모두 좌기여야만 짤 수가 있는 것이다. 금문의 ⊞(기,幾)자는 좌기의 자원을 표현하고 있다. ⊥은 좌기의 측면형일 것이며, 두 개의 실뭉치는 두 개의 선축, 혹은 날축을 끌어 움직이는 두 가닥 선을 대표하거나 혹은 방직기구를 표시하는 것이다.(그림 8.8-10) 방직기는 실을 끌어내는 직포기기이므로 기機자 또한 각종 기계장치로 인신되었다. 고대에서 흔히 볼 수 있던 쇠뇌는 그와 달리 기계로 조작되는 기물이다. 그래서 어떤 사람은 기幾의 자원은 쇠뇌로 뜻이 표현되었다고 한다. 그러나 쇠뇌는 전국시대에 와서야 생겨났으며, 그전에 기계원리로 조작된 것은 방직기의 형상이 가장 자형에 근접한다.

앉아서도 할 수 있고 서서도 할 수 있는 방직기는 씨줄 이동의 폭을 증가할 수가 있어 넓은 폭의 피륙을 짤 수 있다. 한대 혹은 그 이전의 사람들은 감을 절약하기 위하여 가능한 한 옷을 만들 때 많이 잘라내지 않도록 하였다. 직물은 교역의 대종을 이루었으며, 또 일정한 규칙이 있어야 거래하기에 편했다. 그러므로 일정하게 정해진 시장의 규칙과 폭에 맞추어 짜게 되었다. 주소註疏에 의하면, 당시의 표준 폭은 2척 2촌이었다. 그러나 각시대마다 척의 길이가 약간씩 차이가 진다. 발굴된 실물로 살펴보면 대략 금일의 44-49㎝ 정도이다.(郭寶鈞, 銅器 : 84 ; 孫毓棠, 1963 : 160)(그림 10.17) 일반적으로 옷을 만드는 용포량用布量은 천의 폭이 네 개로 앞에 두 폭 뒤에 두 폭이다. 더 넓고 큰 것은 앞이 세 폭 뒤가 두 폭이다.

### 자 수

간단한 평직물은 점점 진보되어 능직으로 발전되었다. 자카드 기술은 도안을 복잡하게 만들었고 단조로운 색조를 다채롭게 하였다. 방직기술이 복잡하고 다채로운 도안을 짜낼 수 있게 되기 전에는 더욱 아름다운 미관을 추구하기 위하여 염색·도화·자수 등의 방법을 사용하였다. 수는 서로 다른 색의 실을 이용하여 아무런 무늬가 없는 천 위에다 아름다운 도안을 수놓는 것이다. 금문의 (숙, 肅)자는 한 손에 붓을 잡고 복잡한 도안을 그려내는 것이다. 도안을 그리는 일은 자수의 첫번째 일이다. 도안이 없으면 아름다운 수를 놓기 어렵다. 자수는 전심하고 근신하여 놓아야 되는 일이다. 肅은 繡의 자원이므로 인신되어 엄숙하다·삼가다는 의미를 갖게 되었다. 갑골문에는 肅자가 없으나 (화, 畫)자는 손에 화필을 들고 교차된 도형을 그리는 형상이다. 畫의 창제 의미는 肅과 같으나 화의 도안이 비교적 간단할 뿐이다. 아마도 갑골문의 畫자 또한 자수의 의미를 겸하고 있었을 것이다. 상대 인물 조상의 옷가에는 기하형의 도안이 있고, 옷에도 장식용의 무늬가 있다. 그 중에는 수를 놓았으나 그리지 않고 방직할 것도 적지 않다.

사회에 일단 계급의 분화가 생기게 되면 통치자들은 도처에서 계급성을 표현하게 되었다. 옷은 날마다 입어야 하는 것이어서 아주 일찍부터 이런 목적에 응용되었다. 전설 속의 황제가 의복제도를 만들었다고 한 것도 아마 바로 이런 작용 때문이었을 것이다. 그 표현방식은 색채·도안 외에도 패용하는 장식물이 있다.《상서》고요모편皐陶謨篇에 순임금시대에 대한 말이 있다.『해·달·별·산·용·꿩의 여섯 가지 사물을 사용하여 상의에 그리고, 호랑이 무늬의 이기彝器·수조水藻·불·백미 白米·흑백의 回回형의 문양과 흑청의 回回형 문양 등의 여섯 가지 형상을 하의에 수놓았다. 다섯 가지 안료로 선명하게 다섯 가지 색채를 만들어 옷을 지었다. 日·月·星辰·山·龍·華蟲作會, 宗彝·藻·火·粉米·黼黻, 絺繡, 以五彩彰施于五色作服』 이런 염색·도회·자수 장식이 비록 제순시대帝舜時代의 실제상황은 아니라고 하더라도, 적어도 주나라 사람들은 자기들의 경험에 근거하여 1천 년 전의 현상을 추측하였을 것이다. 당시에 사용된 광물 안료의 색채에는 홍·흙·갈·록·청·남·황·등색 등의 여러 가지 색이 있었다.(蘇健, 1983 : 105) 그림을 그리는 기교는 기물의 아름다움을 더해 주는 마지막 순서이다.《고공기》의 다섯 색공은 이런 중요한 기예이다. 한대 이후에는 장인들의 지위가 대부분 낮아졌으나 오직 화가의 지위만은 끝내 존경을 받았다. 심지어 어느 시대에서는 유일하게 인정된 예술형식이기도 하다. 문인들이 화가를 겸한 사람은 있으나 목·석 등의 공예에 종사한 일은 드물다. 그림의 기예는 여러 공예 중에서 가장 뛰어나다고 인정되었다.

### 도 기

《고공기》에서 제일 뒤에 기술된 직종은 도기업이다. 진흙을 빚어 불에 구운 것을 도陶라고 한다. 진흙은 땅에 널려 있고 다른 것들보다 더러워 사람들의 천시를 받는다. 그러나 한 번 불의 세례를 거치고 나면 도리어 교묘하게 무엇을 담을 수 있거나 전시할 수 있는 물건으로 변한다. 인류가 비록 몇십만 년 전에 불을 사용할 줄 알았다고는 하지만, 도기는 도리어 인류가 불을 사용할 줄 안 뒤에도 아주 오랜 후에 도기 굽는 법을 알게 되었다. 도기는 흙 속에서도 썩지 않으므로 어느 시대에 발명되었는지 쉽게 알아볼 수가 있다. 인류는 대체로 1만2천 년 전에 이미 도기를 구울 줄 알았다.(鄧聰, 1985 : 264) 중국에서 출토된 도기의 유적지는 방사선 동위원소 $C^{14}$의 연대측정에 의하면, 강소성 율수溧水의 신선동과 강서성 만년선인동의 도편이 가장 오래되었으며, 대체로 B.C.9000년쯤 된다.(考古三十年 : 198 ; 江西文管 1963 : 227) 중국에서 도기를 구운 역사가 1만 년 이상 되었다는 것은 문제가 되지 않는다.

후세 도기의 주요 종류는 용기와 건축장식이다. 그러나 그것이 처음 발명되었을 때는 물을 담는 것이 목적이었으나, 점차 음식·곡물·저장·장식 등의 광범위한 용도로 확대되었다. 물을 담을 수 있는 도기의 기능은 사람들이 반드시 하류에 거주할 필요가 없도록 만들었으므로, 활동범위를 확대하여 음식물을 찾을 수 있는 기회가 증가되었다. 사람들은 낮게 패인 곳에서 물이 솟아오른다는 것을 발견하게 되어 생활에 필수적인 물을 제공할 수 있었고, 마침내 인류는 광활한 대지 위에 촌락을 건설하여 더한층 인류의 문명을 향상시킬 수가 있다. 그러므로 인류의 도기 사용은 구석기시대를 고별하고 신석기시대에 들어서는 표지가 된다.

도기의 주요 재료는 점토이다. 갑골문의 ⚱(토, 土)자는 흙더미의 형상이다. 어떤 것은 상하가 뾰족하고 중간이 불룩한 흙더미도 있고, 위에다 몇 방울의 물을 더한 것도 있다. 어떤 사람은 이 작은 점이 먼지를 표시한다고도 하지만, 아마도 고인이 이 자를 만들 때의 의도는 얻지 못한 듯하다. 흙은 물이 없으면 뭉쳐지지 않으므로 모양을 빚을 수가 없다. 흙더미는 위가 좁고 아래가 넓은 추 모양을 이루게 되나, 단지 점토만이 중간이 불룩한 모양으로 만들어질 수가 있다. 그러므로 토土자는 점토에서 취해왔다는 것을 알 수가 있다. 단지 점성이 있는 흙만이 도기를 빚을 수가 있다. 도기는 인간생활에서 빠질 수 없는 일상용구이다. 우리는 고인들이 토土자를 만들면서 빚고 소결하여 모양을 이룰 수 있는 도토陶土에서 취해왔음을 알 수가 있다. 🙍(도, 陶)자는 단지 상대의 도편 위에 한 번 보이고 있다. 도陶자는 쭈그려 앉은 사람이 그릇 만드는 도구를 들고 점토 위에서 모양을 빚는 모습이다.

도기는 날마다 가장 많이 쓰이고 있는 도구이며 깨져서 버리는 것도 많다. 그러나 부패하지 않으므로 유적지에서 두루 보인다. 재료·기술·풍격·요구 등의 차이 때문에 각 문화구에서 빚어낸 도기도 각기 다른 특색을 지니고 있어 각시대·각민족의 서로 다른 문화 면모를 살필 수 있는 이상적인 지표가 된다. 그러므로 도기를 판별하는 일은 고고작업의 중요한 항목 중 하나이다. 도토陶土의 화학적 성분은 흙을 가져온 지역을 밝혀주는 데 도움을 주고 있어, 부족간의 왕래관계를 연구할 수 있도록 해주고 있다.

진흙이면 모두 도기를 만들 수 있지만 그 질의 좋고 나쁨은 큰 차이가 있다. 반파·하모도 등의 신석기시대 이래 사람들은 의식적으로 재료를 정선하여 왔다. 또 그들은 진흙에서 모래·풀뿌리·석회 등의 불순물을 제거할 줄 알았다. 도기가 발명되고 난 후 얼마되지 않아서 음식을 익히는 데 사용되었다. 만년선인동에서 발견된 도기는 이미 모래를 함유하고 있었다. 그토록 일찍부터 사람들은 진흙 속에 섞인 가는 모래가 도기의 열전달을 도와주고, 갑작스런 열변화에 따라서 수축이 빨라 파열의 결점을 방지해 준다는 사실을 알고 있었다.(江西文管 1963 : 7)

도기는 제일 먼저 노천에서 구워졌다.(그림 8.12) 그러나 그렇게 구워진 도기는 온도가 낮고 소결이 불완전하여 깨지기 쉬웠다. 8천 년 전의 신정 배리강 유적지에는 횡혈식橫穴式 가마가 있었다.(開封文管 1979 : 201) 그 화염은 일단 상승된 불길을 거쳐야 도배陶坯에 접촉되었으므로 열이 전도중에 떨어져 가마 안의 온도를 높이기에는 불리하였다. 뒤에 직식直式 가마로 고쳐져 직접 연도를 통하여 도배에 접촉되어 질을 높이게 되었다. B.C.5400년 무안 자산의 고운 진흙의 홍도紅陶는 그 소결온도가 이미 930°에 도달하였다. B.C.3000년의 청포青浦 숭택崧澤 유적지의 소결온도는 990°에 이르렀다. 상대 초기의 이리강二里崗 홍도는 섭씨 1000°에 도달하고 있다. 조금 뒤에 연도를 원형으로 개량한 가마의 소결온도는 철을 녹일 수 있는 1100~1200°까지 올릴 수가 있었다.(李家治, 1978 : 188) 이처럼 고온으로 올릴 수가 있는 상대의 가마는 금속업의 발전에 아주 크나큰 편리함을 제공해 주었다.

상대 이전의 도기는 홍·회·흑의 세 종류가 있다. 그 소결온도의 변동은 섭씨 950~1050° 사이였다. 홍도는 산화염으로 구워졌고, 회도는 환원염으로 구워졌다. 흑도는 연훈법煙熏法으로 탄소가 침투된 결과이며, 그것은 동방의 용산문화에서 소량 생산된 특산이다. 흑도는 물레로 성형되어 기물의 벽이 아주 얇았다. 이것은 가마에 들어가기 전에 반건조된 도기를 조약돌로 문질러 기물의 표면을 매끄럽고 광택이 나게 하였다.(周仁 1964 : 13-15) 서부 앙소문화에서 발전되어 내려온 계열의 문화는 도기에 수식을 가하였다. 즉 홍도 위에 붉은색 혹은 검은색의 채색으로 도안을 그려넣었다. 시대가 뒤로 갈수록 도요업은 진보하여 홍도는 점점 적어지고, 상대에는 이미 회도가 주류를 이루어 90% 이상을 차지하게 되었다.(李濟, 1976 : 15) 상대는 제사 용기가 신흥의 정동으로 주조되었기 때문에 일상 용기는 그렇게 공을 들여 만들 필요가 없게 되었다. 그러므로 도기도 도리어 전대의 강하고 광채가 있던 흑도의 정미함에 미치지 못했다.

그러나 상대에는 더욱 단단한 석기炻器를 구울 수 있는 새로운 기술이 발전되었다. 그것은 후일 자기의 선성이 된다. 석기의 주요 원료는 알루미늄 실리케이트이다. 그것은 건조시에 부드럽고 연한 덩어리이며, 물을 흡수한 뒤에야 가소성可塑性을 갖게 된다. 다시 건조되면 수축률이 평균화되고 강하게 변하여 다시 물 속에 담가도 연회되지 않게 되며, 강한 열을 가한 뒤에는 수축이 되면 될수록 강하게 되어 거의 용해되지 않는다.(郭寶鈞, 銅器 : 57) 상대의 석기는 강남지구에서 왔으며 소결온도는 1180°에 이르고 있다.(周仁 1964 : 17) 그 중 소수는 위에 다시 석회유를 발라 거친 표면을 매끄럽고 광택이 나게 하기도 하였다. 이렇게 유약을 바른 도기의 온도는 전국시대에 이미 1230°까지 올라가고 있다.(周仁 1964 : 17) 상대의 석기는 이미 산화아철($Fe_2O_3$)의 함유량을 3% 이하로 줄이고 있다.(李科友, 1975 : 81) 유약을 엷게 바르고 고온으로 소결하면 바탕에 회백색이 나타나고 일정한 양의 유리를 함유하게 되어 본바탕이 비교적 견실하게 된다. 그것의 흡수율은 아주 낮고 두드리면 듣기 좋은 소리가 나기 때문에 한대의 청유석기와 청자의 닮은꼴이 되었다. 단지 더욱 세밀하게 도토를 거르고 소재처리를 하여야 하며, 아울러 소결온도를 높여야만 자기의 표준에 도달할 수가 있게 된다.(葉宏明, 1978 : 86) 이런 도예상의 조예로써 9세기 후반에 중국이 제일 먼저 자기를 구워낸 국가가 되었으며, 자기국이란 칭호를 갖게 하였다.

| 商 甲骨文 | 周 金文 | 秦 小篆 | 漢 隸書 | 現代 楷書 |
|---|---|---|---|---|
| 占工 卜 | 工 工 | 工 | 工 工 | 工<br><br>어떤 공구의 상형, 때릴 수 있는 악기일 수 있다. |
| 攴 | 攻 | 攻 | 攻 攻 | 攻<br><br>공工형의 기물을 때리는 형상이며, 악기를 연주하는 것일 수 있다. |
| (갑골문 여러 자형) | (금문 여러 자형) | 藝 | 藝 藝 藝 | 藝<br><br>한 사람이 나무의 묘목을 심고 있는 모양을 그리고 있다. |
| 石 石 石 石 | 石 石 | 石 | 石 石 | 石<br><br>모서리가 날카로운 돌은 구덩이를 파는 데 사용할 수 있다는 뜻을 나타내고 있다. |
| 竹 竹 | | 竹 | 竹 | 竹<br><br>아래로 드리우고 있는 대나무 가지의 상형. |

| 商 甲骨文 | 周 金文 | 秦 小篆 | 漢 隷書 | 現代 楷書 |
|---|---|---|---|---|
| 丰丰<br>丰 | 王 | 王禹 | 玉玉 | 玉<br><br>옥을 몇 개 꿰어 장식물을 만들어 놓은 모양. |
| 㭪 | 折折<br>折折<br>折坼 | 折折 | 折折 | 折<br><br>도끼를 사용하여 나무를 가로로 절단하는 상황을 그리고 있다. |
| 析析<br>析 | 析析<br>析析<br>析析 | 析 | 析析<br>析析 | 析<br><br>도끼로 나무를 곧게 자르는 모양으로, 분석하면 판자가 된다는 뜻. |
|  |  | 匠 | 匠匠 | 匠<br><br>도끼가 상자 속에 들어있는 형상이니, 장인의 공구 상자이다. |

| 商 甲骨文 | 周 金文 | 秦 小篆 | 漢 隷書 | 現代 楷書 |
|---|---|---|---|---|
|  |  | 柒 | 渿渿 | 漆<br><br>옻나무의 외피를 절개하여 즙액이 흘러나오는 상태를 그리고 있다. |
| (갑골문) |  | 骨 | 骨 | 骨<br><br>점복에 사용되는 동물의 견갑골肩胛骨 상형. |
| (갑골문) | (금문) | 角 | 角 | 角<br><br>소 뿔의 상형. |
| (갑골문) | (금문) | 解 | 解 解 | 解<br><br>두 손으로 소의 뿔을 가르고 있는 상태를 그리고 있다. |
| (갑골문) | (금문) | 裘 | 裘裘 | 裘<br><br>털이 밖으로 드러난 모피 옷의 상형. |

| 商 甲骨文 | 周 金文 | 秦 小篆 | 漢 隸書 | 現代 楷書 |
|---|---|---|---|---|
| (그림) | (그림) | (그림) | 求 求 | 求 <br><br> 아직 절단하지 않은 모피의 원료형일 수 있다. |
| | (그림) | (그림) | 革 革 革 | 革 <br><br> 햇빛에 말리는 중인 동물 가죽의 형상. |
| | (그림) | (그림) | 皮 皮 | 皮 <br><br> 손으로 피혁을 잡고 방패를 만들고 있는 모습. |
| (그림) | (그림) | (그림) | 克 克 克 克 | 克 <br><br> 공격할 수도 있고, 방어할 수도 있는 방패의 상형. |

| 商 甲骨文 | 周 金文 | 秦 小篆 | 漢 隷書 | 現代 楷書 |
|---|---|---|---|---|
| 〇〇〇 | 〇〇 | 絲 | 絲 | 絲<br><br>두 묶음의 실의 상형. |
| 〇〇 | | 蠶 | 蠶蠶 | 蠶<br><br>누에의 상형. |
| 〇〇〇 | | 桑 | 桑 | 桑<br><br>뽕나무의 상형. |
| 〇〇〇〇〇 | 〇〇〇〇 | 喪 | 喪喪<br>喪 | 喪<br><br>뽕나무 가지 위에 매달려 있는 광주리의 모습으로 뽕잎을 따고 있는 작업을 표현하고 있다. |

| 商 甲骨文 | 周 金文 | 秦 小篆 | 漢 隷書 | 現代 楷書 |
|---|---|---|---|---|
| (그림) | | 專 | 專 | 專 |
| | | | | 손에 실패를 잡고 있는 모습으로, 이것은 방직 전문가의 일이다. |
| 巠 巠 巠 經 | 巠 巠 經 | 巠 經 | 經 經 經 經 | 巠 經 |
| | | | | 날실이 직기 위에 안장安裝되어 있는 상태를 그리고 있다. |
| 幾 | 幾 | 幾 | 幾 幾 | 幾 |
| | | | | 실을 끌어 움직이는 것으로 서서 조작하는 좌기坐機라는 뜻을 나타낸다. |
| | 肅 | 肅 | 肅 肅 | 肅 |
| | | | | 손에 모필을 잡고 수놓을 도안을 그린다는 뜻. |

| 商 甲骨文 | 周 金文 | 秦 小篆 | 漢 隷書 | 現代 楷書 |
|---|---|---|---|---|
| (고문자) | (고문자) | 畫 | 畫 畫 | 畫 <br><br> 손에 붓을 잡고 도형을 그린다는 뜻을 나타내고 있다. |
| (고문자) | (고문자) | 土 | 土 土 | 土 <br><br> 물을 부어 이겨서 기물을 빚을 수 있도록 만든 점토형. |
| (고문자) | (고문자) | 匋 | 陶 陶 | 匋 陶 <br><br> 쭈그리고 앉은 사람이 도토陶土를 개어 작업을 한다는 뜻을 나타내고 있다. |

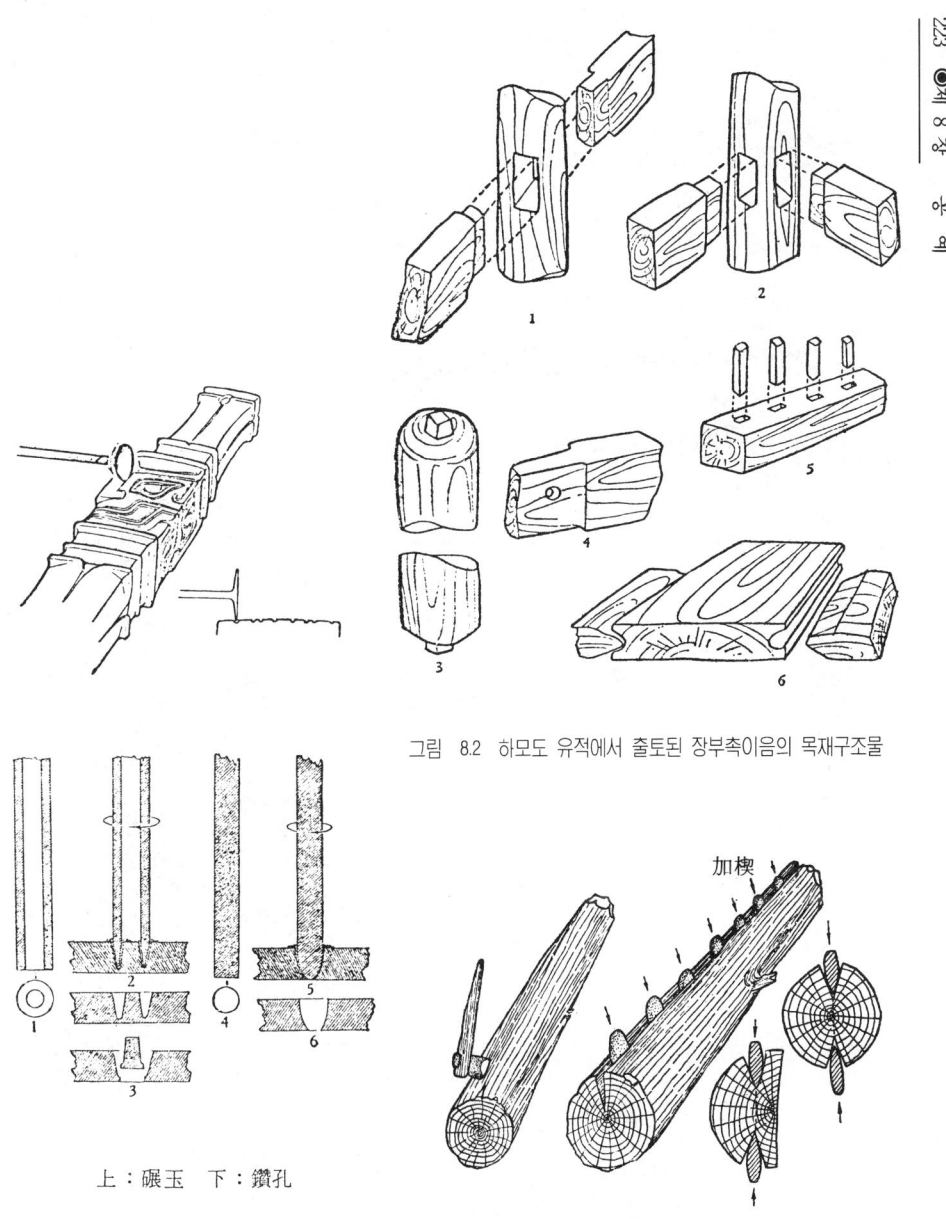

그림 8.2 하모도 유적에서 출토된 장부촉이음의 목재구조물

上 : 碾玉  下 : 鑽孔

그림 8.1 상대에 옥을 다듬던 공구

그림 8.3 돌도끼로 목재를 켜는 설명도

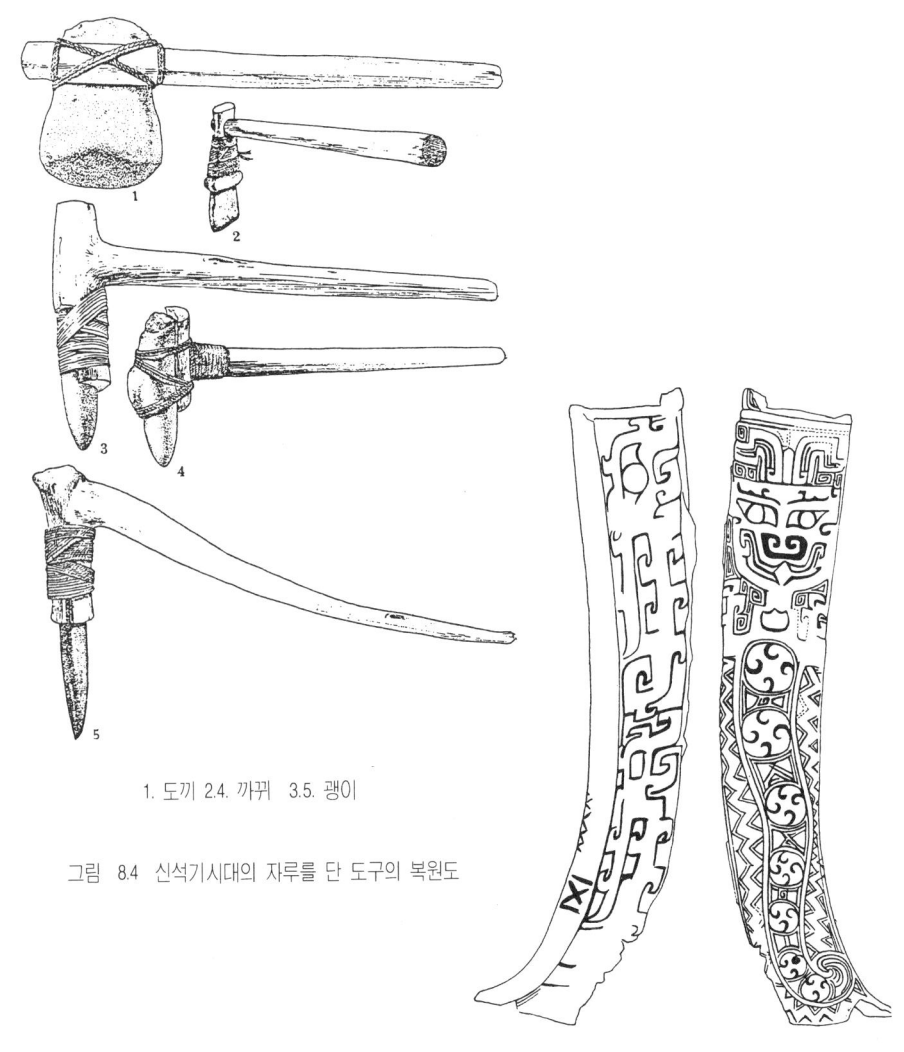

1. 도끼 2.4. 까뀌 3.5. 괭이

그림 8.4 신석기시대의 자루를 단 도구의 복원도

그림 8.5 상대의 골조(骨雕)

그림 8.6 전국 동기상에 나타난 뽕 따는 문양

그림 8.7 진한시대 운남雲南 동고銅鼓상의 직포요기도織布腰機圖

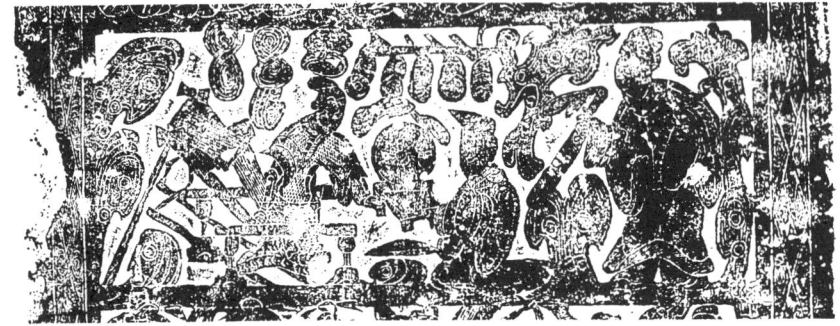

그림 8.8 한 화상석상의 방직도

그림 8.9 한 화상석상의 방직도

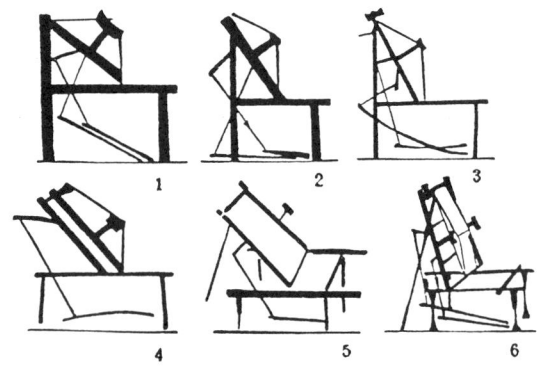

그림 8.10 한 화상석에 나타난 각종 좌기坐機의 양식

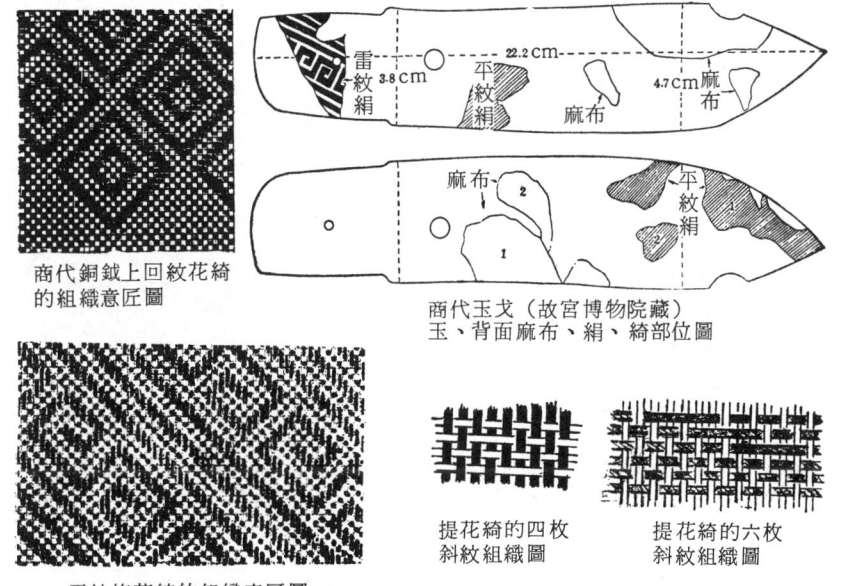

그림 8.11 상대 기물 위에 남아 있는 방직 도안

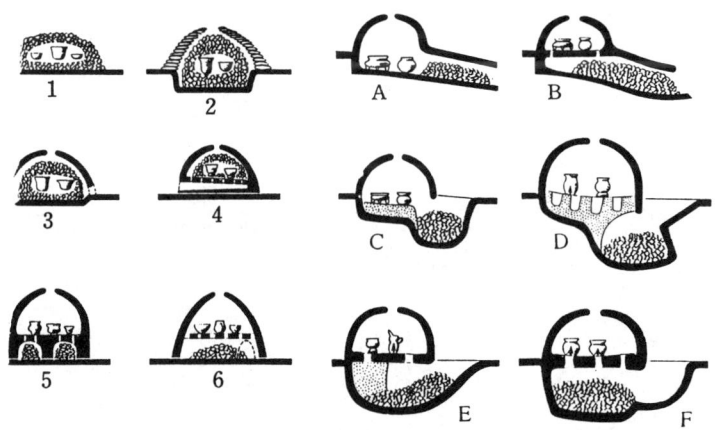

그림 8.12 서양(1~6)과 중국(A-F) 도기 가마의 변천과정

# 제 9 장

# 음 식

### 서 론

　인류의 가장 중요한 활동 중 하나는 음식을 찾는 일이다. 음식의 습관은 지리적 환경·생산기술·인구의 압력 및 문화발전의 진도에 따라서 결정된다.(Vivelo, 인류학 : 247) 음식은 한 문화를 판별하는 좋은 척도가 된다. 인간이 최초로 생각했던 가장 본능적인 일은 배를 채우는 일이었으나, 점차 미각을 찾게 되었으며, 그 다음에는 영양을 추구하게 되고 식사 분위기 등을 고려하게 되었다. 식사습관으로부터 대략 한 사회의 발전 정도를 살펴볼 수가 있다.

　중국인은 줄곧 음식을 두 가지로 나누었다. 술·국 등과 같이 액체상태의 〈음飮〉과 채소·고기·생선 등과 같은 고체상태의 〈식食〉이다. 가장 간소한 식사인 『한 그릇의 밥과 한 바가지의 물―簞食, 一瓢飮』도 이 두 가지 음식을 포함하고 있다. 그러므로 묘의 부장품에도 이 두 가지 식기가 흔히 포함되어 있다. 갑골문의 ![](음, 飮)자는 한 사람이 술병 혹은 물동이를 잡고서 몸을 구부리고 혀를 내밀어 마시는 모양이다. 갑골문의 ![](식, 食)자는 식기 위로 뜨거운 김이 무럭무럭 올라오는 음식물에 뚜껑이 덮여 있는 형상이다. 음식은 이미 요리하고 익혀서 먹는 것이었다. 만일 음식을 먹는다는 생각을 더 분명하게 표시하려면 식食자 옆에 한 사람 〈人〉을 더한 〈食〉자로 표현한다. 이미 이 자는 지금은 쓰이지 않으나 그 의미는 식食을 겸하고 있으며, 혹은 사飼라고도 쓴다. 음飮·식食 두 자의 갑골문 자형으로 상나라 사람들이 벌써 미각을 상당히 추구했다는 것을 알 수가 있다. 음식물에 뚜껑을 덮어 보존하므로 맛이 좋게 한다. 궤簋는 본래 음식을 담는 기물이다. 서주 중기 이후에는 밑에 다리 세 개를 붙였으며 바닥에 그을린 흔적이 있었으니, 밥을 익힌 뒤에 보온을 하기 위하여 열을 가한 것이 분명하다.(郭寶鈞, 銅器群 : 163) 음飮자를 만든 사람이 특별히 혀를 내민 모습을 그린 것은 바로 혀가 맛을 보는 기능이 있음을 강조하기 위한 것이다. 중국인이 요리법으로 세상에 이름을 떨친 것은 상대에 이미 시작되었다. 부장품에도 식기가 주를 이루고 있으니 그 애호 습관을 살펴볼 수가 있다.

　지하자료가 많지 않기 때문에 상고의 원인들이 주로 어떤 것들을 먹었는지 살펴보기가 어려우나, 현재 영장류가 소식을 주로 하는 것을 보면 초기의 원인들도 예외는 아니었을 것이다. 골격으로 섭취 식물의 대략을 판단해볼 수 있다. 오스트랄로피테쿠스(Australopithecus ofricanus)의 치아 연구에 따르면, 지금부터 5백50만

년에서 70만 년 전에 원인들은 이미 육식을 먹기 시작하였다.(Hoebel, 인류학 : 124
-25) 농업이 아직 시작되기 전에 사람들은 채집을 위주로 생활하였으며 어렵을
보충하였다. 채집식물의 태반은 마른 열매와 과일이 주를 이루었다. 어떤 종류가
채집되었는지에 관해서는 잔곡들이 오랫동안 지하에 보존되기 어려워 구체적인
상황을 알기는 어렵다. 짐작할 수 있는 품종은 상수리·마름·멧대추·조롱박·야
생복숭아·참외·누에콩·참깨·도토리·은행·개암·잣·유채·연 등이다.(河北文
管 1981 : 336 ; 浙江文管 1960 a ; 85, 88-89 ; 또 1960 b : 104 ; 또 1976 : 10 ; 浙江
博物館 1978 : 103-04 ; 上海文管 1962 : 28 ; 西安半坡 : 272 ; 鄭州博物館 1979 : 372)
어렵의 종류는 남아 있는 뼈로 살펴볼 수가 있어서 대체로 이해할 수 있다. 구
석기시대 말기 이래로 수렵기술도 크게 진전되어 몸집이 큰 야수들도 적지 않게
잡아먹을 수가 있었다. 중국에서 상대 이전에 수렵한 동물들은 원숭이·소·양·사
슴·노루·물소·코끼리·개·호랑이·곰·표범·오소리·족제비·너구리·고양
이·이리·쥐 등이 비교적 자주 보인다.(黃文几 1978 : 241-43 ; 浙江博物館 1978
: 95-107 ; 賈蘭坡 1977 : 49 ; 西安半坡 : 256) 인구가 증가되어 공급할 수 있는
음식물이 부족하게 되자 사람들은 농업을 발전시키게 되었으며, 갈수록 소식蔬食에
의존하는 비중이 높아지게 되었다. 사람들이 목축과 농업을 발전시킨 뒤에 돼지·
소·양·개 등의 가축을 제외하고는 흔히 수렵한 야생동물들은 대체로 농사에
방해가 되는 사슴·노루 등등의 몇 종류에 지나지 않았다.(楊鐘健, 1950 : 146-47)

### 육 식

농업이 발전되기 이전에 육류는 결코 구하기 어려운 음식이 아니었다. 그러나
인간의 증가에 따라서 사람들은 점차 더욱더 많은 양식을 제공해 주는 농업에 의존
하지 않을 수 없게 되었다. 인류가 섭취한 음식물의 변화를 멕시코의 테휴안칸
(Tehuancan)지구를 예로 들어보자. 8750~6950년 전 농업이 막 시작되었을 무렵
육류·야생식물·재배작물의 세 가지 비율은 54%, 41%, 5%였다. 6900~5350
년 전 농업이 이미 시작되어 얼마쯤 지난 뒤의 비율은 34%, 52%, 14%였다. 일년
내내 농업을 경작하게 된 4250년 전의 비율은 30%, 49%, 21%였다. 또 3450년
전의 비율은 31%, 34%, 35%였고, 2750년 전은 29%, 31%, 40%였으며, 2100년
전은 32%, 23%, 45%였다. 1250년 전에는 18%, 17%, 65%였으며, 450년 전은
17%, 8%, 75%였다.(何兆雄, 1985 : 90) 육식의 분량이 점차 감소되어간 현상이
아주 분명하게 나타난다. 농업의 발전은 산림과 황무지를 개간하고 농토를 만들었

다. 짐승들이 서식처를 잃게 되어 대량으로 번식할 수 없게 되었을 뿐만 아니라, 가축의 수량도 크게 증가될 수가 없었다. 이로 인하여 육류는 점차 진귀한 식품으로 변하였으며 사람들이 늘상 먹을 수 있는 음식이 아니었다. 춘추시대에 이르자 〈육식〉은 마침내 권세있는 사람의 대명사가 되었다. 맹자孟子는 양혜왕梁惠王 상편에서 제창한 이상적인 정책으로『닭·돼지·개 같은 가축이 그 시기를 놓치지 않으면 칠십 노인이 고기를 먹을 수 있다 鷄豚狗彘之畜無失之時, 七十者可以食肉矣』고 하였다. 태평한 황금시대에도 단지 노인만이 고기를 먹을 수 있다고 하였으니, 육류가 전국시대에 얼마나 귀했는지 알 수 있다. 한대에 편집된 《예기》 왕제편 王制篇에『제후는 아무 연유없이 소를 잡지 말고, 대부는 아무 연유없이 양을 잡지 말며, 선비는 아무 연유없이 개·돼지를 잡지 말고, 백성은 아무 연유없이 진귀한 육식을 먹지 말라 諸侯無故不殺牛, 大夫無故不殺羊, 士無故不殺犬豚, 庶人無故不食珍』고 하였다. 이것은 육류의 품급과 부족상황을 반영해 준다. 일반 서민은 단지 명절이나 혹은 귀한 손님이 방문했을 때 비로소 육류나 생선을 맛볼 수 있는 기회를 갖게 되었다.

## 곡 물

중국인의 유사시기의 주식은 곡물이었다. 주요 거주지는 화북지구였으며, 상대에서 가장 중요한 곡물은 소미小米(기장·피·조·수수)였다. 보리는 아주 귀한 곡물이었으며, 한대에 와서야 널리 경작되어 소미를 대신한 북방의 주곡이 되었다. 화남지구는 줄곧 쌀을 주식으로 삼았다. 쌀의 생산은 화북지구로 보급되지 못하였다. 쌀은 단지 기후·토질·적절한 물의 공급 등의 조건이 알맞는 지역에서만 생산되었다. 그 맛은 소미나 보리보다 훌륭하다고 여겼으므로 줄곧 미식이나 부귀한 사람만이 먹는 것으로 여겨졌다. 《논어》 양화편陽貨篇에는 공자가 일찍이 쌀밥을 먹고 비단옷을 입는 일들은 사치한 사람이 누리는 것이라고 하였다. 그밖에 대두는 비록 맛이 훌륭하지는 않았으나 영양이 풍부하고 쉽게 생장하여 가난한 사람들의 상식常食이 되었으며, 심지어 가물 때는 백성들의 주곡이 되었다. 채소는 《시경》에 비록 64종이 언급되어 있으나 야생에 속하는 것도 적지 않다.(張光直, 植物:28) 자주 언급되는 채소와 과일은 부추·여주·점나도나물·당근·씀바귀·냉이·미나리·물풀·완두·죽순·연근·복숭아·자두·매실·대추·개암·밤·오디·모과·구기자 등이다. 상대의 품종은 이보다 더욱 적었을 것이다. 위에서 인용한 테휴안칸지구의 식물섭취현상은, 농업이 발전된 뒤로 아주 오랜 시간이 지나서야 비로소 점차 야생식물의 식용이 줄어든다는 것을 알 수가 있다.

### 요리방법

　불의 사용을 알기 전에 인류는 자연히 다른 짐승처럼 날음식을 먹었다. 좀 나은 곳이 있다고 한다면 단지 뼈를 부수어 골수를 먹을 줄 알았다는 것뿐이었다. 불의 사용은 식사습관에 커다란 변화를 일으켰을 뿐만 아니라 또한 문명의 산생을 촉진시켰다. 익힌 음식은 소화가 쉽게 되고 양분섭취도 쉬웠다. 그것은 인류의 체질을 강하게 만들고 두뇌를 발달시켰으며, 질병이 감소되어 수명을 늘려 주었다. 멀리 원인단계에서도 화식火食을 알고 있었다. 운남의 원모원인元謀猿人과 동일 지층으로 멀지 않은 곳에서 재·익힌 뼈·석기·동물의 뼈가 발견되었는데, 이는 중국 경내에서 발견된 최초의 화식증거로 여겨진다.(張興永, 1978 : 26-29) 이 유적지는 1백70만 년 전이라고 여겨졌으나, 근래의 연구에 따르면 혹 어떤 사람은 5,60만 년 전일 뿐이라고도 여긴다.(考古發現 : 3) 익힌 음식은 씹기가 쉬워 맛을 증가시켜 준다. 인류가 화식의 좋은 점을 발견하자마자 급격히 발전되어 습관이 되었다고 믿어진다. 불은 몸을 따뜻하게 해줄 뿐만 아니라 야수를 놀라 도망치게 할 수가 있고 밤을 환하게 밝힐 수도 있다. 불을 일으키기가 쉽지 않았던 시대에는 불씨를 꺼지지 않도록 보존하는 것이 신성한 임무가 되었으며, 항시 부락 추장의 직책이었다.(李宗侗, 古社會 : 173-77)

　가장 원시적인 요리법은 고기를 직접 불 위에 올려놓고 굽는 방법이었다고 여겨진다. 소전의 ⿱(적, 炙)자는 한 덩어리의 고기를 불 위에서 굽는 모양이다. 그러므로 인신되어 직접 접촉한다는 의미가 있다. 이 요리법은 불의 재 속에다 묻어 음식을 익힐 수도 있으나, 이런 방법은 채소의 요리에는 적합하지 않았다. 갑골문의 ⿱(서, 庶)자는 비교적 발전된 요리법을 표현하고 있을 가능성이 높다. 이 자는 불에 돌을 굽는 모양이다. 어떤 사람은 이 자가 바위에 불을 가한 뒤에 물을 끼얹으면 뜨겁게 달아오른 바위가 갑자기 식으면서 균열이 가도록 하여 돌을 캐내는 채광법이라고도 한다. 그러나 채광은 일반 사람들이 할 수 있는 것이 아니다. 이것은 서庶자가 평민·많다는 등의 의미로 사용된 것과 관련이 없다. 아마 이 자는 불에 달군 돌을 용기에 넣어 돌의 열이 물에 전해지도록 하여 음식을 익히는 간접적인 요리법일 것이다.

### 달군 돌을 이용한 요리법

반개화된 민족이 사냥을 나가면서 취사도구를 휴대할 수 없을 때 사용하던 요리법이다. 그것은 빈랑이나 야자 잎으로 배 모양을 만들어 물·물고기·고기·채소 등을 넣는다. 그런 뒤에 자갈을 깨끗이 씻어 불에 굽는다. 그리고 젓가락으로 뜨겁게 달군 자갈을 집어 용기에 넣으면 돌의 열이 물에 전도되어 천천히 음식을 익히게 된다.(陳奇祿, 1959 : 125-27) 어떤 씨족은 심지어 일상생활에서도 이런 방법을 사용하여 나무껍질로 만든 통 속에서 음식을 익힌다.(宋兆麟, 原始社會史 : 359) 이것은 시간이 많이 걸리는 요리법이며 아주 많은 조약돌이 있어야 비로소 음식을 익힐 수 있으므로, 서庶자에는 많다는 의미와 수가 아주 많은 평민 대중이란 의미로 인신되었다.

### 대나무를 이용한 요리법

곡물의 요리에는 대나무를 사용하여 요리를 하였으며, 또 밖에 사냥을 나갔을 때 흔히 사용한 방법이다. 이것은 대나무 마디에 물과 쌀을 넣고 나뭇잎으로 구멍을 봉한 뒤에 이것을 불 위에 올려놓고 구워 음식을 익힌다. 갑골문의 (섭, 燮)자는 바로 이런 요리법을 표현하고 있다. 손에 든 가늘고 긴 대나무 마디를 불 위에서 굽는 모양이다. 일단 이런 요리법을 알고 나면 매번 대나무 마디를 바꿀 필요가 없고 다시 사용할 수 있는 도기에 응용할 수 있게 된다.

### 그릇을 이용한 요리

인류는 대체로 1만2천 년 전부터 그릇을 만들기 시작하였다. 최초에 도기는 물을 담는 용도로 쓰였다. 처음에는 달군 돌을 그릇에 넣어 음식을 익혔을 가능성이 높으나, 도기에도 열을 전도하는 기능이 있다는 사실을 발견하게 되자, 밖에서 불을 가하여 그릇 속의 물을 끓여 음식을 만들도록 개량하였다. 사람들은 또 도토에 모래를 섞으면 열의 전달을 가속화시킨다는 사실을 재빨리 발견하게 되었다. 이에 도기를 이용한 간접적인 요리법이 널리 사용되었다. 맨 처음에는 도기를 몇 개의 돌 위에 올려놓고 그 밑에서 불을 때었다. 임시로 찾아서 쓴 돌이 나중에는 그릇의 다리로 개량되었으며, 다시 다리가 그릇 자체에 붙은 정鼎·력鬲으로 개량되었다. 신정 배리강 유적지에는 이미 다리가 달린 그릇과 세 발 달린 도정陶鼎이 발견되었다.(李紹連, 1980 : 25) 이것은 8천 년 전의 사람들이 벌써 이 간접요리법을 알고 있었다는 분명한 증거이다. 다시 진일보하여 6천여 년 전의 하모도 유적지에서는 부뚜막을 만들고 그 위에 솥을 걸었다.(河姆渡考古 1980 : 4-5)

이런 간접적인 요리법은 대략 두 글자에서 살펴볼 수가 있다. 금문의 ※(자, 者) 자는 자煮자의 초형初形으로 그릇에 김이 무럭무럭 오르는 음식이 담겨 있는 형상이다. 그릇에 담겨 있는 것은 대개 채소이다. 왜냐하면 옛날에는 볶는 방법이 없었기 때문에 채소는 모두 끓는 물에 데쳐야 했다. 먹을 때는 젓가락으로 채소와 고기를 접어야 했으므로, 젓가락이란 의미를 지닌 저箸자는 의부〈죽竹〉과 성부〈자者〉로 만들어졌다. 대나무는 젓가락의 재료이다. 또 옛날에 국을 끓일 때는 항상 여러 종류의 채소와 생선·고기를 한 솥에 집어넣었다. 그러므로 인신되어 많다는 의미를 갖고 있다. 뒤에 오면서 음식을 익힌다는 의미를 명확히 하고 단어의 가차의假借義를 구별하기 위하여 그릇 아래에 불[火]을 더하여 ※(자, 煮)자가 되었다. 혹은 아래에 연기가 솟아오르는 도기를 더하여 ※) 의미를 명확하게 하고 있다. 음식을 익히는 도기는 본래 밑이 둥글었으나 뒤에 그릇 아래에다 불을 지필 수 있도록 다리를 달았다. 그러므로 소전의 자煮자는 다리가 있는 력鬲의 모양이다. 갑골문에도 정鼎이나 력鬲의 아래에 불을 지피는 자형이 몇 개 있다.(자형표를 보라)

갑골문의 ※(향, 香) 자는 그릇 위에 보리·조·기장 등의 곡물이 담겨 있는 모양이다. 곡물은 익혀야만 사람을 유혹하는 향기가 나게 마련이다. 이 때문에 향긋하다는 뜻은 반드시 익힌 곡물에서 나왔다. 곡물 옆의 작은 점은 무럭무럭 피어오르는 김을 표시하고 있다. 음식은 식어버리면 그 특유의 향미를 잃어버리게 되므로 특별히 자형에다 맛이 향기로운 시각을 강조하고 있다. 어떤 사람은 향香의 의미가 기장술의 향기에서 왔으며 작은 점은 술방울을 나타낸다고 한다. 그러나 이 자는 보리가 도기 안에 있는 모양이다. 보리는 상대에 희귀했던 곡물이었으며, 게다가 보리로 술을 빚지는 않는다. 그러므로 향香자는 필시 밥이 되었을 때의 향기에서 뜻을 취해온 것이다. 상대는 두豆라는 용기로 식사를 했으니, 이것은 밥을 먹는 그릇이 아니라 밥을 짓는 도구이다. 밥은 조약돌을 달구어 넣는 방법으로는 지을 수 없었으며, 반드시 그릇 밖에서 열을 가하는 방식이어야만 한다. 이 자에서 김이 위로 오르는 것은 밥이 막 되어가는 모습으로 보는 게 적당하다.

### 찌는 요리법

7천여 년 전에는 다시 찌는 방법이 하나 증가되었다. 이것은 기물로 예측할 수 있다. 그때에는 시루와 같이 구멍이 뚫린 도기가 있었다.(開封文管 1981 : 284) 그들 중 하나는 곡물을 넣을 수 있는 입이 큰 분盆인데 밑에는 작은 구멍들이 뚫려 있었다. 그 아래층의 용기는 물을 담는 곳으로 물이 끓어 증기가 되면 위층의 구멍을 통해 밥을 익히도록 되어 있다. 갑골과 금문에는 오늘날의 증蒸자가 보이지 않는다. 아마 그때 사용된 자와 현재 쓰이는 자가 달랐을 것이다. 갑골문에는 아직도 요리와 관계된 많은 자들이 판독되지 않고 있다. 아마 그 중에 찌는 요리법을 표시하는 자가 있을 것이다. 김으로 익힌 밥은 알이 차지지 않고 맛이 좋다. 그러나 이 방법은 시간이 걸리고 알곡에 수분이 흡수되지 못하여 좀더 많은 알곡을 넣어야 배불리 먹을 수 있었으므로 초기에는 많이 사용되지 않았다. 곡식을 갈아서 분말로 만드는 방법은 곡식의 손실이 더 많았으므로, 쉽게 부서지는 밀을 처리하는 방법이었다. 밀은 중국에서 아주 늦게 발전되었고, 돌맷돌도 강철이 있은 뒤에야 쉽게 제작할 수가 있었다. 전국 말기의 《주례》 변인籩人에는 〈건량과 분말 인절미〉가 있다. 그때에도 맷돌이 출토되었으나, 대개 한대에 이르러서야 보편적으로 쌀·보리 등을 분말로 갈아서 전병 같은 음식을 만들어 먹게 되었다.(張光直, 植物 : 81-82)

### 그밖의 요리법

중국인은 아주 일찍부터 미식을 즐기기 시작했다. 상대의 제사는 음식을 바치는 것이 중요한 내용이었다. 애석한 것은 그때 바친 음식물의 구체적인 요리법 등에 대해 잘 알 수 없다는 것이다. 위에서 열거한 굽고·찌고·익히는 것 외에도 불을 거치지 않고서 말리고 절이는 방법이 있었다.(許進雄, 懷特 : 74) 말리고 절이는 방법은 다른 맛을 제공할 수 있고 남는 식물을 보존할 수가 있다. 동주시대부터 다시 절이고 튀기고 말리는 방법 등이 증가되었다. 그러나 중국요리가 폭발적으로 특색을 갖추게 된 것은 무쇠솥이 사용되고 나서야 비로소 가능하게 되었다. 중국이 고온에서 용해된 쇳물로 기물을 주조하게 된 것은 서양보다 1천5백 년 이상이 빨랐으며, 적어도 기원전 6세기에는 능했다. 생철솥의 실물은 기원전 5세기에 보이며, 그 당시 사람들은 쇠로 주조된 솥의 열전도가 빠른 것에 착안하여, 빨리 음식을 익히고 그 맛과 외관을 유지하였다고 믿어진다. 중국의 유명한 요리술은 기본적으로 이미 그때에 완전히 갖추어졌다.

아래에 인용한 송옥宋玉의 《초혼招魂》과 경차景差의 《대초大招》 등 두 편의 문장은 갖가지 맛있는 요리를 열거하여 혼백으로 하여금 돌아오라고 유혹하고 있으니, 전국시대 요리의 대강을 상상해볼 수가 있다.

쌀·기장·조생밀을 노란 조와 섞어 밥을 지었다. 두황豆黃·소금·식초·고추·생강 등 모든 조미료를 담아놓은 접시가 있다. 살진 소의 힘줄을 물렁하게 삶아서, 오땅의 국에다 초와 다섯 가지 향료를 넣은 간장을 섞었다. 뭉근한 불에 끓인 자라, 불에 구운 양에다 또 사탕수수로 만든 장이 있다. 시게 요리한 고니, 찜을 한 물오리, 게다가 통째로 튀긴 기러기와 두루미도 있다. 기름에 볶아 불에 뭉근하게 끓인 닭·푹 곤 거북은 맛이 향기로워 속되지 않다. 유밀과·꿀 경단에다 엿도 있다. 비취색 술·꿀로 만든 달콤한 술이 잔마다 채워져 있고, 술기운을 떨쳐버리도록 얼음에 채운 청주 맛은 청량하고도 상쾌하다.

稻粢穱麥, 挐黃粱些. 大苦鹹酸, 辛甘行些. 肥牛之腱, 臑若芳些. 和酸若苦, 陳吳羹些. 胹鱉炮羔, 有柘漿些. 鵠酸臇鳧, 煎鴻鶬些, 露雞臛蠵, 厲而不爽些. 粔籹蜜餌, 有餦餭些. 瑤漿蜜勺, 實羽觴些. 挫糟凍飲, 酎清涼些.』

오곡이 여섯 길이나 쌓여 있고, 호미와 수수가 진열되어 있다. 가마솥에 그들먹하니 삶아지고 있는 음식들은 향긋한 내음이 조화를 이루고 있다. 살진 재두루미·비둘기·누런 고니가 표범 고기국에 맛을 더하고 있다. 신선한 큰 거북·맛있는 토종닭에 초땅의 버터가 쳐지고, 장에 절인 돼지고기·쓴맛나는 양념을 친 개고기에 잘게 썬 순채를 곁들인다. 요나라 식초로 조미한 쑥은 국물이 많지도 않고 맛없다고 느껴지지도 않는다. 불에 구운 재두루미·김으로 푹 삶은 들오리, 게다가 메추라기를 삶은 국이 진열되어 있다. 기름에 튀긴 붕어·참새 고기국이 하나하나 앞으로 날라져 온다. 네 종류의 잘 익은 술은 모두 따뜻하게 데워져 목에 걸리지 않고 부드럽게 넘어가며, 맑은 향기나는 차디찬 음료는 그만 마실 수 없게 한다. 흰 누룩은 오나라의 단술에 섞이고 다시 초나라의 술을 맑게 만든다.

五穀六仞, 設菰粱只. 鼎臑盈望, 和致芳只. 內鶬鴿鵠, 味豺羹只. 鮮蠵甘雞, 和楚酪只. 醢豚苦狗, 膾苴蓴只. 吳酸蒿蔞, 不沾薄只. 炙鴰蒸鳧, 煔鶉陳只. 煎鰿臛雀, 遽爽存只. 四酎幷孰, 不澀嗌只. 清馨凍飲, 不歠役只. 吳醴白蘗, 和楚瀝只.

## 술

음료는 때때로 음식보다 중요하였으므로 가장 간소한 끼니에도 한 주전자의 물이 포함되었다. 술은 담백하고 맛이 없는 물을 대신할 수 있는 중요한 음료이다. 술은 많은 민족들이 아주 일찍부터 양조할 줄 알게 된 음료로 손님을 접대하고 신을 공경하는 중요한 식품이었다. 갑골문의 (주, 酒)자는 배가 불룩 나오고 입이 좁은 술동이에서 술방울이 떨어져 나오는 형상을 그리고 있다. 고대 중국의 술은 곡물로 빚어졌다. 술은 음식을 대신하여 허기를 채워주지 못하므로 반드시 상당한 농업생산이 있어야 가능했다. 즉 먼저 먹고 남는 여분의 양곡이 있어야만 비로소 발전될 수가 있었다. 만일 생산된 곡물이 배를 채우기에도 충분치 못하였다면, 사람들은 먹고 사는 곡물로 술을 빚어 향락에 쓸 수 없었을 것이다. 이로 인하여 한 사회에 대량의 음주 습관이 있었다고 한다면, 바로 식량을 충분하게 생산했다는 사실을 밝혀주고 있다.

중국에서 언제부터 술을 빚기 시작했는지에 관한 문제를 안다는 것은 흥미로운 일이다. 그러나 실제적으로 직접 증명하기에는 매우 곤란한 것 중 하나이다. 왜냐하면 술은 증발되기 때문에 밀봉된 용기에 담겨지지 않았다면 절대 몇천 년간 보존될 수가 없다. 그러므로 단지 고인이 사용했던 주기로써 간접적인 추론을 할 수밖에 없다. 물을 담는 용기도 술을 담을 수는 있으나 이 둘의 성질이 다르기 때문에 조형에도 차이가 나게 마련이다. 6천 년 전 앙소문화의 주요한 도기는 대야·사발·항아리·두레박·병·솥·시루 등과 같이 입이 큰 용기이다.(西安半坡 : 209-10)(그림 9.1) 술의 향기가 증발되지 않도록 설계된 용기가 없으며 모두 물이나 음식을 담는 기물이라고 말할 수가 있다. 그러나 용산문화 말기인 B.C.1800년에는 곧 새로운 형식의 그릇들이 적지 않게 만들어졌다. 즉 준尊·뢰罍·규鬹·화盉·굽이 높은 잔 등으로 후세의 주기와 같은 모양의 도기들이다.(그림 9.2) 그 중 어떤 것은 주둥이가 좁고 배가 불룩하여 술맛을 보존하도록 설계되었다.(方揚, 1964 : 97 ; 張子高, 化學史 : 20)

한대 《설문해자》의 술에 대한 해석은 『옛날에 의적儀狄이 술 만드는 방법을 알게 되었다. 우禹가 술을 맛보고는 기쁨과 즐거움을 준다는 사실을 알았다. 이 때문에 우는 마침내 의적을 멀리하였다. 그리고 두강杜康이 쌀로 술을 빚었다 古者儀狄作酒醪, 禹嘗之而美, 遂疏儀狄, 杜康作秫酒』고 하였다. 하우夏禹의 시대는 용산문화 말기와 서로 가까우니 이런 관점은 실제적인 상황을 상당히 반영하고 있다. 어떤 사람은 6천 년 전이라고도 하며, 심지어는 구석기시대에 사람들은 물 속에 떨어진 과일이 자연발효되어 술이 되자 그 제조법을 알게 되었다고도 한다.(袁翰青, 化學史 : 78) 우리는 비록 자연발효되어 술이 될 수 있다는 가능성을 배제하지 않으나 그것은 의식적인 양조는 아니며, 게다가 과일로 술을 빚는 것은 뒤에 서양에서 배운 것이다. 선진의 문헌에는 모두 과일주를 언급하고 있지 않으며, 그것과 중국 전통의 곡물 양조방식과는 구별이 있다. 그러므로 중국에서 술을 빚은 시기가 그렇게 빠르다는 것은 적절하지 않다.

상대에 이르자 양조업은 이미 상당한 발전을 이루었으며, 고성대藁城台 서편 유적지에서 8.5kg의 효모가 발견되었다.(王貴民, 1985 : 25 ; 王宇信, 甲骨 : 138) 그때 는 전적으로 술을 만드는 기구의 종류도 많았고 묘지에도 주기를 부장하는 습관을 중히 여기고 있어, 서주 이래로 식기를 주로 부장했던 것과는 큰 차이가 있다.(郭寶 鈞, 銅器群 : 33, 62 ; 林巳奈夫, 1981 : 70-90) 연구에 의하면 주기인 고觚와 작爵은 상대 초기에 묘지의 등급을 표시하는 예기禮器였다.(商周考古 : 91) 상대에 양조업이 발달되었던 가장 구체적인 표현은 몇 편의 서주 문헌에서 상나라 사람들이 무리를 지어 음주에 탐닉했던 악습을 묘사한 것에서도 찾아볼 수가 있다. 예를 들면《상 서》주고편酒誥篇에는 주공이 새로 제후에 봉해진 강숙康叔에게 술을 엄금하여 패망의 길로 들어선 상나라의 전철을 밟지 말라고 경계하였으며, 모여서 술을 마시 는 사람은 엄히 처벌하되 가련히 여기지 말라고 하였다.

술은 제사를 지내고 손님을 대접하는 아주 중요한 식품이다.《예기》제통편祭統 篇에『무릇 제사에는 세 가지 중요한 것이 있다. 봉헌에서는 강신제보다 중한 것이 없으며, 노대에서는 당에 올라〈청묘淸廟〉의 시를 노래하는 것이 가장 중요하고, 춤은〈무숙야武宿夜〉한 곡이 가장 중요하니, 이는 주나라 사람들의 습관이다 夫祭 有三重焉, 獻之屬莫重於祼, 聲莫重於升歌, 舞莫重於武宿夜, 此周道也』라고 하였다. 비록 술을 과하게 마시면 사람의 정신을 흐리게 만들어 예의에 벗어나는 행위를 하게 되므로 주나라에서는 무리를 지어 술 마시는 것을 엄금하였다. 그러나 적당한 양의 술을 마시면 식욕을 증진시키고 정신을 상쾌하게 하므로 예의상 빠질 수 없는 물건이다.《의례儀禮》에 기록된 동주시대 사士 이상 계급의 각종 의례에는 모두 똑같이 술을 마시는 항목이 있다. 갑골문의 (소,召)자는 두 손으로 온주기溫酒 器 위에 있는 술잔과 국자를 잡은 모양이며, 때로는 온주기 위에 술독이 놓여 있기 도 하다. 이 자는 커다란 술독에서 술을 떠 잔에 따라 손님을 접대한다는 뜻을 명확하게 표시하고 있다. 뒤에 번잡한 부분이 생략되고 단지 술잔 하나와 국자 하나만이 남았다. 그 뒤에 다시 한 손을 더하여 초대·환영의 태도를 밝히게 되었 다.(초, 招)

상나라 사람은 음주를 좋아하였으니, 그들에게 술을 담그고·데우고·마시는 전용기구가 있었다고 하여 이상할 게 하나도 없다. 상나라 사람들은 또 발효된 술을 정제처리하였다. 중국의 술은 줄곧 곡물로 양조되어 주정의 함량이 낮았다. 한대의 술 도수는 최고 30%에 도달하였으니(余華青, 1980 : 103) 상대에는 이보다 높지 않았을 것이다. 그리고 술은 찌꺼기를 함유하고 있어서 찌꺼기를 걸러내야 비로소 순수한 술을 얻을 수 있다. 갑골문의 ▨(유, 茜)자는 두 손에 갈대 묶음을 들고 술동이 옆에 서있는 모양으로 술을 거른다는 의미를 표시하고 있다. 갑골문의 ▨(조, 曹)자는 조糟자의 본자로 술통 종류의 용기 위에 띠풀 다발 두 개가 있는 형상으로서 술 찌꺼기가 걸러졌다는 것을 표시하고 있다. 뒤에 각 의미가 나누어지면서 비로소 조糟・조槽・조曹 등의 자로 분화되었다. 하나는 걸러진 찌끼를 가리키고(糟), 하나는 술을 담는 용기를 가리키며(槽), 다른 하나는 거른 술을 보관하는 기구를 가리키게 되었다(曹).《좌전》노 희공僖公 4년에 관중管仲이 초나라를 치고 초나라의 죄상을 말한 것이 기록되어 있는 바 『너희가 포모苞茅를 바치지 않으니 왕실의 제사에 공급하지 못하고 술을 거르지 못하였다爾貢苞茅不入, 王祭不供, 無以茜酒』고 하였다. 이것으로 보면 찌끼를 거른 술은 귀한 것이어서 사람마다 마실 수 있는 것이 아니었음을 알 수가 있다. 좋은 술은 찌끼를 걸러냈을 뿐만 아니라 특별한 향료를 첨가하였다. 갑골문의 ▨(창, 鬯)자는 어떤 화초의 꽃 모양을 본뜨고 있다. 아마도 상대에서 흔히 볼 수 있는 향료식물이었을 것이다. 후세에는 산초나무・잣나무・계수나무・난초・국화 등의 꽃이나 잎을 사용하였다.(余華青, 1980 : 103) 이미 상나라 사람들이 향료를 쓰면 술맛이 좋게 된다는 사실을 알고 있었으니, 음식의 조리나 장 등을 담글 때도 응용하였을 것이다.

### 술의 의료효과

고대에 술은 또 의료의 중요한 약물이었다. 사람들은 술이 마취・소독 및 약효를 빠르게 하고 마음을 북돋아 주는 약제임을 알고 있었다.《예기》곡례曲禮 상편과 단궁檀弓 상편에는 모두 증자曾子가 상을 당하여 병이 생겼을 때는 고기를 먹고 술을 마셔 건강을 유지해야 한다고 한 말을 기록하고 있다. 수상守喪 기간에는 반드시 즐거워하지 않고 애도해야 하는 것이 중국에서는 아주 중요한 사회적 규제였으나, 병이 나면 도리어 강제로라도 술을 마셔야 한다. 이것은 다른 것이 아니라 술 속의 당분이 체력을 강하게 해주는 효과가 있기 때문이다. 중국술은 주정의 함량이 아주 낮으나 당도는 도리어 높았다. 육조시대의 방사들이 연단을 하면서 증류 방법을 깨달았기 때문에 주정의 도수를 높이게 되었다. 과일로 술을 빚은 것은 훨씬 뒤의 일이다.

### 여름의 냉동

중국의 음식은 뜨거울 때의 향기를 중히 여겼으므로, 갑골문의 식食자는 뜨거운 김이 솟아오르는 음식으로 표현하고 있다. 그러나 여름철에 중국인은 또한 더위를 식혀주는 냉동식품을 즐기는 데 소홀하지 않았다. 늦어도 서주시대에는 이미 얼음을 저장하는 지하실이 있었다. 《시경》 빈풍豳風 7월에 『섣달에는 쿵쿵 얼음을 깨고, 정월에는 얼음을 저장실에 채운다네 二之日鑿氷冲冲, 三之日納于凌陰』라고 노래하였다. 이 시에서 사람들이 바쁘게 얼음을 깨고 저장하는 모습을 볼 수가 있다. 춘추시대의 빙고氷庫 하나가 발굴되었는데 190㎡의 얼음을 저장할 수 있었다. 만일 여름에 2/3가 녹아 없어진다고 해도 여전히 65㎡의 얼음을 이용할 수가 있다.(雍城考古 1978 : 43-45) 금문의 ᛞᛞ(빙, 氷)자는 두 개의 작은 얼음덩이가 수면에 떠있는 상태이다. 얼음은 물건을 얼려 부패를 방지하며 음식과 음료를 차갑게 할 수 있다. 위에서 인용한 초사 두 편의 문장 속에도 미식 중에 찬 음료가 포함되어 있다.

음식 기물

상대 사람들은 또 식사 분위기에 주의하였다. 제일 먼저 음식을 차리는 기물에 대해 살펴보자. 당시의 귀족계층은 갖가지 기물에 대해 일정한 용도를 갖고 있었다. 상주시대에 사용된 취사도구는 력鬲·언甗·정鼎·증甑·부釜·조灶가 있었다. 음식을 담는 그릇은 궤簋·보簠·두豆·명皿·조俎가 있었고, 술을 담는 기물은 준尊·이彛·유卣·호壺가 있다. 술을 데우는 것은 작爵·각角·가斝가 있고, 술을 섞는 데는 화盉를 쓰며, 음주에는 고觚·굉觥을 쓴다. 세면에는 반盤·이匜·람鑑·세洗 등이 구비되어 있다.(林巳奈夫, 1964 : 199-281)(그림 9.5) 음식을 담는 그릇은 다시 밥과 육류·채소로 구별되어 있어 그 쓰임새가 문란하지 않다. 서양 사람이 술을 마시면서 종류가 다른 술은 잔을 달리하는 습관과 같다. 이상 열거한 기물들은 대다수가 이미 상대에서 사용되었으며, 주대에는 구제도를 변용하고 다시 몇 가지 새로운 양식을 더했을 따름이다. 일반적으로 이런 전문적인 기구는 귀족들의 제사와 부귀를 자랑하는 데 쓰였으므로 청동으로 주조하였다. 그러나 정말 식사를 하는 기구는 여전히 나무·대·도기와 같이 가볍고 편한 재료로 제조되었다. 예를 들면 두豆는 밥을 담는 기구이며, 거의 모두가 나무나 도기로 만들어졌고 청동은 거의 쓰이지 않았다.(石璋如, 1969 a : 78-79)(그림 9.3-4) 일반 대중은 당연히 모든 기구가 전부 나무와 도기로 만들어졌고, 아울러 어떤 기구를 반드시 어떤 특별한 용도에만 쓰지는 않았다. 아래에서는 기물형태를 보존하고 있는 상형자를 소개하겠다.

갑골문 🐎·🐕 (력, 鬲) 자는 쓰는 법이 몇 가지 있으나 모두 발이 셋 달린 요리기구를 표현하고 있다. 뒤에 기물의 쓰임에 구분이 생기면서 력鬲·언甗 두 자로 변하였다. 언은 두 층으로 되어 있으며 증기로 음식을 익히는 기물이다. 갑골문의 🐎·🐕 (정, 鼎) 자는 둥글거나 혹은 각이 진 기물로 귀와 발이 있는 요리기구이다. 🐕 (궤, 簋) 자는 뚜껑이 있고 밑에 둥근 발이 있으며 음식을 담는 기물로, 손에 밥 숟가락을 잡고 있어서 궤의 용도를 명확하게 해주고 있다. 豆 (두, 豆)자는 둥글고 둥근 발이 달린 식기 모양이다. 皿 (명, 皿)은 바닥이 낮고 둥근 발이 달려 있는 기물이다. 🐕 (조, 俎)는 고기를 놓는 것으로 바닥이 평평하다. 🐕 (작, 爵)은 술을 데우는 주기로 다리가 있고 둥근 몸체에 술을 따를 수 있도록 되어 있으며, 위에는 수직으로 된 지주가 있어 들어올릴 수 있다. 🐕 (가, 斝)는 술을 데우는 기물로 세 개의 발이 있고 수직 손잡이가 있어 들어올릴 수가 있으나 술을 따르는 홈이 없다. 🐕 (호, 壺)는 술을 담는 기물로 뚜껑이 있고 몸체는 원형이다. 🐕 (준, 尊)은 두 손으로 술단지를 받들어 올리는 모양이니 제사에 사용되는 주기이다. 🐕 (유, 卣)는 그릇 위에 올려놓는 손잡이가 달린 술잔의 모양이다.

### 식사예절

식사 분위기를 추구하는 두번째 일은 장소의 선택·식사 순서·기물의 배열·식사예절 그리고 가무로 흥을 돋우는 일 등이다. 연회시에는 오만스러운 태도·불쾌한 기분·실태·자리 위치나 앉음새의 잘못 등 13가지의 실례되는 행동이 있다. (張光直, 食物 : 38-39) 귀족들의 식사시에 자리에 꿇어앉은 정경이 아래의 몇 글자에 표현되어 있다. 갑골문의 🐕 (경, 卿) 자는 두 귀족이 서로 마주 보고 꿇어앉아 식사하는 모습이다. 주인과 손님이 서로 마주 앉는 것이 예의에 맞다는 것을 밝혀주고 있다. 이 자는 두 가지 인신의가 있다. 하나는 서로 마주한다는 향向이고, 다른 하나는 손님에게 향응을 베푼다는 향饗자이다. 갑골문의 🐕 (즉, 即) 자는 한 사람이 음식 앞에 꿇어앉아 있는 모습, 혹은 음식에 다가가 식사를 하려는 모습이다. 🐕 (기, 旣) 자는 한 사람이 이미 식사를 끝내고 고개를 돌려 식사가 끝났으니 상을 물리라는 의미이다. 그러므로 이 자는 이미 완성된 시태를 표시하고 있다. 고대에서는 서거나 혹은 쭈그려 앉아 식사하는 모습은 단정하지 못하다고 여겼으므로 귀족들은 그런 자세로 식사를 하지 않았다. 술을 마실 때에는 상황에 따라서 서서 마실 수도 있었다. 꿇어앉은 자세는 단정해야 한다. 주객과 장유에 따라 앉는 자리에도 일정한 규칙이 있어 마음대로 할 수가 없었다. 좌석도 적당한 위치에 배치되어야 한다. 그러므로 《논어》 향당편鄕黨篇에 공자가 『자리가 바르지 않으면 앉지 않았다 席不正不坐』고 한 말이 있다.

### 식사의 순서

음식을 올리는 순서로 《의례儀禮》에는 공식대부예公食大夫禮・향음주례鄕飮酒禮・향사례鄕射禮・대사례大射禮・연례燕禮가 열거되어 있다. 정식 연회 중에는 먼저 술을 올려 식욕을 증진시키고, 다시 어육과 채소로 맛을 보고, 마지막에 밥으로 배를 부르게 한다. 식사 뒤에는 과일이나 술로 분위기를 부드럽게 한다.(張光直, 食物 : 69-70) 사람들이 식사를 하는 순서가 이와 같았으므로 신에게 바치는 것도 예외가 아니었다. 식사시에는 항시 음악이나 시를 읊조려 흥을 돋우었다.(그림 9.6) 꿇어앉아 식사를 하였기 때문에 마음대로 움직일 수가 없었으므로 옆에서 어떤 사람이 시중을 들어야 했다. 음식은 시중드는 사람이 접시에 담아 상 위에 진열하였다. 예의에 따라 단지 자기 앞에 놓여진 음식만을 먹었다. 《예기》 곡례편曲禮篇에 다음과 같은 말이 있다.

    무릇 상을 진설하는 예는 뼈가 있는 요리는 왼쪽에 놓고, 썬 고기는 오른쪽에 놓는다. 밥은 사람의 왼쪽에 국은 오른쪽에 놓는다. 잘게 썰어 구운 육류는 바깥쪽에 놓고 식초와 간장은 안쪽으로 놓는다. 삶은 파 등은 그 옆에 놓고, 술과 음료는 오른쪽에 놓는다. 만일 건육이나 육포 등을 진설하려면 굽은 것은 왼편에 바른 것은 오른편에 놓는다.
    凡進食之禮, 左殽右胾, 食居人之左, 羹居人之右. 膾炙處外, 醯醬處內, 葱渫處末, 酒漿處右. 以脯脩置者, 左朐右末.

상대에는 비록 이처럼 엄격한 식사예절이 없었다고 하더라도 반드시 이와 비슷하였을 것이다.
    중국인은 젓가락을 사용하여 음식을 먹는다. 그러나 이런 습관의 기원은 결코 오래되지 않았다. 비록 《한비자韓非子》 유노喩老・설림說林과 《회남자淮南子》 설산편說山篇에 모두 상의 주紂가 상아 젓가락을 사용했다는 전설을 들고 있으며, 상대에 젓가락의 실물이 출토되기도 하였다.(張光直, 1970 b : 119) 그러나 단지 국 속의 육류나 채소를 집을 때나 혹은 다른 뜨거운 음식을 집을 때 썼으며, 결코 밥을 먹는 데 사용하지는 않았다. 심지어 전국시대 혹은 한대에 벌써 젓가락을 사용하여 식사를 한 일이 있으나, 일반 사람들은 여전히 손으로 밥을 먹었다. 《예기》 곡례편에는 『다른 사람과 함께 식사를 하게 되면 손의 청결에 주의해야 한다. 손으로 뭉친 밥을 주무르지 말고, 남은 밥을 다시 식기에 넣어서도 안 된다 共飯不澤手, 毋摶飯, 毋流飯』 『뜨거운 밥을 뒤적거려 펴놓지 말며, 기장밥은 손을 써서 먹어야 하고 젓가락을 사용하지 않는다 毋揚飯, 飯黍毋以箸』고 하였다. 손으로 밥을 먹었으니 손을 닦는 기물이 있어야 했다. 그러므로 깨끗한 물을 담아놓은 기구는 연회석에서 빠질 수 없는 물건이다. 갑골문의 (관, 盥) 자는 대야 속에서 손을 씻는 모양이다. 사람마다 손을 씻기 위하여 수건을 차고 다녔다. 그러나 연회석에는 줄곧 시중드는 사람이 있었으며, 그 직책은 대부분 여자가 담당했다. 이 때문에 수건은 여자의 상징이 되었다. 옛날에 딸을 낳으면 문 위에 수건을 걸어놓았다. 평민들의 식사는 그리 풍성하지 못했으며, 특히 동주 이후 인구가 많이 증가했을 때는 거친 밥이라도 배만 부르면 만족해야 했다. 그러므로 요리법이나 식사 분위기를 따질 형편이 아니었으나 높은 계층의 사대부들은 그렇지 않았다. 아래에 《논어》 향당편 鄕黨篇에 나오는 공자의 말을 인용하여 당시 사대부들이 음식에 대해 어떤 요구를 하였는지 살펴보기로 하자.

밥은 정한 것을 싫어하지 않았고 회는 가는 것을 싫어하지 않았다. 밥이 상하여 쉰 것과 생선이 상하고 고기가 썩은 것은 먹지 않았다. 색깔이 변한 것은 먹지 않고, 나쁜 냄새가 나는 것은 먹지 않았다. 익히지 않은 것은 먹지 않았고, 때가 아니면 먹지 않았다. 바르게 자르지 않으면 먹지 아니하고, 간이 맞지 않으면 먹지 않았다. 고기를 많이 먹어도 밥의 분량보다는 많이 먹지 않았으며, 술은 일정한 양이 없으나 정신을 잃을 정도로는 마시지 않았다. 시중에서 파는 술과 육포는 먹지 않았고 생강은 끓이지 않고 먹었으나 많이는 먹지 않았다.
食不厭精, 膾不厭細, 食饐而餲. 魚餒而肉敗不食. 色惡不食, 臭惡不食, 失飪不食, 不時不食. 割不正不食, 不得醬不食. 肉雖多, 不使勝食氣. 惟酒無量, 不及亂. 沽酒市脯不食. 不撤薑食. 不多食.

### 연회의 규모

계급이 분명한 사회에서는 계급색채가 모든 일마다 일정하게 표현되고 있다. 음식도 예외가 아니다. 《의례》에 기록된 공식대부례公食大夫禮를 예로 들어보자. 제후가 다른 나라의 하대부下大夫를 청하여 식사할 때는 6두六豆(昌本·醓醢·菲

菹・糜臡・菁菹・鹿臡)・6궤六簋(三黍・三稷)・4형四鉶(二牛・羊・豕)・7조七俎(牛・羊・豕・魚・臘・腸胃・膚)・2보二簠(稻・粱)・이등二鐙(大羹・醓醬)・이례二醴(酒・漿)와 술과 음료에다 16종류의 맛있는 요리를 곁들인다. 만일 상대부上大夫라면 8두・8궤・6형・9조와 20종류의 맛있는 요리와 술 및 음료수가 차려진다. 연회에 사용되는 식기의 종류와 그 그릇에 담는 음식에는 모두 규정이 정해져 있다.(그림 9.8) 비록 이런 차별이 문헌에 기록된 것처럼 그렇게 엄격하지는 않다고 할지라도 구분은 반드시 있었을 것이다. 우리가 비록 지금 그때의 연회장면을 볼 수 없다고는 하지만, 고분의 규모와 부장품의 다과를 통하여 대략이나마 살펴볼 수는 있다. 특히 같은 시대의 고분을 비교해 보면 그 등급의 낙인이 더욱 명확해진다.(鄒衡, 1974:1-4;商周考古:204-15)

《의례》에서 살펴본 바와 같이 손님을 접대하는 연회음식이 극에 달할 정도로 풍성하다. 그러나 서한의 마왕퇴馬王堆 1호묘인 제후의 부인묘에 부장된 식품과 비교해 본다면, 《의례》의 향연은 여전히 크게 손색이 있다. 그 무덤 속의 양식자루에 담겨 있는 실물은 쌀・보리・밀・기장・조・대두・붉은 팥・삼씨・아욱・냉이 등의 곡물과 채소, 배・대추・매실・딸기・생강・연 등의 과일, 토끼・개・돼지・사슴・황소와 양 등의 짐승, 기러기・원앙・오리・자고꿩・닭・학・꿩・산비둘기・두루미・비둘기・까치・참새 등의 날짐승, 잉어・방어・도미・쏘가리 등 여러 종류의 물고기, 계피・개밀・육계・후추・자목련・쑥・족두리풀・향등골나물 등의 향신료가 있다.(馬王堆漢墓:35-36) 이런 물건은 부장하기 위하여 수집하였다고 생각되며, 평일의 연회에 모두 갖추어질 수 있는 것은 아니다. 그러나 한편으로 중국인의 요리 재료가 풍부하다는 사실을 반영하고 있다. 이런 비교로 《의례》의 연회음식이 결코 과장이 아니라는 것을 이해할 수 있다. 귀족계급이 향유한 음식은 아주 풍부했음이 분명하다.

### 식사시간

농업은 비록 결과를 예측할 수 있는 생산방식이며 곡물 또한 상당히 오랫동안 보존하여 필요한 시기에 쓸 수가 있었으나, 정착생활을 하면서도 상당한 분량의 음식은 여전히 야생식물이나 짐승에게서 보충하였다. 만일 사람들이 완전히 자신의 뜻에 따라서 몇 차례 식사를 할 것인지 결정할 수가 있다면, 사람들은 이미 알맞게 식물의 공급을 조절할 수가 있었다는 말이 된다. 또한 정시에 식사를 할 수 있게 되었다면, 생활에 이미 일정한 규율이 있었다는 사실을 표시한다.

사람들이 정시에 식사를 하는 습관이 있었는지는 출토기물로 추론하기 어려우므로 문헌의 기록에 의지해야 한다. 상대는 태양의 위치로 낮 동안의 특정한 시간을 표시하였다. 낮을 단旦·대채大采·대식大食·중일中日·측昃·소식小食·모暮로 나누었다. 저녁은 석夕과 숙夙이 있다.(陳夢家 1965 : 117-28) 대낮에는 밥 먹는 시간이 끼어 있으나 저녁에는 없다. 이것으로 그들이 평소 두 끼를 먹었다는 사실을 알 수가 있다. 아침은 대략 7~9시며, 오후는 3~5시 사이이다. 이름에서도 알 수 있듯이 아침은 식사량이 많고 풍성하며 오후는 양이 적고 간단하다.

상대의 식사습관은 농업사회의 생활방식을 반영하고 있다. 농부들은 아침 일찍 일어나 밖에 나가 일을 하였다. 농사는 체력을 많이 소모하는 일이어서 반드시 한 끼를 든든하게 먹어야 새벽에 소모된 힘을 보충할 수가 있다. 오후의 식사는 오래지 않아 태양이 기울고 어두워지면 일을 할 수 없게 되며, 일찍 자고 일찍 일어나야 하므로 많이 먹을 필요가 없다. 이와같이 아침을 많이 먹는 습관은 농업사회에서 흔히 볼 수 있는 현상이다. 한국인은 진보되어 비록 세 끼를 먹게 되었으나, 얼마 전까지도 여전히 아침을 풍성하게 먹는 습속을 보존하고 있었다. 그래서 흔히 아침에 손님을 청하여 식사를 대접했다.

그렇다면 중국인은 언제부터 세 끼를 먹었을까? 춘추시대 말기 이래로 쇠쟁기를 쓴 우경이 널리 보급되면서 생산력이 크게 높아졌고 생활내용도 점점 충실하게 되었다. 부유한 사람들은 긴긴 밤시간에 오락을 즐기게 되었다. 그러자 시중드는 사람들도 따라서 늦게까지 있어야 했으므로 모두 한 끼를 더 먹어야 했다. 이 또한 하루 시간의 구분으로 추론해낼 수가 있다. 서한 초의 시간 구분은 아침을 조식으로 개칭하고 오후 끼니를 포시晡時 혹은 하포下晡라고 하였으며, 저녁 7~9시를 모식暮食 혹은 야식夜食이라고 하였다.(陳夢家, 1965 : 117-28) 이때는 아주 분명하게 세 끼의 습관이 있었다. 아울러 새로운 명칭은 이미 아침식사가 가장 풍성하지 않았다는 것을 암시하고 있다. 이미 잠자는 시간이 늦어지자 자연 일어나는 것도 늦어지게 되었다. 아침에 일하는 시간이 짧아지자 체력의 소모도 적어지고 식사량도 자연히 감소되었다. 세 끼를 먹는 사람 수가 증가되면서 식사시간도 천천히 이에 상응하여 변하게 되었으며, 마침내 농민의 생활습관과는 크게 달라지게 되었다.

| 商 甲骨文 | 周 金文 | 秦 小篆 | 漢 隷書 | 現代 楷書 |
|---|---|---|---|---|
| | | | 飲 | 飲 |
| | | | | 물이나 술이 담긴 그릇에 혀를 내밀고 마시는 모습을 본뜨고 있다. |
| | | | 食 食 食 | 食 |
| | | | | 뜨거운 김이 무럭무럭 올라오는 음식이 뚜껑 있는 식기에 담겨있는 모습이다. |
| | | | 飤 食 | 飼 |
| | | | | 사람이 음식 앞으로 다가가 이를 먹는 모습이다. |
| | | | 炙 | 炙 |
| | | | | 고기를 불 위에 굽는 상태를 그리고 있다. |

| 商 甲骨文 | 周 金文 | 秦 小篆 | 漢 隸書 | 現代 楷書 |
|---|---|---|---|---|
| | | | | 庶 불에 달군 돌을 용기 속에 넣어 음식을 익히는 모습. |
| | | | | 燮 손에 든 대나무 마디를 불에 갖다대어 음식물을 익히는 모습을 그리고 있다. |
| | | | | 香 곡물이 용기 속에서 익으니 향기가 있다는 뜻이다. |
| | | | | 鬯 옻기장의 향료로 빚은 모양을 본떴을 수 있다. |

| 商 甲骨文 | 周 金文 | 秦 小篆 | 漢 隷書 | 現代 楷書 |
|---|---|---|---|---|
| (고문자) | (고문자) | 臽 | 臽 | 召 두 손에 술잔과 국자를 들고 온주기溫酒器 안에서 술을 퍼내어 손님을 접대한다는 뜻을 나타내고 있다. |
| (고문자) |  | 酉 |  | 酋 두 손으로 한 묶음의 풀을 잡고 술동이 속의 술을 거른다는 뜻을 표현하고 있다. |
| (고문자) | (고문자) | 曹 | 曹 曹 曹 曹 | 曹 술통 위에 두 개의 풀 묶음이 있는 형상으로 거르고 난 술 찌꺼기란 뜻을 나타내었다. |

| 商 甲骨文 | 周 金文 | 秦 小篆 | 漢 隸書 | 現代 楷書 |
|---|---|---|---|---|
| | | | 者 者 | 者 |
| | | | | 채소와 여러 가지 물건을 넣고 솥 안에서 볶고 있는 모양. |
| | | | 煮 | 煮 |
| | | | | 화火를 따르고, 자성者聲인 형성자. 또한 불에 음식을 익힌다는 뜻이 될 수도 있다. |
| | | | | |
| | | | | 불에 음식을 익히는 모양을 그리고 있다. |
| | | | 酒 酒 | 酒 |
| | | | | 술동이에서 술이 튀어나온 모습으로 뜻을 표현하고 있다. |

| 商 甲骨文 | 周 金文 | 秦 小篆 | 漢 隸書 | 現代 楷書 |
|---|---|---|---|---|
| (그림) | (그림) | (그림) | 卿 卿 | 卿<br><br>두 귀족이 서로 마주 보고 꿇어앉아 음식을 먹고 있는 모습을 그리고 있다. |
| (그림) | (그림) | (그림) | 即 即 | 即<br><br>음식 앞에 꿇어앉은 모습이니, 바로 식사를 하겠다는 의미이다. |
| (그림) | (그림) | (그림) | 即 即<br>旣 旣 | 旣<br><br>이미 식사를 다 마치고는 고개를 돌려 상을 물리라는 뜻을 나타내고 있다. |
| (그림) | (그림) | (그림) | 盥 | 盥<br><br>한 손을 그릇 속에 넣고 씻는다는 뜻을 나타내고 있다. |

| 商 甲骨文 | 周 金文 | 秦 小篆 | 漢 隸書 | 現代 楷書 |
|---|---|---|---|---|
| (甲骨文 형태들) | (금문 형태들) | (소전) | (예서) | 鬲 |
| | | | | 음식을 익히는 발의 속이 빈 세 발 달린 기물의 형상. |
| (甲骨文 형태들) | (금문 형태들) | (소전) | (예서) | 鼎 |
| | | | | 배가 둥글거나 혹은 네모지며 발이 달린 음식을 익히는 기물의 형상. |
| (甲骨文 형태들) | (금문 형태들) | (소전) | (예서) | 豆 |
| | | | | 짧고 둥근 발을 가지고 있으며, 음식을 담는 기물의 상형. |

| 商 甲骨文 | 周 金文 | 秦 小篆 | 漢 隷書 | 現代 楷書 |
|---|---|---|---|---|
|  |  |  |  | 簋<br><br>뚜껑이 원형이고 다리가 둥근 음식을 담는 기물의 형상이며, 손에 수저를 들고 있어 그 안의 음식물을 취하는 법을 밝히고 있다. |
|  |  |  |  | 俎<br><br>고기를 올려놓는 도마 모양. |
|  |  |  |  | 爵<br><br>술을 따를 수 있는 주둥이가 있고 둥근 배와 발이 달린 온주기의 모양. |
|  |  |  |  | 斝<br><br>지주支柱가 있으나 주둥이가 없으며, 배가 둥글고 세 발이 달린 온주기의 모양. |

| 商 甲骨文 | 周 金文 | 秦 小篆 | 漢 隷書 | 現代 楷書 |
|---|---|---|---|---|
|  |  |  |  | 卣<br><br>그릇 위에 올려놓도록 손잡이가 있는 주기의 모양. |
|  |  |  | 尊 尊 | 尊<br><br>두 손으로 받들어 제사에 바치는 술그릇의 모양. |
|  |  |  | 壷 壺 | 壺<br><br>뚜껑이 있는 술주전자의 모양. |

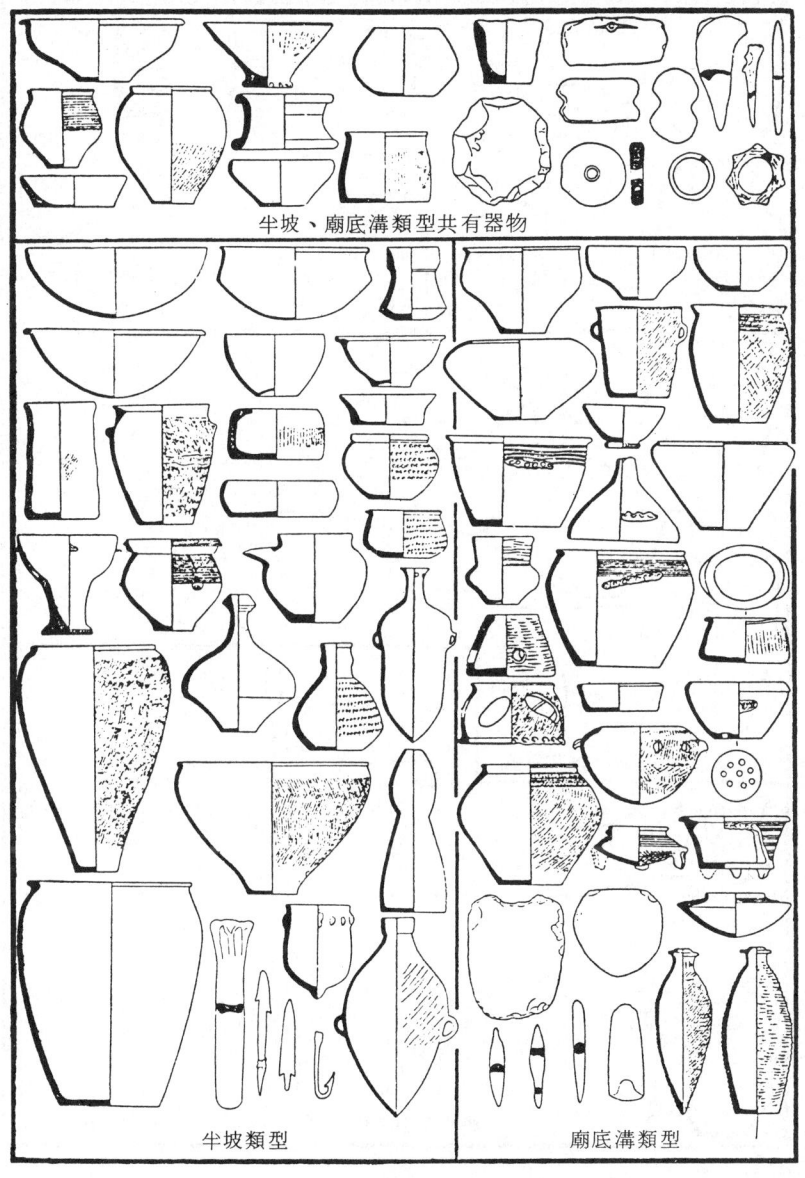

그림 9.1 앙소문화에 사용된 기물형

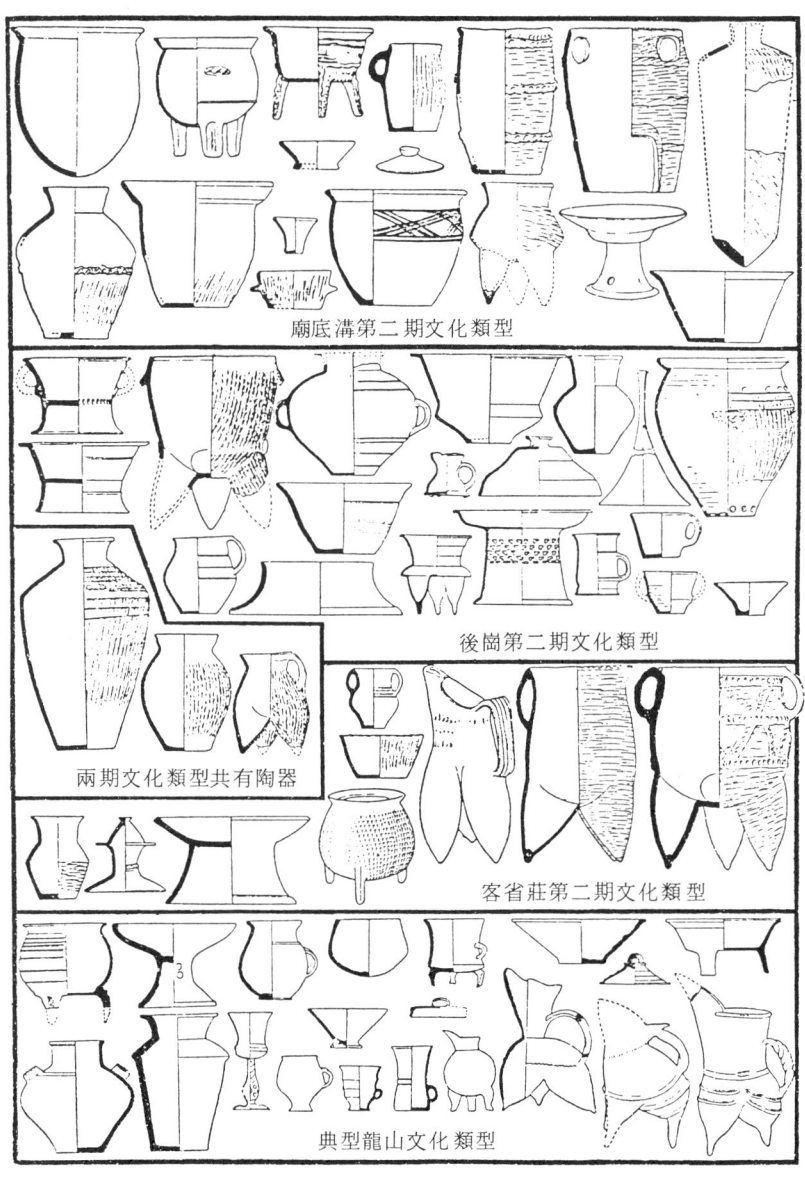

그림 9.2 용산문화에 사용된 기물형

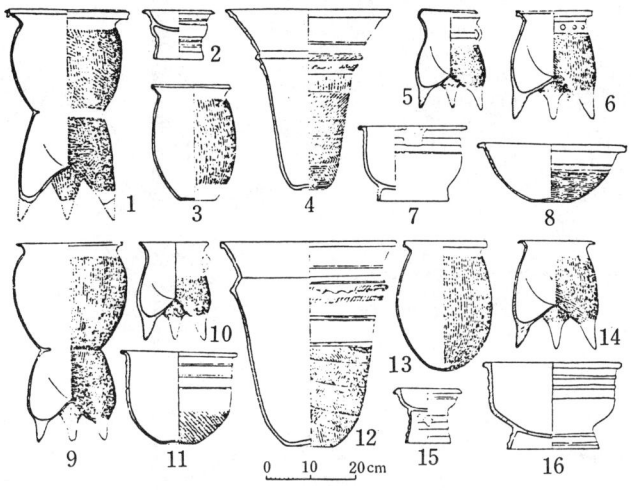

그림 9.3 상대 조기에 사용된 도기형

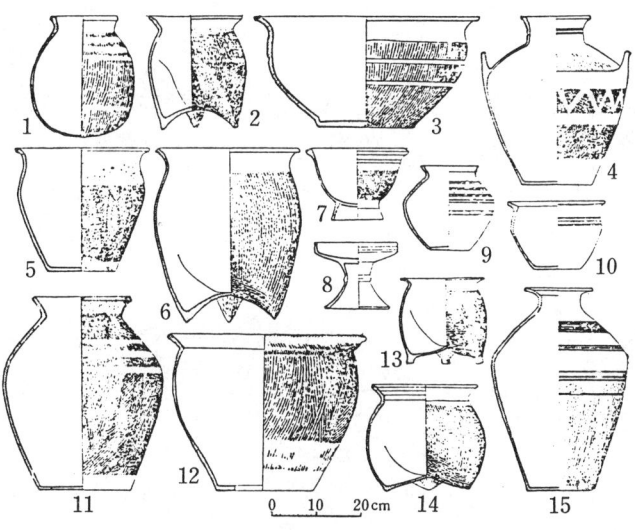

그림 9.4 서주에 사용된 도기형

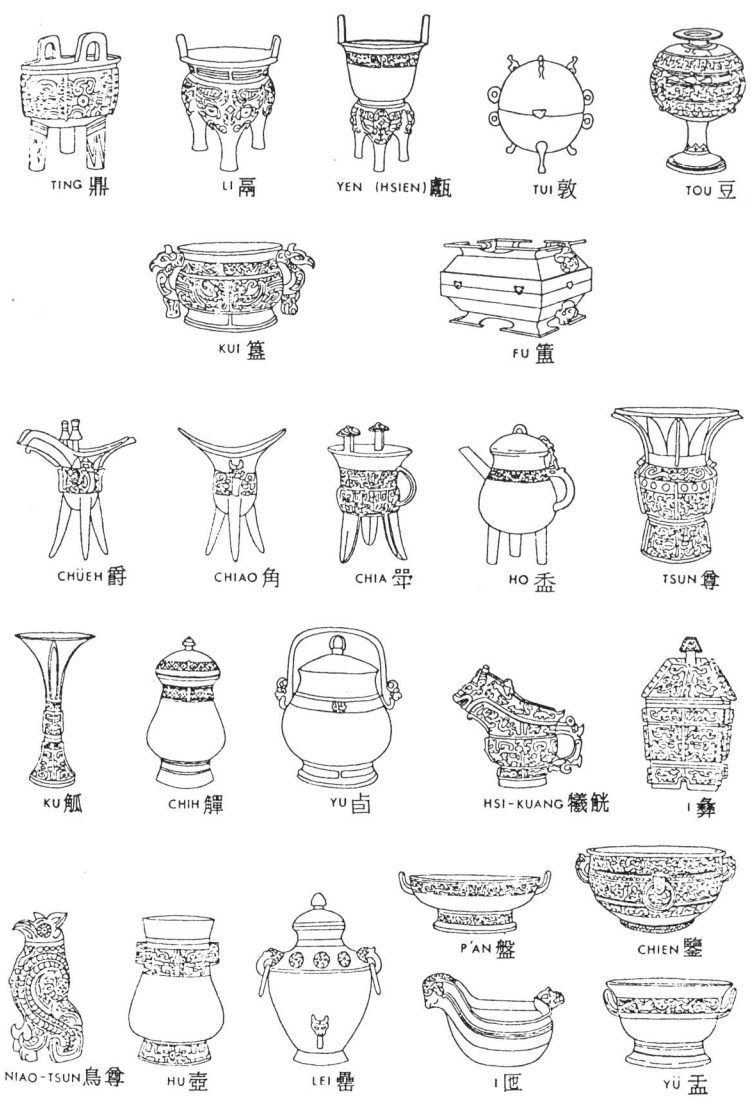

그림 9.5 상주商周의 중요한 청동 용기형

그림 9.6 전국 동배銅杯상의 연락도문宴樂圖紋

그림 9.7 춘추시대 동호상의 식탁과 주기의 도문

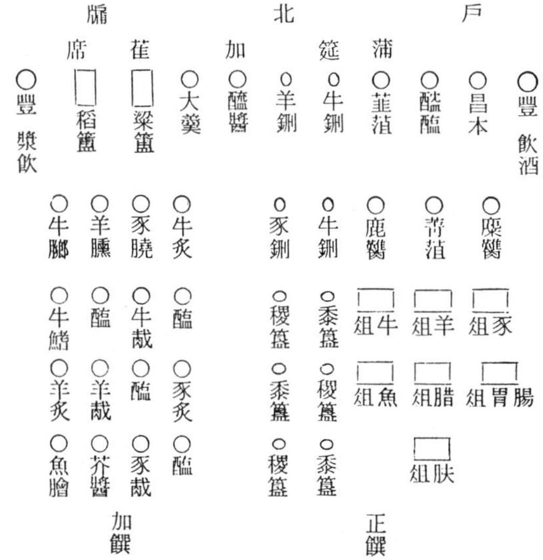

```
         牖        北        戶
    席   萑   加   筵   蒲
 ○   □   □   ○   ○   ○   ○   ○
 豊   稻   粱   醓   牛   韭   昌   豊
 漿   簠   簠   醬   鉶   菹   本   飲
 飲                            酒

 ○   ○   ○   ○   ○   ○   ○
 牛   羊   豕   牛   豕   鹿   麋
 膷   臐   膮   炙   鉶   臡   臡

 ○   ○   ○   ○   ○   □   □   □
 牛   牛   豕   稷   黍   俎   俎   俎
 胾   胾   炙   簋   簋   牛   羊   豕

 ○   ○   ○   ○   ○   □   □   □
 羊   羊   豕   稷   稷   俎   俎   俎
 炙   胾   胾   簋   簋   魚   腊   胃腸

 ○   ○   ○   ○
 魚   芥   豕   稷        □
 膾   醬   胾   簋        俎
                        膚
              加饌              正饌
```

그림 9.8 공식公食 대부례大夫禮의 식탁 진설

# 제10장
# 의 복

### 의복의 채용

정착생활은 문명이 빨리 발전되도록 만든 중요한 요소 중 하나이다. 정착생활을 하려면 집과 적당한 옷이 필요하였다. 한대寒帶에서 열대熱帶까지 사람들은 그들의 생존방법이 있었다. 일반적으로 극단적인 기후조건을 제외하고는 단지 음식과 물만 있다면 인류는 지구의 어떤 지역에서도 생활해 나갈 수가 있다. 왜냐하면 사람들은 동물의 가죽이나 식물의 섬유를 이용하여 의복을 만들 줄 알았기 때문에 서로 다른 계절의 기후변화에 적응할 수가 있었다. 12만 년 전의 석핵石核(Core or Pebble)은 짐승 가죽을 꿰매는 데 썼을 가능성이 있다.(Pearson, 인류학의 소개 : 105) 3만 년 전에는 확실히 바늘로 마사나 피혁을 꿰매어 의복 만드는 방법을 알았다.(Pearson, 인류학의 소개 : 285) 중국에서 최초로 발견된 골침의 유적지는 1만8천 년 전의 산정동인이다.(張仲葛, 1979 : 91)

초기의 인류는 모발에 숱이 많아 차가운 바람과 추위에 적응하였을 것이다. 그러나 옷을 입게 되고부터 모발의 작용도 점차 퇴화되어 갔으며, 점점 더 의복의 보호에 의존하게 되었다. 인류가 최초로 의복을 만들어 입게 된 목적은 지역에 따라 다를 수 있다. 어떤 지역은 자연세계의 위험에서 성기를 보호하기 위하여, 혹은 가시·곤충·비와 이슬의 상해로부터 보호받기 위해서였다.(Pearson, 인류학의 소개 : 285, 321) 어떤 지방은 동물의 모피로 위장을 하고 사냥하기 위해서 옷을 만들어 입었을 수도 있다. 그러나 진정한 의복제도는 차가운 바람과 추위를 막기 위하여 시작되었다. 그러나 열대지방에서는 옷이 필요없고 심지어는 거추장스러운 존재였다. 다만 거의 대부분의 원시사회에서는 어떤 상징성이 거의 없어 입었다 할지라도, 구성원 모두가 장식성 때문에 의복을 요구하게 되었을 것이다. 이것은 뒤에 오면서 아름다움에 대한 사랑·부끄러움 혹은 계급의 구별 등과 같은 문명관념으로 발전되었다.(Hoebel, 인류학 : 326) 때로는 이런 목적에 도달하기 위하여 너무 과장되게 장식을 했으므로 행동이 아주 불편하게 되어 버렸으며(Pearson, 인류학의 소개 : 286) 심지어는 신체의 건강에 해를 끼치기도 하였다.

### 의복제도의 창제

중국의 전설에 의하면 의복의 창제자는 황제라고 한다.(齊思和, 中國史 : 201-17) 한대漢代의 그림에  이전의 인물들은 항시 방직으로 된 옷을 입고 있지는 않다. 이것은 절대 황제시대 이후에야 비로소 천으로 의복을 지어 입었다고 보아야 하는 게 아니라, 이때부터 의복이 사회의 규제가 되어 항시 입어야만 하는 물건이 되었다고 보아야 한다. 동시에 의복과 장식은 계급의 상징작용을 갖게 되었다는 표시이기도 하다. 옷은 몸에 걸치는 것으로 개인의 성격이나 신분을 가장 잘 나타내 줄 수 있는 물건이다. 채집과 어렵으로 생계를 유지하던 시대에는 사유재산이 없었으며, 나이와 성별의 구분 외에는 사람마다 사회적 지위와 권리가 동등하였다.(Vivelo, 인류학 : 36) 의복은 추위를 피하고, 몸을 보호하며, 부끄러운 곳을 가리는 것 외에는 큰 쓸모가 없다. 그러나 농업이 발달된 시대에는 소수의 개인이 다른 사람보다 많은 부를 축적하게 되어 신분의 차이가 자연히 생겨나게 되었다. 이때부터 의복은 새로운 쓰임새를 얻게 되었다. 황제 이전의 성인들은 단지 물건을 만들어 생활수준을 높였을 뿐이었다. 황제가 제국을 세운 시기는 대략 B.C.2700년이었으며 이때 비로소 사회제도가 성립되기 시작하였다. 의복제도는 창제의 중점 중 하나였으며, 표지와 식별로써 점점 명확한 사회적 지위를 구분하는 데 사용하였다. 사회의 구조가 더욱더 확대되어 일정한 안배가 필요하게 되었고, 따라서 의복도 정치적 작용을 갖게 되었다.

## 옷 깃

의구衣裘란 단어는 모든 의복을 개괄하는 데 사용되었다. 구裘는 제8장에서 소개된 것과 같이 짐승의 가죽을 잘라 만든 의복이다. 의衣자는 방직된 옷감으로 만들어진 의복이다. 갑골문의 ⋀(의, 衣)자는 옷깃을 단 의복의 상반부 모습이다.(그림 10.1) 깃을 단 의복은 모피가 아닌 천을 재봉하여 만든 옷에서 기원하였을 것이다. 깃을 단 복장은 방직업이 일어난 후의 표준형식이었으므로, 의衣자는 모든 옷을 대표하게 되었다. 한대 의복의 실례에서 깃을 만드는 분명한 방법을 알 수가 있다. 깃은 폭이 좁고 긴 천으로 가슴 앞에서 어깨를 지나고 목을 지나 다시 겨드랑이 아래로 돌아와 이루어진다.(그림 10.17) 깃은 천의 올이 풀리고 느슨해지는 것을 방지하기 위하여 옷가에다 대고 바느질을 하여 견고하게 만드는 것이다. 짐승 가죽은 올이 풀릴까 염려하지 않아도 되었으므로 가에다 불필요한 깃을 댈 필요가 없었다. 뒤에 오면서 깃이 일정한 형식으로 굳어지게 되자, 가죽옷에도 깃을 대게 되었다. 우리가 지금 볼 수 있는 인두人頭 소상은 신석기시대의 것이다. 여전히 그 의복 양식을 알아낼 수는 없다. 그러므로 황제가 만들었다는 의복제도 이후로 이런 깃의 형식이 있었는지는 알아낼 수가 없다.《논어》헌문편憲問篇에 공자가 관중이 이적

夷狄을 몰아내고 중국문화를 보존한 공로를 찬미한 말이 있다.『관중이 없었다면 우리는 모두 머리를 풀어헤치고 옷깃을 왼편으로 매었을 것이다.微管仲, 吾其披髮左衽矣』춘추시대 이래로 중국에서는 옷깃을 오른편으로 매는 형식이 채용되었다는 것이 분명하다.(그림 10.7) 상대의 의복을 입은 몇 개의 조상雕像을 보면, 상나라 사람들도 깃을 오른쪽으로 여미는 습관이 있었던 듯하다.(그림 10.1)

대략 한대에 완성된《예기》상대기편喪大記篇에는『소렴·대렴시에는 제복祭服이 뒤바뀌어서는 안 되며, 옷깃은 모두 왼쪽으로 여미고, 끈으로 묶어야 하며 단추를 사용하지 않는다 小斂大斂, 祭服不倒, 皆左衽結絞不紐』고 하였다. 좌우로 여미는 구분은 산 사람과 죽은 사람의 옷을 입는 습관인 것도 같다. 그러나 한대의 고분에 양호하게 보존되어 있는 몇 가지 의복의 실례로 보면, 결코 죽은 사람의 옷은 왼쪽으로 여미는 습관이 있었던 것 같지는 않다.(馬王堆漢墓 : 33)《예기》의 기록과 한대 고분의 실례가 일치되지 않는 원인은 두 가지 가능성이 있다. 하나는《예기》의 작자가 공자께서 관중에 대하여 한 말을 오해한 것이다. 공자의 원뜻은 중국인이 이민족의 통치를 받아 머리와 옷 입는 습관을 바꾸도록 강요당할 수 있었다는 말이다. 그러나 오해를 하여 피살된 뒤에 왼쪽으로 깃을 여미는 형식으로 매장될 것이라고 여겼을 수도 있다. 다른 하나의 가능성은 상복을 왼쪽으로 여미는 것은 어느 지역의 특이한 풍속일 수도 있다.(磁縣文化館 1977 : 393-96 ; 石家莊發掘 1977 : 185-89)

### 의복의 종류

의복은 비록 가위로 재단을 거쳐야 하지만, 한대의 의복은 사람들이 원래의 천의 형태를 될 수 있는 한 유지하려고 하였으며, 대부분 몸에 맞도록 곡선으로 마름질하지 않았다. 가위가 발명되기 전에는 칼로 옷감을 잘랐으므로 곡선으로 재단하기가 아주 불편하여 될 수 있는 한 곡선으로 자르지 않았다. 상복은 가장 누추하고 거친 삼베를 재료로 제일 간단하게 재단하였으며, 애도를 표시하기 위하여 아름답게 만들 생각이 없다는 심정을 표시하였다.(林巳奈夫, 1972 : 1-14) 만일 짐승 가죽을 사용하였다면, 그 형상이 본래 네모나지 않고 크기도 짐승에 따라 다르기 때문에 반드시 여러 조각으로 잘라 꿰매야 한다. 그러므로 칼을 움직여 마름질하는 일은 반드시 필요한 순서였다. 갑골문의 ᄼᅥ(초, 初)자는 칼과 옷이 조합되어 이루어졌다. 칼로 재단한 재료가 옷을 만드는 첫번째 순서였으므로 시초라는 추상적 의미를 표현하는 데 사용되었다. 아마 이 자를 만든 사람은 원시적 의복이 칼로 짐승 가죽을 잘라 만들어졌다는 것에 착안하였으며, 뒤에 발전된 생사와 마로 짜여진 피륙은 아니었다.

의상衣裳이란 단어도 입는 의복을 표현하는 데 사용된다. 이를 나누어 말해보면 의衣는 상체를 보호하는 부분이고 상裳은 하체를 보호하는 부분이다. 비록 상대의 유적지에서 짧은 치마를 입은 인물상이 출토되었다고는 하지만(李濟, 1953 : 296, 도판 3) 여전히 상裳이란 자를 표현하는 글자는 찾아볼 수가 없다. 서주시대에 옷과 장식은 흔히 신하에게 상으로 내리는 물건이다. 시市(芾)는 흔히 노리개인 주황朱黃·유황幽黃 등과 함께 하사되었다. 금문의 市(시, 市) 자는 의대에 부착된 큰 폭의 앞치마 모양이다. 가죽으로 된 앞치마는, 기본적으로 가축을 모는 사람이 가축을 잡거나 끌어안을 때 하반신과 무릎에 찰과상을 입지 않도록 보호하는 물건이다. 의복을 마름질하는 형식은 생활습관과 쓰인 재료에 따라 영향과 제한을 받게 마련이다. 유목민족은 말을 타고 달리면서 가축을 돌보아야 했기 때문에 마찰을 견디낼 수 있는 재료를 선택해야만 했다. 그들이 쉽게 얻을 수 있는 재료는 질긴 모피였다. 그들은 또 몸에 맞도록 마름질해야 행동하기에 편하였다. 짐승 가죽은 형상이 일정치 않고 크기도 각기 달랐기 때문에 여러 조각으로 자르고 다시 꿰매야 했다. 그리하여 몸의 곡선에 따라 마름질하여 꼭끼면서도 좁고 짧은 풍격의 옷을 입게 되었다. 농경사회에서는 생사와 마가 비교적 쉽게 얻을 수 있는 재료였다. 품을 절약하기 위해서는 방직된 원래의 폭을 최대한 유지해야 했다. 대부분 곡선으로 마름질하여 몸에 맞도록 만들지 않았으므로 풍덩하고 긴 풍격의 옷이 만들어지게 되었다. 주나라 사람들은 상을 치기 몇 대 전부터 목축을 버리고 농경사회로 접어들었으나, 여전히 예복에는 목축을 하던 시기의 전통적인 의복제도가 남아 있었다. 아울러 이를 정복한 상민족에게도 입도록 강요하였다. 상나라 사람들은 아주 오래 전에 농경 정착사회에 진입하여 이미 무릎을 보호하던 앞치마[市]를 버리고 긴 옷을 입는 단계로 들어섰다. 어떤 사람은, 부호묘婦好墓에 있는 한 조상 雕像은 무릎가리개를 차고 있다고 하지만(婦好墓 : 151) 그는 주나라 사람의 형상일 수도 있다.

장의長衣의 제도와 관계된 자료는 두 자가 있다. 금문의 㡀(예,裔)자는 옷깃이 아주 길게 아래로 내려와 있는 의복형태이다. 구口 부분은 뒤에 첨가된 것으로 아무 의미가 없다. 아래로 내려온 옷단은 중심의 상의와 멀리 떨어져 있으므로 인신되어 후예·변경 등의 의미가 되었다. 다른 자는 袁(원,袁)으로 갑골문의 육毓 자는 그 중의 한 부분이다. 원袁은 신생아에게 입히는 모자 달린 장포이다. 영아가 입는 옷은 길게 발을 덮는 장포이기 때문에, 이 자도 같은 유형의 긴 옷에 대한 이름으로 삼았다. 소전의 원袁자는 또 옷깃 중에 동그라미를 하나 더하여 영아의 머리를 표시하고 있다.

### 요 대

고대의 의복은 단추가 없었으므로 띠로 꽉 졸라매야 했다. 춘추 중기 혹은 초기에 처음 대구帶鉤로 의복을 졸라매고 장식물로 삼은 것이 처음 보이며, 전국시대에 가서야 성행하였다.( 王仁湘, 1982 : 75-81 ; 高去尋, 1952 : 489) 소전의 ※(대, 帶)자는 옷의 허리 부분을 띠로 졸라맨 뒤에 아래로 늘어진 주름무늬 모양이며, 또 띠와 그 아래로 늘어진 끝부분 모양을 표현하고 있을 수도 있다. 띠는 옷을 졸라매는 데 쓰일 뿐만 아니라 공구나 장식물을 휴대하는 데 사용될 수도 있다. 그러므로 휴대한다는 의미로 인신되었다. 제2장에 토론했듯이 황제란 이름이 그가 의복제도를 만들고 허리춤에 무기를 대신하여 옥황玉璜을 찼기 때문에 붙여졌을 거라고 하였다. 상나라 사람의 요대는 아주 폭이 넓고 수를 놓았으니(그림 10.1, 6) 이미 실용성보다 장식성이 중시되고 있었다. 띠의 효용은 아주 많다. 일을 할 때는 공구를 휴대할 수 있고, 전시에는 무기를 휴대할 수 있고, 예를 행할 때는 옥기를 찰 수 있으며, 평일에 집 안에서는 일상생활에 쓰이는 자잘한 용구와 땀을 닦을 수 있는 수건을 찰 수가 있다. 《예기》 내측편內則篇에는 다음과 같은 말이 있다.

> 아들이 부모를 섬김에는…… 왼쪽에는 수건 · 소도와 숫돌 · 작은 송곳 · 불을 피우는 오목거울을 차고, 오른쪽에는 사격용의 활깍지 · 필구와 칼집 · 큰 송곳 및 나무를 부벼 불을 일으키는 막대를 찬다…… 며느리가 시부모를 섬김에는 부모를 섬기는 것과 같이 한다…… 왼쪽에는 수건 소도와 숫돌 · 작은 송곳 · 불을 피우는 오목거울을 차고, 오른쪽에는 바늘 · 바늘쌈지 · 실 · 솜 · 작은 주머니 · 큰 송곳 및 나무를 비벼 불을 일으키는 막대를 찬다.
>
> 子事父母, …… 左佩紛帨 · 刀 · 礪 · 小觿 · 金燧 · 右佩玦 · 捍管 · 遰 · 木燧. …… 婦事舅姑如事父母, …… 左佩紛帨 · 刀 · 礪 · 小觿 · 金燧, 右佩箴 · 管 · 綫 · 纊 · 施繫袠 · 大觿 · 木燧.

띠에 찬 여러 가지 물건 중에서 가장 실용적인 것은 수건으로 남녀 모두 차고 있다. 그러므로 금문의 ⿰亻㫃(패, 佩)자는 요대 아래로 늘어져 있는 수건 모양이며,

옆에 있는 사람은 수건을 몸에 차고 있다는 것을 표시하고 있다. 귀족들은 항시 패옥으로 고귀한 신분을 표시하였으므로 패는 흔히 값이 싼 수건이 아니라 귀중한 옥 장식품을 가리키게 되었다. 또 패佩자에서 패 아래로 늘어진 물건은 패옥이나 단지 모양이 수건과 같을 가능성도 높다. 갑골문의 巾(건, 巾)은 아래로 늘어져 있는 수건 모양이다. 옛사람들은 손으로 밥을 집어먹었으며, 다 먹고 나면 수건으로 손을 닦았다. 수건은 가장 많이 쓰인 방직물이었으므로 이 자로서 방직물의 의부를 삼았다.

### 패 옥

옥기를 허리춤에 차기 시작하였을 때는 그 모양이 아주 간단하였으며 단지 한두 개의 옥을 꿰어찼을 뿐이다. 색도 단조롭고 형식도 간단하였다. 뒤에 오면서 그 장식과 모양이 갈수록 복잡해지고 중시되었다. 동주시대에 이르자 옥의 배열과 조합을 중시하여, 비단 대소와 고저를 따졌을 뿐 아니라 색의 조화에도 주의하게 되었다. 패옥의 조합형식이 비록 다양하다고는 하지만 그 기본구조는《대대례기大戴禮記》보부편保傅篇에서 찾아볼 수가 있다.『수레에 내려서 걸어갈 적에는 패옥의 소리로 걸음의 속도를 삼는다. 패옥의 위에는 쌍형雙衡이 있고 아래에는 쌍황雙璜·충아衝牙가 있고 빈주玭珠는 그 중간에 들어가며, 또 거우琚瑀 등의 옥은 끼어섞인다. 下車以佩玉爲度, 上有雙衡, 下有雙璜衝牙, 玭珠以納其間, 琚瑀以雜文』(그림 2.1-2) 걸음을 옮길 때는 옥이 서로 부딪쳐 청아한 소리가 울려퍼진다. 흰 옥은 검은 비단과 조화를 이루며 거琚 옥은 붉고 우瑀 옥은 희다. 옥의 가치는 말할 필요도 없고 단지 오색이 서로 적절하게 조화되어 색채가 현란하고, 걸음을 옮기면 맑은 소리를 내니 참으로 아름다운 우아함의 극치라 할 수 있다. 단지 생산노동에 종사하지 않는 소수 귀족들만이 비로소 이런 물건들을 사용할 수가 있다.

### 염 색

의복은 사람들이 항시 입는 것이므로 자연히 방법을 생각해내어 꾸미고 등급을 나누게 되었다. 생사나 마의 색은 엷은 황색으로 무늬가 없다. 방직에서 다채롭고 아름다우며 복잡한 도안을 짜낼 방법이 없었을 때에는 의복을 아름답게 바꿀 수 있는 방법이 염색과 그림·자수 외에는 없었다.(孫毓棠, 1963 : 168 ; 李也貞, 1976 : 63) 상주시대에는 비록 염染자가 보이지 않지만 천의 염색은 B.C.17,8세기의 제가문화齊家文化보다 빨랐을 것이다.(黃河水庫 1960 b : 10) 상대에는 벌써 홍·

황·흑·백색 등의 색으로 된 장막이 있었으니(郭寶鈞, 1955：94 ; 安陽工作 1979 : 41) 그때 이미 염색기술이 있었다는 표시이다. 소전의 ※(염, 染)자는 수水·구九·목木의 세 부분으로 구성되어 있다. 어떤 학자는 물과 나무는 식물의 즙을 표시하고, 구九는 염료에 담그는 횟수라고 한다. 담그는 횟수가 많을수록 색채는 점점 짙고 선명해진다. 방직물을 염색하는 방법은 제일 먼저 광물 염색제를 사용했을 것이다. 이 자에서 한대에 보편적으로 사용된 염색제는 이미 식물색소로 진보되었다는 것을 알 수가 있다. 예를 들면 꼭두서니풀(Rubia tinctorum)에서 취한 알리자린(alizarin)은 서로 다른 염색제를 사용하여 녹색·갈색·홍색 등으로 물들일 수 있으며, 낭아초(Indigofera tinctoria) 식물에서 취한 인디고(indigo)는 남색을 물들일 수 있다. 식물색소는 중국의 피륙을 염색한 중요 재료였다.(孫毓棠, 1963：167 ; 張子高, 化學史 : 49)

### 자 수

염색기술이 비록 비단에 찬란한 색채를 갖게 해주었으나, 원하는 도안을 염색으로 만들기는 쉽지 않았다. 실을 사용한 자수와 안료를 쓴 그림이 그 난제를 해결해주었다. 고대에서 가장 고상한 색채는 적색과 흑색이었다. 자수와 그림에 관한 문자는 이미 제8장에서 소개했다. 《상서》 고요모편에 제순시대에 대하여 이렇게 말하고 있다. 『해·달·별·산·용·꿩의 여섯 가지 사물을 사용하여 상의에 그리고, 호랑이 무늬의 이기彝器·수조·불·백미·흑백의 ◨◧ 형의 문양과 흑청의 ◨◧ 형의 문양 등 여섯 가지 형상을 하의에 수놓았다. 다섯 가지 안료로 다섯 가지 색채를 만들어 옷을 지었다.』 적어도 주나라 사람들은 자신들의 경험에 근거하여 1천 년 전의 현상을 추측해냈을 것이다. 자수는 아주 시간이 걸리는 일이어서 고급 통치자가 아니면 의복에 많은 수를 놓기가 어려웠다. 상대의 조상 중에 의복 전체에다 수를 놓은 것은 드물다. 대부분 옷깃·소맷부리·옷단·요대 등에 수를 놓았을 뿐이다.(屈萬里, 論學集 : 71-78)(그림 10.1) 상대에는 온몸에 무늬가 있는 사람의 조상雕像이 있다. 그 사람은 신을 신고 있지 않으며 귀족의 모습 같지는 않으니, 제사에 바친 사람의 희생일 가능성이 높다.(그림 10.5) 옷단에 놓은 수는 기하형 도안이 많다. 예를 들면 갑골문의 ※(치, 黹)자는 두 개의 己형 도안이 서로 등지고 있거나 얽혀 있는 형상이다. 치黹는 뒤에 보黼·불黻로 변하여 가장 흔히 볼 수 있는 두 가지 색의 도안을 표시하게 되었다. 이런 도안들은 먼저 좁고 길게 짜거나 수를 놓았다. 그리고 이것을 옷 가장자리에 대어 천의 올이 풀리는 것을 방지하면서 미관을 살려주었다. 이와같이 수놓은 옷단은 명예와 권위의 상징으로 귀족들이 아랫사람에게 하사하였다.

복장의 색으로 말하면, 한漢 이전에는 주홍색을 가장 존귀하게 여겼다. 한 이래는 음양오행학설의 홍성으로 말미암아 중앙의 황색은 황실의 상징으로 대표되었고, 동방의 청색은 선비의 평상복이 되었다. 남방의 홍색은 경사가 되었고, 서방의 백색은 상사가 되었으며, 북방의 흑색은 노인의 복색이 되었다. 일반적으로 청대에 이르기까지 황색과 자주색은 단지 소수만이 입을 수 있는 색이었다.

## 장의長衣

상대는 대개 장의를 일상 복장과 예복으로 삼았다. 주나라가 상을 멸망한 후에 불芾(고대 예복의 하나로 바지 위에 껴입으며, 무릎까지 닿는 가죽옷으로 불韍과 통한다)를 예복으로 끌어들였다. 그러나 일반 사람들은 여전히 비교적 편안한 장의를 입었다.《예기》심의편深衣篇에는 장의에 대해 다음과 같이 평가하고 있다.『문文의 일에도 입을 수 있고, 무武의 일에도 입을 수 있다. 빈상擯相을 맡아서도 입을 수 있고, 군대를 거느릴 때도 입을 수 있다. 이 옷은 몸을 두루 감싸면서 바탕이 소박하고 쉽게 만들 수 있으니, 조복朝服과 제복祭服 다음으로 가장 좋은 옷이다. 可以爲文, 可以爲武, 可以擯相, 可以治軍旅, 完且弗費, 善衣之次也』장의는 남녀·귀천·혼상婚喪·경사 등에 모두 적합한 형식이다. 전국시대는 말을 타고 활을 쏘는 전쟁에 편리하도록 호복胡服이 중국사회에 도입되어 의복형식에 영향을 주었다. 유가자류需家者流는 고유의 문화와 습속을 보존하기 위하여 이런 장의의 효용을 극력 강조하였다. 한대에 들어선 이후에 유가가 득세하자 장의는 문사의 일상복이 되어 줄곧 명조까지 유지되었다.

노동자에게 장포는 필경 불편하게 마련이다. 일을 하기에는 단의短衣를 입는 게 편하였다. 단의는 두 다리를 추위와 상해의 고통에서 보호할 수 없었으므로 폭이 좁은 천조각으로 종아리에서 무릎까지 둘러 싸매게 되었다. 이것은 오늘날의 각반과 같다. 이렇게 다리를 싸맨 것은 상대의 석조石雕에서도 볼 수가 있다.(그림 10.1) 이 석조의 옷차림은 하층 노동계급 같지는 않다.《시경》채숙편采菽篇에 『가죽 앞가리개 무릎을 덮고, 다리는 천으로 동여매었네 赤芾在股, 邪幅在下』라고 한 노래가 있다. 이것은 분명히 귀족의 형용을 묘사한 것이다. 대개 귀족들이 사냥 나갈 때 입는 복장이다. 이런 각반형식이 발전되어 윗부분과 이어지면 오늘날의 바지가 된다. 조趙의 무령왕武寧王이 채용한〈호복胡服〉은 기마 전투능력을 강화하기 위한 것으로, 단의에다 각반형식을 더하여 기마와 전투에 편하도록 만든 것이다. 그러나 이것은 군복이지 일상적인 복장이 아니다. 일반적으로 바지는 한대에 와서야 발전되기 시작했으며, 게다가 선비와 군자가 입는 옷이 아니었다.

**가죽옷**

모피는 고대에 쉽게 얻을 수 있는 의복재료였다. 그러나 농업의 발전에 따라 산림과 초원이 농토로 개간되자 짐승들도 쫓겨나거나 잡혀 죽게 되었다. 그러자 모피는 갈수록 진귀한 재료가 되었다. 제8장에서 소개된 갑골문의 구裘자는 털이 밖으로 드러난 가죽옷 모양이다. 모피의 가치는 진귀한 정도와 아름다움에 따라 결정된다. 모피는 자연히 계급의 징표로 나타내고 부를 자랑하는 물건으로 변하게 되었다. 《사기》 맹상군열전孟嘗君列傳에는 전국시대 맹상군이 호백구狐白裘 일습을 진秦 소왕昭王의 총희에게 뇌물로 바치면서 진나라를 도망치도록 도와달라고 한 이야기가 있다. 소왕의 총희는 호백구를 얻기 위하여 크나큰 모험을 무릅쓰고 있으니, 그 가치와 사람들이 좋아하는 정도를 살펴볼 수 있다.

희귀한 모피의 가격은 아주 비싸 그 아름다움과 권세를 드러내기 위한 이상적인 물건이었다. 그러나 사람들은 또 그것을 입으면 더러워질까봐 근심하게 되었다. 이로 인하여 옛날에는 한 가지 특이한 습관이 생겨나게 되었다. 즉 아름다운 모피 옷을 덮어썼으나, 또 그 아름다움을 자랑하려고 한 모서리를 드러내었다. 소전의 ◎(표, 表)자는 털이 옷 속에 감추어진 모습으로, 구裘자에서 털이 밖으로 나타나 있는 것과는 크게 다르다. 모피옷은 겉을 가려야 외출할 수 있었으므로, 표表자에는 표면 · 표창 등의 의미가 있다. 그때 겉에 가린 외투의 재료와 색은 모피의 종류에 따라 대체로 규정되어 있었으므로, 사람들은 외투를 보고 한눈에 모피의 종류를 추측할 수 있었다. 《예기》 옥조편玉藻篇에 『임금이 호백구를 입을 때는 반드시 중의中衣를 위에 입는다. 이 중의는 붉은 비단으로 옷의 가장자리를 장식하였다. …… 사대부는 표범 가죽으로 깃과 소맷부리를 댄 호청구를 입고, 위에는 검은색 비단으로 된 중의를 걸친다. …… 고피구는 표범 가죽으로 깃과 소맷부리를 대었으며, 위에는 검은 옷을 걸친다. 君衣狐白裘, 錦衣以裼之. …… 君子狐青裘豹褎, 玄綃衣以裼之. …… 羔裘豹飾, 緇衣以裼之』 『가죽옷을 입고 위에 중의나 예복을 걸치지 않으면 공문公門에 들어가지 못한다 表裘不入公門』고 하였다. 이런 기록으로 귀족들의 옷에 대한 애호와 등급 구분을 살펴볼 수가 있다. 희귀한 모피에 대해서만 규정을 한 것은 아니다. 《사기》 평준서平準書에서는 한대에 농경을 장려하고 부를 축적한 상인들의 사회적 지위가 높아져가는 추세를 억누르기 위하여 특히 상인은 비단 옷을 입지 못하도록 규정하였다.

## 삼 베

소전의 夵(쇠, 衰)자는 구裘자의 구조와 비슷하나 옷의 가장자리가 너덜너덜하여 단정치 못한 모양이다. 사자에 대한 애도의 마음을 표시하기 위하여 상복은 아름답게 만들 생각이 없다는 뜻으로 가장자리를 재봉하지 않는다. 그러므로 쇠衰는 상복이 된다. 또 상복을 입는 기간에는 음식에 신경을 쓰지 않게 되어 자연히 체력이 쇠약해지게 된다. 그러므로 쇠약하다는 의미로 인신되었다. 상복은 유가에서 효를 표현하며 부모를 사모하는 심정과 친속관계를 확정하는 중요한 제도였으므로, 역사 이래 이를 주제로 한 토론이 제일 많았다.

비단과 모피는 비록 귀한 재료이기는 하였으나, 결코 일년내내 혹은 어느 장소에서나 모두 적합한 재료는 아니었다. 무더운 여름철에는 마를 입는 게 편하다. 마의 섬유는 굵은 것도 있고 가는 것도 있다. 가는 모시는 거의 잠사에 비견될 수 있다. 소전의 夵(희, 希)자는 수건의 성근 올 사이를 통하여 똑똑히 볼 수 있다는 상태를 표시하고 있다. 이 자는 연화演化되어 두 자가 되었다. 하나는 조밀하지 않고 성글다는 희稀로 화禾를 의부로 하였다. 하나는 세마포의 치綌로 사糸를 의부로 하였다. 사직품은 광택이 있고 주밀하나 통풍이 되지 않아서 좋은 내의 재료가 되지는 못한다. 금문의 夵(상, 爽)자는 한 사람의 몸에 걸친 의복의 올이 성글어 속이 비치는 모양이다. 이런 의복을 입으면 아주 시원하여 여름철의 이상적인 의복이 된다. 그러므로 기분이 편안하고 상쾌하다는 의미를 지니고 있다. 《시경》 주남周南의 갈담葛覃에 『칡덩굴 자라고 자라, 산골짝 안으로 뻗었는데, 잎은 무성도 하여라. 이를 베고 삶아, 거칠고 가는 갈포 짜입으니 싫증나지도 않아라 葛之覃兮, 施于中谷, 唯葉莫莫. 是刈是濩, 爲絺爲綌, 服之無斁』고 하였다. 세마포 또한 군자가 즐기던 의복 재료였다.

## 장식물

아름다움을 사랑하는 것은 진보의 상징이다. 사람들이 먹이를 찾는 것 외에도 여유를 가지고 한가롭게 사고하기 시작했다는 표시이다. 아직 의복을 입기 전에도 사람들은 자기 몸을 장식할 줄 알았다. 가장 간단하고 쉬운 방법은 물건을 함께 꿰어서, 목에 걸어 가슴께로 늘어뜨리는 것이다. 3,4만 년 전의 사람들은 이미 목에 장식을 하기 시작하였다.(Pearson, 인류학의 소개 : 114) 중국의 산정동인 유적지에서는 1백30개의 구멍이 뚫린 장식물이 발견되었다. 이것은 목에 거는 데 쓰인 것이 분명하다.(賈蘭坡, 1978 : 91) 금문의 🧿(영, 嬰)자는 족휘族徽로 조개를 꿰어서 한 사람이 목에 걸고 있는 형상이다. 이 장식은 목에다 둥글게 걸기 때문에, 영嬰자에는 감돌다는 뜻이 있다. 의복이 발명된 이후에는 점차 몸에 차는 장식이 발전되면서 목에 걸어 늘어뜨리 는 장식은 점점 사라졌다. 상대의 조상雕像에는 목에 장식한 형상이 보이지 않는다. 아마 그때 성인들은 이미 이런 장식을 거의 하지 않았으며, 단지 소녀나 아이들 사이에서나 유행하였을 것이다. 그러므로 영嬰자는 아이라는 의미를 갖고 있다. 예를 들면 제가문화의 목걸이는 대부분 아이 혹은 부녀자의 묘에서 출토되었다.(謝端琚 1986 : 155)

   머리 장식은 의복 장식보다 더 사람들 사이에서 두드러져 보인다. 제2장에서 귀족의 관제冠制는 군대 지휘관의 높이 솟은 머리 장식에서 비롯되었을 것이라고 토론하였었다. 가장 간단한 머리 장식은 비녀 하나이다. 갑골문의 木(부, 夫)자는 어른의 머리 위에 비녀를 꽂은 형상이다. 비녀의 주요 작용은 머리를 묶어 풀어지지 않도록 하는 것이며, 부대적으로 장식 및 등급을 구별하는 구실을 하고 있다.(李濟, 1959 : 69) 머리를 묶는 것은 성인의 표식이며, 남자는 평상시에 단지 한 개의 비녀를 사용한다. 그러므로 부夫자는 성년 남자이다. 여자는 성년이 되어 다른 사람의 아내가 된 뒤에야 머리에 비녀를 꽂게 된다. 그러므로 갑골문의 妻(처, 妻)자는 부녀자가 꿇어앉아 머리단장을 하는 모습이다. 여자는 머리를 기르는 관습이 있어서 비녀를 여러 개 꽂아야 머리 모양을 유지할 수 있다. 그러므로 갑골문의 每(매, 每)자는 꿇어앉은 여자의 머리에 여러 개의 비녀를 꽂은 모양이다. 상묘 몇 곳에서는 여자의 두부頭部에서 수십 개의 비녀가 발견되기도 하였으니(梅原末治, 殷墟 : 85 ; 石璋如 1957 : 627-31 ; 安陽工作 1981 : 492) 참으로 사람을 놀라게 하는 성장盛裝이다. 여자의 머리카락은 남자보다 길고 조밀하여 세밀하게 분장하려면 시간이 많이 걸릴 뿐만 아니라 숙련되어야만 잘 해낼 수가 있다. 갑골문의 敏(민, 敏)자는 한 여자가 자기 머리를 손질하는 모습이다. 그러므로 민첩·총민의 뜻을 갖고 있다. 머리에는 비녀 외에도 각종 주옥과 진귀하고 아름다운 물건으로 장식할 수 있다. 금문의 繁(번, 繁)자는 한 여자의 머리가 명주 댕기 및 다른 장식물로 장식된 모양이다. 머리 혹은 머리를 꾸민 장식물의 모양이 다양하였기 때문에 번화하다는 의미를 갖게 되었다. 후에는 또 머리띠와 같은 다른 종류의 머리 장식을 호칭하는 데 사용되기도 하였다.

모 자

　머리 장식물은 진일보하여 모자로 발전되었다. 모자는 장식물이 될 수도 있고, 또 추위와 더위를 피하고 머리를 보호할 수 있었다. 제2장에서 이미 소개한 몇 가지 모자의 상형자 외에, 갑골문의 ᆻ(모, 帽)자는 위가 반듯하고 귀 보호개가 있는 모자형이다. 모자 위에는 호랑이의 머리와 같은 장식이 둘 있다. 아이들은 상투를 틀지 않으므로 이와같이 위가 평평한 모자가 필요하다. 그러나 성인은 머리를 위로 올려 잡아매었으므로 모자도 머리 높이를 수용할 수 있는 돔형이어야 한다. 제2장에서 소개한 면免자는 바로 이런 돔형의 모자를 대표하고 있으며, 뒤에는 귀족의 의관으로 변하게 되었다. 평일에 집에서 쓰는 모자는 소전의 冠(관, 冠)으로 한 손에 모자를 들고 한 사람의 머리 위에 씌워주는 형상이다. 그것은 성년 남자가 되면 행하여지는 관례의 모습이다. 남자는 20세가 되어 성인이 될 연령이 되면 상투를 틀고 관을 써야 한다. 그러므로 머리에 관을 씌워주는 관례는 길례吉禮이다. 한대에 선비는 관을 쓰고 일반 백성은 단지 건을 썼다. 아주 후대까지도 모자는 여전히 권위의 상징이 되었으며, 단지 상주시대에만 그런 것은 아니다. 서민은 모자를 쓰지 않았기 때문에검은 머리가 드러나게 되었다. 그러므로 진秦에서는 백성을 검수黔首라고 불렀다. 모자를 쓰는 제도가 보급되기 전에는 단지 높은 권위를 지닌 자만이 모자를 쓸 수 있었다.

신 발

　신발은 지금 우리가 항상 신는 물건이다. 그러나 우리는 옷을 입고 모자를 썼으나 신발을 신지 않은 미개화민족을 볼 수 있다. 옛날에 신발을 신었으면서 옷과 모자를 걸치지 않은 민족은 없었으니, 신발이 모자 이후의 산물임을 알 수가 있다. 중국에서 모자는 대규모의 전쟁에 순응하고 전투를 지휘하기 위한 필요에 의해서 발전된 것이다. 용산문화 말기 이전의 유적지에서는 모자를 찾아볼 수 없으니, 신발의 사용은 응당 B.C.2000년보다 빠르지 않을 것이다.
　아주 늦게까지 신발은 여전히 있어도 그만 없어도 그만인 물건이었다. 그렇다면 도대체 어떻게 하여 신발이 만들어지게 되었을까? 무슨 효용 때문에 신발을 신게 되었는지를 상상해 본 연후에야, 이에 대한 합리적 추론을 할 수가 있다. 제일 먼저 생각해 볼 수 있는 가능성은 신발을 신으면 상처를 입지 않도록 발을 보호해 준다는 사실이다. 그러나 본래부터 맨발로 걸어다니다 보면, 피부가 자연히 경화되게 되므로 다른 동물들처럼 쉽게 손상을 받지 않게 된다. 그러니 고인들이 이런 목적 때문에 갑자기 신발을 신어야겠다는 생각이 떠오르지는 않았을 것이다. 그렇다면 아름답게 보이기 위하여 신발을 신게 되었을까? 그러나 신발은 발에 신는 것이어서 위치가 두드러지지 않는다. 반개화민족은 신체의 각부위에 항시 갖가지 장식을 하였으나, 발에까지 주의력을 돌린 민족은 드물다. 예를 들면 마야인들이 남겨놓은 무수한 조상들 모두 옷과 모자에 지나칠 정도로 장식을 하고 있으나 신발은 신고 있지 않다.(그림 18.5) 그러니 이 또한 그럴 듯한 이유가 되지 못한다. 신발은 다른 복식과 마찬가지로 지위의 징표가 아니었을까? 이 또한 아주 가능성은 있으나 여전히 주요한 원인이 될 수는 없다. 왜냐하면 신발은 두드러지게 드러나지 않고 재료도 진귀하지 않다. 신발은 발의 청결을 유지할 수가 있다. 그렇다면 그것은 특수한 어떤 장소에 대한 필요에서였을까? 이것은 고인의 심정과 부합되어야 하며 게다가 새로운 상황과 요구가 있어야 한다.

신발을 신게 된 것은 반드시 문명의 예의와 관련이 있다. 한대 전에는 묘당과 같이 장엄한 곳에 들어가려면 신발을 벗어야 하는 습관이 있었다. 신발에 묻은 진흙이나 오물이 청정한 묘당을 더럽힐까 두려워서였다. 깨끗한 발로 당에 올라가 예를 올려야 했으므로 임시나마 물건으로 발을 싸매어 더럽혀지지 않도록 한 것이 신발문화로 발전되었다. 한대 《석명釋名》의 의복항에서는 신을 신는 목적에 관하여 분명하게 밝히고 있다. 『리履는 예이다. 발을 신으로 장식하는 것은 예의를 차리기 위함이다. 신발창이 두 겹으로 된 것을 석舄이라고 한다. 두 겹으로 만든 것은 긴 의식 동안에 사용하기 위해서이며, 혹은 땅의 물기나 진흙을 피하기 위해서이다. 그러므로 신발창은 마른 가죽으로 만든다. 履, 禮也. 飾足所以爲禮也. 複其下曰舄. 舄, 臘也. 行禮久立, 地或泥濕, 故複其下使干臘也』조정에서 예를 행한 것은 후에 점차 변하여 생기게 된 것이며, 게다가 사람들도 줄곧 맨발로 다니는 게 습관이 되었으므로 발을 보호하기 위하여 신발을 발명할 필요가 없었다. 신성한 전당을 더럽히지 않아야겠다는 새로운 필요가 생겨나게 되어 가죽으로 발을 싸매게 된 동기가 되었다.

초기에 신은 권세를 가지고 있던 귀족들만이 신었다는 것은 더 말할 필요가 없다. 한대에 오면 이미 사람마다 신을 신도록 발전되었다. 처음에는 단지 가죽으로 발을 싸맨 것에 불과했으나, 점차 일정한 모양으로 신발과 버선이 만들어지게 되었다. 상대 사람들의 조상에도 이미 신발을 신고 있다.(그림 10.1, 6) 그러나 갑골문에서는 신에 관한 자를 찾아볼 수가 없다. 아마도 너무 사소한 일이라 점을 쳐 물어볼 가치가 없었을지도 모른다.

갑골문의 ⚎(전, 前)자와 ⚏(전, 湔)자는 동일한 근원에서 나왔으며, 대야 속에서 한 발을 씻는 형상이다. 전湔은 씻는다는 의미이나, 전前은 앞·전진 등의 의미를 갖고 있다. 이것은 더러운 발을 씻는다는 인신의에서 나왔으며, 음의 가차가 아닐 것이다. 문을 나서기 전에 발을 씻어야 맨발로 전당에 올라가 의식을 거행하기가 편했으며, 혹은 연회시에 악취가 나지도 않았다. 혹은 아직 신을 신지도 않았던 시대에는 의식 전에 발을 씻던 습관이 있었으므로, 전前자가 과거시대를 나타내는 데 쓰였을지도 모른다. 상대의 문자와 조각작품으로 고대 중국에서는 꿇어앉는 습관이 있었다는 사실을 알 수가 있다. 문헌에서도 동주와 한대에서는 집에 들어가기 전에 좌석이나 바닥을 더럽히지 않기 위하여 신을 벗었다는 것을 알 수가 있다. 신과 버선을 벗지 않으면 크게 불경스러운 행위로 간주되었다. 《좌전》에는 노애공哀公 25년에 저사성자楮師聲子가 연회석상에서 버선을 벗지 않았기 때문에 질책을 당한 사례가 기록되어 있다. 이것은 후세의 습관과는 서로 반대가 된다. 사람들이 보편적으로 신을 신기 전에는 묘당廟堂과 같이 장엄한 곳에 들어가려면, 신성한 곳을 더럽히지 않도록 먼저 발을 씻는 습관이 있었을 가능성이 높다. 이후에 편리하도록 하기 위하여 미리 발을 깨끗이 씻고 가죽으로 싸맸을 것이다. 의식을 행할 때 비로소 싸맨 가죽을 풀어 발의 청결을 유지하였다. 이런 임시변통의 가죽이 점차 발전되어 꿰매어 만든 신이 되었다. 신에다 장식을 한 것은 훨씬 뒤에 발전된 일이다.

예의를 차리는 일은 신사들의 일이었으니, 신을 신은 것도 당연히 지위있는 사람들이다. 상대에는 이미 신을 신은 조상이 있다. 이것과 맨발의 다른 조상과 비교해 보면 그 형상은 의심할 바 없는 귀족이다. 문자도 신발을 신은 사람의 신분을 중시하여 만들었다는 사실을 알 수가 있다. 금문의 ⚌(리, 履)자는 특별히 머리 부분이 세밀하게 그려진 사람이 배[舟] 모양의 신을 신고 있다. 초기의 신은 네모져 외형이 배와 아주 흡사하였다. 만일 간단하게 단지 신발 모양만 그려놓으면 곧 주舟자와 혼동되었으므로, 신을 신고 있는 사람의 모양을 더하여 그 의미를 분명하게 밝히고 있다. 소전의 이 자에서 제1형은 와변訛變되었고, 제2형은 주舟·족足·혈頁로 구성되어 있어 사람이 신을 신고 있다는 의미를 표현하고 있다. 이 자에서 머리 부분을 자세히 그린 까닭은 아마 신을 신은 사람의 신분이 고귀하다는 것을 강조하기 위해서일 것이다. 신은 머리와 전혀 상관이 없는데도, 이 자를 만든 사람이 번거로움을 무릅쓰고 머리 부위의 특징을 그려낸 것은, 반드시 신이 어떤 부류의 사람들이 신는 복식임을 표현하기 위해서이다. 이 사람이 제사를 주재하였을 가능성이 높다. 그러므로 얼굴에 화장을 하고 있다. 하夏자는 무당이 비를 내리게 해달라고 춤을 추며 비는 것으로, 여름에 흔히 볼 수 있는 상황이었기에 얼굴의 형상에 중점을 두고 있다. 무축巫祝은 귀족의 행렬에 속하며, 예의를 주지하는 일은 그들의 직무였다. 제일 먼저 신을 신은 것도 이들이었을 가능성이 높다. 그런 뒤에 예의에 참여하는 귀족들이 신었을 것이다. 갑골문의 (석, 舄)자는 아름다운 깃과 벼슬을 가진 새의 형상이다. 아마 겹신의 앞에 튀어나온 장식이 석조舄鳥의 깃 및 벼슬과 흡사하였으므로, 석舄이라 이름하였을 것이다. 금문에는 흔히 고급관원에게 예를 행하기에 편하도록 겹신을 하사하였다는 언급이 있다.

| 商 甲骨文 | 周 金文 | 秦 小篆 | 漢 隸書 | 現代 楷書 |
|---|---|---|---|---|
| 仒 仒 仒 仒 仒 仒 | 仒 仒 仒 仒 仒 | 衣 | 衣 衣 衣 衣 | 衣<br><br>옷깃이 있는 상의의 모양을 그리고 있다. |
| 創 亣 | 刅 亣 亣 亣 | 初 | 初 初 初 初 | 初<br><br>칼과 재료는 옷을 마름질하는 첫번째 순서라는 뜻을 나타내고 있다. |
|  | 市 市 市 | 市 戟 | 市 市 | 市<br><br>허리띠 위에다 묶도록 되어 있으며 가죽으로 만든 치마 모양의 옷을 본뜨고 있다. |
|  | 裔 | 裔 裔 | 裔 裔 裔 | 裔<br><br>옷깃이 길게 아래로 늘어져 있는 의복의 모양을 본뜨고 있다. |

| 商 甲骨文 | 周 金文 | 秦 小篆 | 漢 隸書 | 現代 楷書 |
|---|---|---|---|---|
| 〔㪍〕 | | 袁 | 袁 | 袁<br><br>갓난아기가 입는 옷으로 단지 머리만 노출되고 모자가 있는 장포의 모양을 그리고 있다. |
| | | 帶 | 帶 帶 | 帶<br><br>옷이 띠로 꼭 죄도록 만들어져 주름무늬가 진 상태를 본떠 그렸다. |
| | 佩 佩 | 佩 | 佩 佩 | 佩<br><br>요대에 매달려 아래로 늘어뜨려져 있는 수건이나 패옥의 형상. |
| 巾 | 巾 | 巾 | 巾 巾 | 巾<br><br>아래로 늘어져 있는 수건의 상형. |
| | | 染 | 㮕 | 染<br><br>식물의 액에 여러 차례 넣어 물들인다는 뜻을 표시하고 있다. |

| 商 甲骨文 | 周 金文 | 秦 小篆 | 漢 隷書 | 現代 楷書 |
|---|---|---|---|---|
| 㡀 㡀 㡀 | 㡀 㡀 | 㡀 | 㡀 | 㡀<br>자수의 도형으로 근형의 도안 두 개가 서로 등지고 있거나, 혹은 연결되어 있는 상태를 그리고 있다. |
|  |  | 表 | 表 表 | 表<br>짐승의 털이 보이지 않도록 옷 안에다 입는 습속을 표시하고 있다. |
|  |  | 衰 | 衰 | 衰<br>의복의 가장자리가 너덜너덜한 상태를 본뜨고 있다. |
|  |  | 希 | 希 希 | 希<br>수건의 올 구멍이 성겨 볼 수 있다는 상태를 모방하고 있다. |
| 爽 |  | 爽 | 爽 爽 | 爽<br>옷의 올이 성겨 들여다보일 수 있으니, 입으면 상쾌하다는 뜻을 나타낸다. |

| 商 甲骨文 | 周 金文 | 秦 小篆 | 漢 隸書 | 現代 楷書 |
|---|---|---|---|---|
|  | (圖) | 嬰 | 嬰 嬰 | 嬰<br><br>조개 껍질을 꿰어 목에 걸고 있는 모습을 그리고 있다. |
| (圖) | (圖) | 夫 | 夫 夫 | 夫<br><br>어른이 상투를 틀고 비녀를 꽂고 있는 모습. |
| (圖) |  | 妻 | 妻 | 妻<br><br>머리를 빗고 비녀를 꽂는 것은 결혼하여 아내가 된 후의 일이라는 것을 표시하고 있다. |
| (圖) | (圖) | 每 | 每 | 每<br><br>꿇어앉아 있는 여자의 머리 위에 비녀가 여러 개 꽂혀있는 모습이다. |
| (圖) | (圖) | 敏 | 敏 | 敏<br><br>부녀자가 꾸미는 머리 장식은 민첩함이 필요하다는 뜻을 나타내고 있다. |

| 商 甲骨文 | 周 金文 | 秦 小篆 | 漢 隸書 | 現代 楷書 |
|---|---|---|---|---|
|  | 繁金文 | 繁篆 | 繁隸 | 繁<br><br>여자의 머리 장식에는 비녀와 리본 등 여러 종류의 장식물이 있다는 뜻이다. |
| 冒甲骨 |  | 冒篆 | 冒隸 | 冒帽<br><br>아이들이 쓰는 위가 평평하고 귀를 보호하게 만들어진 모자의 모양. |
|  |  | 冠篆 | 冠隸 | 冠<br><br>한 손으로 다른 사람의 머리 위에 관을 얹어준다는 뜻을 표시하고 있다. |
| 前甲骨 | 前金文 | 前篆 | 前隸 | 前<br><br>대야 속에서 한쪽 발을 씻고 있는 상태를 그리고 있다. |
| 湔甲骨 |  | 湔篆 |  | 湔<br><br>대야 속에서 한쪽 발을 씻고 있는 상태를 그리고 있다. |

| 商 甲骨文 | 周 金文 | 秦 小篆 | 漢 隸書 | 現代 楷書 |
|---|---|---|---|---|
|  |  |  |  | 履 |
|  |  |  |  | 귀족이나 혹은 무축巫祝이 신는 신발이라는 뜻을 나타내고 있다. |
|  |  |  |  | 烏 |
|  |  |  |  | 아름다운 볏이 있는 새의 모양. |

제 10 장 의복

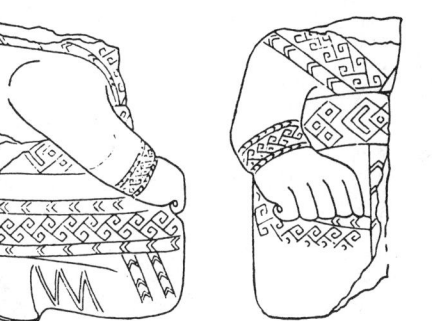
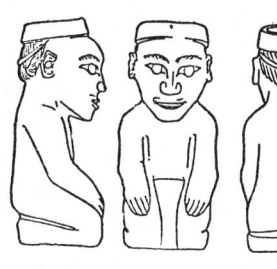
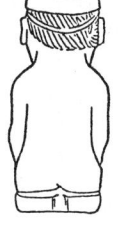

石人 ( 376, 4/10 )

그림 10.2 상대 석조인상石雕人像

跪坐像復原 HPKM 1004 石像復原

그림 10.1 상대 궤좌석조跪坐石雕 및 복원도

그림 10.3 상대 옥조인상玉雕人像

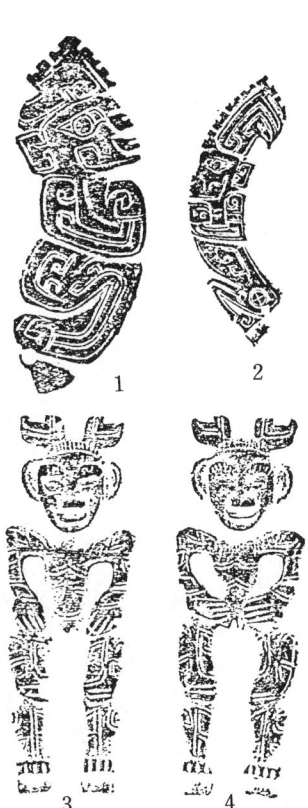

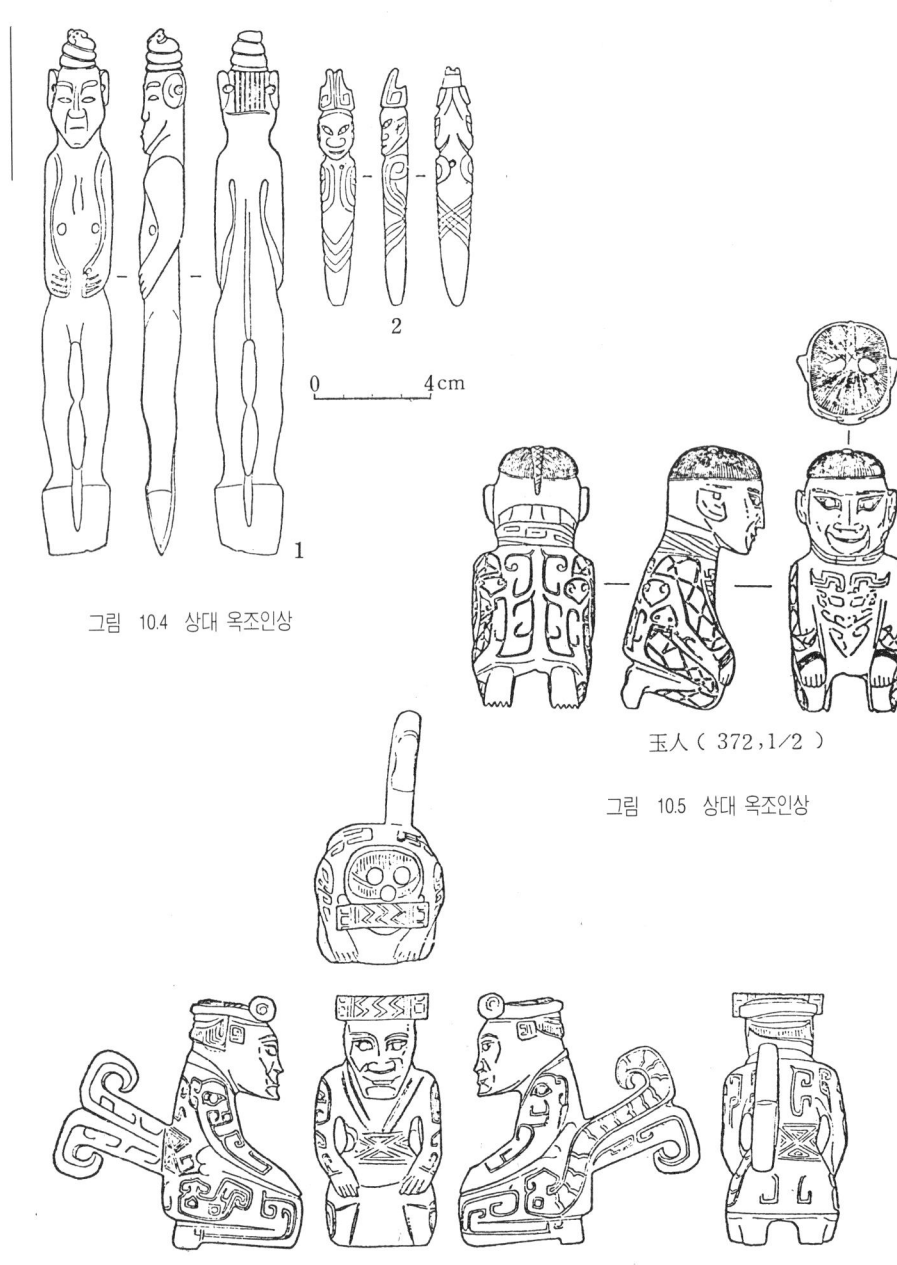

그림 10.4 상대 옥조인상

玉人 ( 372, 1/2 )

그림 10.5 상대 옥조인상

그림 10.6 상대 옥조인상

그림 10.7 서주 옥조인상   그림 10.8 서주 옥조인상

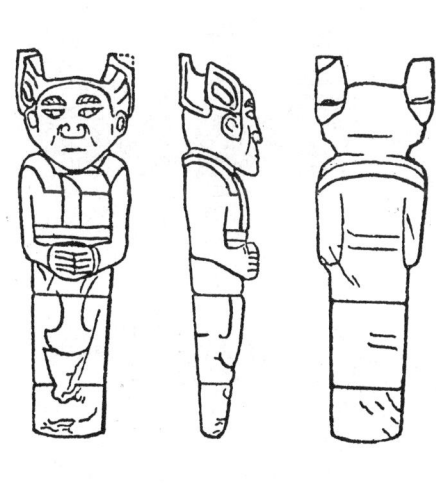

그림 10.9 서주 옥조인상   그림 10.10 서주 옥조인상

그림 10.11 춘추시기 옥조인상    그림 10.12 춘추시기 요대를 맨 도인상陶人像

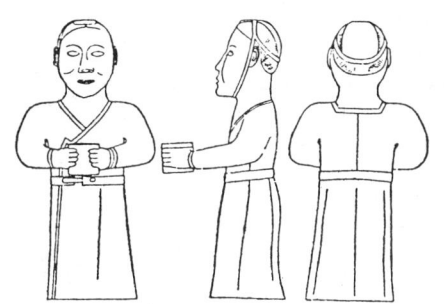

그림 10.13 춘추시기 옥조인상

그림 10.14 전국시기 청동인상

그림 10.15 한대 화석상의 무릎 가리개를 입은 정장후長

그림 10.16 한대 노동자의 복장

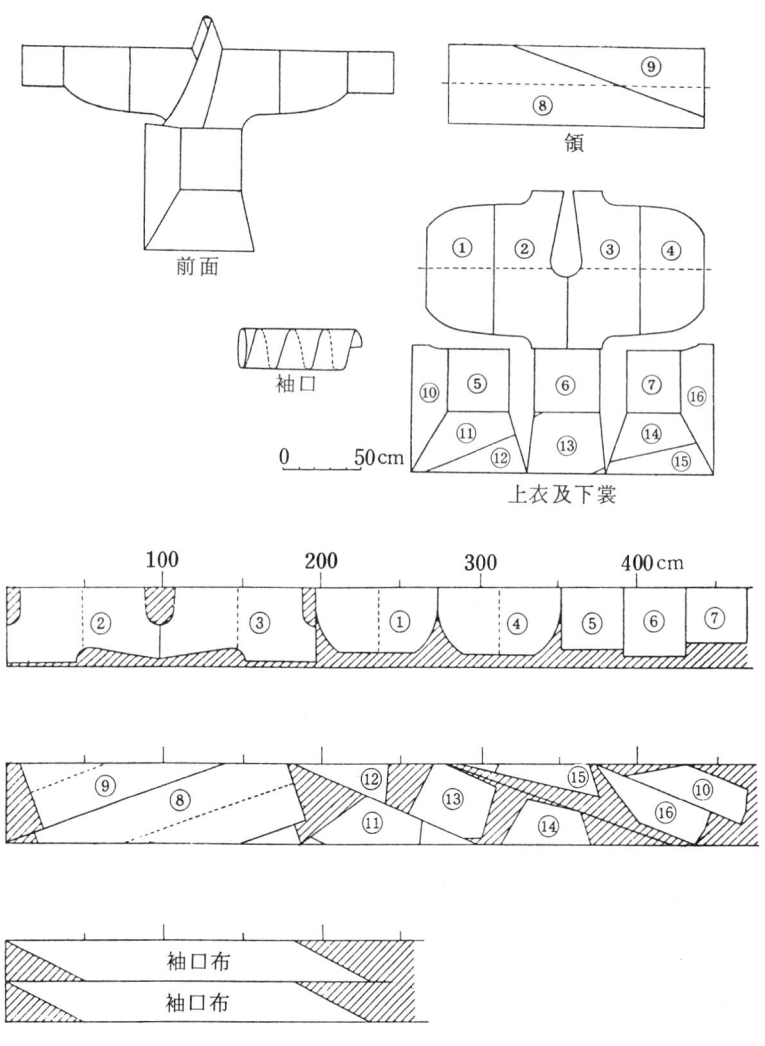

그림 10.17 서한 직거포直裾袍의 봉합 및 재단도

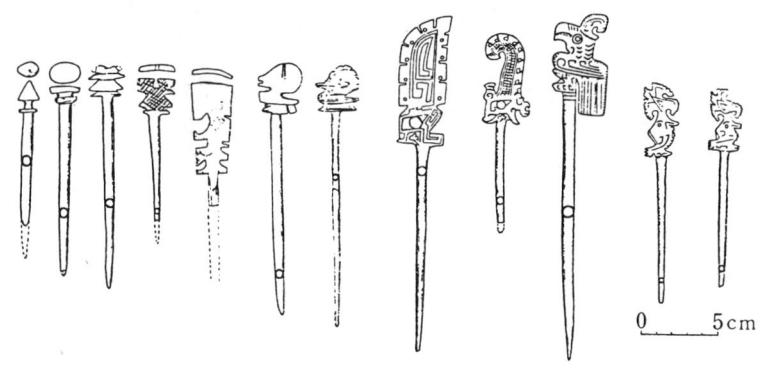

그림 10.18 상대의 뼈와 상아 비녀

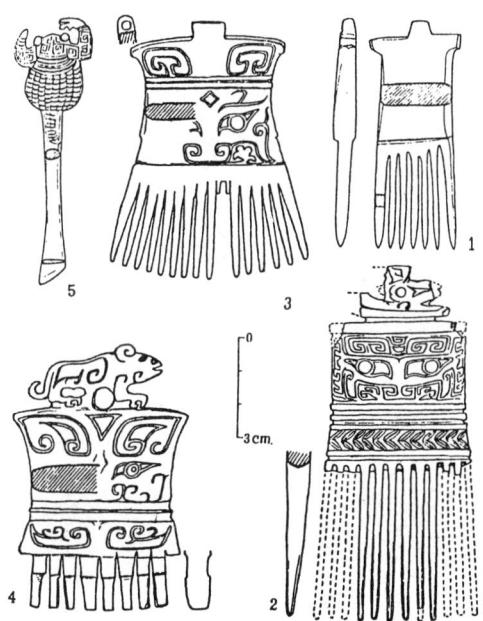

그림 10.19 상대의 석과 옥으로 된 빗질용구

제11장

# 교 통

### 원시인의 거처

 옛사람들은 물과 음식물을 쉽게 얻을 수 있는 지점에서 거주하였다. 소수의 사막을 제외하고는 음식물의 분포가 물보다 널리 퍼져 있어 거의 모든 지방에서 찾을 수 있었다. 물은 동식물의 성장요소이며, 또한 사람들이 생활해나갈 수 있는 가장 기본적인 조건이다. 물을 담는 도구와 시설이 발명되기 전에 원시인들은 물을 얻기 쉬운 지점을 택하여 거주하였다.

### 수 원

 물을 얻기 쉬운 곳은 당연히 하류를 꼽아야 했다. 그러나 하류의 수량과 계절에는 밀접한 관계를 갖고 있어 낙차가 때로는 2,30미터에 달하기도 한다. 우기에 홍수의 범람을 피하기 위하여, 옛사람들은 수재를 피할 수 있는 높은 지점을 택하여 거주하게 되었다. 그러므로 초기 인간들이 생활한 흔적은 일정한 자연환경, 즉 물이 가까이 있으면서도 고지대인 천연동굴이었다.(裵文中, 1958 : 47-49) 고고학적 실증에 의하면 멀리 30만 년 전에 벌써 사람들이 스스로 거주지를 만들었다. (Hoebel, 인류학 : 163) 뒤에 농업이 서서히 발전되고 경지가 넓어지게 되자 좀더 낮고 평탄한 지역으로 옮기게 되었다. 그곳이 바로 하류 양안의 고지대이다.(李紹連, 1980 : 20 ; 安志敏, 1979 : 345) 그곳은 또한 동물들이 몰려와 물을 마시고 노는 곳이어서 어렵에도 수확이 있었다. 이리하여 점점 자기 집을 짓게 되었다. 그러나 초기에 사람들은 정착생활을 하지 않았기 때문에 그때의 인공적인 주거지는 아주 간단하여 쉽게 세우고 쉽게 옮길 수 있었으므로, 지면에서 그 흔적을 발견하기가 어렵다. B.C.6000년 이후의 유적지는 비교적 쉽게 건축의 흔적을 찾아볼 수 있다. (許順湛, 1980 : 10) 갑골문의 凵(구, 丘)자는 양안이 솟아오른 산구릉이나 대지이며 아마도 중간에 물이 흐르는 와지窪地의 형상일 것이다.(그림 11.1) 고대인들이 활동한 지점은 흔히 산구릉이나 하류였다.(그림 11.2) 유사시기에 이르러 대부분의 사람들은 이미 평지로 옮겨 살았으나 여전히 적지 않은 사람들이 산구릉에 거주하고 있었다. 이로 인하여 거주하고 있던 산구릉이 종족의 이름이 되었다.《풍속통의 風俗通義》일문佚文에 보면, 오구吾丘·양구梁丘·우구虞丘·상구商丘 등과 같이 구릉으로 명명名命한 고대 성씨들이 아주 많았다.

 인구의 압력은 일부분의 사람들로 하여금 물을 얻기 쉬운 지점을 떠나도록 만들었으므로, 거주지역도 점점 확대되어 하류에서 멀리 떨어진 지점에 촌락을 세우도록 하였다. 그 발전순서는 대략 아래와 같다. 사람들은 먼저 물을 담을 수 있는 물건이 있어야 수원을 벗어날 수 있었다. 도기가 처음 발명되었을 때, 도기의 주요한 효용은 물을 담는 것이었다. 대나무 마디·바가지 등과 같은 천연의 물건도 물을 담을 수는 있으나 도기만큼 용량이 크지 못하였다. 게다가 도기는 수시로 만들어낼 수 있으므로 일정한 계절까지 기다릴 필요가 없었다.

도기의 이용은 인간의 활동범위를 점점 확대하게 되었다. 그러다가 마침내 사람들은 물가에서 멀리 떨어진 지점에서도 샘물이 솟아오르는 곳이 있어, 생활에 필수적인 물을 제공할 수 있다는 것을 발견하게 되었다. 갑골문의 ⌘(천, 泉)자는 물이 땅에서 솟아나오는 모양이다. 천泉은 수원이 있는 곳이다. 이 자형에 조금 변화를 가하면 금문의 ⌘(원, 原)자가 되어 물이 솟아나오기 시작하는 지점이 바로 수원임을 표시하고 있다. 원原자는 뒤에 오면서 평원·고원 등의 뜻으로 차용되었으며, 물이 솟아나는 지점은 사람이 생활하기에 아주 좋은 대지였으므로 평평한 들에 샘이 있는 곳을 표시하는 데 사용되었다. 신석기 유적지의 유형은 도랑이 주위를 둘러 흐르고 샘물이 솟아오르는 곳이거나, 물굽이가 산자락을 휘감고 흐르며 못이 있는 곳 등과 같이 물을 얻기 쉬운 장소들이었다.(石璋如, 1956 : 313, 317-19) 그러나 이미 산구릉의 대지들은 아니었다.

## 우 물

수원지의 발견은 사람들에게 우물을 파서 물을 찾도록 고무하게 되었다. 우물은 물을 오래 보존하여 유실되지 않도록 할 수 있어서 수시로 필요할 때마다 대량의 물을 공급할 수 있었다. 갑골문의 井(정, 井)자는 네 개의 나무로 구성된 사방의 테두리 모양이다. 어떤 학자는 이것이 우물 난간의 상형이라고 믿고 있다. 그러나 도관이나 벽돌로 우물의 벽을 쌓기 전에는 나무로 우물벽을 둘러서 사토가 붕괴되어 우물이 막히지 않도록 하였다. 하모도의 우물을 예로 들면 사방으로 네 개의 말뚝을 흙 속에 박아 넣은 뒤에 말뚝 안의 진흙을 파낸다. 그런 연후에 다시 수평으로 네 개의 지지대를 말뚝 사이에 설치하여 우물벽이 허물어지지 않도록 방비하였다.(浙江文管 1978 : 50)(그림 11.3) 상대에도 여전히 똑같은 방식으로 우물을 축조하였으며(台西發掘 1974 : 45) 주초《역경》의 정괘井卦는 나무 위에 물이 있는 부호로 표시하였다. 갑골문의 우물 정井자는 나무로 만들어진 우물 안을 표시하는 것이지 후대 우물에서 흔히 볼 수 있는 난간 모양이 아니다.

《격치경원格致鏡原》에는 우물 발명시대에 관한 전설로 신농씨·황제 혹은 하나라의 백익伯益이 기록되어 있다. 이미 5천여 년 전의 하모도 유적지에서 우물이 발견되었으니, 우물의 발명은 황제 이후의 일이 아니다. 아마도 우물을 이용하여 관개를 했다는 생각을 바탕으로, 농업의 발명자인 신농씨와 우물을 함께 연관시켜 나온 전설일 것이다. 우물은 사람들로 하여금 물의 이용능력을 더욱 확대시켜 주었으므로, 멀리 하류를 떠나 물을 찾을 수 있는 저지대에 촌락을 세울 수가 있었다.

고대 중국인들은 우물 파는 기술이 벌써 상당한 수준에 올라 있었다. 평지에서 우물을 파는 것은 산에서 광산을 파는 것보다 훨씬 쉬웠다.《한서》공우전貢禹傳에서 공우가 상서하기를 당시 광산의 갱도는 땅 속 깊이 1백여 장까지 파들어갔다고 말하였다. 우물을 파는 기술도 아마 이 정도의 깊이까지 팔 수 있었을 것이다. 우물을 팔 때 가장 주의할 점은 유독가스가 사람을 질식사시킬 수 있다는 것이다. 서기 4,5세기의 동진시대에는 이미 간단한 가스탐측법이 있었다.『깊은 우물에는 독기가 있다. 5월 5일에 닭털을 우물 속에 던져보아 털이 곧장 아래로 떨어지면 독기가 없으며, 만약 공중에서 맴돌면 들어갈 수가 없다. 深井多有毒氣, 五月五日以鷄毛試投井中, 毛直下無毒, 若迴四邊, 不可入』사람들은 이미 가스가 공기보다 가벼워 깃털을 떠오르게 한다는 사실에 주의하고 있었다. 한대 사람들도 가스가 연소된다는 것을 발견하여 이를 제염製鹽에 이용하였다.(張子高, 化學史 : 276-77)

우물을 많이 파면 팔수록 수위가 점점 낮아졌으므로 더욱더 깊이 파야만 물을 얻을 수가 있었다.《사기》하거서河渠書에는, 한무제 때 관개할 물을 얻기 위하여 40여 장 깊이로 우물을 팠다는 기록이 있다. 우물이 깊어지면 물을 길어올리기가 힘들기 때문에 기계장치를 이용하여 물을 긷는 방법을 생각하게 되었다. 갑골문의 彔(록, 彔)자는 우물 위에 설치한 도르래 모양과 두레박에서 물방울이 떨어지는 상태를 표시하고 있다. 두레박은 물에서 쉽게 기울어지도록 아래와 위가 좁고 중간의 몸체가 넓고 크게 만들어졌다. 서안 반파의 물 긷는 병도 이렇게 되어 있다. 도르래의 사용은 더 빨랐을 수도 있다. B.C.3200년의 하모도 유적지의 제2문화층에서 발견된 우물에는 우물 위에 나무로 지붕이 만들어져 있었다.(浙江文管 1978 : 50-51) 이것은 도르래를 설치하여 사용하기 위한 것으로 생각된다. 그때 사람들은 아마도 햇빛을 가리고 비를 피하기 위한 목적으로 우물의 지붕을 만들지는 않았을 것이다. 한대에는 우물 난간의 명기明器가 많이 출토되고 있으며, 이들 대부분은 모두 도르래가 달려 있다.(그림 11.4) 그 외형은 갑골문의 록彔자의 자형과 아주 흡사하다. 갑골문의 록彔자는 산록山麓으로 차용되고 있어서, 원의原義의 사용과는 이미 얼마간의 시간이 흘렀음을 밝혀주고 있다. 전국시대《장자》의 천지天地·천운편天運篇에는 모두 물을 긷는 장치인 길고桔槹를 사용하여 힘을 절약하여 물을 길었다고 언급하였다.

　우물 파는 기술이 진보함에 따라서 사람들은 하류에서 훨씬 멀리 떨어져 살 수 있게 되었으므로, 인구가 밀집하여 생겨나게 되는 경지의 축소 및 식량의 부족과 같은 곤란을 경감하게 되었다. 우물은 한 집안 사람들이 단기간에 팔 수 있는 일이 아니었으므로, 몇 집이 힘을 합쳐 공동으로 파고 공동으로 사용하게 되었다. 그리하여 점차 우물[井]을 단위로 한 작은 단체가 만들어졌으며, 여러 정井은 다시 촌락을 이루고 마침내 촌락이 확대되어 성시城市가 되었다. 갑골문의 ⌂(읍, 邑)자는 꿇어앉아 있는 한 사람과 계획된 범위의 구역으로 일정한 범위에 거주하는 촌락을 표시한다. 이런 범위는 도랑이나 울책일 수도 있어서(西安半坡：49-52；半坡博物館 1980：3；浙江文管 1960 b：95)(그림 11.5) 야수의 침입을 막고 심지어는 적의 침입을 방지할 수가 있었다. 서안의 반파는 바로 이러한 촌락의 좋은 예이다. 일반적으로 읍은 대개 거주자가 1백 명 이하인 작은 촌락을 말한다. 비록 어떤 촌락들은 큰 것도 있다. 예를 들면《설문》의 허虛자에 대한 해설에는 『옛날에는 아홉 장정이 정井이 되고, 네 정이 모여 읍邑이 되며, 네 읍이 모여 구丘가 된다. 구를 허虛라고 한다 古者九夫爲井, 四井爲邑, 四邑爲丘, 丘謂之虛』고 하였으나, 성으로 둘러싸인 대도읍은 아니다.

　반파촌은 불규칙적인 원형촌락으로 면적은 약 5㎢이다. 유적지에는 집이 밀집된 자취가 있다. 거주지의 둘레에는 약 5,6미터의 넓고 깊은 방어용 도랑이 파여 있다. 도랑 밖에는 공동묘지와 가마터가 있다. 모두 5,6백 명이 거주할 수 있으므로 고대에는 상당히 큰 촌락이라고 할 수가 있다. 반파는 비록 하류에서 8백 미터 정도 떨어져 있었으므로, 물을 얻기가 용이한 천원구泉源區이나(西安半坡：5, 9, 228) 우물이 발견되지 않았다. 뒤에 오면서 물길에서 멀리 떨어지는 일이 흔하게 되어 촌락을 세우는 첫째 조건이 우물을 파는 일이었다. 한대의《풍속통언風俗通言》에는 『세상에서 시정市井이라고 말하는 것은 시장에 물건을 팔러가는 사람이 먼저 우물에 가서 팔 물건을 깨끗하게 씻고 차비를 차려 시장에 간다는 말이다. 8가구 9경 20무가 1정이 되며, 그때에는 우물 주위가 시장이 되어 쉽게 돌아올 수 있었기 때문에 시정이라고 하였다. 俗說市井者, 謂至市鬻賣者, 當於井上洗濯, 令其物香潔及自嚴飾, 乃到市也. 八家而九頃二十畝共爲一井, 因井爲市易而返, 故稱市井』이처럼 우물은 일상생활의 중심이 되었기 때문에 사회구역 및 상업교역의 활동지역이 되었다.

### 성 시

서주시대의 봉건제후들은 먼저 읍을 세우고 나서 백성을 옮겼다. 예를 들면 《사기》 주본기에서 상을 멸한 뒤에 먼저 낙읍洛邑을 세우고, 다시 상의 유민을 이주하였다는 기록이 바로 그 구체적인 표현이다. 상대의 갑골 각사에는 읍을 세워도 되겠느냐고 점을 쳐 물어본 복사가 자주 보인다. 이 또한 촌락을 세워 백성을 이주시키는 일에 관한 것이다.(彭邦炯, 1982 : 302) 읍은 촌락을 다스리는 정치의 중심이며, 읍이 확대된 도읍은 통치계급의 정치교육의 중심이다. 도읍 안의 주민을 보호하기 위하여 높고 두터운 성벽을 건조하였다. 갑골문의 ⊕(곽, 郭)자는 또 성채를 뜻하는 용墉자로도 해석되며, 방형이나 원형으로 성을 축조하고 성 위의 사면에 성루를 설치하여 정찰과 파수를 보았다. 이와같이 정찰과 검문을 하던 망루의 원형은 이미 B.C.4000년의 임동 강채 유적지에서 살펴볼 수가 있다.(鞏啓明, 1981 : 64) 이 자는 때때로 간단하게 두 개의 성루만을 그려 쓰기도 하였다. 뒤에 오면서 상의자인 곽郭은 성의 범위를 표시하는 뜻으로 편중되어 쓰였고, 형성자인 용墉은 성의 장벽을 표시하는 뜻으로 편중되어 쓰였다. 상대에는 성시의 범위가 또다시 확대되어 원래 성 밖에 거주하던 수공업자들도 성 안으로 이주하여 교역의 관리를 편리하게 하였으므로, 성시는 정치・교육・경제의 중심지가 되었다.(商周考古 : 64) (그림 11.7)

성은 견고한 성벽으로 둘러싸인 사회구역이다. 성은 적의 침입을 방어하는 일이 가장 중요한 효용이어서(許倬雲, 1979 : 456-58 ; 杜正勝, 1980 : 615-747) 격렬한 전쟁 후의 산물이다. 사람들이 정착생활을 하게 된 뒤로 장기간의 발전을 거쳐야 비로소 도달할 수 있는 고도의 문명임은 의심할 여지가 없다. 그러나 성은 어느 때 건조되게 되었는지, 그 주요한 목적이 적을 방어하는 것인지 혹은 다른 목적이 있었는지는 탐구해볼 가치가 있는 흥미로운 문제이다. 경제적 약탈은 전쟁을 야기하는 주요 동기였다. 농경으로 살아가는 사람들은 자기들이 땀흘려 경작한 산물을 다른 사람들의 약탈로부터 보호하기 위하여, 무력을 조직하고 성채를 구축하여 방비할 필요를 느끼게 되었다. 고고학의 지식으로 알 수 있는 최초의 성벽은 용산문화 말기로서 산동 장구章丘의 성자애城子崖 하남 등봉登封의 왕성강王城崗 및 회양淮陽의 평량대平糧台로(城子崖 : 26 ; 嚴文明 1981 : 48 ; 徐殿魁 1982 : 24) 바로 전설 속의 하왕조가 건국한 때이다. 그때 이미 사회의 계급이 확립되고 전쟁의 규모도 상당히 커졌다. 그러므로 성벽을 축조하여 적을 방비하는 일은 이치에 들어 맞으며 크게 의문을 품지 않아도 될 것 같다. 그러나 중국에서는 사람들이 최초에 축성한 목적은 다른 의도가 있었을 가능성이 있다.

성자애의 성은 둘레가 2000m가 되지 않는다. 상대 초기 하남 정주에 건조된 성은 규모가 아주 크다. 그 사면의 길이를 살펴보면 동으로 1700m, 남으로 1700m, 서로 1870m, 북으로 1690m이며, 전장 6960m이고 면적은 약 3.2km²이어서, 한당 漢唐 이래의 정주성과 비교해보면 ⅓ 정도가 크다.(그림 11.6) 성벽은 아주 두껍고 단면은 사다리형으로 층을 나누어 수축하였다. 가장 넓은 곳은 36m이며, 평균 높이는 10m, 넓이는 20m이다. 이 성벽의 축조에는 1만여 명의 노동력을 동원해야 했으며, 당시의 작업효율로는 매일 10시간을 일하여 18년이 걸려야 비로소 완성될 수가 있다.(安金槐 1961 : 73-77) 어떤 학자의 통계로는 4,5년이면 완성될 수 있다고도 한다.(商周考古 : 59) 그러나 아주 효과적인 조직능력이 없었다고 한다면 이와같이 거대한 공정을 완성하기 어려웠을 것이다.

### 성의 방수防水 작용

성벽의 안팎은 모두 경사를 주어 견고함을 높여주고 있다. 성벽의 기울기는 약 40°이다. 이것은 제방에서 흔히 볼 수 있는 형식으로, 물로 인한 성가퀴의 침식을 방지할 수는 있으나 적의 침입을 막기 위해서는 아주 불리하다. 상대의 성벽인 호북 황피黃陂의 반룡성盤龍城 또한 이처럼 축조되었다. 이들은 모두 홍수를 막기 위하여 수축되었을 가능성이 높다. 하남 휘현輝縣의 공성共城은 성벽이 특히 두터워 성벽의 기반은 넓이가 60m에 달한다. 연구자들은 그 성벽이 북쪽 태행산의 산사태로 생기는 충격을 방지하기 위한 것이라고 한다.(崔墨林, 1983 : 206) 하남 안양은 상 후기의 도읍지로 2백여 년이 넘었다. 응당 주위에 견고한 성벽을 쌓아 적의 침입을 방비해야만 했다. 그러나 몇십 년의 집중적인 조사와 발굴을 거친 결과, 단지 부근에 넓이 7~21m, 깊이 5~10m에 달하는 거대한 해자만이 발견되었으며(安陽發掘 1961 : 66) 끝내 성벽의 흔적은 찾아볼 수가 없었다. 그러므로 어떤 학자들은 안양이 단지 상왕조에서 장례와 제사를 받드는 종교적인 성지일 뿐 정치의 중심지는 아니었을 것이라는 의혹을 갖게 되었다.(宮崎市定 1970 : 271) 그러나 안양에서는 대규모의 야금·제골製骨·요업 등의 작업장이 발견되었다. 그리고 갑골 각사에서 정치에 관하여 점을 친 기록과 후세에 전해진 문헌들도 모두 안양이 정치의 중심이었음을 보여주고 있다. 또 견고한 성벽이 없었기 때문에 상나라 군대는 원군을 기다리며 완강히 버티지 못하고, 주나라의 연합군에 의해 일격에 궤멸되어 나라를 잃었을 가능성이 높다. 부근에는 근년에 몇 차례 홍수가 있었으나 안양은 지세가 높아서 재해를 입지 않았다. 상나라 사람들은 안양의 지세가 높기 때문에 성을 쌓아 수해를 방비할 필요가 없다고 여겼으며, 군사상의 필요는 고려하지 않았던 듯하다.

상인들이 거주했던 지역은 황하 하류의 충적구이다. 황하의 어떤 지역은 물길이 얕고 진흙과 모래가 많아서 장마에는 흔히 범람을 하곤 한다. 문헌에 의하면, 상의 시조인 설契에서 탕湯의 건국에 이르기까지 모두 여덟 번 천도하였으며, 탕에서 반경盤庚이 안양에 도읍하기까지 다섯 번을 천도하였다 한다. 우리는 그 천도의 대부분이 수재 때문이었다고 상상할 수 있다. 용산문화 말기에 속하는 하남 등봉登封 왕성강王城崗의 서쪽 성벽은 홍수로 무너진 뒤에 다시 옛성벽을 이용하여 수축한 것이다. 전설에는 곤鯀이 둑을 막는 방법으로 치수를 하였다고 한다. 둑을 막는 방법과 축성은 서로 같으니, 그 당시 성의 수축과 홍수의 방비에 관계가 있음을 살펴볼 수가 있다.

고대에는 어떻게 하면 하류의 범람을 해결할 수 있을까 하는 것이 가장 절실한 문제였다. 뒤에 오면서 성벽이 적을 막는 데 중요한 작용을 한다는 사실을 알게 되면서 널리 수축하게 되었다. 이로 인하여 후세의 축성은 거의 대부분이 적을 방어하기 위해서 쌓게 되었다. 영주는 봉국의 제후를 통제하기 쉽고, 속국은 자신의 방어능력을 강화할 수 있다. 성 둘레의 크기와 견고함의 정도는 항상 춘추시대 상하 계급사이의 논쟁 사항이었다.(大島利一, 1958 : 58-60) 현재 발굴된 서주 이전의 성은 아주 적으며(Keightley, 1982 : 553-54) 춘추시대에 비로소 대량으로 수축되었다. 춘추경전의 기록에 의하면 새로 세우겠다고 언급된 성이 97개이며, 셀 수 있는 것만도 4백66개이다.(Wheatley, 1970 : 164-73) 고고발굴 또한 끊임없이 문헌의 기록을 실증해 주고 있다.(張光直, 考古 : 318, 324-45) 《사기》 악의열전樂毅列傳에 따르면, 연燕나라는 제齊나라의 70여 성을 공격하여 무너뜨렸다. 그리고 《전국책》 제책齊策에는 제齊나라에 1백20개의 성이 있다고 하였다. 이것으로도 전국시대에 각국의 축성이 얼마나 성황을 이루었는지 상상하고도 남음이 있다. 성시의 인구가 갈수록 많아졌기 때문에 범위도 확대되었다. 전국시대에 큰 성은 둘레가 1만 미터 이상이었다. 예를 들면 제나라 임치臨淄는 1만4천 미터였으며(群力, 1972 : 45) 조나라의 한단邯鄲은 1만5천 미터나 되었다.(邯鄲文管 1980 : 142) 다만 작은 것은 4,5천 미터였으며 심지어는 1천 미터도 있었다.(秦晉, 1980 : 48)

중국에서 담을 쌓는 일관된 방법은 양축夯築으로, 층과 단을 나누어 흙을 틀에 넣고 다지는 방법이다. 정주성鄭州城을 예로 들면 매단의 길이가 약 3.5m이며, 나무 판자로 주위를 둘러 하나의 틀을 만들고, 그 속에 흙을 채우고는 목봉으로 물이 스며들지 않도록 견고하게 흙을 다진다. 매층의 두께는 3~15m로 똑같지는 않으나 평균 8~10m이다. 이와같이 층층이 흙을 다져 세우고자 하는 높이까지 만든다. 성벽의 안팎에는 또 비스듬한 보호벽을 만든다.(安金槐, 1961 : 73-80) 후에 성벽으로 적을 방어하게 되자 성 밖 보호벽의 기울기를 가파르게 만들었다. 이런 방법으로 축성한 벽은 지질이 견고하며 화북 황토의 특성을 충분히 이용한 이상적인 축성법이다. 《시경》 대아大雅의 면綿에는 이런 축성법을 묘사하고 있다.

  건설을 관장하는 사공을 부르고
  부역을 징발하는 사도를 불러
  궁심을 세우도록 명하시었네.
  먹줄로 곧게 시공하고
  판자를 이어 끈으로 묶고 흙을 채우며,
  먼저 종묘를 세우니 장엄도 하여라.
  푹푹 흙 담는 소리
  퍽퍽 흙 던지는 소리
  텅텅 흙 다지는 소리
  평평 판판하게 고르는 소리
  백도百堵의 높은 담 동시에 건조되니
  큰 북소리 이보다 못하리.
  乃召司空, 乃召司徒, 俾立室家, 其繩則直,
  縮版以載, 作廟翼翼, 捄之陾陾, 度之薨薨,
  築之登登, 削屢馮馮, 百堵皆興, 鼛鼓弗勝.

이런 건축법은 축築자에 나타나 있다. 금문의 ※(축, 築)자는 한 사람이 두 손으로 흙을 다지는 나무 추를 들고 아래위로 흙을 견고하게 다지는 모양이다. 시공시에는 대나무나 나무 등의 재료로 틀을 만들고 흙을 그 속에 메워야 했으므로 또 죽竹이나 목木의 의부로서 그 뜻을 밝혔다. 이런 양축법은 지금도 화북지구에서 여전히 사용되고 있다. 전국시대에 와서야 비로소 구워 만든 가운데가 비어 있는 벽돌과 가늘고 긴 벽돌이 나와 건축시간을 단축할 수 있었다.

### 초기의 집

원시인들은 조수와 마찬가지로 천연동굴이나 큰 나무에서 살았다. 그러나 이런 방식은 모두 사람들의 필요에 적합하지 않았다. 사람들은 자기의 거처를 마련하여 풍우를 피하지 않을 수가 없었다. 중국에서는 자연환경에 적응하기 위하여 신석기 시대의 주거지는 두 가지 기본적인 형식을 갖추게 되었다. 하나는 지하나 혹은 지면에 세우는 것이고, 다른 하나는 지면보다 높게 만드는 것이다.(安志敏, 1963 : 82 ; 田中淡, 1980 : 123-97)

반지하혈식半地下穴式은 화북지구에서 겨울날 차가운 기후에 적응하기 위한 구조이다.(Hoebel, 인류학 : 198) 건축기술의 관점에서 보면 지하혈식은 벽을 높게 쌓을 필요가 없으며, 땅을 둥글게 파는 것이 네모지게 파는 것보다 쉽다. 그러므로 유목민들은 원형이 많고 정착민은 다방형이나 사각형이 많다.(Hoebel, 인류학 : 293) 초기의 혈거穴居는 하남 언사偃師 탕천구湯泉溝의 유적지가 대표적이다. 둥글게 판 땅의 깊이는 사람의 키보다 높고 나무기둥과 지붕으로 비바람을 가리게 되어 있다. 두껑을 열고 닫을 수가 있어 출입에 사용되며 아울러 야수의 침입을 막을 수가 있다. 출입을 편리하게 하려고 나무기둥이나 흙벽에 발 디딜 곳을 파놓아 잡고 올라가도록 하였다.(楊鴻勛, 1975 : 53 ; 河南文工 1962 : 562)(그림 11.7) 좀 진보된 방식은 경사지게 만들어 반드시 물건을 잡고 출입할 필요가 없도록 하였다. 그것은 서안 반파의 F37 주거지를 대표로 할 수 있다. 그 지붕의 구조는 비교적 복잡하여 큰 기둥 하나가 서까래를 지탱하는 데 사용될 뿐 아니라, 몇 개의 나무기둥이 입구로 뻗어나간 지붕을 버티고 있다.(楊鴻勛, 1975 : 41-44)(그림 11.8) 다시 진일보하여 벽을 세우게 되면서, 건축물은 완전히 지상으로 옮겨지게 되었다. 6천 년 전의 반파 촌락에는 네모진 집과 경사진 지붕을 한 것도 있어 지금 볼 수 있는 중국 지붕의 형식을 이미 갖추고 있다. 벽과 지붕에는 나무를 많이 사용하였으나 장부를 끼워 맞춘 흔적은 보이지 않는다. 기둥과 들보의 접합은 대개 끈으로 묶었을 뿐이다.(西安半坡 : 42, 44)(그림 11.9) 동시대의 하모도 유적지에서 이미 장부촉이음으로 접합 부분을 견고하게 만든 것과는 다르다.(浙江文管 1978 : 47-48)(그림 8.2) 반파문화의 말기에 이르자, 지면의 집들은 이미 크고 넓게 지어지기 시작하여 부엌과 침실의 구분이 생기게 되었다.(楊鴻勛, 1975 : 68-69)(그림 11.10)

집은 본래 개인이 비바람을 피하고 야수를 피하여 잠시 쉬던 휴식처였다. 집의 면적은 협소하여 3,4평 정도로 한두 사람이 들어갈 수 있으면 되었다.(伊藤道治, 1962 : 234) 다른 활동은 물론 음식을 익힐 만한 공간도 없었으며 단지 필요할 때만 들어가서 쉬었다. 건축기술의 발전과 가정구성의 변화에 따라 집도 갈수록 커지게 되었다. 반파시대의 집은 방형方形이 일반적으로 20평, 원형은 직경 5,6미터 정도 되었다.(西安半坡 : 9) 그러나 큰 집은 1백60평에 달하는 것도 있으며 이런 집은 공중 집회장이 분명하였다. 그때의 집들은 이미 밥을 지을 만한 충분한 공간이 있었다. 사람들이 집 안에서 생활하는 시간도 갈수록 길어졌으며, 편리함과 은폐를 위하여 방을 가르는 벽이 생겨나게 되었다. 그때의 가정은 구성원이 많지 않았으므로 공공시설이나 권력자가 모종의 용도로 세운 건물을 제외하면, 일반 집들은 여러 사람들이 들어갈 만한 집을 지을 필요가 없었다. 그러므로 갑골문의 ⊕(궁, 宮)자는 방을 나눈 지반이나 혹은 몇 조각으로 반듯하게 구획해 놓은 택지의 형상이다. 대개 한 지붕 아래에 서로 다른 공간이 있음을 강조하려고 했으므로, 네모 반듯한 지반 위에 지붕이 있는 모양을 그리고 있다. 칸을 나눈 방이 후대에는 아주 보편적이었으나, 초기에 그런 건축은 정교政教를 주재하는 곳으로 화려하고 웅장한 궁전으로 보이게 되었다. 그러므로 궁宮은 궁전宮殿·궁정宮廷의 의미를 갖게 되었다. 상대의 종묘궁침은 85×14.5m나 되었으니 그 건축규모의 웅대함을 상상할 수가 있다.(石璋如, 1955 b : 161–63)

화북지구는 비록 건조하다고는 하지만 반지하식의 혈거는 습기가 찼으므로 오래 거주하기에는 적합하지 않았다. 이로 인하여 사람들은 갖가지 방습시설을 하게 되었다. 반파의 방바닥은 불로 구워 물이 스며나오지 않도록 하거나 조개껍질을 태운 재를 바닥에 발라 습기를 흡수하도록 하였다.(楊鴻勛, 1975 : 61–63) 그것이 당시에는 가장 신경을 쓴 것이라고 할 수가 있다. 용산시대에 이르면 석회를 구워 바닥을 만드는 게 보편적이었으며(仇士華, 1980 : 35) 또 시간과 품이 많이 드는 달구질 방법으로 바닥을 견실하게 다져서 강한 내습성을 갖도록 하였다.(河南文物局 1984 : 6) 상대의 귀족들은 이런 다지기 방식을 상용하여 집을 지었다.(石璋如, 1969 b : 127–29) 단지 귀족들만이 비로소 흙을 다지는 방법으로 집을 지었고, 아울러 크고 특별한 건축물에만 사용하였다. 그러므로 含(향, 享)자는 지붕이 비스듬한 건축물이 지면에서 높이 솟아오른 토대 위에 서있는 모양이다. 이 자에 제사를 받는다는 의미가 있는 것은, 반드시 귀신에게 제사를 드리는 묘당의 건축이란 뜻에서 왔을 것이다. 고대에 제사는 국가의 가장 중요한 일이었으며, 제사의 장소는 정사를 베풀던 곳이기도 하였다. 그러므로 당연히 노동력과 비용을 아끼지 않았으며, 가장 품과 시간이 많이 드는 달구로 흙을 다지는 방법을 써서 건축하였다.

**난간 건축**

지면에 높이 건축하는 또 다른 방식은 사람들이 나무 위에 집을 짓고 살던 데서 진화되었다. 난간 건축은 먼저 지상에 나무기둥을 세우고 난 후에 기둥 위에 판자를 깔고, 집을 짓고, 방을 나누었다.(그림 11.11-12) 이런 건축은 대부분 화남華南인 광동廣東·광서廣西·호남湖南·사천四川·귀주貴州·운남雲南·강서江西·절강浙江·강소江蘇 등의 성에서 발견되고 있다.(安志敏, 1963 : 65-85) 그것은 지하혈거식보다 시간과 품은 더 들어가지만 비가 많이 내리고 뜨거운 화남지구의 기후에 적응하기 위해서는 부득이 난간 방식으로 습한 지면에서 떨어져야만 했다.

B.C.4300년의 하모도 유적지에서는 산을 뒤로 하고 물이 앞을 흐르는 곳에서 나무기둥 13개가 발견되었다. 복원 가능한 형상은 앞에 복도가 있는 긴 난간식 집이었다.(浙江文管 1978 : 46) 그 형상은 운남雲南 동고銅鼓상의 문양이나, 한대 도명기陶明器의 집 모양과 같았을 것이다.(그림 11.11) 갑골문의 𠂤(경, 京)자는 세 개의 나무기둥 위에 비스듬한 지붕을 한 건축물의 모양이다. 화북지구에서는 난간에 세운 집이 자연히 지면에 세운 것보다 높았으므로 높게 솟은 건축물을 경京이라고 불렀다. 정치와 교육의 중심지는 항상 높이 치솟은 건축물이 있었으므로 경도京都라고 부르게 되었다.

난간식 집을 건조하는 기술은 단지 난간의 지지 부분에 벽을 세우면 바로 이층으로 된 집이 된다. 갑골문에 있는 두 자(그림 11.19) 중 하나는 난간 위에 건축한 이층 건축물이고, 다른 하나는 단단하게 다진 땅 위에다 이층 건축물을 세운 것이다. 이 두 자는 이미 다른 형성자에 의하여 대체되었다. 소전의 𦥑(대, 臺)자 또한 상형자로 상부는 용마루에 장식물이 있는 고층 건물이고(그림 11.19) 하부의 〈지至〉는 성부聲符가 아니라, 고대의 대臺와 같은 고층 건물에서 흔히 볼 수 있는 물건이었다. 이것이 와변訛變되어 〈지至〉형이 되었다. 대만의 고산족처럼 반개화된 민족들은 중요인물의 집이나 정청正廳에 조각한 나무기둥을 세워 그 권위나 영광스러운 사적을 드러내보이고 있다.(陳奇祿, 1958 : 54-77)(그림 13.12) 아마 대臺는 바로 이런 장식을 한 고층 건물일 것이다. 대는 높은 대 위의 건축으로 사다리가 있어야 위로 올라갈 수 있었으며, 아마도 대臺자의 지至형 부분은 위로 올라가는 사다리일 것이다.

화북 사람들은 화남의 이런 난간 건축기술을 배워와(田中淡, 1980 : 181) 땅을 다진 토대 위나, 혹은 난간의 기초 위에 이층으로 된 집을 만들어 통치자의 위엄을 드러내보였다. 주춧돌의 배열 흔적에서도 이런 건물이 건조된 증거를 살펴볼 수가 있다.(石璋如, 1970 : 338)(그림 11.14) 갑골문의 髙(고,高)자는 높이 솟은 건축물의 의미를 나타내며, 구口의 부분은 물건을 저장하는 지하실을 표시하고 있다. 높은 누각은 방습과 방수를 할 수 있을 뿐만 아니라, 높은 곳에서 아래를 굽어볼 수가 있어서 정찰을 하고 적을 막기에도 유리하고, 먼 곳까지 보이므로 통치자의 위세를 높일 수도 있다. 그래서 상대에서는 높은 대 위에 집을 지어 죽은 사람을 기념하거나 기풍을 과시하기 시작하였다.(楊鴻勛, 1980 : 132-37 ; 黃展岳, 1981 : 89-92) (그림 11.17-18) 동주에서 한대에 이르는 군주들은 신선의 존재를 믿어서 더욱더 천상의 신선에게 접근하려고 하였으므로 누대도 점점 더 높이 올라갔다. 《사기》 봉선서封禪書에는, 한무제가 신선에게 가까이 가기 위하여 높이 1백 미터에 달하는 높은 대를 세웠다는 기록이 있다. 나무로 된 건축물은 이렇게 높은 누각의 압력을 받아낼 수가 없었으므로, 계단 모양의 토층 위에 높이 솟은 외관을 덧붙여 건축하였다.(黃展岳, 1981 : 90) (그림 11.18) 이렇게 높은 누대는 건조비용이 많이 들었으며, 일반 백성들이 기꺼이 돈을 내어 건조하려고 하지 않았으므로 항상 높은 누대는 폭군을 연상하게 한다.

비록 5천여 년 전 앙소문화 말기에도 서로 다른 용도로 칸을 막은 지면 건축이 있었다. 그러나 아마도 동주 때에 와서야 사람들은 비로소 보편적으로 지면의 집에 살게 되었다. 상대에는 귀족과 수공예인을 제외하고 대부분의 농민들은 여전히 반지하식 움집에서 살았다. 그러므로 갑골문의 各(각, 各)자는 반지하식 움집에 발이 내려오는 모양으로 오다·하강하다·아래에 임하다 등의 의미를 갖고 있었다. 이와 반대로 出(출, 出)자는 혈거 밖으로 나가는 모양이다. 이 자들은 일반인들의 반지하식 혈거습관을 충분히 표현해 주고 있다.

### 방의 설비

난간이나 깊은 움집은 모두 사다리와 같은 물건의 도움을 빌어야 위아래로 오르내릴 수가 있었다. 앙소문화시대에 간단한 시설은 흙벽 위에 발판을 파거나, 혹은 가운데 있는 기둥에 발디딜 곳을 새겨놓았다. 여기에서 더욱 진보된 것이 전용사다리이다. 상대의 나무사다리는 이미 상당히 보편적이었다. 갑골문의 陟(척, 陟)자는 두 발로 나무사다리를 올라가는 모양이다. 降(항, 降)자는 두 발로 나무사다리를 내려가는 모양이다. 나무사다리 부분은 𠂤(부, 阜)자이다. 이 자는 산구릉을 대표하는 의부義部로 사용되고 있다. 그것은 처음에 산을 오르내리기에 편리하도록 사람들이 계단 모양으로 길을 팠다가 뒤에 집에서 쓰는 사다리로 응용되었기 때문일 것이다.

문

다음은 방 안의 시설을 살펴보도록 하자. 갑골문의 ⌂(향, 向)자는 방의 출입구 형상이다. 간단하게 만들어진 지하 움집은 단지 출입구 겸 환기구가 있을 뿐이며 다른 통풍구는 없었다. 방의 문은 집이 향한 곳이므로 방향·한 방향을 향하다 등의 의미를 갖게 되었다. 지하 움집의 출입구는 대부분 가리개를 사용하여 가려졌다. 지면에다 집을 짓게 되자 출입구도 높게 만들 수가 있어서 허리를 구부리고 출입할 필요가 없었으며, 열고 닫을 수가 있도록 문을 만들었다. 갑골문의 戶(호, 戶)자는 나무기둥 하나에다 문 한 짝을 달아놓은 모양이다. 門(문, 門)자는 마주선 기둥에 각기 문 한 짝씩이 달려 있는 형상이다. 양쪽 문의 입구는 대형 건축물에서나 사용되었으며, 진보된 기술로 상대 혹은 바로 그 전에 발전되어 내려온 것이다. 일반적으로 한쪽 문은 집 안의 방문 출입구이거나, 혹은 보통집의 정문이었다. 양쪽 문은 집의 정문이거나 혹은 더욱 큰 건축물군의 입구이다. 그러므로 문자의 응용에 호戶는 적은 사람수의 단위이고, 문門은 많은 사람수의 단위이다. 호북 황파 반룡성에 있는 상 초기의 궁전에서는 단지 한쪽 문만이 보인다.(楊鴻勛, 1976 b : 23)(그림 11.13) 하남 언사 이리두의 초기 상 궁전에서도 단지 한쪽짜리 문만을 찾아볼 수가 있다.(그림 11.16) 그러나 궁전을 둘러싸고 있는 바깥 담의 출입구는 양쪽이었을 것이다.(二里頭 1974 : 236)(그림 11.15) 상대에 종묘·궁전 혹은 촌락 입구의 공공건물에서는 양쪽짜리 대문을 사용하였던 게 분명하다. 그러나 서주 초기에 이르면 많은 방들도 양쪽 문을 사용하게 되었다.(楊鴻勛, 1981 : 24 −32)(그림 11.20)

방

깊은 움혈식의 주거지는 면적이 아주 좁아서 한두 사람이 들어갈 정도였으므로 음식물을 끓일 만한 공간이 없었다. 6천 년 전의 반파 유적지는 일반적으로 면적이 이미 20㎡ 정도 되었다. 안에서 밥을 지을 수 있는 충분한 공간이 있었으므로 대다수 집에서는 모두 화실火室의 흔적이 발견되었다.(西安半坡 : 34) 난간식의 집에서도 나무바닥을 태우지 않도록 만든 화덕이 있었다.(河姆渡考古 1980 : 5) 실내에서 음식을 만들면 연기와 그을음 등의 깨끗치 못한 것들이 생기게 마련이다. 잠을 자는 곳은 특별히 쓸고 닦지 않으면 의복에 때가 묻게 된다. 갑골문의 ▨(침, 寢)자는 집 안에 빗자루 하나가 있는 모양이다. 금문의 모양은 때때로 손에 빗자루를 들고 있어 청소하는 동작이 더욱 명확하게 드러나고 있다. 뒤에 오면서 사람들은 땅 위의 자리 위에서 잠을 자지 않게 되었다. 동주에 와서 침상에서 잠을 자도록 발전되자, 바로 침상을 더하여 지금의 寢자가 되었다. 침실은 대게 집 안에서 가장 빨리 칸을 막게 되었다. 상대에 이르면 집의 규모가 커지게 되어, 칸을 나눈 방도 점차 많아지게 되었으며, 각방의 효용도 더욱더 분명해졌다. 갑골 각사에서 언급한 방의 명칭은 대실大室·소실小室·동실東室·중실中室·남실南室·동침東寢·서침西寢 및 청청(정廷) 등이 있으니(許進雄, 明義士 : 32) 그것은 응당 대건축물에서나 칸을 나누어 구분하였던 것이다. 상대에서는 열 칸이 넘는 궁전이 발견되었고, 주초에 이르면 스무 개의 방이 있었다.(그림 11.20) 그때 보통 백성의 집은 대개 몇 칸 정도였을 뿐이다. 1976년에 발굴된 안양 후강後崗의 예를 들면 39채의 거주지에서 복원된 것은 모두 칸이 나뉘지 않았으니, 상대에 방의 칸을 나누는 것이 보편적이지 않았음을 알 수가 있다.(安陽工作 1985 : 40-49, 52-53) 갑골 각사에서 寢은 침실이고, 청廳은 정무를 처리하고 제사를 지내는 곳이며, 실室은 寢과 청廳의 용도를 겸하고 있었다.

조 명

실내의 조명을 하는 일은 문명의 지표 중 하나이며, 사람들이 상당히 많은 야간 활동을 하였다는 표시이기도 하다. 야만적인 상황에서는 사람들의 주요한 활동이 먹을 것을 찾는 것이었으며, 집은 단지 저녁에 잠을 자고 비바람을 막아주는 데 사용되었으므로 야간의 조명은 어떤 의미도 없었다. 뒤에 집 안에서 음식을 하도록 발전되자, 사람들이 집 안에 있는 시간이 무형중에 길어지게 되었으므로 다시 통풍과 조명을 할 수 있는 구멍이 필요하게 되었다. 반지하혈식의 집은 지붕에 구멍을 뚫어 광선을 끌어들였다. 땅 위에 집을 짓게 되자, 벽에다 창문을 내어 비와 이슬이 들어올 수 있는 양을 적게 하였다. 갑골문의 ▨(경, 囧)자는 원형으로 된 창문의 형상이다. 이런 창문은 흔히 질그릇 항아리의 주둥이로 만들어졌다. 갑골문의 ▨(명, 明)자는 달빛이 원형 혹은 방형의 창문으로 들어와 실내를 밝게 한다는 뜻이다. 달빛은 그 당시 사람들이 밤에 조명을 얻을 수 있는 빛의 근원이었다. 달빛이 없는 밤에는 단지 불을 이용할 수밖에 없었다. 고대의 집은 낮고 띠풀로 지붕을 덮었으므로 집 밖에서는 횃불을 이용할 수가 있으나, 집 안에서 횃불을 사용하면 화재를 일으킬 위험성이 있었다. 갑골문의 ❦ 자는 손에 횃불을 잡고서 집 안을 수색하는 모습이다. 그것은 임시적인 조치이며, 항상 설비되어 있는 것은 아니었다. 예를 들면 음식을 만드는 화덕도 인근을 비출 수가 있었다. 이로 인하여 다른 방법을 생각해내게 되었다. 갑골문의 ❦ (광, 光)자는 꿇어앉은 사람의 머리 위에 불이 타오르고 있는 형상이다. 불꽃이 머리 위에서 타오를 수는 없으니, 머리 위에 있는 것은 기름을 태우는 등이 분명하다. 한대에는 머리 위에 등을 이고 있는 노복상의 도기 등받침이 있었다.(河南博物館 1975 : 92)(그림 11.22) 조선 고구려의 묘실에서도 비녀가 머리에 등을 이고 길을 인도하는 벽화가 있으니(그림 11.21) 이것은 모두 고대에 노복으로 하여금 머리에 등을 이게 하던 습관이 있었다는 것을 반영해 주고 있다.

그러나 고고발굴을 통해서는 결코 상대의 등구燈具가 발견되지 않고 있다. 이런 모순은 아마도 두 가지로 해석할 수가 있을 것이다. 하나는 상대의 야간활동은 단지 소수의 귀족과 한정된 시기로 제한되어 있었으므로 등구를 사용할 기회가 적었다. 상나라 사람들은 하루에 단지 두 끼만을 먹었다. 아침은 식사량이 많았고 오후에는 적었다. 태양이 지면 얼마 안 되어 잠을 잤으므로, 일상적으로 야간에 활동을 하지 않았기 때문에 전적으로 사용할 등구가 필요없었다. 만일 필요하면 임시로 그릇을 빌어 사용하였다. 다른 하나는 등의 모양으로 해석할 수 있다. 초기의 등은 모양이 밥을 담은 두豆와 같았으며, 발이 높고 깊이가 얕은 그릇 모양이었다.(그림 11.23) 질그릇으로 만든 두豆도 등䅅이라고 불렀으니, 상대의 등은 임시로 질그릇 등䅅인 〈두豆〉를 차용하여 썼을 것이다. 그러므로 뒤에 오면서 이름을 등鐙 혹은 등燈이라고 붙이게 되었다.(熊傳新, 1985 : 73-74) 사용할 때가 많지 않았기 때문에 전문적인 등구가 필요없었으므로, 불을 켜고 난 후에는 다시 밥을 담는 용도로 사용하여 우리가 조명에 쓴 등을 발견하기 어려웠다. 갑골문의 광光자의 창제는 거의 상나라 사람들도 다른 옛민족들과 마찬가지로 동물성 혹은 식물성 유지를 사용하여 불을 밝혔다고 단정할 수가 있을 것이다.

고고증거에 의하면 전용적인 등구는 전국시대부터 시작되었다. 그때는 철기가 대량으로 사용되어 생산 효율이 크게 증가되었고 모든 사회의 면모도 크게 변하였으므로, 많은 사람들이 비생산적인 일에 종사하게 되었다. 이때의 생활내용이 점점 풍부하여졌으므로 귀족들의 야간활동도 크게 증가하여 전문적인 조명용구를 사용하게 되었다. 서한에 이르면 묘에서 상당히 많은 등구가 발견되고 있을 뿐만 아니라 하루를 나누는 시간도 변화가 생겼다. 아침의 조식・오후의 일포日晡 외에 다시 야간에 모식暮食 시간이 있었다. 등구의 보편적인 사용과 저녁식사 시간이 늘어난 것은 둘 사이에 밀접한 관계가 있음이 분명하다.

### 실내장식 및 가구

사람들은 구석기시대 이래로 미관을 추구하게 되었다. 웬만큼 규모를 갖춘 집을 짓게 되면서부터 사람들은 집을 장식하기 시작하였다. 제8장에서 이미 소개하였듯이 멀리 6천여 년 전에 벌써 조각을 한 작품이 있었으며, B.C.3500년에도 옻칠을 하여 목기를 보호하고 광택을 낸 예가 있다. 상대商代에 이르자 조각기술은 더욱 숙련되어 다양하게 조각한 목기들이 있었다. 벽화의 실례에서 찾아볼 수 있듯이 칠의 색채도 많아지게 되었다.(安陽發掘 1976 : 267)(그림 11.27) 갑골문의 ⺌ 혹은 ⺌(선, 宣)자는 집 안에 회선무늬의 도안으로 장식한 모양이다. 그 도안은 나무기둥에 조각한 것이거나 혹은 벽 위에 그려진 것이라고 생각된다. 이렇게 장식된 집은 대중들이 누릴 수 있는 것이 아니었으며 단지 종묘나 혹은 고급귀족들만이 가능한 것이었다. 붉은 옻칠조각은 후대에 비교적 널리 보급되었다. 그러나 늦어도 춘추시대 초기에는 심지어 제후국 군주의 종묘 궁전에 붉은 칠조각 장식을 하는 것도 참람한 짓이라고 여겨졌다. 예를 들면 노장공魯莊公 23년에 항공桓公이 기둥에 붉은칠을 한 일을 가지고 좌씨左氏・곡량穀梁・공양公羊 삼전三傳에서 모두 비례非禮라고 하였다.《예기禮記》잡기하雜記下에 평소 존경하던 관중管仲에 대하여 공자가 『관중은 조각한 그릇을 사용하고 붉은색의 조복과 띠를 착용하였다. 가로수와 반점(反坫 : 주대周代에 제후의 회견 때 헌수獻酬의 예가 끝난 술잔을 엎어놓는 흙으로 만든 대담)을 만들고, 산 모양으로 조각하여 만든 두공斗拱과 수초水草를 그려놓은 동자기둥으로 치장하였다. 비록 능력있는 대부大夫라고 할지라도 그의 임금 노릇하기가 쉽지 않았으리라 管仲鏤簋而朱紘, 旅樹而反坫, 山節而藻梲, 賢大夫也而難爲上也』고 하였으니, 이것으로 그 당시에 칠하고 조각한 것이 사치스러운 물건이었음을 알 수 있다. 한대에 이르자 선실宣室은 천자가 거처하는 방의 대명사가 되었다. 붉은 칠과 조각한 방 또한 권력과 부귀의 상징이었음이 아주 명확하다. 우리는 상대 왕궁의 건축이 얼마나 휘황찬란하였는지 살펴볼 수는 없지만, 전국시대 사람들의 묘사를 통하여 그 한둘은 엿볼 수 있다.《설원說苑》반질편反質篇에《묵자墨子》의 말을 인용하여 『주紂는 녹대鹿台를 만들고 주지육림에 빠지니 술지게

미가 산처럼 쌓였다. 궁전의 벽은 그림과 조각으로 눈부시게 화려하였으며, 방은 수놓은 비단에 금과 옥으로 장식한 휘장이 늘어져 있었다 紂爲鹿台糟丘, 酒池肉林, 宮牆文畫, 雕琢刻鏤, 錦綉被堂, 金玉珍幃』고 하였다. 안양의 상묘商墓에서 붉게 칠한 나무조각과, 낙양의 상묘에서 홍·황·흑·백 네 가지 색의 장막이 발견되었으니 (安陽工作隊 1979 : 41) 《묵자》의 묘사가 사실과 너무 동떨어진 게 아니라는 것을 알 수 있다. 서주西周 《선부산정善夫山鼎》 명銘에는 『왕재주王在周, 각도실各圖室』 이란 말이 있는데, 도실圖室이란 바로 조각하고 벽화를 그려놓은 방으로 의례를 행하던 대청이었다.

가구는 일상생활에 편리하도록 만든 목재기구이다. 우리는 유목생활보다 정착생활에서 더욱더 가구가 필요하였으리라는 것을 상상할 수가 있다. 나무는 쉽게 썩는 성질 때문에 아주 오래도록 보존할 수 없다. 그러므로 지하발굴의 실물을 통하여 언제 중국에서 가구가 사용되었으며, 무슨 종류가 있었는지 등을 살펴보기는 어렵다. 사람들이 제일 먼저 필요로 한 가구는 상자와 궤짝같이 의복을 넣어두는 물건이었을 것이라고 상상할 수가 있다. 6천여 년 전의 절강 여조 하모도 유적지에서 얇은 나무판에 장부끼움을 할 수 있는 조각들이 발견된 것을 보면 그때 이미 상자를 만드는 데 필요한 기술을 갖추고 있었다. 상대 갑골문의 저貯자는 조개가 궤짝 안에 들어 있는 모양이니 이미 상자가 만들어졌다고 하겠다. 하모도 사람들은 단지 돌과 뼈로 된 공구만을 사용하여 고도로 교묘한 공예품들을 제조할 수 있었다. 상대의 장인들은 이미 청동공구를 사용하고 있었으므로 그 기술이 한층 더 정교하게 진보되었을 것이다.

상고시대에 가구는 결코 생활의 필수품이 아니었으므로 처음에는 단지 귀족들만이 사용하였다. 상대 사람들은 무릎을 꿇고 앉았으므로 반드시 자리가 필요하였다. 갑골문에는 한 사람이 자리 위에 꿇어앉은 모양의 글자가 한 자 있다. 그리고 갑골문의 혹은 (숙, 宿)자는 한 사람이 자리 위에 누워 있거나 혹은 집 안의 자리 위에 누워서 잠을 자는 모양이다. 잠은 하룻밤이라는 시간이 걸려야 하므로 숙宿자는 하룻밤 이상의 시간이 걸린다는 뜻을 표시하기도 한다. 하모도의 난간식 건축의 나무판자 위에도 이미 갈대자리가 깔렸다.(浙江文管 1978 : 46) 상대부터는 자리의 사용이 벌써 상당히 보편화되었으며, 그 편직編織에도 일정한 규격이 있었다. 갑골문의 (심, 尋)자는 두 팔을 펼쳐 어떤 물건의 길이를 재는 모양이다. 두 팔로 측량하는 물건은 자리·관악기 등이 있다. 자리의 표준 길이는 대략 양팔의 길이와 같았으니 바로 고대의 팔척八尺이다. 고대의 팔척은 한 사람의 키보다 약간 길었다. 잘 꾸미는 사람은 다시 자리 위에 대자리를 깔았으며 이를 중석重席이라고 한다. 자리는 앉는 데 따라서 깔게 되었으므로 고정적인 위치가 정해져 있지 않았다. 그리고 실내의 활동공간에도 제한이 있어서 어떤 가구도 없었다. 그러나 당시에도 형식은 다르나 다리가 짧은 책상이 있어서 기대거나 밥을 먹고 글씨를 쓸 때 사용하였다. 절강 안길安吉의 상商 유적지에서 10.5㎝의 동으로 된 책상다리가 발견되었으며, 자루구멍 안에는 나무조각이 남아 있어 다리가 짧은 책상의 형식을 살펴볼 수 있다.(安吉博物館 1986 : 39) 상대에도 침상이 있었다. 갑골문의 (질, 疾)자는 환자가 이동할 수 있는 침상 위에 누워 있는 모양이다. 그러나 상대의 침상은 임시로 환자를 위하여 준비한 것이며, 만일 불행한 시간이 오면 임시로 시신을 놓아두는 기구였지 일상적인 침구는 아니었다. 의학이 발달되면서 병의 기간은 연장되고 치료될 기회도 많아지게 되어, 이 임시적인 침상이 모양있게 만들어져 건강한 사람들도 앉아서 쉬는 데 이용하기 시작하였다. 갑골문의 (장, 將)자는 침상의 양끝을 각기 한 손으로 잡고 들어올리는 모양이다. 이것은 침상이 이동할 수 있는 기구이며 어느 지점에 고정된 것이 아니라는 것을 보여주고 있다. 이미 전국 초기에는 침상에 앉는 것이 아주 보편적인 습관이 되어버렸다. 침상도 발전하여 앉고·잠 자고·밥 먹고·글 쓰고·손님을 앉게 하는 일상적인 가구가 되었으며, 집 안에서 가장 유용한 가구의 하나로 자리잡게 되었다. 많은 가구들이 침상을 둘러싸고 배치되게 되었다. 예를 들면 병풍은 뒤에 놓이고 밥을 먹거나 책을 읽는 낮은 책상은 침상 앞에 놓였으며, 기댈 수 있는 팔걸이는 침상 위에 놓였다. 침상 위에는 휘장을 늘어뜨렸다.(易水 1980 : 85-88) 이런 설비는 부유한 사람들이나 다 갖출 수가 있었다.

  침상은 바닥보다 높아서 사람들은 천천히 꿇어앉던 습관을 바꾸어 두 다리를 뻗고 앉거나 책상다리를 하게 되었으며, 심지어는 침상 위에 앉아 다리를 아래로 내려뜨리기도 하여 그후 가구의 형식을 크게 바꾸어 놓았다. 다리를 내리고 걸터앉게 된 후에는 밥을 먹거나 책을 읽을 때의 책상도 자연히 따라서 높아져야만 했다. 동한東漢 후기에 처음으로 호상胡床이란 명칭이 보이며, 삼국시대에는 무장들이 호상에 앉아서 작전을 지휘하는 묘사가 많이 나오고 있다. 앉는 기구인 호상은 가볍고 편하며 게다가 접을 수도 있게 만들어졌다. 이름으로 그 뜻을 생각해보면 호상은 외국에서 전해 들어온 물건이다. 그러나 호상이 들어오기 전에도 이미 중국인에게는 발을 내리고 앉을 수 있었던 침상이 있었다. 단지 침상은 대형가구였기 때문에 가지고 다니기가 불편하였으며 호상처럼 편하지 않았을 뿐이다. 비록 그렇다고는 해도 호상은 단지 임시적인 기구였을 뿐이며 결코 진설된 가구는 아니었다. 대개 당대唐代에 와서야 의자와 탁자가 일상적인 가구가 되었다. 그리고 침상은 오로지 잠 자는 데에만 사용되는 가구로 점점 물러나게 되었다.

위의 서술에서 상대 저계층의 주거는 앙소·용산문화시대의 주거와 큰 차이가 없었다.(伊藤道治, 1962 : 225-39) 그러나 귀족계층의 건축물은 아주 커다란 발전이 있었다. 집터는 견고하게 흙을 다져 물이 스며들지 않도록 하였으며, 나무기둥은 주춧돌이나 동으로 된 토대를 받쳐 지탱력을 강화하였다. 담은 판자 사이에 흙을 넣어 다지는 방식으로 만들었으며, 조각과 그림으로 장식하였다. 귀족들의 집은 열 개 혹은 그 이상의 방이 있었고, 이층으로 지어진 것도 있었다. 서주시대는 더욱 진보하였다. 근년에 섬서陝西의 기산岐山에서 발견된 초기 서주의 대형건축 유적지는 그 당시 대형건축을 대표하는 좋은 예이다.

이 유적지는 엄격한 대칭구조의 실례로는 가장 빠르다고 알려졌다.(그림 11.20) 이것은 지금 화북지구 사합원四合院 설계의 직접적인 전신이다. 대문은 양쪽이고 문 앞에는 비를 세워 문 밖의 시선을 가려 집 안을 들여다보지 않도록 하였으며, 양쪽에는 각기 수위의 방이 있었다. 문을 들어서면 가운데는 정원[中廷]이다. 그 뒤는 당堂으로 상인들이 청廳이라 칭하는 것과 마찬가지로 손님을 접대하고 의식을 행하는 곳이다. 주대周代의 정廷이란 계단 앞의 정원을 가리킨다. 금문의 ᆫᄀ(정, 廷)자는 계단 앞에 사람이 서있는 자리를 표시하며, 짧은 획은 계단들을 가리킨다. 의식이 행해질 때 계단 옆에는 순서대로 참여자가 열을 지어 서게 되므로, 사람이 계단 앞에 서있는 것으로서 정원이란 의미를 표현하였다. 당堂 뒤는 내화원內花園의 정원이다. 정廷과 당堂의 양쪽에는 상방廂房으로 모두 19개의 방이 있으며, 방과 부엌을 포함하고 있다. 그 당시 사람들이 이미 방의 배치는 물론 정원에 누대를 세우고 화초를 심었으며 물이 흐르도록 만들어, 그윽한 아취가 있도록 주의를 기울였다는 것을 알 수가 있다. 이것에서 다시 발전된 것이 원유苑囿로 산보를 하고 사냥을 하는 데 사용되었다.(그림 11.24)

### 주대周代의 건축기술 새 면모

서주 이후에는 정원의 배치에도 진전이 있었을 뿐만 아니라, 또 어떤 곳들은 특출나게 발전되었다. 제일 먼저 기와의 사용이다. 상대의 지붕에는 비록 장식이 있었다고 하지만 주로 띠풀로 지붕을 덮었다. 그러다가 서주 초에는 기와로 개량되게 되어(楊鴻勛, 1981 : 29 ; 傳熹年, 1981 : 73)(그림 11.26) 기산의 궁전에 이미 사용되었다. 기와는 띠풀보다 비바람을 막아주는 효과가 훨씬 뛰어났다. 질그릇을 굽는 기술이 개량되면서 생산비가 내려가게 되었고, 지붕의 장식성도 따라서 높아지게 되었으므로 이후 중국 건축장식의 커다란 특색을 이루게 되었다.(祁英濤 1978 : 62-70) 그 다음은 동으로 된 구조물의 사용이다.(楊鴻勛, 1976 a : 103-08)(그림 11.28) 동은 상대의 귀중한 재료로 주로 제기祭器와 무기로 주조되었으나, 천천히 공구로 응용되었다가 춘추시대에는 마침내 비생산적인 건축물에까지 확대되었다. 그것은 장부결합을 하지 않고도 모든 목재 구조물을 만들 수가 있었다. 동은 목재 구조물의 결합을 견고하게 만들 뿐만 아니라 색채도 휘황하게 만들어 주었다. 세번째는 두공斗拱의 응용이다. 건축물이 높아지게 되자 지주支柱가 받아들이는 힘도 커지게 되었다. 처음에는 흙을 다져 단을 만드는 방법으로 흙을 받아들이는 압력을 사용하고 건축물의 외관을 높이 치솟도록 하였다. 전국시대에는 나무를 전후좌우 받쳐주는 팔뚝 모양의 횡목을 엇갈려 중첩하는 방식을 발명하였다.(郭寶鈞, 銅器 : 138)(그림 11.29) 그들은 대들보와 기둥 사이를 지나가는 부분을 떠맡아 지붕의 힘을 평균적으로 분배하여 절단력을 분산해 주었으며, 아울러 기둥과 들보 양끝의 거리를 단축하여 쉽게 절단되지 않도록 하였다. 이렇게 교묘한 역학구조는 대들보와 기둥의 지탱력을 증가시켜 줄 뿐만 아니라, 외관의 위용과 공간의 활용을 증대시켜 주는 중국 건축의 최대 특색이었다.

아래에 《초사楚辭》 초망혼招亡魂에서 편안한 집을 묘사하고 있어 전국시대 주택에서 표현해낼 수 있는 호화로운 정도를 살펴볼 수 있다.

높디높은 전당, 깊고깊은 집안, 또 층층이 솟은 난간, 중첩된 관대觀台가 있다. 연이어 늘어져 있는 정자 높은 산을 마주하고 있다. 격자창 주홍색으로 꾸미고 사각과 사각이 서로 이어진 도안을 새겨놓았다. 겨울에는 이중으로 된 방을 쓰고, 여름에 사용하는 방은 서늘하기도 하다. 작은 시내가 정원을 흐르니 맑은 물소리 울려퍼진다. 혜초蕙草는 미풍 속에 한들한들 반짝이며 화초에 묻힌 성긴 난 불러낸다. 당을 지나 실내로 들어서면 머리 위는 주홍색 천장, 돌을 갈아 붙인 벽, 비취 깃에 패옥을 더하였고, 옷을 걸도록 옥고리가 달려 있다. 물총새 깃에 구슬로 장식한 이불에서는 찬란한 광휘가 반짝인다. 훌륭한 비단 치장 벽 모퉁이를 덮고, 명주 휘장 늘어져 있다. 그 위에는 오색의 장식끈과 매듭에, 선염한 양단과 공단, 진귀한 옥고리가 걸려 있다. 방 안에 진설된 것은 모두 진귀하고 괴이한 물건들이다. 난향을 끓여서 정제하여 만든 고약으로 밝은 초를 만들었다. 물총새 깃으로 꾸민 장막, 높고 큰 전당 위를 장식하였다. 주홍색 벽, 단사丹砂를 칠한 마루, 흑옥으로 상감한 대들보, 위를 바라보면 조각하여 아로새긴 둥근 서까래와 네모난 서까래에 날아 움직일 듯한 용사龍蛇가 그려져 있다. 높은 집 위에 앉아 난간에 기대어 굽어보면 구불구불한 연못이 내려다 보인다. 부용이 꽃망울을 터뜨리고, 점점이 마름과 연이 뒤섞여 있다. 자색 줄기의 수규水葵, 채색무늬 못의 물결 따라 흔들린다. 몸에 표범 장식 수놓은 옷을 걸친 무사와 시위가 긴 계단 옆에 서있다. 가벼운 수레는 모두 적절하게 준비되어 있고, 보기步騎 이미 행렬을 갖추어 늘어서 있다. 난초꽃 문 옆에 총총이 심어졌고, 백색의 옥같이 아름다운 나무 울타리를 이룬다.

高紀邃宇, 欖層軒些. 層台累榭, 臨高山些. 網戶朱綴, 刻方連些. 冬有突廈, 夏室寒些. 川谷徑復, 流潺湲些. 光風轉蕙, 汜崇蘭些. 經堂入奧, 朱塵筵些. 砥室翠翹, 掛曲瓊些. 翡翠珠被, 爛齊光些. 蒻阿拂壁, 羅幬張些. 纂組綺縞, 結琦璜些. 室中之觀, 多珍怪些. 蘭膏明燭, …… 翡帷翠帳, 飾高堂些. 紅壁沙版, 玄玉梁些. 仰觀刻桷, 畵龍蛇些. 坐堂伏檻, 臨曲池些. 芙蓉始發, 雜芝荷些. 紫莖屏風, 文緣波些. 文異豹飾, 侍陂陁些. 軒輬既低, 步騎羅些. 蘭薄戶樹, 瓊木籬些.

| 商 甲骨文 | 周 金文 | 秦 小篆 | 漢 隸書 | 現代 楷書 |
|---|---|---|---|---|
| M M M M | 亚 亚 亚 | 亚 | 丘 丘 | 丘<br><br>양안에 높이 치솟은 산구릉이나 대지臺地의 모양을 본뜨고 있다. |
| 帚 帚 帚 帚 帚 | | 㫃 | 㫃 㫃 | 泉<br><br>샘물이 한 근원에서 솟구쳐 올라오는 상태를 그리고 있다. |
| | 原 原 原 原 厵 | 原 厵 | 原 原 | 原<br><br>샘물이 솟구쳐 나오는 곳이 수원이라는 뜻을 나타내고 있다. |
| 丼 丼 丼 | 丼 丼 丼 丼 | 丼 | 井 井 | 井<br><br>사면이 목조로 된 난간의 상형. |
| 𠙴 𠙴 𠙴 𠙴 | 邑 邑 邑 | 邑 | 邑 邑 邑 | 邑<br><br>규칙적으로 나누어진 구역 안에서 거주하는 사람들이라는 뜻을 나타내고 있다. |

| 商 甲骨文 | 周 金文 | 秦 小篆 | 漢 隷書 | 現代 楷書 |
|---|---|---|---|---|
| | | | 祿祿 | 彔  우물 난간의 도로래 모양을 본뜨고 있으며, 물통에서는 물방울이 떨어져내리고 있다. |
| | | | 墉  郭郭郭 | 墉  성루의 사면에 정찰을 할 수 있는 탑이 있는 도시의 모양. |
| | | | 築築 | 築  한 사람이 나무망치로 흙을 다져 기초를 다진다는 뜻이며, 대나무는 울타리를 만드는 재료이다. |

| 商 甲骨文 | 周 金文 | 秦 小篆 | 漢 隸書 | 現代 楷書 |
|---|---|---|---|---|
| | | | | 各 <br><br> 발을 디뎌 반지하식 집으로 들어서는 모습. |
| | | | | 出 <br><br> 반지하식 집을 나서고 있는 모습. |
| | | | | 宮 <br><br> 한 지붕 아래에 여러 칸의 방이 있는 고급 건축이라는 뜻. |
| | | | | 享 <br><br> 높게 솟은 지면의 기초 위에 묘당廟堂과 같은 건축물을 세운다는 의미이다. |

| 商 甲骨文 | 周 金文 | 秦 小篆 | 漢 隸書 | 現代 楷書 |
|---|---|---|---|---|
| | | | | 京 |
| | | | | 삼면에 세워진 나무 말뚝 위에 있는 건축물의 형상. |
| | | | | 高 |
| | | | | 토대 위에 고층의 건축물이 세워졌다는 뜻을 표시하고 있다. |
| | | | | 臺 |
| | | | | 지붕 위에 장식이 있는 높은 건축물의 형상. |
| | | | | 陟 |
| | | | | 두 발로 나무 계단을 오르고 있는 모습. |
| | | | | 降 |
| | | | | 두 발로 나무 사다리를 내려가고 있는 모습. |

| 商 甲骨文 | 周 金文 | 秦 小篆 | 漢 隸書 | 現代 楷書 |
|---|---|---|---|---|
| 向向<br>向向 | 向向 | 向 | 向向 | 向<br>집의 출입구, 즉 집이 향하고 있는 방향이라는 뜻이다. |
| 戶戶 | 戽 | 戶<br>戻 | 戶戶 | 戶<br><br>한쪽 문의 상형. |
| 門門<br>門門 | 門門<br>門門 | 門 | 門門 | 門<br>두 쪽으로 된 문의 모양. |
| 食食<br>食 | 寡寡<br>寡寡 | 寢 | 寢寢<br>寢寢 | 寢<br>집 안에 빗자루가 있는 곳이 침실이라는 뜻이다. |
| 室室 | 室室<br>室室 | 室 | 室室<br>室室 | 室<br>면宀을 따르고 지성至聲인 형성자. |

| 商 甲骨文 | 周 金文 | 秦 小篆 | 漢 隸書 | 現代 楷書 |
|---|---|---|---|---|
| 〔甲骨文 형상〕 | | 庭 | 庭 庭 庭 | 庭<br><br>면广을 따르고 정성聽聲인 형성자. |
| | 〔金文 형상〕 | 廷 | 廷 廷 | 廷<br><br>행례行禮시에 계단 앞에 사람들이 서있는 곳이라는 뜻을 나타낸다. |
| 〔甲骨文 형상〕 | 〔金文 형상〕 | 囧 | | 囧<br><br>원형 창문의 상형. |
| 〔甲骨文 형상〕 | 〔金文 형상〕 | 明 | 明 明 明 明 | 明<br><br>달빛이 창으로 비쳐들어 실내를 밝게 비춘다는 뜻을 나타내고 있다. |

| 商 甲骨文 | 周 金文 | 秦 小篆 | 漢 隸書 | 現代 楷書 |
|---|---|---|---|---|
| | | | | 光 |
| | | | | 꿇어앉은 노복의 머리 위의 등불로 조명을 한다는 뜻을 나타낸다. |
| | | | | 幽 |
| | | | | 불이 등의 심지 위에서 타오르고 있어 광선이 희미하다는 의미를 나타낸다. |
| | | | | 宣 |
| | | | | 방 안의 회선 도안의 조각 혹은 벽화의 장식으로 화려하다는 뜻을 나타내고 있다. |
| | | | | 宿 |
| | | | | 사람이 방 안의 침상 위에서 잠을 자고 있다는 뜻을 표현하고 있다. |

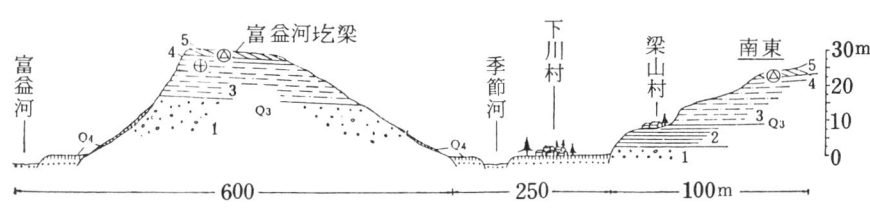

⊕ 下文化層石器      △ 上文化層石器
Q 4 : 亞黏土及砂礫層
Q 3 : 1. 礫石層  2. 灰黃灰黑色黏土層  3. 微紅色亞黏土層
      4. 褐紅色亞黏土層  5. 灰褐色亞黏土層

그림 11.1 구석기 유적의 거주지

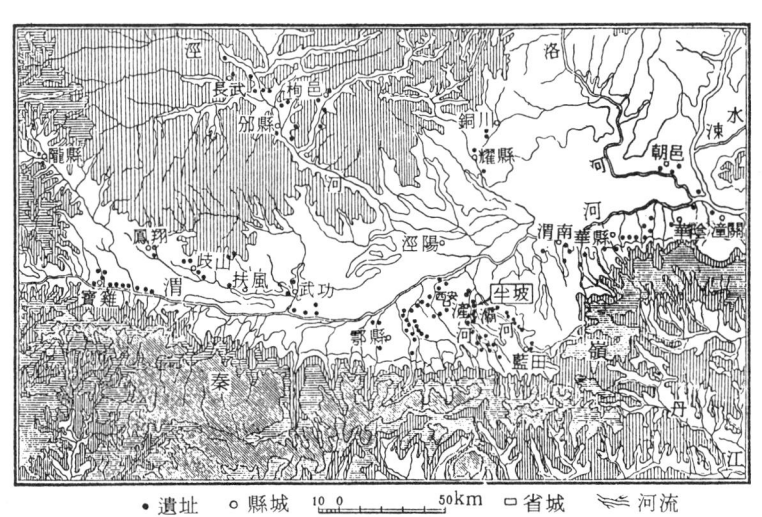

그림 11.2 관중關中지구 앙소문화 유적은 작은 하류 부근에 분포되어 있다.

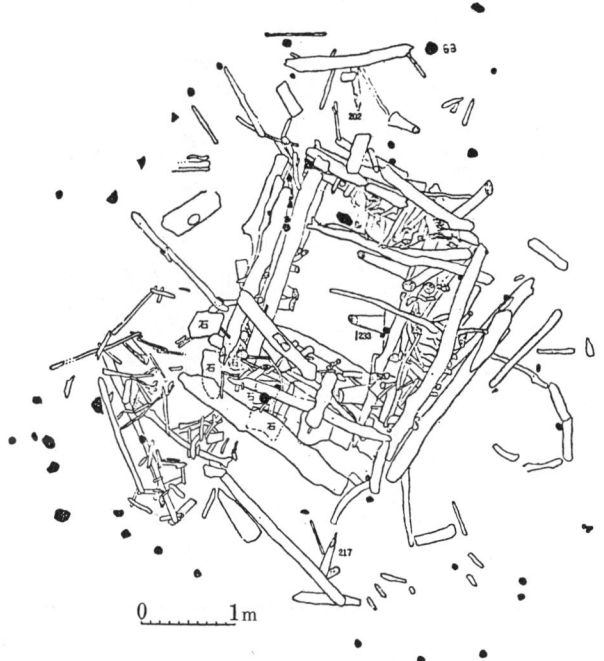

그림 11.3 하모도 제2문화층 우물의 목재 구조 유물

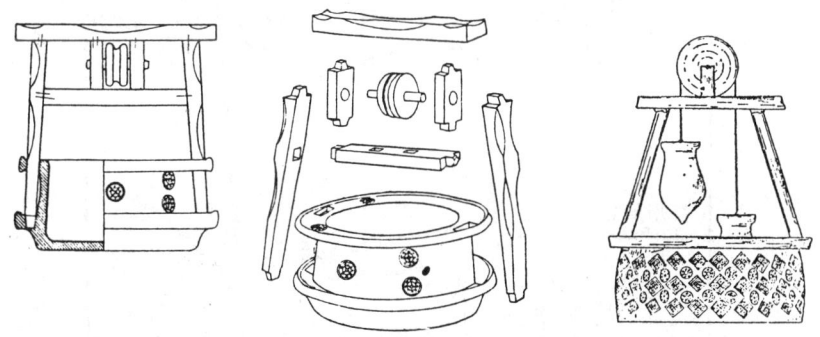

그림 11.4 한대 우물의 모형

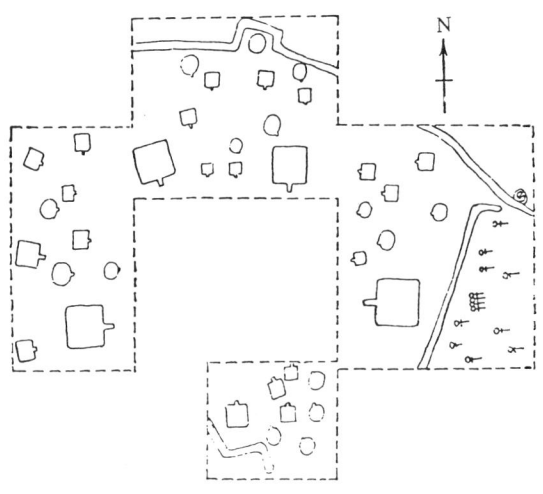

그림 11.5 호구濠溝 속에 둘러싸인 강채의 앙소문화 촌락

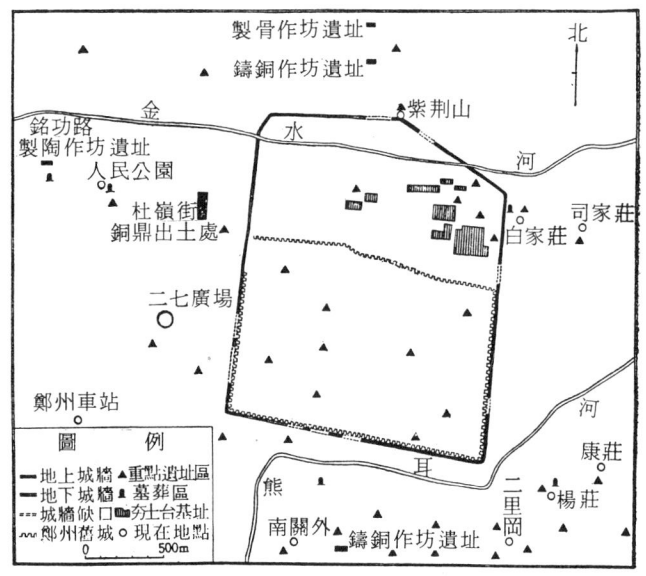

그림 11.6 하남 정주의 상대 조기 성터

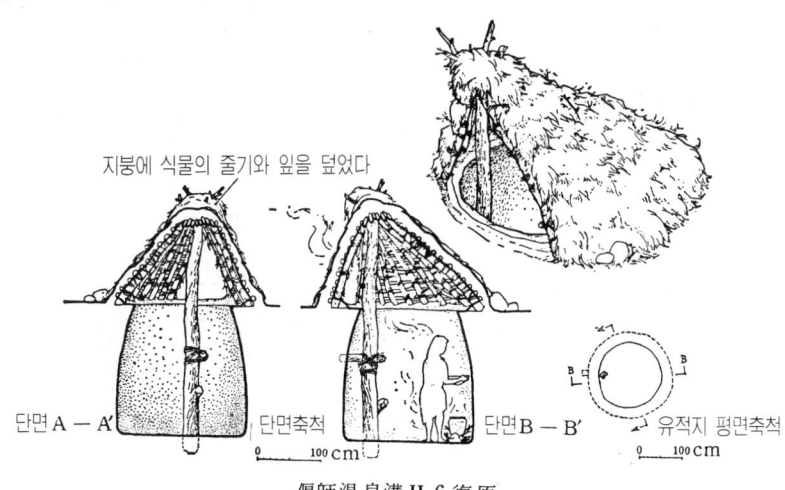

그림 11.7 앙소문화 조기의 원형 반지하식 집 복원도

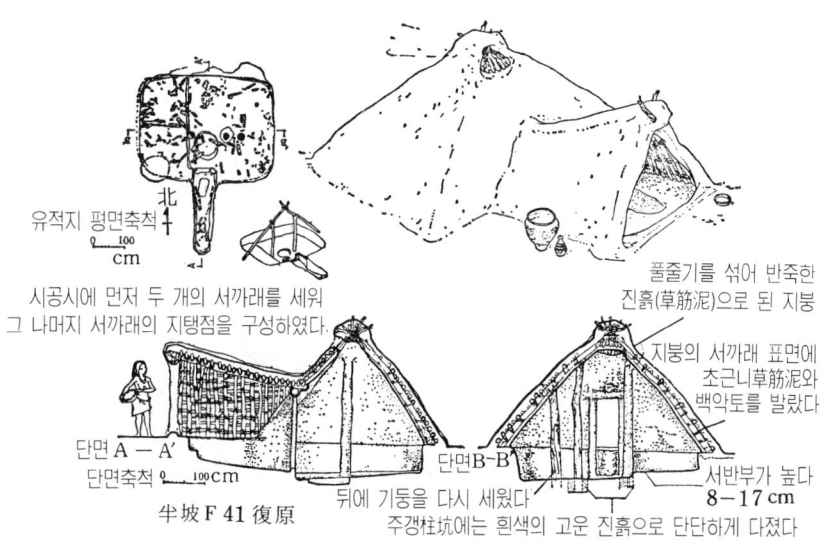

그림 11.8 앙소문화 조기의 장방형 반지하식 집의 복원도

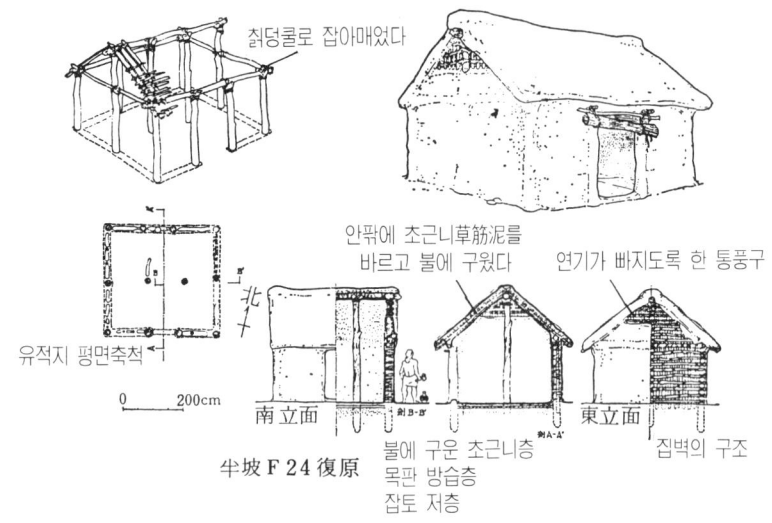

그림 11.9 앙소문화 중기의 지면에 세워진 집의 복원도

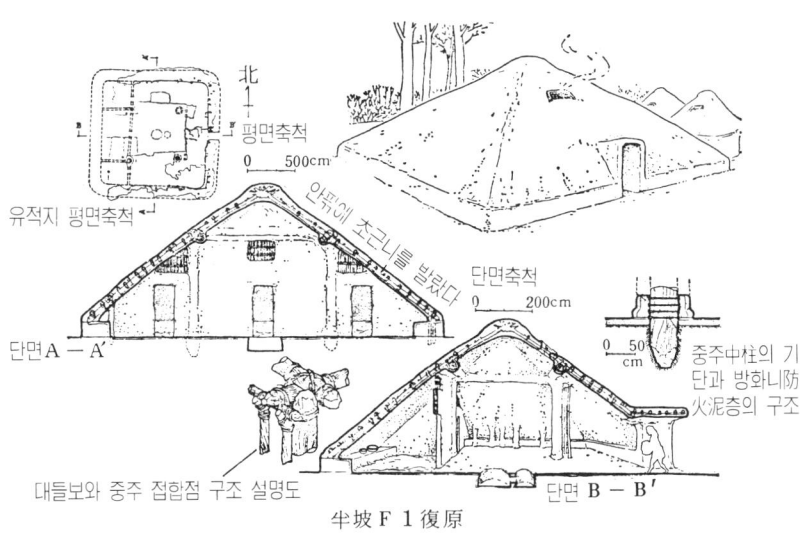

그림 11.10 앙소문화 말기에 칸을 막았던 집의 복원도

그림 11.11 화남지구 난간식 집의 모형

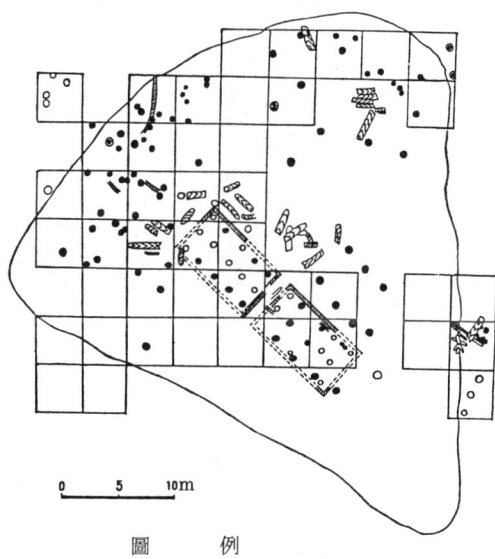

圖　　例
● 柱洞·木柱　● 木柱　○ 柱洞　▰▰ 板墻　▰▰ 倒塌木柱
⊕ 井　　　□ 探方

그림 11.12 호북 기춘의 서주시대 난간식 집의 유적

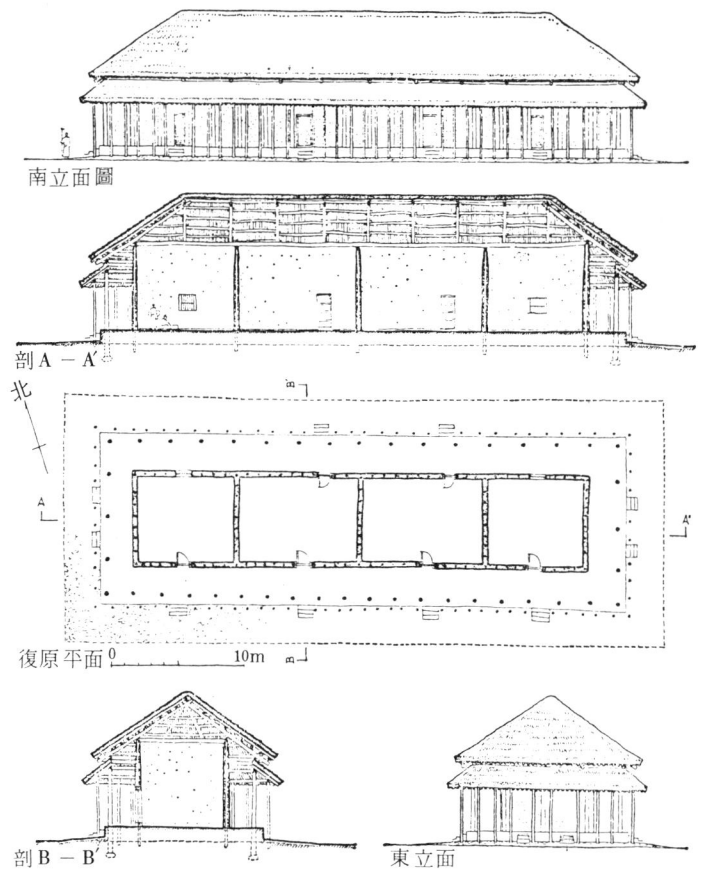

그림 11.13 호북 황피黃陂 반룡성盤龍城 초기 상商 궁전 건축 복원도

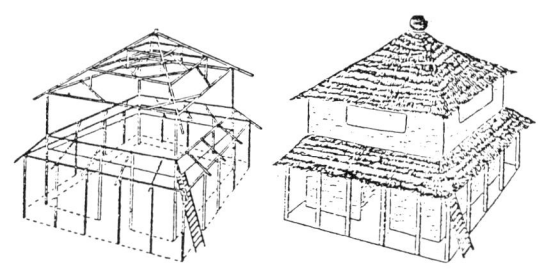

그림 11.14 하남 안양의 상대 이층집 복원

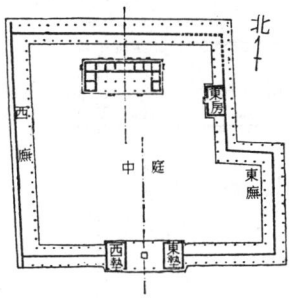

그림 11.15 하남 언사 이리두의 초기 상 궁전의 기단

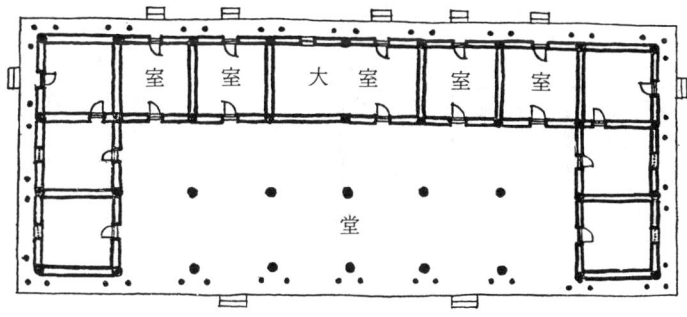

그림 11.16 하남 언사 이리두 초기 상 궁전 기단상의 방

 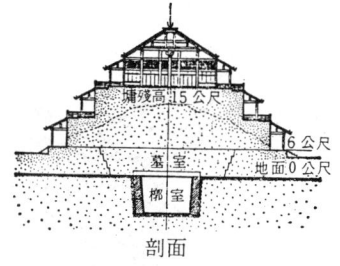

그림 11.17 만상晩商 묘상의 향당享堂 건축    그림 11.18 전국 중산왕묘中山王墓 향당享堂
　　　　　　　　　　　　　　　　　　　　　　　복원 단면도. 사다리형 기초 위의 다층 건축

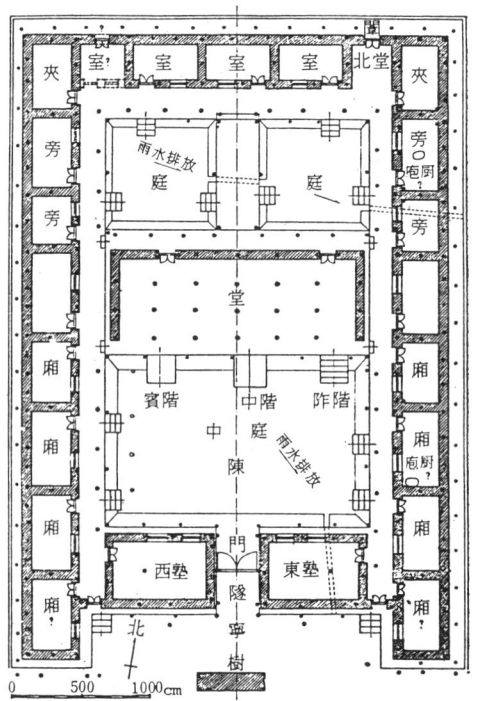

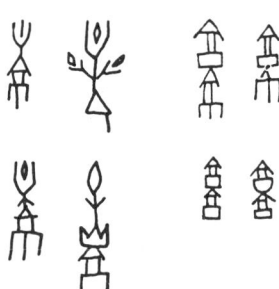

좌 : 지붕 위에 높이 치솟은 장식
우 : 난간 및 토지를 다진 기초 위에
　　세운 이층 건축물

그림 11.19 갑골문자형

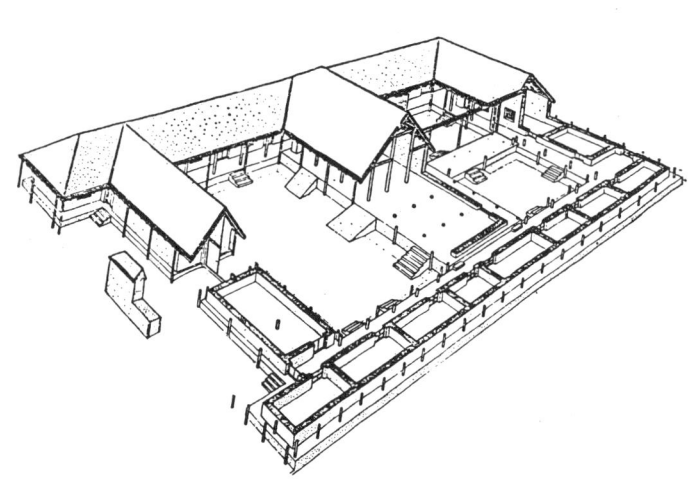

그림 11.20 섬서 기산의 서주 조기 건축 복원

그림 11.21 조선묘의 벽에 하인이 등을 머리에 얹고 길을 인도하는 채색 그림

그림 11.22 동한시대 인정등人頂燈 모양의 도등陶燈

그림 11.23 진한시대 도기로 만든 두표형의 전형적인 등 모양

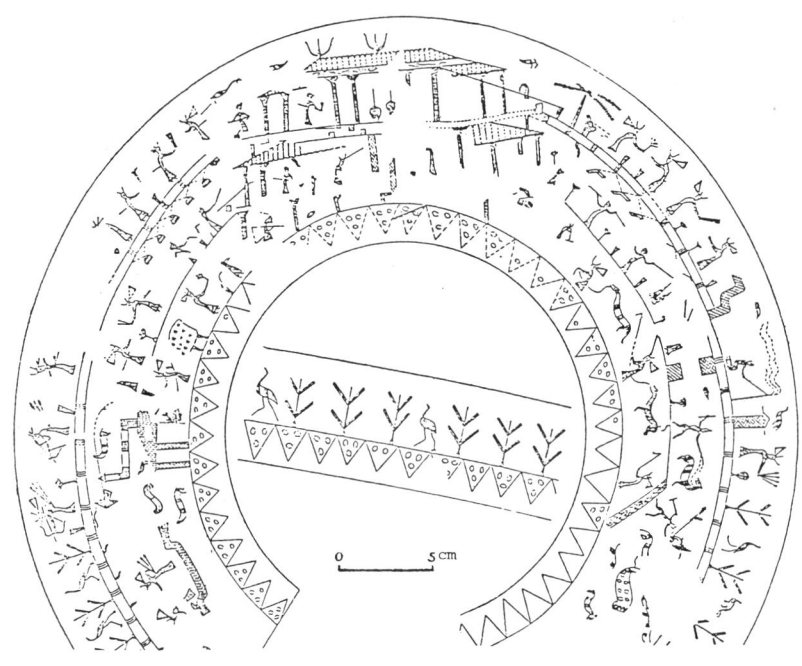

그림 11.24 전국 동감상의 원유도苑囿圖

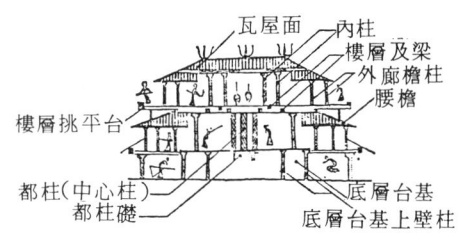

하남 휘현輝縣 조고촌趙固村의 전국묘에서 출토된
동감에 가는 선으로 누각 건축도를 보완한 뒤의 형상

그림 11.25 전국 동감상의 상층루 건축도

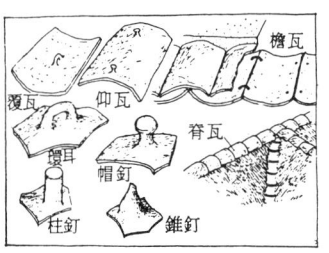

갑조甲組 옥와屋瓦 구조 설명도

그림 11.26 서주 조기의 기와

제 11 장 거주

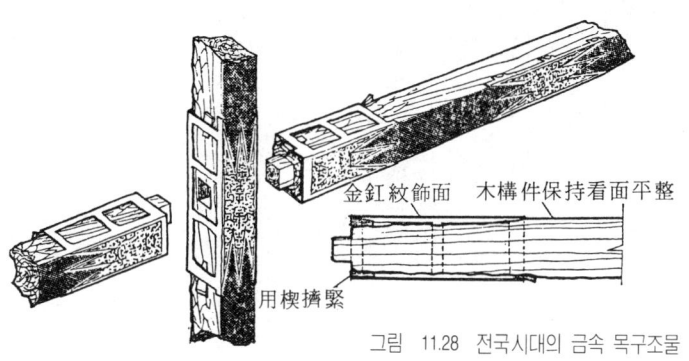

그림 11.28 전국시대의 금속 목구조물

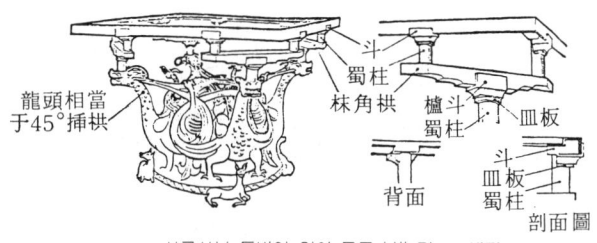

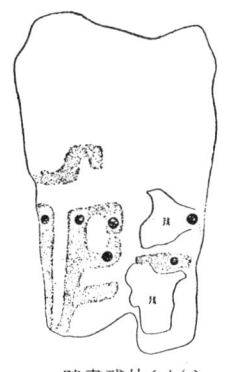

壁畫殘片(¼)

그림 11.27 상대 벽화 잔편

사룡사봉 동방안 위의 두공斗拱 및 그 세절

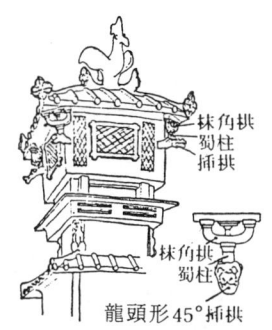

영보靈寶에서 출토한 동한 도루陶樓 상의 말각공

순의順義 임하촌臨河村에서 출토된 동한 도루陶樓상의 말각공

동산銅山 홍루洪樓 한묘의 화상석 중의 말각공

그림 11.29 전국에서 한대에 이르는 두공斗拱의 형식

## 제12장

## 거 주

### 교통의 작용

운수는 고대인들이 소식을 전달하는 가장 중요한 방법이다. 교통의 편리와 신속은 사람들이 접촉할 기회를 증가시켜 주었고, 지식의 교류에 편리하도록 만들어 문명의 발전을 촉진하였다. 낙후된 사회일수록 그 처지는 더욱 폐쇄적이었다. 세상에는 빠르고 효과적인 교통 전달망이 갖추어지지 않고서 고도로 문명화된 국가는 없었다. 왜냐하면 빠르고 신속한 교통망이 없으면 정책과 소식이 제때에 하달될 수가 없으므로, 자연히 중앙집권적인 정권을 세워 대제국을 만들기가 어렵기 마련이다. 교통수단이 발명되기 전에는 걸어가야만 비로소 목적지에 도달할 수가 있었다. 발을 대신할 수 있는 갖가지 수단이 차례로 발명되고 나서야 사람들은 발로 걸어야만 하는 필요성이 감소하게 되었다.

### 보 행

인류의 가장 원시적이며 본능적인 교통수단은 두 발이다. 그것은 갑골문의 ꗃ(보, 步)자로 표현되었으며, 하나는 앞에 하나는 뒤에 놓인 두 개의 발자국으로 앞으로 나아간다는 의미를 표시하였다. 완만한 보행중에는 비록 두 손도 움직인다고는 하지만 항상 발처럼 명확하지가 않다. 그러므로 두 다리, 즉 발로 걷는다는 뜻을 나타내었다. 때때로 이 자에는 다시 길을 나타내는 편방을 덧붙여 길을 걷는다는 뜻을 더욱 분명하게 표시하기도 하였다. 갑골문의 ꗃ(주, 走)자는 빨리 걷는다는 뜻이 본의이다. 두 손을 앞뒤로 흔들어야 걷는 속도가 빨라지게 되므로 두 손을 상하로 흔드는 사람과 한 발로 그 뜻을 나타내었다. 빨리 달린다는 속도를 강조하고 있는 문자는 바로 ꗃ(분, 奔)자이다. 이 자는 앞뒤로 흔드는 두 손과 세 발로 눈앞을 연속적으로 스치면서 재빨리 달리는 발의 모양을 묘사하였다.

건강한 사람은 자기 스스로 걸을 수가 있다. 그러나 몸에 병이 있는 사람은 다른 사람의 부축을 받거나 등에 업혀야만 한다. 갑골문의 ꗃ(지, 遲)자는 한 사람이 다른 사람을 업고서 길을 걷는 모양이다. 무거운 물체를 업고 걷다보면 반드시 평소보다 느리게 마련이어서 시간이 오래 걸려야 목적지에 도착할 수가 있다. 갑골문의 ꗃ(후, 後)자는 조자 의미가 지遲와 서로 비슷하다. 길을 걸어가는 사람의 발을 새끼로 묶은 모습이다. 이 자는 아마도 죄인이나 포로의 형상일 것이다. 발이 묶였으니 당연히 보통 사람의 걷는 속도보다 느리게 마련이어서 사람들 뒤에 처지게 된다.

## 배와 노

고대인들이 비교적 절박하게 해결해야 할 필요를 느꼈던 교통문제는 대부분 하류였다. 윗장에서 소개한 바와 같이 물을 긷기에 편리하고 물을 마시러 물가에 내려온 동물들을 사냥하기 위하여, 사람들은 대부분 물가의 산구릉을 선택하여 거주하였다. 거주지 가까이에 물이 흐르고 있었으므로 물을 건너 음식물을 찾으러 갈 기회가 적지 않게 있었다. 얕은 물을 걸어서 건너는 것은 문제될 게 없었다. 갑골문의 ᨳ(섭, 涉)자는 두 발로 물을 건너는 상태를 그리고 있다. 만일 물길이 급하며 너비가 넓고 깊어서 나무로 다리를 놓기가 힘들다고 한다면 배와 노의 힘을 빌려야 할 필요가 생기게 된다. 배의 발명에 관하여《회남자淮南子》설산편說山篇에『구멍난 나무가 뜨는 것을 보고 배를 만들 줄 알게 되었다 見竅木浮而知舟』고 하였다. 《세본世本》작편作篇에는『낙엽이 떨어지는 것을 보고, 이로 인하여 배를 만들게 되었다. 觀落葉, 因以爲舟』시험삼아 나무토막에 올라타고 강을 건넜던 일은 응당 몇천 년 전의 일이었다. 사람들은 배를 발명한 공로를 복희씨伏羲氏・황제黃帝 혹은 기棄 등의 서로 다른 시대 사람들에게 돌리고 있다.(格致鏡原 : 1129) 아마 그들이 배를 응용하면서 어느 정도씩 개량을 거쳐왔기 때문일 것이며 처음으로 배를 발명한 사람은 아닐 것이다.

배의 발명은 대개 물 위를 뜨는 나무토막을 보고 모방하였을 것이다. 그러나 나무는 너무 지나치게 무거워 몸에 휴대하고 다니기가 힘들었다. 후에는 바싹 마른 바가지가 가벼우면서도 부력이 크다는 것을 발견하게 되었고 몸에 휴대하고 다니다가 불시에 필요하면 사용할 수 있었다. 《역경易經》태괘泰卦 구이효사九二爻辭에『바가지를 안고서 강을 건넌다 包荒用馮河』라고 하였으니, 그 의미는 큰 바가지가 강을 건너기에 편리하다는 것이다.(屈萬里, 論學集 : 38-40) 바가지가 크면 클수록 부력 또한 커져서 무거운 것을 실을 수가 있다. 일반적으로 바가지 두세 개를 띄우면 사람의 몸을 뜨게 할 수가 있다. 옛날에 다리를 놓는다는 것은 후세처럼 보편적이지 않았으며, 특히 넓고 큰 하류에 다리를 설치할 만한 힘도 없었다. 그러므로 여행자들은 몸에 바가지를 휴대하고 다니면서 평시에는 마실 물을 넣어다니다가 강을 만나면 물에 띄워 건널 수 있었으므로 일거양득이었다. 바가지의 힘을 빌려 물을 건너는 것이 원시적인 것처럼 보일 수가 있으나 전국시대에 이르기까지 여전히 사용되었으며, 적지 않은 선진의 문헌 속에서도 바가지를 이용하여 물을 건넌

일을 언급하고 있다. 예를 들면 《장자莊子》 소요유逍遙游에 『지금 다섯 말들이 바가지가 있다고 한다면, 어찌 큰 술동이를 삼아 강과 호수에 띄울 생각을 하지 않느냐 今有五石之瓠, 何不慮以爲大尊 以浮於江湖』고 하였다.

바가지나 나무의 힘을 빌려서 물을 건너려면 모두 물에 빠져야 하는 괴로움과 불편을 겪어야만 한다. 만일 나무로 만든 배나 뗏목을 타고 건넌다 하여도, 다만 물결의 흐름에 따라 흘러갈 수 있을 뿐 항해의 방향을 제어할 방법이 없었으며 더욱이 물을 거슬러 올라갈 수는 없었다. 이로 인하여 배와 노가 있어야만 그 폐단을 구할 수가 있었다. 배와 노가 있으면 항해의 방향을 안정시킬 수 있을 뿐만 아니라, 물길을 거슬러 올라갈 수도 있다. 절강 여조 하모도의 제4문화층은 B.C. 4000여 년 전의 유적지로 측정되었으며, 여기에서 나무 상앗대가 발견되었다.(河姆渡考古 1980 : 6) 이것은 당시에 이미 상당히 진보된 배가 있었다는 설명이 된다. 배와 노의 발명은 단절된 지역을 소통하게 해주었으며, 또한 강안에서 멀리 떨어진 곳으로 고기를 잡으러 나갈 수가 있어 먹이를 찾을 수 있는 범위를 확대시켜 주었다. 호수와 소택지구인 강남에서는 배가 생계를 이어가는 중요한 도구였으므로 가장 먼저 배를 사용한 곳이었다. 배의 처음 형태는 몸이 들어가도록 나무를 파내어 만들었으며, 뒤집어지는 것을 방지하기 위한 독목주獨木舟였다. 그러다가 천천히 발전되어 많은 나무판자를 붙여 배를 만들어 안정성과 적재량을 높였다.

하모도의 유적지에서는 이미 장부촉이음이 발견되었다. 그것은 나무판자 양쪽을 요철凹凸형으로 파내어 다른 널빤지와 결합하여 틈새가 벌어지지 않도록 만든 것으로 제8장에서 이미 소개하였었다. 이론상으로는 이미 조선기술을 갖추고 있었으나, 현재까지는 단지 상대의 갑골문에서 그 증거를 찾을 수가 있을 뿐이다. 갑골문의 ⛵(주, 舟)자는 바로 여러 조각의 널빤지를 조합하여 만든 배 모양을 본뜨고 있다. 중간은 배의 몸체이고, 양끝의 돌출된 부분은 뱃머리와 뱃고물의 형상이다. 제1인칭의 짐朕자는 《고공기考工記》 함인편函人篇에서 틈을 봉한다는 의미로 쓰이고 있으며, 이것은 바로 짐의 본의이다. 갑골문의 朕(짐, 朕)자는 양손에 공구 하나씩을 들고 배 몸체 위에서 일을 하는 모양이다. 이 자는 배의 판자 사이에 접합된 틈을 막는 일을 표시하고 있을 가능성이 아주 높다. 짐은 본래 배의 틈을 막는 것이었으나, 뒤에 비로소 일체의 봉합에 응용되었다. 제1인칭으로 쓰인 것은 가차의이다. 목판의 병합 부분의 누수는 조선의 기본적인 곤란이다. 이런 기술은 특별하여 사람마다 모두 할 수 있는 기술이 아니었다. 그러므로 전국시대에는 이미 누선樓船을 건조할 수 있을 정도로 진보하였다.(그림 12.1) 독목주는 여러 차례

강소江蘇·절강浙江·복건福建·광동廣東·사천四川 등 수향水鄕지역의 진한 혹은 전대의 유적지에서 발견되고 있다. 독목주는 폭이 좁고 안정도도 뒤져 이상적인 수상 교통수단은 아니다.

### 수운水運의 우수한 점

물 위의 교통은 육운보다 경제적이고 빠르다는 두 가지 점에서 우수하다. 순풍을 맞을 때면 배의 속도가 물건을 실은 마차보다 빠르고 사람의 힘도 줄일 수가 있다. 이런 우수한 점이 재빨리 군사면에 응용되었다. 《전국책戰國策》 초책楚策에는 장의張儀가 진왕秦王에게 유세한 말이 기록되어 있는 바 『진나라 서쪽에는 파촉巴蜀이 있으니 배로 군사를 실을 수가 있고…… 물을 따라 아래로 내려가면 하루에 3백여 리를 갈 수가 있습니다. 거리가 비록 멀다고는 하지만 땀을 흘리며 수고로움을 겪지 않고서도 열흘이 못 되어 관을 막을 수가 있습니다 秦西有巴蜀, 方船載卒, ……下水而浮, 一日行三百餘里. 里數雖多, 不費汗馬之勞, 不十日而距扞關』라고 하였다. 당시 군대의 행군은 전사들의 체력을 유지하기 위하여 하루에 30리밖에 전진하지 못하였으며, 아무리 빨리 행군한다 해도 60리에 불과하였으니, 수운의 3백 리에는 훨씬 미치지 못하였다. 수운의 경제적 이익은 전국시대 사람들도 아주 잘 이해하고 있었다. 《상서尙書》 우공편禹貢篇에는 우임금 시절의 각지에서 공물을 바쳤던 노선을 말하고 있는데, 단지 적당한 수로가 없을 때만이 육로를 통하여 운송하였다. 수운항로의 중심은 교통의 요충이 되었으며, 항로를 보호하는 것도 긴급한 일이 되었다. 그리고 수전水戰도 운송을 따라서 흥하게 되었다.

### 수전水戰

전국시대 수전의 장면은 당시 동기상의 무늬에 생동적으로 반영되고 있다. 하남河南 휘현輝縣의 연악사렵문宴樂射獵紋의 동거울·사천四川 성도成都의 감착동호嵌錯銅壺에는 모두 이층으로 된 누선樓船의 그림이 새겨져 있다.(夏鼐 1972 : 15) 전선의 아래층에는 사공들이 있는 힘을 다하여 노를 젓고, 위층의 전사들은 북을 울리고 창을 휘두르며 활을 쏘았다. 그리고 물 속에서도 전사들은 단검을 가지고 격투를 벌였다.(그림 12.1) 그들은 전문적인 훈련을 받은 수군임이 분명하였다.

### 항 해

내륙의 큰 하류에 수군이 있었을 뿐만 아니라 《국어國語》 오기吳記에 월인越人

들이 강과 해안을 따라서 오나라를 공격하였다는 기록이 있으니, 이미 수군이 해상에까지 발전하였다는 것을 알 수가 있다. 뒤에 진시황은 바다로 배를 보내어 해양에 깊이 들어가 신선을 찾도록 하였다. 이미 배를 해상으로 보내어 항해를 하도록 하였으니, 필연적으로 해상 항해의 설비를 갖추고 있었을 것이다. 항해할 때 낮에는 태양에 의지하여 방향을 찾고 야간에는 별을 의지하였다. 전국시대에 이미 성도星圖를 그린 것이 있다. 《한서漢書》에는 아주 많은 전대의 서적들을 수록하고 있으며, 천문에 관한 서적으로는 《해중성점험海中星占驗》《해중오성순역海中五星順逆》《해중이십팔수국분海中二十八宿國分》 등이 있어, 특별히 해중이라는 표제를 붙이고 있으니 반드시 항해의 지침이 되었을 것이다.(勞幹論文集 : 617-18) 그러나 별이 없는 밤이나, 폭풍이 치는 빗속에서는 믿을 수 있는 기계가 있어야만 한다. 전국시대에 자석의 성질이 남쪽을 가리키는 성질을 이용하여 〈사남司南〉을 제작하여 방향을 확정하였다. 한대의 《귀곡자鬼谷子》 모편謀篇에 『정鄭나라 사람이 옥을 찾으러 갈 때면 반드시 사남을 휴대하여 길을 잃어버리지 않도록 하였다 鄭人取玉, 必載司南, 爲其不惑也』고 하였다. 채광시에 사남을 이용하여 방향을 분간하였으니, 사남을 항해에 이용하였을 가능성 또한 아주 높다.

### 운 하

수운은 비용이 저렴하기 때문에 상업에 널리 이용되었다. 그러므로 비교적 큰 하류인 황하·위하渭河·분수汾水·문수汶水·회하淮河·장강·한수 및 호수는 수운의 요도要道로 이용되었다.(陳槃, 1967 : 901-05) 심지어 강과 바다가 통하지 않는 곳은 인력으로 운하를 파서 소통시켰다. 예를 들면 오나라는 B.C.486년에 간구邗溝를 파서 장강長江과 회하淮河의 항로를 통하게 만들었다.(陳槃, 1967 : 905-06) 수대에는 다시 그것을 연장하여 남으로는 항주杭州에 이르고, 북으로는 황하로 통하여 남북을 소통하는 교통의 대도를 만들었다. 수운의 경제적 가치가 확실히 육운보다 뛰어났으므로 위정자는 대량의 인력과 물자를 소모하는 것을 아까워하지 않고 이것을 수축하고 보호유지하였다.

### 조 선

선진의 문헌에서 전국시대에 이미 넓고 길거나 혹은 짧고 좁은 등등의 유형이 다른 배들이 건조되어 서로 다른 용도에 사용되었다는 것을 알 수가 있다. 전선을 예로 들면 《석명釋名》의 석선釋船에서 말하는 〈선등先登〉은 앞서 나가는 배이고,

좁고 긴 〈몽동艨艟〉은 적진의 함대를 목표로 충돌하는 것이며, 〈적마赤馬〉의 특징은 경쾌하고 민첩함이며, 〈함艦〉은 여러 층으로 되어 있으며 사방에 시석矢石을 막을 수 있는 판을 설치하고 짓쳐들어가는 주력 전투함이었다.《월절서越絶書》에는 그 당시 대형의 전함에는 90명의 전사가 탈 수 있고 그 중에서 50명은 발탁된 선원이라고 하였다. 배는 넓이가 약 1.5미터, 길이가 30미터였다. 장의張儀가 진혜왕秦惠王에게 초나라를 공격하라고 권한 배는 한 척에 50명과 3개월분의 식량을 실을 수가 있었다.

근년에 광주廣州에서 발견된 진한秦漢시대의 조선소 유적지의 측정연대는 B.C. 약 240년이었다.(廣州文管 1977 : 1–17) 유적지에 남아 있는 조선대로부터 건조된 배의 규모를 측정하여 알 수가 있다. 당시에 일반 배의 넓이는 5미터를 초과하지 않았으며, 소수의 대선만이 너비가 8미터에 달하였다. 만일 출토된 배의 모형으로 길이를 추산한다면(그림 12.3) 상용된 배는 길이 20미터에 25톤에서 30톤을 실을 수가 있었다. 그러나 이것은《월절서》에서 말한 것보다 여전히 작기 때문에 대선은 이 정도 중량을 싣는 것에 그치지 않는다는 것을 알 수가 있다. 이 조선소에서 건조한 것은 대개가 화물선으로 연해를 항해한 것이며 내륙의 강을 운항한 것이나, 혹은 장의가 말한 초나라를 공격할 전함도 아니었다. 발전하여 3세기의 삼국시대에 이르면,《진서晉書》왕준전王浚傳에서는 진晉나라가 동오東吳를 공격하는 주력 전함이 전사 2천 명을 태울 수가 있었다고 한다. 그리고《한서漢書》식화지食貨志에는 그 전에 한무제漢武帝가 남월南粤을 공격하면서 누선을 사용하여 병사 20여만 명을 동원하였다는 기록이 있으니, 이것으로 해운의 발전이 육운보다 빨랐다는 것을 알 수가 있다.

돛

배의 진보가 빠르면 빠를수록 구조도 갈수록 복잡해져 더욱 특수한 기술을 필요로 하였다. 한 나무로 된 독목주에서 나무판의 병합을 응용하여 중량을 경감한 각종 함선들이 나오게 되었다. 나무를 파내어 단지 몸이 들어갈 수 있도록 만든 독목주에서 전국시대의 이층 누선으로 발전하였고, 동한에 이르러서는 2,3천 명을 실을 수 있는 누선으로 되었다. 이런 발전과정중에서 돛의 응용은 아주 중요한 부품이 되었다. 물길을 따라가는 항해는 비록 항해속도를 빠르게 할 수는 있으나, 급한 물결에서는 쉽게 제어할 수가 없으므로 전복사고가 쉽게 발생하였다. 오직 돛을 이용하여 풍력의 도움을 빌면 평온한 수류에서도 비교적 빠른 속도를 얻을 수가 있을 뿐만 아니라, 급한 물길에서도 속도를 늦출 수가 있었다. 장의가 하루에 3백 리를 갈 수 있다고 말한 항속은 돛의 효과를 빌었을 것이다. 갑골문의 闩(범, 凡) 자는 범帆의 원형으로 돛의 한 면을 그린 모양이다. 범凡은 갑골 각사에서 풍風자로 사용되었으며, 또한 풍風자의 성부聲符 부분으로도 되었다. 이 모든 것들은 이런 설비와 바람 사이에 관계가 있음을 살펴볼 수가 있다. 일반 돛의 재료는 섬유로 짠 베[布]였으므로, 후에 의부義符 건巾을 더하여 범帆자가 이루어지게 되었다.

상대商代의 배에는 돛이 아주 간단하고 보잘것이 없었으며 보편적이지도 않았을 것이다. 왜냐하면 당시에 생산된 베는 충분치가 못하였으므로 돛을 만드는 데 대량으로 사용할 수가 없었다. 그때의 상업 또한 여전히 대량의 화물선을 필요로 할 만큼 발달하지 못하였다. 초기의 돛은 고정되어 있어서 단지 순풍을 이용한 항해에서나 이용할 수가 있었으며, 일단 바람이 치우치면 큰 쓸모가 없었다. 전국 초기에 이르러 당시 월나라에서 오나라를 해선으로 칠 생각을 하였으니, 응당 벌써 방향을 조정할 수 있는 돛이 있었을 것이다. 그렇지 않으면 물결이 도도한 해양 속을 항해할 수가 없었을 것이다. 삼국시대에 남해로 항해한 해선은 『배의 크기에 따라서 네 개의 돛을 달기도 하였다. 앞뒤로 겹쳐서 돛을 실었으며, 호두목戶頭木이 있고, 입은 문과 같다. 길이는 장여丈餘가 되게 베를 짜 돛을 만들었다. 네 개의 돛은 정전방을 향하고 있지 않아(交大造船 1977 : 21) 선원이 풍향과 풍력에 의하여 돛의 방향·돛의 수를 조정하여 어떠한 풍향에도 항해할 수 있는 경험은 서양보다 몇 세기 더 진보되어 있었다. 삼국시대 배의 구조는 이미 기본적인 모형이 정해졌으며, 이후의 발전은 응당 체적이 커지고 돛의 수가 증가되었을 따름이다. 당시의 항로는 벌써 지금의 스리랑카까지 뻗어나갔으며(郭沫若, 中國史稿 2 : 395) 이것은 당시에 가장 진보된 항해기술이라고 칠 수가 있다. 결론적으로 말하면, 해운의 발전과 강남 호수지구의 개발은 연대관계를 지니고 있다고 할 수가 있다.

도 로

수운은 급류나 여울을 제외하면 장애를 받지 않고 통행할 수가 있다. 그러나 육운은 도로를 만들어야 하는 것은 물론 수레를 끌 짐승들을 길러야만 한다. 그러므로 수운의 비용이 육운보다 훨씬 싸게 들었다. 다만 수운의 노선은 한정되어 있으므로 마음대로 가고 싶은 곳을 갈 수가 없었다. 어떤 곳은 물살이 아주 급하여 항해가 쉽지도 않았고, 운하를 세우기에는 또한 너무나 많은 비용이 들었다. 그러므로 육운이 마침내 가장 보편적인 교통방식으로 보급되게 되었다.(勞幹 1947 : 69－91) 원시적인 사회에서는 인적이 아주 드물었다. 대지에는 도처에 가시나무와 잡초들이 무성하여 지나다닐 수가 없었다. 빽빽한 밀림을 뚫고 지나가는 일은 결코 큰 강을 건너는 것보다 쉽지 않았으므로, 사람들의 왕래와 접촉도 쉽지가 않아서 단절된 곳이 많았다. 그러나 삶을 꾸려나가기가 비교적 용이한 지방은 인구가 다른 곳보다 밀집되었다. 항상 사람들이 다니면서 밟고 지나간 길들은 잡초들이 시들어 죽게 되었으므로 양옆의 잡초들과는 구별된 길이 만들어지게 되었다. 청동시대에 이르러 산업이 점점 발전하고 인구가 번식되자 촌락이나 성읍에 집중하여 거주하는 곳이 많아지게 되었다. 촌락과 도읍 사이를 이어주는 첩경은 큰길을 내는 것이었다. 갑골문의 彳亍(행, 行)자는 규정된 사거리의 모양을 그리고 있다. 그것은 계획하여 만든 도로이며, 사람들이 무의식적으로 지나다니면서 이루어진 꼬불꼬불한 소롯길이 아니다. 행길은 사람들이 편리하게 다닐 수 있도록 해주었으므로 행行에는 나간다는 의미를 갖게 되었으며, 아울러 도로 및 행동에 관한 자의 의부義符로 쓰이게 되었다. 갑골 각사에 많은 양이 있는 방국方國의 사류事類들로 보면, 상조商朝와 인근 방국간의 내왕이 아주 빈번하였다는 것을 알 수가 있다. 왕래가 증가함에 따라서 도로를 수축해야 할 필요성도 자연히 증가하게 되었다.

길은 본래 사람들이 지나다니는 곳으로 지세의 높낮이와 굴곡을 따라서 자연스럽게 뻗어나갔으며, 노력과 힘을 많이 소비하면서까지 길을 닦지 않았다. 그러나 수레가 발명된 후에, 특히 빠른 마차가 생겨나자 빠르게 질주하면서 안전을 보장하기 위해서는 모두 길을 닦아야만 했다. 특히 군사적 목적을 위해서는 더욱더 도로를 평탄하도록 만들어야만 말과 마차가 달리면서 긴급한 소식을 전할 수가 있었다. 《시경詩經》 대동편大東篇에는 『주나라의 길 숫돌처럼 반듯하고, 화살처럼 곧게 뻗어 있다 周道如砥, 其直如矢』고 하였으니, 바로 이 상황을 반영한 것이다. 상세하고 세밀하게 설계하고 꼼꼼하게 내야만 도로가 비로소 평탄하고 내구성을 지니게 된다. 갑골문의 彳聿(률, 律)자는 행길과 손에 붓을 잡은 부분으로 이루어져 있어서, 붓으로 도로의 설계도를 그린다는 의미를 표시하고 있다. 도로를 만들 때에는 일정한 규격과 요구를 필요로 하므로 규율이란 의미를 갖게 되었다. 률律자가 도로를 만든다는 것에서 뜻을 취하고 있으며, 갑골문의 建(건, 建)자는 률律자에다 하나의 발걸음을 더하여 붓으로 걸어다니는 도로 건축의 설계도를 그린다는 뜻이다. 거마車馬가 다닐 수 있는 큰길이어야 비로소 조심스럽게 계획을 세우고 건설할 필요가 있으며, 만일 보통 사람이 다니는 좁고 꼬불꼬불한 길은 이처럼 근신할 필요가 없다.

　상나라 사람들이 궁전과 성벽을 건축하는 데 사용하였던 흙을 다지는 방식 또한 자연히 도로를 만드는 방법에도 응용하여 평탄하고 튼튼한 도로를 만들었으니, 바로 위의 시에서 묘사한 것과 같다. 단지 도로의 공정이 아주 거대하고 예산이 많이 들기 때문에, 몇 개의 중요한 대도를 제외하고는 보편적으로 흙을 다지는 앙축법을 사용할 수가 없었다. 춘추시대에 이르러 사업활동이 확대되고, 전쟁방식도 발전하자 행길에 대한 수요와 표준 또한 따라서 높아지게 되었다. 진나라가 통일한 후에 중앙통제의 효율을 강화하기 위하여 각국에 있던 구도로의 기초 위에 다시 큰 도로를 만들었다. 《한서漢書》 가산전賈山傳에는 이러한 묘사가 있는 바 『동으로는 연제燕齊의 끝까지 미치고, 남으로는 오월吳越의 구석까지 닿았으니, 강호상에서 바다에 이어지는 곳까지 모두 다 구경할 수가 있다. 도로는 넓이가 50보에 3장丈마다 나무를 심었고 그밖은 두텁게 쌓았다. 쇠추를 묻어 은은히 보이고 푸른 소나무를 심었다 東窮燕齊, 南極吳越, 江湖之上, 濱海之觀畢至. 道廣五十步, 三丈而樹, 厚築其外, 隱以金椎, 樹而靑松』고 하였으며, 금속까지 사용하여 그 기반을 견고하게 만들었으니, 도로의 건조에 얼마나 신경을 썼는지 알 수가 있다.

### 수 레

　고대 육운의 주요한 기구는 수레였다. 수레는 무거운 짐을 싣고 멀리 갈 수가 있고, 거의 대부분의 지리환경에 적응할 수가 있었으므로, 고대의 원거리 교통에서 중요한 도구였다. 수레는 비록 중요한 발명이라고 하지만 제조가격이 높아서 일반인들이 가질 수 있는 것이 아니었으므로 지위의 상징이 되기도 하였다. 수레가 군사적인 용도로 응용된 뒤에는 전쟁의 규모가 확대되고 더욱 처참하게 되었다. 갑골문의 ▨ (거,車)자는 쓰는 법이 상당히 많다. 그러나 모두 수레의 형상을 간략하게 혹은 상세하게 그린 것이다. 가장 상세한 자형은 두 개의 수레바퀴·마차의 몸체 부분·끌채·채끝에 댄 횡목·멍에·고삐 등을 포함하고 있는 고귀한 마차이다. 이렇게 번잡한 자를 쓰려면 공이 많이 들어야 되기 때문에 비교적 중요하지 않은 부분은 생략해 버리게 되었다. 바퀴는 수레의 가장 기본적인 부속이어서 생략할 수가 없었으므로, 소전의 자형은 단지 바퀴의 형상만을 남겨놓고 나머지는 생략해 버렸다.

　현재 발견된 고고학적인 증거에 따르면 근동近東에서는 수레가 중국보다 1천 년 먼저 발명되었으며, 대체로 5천 년 전에 이미 수레가 있었다.(林巳奈夫, 1959：

245-67) 중국의 《고사고古史考》는 수레를 발명한 공을 4천7백 년 전의 황제에게 돌리고 있다. 그러므로 그는 헌원씨軒轅氏란 이름을 갖게 되었으며, 또한 황제는 북두거北斗車를 타고서 천하를 순시했다는 이야기가 있다. 《회남자淮南子》설산편 說山篇에 『쑥이 나는 것을 보고 수레 만드는 법을 알게 되었다 見飛蓬而知爲車』고 하였으니, 나는 쑥과 낙엽 등이 떨어져 내리는 정경을 보고 영감이 떠올랐다는 상상을 할 수가 있다. 수레바퀴는 둥근 접시의 진일보한 응용이다. 앙소문화의 도기는 이미 만륜慢輪으로 수정한 흔적이 있다.(西安半坡 : 155) 황제시대에 응용한 것은 대개 사람이 끄는 수레였으나 오래가지 않아서 소가 대신하게 되었으며, 하우夏禹 시대에는 다시 말이 소를 대신하게 되었다. 이런 것들은 비록 모두 전설에 속하여 반드시 진실은 아니라고 할지라도 사람이 끌던 수레가 소와 말로 바뀐 과정은 믿을 수가 있다. 이것은 말을 집에서 기른 시간이 소보다 늦다는 사실과도 서로 상응한다. 말을 길들여 기르게 된 최초의 목적은 육식을 얻기 위해서가 아니라 수레를 끌게 하기 위해서였을 것이다. 마차는 이미 여러 차례 상대의 묘에서 발견되었으며 (楊泓, 1977 a : 90) 그 구조는 상당히 진보되고 정미하였다. 서주 초기에는 벌써 두 필에서 네 필의 말이 끄는 마차로 발전되었다.(그림 12.5-6) 게다가 흉식계가법 胸式系駕法으로 개진되어 말의 힘을 충분히 발휘하도록 하였다. 이것은 서양보다 1,2천 년이 빠르다.(孫機, 1980 b : 459)(그림 12.7) 중국에서 최초로 발견된 수레의 유적은 청해青海 도란都蘭의 낙목홍탑리타리하諾木洪塔里他里哈로, $C^{14}$ 측정에 의하면 B.C.1800여 년 전이며, 바퀴살이 열여섯 개인 우마차였다.(青海文管 1963 : 17 -44 ; $C^{14}$수치 : 142) 그러나 어떤 사람은 유적지의 연대에 문제가 있다고도 한다. 만일 상대 마차의 진보된 모양으로 발전된 시간을 추측해 보면 B.C.2000년에 중국에 마차가 있었다는 전설은 아주 사실에 가깝다고 할 수 있다.

수레의 종류는 수레를 끄는 짐승의 종류에 따라서 용도에도 차이가 나며, 그 세부적인 구조 또한 다르지만 그 기본적인 구조는 일치하고 있다. 소는 온순하고 힘이 세나 걸음이 느려 짐을 나르는 데에 적합하다. 이것은 평상시와 전시에 운송력의 주력이 된다. 말은 빨리 달리므로 신속하게 소식을 전달하거나 사냥감을 뒤쫓을 때 사용되었으나, 길들이기가 쉽지 않았기 때문에 훈련을 시키고 돌봐줄 전문적인 사람이 필요하였으며, 일반인들이 가질 수 있는 게 아니었다. 일반적인 상황에서는 무거운 짐을 나르는 게 빨리 달리는 시간보다 많았으므로 마차는 우마차보다 수요가 적었다. 그러나 지금까지 발굴된 한대 이전의 수레는 거의 모두 사냥과 전쟁에 사용되었던 마차였다.(그림 12.4-6) 이것은 마차가 귀족들의 오락이나 전쟁에 사용되었던 도구였고, 지위의 표상과 아끼던 물건이었으므로 내생에서도 여전히 사용하도록 묘에 수장하였기 때문이다. 그러나 보통 사람들은 우마차가 생계를 이어가는 수단이었기 때문에 수장할 수가 없었으므로 묘에서 찾아볼 수가 없는 것이다. 그리고 문자는 귀족들이 전적으로 이용하였기에 고대의 문학작품이나 역사 기록은, 우마차가 무거운 짐을 실어나른다는 몇 가지 서술을 제외하고는 거의 모두 귀족들의 전용이었던 마차를 노래하고 있다.

**마차를 모는 자세**

마차에 올라타는 것은 아무 위험도 없이 안전하고 편안한 활동은 아니었다. 상왕 무정武丁시대의 갑골 각사에는 마차가 뒤집어진 사고가 두 번이나 언급되고 있다. (菁華 1 ; 佚存 980)《좌전左傳》노양공魯襄公 31년에 정鄭나라의 자산子産이 마차를 모는 것으로 정치의 도를 비유한 기록이 있는 바『예를 들어 비유하면 수렵과 같습니다. 마차를 몰면서 활을 쏘는 것은 반드시 연습을 해야 명중시켜 짐승을 잡을 수가 있습니다. 만일 종래 마차를 타고 활을 쏘아 본 적이 없다고 한다면 실패하여 마차가 뒤집어져 죽을까 두려운데 무슨 여가로 짐승을 잡을 수가 있겠습니까? 譬如田獵, 射御貫則能獲禽. 若未嘗登車射御, 則破績厭覆是懼, 何暇息獲?』라고 하여, 마차를 타고 작전을 하면서 활을 쏘려고 하면 상당한 훈련이 필요하다는 것을 분명히 밝히고 있다. 그러므로 우마차가 비록 느리다고는 하지만 먼저 노약자나 부녀자가 즐겨 이용하게 되었으며, 뒤에 오면서 귀족들이 군사훈련에 소홀하게 되자, 한대 이후에는 귀족을 포함한 모든 백성의 교통수단이 되었다. 고대 마차의 끌채는 비교적 곧았으므로 수레바퀴의 반경보다 높은 말의 목 위에 매달다 보니, 수레의 중심이 높아져 안정되지가 않았다. 마차를 몰 때는 될 수 있는 한 중심을 낮춰야 비로소 전복될 가능성을 감소할 수 있었다. 그러므로 마차를 모는 이상적인 방식은 꿇어앉는 자세를 취하는 것이었다. 갑골문의 ⿱(어, 御)자의 두 모양 중 하나는 마차를 몬다는 뜻으로 사용되었다. 비록 그 자의 창제 의미를 추측하기는 어렵지만 꿇어앉는 자세와 관련이 있다는 것은 분명하다.

상대에 마차를 모는 사람이 꿇어앉았는지 아니면 서서 몰았는지는 여전히 의견이 일치되지 않고 있다. 전국시대 동기銅器상의 마차를 타고 수렵을 하는 문양에는 서서 타는 것이 상례인 것처럼 보인다. 그러나 동기 하나에는 마차를 모는 사람은 꿇어앉아 있고 전투원은 서있는 것 같다. 게다가 칠기 위에 그려진 그림 하나는 마차를 모는 사람과 마차에 탄 사람이 모두 앉아 있는 게 분명하다.(그림 12.9) 송宋

나라 사람의 저작인 《연번로演繁露》에는 『옛날에 마차에 올라타면 모두 서고 앉지 않았다. ……오직 안거安車만이 처음으로 앉아타게 되었다 古者乘車皆立不坐, ……惟安車乃始坐乘』고 하였다. 그것은 혹 소가 끄는 안전한 수레를 가리키는 말인지도 모르겠다. 소의 등은 대략 수레바퀴보다 같거나 조금 높아 중심이 비교적 평온하였으며, 속도가 완만하여 전복될 우려가 없었으므로 서서 탈 수가 있었다. 상대의 차체는 난간이 아주 낮아서 단지 높이가 40센티미터 정도였으며(楊泓, 1977 a : 90) 심지어 낮은 것은 20센티미터도 있어서(楊寶成, 1984 : 554) 탑승자가 서면 잡고 의지할 것이 없었다. 초기의 마차가 꿇어앉아서 몰았다는 또 다른 현상은 서주시대의 차체설계에서도 무릎을 꿇고 앉도록 특출나게 설계했다는 것이다.(그림 12.7) 《예기》 곡례曲禮에는 먼저 꿇어앉았다가 마차가 다섯 보를 가고 난 뒤에 비로소 일어서야 한다는 예절이 있다. 수레를 모는 사람은 꿇어앉고 전투원이나 명령을 내리는 사람은 필요할 때 비로소 일어서서 타지 않았나 생각된다.

수레는 중요한 군사장비였다. 우마차는 무거운 보급품을 나르고 마차는 소식을 전달하였다. 마차는 뒤에 오면서 직접 전투임무에 참가하게 되었다. 이 둘은 모두 승부의 관건이 되는 장비였으므로 정성들여 제작하게 되었다. 《고공기考工記》에는 나무를 만지는 칠공七工 중에서 륜輪 · 여輿 · 거車 · 주輈의 사공四工이 수레를 만드는 전문적인 기술자였다. 거기에는 수레 제작의 요구가 상세하게 기재되어 있다. 일반적인 요구는 견고하여 도중에서 훼손되지 않아야 한다. 가볍고 정교하여 무거운 짐을 많이 실어야 한다. 속도가 빨라서 일찍 목적지에 닿아야 한다. 평형을 유지하여 전복되지 않아야 한다. 편안하여 오래 승차해도 피로하지 않아야 한다. 환경에 적합하여 막힘 없이 다닐 수 있어야 한다. 이 책에는 하나하나 요구하는 원인을 해석하고 있으며, 운동과 역학의 관계를 깊이 깨닫고 있었다. 예를 들면 적어도 바퀴는 가능한 한 모든 면이 지면에 닿아야 하고, 바퀴통의 구멍은 둥글어야 하며, 차축의 끝은 바퀴통을 지난 뒤에는 점점 짧아져야 한다. 바퀴를 굴대에 고정시키는 쐐기 또한 점차 작게 만들어야 한다. 축과 바퀴통이 만나는 곳에는 기름을 쳐야 하고, 바퀴살은 폭과 두께 등이 가늘어져 진흙이 엉겨붙지 않도록 해야 하며, 채는 굽어지도록 만들고 마력 등을 고려하여 빨리 달릴 수 있도록 갖가지 세절을 강구해야만 한다.(郭寶鈞, 銅器 : 148) 이와같이 많은 고려는 벌써 상대에 이미 주의를 하고 있었다.

고고발굴로 알 수 있듯이 적어도 서주 이래로 중국 마차는 마구를 가슴에다 연결하는 흉식胸式으로 개량되었으며, 고대 근동에서 경식頸式을 채용한 것과는 다르다. 마구를 목에다 연결하는 경식의 결점은, 가죽이 말 목의 기관지를 압박하여 말이 속도를 내어 빨리 달릴수록 호흡이 곤란해져 말의 잠재력을 충분히 발휘할 수가 없다는 것이다. 전국 말기에 이르면 끌채의 높이와 말과 수레 사이의 높이에 대하여 다시 진일보한 인식을 하게 되었다. 《고공기》에 『뛰어난 말의 끌채는 깊이가 4척 7촌이고, 수렵용의 말은 끌채 깊이가 4척이며, 노둔한 말의 끌채 깊이는 3척 3촌이다 國馬之輈深四尺有七寸, 田馬之輈深四尺, 駑馬之輈深三尺三寸』『끌채의 만곡彎曲이 적당하면 끊어지지 않고 나무의 결을 따르면 잘라지지 않아서 인마와 배합하여 진퇴가 자유롭다. 종일토록 달리고 쉬지 않아도 왼편의 참마參馬는 피로를 느끼지 않는다. 가령 수천 리를 달린다 해도 말은 발굽이 상하여 달리기를 겁내지 않을 것이다 輈欲弧而折, 經而無絶, 進則與馬謀, 退則與人謀, 終日馳騁左不健, 行數千里馬不契需』라고 하였다. 말이 바퀴의 반경보다 높은데 만일 곧은 끌채를 사용하면 수레가 불안하고 말도 힘들게 된다. 만일 굽은 끌채를 사용하면 말을 내리누르지 않고 축도 높아지지 않아서 차체가 평정하게 된다. 이와같이 효과적인 설계는 대량의 한漢 묘지 화상석畵像石 및 명기明器의 모형에서 찾아볼 수가 있다.

### 승석乘石

상대의 마차는 높고 커서 땅에서 차체까지 7,8센티미터 정도 떨어졌으므로(楊泓, 1977 a : 90) 단숨에 올라타기가 어려웠다. 그리고 행동이 우아한 귀족들은 발을 디딜 물건이 있어야 마차에 오를 수가 있었다. 갑골문의 ☵(등, 登)자는 두 개의 손이 걸상을 누르고 있으며 다른 사람이 두 발로 올라서도록 하는 모양이다. 등登은 본래 수레에 오르는 동작이나, 뒤에 오면서 위로 올라가는 모든 동작과 형세에 쓰이는 말로 인신되었다. 마차에 오를 때 사용하는 물건은 보편적으로 나지막한 테이블이었을 것이다. 만일 마차에 올라갈 때 밟고 올라갈 물건이 없으면 뛰어올라가도 상관이 없었다. 그러나 고급 귀족들은 아주 신경을 썼다. 안양의 상대 귀족들의 묘에서 전적으로 수레를 오를 때만 사용하던 낮은 석궤石几가 출토되었다. 그것은 평평한 형상에 위에는 문양을 조각한 돌이었다. 문양에 표현된 것은 등을 진 호랑이 한 쌍이었다. 그 돌에는 끈을 꿸 수 있는 구멍이 뚫려 있어서 이동에 편하도록 만들어졌다.(그림 12.10) 《시경》의 서주시西周詩 백화편白華篇에 『나지막하고 작은 돌, 밟고 올라서도 커보이지 않네. 당신이 나를 버리고 멀리 떠나시려 하니, 내 병 낫기가 힘들어라 有扁斯石, 履之卑兮, 之子之遠, 俾我底兮』고 하여 이런 승석을 묘사하고 있다. 고귀한 사람의 행동은 갈수록 우아한 행동을 요구하게 되었으므로, 수레에 오르는 데도 반드시 정교하게 만든 돌발판을 필요로 하게 되었다. 그러므로 〈승석乘石〉이란 단어는 문학작품 속에서 통치자의 대명사가 되었다. 예를 들면 《회남자》제속편齊俗篇에 『무왕께서 승하하시자, 은나라 백성들이 주에 반란을 일으켰다. 그러자 주공께서 동궁에 나아가 승석을 밟고 천자의 위를 대신하여 의扆(도끼의 머리 모양을 수놓은 병풍으로 천자의 거처에 친다)를 등지고 앉아 제후의 조회를 받았다 武王旣没, 殷民叛之, 周公踐東宮, 履乘石, 攝天子之位, 負扆而朝諸候』고 하였다.

## 승여乘輿

인력으로 수레를 끄는 것은 본래 축력을 이용하여 수레를 끌기 이전의 원시적인 방법이었다. 그러나 한 사람이 다른 사람에 의하여 떠메어 다닌다면 경제능력과 정치적인 특권이 있어야 하므로 이 또한 권위의 표현이 되었다. 갑골문의 ﹝﹞(흥, 興)자는 네 손이 공동으로 하나의 담가擔架나 혹은 견여肩輿를 들어올리고 있는 형상이다. 이런 종류의 견여는 이미 안양의 상대 유적지에서 살펴볼 수가 있다. (그림 12.11) 흥興자는 높이 들어올리다·흥기하다와 같은 동작이나 형세와 관련된 모든 의미에 응용되게 되었다. 여輿는 들어올리는 기물이며, 또한 본래 사람이 들어 올리는 견여를 가리키는 것이나 그것은 수레의 차체로 전용되었고, 다시 수레의 몸체에서 모든 차체로 확충되었다. 금문의 ﹝﹞(련, 輦)자는 두 사람이 수레의 일부를 미는 형상이다. 이 자는 본래 인력으로 밀어서 움직이는 바퀴 달린 수레를 가리키는 것이었으나, 뒤에 오면서 인력으로 들어올려 어깨에 메는 견여를 포함하게 되었다.

마차는 속도가 빨라서 군사적으로는 아주 쓰임새가 많았으나, 부녀자나 노약자 혹은 마차를 타본 경험이 없는 사람들은 마차가 결코 편안하고 안전한 교통수단이 아니었다. 통치계급 또한 갈수록 군사훈련에 소홀하게 되었다. 《진서晉書》여복지輿服志에서는 동한 말기에 우마차가 천자에서부터 서인에 이르기까지 흔히 타고 다니는 물건으로 변하였다고 하였다. 우마차는 비록 안전하기는 하지만 어떤 상황에서나 모두 적합한 것은 아니었다. 예를 들면 산을 오른다거나, 당堂을 내려오는 데는 불편하였다. 어떤 정원들은 규모가 상당히 컸으므로 대문에서 실내에 이르기까지는 웬만큼의 거리가 있었다. 귀부인들은 얼굴을 드러내고 문 밖에 나가 수레를 타려고 하지 않았으므로 가볍고 편하면서 마음대로 다닐 수 있는 가마로 걸음을 대신할 필요가 있었다. 이렇게 사람이 들어올리는 공구는 원래 잘 걷지 못하는 사람이 잠시 이용하던 것이었으며, 결코 가마를 드는 사람의 인격을 낮춰 보고자 하는 뜻은 없었다. 그러나 건장한 남자들도 재부를 과시하기 위하여 이를 본떠 사치함을 다투게 되었다.

유명한 예로《진서晉書》환현전桓玄傳에는 환현이 30명이 탈 수 있는 대련大輦을 만들어 2백 명이 들어올리도록 하였다고 말하였다. 앞에서 부르고 뒤에서 대답하니 그 위풍이 늠름한 기개를 상상해볼 수가 있다. 이렇게 과분한 사치는 당연히 다른 사람들의 반감을 불러일으키게 되었다. 게다가 사회의 생산력이 향상되면서 인성의 존엄성도 점점 중시되었다. 그리하여 사람들은 이런 것을 처음 발명한 사람들이 반드시 어질지 못한 폭군이라고 여기게 되었다. 이 때문에 견여·보련步輦의 발명은 역사상 유명한 폭군인 B.C.16세기의 하걸夏桀에게 죄를 돌리고 있으며(竹書義證 : 122) 심지어는 진시황이라고도 한다.(格致鏡原 : 1221) 그전에 이미 황제가 인력거를 발명하였다는 전설과 동주시대에 이미 높은 계층의 사회에서는 이미 견여가 아주 보편적이었다는 사실을 소홀히 하고 있다.(侯古堆發掘 1981 : 4-5 ; 郭建邦, 1981 : 40-42)(그림 12.12) 우마차는 이미 일반인들이 탈 수 있는 교통수단이 되었고, 마차는 다시 전복될 위험이 있었으므로 지위가 높고 재산이 많은 귀족들은 걷는 대신 연여輦輿를 사용하게 되었으므로, 〈승여乘輿〉·〈련輦〉 등의 단어는 〈승석乘石〉과 같이 제왕의 대명사로 변하게 되었다.

### 여사旅舍

수운이 비록 편한 점이 적지 않다고 하지만 물길을 통하여 갈 수 있는 곳은 한정되어 있다. 수레를 타고 육로로 가는 것은 비록 험한 산들이 가로막고 있어도 방법을 써서 목적지에 도달할 수가 있었다. 그러나 육운은 사람이 휴식을 취하고 체력을 회복할 수 있는 곳이 필요하였다. 이로 인하여 반드시 나그네가 쉬어갈 시설이 있어야만 했다. 상왕조와 제후국의 왕래가 빈번하였으며, 또한 항상 대규모의 군사행동도 있었다. 사절이 서로 왕래하면서 소식을 전하기 위해서는 모두 주요한 도로상에 모종의 시설을 갖추어 놓아 사람들이 묵어가도록 해야만 했다. 서주초의《역경易經》여괘旅卦의 효사爻辭에는『투숙한 여관에 불이 나고, 따라다니던 동복이 도망쳤다 旅焚其次, 喪其童僕』『새의 둥지가 불탔으니 편히 쉴 곳이 없다. 나그네가 처음에는 웃다가 뒤에는 통곡을 한다. 밭두둑에서 소를 잃어버렸다 鳥焚其巢, 旅人先笑後號咷, 喪牛于易』는 말이 있다. 비단 공무로 나다니는 사절뿐만 아니라 상인들도 숙박을 할 수가 있었다. 옛날의 교통으로는 일반적으로 하루에 30리를 갈 수가 있었으므로(대략 지금의 7km) 육로에는 30리마다 객사 하나를 설치하는 것이 보통이었다.《주례周禮》견인遣人에『30리에 유숙처가 있고, 유숙처에는 노실路室(객사)이 있으며, 노실에는 위委가 있다. 50리에는 시市가 있고 시에는 후관候館(노실보다 큰 객사)이 있으며, 후관에는 적積이 있다 三十里有宿, 宿有路室, 路室有委. 五十里有市, 市有候館, 候館有積』고 하였다. 수로는 배 위에서 휴식을 취할 수 있기 때문에 반드시 이처럼 일정한 거리마다 휴식처를 만들 필요가 없었다. 금문의 ⾦(사, 舍)자는 ⾦(여, 余)형의 물건을 기단과 같은 물건 위에 꽂아놓은 모양이다. 이 자는 절대 집의 측면 모양이 아니다. 집의 들보와 기둥은 그런 구조로 되어 있지 않다. 게다가 객사의 건축은 일반 집과 큰 차이가 없었으므로 집의 형상으로 그 의미를 표현해내지 않았다. 갑골문의 ⾦(여, 余)자는 제1인칭으로 사용하였으니 반드시 가차의假借義이다. 여余는 또한 서敍의 한 부분이기도 하다. 갑골문의 ⾦(서, 敍)자는 손 안에 여余형의 물건을 든 모양이다. 서敍에는 말하다·서술하다 등의 의미가 있는데, 그것은 집회에 참석하면서 손에 여余와 같은 유형의 표지를 들고 와 서열 중에 위치를 표시하는 습관으로 사용하였을 가능성이 아주 높다. 옛날에 관원들은 항상 기치와 같은 물건으로 자기 부족이나 혹은 관직을 대표하는 습관이 있었다. 반열班列시에도 아마 이것으로 표지를 삼았으므로 명함·여권·소개장 등과 같은 용도가 있었을 것이다. 일이 있어서 보고할 때는 지금 손을 드는 것과 마찬가지로 바로 이것을 들면 되었다. 그러므로 금문의 ⾦(대,對)자는 한 손에 어떤 물건을 들고 있는 모습으로 대답한다는 의미를 표현해내고 있다. 이로 인하여 사舍의 숙박하다·객사 등의 의미는, 숙박하는 사람이 자기 종족이나 직책을 대표하는 기치 혹은 사절使節을 집 앞에 세워, 어떤 사람의 임시 거주지라는 것을 표시하는 것에서 왔을 가능성이 아주 높다. 그것은 동시에 일반 사람은 접근하지 말라는 경고의 의미를 품고 있기도 하다. 고대에 일반인들은 여행하는 일이 적었다. 여행하는 사람은 모두 일이 있는 신사信使와 사절이었으며, 그들은 반드시 신분증명서를 휴대하고 있었다. 뒤에 오면서 상업이 점점 발달하면서 상인들의 도시 내왕이 많아지게 되자, 정부에서는 부신을 발급하여 여행을 허가하는 증명서와 숙박 검사용으로 삼았다.《주례》장절掌節에『무릇 나라의 사절들은 산간지역의 나라는 호절虎節을 사용하였고, 평야지역의 나라는 인절人節을 사용하였으며, 호수지방의 나라에서는 용절龍節을 사용하였으니 모두 오금五金으로 되었으며 대로 된 화살에 글자를 새겨 이를 보충하였다. 관문에는 부절符節을 사용하였고,

화물의 통행에는 새절璽節을 사용하였으며, 도로의 통행에는 정절旌節을 사용하였다. 그리고 각종 절節에는 규정된 기한이 있었으며, 기한이 되면 반납하였다 凡邦國之使節, 山國用虎符, 土國用人節, 澤國用龍節, 皆金也, 以英蕩輔之. 門關用符節, 貨賄用璽節, 道路用旌節, 皆有期以反節』고 하였으며, 소행小行에는 『천하에 이르는 육절六節의 법식이 있으니, 산국山國에는 호절虎節이 있고, 토국土國에는 인절人節이 있으며, 택국澤國에는 용절龍節이 있으니 이들은 모두 다 금속으로 만들어졌다. 도로에는 정절旌節을 사용하고, 관문에는 부절符節을 사용하며, 도시와 시골에는 관절管節을 사용하니 이들은 대나무로 만들어졌다 達天下之六節, 山國用虎節, 土國用人節, 澤國用龍節, 皆以金爲之. 道路用旌節, 門闕用符節, 都鄙用管節, 皆以竹爲之』고 하였으니 이들은 얼마간 고대의 습관을 반영하고 있다. 갑골문의 ♀(여, 余)자는 이런 유형의 부신符信의 상형일 것이다. 여행자들은 몸에 부신을 휴대하여 자기의 신분을 증명해야 했기 때문이다. 그러므로 갑골문의 ♀(도, 途)자는 여余자와 하나의 발자국으로 구성되어 있다. 발자국은 여행의 활동을 표시하는 데 사용되며, 여余는 여행자가 항상 휴대하고 다니는 물건이다. 옛날에는 숙식을 제공하는 객점이 많지 않았기 때문에 여행자들도 흔히 건량을 준비하고 다니다가, 만일 객사에 이르지 못할 때를 대비하였다.

　정부의 객사는 음식과 휴식처를 제공할 뿐만 아니라, 밤낮으로 길을 달려야만 하는 긴급한 사무가 있을 때에는 마차와 마부를 제공하는 일을 하기도 한다. 그러므로 관리하는 인원을 두어야만 하였다. 우리는 갑골 각사에서 언급된 상대의 관리 중에서 이런 직책이 있는지를 확인할 방법은 없다. 서주 초기의 동기에는 이와 같은 책임을 맡아 사절을 초대하는 관원이 언급되고 있다.(陳槃 1967 : 895-96) 예를 들면 숙권유叔趯卣에『너는 이 연회에 시후軾侯를 맞아들이는 일을 맡으며 출납과 일체의 일은 관리가 맡는다 用饗乃辟軾侯, 逆◯出內事人(使人)』고 하였다. 사신제도는 문명국이면 모두 있었다. 처음에는 보행이었으나, 마차가 생기자 당연히 이를 이용하여 소식을 전달할 수 있게 되었다. 상대에서는 치逴 혹은 전傳자로 소식을 전하는 일을 표현해냈다.(于省吾, 釋林 : 277-80) 그러나 이 두 자는 모두 형성자로 그 의부義符는 하나는 행길이고 하나는 사람이다. 무리하게 마차를 이용하여 소식전달의 시간을 단축하려 한 모습은 찾아볼 수가 없다. 상대에는 기마의 습관이 적었고 도로가 잘 닦여져 있지 않았으므로 아마 빠른 속도의 마차로 먼 거리를 달리는 여행은 적당치가 않았을 것이다. 뒤에 오면서 보편적으로 말을 사용하여 운송을 하게 되자, 일駉・역驛 등의 자로 그 일을 표시하였으며 모두 마馬를 의부로 삼았다. 비록 육운이 수운처럼 빠르고 비용이 적게 들었으나, 화물을 싣지 않고 릴레이 방식으로 소식을 전달하면 수운보다 훨씬 빨랐다. 춘추시대에 이르자 역참을 이용하여 소식을 전하고 빈객을 접대하는 제도가 이미 상당히 보편화되었다. 동으로는 제齊, 서로는 진秦, 북으로는 진晉, 남으로는 초楚, 동남으로는 오월吳越, 중원의 노魯·송宋·진陳·정鄭에 이르기까지 널리 역참과 관문을 설치하여 소식을 전하지 않은 나라가 하나도 없었다.(陳槃, 1967 : 881) 정보는 외교와 전략적 계획의 중요한 결정수단이 된다. 자기편에게는 소식을 빨리 전달해야 하고, 적의 정보전달은 가능한 한 저지해야만 했다. 춘추시대에는 이미 상업이 흥성하여 유통의 유무에 대한 이익이 아주 컸다. 더욱이 전략물자는 각국이 모두 자기편에서 충분히 획득하기를 바랐으며, 적에게 유입되기는 바라지 않았다. 예를 들면 초나라에서 발행한 행상 허가인 악군계절鄂君啓節(그림 15.9)에는 『금혁맹전金革黽箭을 싣고 다니지 말라』고 규정하고 있다. 이로 말미암아 한편으로는 교통의 편리를 추가하고 한편으로는 교통의 요지에 관문을 설치하여 정보나 화물이 밖으로 전해지는 것을 저지하였다.(陳槃, 1967 : 892-98 ; 曲守約, 1958 : 307-11) 금문의 鬥(관, 關) 자는 양쪽 문에 빗장을 걸어놓은 모양을 그리고 있다. 관문은 한 도시나 국가의 문호로 규찰이나 방비 과세를 하는 곳으로 가볍게 버려둘 수 없는 요충지이다. 그러므로 관關자에는 두 가지 주요한 의미가 있다. 하나는 교통의 흐름을 막는다는 폐관이란 뜻이 있고, 다른 하나는 교통의 연락점인 중요한 길의 문이라는 뜻이 있다.

| 商 甲骨文 | 周 金文 | 秦 小篆 | 漢 隸書 | 現代 楷書 |
|---|---|---|---|---|
| (甲骨文 forms) | (金文 forms) | (小篆 form) | 步 | 步 |
| | | | | 전후의 발걸음으로 진행의 뜻을 표시하고 있다. |
| | (金文 forms) | (小篆 form) | 走 | 走 |
| | | | | 아래위로 흔드는 두 손과 한 발걸음으로 빨리 걸어간다는 뜻을 나타낸다. |
| | (金文 forms) | (小篆 form) | 秦 奉 | 奔 |
| | | | | 휘젓는 두 손과 여러 개의 발걸음으로 빨리 달려간다는 뜻을 표시한다. |
| (甲骨文 forms) | (金文 forms) | (小篆 forms) | 遲 遲 遲 | 遲 |
| | | | | 한 사람을 업고 길을 가고 있는 모습으로 걷는 속도가 느리다는 뜻이다. |

| 商 甲骨文 | 周 金文 | 秦 小篆 | 漢 隷書 | 現代 楷書 |
|---|---|---|---|---|
|  |  |  |  | 後 |
|  |  |  |  | 발이 줄로 묶여져 다른 사람의 뒤에서 길을 걷는 다는 뜻을 나타낸다. |
|  |  |  |  | 涉 |
|  |  |  |  | 물이 흐르는 냇가를 뛰어서 건넌다는 뜻을 나타내고 있다. |
|  |  |  |  | 朕 |
|  |  |  |  | 손에 공구를 들고 선체의 접합 부분을 메운다는 뜻을 나타내고 있다. |

| 商 甲骨文 | 周 金文 | 秦 小篆 | 漢 隸書 | 現代 楷書 |
|---|---|---|---|---|
| | | | | 舟 여러 조각의 목판을 조합하여 만든 배의 형상. |
| | | | | 凡 한쪽에 돛이 있는 모양. |
| | | | | 行 반듯하게 정리된 도로의 형상. |
| | | | | 律 손에 붓을 잡고 도로 수축도를 그리고 있는 모습으로, 길을 만드는 데는 일정한 요구와 규격이 있다는 뜻을 나타낸다. |
| | | | | 建 손에 붓을 잡고 도로의 건축 청사진을 그린다는 뜻이다. |

| 商 甲骨文 | 周 金文 | 秦 小篆 | 漢 隸書 | 現代 楷書 |
|---|---|---|---|---|
| (그림) | (그림) | 車<br>轅 | 車 車 | 車<br><br>각종 수레의 모양을 상세하게 혹은 간략하게 본떴다. |
| (그림) | (그림) | 登 | 登<br>登 | 登<br><br>두 손으로 발 디딤돌을 누르고, 다른 사람이 밟고 마차에 오르도록 한다는 뜻을 나타낸다. |

| 商 甲骨文 | 周 金文 | 秦 小篆 | 漢 隸書 | 現代 楷書 |
|---|---|---|---|---|
|  |  |  |  | 輦 두 사람이 바퀴 달린 수레를 끌고 움직이는 상태를 본뜨고 있다. |
|  |  |  |  | 御 조자造字 의미가 분명하지는 않으나 꿇어앉아 마차를 타는 습관과 관련이 있는 듯하다. 끈 앞에 꿇어앉아 제거하는 의식을 거행한다는 뜻을 나타낸다. 馭 채찍으로 말을 몬다는 뜻을 나타내고 있다. |
|  |  |  |  | 興 네 손이 공동으로 들어올리는 견여肩輿, 혹은 담가의 형상. |

| 商 甲骨文 | 周 金文 | 秦 小篆 | 漢 隸書 | 現代 楷書 |
|---|---|---|---|---|
| (갑골문 자형) | | (소전 자형) | 輿 輿 | 輿<br><br>손 네 개가 함께 들어올리는 견여의 모습을 나타내고 있다. |
| (갑골문 자형) | (금문 자형) | 余 | 余 | 余<br><br>여행자가 소지하는 모종의 부절符節 형상. |
| 舍 | (금문 자형) | 舍 | 舍 舍<br>舍 | 舍<br><br>건물 앞에 부절을 꽂아놓은 모습으로, 어떤 사람이 임시로 거처하는 곳이라는 뜻을 표시하고 있다. |
| (갑골문 자형) | | | | 途<br><br>여행중에 필요한 부절처럼 통행을 할 수 있는 신물이라는 뜻을 나타낸다. |

| 商 甲骨文 | 周 金文 | 秦 小篆 | 漢 隷書 | 現代 楷書 |
|---|---|---|---|---|
| (갑골문) | | (소전) | 叙 敍 | 叙<br>손에 잡은 부절로 순서대로 설 때 위치를 확정한다는 뜻이다. |
| (갑골문) | (금문) | (소전) | 對 對 | 對<br>손에 부절을 들고 있는 모습으로, 대답한다는 뜻을 표시한다. |
| (갑골문) | (금문) | (소전) | 關 關 | 關<br>문 위에 잠글 수 있는 빗장을 설치해 놓았다는 뜻이다. |

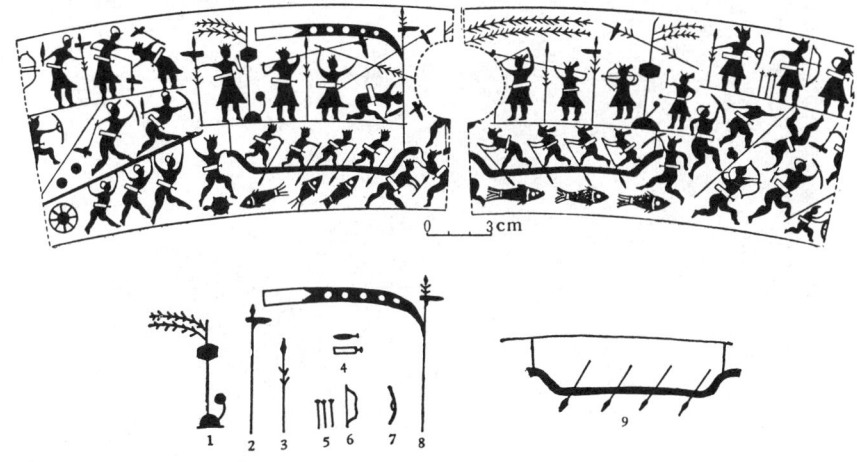

그림 12.1 전국 동감상의 수전 문양 및 전선과 무기장비의 설명도

그림 12.2 진한시대 운남 동고상의 배 문양

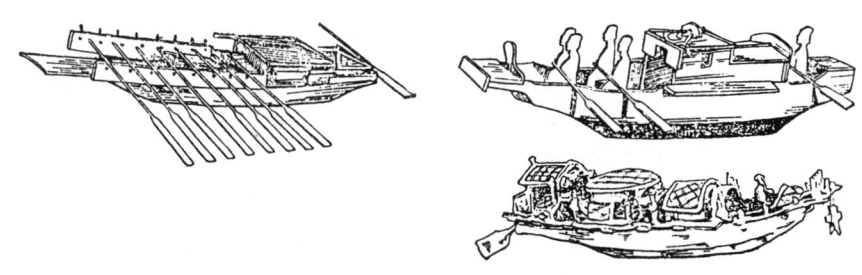

그림 12.3 한대의 목선과 도선陶船 모형

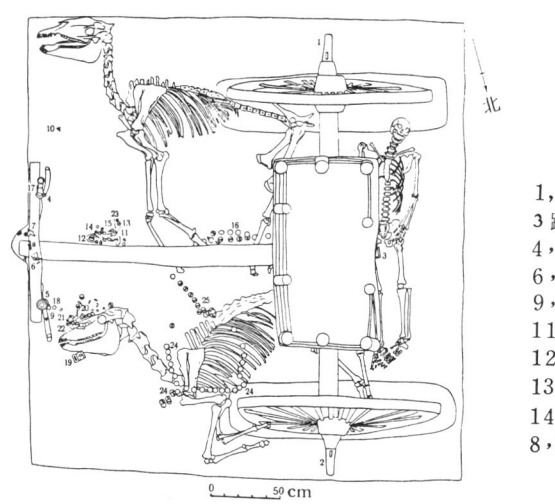

1, 2 害
3 踵飾
4, 5 軛飾
6, 7 獸面飾衡飾
9, 10 銅鼻
11, 19 銅鏕
12, 21 特大銅泡
13, 20 小獸面形銅飾
14 鏃形銅飾
8, 15-18, 22-25 銅泡

그림 12.4 상대 차마갱車馬坑

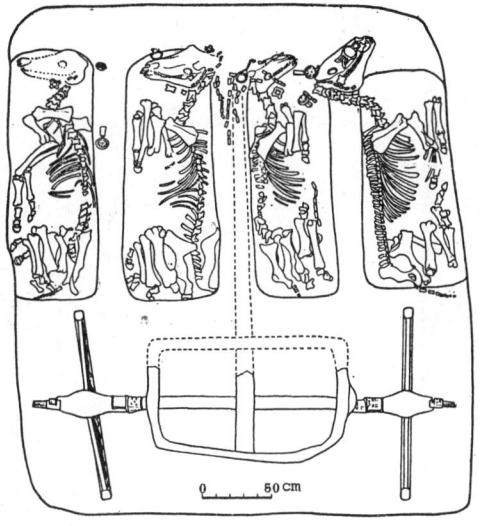

그림 12.5 서주시대 사마차갱四馬車坑

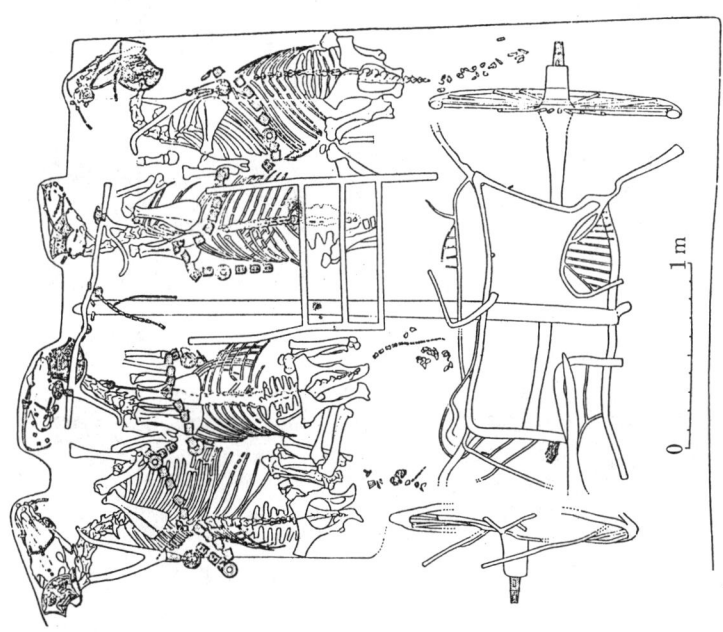

그림 12.6 서주시대의 사마차갱

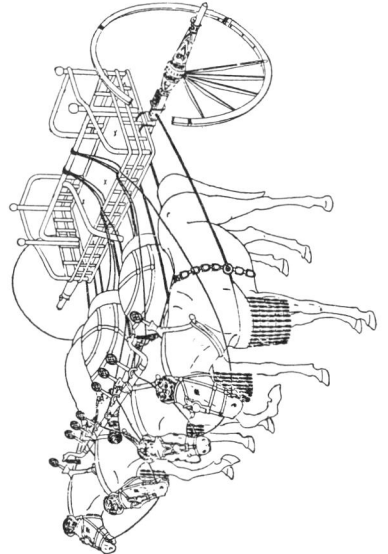

그림 12.8 장사 출토 전국시기의 차기座騎 칠그림

그림 12.7 주대 사마駟馬 마차의 홍사범 종합 복원

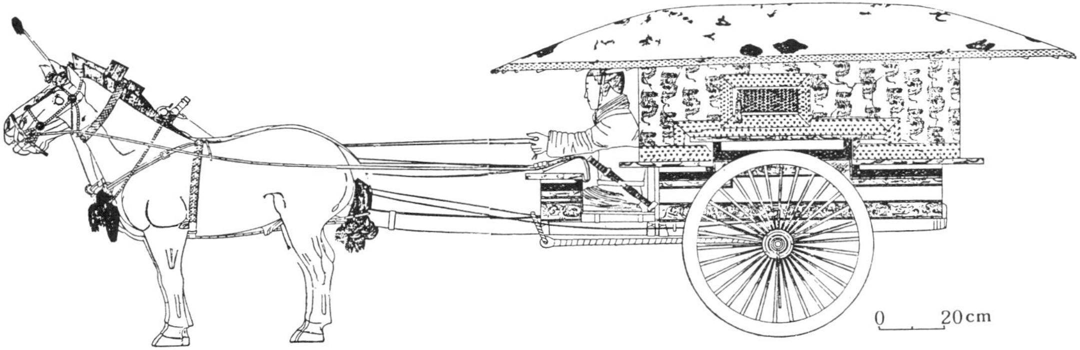

그림 12.9 진웅개 동거마 모형

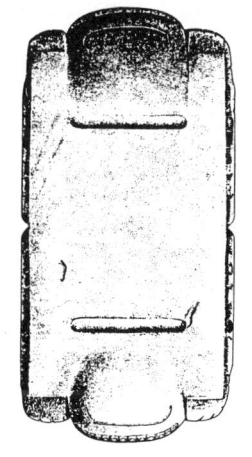

그림 12.10 상대의 승석乘石

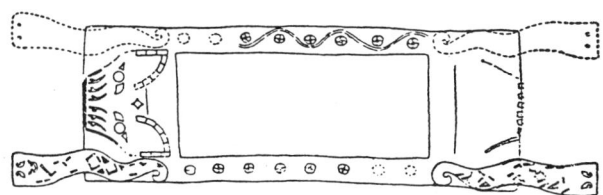

그림 12.11 상대 들것의 복원

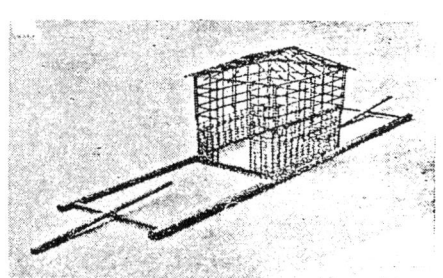

그림 12.12 서주 견여肩輿의 복원

# 제13장

## 생명의 순환

### 사망의 개념

어떠한 사회이든지 삶과 죽음의 시간은 항상 특별한 의미를 풍부하게 지니고 있다. 새로운 생명의 탄생은 사회의 가입을 대표하고, 죽음은 사회활동의 끝을 뜻하기 때문이다. 고금을 막론하고 모두 갖가지 서로 다른 의식과 활동으로 이 두 가지 특별한 시간을 기념하고 있다. 더욱이 죽음의 의식은 일생 사업의 성취를 종결하는 시간이므로 항상 각종 시호를 내리거나 관직을 더하는 등의 사자를 영예롭게 하는 의식이 수반되고 있다. 상가에서도 흔히 금전을 아끼지 않고 장례를 치러 죽은 사람은 적당히 표양表揚하고 살아 있는 사람들도 적절한 만족과 위안을 얻도록 한다. 장례의식은 또한 친척관계와 친구간의 교정과 같은 사회적인 기능을 반영하고 있다. 그러므로 우리는 먼저 죽음의 의미를 토론해 보기로 하자.

현대인에게 죽음이란 영원한 이별을 의미하는 애석한 일이다. 그러므로 진심이든 아니든 참여자 모두 애도의 분위기를 표현하고 있다. 그러나 상고시대에 사람들은 삶과 죽음 사이의 생리현상에 대하여 별로 이해를 하지 못하고 있었다. 영혼불멸을 믿었기에 사망은 항시 새로운 생명의 시작으로 여겨졌다.(Hoebel, 인류학 : 387) 삶과 죽음은 한 고리의 양단과 같이 끊임없이 순환한다고 여겨졌으므로 특별히 슬퍼할 만한 어떤 가치도 없었다. 심지어 때로는 기뻐해야 할 상황으로 여겨지기도 하였다. 삶과 죽음의 현상은 옛사람들이 이해할 방법이 없었던 아주 많은 일 중의 하나였다. 동시에 그들은 모든 물질마다 영혼이 있고, 사후의 영혼 또한 어떤 모양의 생활태도를 갖고 있어 결코 영구한 사멸은 아니라고 믿었다.

### 장례의식

갖가지 서로 다른 장례 풍속은 사후 영혼세계에 대한 사람들의 서로 다른 견해를 반영하고 있다. 매장시에 시신을 안치하는 자세에도 사람들이 이해하는 사후세계를 반영하고 있다. 수장된 기물 또한 한 사회의 문명정도와 사회구조를 반영하고 있다. 그러므로 매장의 습속은 고대사회를 이해하는 하나의 아주 중요한 실마리가 된다.(Fagan, 고고소개 : 195) 갑골문의 사死자에는 두 가지 자형이 있다. 하나는 한 사람이 후골朽骨 옆에 꿇어앉아 머리를 숙이고 있는 모습으로 애도의 의미를 표시하고 있다.(殀) 다른 하나는 시체가 서로 다른 자태로 관 속에 놓여져 있는 모양이다.(囚, 𣦵) 시체 인근의 작은 점은 수장된 물품이거나 혹은 주사朱砂와 같이 피를 대표하는 붉은색 물건일 것이다. 후골 옆에 꿇어앉은 제1형은 갑골 각사에서 드물게 보이며, 그 중에 한 條의 각사에는 사망시의 상황을 표현하고 있다. 그것은 한 노장군이 어떤 부족의 군대를 감독하러 파견나갔다가 불행히도 도중에 세상을 떠난 것이다.(許進雄, 懷特 : 49) 사망한 지점이 국도에서 아주 멀리 떨어져 있었기 때문에 정상적인 장례의식을 거행하지 못하고, 단지 깨끗하게 썩은 뼈만을 가지고 돌아와 안양에 안장하였다. 그러므로 이와같이 후골 옆에 꿇어앉은 死자를 사용한 것은 드물다. 또 다른 각사에는 『어떤 관리께서 돌아가셨으니 시신을 마차로 운구해 갈까요? 勿㠯有示卿死, 迓來歸?』(續存 2.195)라고 하였다. 이것도 외지에서 죽었기 때문에 릴레이 방식으로 운반하여 안장해도 되는지의 여부를 물어본 것이다. 그러나 현재 사용되는 死자는 도리어 이 모양이 변하여 내려온 것이다.

 중국민족은 서로 다른 수많은 씨족이 장기간의 융화를 거쳐 형성된 것이다. 그러므로 더 말할 필요도 없이 장례 풍속도 반드시 여러 종류가 있다.(王仲殊, 1981 : 449-56 ; 曾騏, 1985 : 18-26) 위에 기술한 갑골문 死자의 조형으로부터 당시의 매관埋棺·세골洗骨 등의 서로 다른 장례의식을 살펴볼 수가 있으며, 매장의 자세에도 앙와仰臥·측와側臥 등으로 서로 다르다는 것을 알 수가 있다. 서로 다른 자세는 각종 지위의 차이 때문일 수도 있고 때로는 습속이 달라서이기도 하다. (그림 13.1-3) 이렇게 서로 다른 장례의식과 자태는 고고발굴로부터 실증을 얻을 수가 있다. 직지앙와直肢仰臥는 상나라 사람들이 매장하는 정상적인 자세이고, 측와곡권側臥曲捲은 대부분 종속적인 지위에 속한다.(黃展岳, 1974 : 156)(그림 13.4-6) 그러나 다른 문화구에서는 측와곡권이 정상적인 매장 자세이기도 하다.(甘肅博物館 1980 : 223)(그림 13.7) 아래의 증거들은 사망의식 변화의 대체적인 정황을 추측해볼 수가 있다.

### 사망의식의 변천

 상고인들은 임신의 진정한 원인을 알지 못하였기 때문에 아주 쉽게 삶과 죽음이 지속적인 과정이라는 상상을 할 수가 있었다. 당시 특유의 지혜와 영혼의 신앙으로서 그들은 삶과 죽음을 연계하여 보았음이 분명하다. 사람의 사후에 영혼이 옛집으로 돌아온다는 토템이 있었으며, 다시 여기에서 환생하여 출생한다고 여겼다.(李宗侗, 1973 : 295) 이것이 고인들의 일반 개념이었다. 이미 삶과 죽음에 이런 변화가 있었으니, 그렇다면 영혼은 어떻게 신체에서 떨어져나갈 수가 있는가? 이 문제는 해답을 생각해 보지 않을 수가 없다. 아마도 고인들은 피부가 찢어져 피가 흐르는 것을 보았고, 피가 과다하게 흐르면 죽는다는 것을 알았을 것이다. 이런 관찰은 사람들로 하여금 새생명을 얻으려면 육체에서 피가 흘러나와야만 영혼이 피를 따라 육체 밖으로 빠져나올 수가 있으며, 그 영혼이 다시 인간세상에 환생하여 사람이 된다고 믿게 되었다. 이런 사상은 고인들로 하여금 피를 흘리지 않고 죽는 자연사는 영원한 사멸이며, 피를 흘리고 죽어야 비로소 안심할 수 있다는 생각을 갖게 만들었을 것이다.

### 몽둥이로 노인을 때려 죽인다

사람이 피를 흘리고 죽게 하는 가장 정상적인 방법은 폭력을 사용하는 것이다. 그러므로 상고시대에는 노인을 때려 죽이는 습속이 있었다. 지금 본다면 이것은 아주 잔인하고 비인도적인 야만행위이다. 그러나 이런 관념이 있었던 시대에서는 도리어 이것은 자식이 응당 해야 할 효도라고 여겨졌다. 그렇게 하지 않으면 사자는 다시 환생할 수가 없으므로 죽어서도 눈을 감을 수가 없었다. 이뿐만 아니라 사자의 영혼이 돌아와 살아 있는 사람들을 괴롭히고 해를 입혀 진정한 불행이 생기게 된다고 여겼다. 노인을 때려 죽이는 습속은 갑골문의 ƒ﹩(미, 微)자에 나타나 있다. 이 자는 한 손에 몽둥이를 들고 쇠약한 장발 노인을 내려치는 모습을 그리고 있다. 몽둥이로 맞는 사람은 모두 연로하고 몸이 약하며 병이 있는 노인이었으므로 微자에는 병이 나다·미약하다 등의 의미가 있다. 이 자는 또 가장假裝·비밀 등의 의미를 갖고 있는데, 이것은 뒤에 오면서 공개적으로 노인을 때려 죽이는 것이 좋아 보이지 않는다고 여겨 은밀히 행해지는 일로 바뀌게 되었으므로 여기에서 인신되어 나온 것이다.

병약한 노인을 몽둥이로 때려 죽이는 습속은 결코 상고시대 중국 특유의 것만은 아니었으며, 그밖의 조기 문명에도 이와 유사한 습속이 있었다.(Hoebel, 인류학 : 369) 이것은 또한 경제적 혹은 이타적인 서로 다른 고려에서 생겨났을 것이다. 상고인들은 생산수준이 낮았으므로 식량의 부족·질병의 유행, 혹은 빈번한 이동시에 병약한 노인들은 자주 자기를 죽여 동포들이 자기 살을 먹고 기아의 위기를 넘기라는 건의를 하였다. 그런 노인들은 자기 종족들에게 공헌을 하는 해탈이 병으로 죽어 지하에서 썩는 것보다는 훨씬 마음이 편했다.(肖兵 1980 : 75)

중국에서 몽둥이로 노인을 살해한 흔적은 수십만 년 전의 북경 주구점원인에게까지 거슬러 올라갈 수가 있었다. 두개골이 피격되어 깨졌기 때문에 고고학자들은 줄곧 그것이 사람이 사람을 먹었던 현상이라고 여겨왔다.(Hoebel, 인류학 : 143-44 ; Pearson, 인류학의 소개 : 106 ; 張光直, 考古 : 48, 72-73) 혹은 사람이 인육을 먹은 것은 결코 기아 때문이 아니라 그것으로 개인의 마력을 증가할 수 있다고 여겼기 때문이라고도 하였다.(Pearson, 인류학의 소개 : 106) 그러나 가장 명확한 증거는 적어도 7천 년의 역사를 지닌 광서 계림의 증피암甑皮岩 유적지이다. 그곳에서는 모두 열네 개의 두개골이 발견되었다. 그 중에서 네 구의 두개골은 명확하게 인위적으로 몽둥이와 같은 물건이나 혹은 날카로운 기구로 내려쳤거나, 혹은 끝이 뾰족한 것으로 맹렬하게 찔린 것과 같은 치명적인 상처의 흔적이 있었다. 그리고 그 연령은 모두 50세 이상이었다. 그러나 그밖에 젊은 사람들의 두개골에는 이런 현상이 없었다.(張銀運 1977 : 7-8) 사자의 두개골이 부서진 것은 오래된 유적지에서는 아주 흔한 현상이었다. 아득하게 먼 고대에는 싸움이 적었기 때문에 그렇게 많은 사람들이 전쟁으로 죽음을 당하지는 않았다. 게다가 고대에 50세는 이미 고희古稀라고 칠 수 있다. 통계에 의하면 구석기 중기에는 반이 20세 이전에 죽었고, 구석기 말기에는 $\frac{1}{3}$이 20세까지 살았으며, 단지 $\frac{1}{10}$만이 40세까지 살았다.(賈蘭坡, 1985 : 13-17) 주대周代에 와서도 56세 이상은 단지 7%밖에 차지하지 못했다.(焦南峰, 1985 : 85) 이 증피암 노인들은 모두 연로하여 자신을 돌보기 어려웠기 때문에 재생에 편하도록 자손들에게 죽음을 당한 것이 아주 분명하다. 피살된 사람은 상심을 느끼지 않았고, 죽인 사람도 죄악감이 없었다. 이와 유사한 습속이 훨씬 후대에까지 여전히 남아 있었다.

민속조사자는 사천성에서 동일한 내원의 두 이야기를 발굴하였다. 이 이야기는 옛날 그곳에 노인을 죽여 그 고기를 먹었던 습속이 있었다는 사실을 반영해 주고 있다. 이야기는 한 노인이 지붕에 올라가 이엉을 손질하고 있었고, 그 아들은 아래에서 물을 끓이면서 아버지에게 큰 소리로 삶아서 마을 사람을 대접하게 내려오라고 소리쳤다. 아버지는 자기가 아직도 살아나갈 능력이 있으니 아들에게 날짜를 좀 늦춰 달라고 사정했다. 그러나 아들은 아버지가 이미 다른 사람의 고기를 먹었으니 지금은 다른 사람에게 갚을 때가 되었다고 대답하였다. 아버지는 더이상 변명할 방법이 없음을 알고는 지붕에서 내려와 물에 삶아지는 운명을 받아들일 수밖에 없다는 것을 느꼈다. 또 다른 이야기는 아버지가 아들에게 소 한 마리를 잡아서 그를 대신하도록 부탁하였다. 그로부터 그 마을 사람들은 상가집에서 소 한 마리를 잡아 마을 사람들을 청하여 대접하게 되었으며, 더이상 노인을 죽이지 않게 되었다고 한다.(管東貴, 1974 : 448-48) 이런 이야기들은 옛날에 몽둥이로 노인을 죽여 영혼을 해방시키고 환생하게 했다는 오랜 전통을 반영하고 있음이 틀림없다. 오랜 시간이 지난 뒤에도 중국의 어떤 곳에서는 여전히 이런 전통을 기억하고 있었다. 기원전 3세기에 굴원屈原은 《천문天問》에서 『어찌하여 자식이 어미 배를 가르고, 시신을 나누어 여기저기에 버렸던가? 何勤子屠母而死分竟墜』라는 반문을 하고 있다. 아마도 초나라의 종묘에는 하夏의 계啓가 어머니를 죽이는 이야기를 제재로 그린 벽화가 있었을 것이다.(肖兵 1980 : 75) 굴원은 이런 고대의 습속을 이해하지 못하였으므로 하늘에 어찌하여 이런 행위를 한 사람을 현군賢君이라고 여겨지게 되었느냐는 질문을 한 것이다.

## 산에 내다버려 죽기를 기다렸다

문명의 정도가 높아지자, 자기 손으로 나이 든 부모를 죽인다는 것이 차마 할 짓이 아니라고 여겨지게 되었다. 그러자 노인을 야수가 출몰하는 산에다 데려다 놓아 야수로 하여금 피를 흘려 혼이 나가게 하는 일을 대신하여 집행하도록 바뀌게 되었다. 야수가 사람을 먹어치운 후에 다시 찾아가 그 뼈를 주위다 매장을 하였다. 아래와 같은 한대漢代의 이야기는 이런 습속이 있었다는 것을 증명해 주고 있다. 원곡原穀은 아버지를 도와 함께 할아버지를 산에다 버리러 갔다. 원곡이 들것을 가지고 산을 내려오자 아버지가 왜 들것을 가져오느냐고 물었다. 원곡은 이 들것을 잘 두었다가 아버지를 내다버릴 때 쓰겠다고 말하였다. 아버지는 장래 자기가 산 위에서 야수에게 물려 죽는 것을 바라지 않았으므로 다시 할아버지를 집으로 데려와 봉양하였다. 원곡은 이 일로 인하여 효손으로 널리 이름을 날리게 되었다. (王增新, 1958 : 48)(그림 13.8) 에스키모 사람들은 아주 늦게까지도 여전히 노인을 내다버리는 풍속이 있었다는 것은 많은 사람들이 잘 알고 있다. 사람들은 점점 노인을 거친 산과 들에다 내다버려 야수들에게 물려 죽게 하는 일이 좋은 행위가 아니라는 것을 느끼게 되었다. 그리하여 죽은 뒤에 황야에 내다버렸다가 시간이 지난 뒤에 뼈를 주워 가지고 돌아와 매장하는 식으로 바뀌게 되었다. 전국 초기의 《묵자墨子》절장편節葬篇에는 『초나라 남쪽에 있는 염炎나라 사람들은 그들의 친척이 죽으면 시신을 내다버려 썩기를 기다렸다가 그 뼈를 묻는다. 이렇게 하여야 효자가 된다 楚之南有炎人國者, 其親戚死, 朽其肉而棄之, 然後埋其骨, 乃成爲孝子』고 하였으니, 바로 이런 장례 풍속을 가리키고 있다. 얼마 전에도 중국의 어느 지역에 살고 있는 소수민족들은 여전히 이런 습속을 보존하고 있었다. 동북지구에서는 사람이 죽은 뒤에 그 시체를 나무 위에 높이 걸어놓고 새들로 하여금 쪼아먹게 하거나, 황야에 내다버려 야수로 하여금 뜯어먹게 하였다. 만일 주워 가지고 돌아온 뼈가 깨끗하게 먹혀지지 않고 살이 붙어 있으면 이 사람이 생전에 죄가 있다는 것을 가리키므로 집안사람들은 크게 불안해했다. 서장의 부유한 사람들은 심지어 승려를 청해다가 그의 육신을 나누어 조수에게 먹이고 뼈조차도 부수어 음식에 섞어서 조수에게 먹이도록 하였다.(劉仕驥, 葬俗 : 85-87)

## 관에 넣어 매장하다

묵자보다 조금 늦은 《맹자》등문공상편滕文公上篇에는 『상고시대에는 흔히 그의 부모를 장사지내지 않았다. 그의 부모가 죽으면 곧 시체를 골짜기에 내다버렸다. 어느 날 그곳을 지나가다 보니 여우와 이리가 시신을 뜯어먹고 파리와 모기가 피를 빨아먹는 것을 보게 되었다. 그의 이마에서는 저절로 식은땀이 흘러내렸으며 곁눈질로 바라보았을 뿐 차마 똑바로 쳐다볼 수가 없었다. ……이에 급히 집으로 돌아와 삼태기와 나무삽을 가지고 가 흙으로 시신을 덮어 매장하였다 蓋上古嘗有不葬其親者, 其親死則擧而委之于壑. 他日過之, 狐狸食之, 蠅蚋姑嘬之, 其顙有泚, 睨而不視……蓋歸反虆梩而掩之』고 하여, 시체가 손상받는 것을 차마 보지 못하는 심경으로 말미암아 매장방식으로 개량하게 되었다는 설명을 하고 있다. 소전의 壑(학, 壑)자는 한 손·한 개의 뼈 그리고 골짜기의 세 부분이 합성되어 만들어졌다. 이 자의 창제 의미는 야수에 의하여 깨끗하게 갉아먹힌 백골을 손으로 주워 모으는 곳이 깊은 골짜기라는 것이다. 깊은 골짜기는 사람들이 자주 다니지 않으므로 시체를 버리기에는 좋은 장소이다. 사람들이 깊은 골짜기에 가는 것은 뼈를 주워 모으러 가는 것이므로 그런 의미로 글자를 만들었다. 초기에는 손으로 뼈를 주워 모은다는 것만으로도 깊은 골짜기라는 의미를 표현할 수가 있었으나, 뒤에 오면서 골짜기를 의미하는 곡谷을 덧붙여 의미를 더욱 분명하게 만들었다. 신석기시대의 유적에서는 흔히 이차장二次葬의 현상이 발견되고 있다.(邵望平, 1976 : 168-72) 이것은 야수가 먹고 남은 뼈를 정리하여 매장한 결과일 가능성이 매우 높다. 후세의 이차장은 매장했다가 육신이 이미 깨끗하게 썩고 남은 뼈를 파내어 다시 매장한 것이거나, 혹은 먼저 시체를 썩힌 후에 뼈를 매장하는 것으로 모두 이 습속의 잔여임이 분명하다. 그것은 뒤에 오면서 나무로 된 관에다 시체를 넣는 것으로 발전되어 조수의 해침을 받지 않도록 하였다. 한대에는 심지어 옥갑에다 시신을 넣거나, 혹은 층층이 목탄·백고니白膏泥를 사용하여 밀봉하고 시체가 오래도록 부패하지 않기를 희망하였으니, 이는 고인의 원뜻을 크게 잃어버린 것이다.

### 시체에 문신을 새겨 미화하였다

반파와 기타 앙소문화의 유적지에서는 사자의 손가락과 발가락을 잘라서 시체와 함께 매장한 현상이 발견되었다.(肖兵 1980 : 73-77) 그것은 사람들이 차마 시체를 야수에게 뜯어먹히도록 하지 못하고는 자기가 손을 써서 상징적으로 몸을 잘라내는 의식을 거행한 것일 수도 있다. 다시 사람들은 차마 시체를 분해하지 못하게 되자 시체를 전부 다 매장하도록 바꾸었다. 그러나 영혼이 혈액을 따라서 빠져나간다는 관념은 여전히 사람들의 심리에 남아 있었으므로 피를 흘리는 상징적인 의식으로 발전하게 되었다. 갑골문의 ✴(문, 文)자는 한 사람의 가슴에 갖가지 형상을 새겨 놓은 문신의 모양이다. 문신은 아름답게 꾸미려는 작업이므로 문文은 인신되어 문학·우아 등과 같이 수식이 필요한 사물이 되었다. 이 자는 갑골문과 금문에서 모두 사자의 미칭美稱으로 쓰였으며, 살아 있는 사람을 찬미하는 데는 사용되지 않았다. 예를 들면 상왕 문무정文武丁은 사후의 명호이고, 주문왕周文王은 주나라 사람이 상을 멸하고 나서 추증한 것이다. 그밖에도 문인文人·문고文考·문모文母·문조文祖·문비文妣와 같은 것은 모두 죽은 사람의 칭호이다.(周法高, 金文 : 5523-25) 상나라 사람들과 주나라 사람들은 모두 사자의 가슴에 문신을 새기고 붉게 물들이므로, 몸을 파괴하여 피를 흘리게 하였던 전통을 상징하였다고 생각한다.

중국의 역사적인 기록 중 하나는 아마도 주나라 사람이 문신으로 사망을 표시하였다는 것을 반영하고 있으나, 도리어 오吳·월越이 본래 문신을 하는 민족이라는 오해를 하게 만들었던 것 같다. 주나라 사람의 선조인 고공단보古公亶父는 셋째아들인 계력季歷에게 권좌를 물려주고 싶었으나, 장자에게 자리를 전한다는 전통에 얽매여 마음이 즐겁지 않았다. 그 마음을 첫째 태백太伯과 둘째 중옹仲雍이 알게 되었다. 두 사람은 부친으로 하여금 이 일로 번뇌하지 않도록 하기로 하였다. 《사기》 오태백세가吳太伯世家에는 『이에 태백·중옹 두 사람은 형만荊蠻으로 달아나 문신을 하고 단발을 하여 쓰일 수 없음을 보여주어 계력에게 자리를 전하도록 하였다 於是太伯·仲雍二人乃犇荊蠻, 文身斷髮, 示不可用以避季歷』는 기록이 실려 있다. 일반적으로 오와 월 두 나라는 문신을 하는 민족으로 여겨졌다. 태백과 중옹이 그 나라로 들어가 그곳 풍속을 따라 단발하고 문신을 하였으니 이로써 본국으로 돌아가 권좌를 계승할 수가 없었다. 그러나 두 사람이 머리를 기르고 상의를 입으면 곧 주나라 사람들과 하나도 다를 게 없었으니 어찌하여 다시 문명인이 될 수

없었단 말인가. 게다가 이렇게 교묘하게도 두 사람이 달아난 국가가 당시 문신의
습속이 있었던 두 구역이었단 말인가. 나는 두 사람이 문신한 까닭이 바로 주나라
사람의 습속으로 그들이 이미 사망의식을 거행했음을 표시하는 것과 마찬가지라고
생각한다. 그들은 인간세상에 있지 않는 것과 같으므로 주나라 사람은 계력을 옹호
하여야만 하고, 그들이 돌아오기를 바랄 필요가 없었다. 두 사람은 오와 월에서
백성들을 교화한 공로로 두 나라 백성들은 그들의 문신을 모방하여 존경의 뜻을
표시하게 되었으며, 그 결과 다른 곳에서는 찾아볼 수 없는 오와 월의 특수한 풍속
이 되었다.

### 피의 상징, 붉은색

붉은색의 물건을 사용하여 수장하는 것은 중국에서 아주 보편적인 습속이다.
이런 습관의 가장 합리적인 해석은 그것이 피를 대표한다는 것이다. 최초의 실례는
1만8천여 년 전의 산정동인山頂洞人의 묘지에서 시골 주위에 적철광의 홍색 분말이
흩어져 있는 것이 발견되었다.(賈蘭坡 1978 : 91) 이곳의 연대가 너무 빠르기 때문에
그때에 벌써 붉은색의 물건으로 피를 상징하는 종교의식이 있었는지의 여부는 여전
히 단정하기가 어렵다. 앙소문화와 그후의 묘지에서는 시체에 뿌린 붉은색의 주사
가 흔히 발견된다. 상대에서는 조금 규모가 크거나 혹은 사대부계층에 속하여 부장
품이 있는 묘에서는 거의 모두 홍색의 주사가 발견되고 있으며, 단지 저층의 민중
이나 노예들에게서만 주사를 찾아볼 수가 없었다.(石璋如, 建築 : 294-96) 게다가
이런 현상은 중국에서 신석기시대 이래의 묘지에서 발견되었을 뿐만 아니라 외국의
묘에서도 발견되고 있으니(Hoebel, 인류학 : 204 ; 高去尋, 1947 : 151-52 ; 熊谷治,
1981 : 20) 전세계적이라고 할 수가 있다. 그것이 대표하고 있는 것은 피이며, 새로
운 생명의 부여를 표시하고 있다. 뒤에 오면서 나무관을 사용하여 매장하는 것으로
발전되었으며, 관의 안쪽에 붉은 칠을 하여 사람의 몸에 뿌리는 홍색 분말로 대체
하였다.(安陽工作 1977 : 62) 동주東周시대에 초楚 땅에서는 항시 시체 아래에 조각
을 하고 붉게 칠한 나무판자를 깔았다.(葉定候, 1956 : 23-25)(그림 13.11) 이것은
몸을 찔러 붉게 칠했던 습속의 잔여일 것이다. 늦게는 명대까지 이런 풍속이 있었
고(劉恩元, 1982 : 29 ; 楊豪, 1962 : 394) 심지어는 근년의 대만에도 이런 습속이
있었다.(余光弘, 1980 : 161)

현재 중국에서는 관목에 붉은 칠을 하여 피를 상징하고 있을 뿐만 아니라, 광
동·대만 등의 성에서도 여전히 시체 위에 〈수피水被〉를 덮는 습관이 있다. 수피는

사람키보다 길어 대략 길이 5척에 넓이 2척 정도의 흰 천으로 가운데는 길이가 같고 넓이는 1척 정도 되는 붉은색 천으로 되어 있다. 시체에 처음으로 수피를 덮는 사람은 사자의 큰아들이다.(劉萬章, 婚喪 : 61 ; 吳嬴濤, 民俗 : 154) 이것은 분명히 아들이 머리를 몽둥이로 때려 죽이는 봉살노인棒殺老人의 유풍이다. 신석기시대의 묘에서도 두개골 부위에 붉은 천을 덮었던 흔적들이 있다.(甘肅工作 1974 : 39) 이것 또한 바로 수피를 덮었던 현상이다. 그 지구에서는 동시에 〈점주點主〉의 풍속이 있다. 그것은 명망이 있는 사람을 청해다가 먼저 사자를 대표하는 신주 위에다 왕王자를 쓰고 붉은색을 사용한 주필朱筆로 한 점을 찍어 주主자를 만든다.(劉萬章, 婚喪 : 72-73 ; 吳嬴濤, 民俗 : 154) 어떤 곳에서는 심지어 상제의 중지에서 피를 내어 쓰는 곳도 있다.(郭立誠, 禮俗 : 167) 그것은 자신의 몸에서 흘러나오는 피로 영혼을 빠져나가도록 한다는 상고시대의 습속을 표시하는 것이 분명하다. 광동 연남連南 요족瑤族의 세골장洗骨葬은 닭의 피나 아들의 손가락에서 피를 내어 두개골 위에 떨어뜨린다.(宋兆麟, 原始社會史 : 481) 이것도 같은 의미를 지니고 있다.

한 종족이 생존해나갈 수 있는지의 여부는 크게 생식력의 강약에서 판가름난다. 기왕에 죽음이 불가피한 자연의 규칙이라고 한다면 사람들의 최대 희망은 후대가 대대로 강인하게 번식해나가는 것이다. 생장·생명의 의미로 사용되는 갑골문의 ㄓ(생, 生)자는 한 포기의 푸른 풀이 땅 위에서 자라나는 모양이다. 풀은 생명력이 강하기 때문에 엄동이 지나고 봄이 오는 기미가 보이자마자 곧 싹이 트기 시작한다. 게다가 돌 밑이나 음지에서도 그들의 성장을 막을 수가 없다. 의술이 발달하지 않았기 때문에 아이들의 사망률이 높았던 고대사회에서, 사람들은 후손들이 풀처럼 강인하면서 어떤 곤란한 환경에서도 성장할 수 있으며 영원히 번식할 수 있기를 간절하게 바랐다. 그러므로 상대에서는 아들이 태어나기를 바라며 왕이 점을 쳐 물어본 기록을 흔히 볼 수가 있다.(胡厚宣, 婚姻 : 17-18) 상주의 조기 동기 명문에도 그것이 자자손손 영원히 전해져 보배로 사용되기를 바라고 있다.

### 중남경녀重男輕女

《맹자》이루편離婁篇에는 『불효에는 세 가지가 있으나, 그 중에서도 후사가 없는 것이 가장 크다 不孝有三, 無後爲大』는 말이 있다. 이것은 중국의 유사시대有史時代에서 자식이 없으면 아주 엄중한 결함이었다는 것을 충분히 표현하고 있다. 그리고 다른 사회에서도 이와 유사한 관념이 있었다. 모계씨족사회에서는 딸만이 가족의 진정한 계승자라고 여겨졌다.(楊希枚, 1955 : 219-24; 衛惠林, 1961 : 4-5) 그러나 중국에서는 문자기록이 있고부터 바로 부계사회였으므로 남자를 중시하여 사내아이만을 자식으로 계산하였다. 이런 관념은 상대의 복사卜辭에서 아주 명확하게 표현되고 있다. 점을 쳐서 아들인지 딸인지를 물어볼 때는 사내아이를 가嘉라고 하고 계집아이를 불가不嘉라고 하였다.(胡厚宣, 婚姻 : 23) 여기에서도 여자를 무시하는 태도가 여지없이 드러나 있다. 《시경》의 사간斯干이란 서주시대의 시를 살펴보자. 『사내아이 태어나면 침대에다 누이고, 옷을 입히며 홀을 주어 놀게 한다. 그 울음소리 우렁차기도 하니, 휘황한 붉은색 조복을 입고 군왕이 되리라. 계집아이 태어나면 땅에다 재우고 포대기로 싸놓으며 실패를 주어 갖고 놀게 한다. 여자는 자기 주장을 하지 않고 복종해야 하며, 음식 만드는 일이나 말하고, 부모 속썩이지 않으면 그만이다. 乃生男子, 載寢之床, 載衣之裳, 載弄之璋. 其泣喤喤, 朱芾斯皇, 室家君王. 乃生女子, 載寢之地, 載衣之裼, 載弄之瓦. 無非無議, 唯酒是議, 無父母詒罹』이 시에는 부모가 아들을 편애하는 마음이 분명하게 표현되어 있다. 상왕실은 선왕의 특제特祭를 위로 오세五世까지 거슬러 올라가나, 선비先妣는 단지 이세二世에 그치고 있어, 이것으로도 여자의 지위가 남자보다 낮았다는 것을 알 수가 있다.(常玉芝, 1980 : 230)

갑골문의 ![](가, 嘉) 자는 꿇어앉아 있는 한 부인과 쟁기 한 자루로 구성되어 있다. 쟁기는 남자가 밭을 가는 공구이다. 이 자는 부인이 밭을 갈고 일을 할 수가 있는 사내아이를 낳았으니 경하할 일이라는 것을 표현하고 있다. 또 ![](호, 好) 자는 한 여인이 사내아이를 안고 있는 모습이다. 사내아이는 장래 가계를 주지할 사람이니 모든 사람이 기뻐하고 좋아해야 할 일이다. 상대에 아이의 성별을 점쳐 물어본 것은 비교적 조기의 일이며, 뒤로 오면서 이런 유의점은 아주 적어졌다. 이것은 상나라 사람들이 이미 성징性徵은 임신할 때 정해지며, 제사를 지내고 기도를 해봐야 바꿀 수 없다는 것을 이해하였으므로 더이상 헛되이 마음 쓰지 않았다는 것을 말해 준다.

## 생육生育

상대에는 임신과 출산과정에 관계된 세 개의 문자가 있다. 갑골문의 ![](잉, 孕) 자는 한 부인의 뱃속에 태아가 들어 있는 모양을 그리고 있다. 갑골문에는 또 하나의 흥미있는 문자가 있는데, 그 자는 어미코끼리 뱃속에 아기코끼리가 들어 있는 모습이다. 출산은 얼마 전까지도 위험한 일이었으며, 고대에는 특히 죽음을 무릅쓰는 일이었다. 상나라 사람들은 이 모든 과정에 아주 신중하였고 관심을 기울였다. 그러므로 출산예정일 몇 달 전부터 계속 점을 쳐서 안전할지를 물어보았다. 예를 들면『갑신일에 사내아이를 분만하겠습니까? 왕께서 복조卜兆를 보고「정일丁日에 분만하면 사내아이를 낳을 것이다. 만일 경일庚日에 분만하면 안전하고도 쉽게 사내아이를 낳을 것이다」라고 말씀하시었다. 30일 뒤 갑인甲寅에 분만하니 계집아이였다. 甲申◻婦好娩嘉? 王占曰:「其唯丁娩嘉, 其唯庚娩弘吉」三旬有一日甲寅娩, 不嘉唯女』(乙編 7731)『신미일辛未日에 ×가 점을 쳐 물어봅니다. 부인께서 아들을 낳으시겠습니까? 왕께서 복조卜兆를 보시고는「경일庚日에 분만하면 사내아이를 낳겠다」고 하시었다. 경술일庚戌日에 분만하니 사내아이였다. 삼월. 辛未卜, ×貞 : 婦好娩嘉? 王占曰:「其唯庚娩嘉」庚戌娩. 三月』(丙編 257) 첫번째 예는 점을 친 뒤 30일 후에, 두번째는 39일이 지나서 순조롭게 출산을 하였다. 그러므로 어떤 사람은 이들 각사刻辭로부터 상나라 사람들이 이미 대략 출산시기를 알았을 것이라고 여긴다.

갑골문의 자는 두 손으로 자궁을 벌려 어린아이를 끄집어내는 모양을 그리고 있다. 옛날에는 어두운 방에서 출산하던 습관이 있었으므로 해산하는 방을 암방暗房이라고 하였다.(郭立誠, 禮俗 : 99) 그러므로 이 자는 또 어둠과 관계된 의미로 사용되었다. 이 자의 본의는 뒤에 오면서 형성자 만娩으로 대체되었다. 고대에는 의학이 발달하지 않았으므로 난산하는 일이 비교적 많았다. 그래서 순산할지 여부와 모자의 건강에 깊은 관심을 갖고 있었다. 복사卜辭에『부인께서 딸을 낳으시겠습니까? 왕께서 복조를 보고「딸일 것이며, 아들을 낳으면 좋지 않을 것이다」라고 말씀하시었다. 이 점패처럼 사산을 하였다. 婦好娩不其嘉? 王占曰:「◻不嘉, 其嘉不吉」若玆, 迺死』(乙編 4729) 이것은 아이가 사망한 예이다. 영아의 사망률이 높았기 때문에 집안사람들은 비교적 긴 기간이 지난 뒤에 아이가 살 수 있다는 확정을 하고 나서야 비로소 잔치를 하고 이름을 붙여주는 의식을 거행하였다.《예기》내측內則에는 3월 말에 택일을 하고 이름을 붙여준다고 하였다. 외국에서도 2,3년이 지나 아이가 걸어다닐 때가 돼서야 비로소 이름을 붙여주었다.(Pearson, 인류학의 소개 : 269 ; Hoebel, 인류학 : 379) 이것은 영아가 생존할 수 있는지를 확정하려는 것이다. 금문의 는 영아가 가묘家廟 안에 있는 모습을 그리고 있다. 이것은 이 아이가 가족의 일원이 되었다는 것을 표시하기 위하여 조상에게 인사를 시키는 것이다. 이름을 붙여준 아이만이 다음대의 자손으로 인정하였으므로 인신되어 갈수록 점점 불어나 많아진다는 문자文字가 되었다.

영아의 편안한 순산은 갑골문의 𣎆(육, 毓)자에 나타나 있다. 이 자는 두 가지 모양이 있다. 하나는 어머니가 이미 머리가 아래로 향한 아기를 출산한 모습이며, 게다가 핏물이 떨어지는 모양을 함께 그리고 있다. 때로는 어머니 옆에다 한 손으로 긴 옷을 들고서 신생아를 싸려고 준비하는 모습을 그리기도 하였다. 또 다른 자형은 아기가 이미 자궁을 빠져나온 모습을 그리고 있다. 이 두 가지 자형字形은 뒤에 오면서 동음同音에다 의미가 서로 비슷한 두 자로 변하였다. 제1형은 육毓자로 어머니가 자녀를 기르는 힘든 고생의 위대함을 찬미하는 데 중점을 두고 있다. 제2형은 육育자로 양육·교육의 교양과정에 편중하고 있다.

아이가 태어난 뒤에는 당연히 친구들에게 아이의 성별을 통지해 주게 마련이다. 그 방법은 《예기》 내측편에 『아이가 태어나면, 사내아이는 문 왼쪽에 나무 활을 걸고, 계집아이는 문 오른쪽에 수건을 건다 子生, 男子設弧於門左, 女子設帨於門右』고 하였다. 활은 남자가 장래 무직武職에 종사하면서 필요한 것이다. 수건은 여자가 집 안에서 가족을 위하여 음식을 한 뒤에 손을 닦는 것이다. 그러므로 이것으로 남녀의 성별을 상징하였다. 외국에서도 이와 유사한 습속이 있으며, 사내아이는 무직武職을 강조하고 계집아이는 아내가 되는 것을 강조하였다.(Pearson, 인류학의 소개 : 266) 《예기》의 기록은 금문의 𠂤(수, 帥)자에 나타나 있다. 수帥자는 수건을 문 오른쪽에 걸어놓은 모양을 그리고 있다.(龍宇純 1959 : 597-603)

### 기자棄子

계속 대를 이을 수 있다는 것은 사람들마다 바라고 경하할 만한 일이었다. 그러나 때때로 쌍둥이라든가 혹은 미혼모가 자식을 낳았거나 또는 영양부족, 어떤 종교의 신앙 등으로 계집아이뿐만 아니라 사내아이도 내다버리거나 교살하기도 하였다.(郭立誠, 禮俗 : 110-13 ; 李奕園, 1962 : 25) 갑골문의 𠥧(기, 棄)자는 핏물이 떨어지는 갓난아기를 삼태기에 담아 두 손으로 들어다 버리는 모양을 그리고 있다. 때로는 두 손에 끈을 잡고 있기도 하여 교살하는 동작을 분명하게 표시하기도 한다. 이런 자형으로 버려지는 아기가 전부 사산한 경우만은 아니라는 것을 알 수가 있다. 사람들이 이런 습속으로 버린다는 개념을 표시하게 된 것은 결코 우연한 현상이 아니었다. 고대에는 갓난아기의 사망률이 높았으므로 내다버리는 사례가 많았다.

이밖에도 사산한 아기를 학대하는 습속도 있었다. 갓난아이가 태어난 후에 만일 기형아거나 혹은 죽어 있을 경우에는 불에 태우거나 여러 조각으로 잘라버리는 학대행위도 있었다. 비정상적인 출산은 사악한 기운이 모체에 스며들어 생기게 되었다고 여겼기 때문에, 아이를 자르거나 태워서 사악한 기운을 쫓아냄으로써 다음 출산에는 정상아를 낳으려고 하였다. 귀주貴州·호남·대만 등지의 창세신화에 근거하면 고대 사람들은 근친 교배가 많았기 때문에 기형아의 출산이 흔했다. 신은 인간의 선조에게 기형아를 몇 조각으로 잘라버려야만 정상적인 아이로 변할 수 있다고 말하였다. 이로 인하여 인류가 비로소 번식할 수 있었다. 아마도 이런 신앙으로 사산한 아이나 기형아를 자르는 습속이 비롯되었을 것이다.

### 혼 인

혼인은 아주 중요한 사회제도이다. 그것은 어느 특정한 사람, 심지어는 사람들 무리 사이에 공동생활을 할 수 있는 권리와 의무를 규정하고 있다.(Hoebel, 인류학 : 394 ; Vivelo, 인류학 : 170) 혼인은 사회학의 중요한 연구 항목이다. 혼인의 다양한 형태는 서로 다른 사회조직을 반영하고 있다. 비록 혼인제도가 완전히 후대의 번식을 목적으로 만들어진 것은 아니라 할지라도, 오랫동안 자녀를 양육하고 자녀가 권리를 계승하는 중요한 근거가 되었다. 혼인 또한 아주 중요한 사회활동이 되었으며, 그것은 양쪽 가족이나 가정으로 하여금 긴밀하게 공동으로 이익과 영예를 추구하도록 하였다.(周鴻翔, 1970-71 : 356-74 ; 張秉權, 1979 : 198)

### 혼인제도의 전설

혼인제도는 어떤 남녀 한 쌍을 부부로 확정하여 영원한 반려자로 삼게 만드는 것으로, 군혼群婚 등의 대등하지 못한 혼인제도에서 크게 진일보한 것이다. 그것은 이미 사람들이 생육生育의 원인에 대하여 상당히 이해하게 되었다는 사실을 표시하고 있다. 즉 생육은 특정한 남녀간의 결합이지 여인과 정령精靈의 결합이 아니라는 것이다. 혼인제도는 사회의 구조 및 진보에 상당히 크나큰 작용을 하였다. 혼인제도의 기원에 관해서는 적지 않은 전설이 전해져 내려오고 있다. 그러나 소수민족의 전설과 비교해 보아야만 하나의 개괄을 얻어낼 수가 있다. 중국 고대의 전설 중에서 복희伏羲와 여와女媧는 황제 이전의 제왕 중에서 비교적 사적이 상세한 성왕聖王이다. 이 두 사람은 중국민족 혹은 혼인제도의 창조자였다. 그들은 남매이면서 부부이기도 하였다. 고대의 화상畫像 중에는 흔히 뱀의 몸에 사람 머리를 하고 꼬리가 뒤엉켜있는 한 쌍의 부부가 있다.(芮逸夫, 中國民族 : 1029-77 ; 聞一多全集 : 3-68)(그림 13.8-9)

복희에 관한 전설은 비교적 간단하여 《고사고古史考》에 『복희는 혼인제도를 만들고, 사슴 가죽을 예물로 삼았다 伏羲制嫁娶, 以儷皮爲禮』고 하였다. 여와의 전설은 이보다 많다. 《풍속통의風俗通義》에 『여와는 신에게 빌고 기도하여 중매장이가 되었으며, 이로 말미암아 혼인제도가 생겨나게 되었다 女媧禱祠神, 祈而爲女媒, 因置婚姻』『천지가 처음 개벽하니 세상에는 사람이 없었다. 여와가 황토를 빚어 사람을 만들었다. 이렇게 하다보니 일이 번잡하여 힘껏 만들어도 체력이 달리고 많은 수를 만들지 못하였다. 그러자 여와는 새끼줄을 들고 진흙 속에 담갔다가 들어올려 휘두르니 점점이 땅에 떨어지면서 모두 사람으로 변하였다. 그러므로 부귀한 사람은 황토로 빚은 사람이고, 빈천하고 범용한 사람은 줄로 만든 사람이다 俗說天地開闢, 未有人民. 女媧摶黃土作人, 劇務力不暇供. 乃引繩於泥中, 擧以爲人. 故富貴者黃土人, 貧賤凡庸者絚人也』고 하였다. 이 이야기는 사람이 끝내 죽음의 길을 피할 수 없다는 것을 말해 주는 듯하다. 그렇기 때문에 여와가 계속 인간을 만들어낼 시간과 인내력이 없었으므로 혼인이란 방법을 만들어 사람들 스스로 자기의 후대를 번식하도록 하였다. 복희의 전설 중에 언급된 사슴 가죽은 또 《의례儀禮》 사혼례士婚禮 중 납징納徵의 예물이다. 뒤에 오면서 사슴 가죽을 쉽게 구할 수 없었으므로 다른 물건으로 대신하게 되었다. 그러나 황실과 귀족들은 여전히 사슴 가죽이나 혹은 더 귀중한 짐승 가죽으로 납징의 예물을 삼았다. 왜 결혼의 납징예물로는 사슴 가죽을 써야 하는가? 후세에는 이미 그 전통을 이해하지 못하였다. 《춘추공양전春秋公羊傳》 노장공魯莊公 22년 소疏에, 상고시대에는 짐승 가죽으로 옷을 만들었기 때문에 사슴 가죽을 보내어 남자가 사냥할 능력이 있다는 것을 표현하였다고 한다. 그러나 아래에 인용한 대만 소수민족의 창조신화는 사슴 가죽이 남매가 교접할 때 신체의 간격을 두기 위한 상고의 습속에서 기원하고 있다고 한다.

    대만 아미족阿美族의 전설에 의하면 해와 달의 15대손인 남매가 있었다고 한다. 그들은 홍수를 피하여 나무절구를 타고 표류하다가 대만에 오게 되었다. 이 세상에는 단지 그들 둘만이 남았으므로 인종이 계속 번식하도록 하려면 그들이 결합하여 부부가 되는 수밖에 없었다. 그러나 그들 남매는 복부와 흉부가 접촉해서는 안 된다는 금기가 있었으므로 줄곧 부부관계를 가질 수가 없었다. 한 번은 오빠가 사슴을 한 마리 잡아가지고 그 가죽을 벗겨 햇빛에 말리고는 위에 구멍을 하나 뚫었다. 이렇게 하여 남매는 사슴 가죽을 사이에 두고 교접하여 번식의 목적을 이룰 수가 있었다. 그들이 낳은 자녀들은 나뉘어져 수많은 부족의 선조가 되었다.
(陳國鈞, 始祖:34-35; 王崧興 1961:114)

이 대만의 창조신화는 복희·여와의 전설과 많은 공통점이 있다. 하나는 모두 해와 달과 관계가 있다는 것이다. 아미족의 남매는 모두 일월신의 후대이고, 복희·여와의 화상에는 항상 일월의 형상이 따라다닌다.(그림 139-3) 두번째는 모두 홍수가 일어난 후의 일이다. 여와는 그밖에도 공공共工이 화가 나 불주산不周山을 머리로 받아서 생긴 홍수를 갈대의 재로 빨아들이게 했다는 전설이 있다.(楊國宜, 1963 : 62) 세번째는 이야기의 주인공이 남매 겸 부부라는 사실이다. 네번째는 사슴 가죽이 혼인을 이루는 중요한 매개물이라는 것이며, 그밖에도 짐승 가죽·양 가죽·자리 등을 사용하여 신체의 간격을 유지하였다.(陳國鈞, 始祖 : 39 ; 劉斌雄, 阿美族 : 8, 10) 이런 이야기들은 모두 동일한 이야기가 분화된 것이다. 당대唐代의 저작인 《독이지獨異志》에는 『옛날에 우주가 처음 열렸을 때는 단지 여와 남매 두 사람만이 곤륜산崑崙山 위에 살고 있었으며 세상에는 사람들이 없었다. 부부가 되기로 의논을 하였으나 또 수치심이 생겼다. 오빠는 누이와 곤륜산 위로 올라가 「하늘이 만약 우리 두 사람을 부부가 되도록 하시려면 연기가 모두 모여 흩어지지 않도록 하시고, 만일 그렇지 않으면 연기가 흩어지도록 하십시오」라고 기도하였다. 말이 끝나자마자 연기가 즉시 하나로 합쳐졌다. 그러자 누이가 곧 오빠 있는 곳으로 가자 오빠가 풀로 부채를 짜 얼굴을 가려주고 두 사람은 즉시 결혼을 하였다. 지금 남자들이 여자를 맞이할 때 아내가 부채로 얼굴을 가리는 것은, 바로 여와가 그의 오빠와 결혼할 때 했던 방법을 모방한 것이다』라고 하여, 혼례중에 둥근 부채를 사용하는 것은 복희가 부채로 누이동생의 얼굴을 가리고 좋은 일을 이룬 것에서 시작되었다고 밝히고 있다. 다섯번째는 모두 뱀과 관계가 있다. 뱀은 대만 고산족高山族에서 흔히 볼 수 있는 토템 도안이다.(陳奇祿, 1958 : 49-90)(그림 13, 12) 그리고 복희·여와 남매는 사람의 머리에 뱀의 몸을 하고 있다.

이 두 전설의 내용이 유사한 것은 그들이 동일한 이야기에서 나왔다는 사실을 가리키고 있다. 그밖에도 남매가 홍수를 만난 전설은 많이 있다. 남매의 이름은 방언의 변천으로 인하여 비록 복희·여와는 모두 같지는 않으나, 복희의 선진음 先秦音이 bjwak xia이고(周法高, 音匯 : 6, 261), 이야기의 주인공은 piru karu(陳國鈞, 始祖 : 34) 혹은 pilu kalau(劉斌雄, 阿美族 : 10)로 모두 동일한 범위의 발음에 속한다. 이것은 서로 다른 이들 전설이 모두 하나에서 나왔다는 것을 말해 주고 있다. 그리고 아미족의 전설은 홍수에서 살아남은 남매가 인류를 창조해내었다는 다른 이야기들보다 더 사실적이고 합리적으로 사슴 가죽의 의미를 해석하고 있다. 사슴 가죽으로 신체의 간격을 유지하여 남매간의 난륜亂倫이라는 금기를 깨지 않은 것도 반개화된 사람의 심태와 아주 잘 부합되고 있다.

상고인들은 임신이 어떻게 생긴 일인지 이해하지 못하였다. 한 여인이 자기가 임신한 것을 알았을 때 그녀는 종종 그 원인을 주위에 존재하는 특별한 사물에 돌리곤 하였다. 이로 인하여 전설 속의 고대 영웅들은 모두 그 모친이 각양각색의 현상과 결합하여 잉태하게 되었다.(李宗侗, 古社會 : 8-35) 이로 인하여 이것을 토템의 표지로 삼고 보호하며 경배하였다. 예를 들면 《사기》 은본기殷本紀에는 상商의 시조는 그 어머니가 제비의 알을 삼키고 낳았다고 하였으며, 주周의 시조는 그 어머니가 거인의 발자국을 밟고 감응하여 낳았다고 하였다. 이와같이 오랜 시간이 경과된 뒤에야 사람들은 비로소 임신의 진정한 원인을 이해하게 되었으며, 이로 인하여 책임있는 혼인제도를 확정하여 만들 생각을 하게 되었다.

친족 사이의 결합은 상고의 폐쇄된 사회에서는 피할 수 없는 현상이었다. 그러나 일단 사회가 문명화되자 어떤 원인들로 친족간의 통혼을 금지하기 시작하였으며, 그것은 일종의 극히 부도덕하고 엄중한 죄악이라고 여기게 되었다. 이로 인하여 후세 사람들은 모든 방법을 다 생각해내어 선조가 근친간에 통혼한 죄악을 가리거나 미화하여, 인류 초기 번식단계의 공을 여와가 흙을 빚어 사람을 만들어냈다는 것처럼 신에게로 돌리게 되었다. 또는 근친간의 통혼을 《독이지獨異志》에서 연기가 하나로 합한 것처럼 신의 뜻이라고 미루어 버리기도 하였다. 혹은 남매가 산 위에서 따로 굴러떨어졌으나 산 아래에서는 함께 결합하였다고도 하며(芮逸夫, 中國民族 : 1031, 1035, 1044), 바늘과 실을 따로 떨어뜨렸더니 산 아래로 떨어진 뒤에 실이 바늘귀에 꿰어졌다(芮逸夫, 中國民族 : 1043)는 것처럼 신만이 할 수 있는 일이라고 하였다. 그러므로 사슴 가죽과 혼인의 관계도 끝내 모호하게 남게 되었다.

사슴 가죽과 혼인의 관계는 인위적인 은폐를 거치게 되어 마침내 후인들은 그 의미를 이해하지 못하게 되었다. 그 예속이 비록 여전히 존재하였으나 때로는 도리어 오용되기도 하였다. 예를 들면 관례冠禮는 성인 남자가 되었다는 의식으로 이미 결혼할 연령이 되었으며, 마침내 후대의 번식이라는 임무를 수행할 수 있다는 것을 표시하는 것이다. 사슴 가죽은 결혼의 신물로 남자 쪽에서 여자 쪽에 보내든지 여자 쪽에서 남자 쪽에 보내든지 모두 원래의 효용과 의미에는 방해가 되지 않는다. 그러므로 관을 쓰는 의식중에는 응당 젊은이에게 사슴 가죽을 주어 장래 정혼할 때 사용하도록 준비하여야 한다. 그러나 《의례儀禮》 사관례士冠禮의 기록은 도리어 주인이 청년의 머리 위에 관을 얹어주는 사람의 예물로 주고 있다. 그것은 사슴 가죽의 원래 목적을 잃어버린 것이며, 시간이 오래 흐르다 보니 착오가 생긴 것이라고 생각된다.

### 친족의 호칭

혼인제도는 일종의 법칙으로 두 가정을 친족으로 맺어주는 권리와 의무 및 개인이 이 관계 속에 처한 위치를 규정해 주고 있다. 혼인제도가 만들어진 목적 중에서 비교적 중요한 것은 권리계승의 법정관계 및 통혼의 금기에 관한 규정이다.(Vivelo, 인류학 : 170) 서로 다른 결혼형식에는 서로 다른 계승법칙과 관계가 있다. 그 구체적인 표현은 흔히 호칭에 반영되고 있다. 그러므로 호칭은 인류학 연구의 중요한 항목 중 하나이다.(Vivelo, 인류학 : 155-61) 어떤 사회의 호칭은 몹시 복잡하여 아주 많은 이름의 칭호는 각양각색의 친척관계를 나타내고 있다. 그러나 간단한 사회에서는 동일한 세대 · 동일한 성별에는 동일한 호칭을 사용하며 부계와 모계의 관계를 구분하지 않는다. 조금 복잡해지면 자기의 형제와 그밖에 종형제 · 내외종형제를 구분하고 어머니와 이모 등을 구분한다. 어떤 곳은 다시 부계의 친척과 모계의 친척을 완전히 구분한다. 가장 복잡한 것은 부계 혹은 모계로 구분하고 다시 연령상으로도 구별한다. 호칭으로 아주 명확하게 상호간의 관계를 살필 수가 있으며 조금도 모호하지가 않다. 그러나 복잡한 호칭과 문명의 정도에는 절대적인 관계가 없으며, 공업사회에서는 경제적 이익이 친족관계보다 중시되기 때문에 도리어 간단한 호칭으로 나가는 추세이다.

우리는 상대의 호칭에 대해서는 깊이 알 수가 없으며, 그 이전의 시대는 말할 필요가 없다. 당시는 세대世代를 중요한 준칙으로 삼았으며 아주 상세한 구별은 없었던 것 같다. 자기보다 한 세대 높으면 부父와 모母로 통칭하고, 앞 2세二世는 조祖와 비妣라 칭하였다. 같은 세대의 남성은 형과 아우라 칭하였고, 여자는 대개 자매로 불렸다. 자기보다 일대一代가 낮으면 자子라고 불렸다. 상대에는 여성의 지위가 비교적 낮았으므로 왕실에서도 여자들이 점을 친 경우가 아주 적어 같은 세대 혹은 한 세대 낮은 여자 친족의 호칭은 찾아볼 수가 없다. 주대에 오면 부계와 모계의 친족에 대한 호칭에 구별이 생기게 되었다. 예를 들면 위 일대 남성의 호칭은 부계는 부父 · 백부伯父 · 숙부叔父 · 고모부가 있고, 모계는 외삼촌 · 이모부 등과 같이 상세한 구별이 있었다. 그것은 주나라가 상을 멸하고 나서 시행한 새로운 계승법칙의 종법제도와 절대적인 관계가 있다.

갑골문의 ᄫ(부, 父)자는 손에 돌도끼를 들고 있는 모습이다. 어떤 사람은 돌도끼가 남성과 여성 사이의 관계 혹은 아버지의 자식에 대한 권위를 표시한다고 여기기도 한다. 사실 그것은 신석기시대부터 남녀의 직업이 분화되었다는 것을 표시한다. 돌도끼는 그 당시 나무를 베거나 땅을 파는 주요한 공구였으며, 심지어 청동시대의 초기까지 그것은 여전히 남자들이 일을 하는 중요한 도구였다.(王恆錄, 1961a : 387-92) 모계씨족사회에서 아들은 그 아버지를 알지 못하였으며, 어머니가 양육의 책임을 맡아 효율적으로 자녀의 노동성과를 제어하였다. 그 시대의 재산 계승권은 여자에게 있었으므로 남자는 결코 특별히 존귀하지도 않았다. 아이들은 어머니의 여러 반려자나 형제들을 父라 불렀으며, 그들은 노동력의 구성원이었기 때문에 결코 특별히 친하거나 두렵다는 느낌이 포함되어 있지 않았다. 갑골문의 ※(모, 母)자는 풍만한 유방을 가진 한 여자를 그리고 있다. 이 자는 유방을 강조하여 출산 후에 젖을 먹여 아이를 기른다는 것을 표시하고 있다. 자녀를 양육하는 것이 어머니의 가장 중요한 천직이었으므로 수유의 경험이 있는 부녀자로 어머니란 지위를 표현해내었다.

옛사람들은 평균 수명이 짧았으므로 가정의 구성원도 복잡하지 않았으며, 삼대를 넘어 같이 사는 상황도 쉽지 않았다. 그러므로 상대에서는 이세대二世代 이상되는 사람을 남자는 祖라 하였고, 여자는 妣라 하였다. 갑골문 貝(조, 祖)자는 초형初形은 且로 남자 생식기의 상형이다. 이 글자를 만든 사람은 이미 여자에게 아이를 갖게 하는 근원을 명백하게 표시하고 있다. 생물계에서는 번식보다 더 중요한 일은 없었다. 그러므로 고인들은 결코 생식기를 음란한 것으로 여기지 않았으며 도리어 숭배할 가치가 있다고 생각하였다.(凌純聲, 1959 : 1-35) 예를 들면 구석기시대의 소상塑像은 여자의 가슴·배·엉덩이 등을 특출나게 만들고 있으며, 이것은 생식에 대한 여신의 숭배를 반영하고 있다.(Pearson, 인류학의 소개 : 290) 그리고 중국의 석조石祖·도조陶祖 등은 남자 성기를 본딴 물건이며(그림 18.1) 부계사회의 숭배이다.(郭沫若, 中國史稿 1 : 84) 갑골문의 비妣는 원형이 Ϟ(비,匕)로 열쇠의 상형이다. 대개 음독관계로 차용되어 친족의 호칭이 되었을 것이다. 그밖의 친족에 관한 자도 모두 음을 빌었거나 혹은 형성자이어서, 자형으로 친족구조를 살펴볼 수가 없으므로 소개하지 않는다.

### 상대의 계승제도

친족의 호칭은 계승의 권리와 의무에도 밀접한 관계가 있다. 상대의 계승제도는 왕실을 대표할 수가 있다. 상대 전기는 형제상속이었다. 장유를 순서로 하였으며 전할 아우가 없을 때는 자기의 아들이나 큰형의 아들에게 전한다. 이것은 엄격한 규정이 없는 제도였으므로 쉽게 분쟁이 일어났다. 말기에는 장자만이 완전하게 부친의 사회적 지위를 계승할 자격이 있었으며, 그 나머지 성원은 그 밑의 지위를 누릴 수밖에 없었다. 그와 마찬가지로 만일 여러 명의 아내가 있다면 초기에는 그들 모두 지위가 같았으며, 어떤 모친의 아들이 재위에 올랐을 때만이 다른 아내들보다 비교적 높은 지위를 누릴 수가 있었다. 뒤에 오면서 단지 한 명의 처만이 정식 지위를 갖도록 바뀌었고, 그녀의 자녀들 또한 다른 서출 형제자매보다 높은 지위를 누리게 되었다. 만일 어떤 원인으로 서출의 아들이 부친의 지위를 계승하게 되면, 그의 모친도 신분이 바뀌어 정식 지위를 누릴 수가 있었다.(張光直, 1973 : 111-27 ; 許進雄, 五種祭祀 : 17-37) 주대의 종법제도는 바로 상 말기의 부계제 법칙 위에 엄격한 규정과 집행을 더한 것이며, 위에 기술한 것처럼 호칭 또한 그에 상응한 구별이 부여되었다.

### 경험의 전수와 교육

사람이 동물과 다른 것은 친근한 정이 있을 뿐만 아니라 후대를 성인으로 양육하는 것이다. 게다가 자기가 배워 얻은 경험을 후대에게 가르쳐 더 뛰어나게 그들 자신의 경력을 쌓을 수 있도록 한다. 새로 태어나는 세대는 일단 안전하게 출생한 뒤에 제일 먼저 젖을 먹여 기르고 보호를 받게 된다. 갑골문의 ✹(유, 乳)자는 여인이 입을 벌려 젖을 빠는 아이를 안고 있는 모습이다. 그러므로 이 자는 유액·유방·젖을 먹인다 등의 의미와 관계된 표현에 사용된다. 어린아이가 자기 스스로 서서 걷지 못할 때는 부모가 업거나 안고 보호해 준다. 갑골문의 ✹(보, 保)자는 어른이 등에 어린아이를 업은 모습이다. 이 자는 유아가 상해를 입지 않도록 보호하는 것이므로 일체의 보호란 의미로 인신되었다. 중국의 유가儒家에서 자녀가 3년간(25개월) 부모의 상복을 입어야 한다는 규정을 제정한 이론의 기초는, 《예기》 삼년문편三年間篇에 『자식은 3년간 부모의 고생스러운 보살핌을 떠날 수 없으므로 똑같은 기간 동안 상복을 입어 이를 보답해야 한다』는 말에 두고 있다.

자식이 항상 부모의 보호만을 받을 수는 없다. 적당한 때가 되면 부모는 자식들에게 자립하여 세상을 살아갈 수 있는 기능과 지식을 가르쳐 준다. 인류가 사회조직을 갖게 되자 저절로 가르치고 배우는 일이 조직에 편입되었다. 경험을 다음 대에 전하는 것은 원시사회든 진보된 사회든 모든 사회의 공통된 현상이다. 그 차이는 단지 규모와 세밀한 정도일 뿐이다. 상대에는 이미 전문적으로 가르치는 학교가 설립되었으나 다만 그 교육내용은 자세히 알 수가 없다. 그러나 인류성장의 과정은 일치하고 있으며, 각사회의 교육순서도 대개 일치하고 있다. 미개화된 사회든지 아니면 고도로 문명화된 사회든지 모두 먼저 살아나갈 수 있는 기능을 가르치고, 그런 후에 체능활동을 가르치며, 최후로 예의를 가르친다.(陳槃, 1974 : 767-77) 《예기》 내측편內則篇에는 간략하게 유년기부터 인생을 마칠 때까지 배워야 하고 사회에 이바지해야 하는 모든 인생과정을 개괄적으로 서술하고 있다.

아이가 밥을 먹을 수 있을 나이가 되면 오른손을 사용하도록 가르친다. 말을 하기 시작하면 대답하는 말을 가르친다. 사내아이는 유唯라 대답하고 계집아이는 유兪라고 대답한다. 허리에 차는 주머니를 남자는 가죽을 쓰고 여자는 비단을 써 각기 무武와 방직의 일을 표시한다. 6세가 되면 수와 사방의 명칭을 가르친다. 7세가 되면 남녀를 분별하기 시작하여 함께 같은 자리에서 식사를 하지 않는다. 8세가 되면 겸양의 예절을 배우도록 가르쳐 문을 출입하고 식사를 할 때 어른 뒤에 하도록 한다. 9년이 되면 천간지지와 삭망을 가르치는 데 이는 남녀 모두가 함께 배우는 것이다. 10년이 되면 남녀의 가르침이 달라진다. 사내아이는 밖에 나가 배움을 구하며, 밖에서 거처하면서 스승을 따라 육서六書와 구수九數를 배운다. 옷은 사치하지 않도록 비단옷을 입지 않으며, 조석으로 쓸고 닦고 들어가고 나가는 예절을 배우고, 아울러 서책書策을 배우고 꾸밈이 없고 속이지 않는 성실함을 익힌다. 13세가 되면 음악을 배우고, 시를 읊으며 문무文舞를 익힌다. 15세 이상이 되면 무무武舞 및 오사五射·오어五御의 법을 배운다. 20세에는 관례를 하고 예를 배운다. 이때는 비단옷을 입을 수가 있고 대하大夏의 대무大舞를 춤 춘다. 이미 성년이 되었으므로 효제孝弟를 독실하게 행한다. 비록 견문이 나날이 넓어진다고는 하지만 아직 원만한 경지에 이르지 못하였으므로 더욱 열심히 배우고 선한 덕을 마음에 쌓아야 한다. 30세가 되면 결혼을 하여 집안을 이루기 시작하여 남자의 일을 다스린다. 이때는 뜻이 아직 정해지지 않았으므로 여전히 널리 배우고 친구에게 겸손하며 나아갈 뜻을 살피고 스스로 노력한다. 40세가 되면 뜻을 정하여 관직을 맡기 시작하며, 일의 경중과 장단을 잘 살피고 성패와 득실을 고려하여 이치에 합당하면 직책을 맡아 따르고 그렇지 않으면 물러난다. 50세는 명을 받아 대부大父가 되어 나라의 큰일에 참여한다. 70세가 되면 벼슬을 내놓고 고향으로 돌아오며 오래도록 관직에 머물지 않는다. 무릇 남자는 서로 절할 때 왼손을 모아 위에 두니, 이것은 왼쪽이 양陽을 주관하고 남자는 양에 속屬하기 때문이다. 여자는 10세가 되면 깊은 규방에 들어앉아 밖으로 나가지 않고 부도婦道를 배운다. 유모는 말을 유순하게 하고 용모를 바르고 고요하게 하도록 가르치며 윗사람의 언행을 따르도록 한다. 또 삼을 손질하고 베를 짜며 의복을 짓는 등의 여자들이 할 일을 가르쳐 장래 일가의 주부가 될 준비를 한다. 제사의 술잔·제기·김치와 육장 등의 일에 대하여 배워, 장래 제사를 지낼 예의를 준비한다. 15세가 되면 결혼을 허락하는 계례笄禮를 시작하며, 20세가 되면 출가한다. 이때 만일 부모의 상을 당하면 23세까지 미루었다가 출가를 한다. 여자가 출가할 적에는 반드시 빙례聘禮를 갖춰야 처妻가 되며, 빙례를 갖추지 않고 시집을 가면 분奔이라 하는데 분奔하면 첩이 된다. 무릇 여자가 서로 절할 때에는 오른손을 위에 놓으니, 이것은 오른쪽이 음陰이고 여자는 음陰에 속하기 때문이다.

　子能食食, 教以右手. 能言, 男唯女兪. 男鞶革, 女鞶絲. 六年教之數與方名. 七年, 男女不同席, 不共食. 八年, 出入門戶及即席飲食, 必後長者, 始教之讓. 九年, 教之數日. 十年, 出就外傳, 居宿於外, 學書記, 衣不帛襦褲, 禮帥初, 朝夕學幼儀, 請肄簡諒. 十有三年, 學樂誦詩舞勺. 成童, 舞象, 學射御. 二十而冠, 始學禮, 可以衣裘帛, 舞大夏, 敦行孝悌, 博學不教, 內而不出. 三十而有室, 始理男事. 博學無方, 孫友親老. 四十始仕方物, 出謀發慮, 道合則服從, 不可則去. 五十命爲大夫, 服官政. 七十致事. 凡男, 拜尙左手. 女子十年不出. 姆教婉娩聽從, 執麻枲, 治絲繭, 織紝組紃, 學女事以共衣服. 觀於祭祀, 納酒漿籩豆葅醢, 禮相助奠. 十有五年而笄. 二十而嫁, 有故二十三年而嫁. 聘則爲妻. 奔則爲妾. 凡女, 拜尙右手.』

　위의 인용문에서 보듯이 학교에 가면 사회의 생존에 필요한 기능을 배울 수가 있다. 이제 그것이 문자에는 어떻게 표현되어 있는지 살펴보기로 하자. 학學과 교教는 한 일의 양면으로, 이 두 자는 갑골문에서 모두 공통된 부분〈효爻〉를 갖고 있다. 효爻자는 후대에 괘효卦爻의 의미를 갖게 된다. 이로 인하여 어떤 사람은 갑골문 중의 효爻는 교차된 주산 형상이라고도 한다. 그러나 주산으로 수학을 계산하는 것은 매우 진보된 일이며, 그런 발전은 춘추시대보다 빠르지 않을 것이다. (陳良佐, 1978 : 283) 더욱이 복잡하고 심오한 괘효는 아이들이 이해할 수 있는 학문이 아니다. 효爻는 배움에 들어선 아동들이 충분히 배우고 익힐 만한 일이다.

### 결승結繩의 기능

　효爻는 금문에서 교較자로 사용되었으니 이 둘은 관계가 있을 것이다. 교는 차체 위에 종횡으로 교차된 난간이며, 이 자는 차車와 효爻로 구성되었다. 난간은 끈으로 견고하게 묶었다. 끈을 맨 모양이 바로 교차된 상태이므로 효는 끈으로 묶은 모양의 상형일 가능성이 아주 높다. 금문의 ※※(번, 樊)자는 나무 말뚝을 묶어서 만든 울타리의 모양이다. 효爻 부분은 끈을 교차되게 묶은 무늬 모양이다. 이상 두 자의 조형에서 효爻자가 끈을 교차되게 묶은 형상이라는 것을 알 수가 있다. 한번 교차하여 끈으로 묶은 것은 숫자 X(오, 五)와 혼동되기 쉬우며, 게다가 물건을 단단하게 묶으려면 여러 번 감아야 비로소 견고해지므로 두 번 병렬하여 묶은 모습을 사용하여 끈으로 묶었다는 표시를 하였다. 고대에서 두 물건을 단단하게 함께 접합하는 방법은 끈으로 묶는 게 가장 보편적이었다. 결승은 고대생활의 중요한 기능 중 하나였으며 곳곳에서 이를 사용하였다. 예를 들면 병기와 도구도 모두 끈을 사용하여 자루에다 단단하게 묶어놓았다.(李仰松, 1980 : 51)(그림 13.13) 집의 목조 구조물도 끈으로 튼튼하게 묶었다.(西安半坡 : 42, 44) 다리를 놓고 집을 짓는 일은 반개화된 사회에서 가르쳐야 할 주요한 내용이며(陳國鈞, 1957 : 246) 모두 결승의 기교를 필요로 하였다. 결승은 고인들이 대자연과 마주하고 익혀야 할 가장 기본적인 기능의 하나였다. 오늘날 보이스카우트의 훈련에서 야외생활에 적응하기 위하여 끈으로 묶는 기술을 익숙하게 익히도록 요구하는 것도 이상할 게 하나도 없다. 갑골문 ※(학, 學)자는 바로 끈으로 묶는다는 개념을 바탕으로 만들어졌다. 끈을 묶으려면 반드시 두 손을 사용해야 하므로 효爻 옆의 두 손은 끈을 묶는 동작을 표시하고 있다. ∩은 대개 가옥의 목조 구조물이다. 옛사람들이 집을 짓는 기회는 지금 사람들보다 훨씬 많았다. 더욱이 아직 정착생활을 하지 않던 시대에는 헐었다 짓는 것이 일상적인 일이었다. 爻와 ∩의 부분은 갑골문의 X(구, 冓) 자에서도 찾아볼 수가 있다. 구冓는 목조가 이어지는 상태를 표시하는 것이며, 그것은 끈을 사용하여 묶었으니 효爻는 바로 끈의 모양이다. 갑골문의 ※(교, 敎)자는 끈으로 묶는 일을 하는 옆에서 한 손에 회초리를 들고 있는 모습이다. 이 자는 아이들에게 엄하게 벌을 주면서 끈을 매는 기교를 가르친다는 것을 표시하고 있다. 아주 오랜 옛날부터 사람들이 회초리로 때리면서 가르치는 것이 효과적인 교육방법이라고 여겨왔음이 분명하다.

### 학교의 보급

일정한 연령이 되면 개개인이 모두 어떤 사회 속에서 생활을 꾸려나가기 위해 배우고 익혀야만 한다. 음식을 얻는 것이 일상생활 중 주요한 활동이었던 고대에서는 제일 먼저 배워야 할 것이 도구의 제조·사냥 및 경작 등에 필요한 기술이었다. 서주西周 이전에는 단지 귀족들만이 생계를 꾸려나가는 데 필요한 지식 외의 것을 배울 기호와 자격을 갖고 있었으리라 여겨진다. 춘추시대 이래로 평민계급이 대두되면서 서민계층도 향교에서 교육을 받을 수가 있었으며, 서수書數 등과 같이 불필요한 지식을 배워 권세를 구하는 데 사용하게 되었다. 몰락한 선비계층은 경작할 능력이 없었으므로 단지 자기가 배운 바 지식을 다른 사람에게 전수하여 생활을 꾸려가게 되었다. 이로 인하여 교육이 점차 보급되고 평민의 교육 규모도 점차 확대되었다. 공자는 그 중에서도 학문이 뛰어났고, 배움에는 사회적 지위를 따지지 않는다는 종지를 갖고 있었으며 학문의 기풍을 크게 진작시킨 위대한 교육가였다. 평민이 자기가 배운 학문을 이용하여 정치적 지위를 얻을 수 있게 되자, 학문을 하려는 사람들이 크게 늘어나 각종 학파의 흥기를 촉진하였으며, 마침내 전국시대 제자백가의 쟁명이라는 학술의 황금시대를 열게 되었다.

효 도

주대부터 중국에서 시작된 매우 중요한 교육 주제의 하나는 바로 효됴였다.(蕭欣義, 1979 : 426) 효는 유가에서 나라를 다스리고 천하를 편안케 하는 아주 중요한 덕목으로 존숭되었다. 13경 중에《효경孝經》은 역사 이래로 제왕들의 중시를 받아왔다.(蔡汝堃, 孝經通考 : 82-87)《논어論語》로부터 유가에서 말하는 효도가 아주 넓은 의미를 포함하고 있다는 것을 알 수가 있다. 부모는 생전에 봉양을 하고 그 뜻을 이어받아야 할 뿐만 아니라 돌아가서도 여전히 그 뜻을 바꾸지 못하였다. 한 개인이 집안에서 절대 복종하는 것과 마찬가지로 자연히 사회에서도 윗사람을 범할 수가 없었으므로 정치가들이 좋아하였다.

효孝자는 금문에서 처음 보인다. (효, 孝)자는 한 노인이 어린아이의 머리를 짚고 있는 모습을 그린 것으로 어린아이가 보행이 힘든 노인을 부축한다는 의미를 표시하고 있다. 어떤 학자는 노인이 손자를 사랑하는 정을 표현하고 있다고도 한다. 효도를 다하려는 것이 동기 주조의 아주 중요한 목적 중 하나이며, 이것은 주왕실에서 강조한 종법제의 실시이기도 하다. 동주시대에 오면서 왕실의 통제력이 쇠퇴해지자 동기 주조에 더이상 효도를 강조하지 않게 되었다. 서주에서 동기를 주조하여 효를 다하려는 대상은 전문인前文人·황신조고皇神祖考·대종大宗 등 이미 세상을 떠난 신령도 있고, 종실·형제·혼인관계가 있는 노인 등 세상에 살아있는 사람도 있어서(李欲民, 1974 : 21-26) 효의 범위도 조상의 숭배에서 부모를 잘 섬기는 것으로 확대되었고, 다시 부모를 잘 섬기는 것에서 형제에 우애있고 윗관장官長에 봉사하는 일로 확충되었다.(蕭欣義, 1979 : 436) 공자학파가 효도에 대한 개념을 강조한 이유는 봉건사회에서 자제가 절대적으로 윗사람에게 복종해야 한다는 교육에 필요한 근거를 두고 있다.

위의 논술과 같이 상고시대는 생산력이 낮아서 여분을 다른 사람에게 나눠주기가 어려웠다. 나이가 든 사람은 생계를 꾸려나갈 힘이 없었기 때문에, 혹은 종교적 원인으로 자녀에게 죽음을 당하는 경우가 있었다. 생산력이 향상되면서 인도사상의 발달로 노인을 존경하는 것이 점점 사회의 보편적인 기풍이 되었다. 사물을 기록할 문자가 없었던 옛날에 경험이 풍부한 노인들은 비록 일을 할 만한 체력은 없었으나, 지식영역의 권위를 갖추어 존경을 받게 되었다.(Hoebel, 인류학 : 369) 갑골문의 𣜜(로, 老)자는 머리를 길게 기른 노인의 모습이다. 어떤 때는 손에 지팡이를 짚고 있어 노인이 체력에 결함이 있다는 것을 분명하게 표시하기도 한다. 금문시대에 오면 이 자는 분화되어 두 자가 된다. 지팡이를 잡은 방향이 달라서 로老와 고考 자로 나뉘게 되었다. 이것은 의식적으로 만들어낸 구별자가 분명하다. 로老의 의미는 노인이고, 고考는 세상을 떠나신 부친을 말한다. 고考에는 때린다는 뜻도 있으니 아마 노인을 몽둥이로 때려 죽였던 상고시대 습속과 관련이 있을 것이다.

| 商 甲骨文 | 周 金文 | 秦 小篆 | 漢 隸書 | 現代 楷書 |
|---|---|---|---|---|
| | | | 死死 | 死 |
| | | | | 한 사람이 썩은 뼈 옆에 꿇어앉은 모습으로 사자에 대한 애도의 뜻을 나타내고 있다. |
| | | | | 시체를 각기 다른 자태로 관 속에 매장한 상태를 그려놓고 있다. |
| | | | 微微微 | 微 |
| | | | | 손에 곤봉을 들고 병약한 장발 노인을 내려치는 형상을 본뜨고 있다. |
| | | | 文文 | 文 |
| | | | | 시신의 가슴에 꽃을 수놓는 미화의식으로 무늬라는 뜻을 나타낸다. |

| 商 甲骨文 | 周 金文 | 秦 小篆 | 漢 隸書 | 現代 楷書 |
|---|---|---|---|---|
| | | 壑 壑 | 壑 壑 | 壑<br>손으로 썩은 뼈를 줍는 곳이 깊은 골짜기라는 뜻을 나타내고 있다. |
| 生 生 | 生 生 生 生 | 生 | 生 生 | 生<br>한 포기 푸른 풀이 땅 위로 돋아나는 상태를 그리고 있다. |
| 嘉 嘉 嘉 嘉 | 嘉 嘉 嘉 嘉 | 嘉 嘉 | 嘉 嘉 嘉 | 嘉<br>한 여자와 쟁기 한 자루로 여인이 땅을 경작할 수 있는 아들을 낳았으니, 경하할 일이라는 뜻을 표현하고 있다. |
| 好 好 好 | 好 好 好 | 好 | 好 好 | 好<br>여자가 사내아이를 안고 있는 모습으로, 아들을 낳는 것은 사람들마다 좋아하는 일이라는 뜻이다. |

| 商 甲骨文 | 周 金文 | 秦 小篆 | 漢 隷書 | 現代 楷書 |
|---|---|---|---|---|
| (갑골문) | (금문) | (소전) | (예서) | 棄<br><br>두 손으로 삼태기를 들고 핏물이 떨어지는 신생아를 내다버리는 모습이다. 때로는 두 손에 끈이 들려있어 교살한다는 뜻을 표시하기도 한다. |
| | (금문) | (소전) | (예서) | 帥悅<br><br>수건을 문 오른쪽에 걸어 놓은 형상이다. |
| (갑골문) | (금문) | (소전) | (예서) | 父<br><br>손에 돌도끼를 들고 있는 모습으로, 노동을 하는 성년 남자라는 뜻을 표시한다. |

| 商 甲骨文 | 周 金文 | 秦 小篆 | 漢 隷書 | 現代 楷書 |
|---|---|---|---|---|
| | | | | 母 출산 후 어머니의 풍만한 유방을 그려 젖을 먹일 수 있다는 뜻을 나타내었다. |
| | | | | 且 祖 남자 생식기의 모양을 본뜨고 있으며, 번식의 근원이라는 것을 표시하고 있다. |
| | | | | 匕 妣 열쇠의 상형, 가차되어 여성 선조가 되었다. |

| 商 甲骨文 | 周 金文 | 秦 小篆 | 漢 隸書 | 現代 楷書 |
|---|---|---|---|---|
| | | | | 孚 여자의 뱃속에 태아가 들어있는 모습을 그리고 있다. |
| | | | 寅冥寅 | 冥 두 손으로 자궁을 벌려 아이를 꺼내는 형상. |
| | | | 毓毓 | 毓 여자가 이미 머리를 아래로 향하고 있는 영아를 낳았으며, 아울러 핏물이 떨어지고 있는 형상. 때로는 한 손으로 포대기를 들고 있어 영아를 싸려는 모습을 덧붙이기도 한다. |
| | | | 育育 | 育 영아가 이미 자궁을 빠져 나온 모습. |

| 商 甲骨文 | 周 金文 | 秦 小篆 | 漢 隷書 | 現代 楷書 |
|---|---|---|---|---|
| | 字 字 | 字 | 字 | 字<br>아이를 조상의 사당에 소개시키고 이름을 지어 주니, 가족의 일원이 되었다는 뜻이다. |
| 乳 | | 乳 | 乳 乳 | 乳<br>부인이 아기를 안고 젖을 먹이는 모습. |
| 保 保 保 | 保 保 保 保 保 | 保 | 保 保 | 保<br>어른이 아이를 업고 있는 모습으로 보호한다는 뜻을 나타낸다. |
| 爻 爻 | 爻 爻 | 爻 | | 爻<br>교차되도록 묶은 매듭의 상형. |

| 商 甲骨文 | 周 金文 | 秦 小篆 | 漢 隸書 | 現代 楷書 |
|---|---|---|---|---|
| | | | 學學 | 學 두 손으로 끈을 묶는 기교를 배운다는 뜻을 나타내고 있다. |
| | | | 敎敎敎 | 敎 끈을 묶는 옆에 채찍을 들고 있어, 아이들을 때리면서 끈 묶는 기교를 가리킨다는 뜻을 표시하고 있다. |
| | | | 樊樊 | 樊 두 손으로 나무 말뚝을 묶어 울타리를 만든다는 뜻을 나타내고 있다. |

| 商 甲骨文 | 周 金文 | 秦 小篆 | 漢 隸書 | 現代 楷書 |
|---|---|---|---|---|
| | 較 較 | 較 | 較 | 較<br><br>수레 위에 끈으로 단단히 묶은 곳이 있으니, 바로 수레의 난간 부분이다. |
| | 孝 孝 孝 孝 | 孝 | 孝 孝 | 孝<br><br>노인이 손자의 머리 위를 짚고 있으니, 거동이 불편한 노인을 위해 봉사하는 일이다. |
| 老 老 老 | 老 老 老 | 老 | 耂 老 | 老<br><br>손에 지팡이를 짚고 있는 머리가 긴 노인의 형상. |
| | 考 考 考 考 | 考 | 考 考 考 | 考<br><br>손에 지팡이를 짚은 장발의 노인이며, 지팡이의 방향이 로老자와 구별된다. |

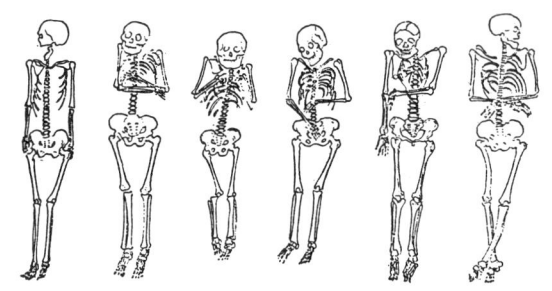

그림 13.1 상대의 몸은 위를 향하고 다리는 곧게 편 매장 방식(仰身直肢葬式)

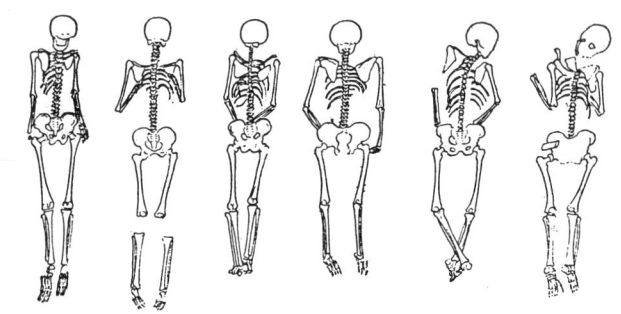

그림 13.2 상대의 몸은 아래를 향하고 다리는 곧게 편 매장 방식(俯身直肢葬式)

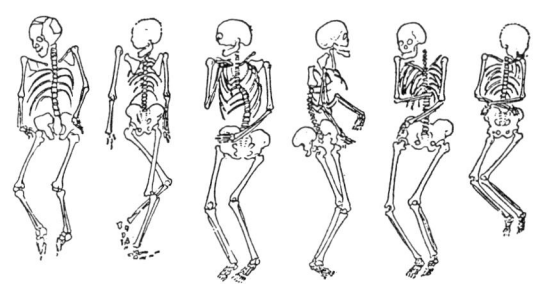

그림 13.3 상대의 다리를 굽혀 매장하는 방식(屈肢葬式)

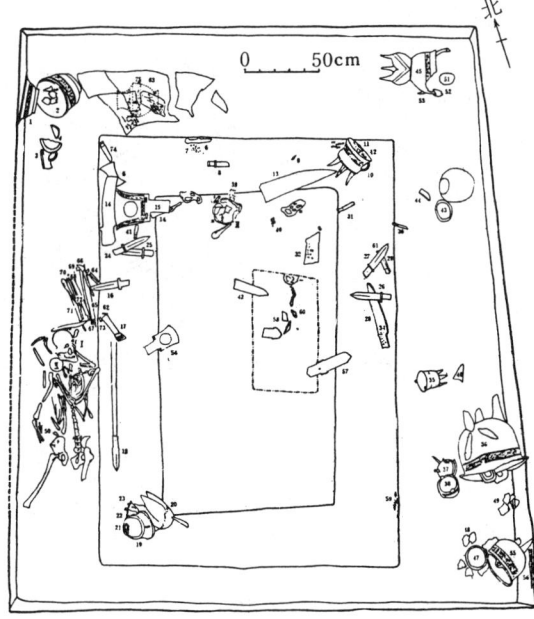

1. 銅盤   2. 銅篹   3. 銅甶
4. 陶片   5. 銅觚
6. 65-68. 70. 71. 銅刀
7. 32. 34. 39. 40. 松綠石
8. 29. 31. 33. 41. 玉柄形器
9. 50. 59. 銅鏃
10. 19. 22. 銅罕
11. 12. 21. 23. 銅爵
13. 14. 28. 42. 57. 58. 玉戈
15. 54. 銅鉞
16. 24-27. 銅戈
17. 銅斨   18. 56. 銅矛
20. 銅盂   30. 玉筓
35. 36. 55. 銅鼎
37. 扁足鼎  38. 銅鬲
43. 44. 51-53. 銅小盤
45. 銅甗   46. 銅鼎足
47. 陶罐 48. 陶鬲 49. 硬陶瓮
60. 陶帶流罐  61. 62. 陶餠
63. 木雕印痕  64. 銅鎊
69. 銅鋸  72. 銅鑿  73. 銅鐓
74. 玉飾  75. 銅豐
Ⅰ.Ⅱ.Ⅲ. 殉人骨骼

그림 13.4 상대 조기의 풍부한 수장품

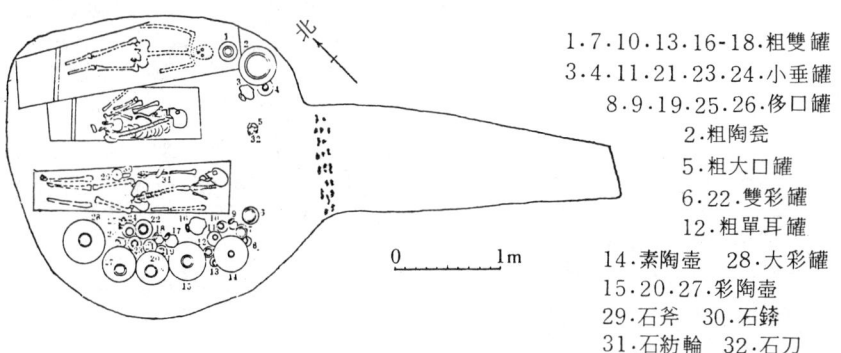

1. 7. 10. 13. 16-18. 粗雙罐
3. 4. 11. 21. 23. 24. 小垂罐
8. 9. 19. 25. 26. 侈口罐
2. 粗陶瓮
5. 粗大口罐
6. 22. 雙彩罐
12. 粗單耳罐
14. 素陶壺  28. 大彩罐
15. 20. 27. 彩陶壺
29. 石斧  30. 石錛
31. 石紡輪  32. 石刀

그림 13.5 청해淸海 악도樂都 신석기 말기의 순장묘

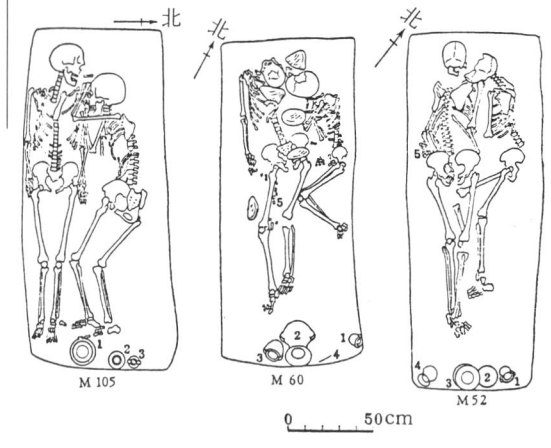
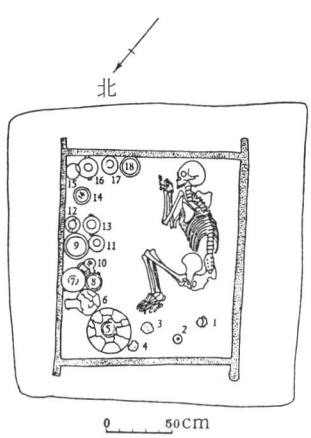

그림 13.6 감숙 영정永靖 신석기 말기의 남녀 합장묘

그림 13.7 반산문화半山文化 유형의 굴지장屈肢葬

그림 13.9 동한 화상석상의 복희·여와도

그림 13.8 북위 화상석상의 효손 원곡 고사도

그림 13.10 서한 화상석상의 복희·여와도

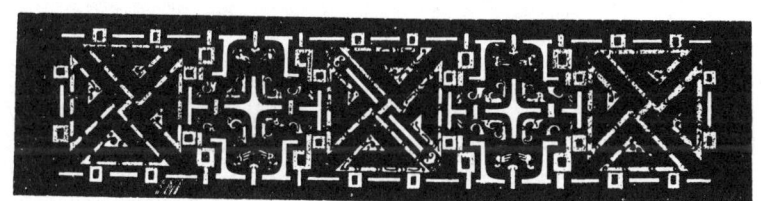

一九五三年長沙仰天湖第十四號墓出土

一九五三年長沙仰天湖第二十六號墓出土

그림 13.11 장사長沙에서 출토된 전국 초묘楚墓의 승시칠조투화목판承屍漆雕透花木板

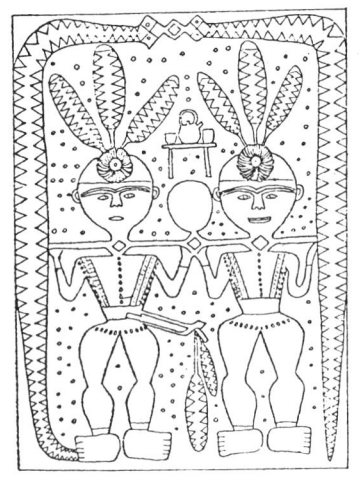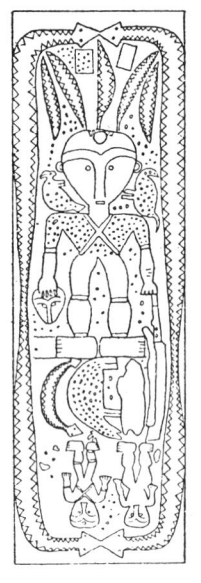

그림 13.12 대만 고산족高山族의 뱀토템 목조木雕

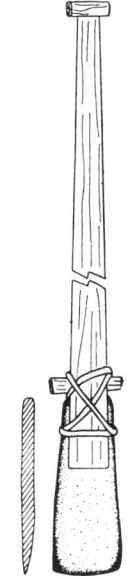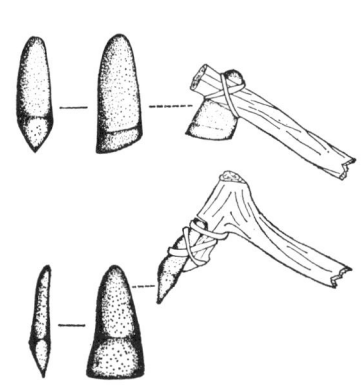

그림 13.13 원시사회에서 생산도구를 끈으로 묶어놓은 형상

# 제14장

# 오락활동

**오락의 시작**

오늘날 인간의 생활 가운데서 오락은 빼놓을 수 없는 항목이다. 오락은 인간이 노동으로 생활을 도모하는 외에 생리적 및 심리적 필요에 순응하여 체력의 피로 회복에 도움을 주고 마음을 넓혀주며 친선을 도모해 주는 활동이다. 오락의 형식은 기물을 불어 연주할 수도 있고 던지거나 발로 밟을 수도 있고, 혹은 공을 가지고 놀 수도 있다. 아주 많은 활동들이 지금 사람들이 보기에는 극히 풍부한 오락성을 가지고 있다. 그러나 옛날 사람들에게는 오락성이 거의 없는 것으로 여겨지기도 했고 심지어는 일종의 노동이었다. 예를 들어 사냥은 현재 사치스런 오락이다. 비록 그 동작이 격렬하기는 하나 이는 심리적 정서의 만족을 위한 것이지 생활을 영위하기 위해서는 아니다. 그러나 어렵시대漁獵時代의 인류에게는 뛰어오르고·질주하고·사격하는 모든 동작들이 음식물을 얻기 위한 필수적 활동으로서 오락적인 정서나 심리와는 거의 관계가 없다고 할 수 있다. 다시 가무歌舞를 예로 들자면, 오늘날의 가무는 생산과 관련된 노동으로는 거의 여겨지지 않는다. 그러나 그 기원은 아마 노동할 때 피로를 풀기 위해서거나, 혹은 한데 힘을 모아 물건을 옮길 때 질렀던 부르짖음이었던 듯하다. 음악 역시 소리로 동물을 꾀어 죽이는 데서 기원했을 것이다. 춤은 신에게 보살핌을 기원하는 종교의식에서 기원한 듯하다. 그 동기로 말하자면 모두가 생활을 영위하는 데 필요한 조치이지 자기 개인의 정신적 즐거움을 중시한 것이 아니다. 그러므로 어느것이 작업이고 어느것이 오락인지 유사한 활동과 구별하고자 하면, 그것의 목적이 즐겁기 위한 것인지 아니면 생활을 위한 필수적인 노동인지를 살펴보아야 한다.

오락의 항목은 온갖 것을 포함하고 있으며 공감을 불러일으켜 심신을 넓혀주고 편안하게 할 수 있는 활동이면 모두 오락이라 말할 수 있다. 상고시대 사람들은 생활의 도모만을 고려했을 뿐 생각이나 의식적인 행동으로 자신이나 다른 사람을 즐겁게 하는 일은 거의 없었다. 생활도구가 개량되자 생활의 영위를 위해 필요한 노동시간이 점차 줄어들고 사람들은 차츰 한가한 정서가 늘어나게 되어 오락의 종목도 다양해졌다. 기본적으로 말해 생산이 발달하고 사회가 안정되었을 때에는 생산과 비교하여 오락에 소비하는 시간이 적고, 혼란하고 불안정한 시기에는 많게 된다.

## 악 기

문헌이 있기 이전 시대에, 사람들에게 어떠한 오락이 있었는지 찾아보려면 물론 지하에 남겨진 유물로 추측할 수밖에 없다. 비교적 확정할 만한 오락활동은 우선 악기의 응용으로 추측할 수 있다. 신석기시대에 사용된 도기·돌·뼈·나무 등의 재료 가운데 도기·돌의 두 재료가 보존될 기회가 가장 많았다. 그러므로 보존되어 내려온 악기가 실제로 당시의 상황을 반영한다고 보기에는 부족하다.

### 골소骨哨·도훈陶塤

확정할 수 있는 것으로 일정한 음높이를 발출하여 귀를 즐겁게 해주는 소리는, 현재 고고증거에 의하면 6천여 년 전 절강 여조 하모도의 골소와 반파의 도훈이 가장 빠르다. 골소는 동물의 대롱뼈에 구멍을 파서 만든다. 남아있는 부분을 보면 부는 구멍과 소리를 내는 구멍이 각각 한 개씩 있는데 최소한 2개의 음을 낼 수 있다.(浙江文管 1978 : 55-56)(그림 14.1) 같은 시대 서안 반파의 도훈 역시 초기의 악기로, 1개 혹은 2개의 구멍이 있는 알 모양의 악기인데(西安半坡 : 190)(그림 14.2) 두 구멍 역시 하나는 부는 구멍이고 하나는 소리구멍이다. 음을 측정하니 오늘날 피아노의 소3도 F3에서 A3에 이르는 음정이다.(呂驥 1978 : 54-55) 고인古人의 음악 정도로서 이같이 단조로운 음정의 소리기구는 감정을 발산하는 악기였던 듯하다. 그러나 더욱 가능성이 있기로는, 사냥할 때 야수를 꾀어내기 위해 소리를 흉내내던 도구이거나 박자를 맞추던 도구이다.(呂驥 1978 : 56) 이런 소리기구가 어떤 용도로 쓰였던간에, 최소한 6천여 년 전 사람들은 이미 구멍으로 소리내는 원리를 알아, 일정한 음높이를 지닌 물건을 제작하였음을 알 수 있다. 만약 이 두 종의 신석기시대의 골소와 도훈이 동물을 꾀는 용구였다면,《여씨춘추呂氏春秋》고악편古樂篇에서 황제黃帝의 신하 영윤伶倫이 봉황의 울음소리를 모방하여 12율을 만들었다는 말이 비록 신화류에 속하기는 하나, 원시의 악기가 조수鳥獸의 울음소리를 모방했다는 사실을 반영하게 된다.

그보다 시대가 조금 늦은 산서山西 만영형촌萬榮荊村·태원太原 의정義井 유적지에서 소리구멍이 2개인 도훈이 발견되었다.(李純一, 1964 : 51) 음을 측정하니 하나는 E2·B2·D3이었고, 하나는 E2·G2·A2로 모두 5음계를 구성하고 있다.(呂驥 1978 : 56-57) 더욱 후기의 것으로 감숙甘肅 옥문玉門 화소구火燒溝 유적지의 소리구멍이 3개인 도훈이 있는데, 그 가운데 여섯은 오늘날 7음계의 음정순서에 부합된다고 볼 수 있다.(呂驥 1978 : 57-58) 비록 아직은 당시의 사람이 도훈의 발음원리를 이미 알고 있었다고 긍정할 수 없지만, 그러나 의식을 가지고 일정한 음정의 악기를 제작했다고 말할 수 있다. 그리고 이러한 도훈은 절대로 단순한 사냥도구가 아니라 의식적으로 각기 다른 음을 낼 수 있도록 제작한 악기이다. 상대의 다섯 소리구멍의 도훈은 11개의 서로 다른 음정의 음을 불 수 있다.(呂驥 1978 : 59 ; 莊本立 1972 : 199-201) 상대와 거의 같은 시대의 신점기辛店期 유적지에서는 더욱이 7개의 소리 구멍이 있는 도훈이 발견되었다.(甘肅工作 1980 : 310) 의심할 바 없이 이런 도훈은 이미 상당히 복잡한 악장까지 연주할 수 있었다. 상 후기에 이르자 사람들은 이미 5도 음계·소3도 음계·반음·절대음높이·표준음높이 등을 알게 되어 음악적 지식이 이미 원시적인 단계를 넘어섰다.(李純一, 1964 : 51-54) 갑골문의 (취, 吹)자는 한 사람이 넓고 짧은 기구를 불고 있는 모습으로 만들었다. 글자의 뜻을 좇으면 그 불고 있는 물건이 훈류의 악기임을 알 수 있다.

### 긴 관악기

이론적 관점으로 볼 때, 취주악은 악기 가운데 가장 쉽게 많은 음정을 낼 수 있으므로 당연히 가장 먼저 발전한 주요 연주악기이다. 소리를 표시하는 글자는 음晉인 바, 갑골의 (음, 晉)과 언言자는 같은 형형으로 뜻을 나타내고 있으니, 즉 긴 관管의 악기형태이다. 이 관악기의 끝부분에는 나팔형의 확음통擴音筒이 있어, 상나라 사람들이 이미 음악의 확성효과에 주의하고 있음을 보여준다. 상나라 사람이 악기로 인류언어의 뜻을 표시한 데는 혹 원인이 있을 것이다. 제11장에서 소개한 심尋자는 두 팔을 벌려 어떤 물건의 길이를 재는 모습이다. 두 팔을 벌린 길이는 대략 8척(현재의 약 185cm에 해당)이 되는데, 이는 아주 실용적인 길이의 표준이었으므로 8척 길이의 심尋은 고대의 길이 단위였다. 두 팔을 뻗어 대략적인 길이를 알아낼 수 있기 때문에 인신되어 찾는다는 의미를 갖게 되었다. 이 글자가 재는 여러 물건 가운데 한 자형字形은 긴 관의 악기이니( , 尋), 이로써 그 악기의 길이가 약 8척임을 알 수 있다. 관의 길이가 길면 길수록 그 소리를 더욱 멀리까지 전파할 수 있다. 오늘날에도 산간지역의 주민은 긴 관의 악기로써 통신의 신호를 삼는다. 옛날 사람들은 처음에 산 위에서 살다가 나중에서야 점차 평지로 이주했다. 아마 고대의 중국인도 긴 관악기로써 피차간의 연락기구로 삼았던 듯하며, 그런 까닭에 이로써 언어의 의미를 나타냈을 것이다. 만약 그렇다면 음악의 기원이 실용적이었다는 예가 하나 더 느는 셈이다. 긴 관을 불고 북을 치는 것은 후세 군악의 장군악의장軍樂儀仗의 주요 악기이며 관악기 위에도 보통 장식용 술을 달아 미관을 높인다. 금문金文의 ![](란, 欒)자는 긴 관악기의 양옆에 각기 술을 단 모양이다. 이로써 최소한 주대에는 이미 군악의장대의 창설이 시작되었다.(그림 14.5)

## 현악弦樂

음音자가 어떤 때에는 일정한 조직의 귀를 즐겁게 해주는 악장이란 뜻으로 쓰이기도 하고, 어떤 때에는 어떠한 것이든 그저 소리임을 나타내기도 하여 반드시 감상할 만한 가치를 갖고 있는 것만은 아니다. 악樂자는 총괄적으로 감상할 수 있는 즐거운 소리이다. 갑골문의 ![](악, 樂)자는 한 나무 위에 두 개의 현이 장치된 모양이다. 나중의 금문은 양현 사이에 ![](백, 白)을 첨가한 형태이다. 그 백은 엄지손가락으로 여겨지기도 했고, 현악기의 채를 잡고 손으로 연주하는 방식을 나타낸다고 여겨지기도 했다. 그러나 손가락이나 채로 현악기를 연주하는 것은 비교적 늦게 발전한 기법인 듯하고, 초기에는 당연히 치는 법을 사용했을 것이다. 갑골문에 ![]자가 있는데, 손에 목봉을 들고 나무 위에 안치된 현을 치는 모양이다. 이는 상대의 현악기가 치는 것이지 타는 악기가 아님을 확실하게 표현하고 있다. 이른바《시경》상체常棣의『아내와의 좋은 화합은 거문고와 비파를 치는 듯하네 妻子好合, 如鼓瑟琴』의 묘사와 같다. 그러므로 악樂자의 두 현 사이의 백白자는 마땅히 엄지손가락으로 현을 누르는 동작을 표시한 것이고, 소리는 다른 한 손으로 쳐서 낸다. 전국시대의 저작인《순자荀子》부국편富國篇에『그러므로 반드시 큰 종을 두드리고 잘 울리는 북을 치며 생황과 우를 불고 금과 슬을 타게 하므로써 그 귀를 막는다 故必將撞大鍾, 擊鳴鼓, 吹笙竽, 彈琴瑟, 以塞其耳』고 하였다. 이것으로 보아 어떤 현악은 이미 타는 방법으로 바뀌었다. 출토된 한대漢代 화상석畵象石을 통해 보면, 그 시대의 현악은 대부분이 이미 칠 필요가 없는 것이었다. 이후로 치는 것은 축筑이라 불렀고 타는 것을 일러 거문고와 비파라 하였다. 불고 치는 것은 악기연주의 주요 방법이므로 관악과 현악은 악장의 주된 가락이 된다. 그러므로 이 두 가지의 악기를 대표하는 자가 합성되어 음악의 일을 대표하는 한 단어가 되었다. 음악은 사람의 마음을 편안하고 상쾌하게 해준다. 그래서 인신되어 즐겁다는 의미를 갖는다.

일반적으로 말해, 음악은 문명이 보다 높은 사회에서 더 발달하였을 뿐만 아니라 더 고아高雅하고 세밀하다.《사기》은본기殷本紀는 상왕조의 마지막 제왕인 제신帝辛에 대해 다음과 같이 묘사하고 있다.『술을 좋아하고 음악에 깊이 빠졌다……연涓이란 악사에게 새로 음탕한 노래와 비속한 춤, 퇴폐적인 선율을 만들도록 하였다

……그리고 사구沙丘에서 갖가지 음악과 유희를 연출하니 술로 못을 만들고, 고기를 걸어 숲을 만들며, 남녀로 하여금 벌거벗게 하여 그 속에서 서로 쫓게 하며, 밤새도록 마셨다.『好酒淫樂, …… 使師涓作新淫聲, 北里之舞, 靡靡之樂, …… 大聚樂, 戲於沙丘, 以酒爲池, 縣肉爲林, 使男女倮, 相逐其間, 爲長夜之飮』가무와 주색은 한데 어우러져야 더욱 흥을 돋우는 성질이 있다. 연회에 만약 가무가 따르지 않는다면 대단히 흥을 깨는 일이라 할 수 있다. 각시대마다 연회는 노동에 종사하지 않는 귀족들이 즐기는 일이었다. 대체로 상나라 사람들은 특별히 더 좋아하여 그 속에 지나치게 빠지다 보니 무력武力은 등한시하여 주나라 사람에게 멸망당하는 비운을 맞게 되었다. 어쩌면 주나라 사람은 이런 까닭에 상나라 사람을 경시하고 야유하는 뜻에서 은殷나라 사람이라 이름했는지도 모른다. 금문에 ᠀(은, 殷)자는 한 손에 악기채를 들고 종이나 북류의 악기를 치는 형상이다. 그러므로 《설문해자說文解字》의 은殷자의 정의는 『음악을 지나치게 많이 짓다 作樂之盛』였다. 상족商族의 성원은 보편적으로 음악과 가무에 탐닉하고 아울러 무리를 지어 술을 마시고 취하였으므로 당연히 사기가 떨어졌고, 국방에 마음을 두지 않아, 주周가 기회를 틈타 일거에 멸망시킨 것이다.

### 주대周代의 악기

문물은 시대가 늦을수록 더욱 풍성해지니 음악에 관한 일도 예외는 아니다. 주나라 사람은 비록 상나라 사람이 음악에 탐닉하던 것과는 달랐으나, 그 종족의 특색에다 상나라 사람이 남긴 전통을 계승하여 확실히 악기의 종류가 상대보다 더욱 많았다. 하지만 이것이 주나라 사람이 상나라 사람보다 더 음악을 애호하였다는 표시는 아니다. 주대의 악기 명칭은 전적典籍에 70여 종이 보인다. 《시경》이 언급한 것은 29종이다.(楊蔭瀏, 音樂 : 50-54) 그 가운데는 같은 악기의 다른 명칭도 피할 수 없고, 혹은 형식이 대동소이한 것도 있으나 악기의 종류가 상대보다 많음은 쟁론의 여지가 없는 당연한 사실이다. 주대 악기 분류의 주요 근거는 사용한 악기의 재료이다. 이른바 8음설八音說은 금金 · 석石 · 사絲 · 죽竹 · 포匏 · 토土 · 혁革 · 목木 등 8종의 재료를 가리킨다. 보통 사죽絲竹이나 혹은 금석金石으로 악기에 관한 것을 개괄한다. 사죽의 음은 대부분이 오락적인 성격에 편중되고, 금석의 음은 묘당廟堂의 음악에 편중된다. 상대에는 확실히 이런 8종 재료의 악기가 이미 구비되어 있었다. 다만 일부 재료는 지하에 보존되기가 어려웠을 따름이다. 상나라 사람이 음악을 좋아한다는 사실은 이미 잘 알려진 일이다. 《여씨춘추呂氏春秋》치악편

侈樂篇에『은나라의 주임금은 호사한 악기를 만들었으니, 큰북·종·반磬·관·소의 음 등이다. 거대한 것을 아름답게 여겼으며 많은 것을 장관으로 여겼다 殷紂作爲侈樂, 大鼓鐘磬管簫之音, 以鉅爲美, 以衆爲觀』고 하였다. 이로써 악기의 제작과 악곡의 창작이 반드시 풍부하였으며 또 연주인원도 많았음을 알 수 있다. 자료가 완전치 않아 많은 내용을 상세히 연구할 수는 없다. 다음에 소개하는 몇몇은 비교적 확증할 만한 음악단어이다.

### 관악管樂

관악은 가장 간편하고 휴대에 용이하며 많은 음정의 악곡을 연주할 수 있으므로 고대 연주에서 주요한 악기이다. 앞서 소개한 ☱(음, 音 혹은 언, 言)자는 단관單管의 악기형태이다. 그 위에는 많은 소리구멍이 있어 순서를 이룬 음조를 불어 연주할 수 있다. 그러나 소리구멍이 많으면 손가락으로 정확한 음을 고르기가 비교적 어렵다. 뿐만 아니라 각 구멍마다 요구하는 음높이에 합당하도록 제작하기도 힘들다. 하나의 관에 제한된 몇 개의 음만 내게 된다면 음조를 적당히 조종하기가 비교적 쉽다. 그리고 몇 개의 관을 모으면 풍부한 일련의 고정된 음높이의 음조를 조종하여 불 수 있다. 갑골문은 ☱(약, 龠)자는 2개의 단관을 한데 묶은 관악기의 형태이다. 문자에서 2개의 관은 많은 관을 상징한다. 그것과 유사한 종류로 지금은 16~24개에 이르는 배소排簫가 있다. 또한 상대에는 각관마다 공동으로 부는 구멍을 하나 내는 데까지 발전하였다. 그 제작은 생황이나 우竽와 같으며(그림 14.13-14) 각각의 관을 통하여 서로 다른 음이 연주된다. 손가락으로 음간을 조종하는 것이지 입을 이동하는 게 아니다. 약龠자의 한 형태는 거꾸로 된 삼각형 모양의 것이 있는데, 이는 각관으로 연결되어진 개량된 전체의 부는 구멍이다. 관악이 상대 연주의 주조主調인 까닭에 기타의 악기는 부차적인 반주의 지위에 머물게 된다. 그러므로 여러 소리가 조화된다는 의미의 화和자가 갑골문에는 관악기인 약龠에 언言으로 의부義符를 삼거나, 화禾로 성부를 삼아 만든다. 그러다 나중에야 비로소 구口를 따르고 화禾 성인 화和자로 줄여 쓰게 되었다. 춘추시대에 이르자 편종編鐘이 성행하였는데, 이 역시 일련의 음계를 연주할 수 있고 여러 소리와 화합하여 악장의 주조主調를 이루었으므로 이런 류의 편종은 화종和鐘이란 명칭을 얻게 되었다.

### 정음定音

관악기의 소리는 관의 길이와 직경이 모두 직접적인 관계가 있다. 옛사람에게 있어 그들 사이의 관계를 확실히 이해하고 그 규율을 얻어 일정한 간격의 음계를 제정하는 것은 상당히 힘든 일이다. 일반적으로 말해서 현 악의 규율을 알고 난 후에야 비로소 현악기의 음에 의거하여 음을 교정할 수 있었다. 현악기의 음높이와 현악기의 선 사이의 거리와는 뚜렷하게 직접적인 관계가 있기 때문에 비교적 쉽게 사람들에게 관찰되었다.(楊蔭瀏, 1979 : 78-79)《풍속통의風俗通義》성음편聲音篇에『바른 거문고는 음악을 통솔하며, 8음과 아울러 행한다 雅琴者, 樂之統也, 與八音並行』고 하였다. 아마도 거문고에 다른 악기의 음높이를 교정하는 기능이 있음을 가리키는 듯하다. 현의 길이로서 일정한 비례에 따라 그 음계를 규정하는 일은 처리하기도 쉽고 파악하기도 쉽다. 비록 상대에 이미 현악기가 있었지만 결코 중요한 지위는 아니었던 듯하니, 당시에 현율弦律로 관율管律을 교정했을 가능성은 아주 희박하다. 그러므로 상대의 관악기가 비록 연주의 주조를 이루고는 있었으나 악사가 정확하게 음계와 음높이를 조종하는 일은 아마도 어려웠던 듯하다.

### 경磬

경은 편편한 돌판을 치는 악기이다. 갑골문의 ⌘(경, 磬)자는 손에 나무방망이를 들고 매달린 석경을 치는 형상이다. 후에 석石의 의부義符가 더해져 그것을 만든 재료가 명확해졌다. 석경의 소리는 귀를 매우 즐겁게 한다. 그래서 갑골문의 성聲자는 귀로 경의 소리를 듣는 형상이다. 그러나 경의 부분이 동시에 성聲자의 음표가 되기도 한다. 상대의 경은 대체로 모서리가 없는 삼각형으로(그림 14.6-7) 동주시대에 만든 고고股와 고鼓가 있는 거꾸로 선 L형(그림 14.8)과 다르다. 초기의 석경은 무척이나 호미를 닮았다. 아마도 호미로 땅을 팔 때 돌에 부딪혀 나는 소리가 귀를 즐겁게 하는 소리를 내었고, 그런 까닭에 이같이 치는 악기를 만들도록 깨우침을 준 듯하다.(常任俠, 1978 : 77) 경은 조형이 비록 간단하고 제작도 쉬우나 출현한 시기에 있어서는 오히려 퍽 늦다. 가장 빠른 것이 B.C. 약 2000년에서 1400년에 이르는 산서 하현夏縣 동하풍東下馮과(東下馮考古 1980 : 100-01) 거의 비슷한 시대인 하남 언사 이리두 유적지(二里頭 1976 : 263)에서 보인다. 이는 골소와 도훈에 비하면 아주 많이 늦다. 골소와 도훈은 작업의 필요에 의해 만들어졌으므로 산생시기가 빠르다. 그러나 석경은 순전히 음악의 연주를 위한 것이었으므로 만들어진 시기가 늦다. 어떤 학자는 경의 제작이 침입을 경고할 때 치는 기구에서 온 것이 아닌가 여기기도 한다. 빈번한 전쟁 역시 비교적 후기의 일이다.

## 편경編磬

초기의 경은 모두가 단독인 특경特磬이었다. 그러나 상의 후기에 이르러 비로소 3개 혹은 5개를 조합하여 만든 것이 이따금 있었다.(常任俠, 1978 : 77) 춘추시대에 이르자 비로소 10개 이상의 편경으로 발전하여(侯馬工作站 1963 : 243 ; 河南博物館 1980 : 124-25) 스스로 악곡을 연주할 수 있게 되었다. 석편경石編磬의 제작비는 물론 비싸지 않았으나 부장품에서의 편경의 지위는 때로 편종編鐘보다 높았는데 (商周古考 : 206) 그 이유는 알 수 없다. 안양의 상대 묘에서 또 얇은 판 모양의 석기를 발견하였는데, 위편에 매달 수 있는 구멍이 파져 있어(婦好墓 : 198-99) 흔히 보이는 경의 형태와 다르다. 이 역시 악기인 듯하다. 그 형제形制는 혹시 갑골문의 王殳·事殳가 나타내고 있는 것인지도 모른다. 그들은 아마도 독용獨用인 듯하나, 혹은 몇 층의 서로 다른 음높이의 석편石片을 운라雲鑼같이 배열하여 순서있는 음정을 연주하기도 한 듯하다. 그 제작원리는 편경과 같으나, 돌이 너무 무거워 한 손으로 틀을 잡고 한 손으로 치기에도 불편하였으므로 땅에 가로로 벌여놓거나 세로로 세우는 편경으로 발전된 듯하다.

## 고鼓(그림 14.9-10)

북은 짐승의 가죽을 속이 빈 기물 위에 펼친 뒤 두드려서 소리를 내는 악기이다. 북은 둥둥하는 소리로 박자를 맞춘다. 북은 그 제작이 비교적 어렵기 때문에 피리·경 등에 비해 제작이 늦다. 북을 제작하는 영감은 대개 속이 빈 물건을 두드렸을 때 나는 공진共震 소리에서 왔다. 가죽은 지하에서 장기간 보존되기 어려운 까닭에 그 실물을 보기는 어렵다. 그러나 흙에 찍힌 흔적으로 그 존재를 실증할 수 있으며(李濟, 安陽 : 251-53) 상대에도 고형鼓形으로 주조한 동기銅器가 있다. (鄂博 1978 : 94) 그 모양과 구조는 갑골문 鼓 (고, 鼓)의 상형자와 같다. 고鼓는 틀이 있어 땅에 세울 수 있으며, 고鼓의 틀 꼭대기에는 나뉘어 갈라진 장식물이 있다. 갑골문의 고鼓자는 손에 북채를 들고 북을 치는 형상이다. 이 글자를 처음 만들었을 때는 당연히 북을 치는 동작이었는데, 나중에 고鼓가 악기라는 뜻과 친다는 의미를 겸하게 되었다. 갑골문의 팽彭자는 고鼓의 옆에 짧은 3획이 있어 짧고 급하며 힘있는 북소리를 표시한다. 고鼓는 대형 연주의 박자를 맞추는 데 빼놓을 수 없는 악기이며, 또 군대 전진의 박자 신호이기도 하다.

### 종鐘(그림 14.6, 16)

종 역시 고대 악대樂隊의 중요 구성물이다. 종은 주조비용이 비싸기 때문에 귀족 계급의 음악에 속한다. 그러므로 〈종명정식鐘鳴鼎食〉이라는 성어成語로 부귀한 가정의 풍모를 나타내었다. 종과 고는 모두 경사에 연주되는 악기일 뿐만 아니라 군사적 용구이기도 하다.(李純一, 1973 : 19) 〈금고金鼓〉라는 단어는 흔히 군사적 행동을 표시하는 말로 사용된다. 금金은 청동으로 주조된 종을 가리킨다. 북소리는 짧고 급하며 힘이 있어 병사들의 전진을 고무한다. 종소리는 크고 맑아 멀리까지 이르므로 부대의 후퇴를 알리는 신호가 된다.

종에 속한 악기는 종류가 많다. 손에 드는 것(그림 14.4)·매다는 것·밖에서 치는 것·혀를 흔들어 안에서 부딪히게 하는 것(그림 14.2) 등 작은 것은 말고삐에 장식할 수 있을 정도이고 큰 것은 무게가 2백여 킬로그램이나 나간다.(盛定國, 1986 : 44) 종은 속이 빈 물건에서 근원한 악기이므로 동물에서 잘라낸 뿔도 그 가운데 하나다. 갑골문의 ▨(곡, 殼)자는 나무막대기로 쇠뿔을 치는 형상이다. 이 글자의 독음讀音은 곧 속이 빈 소 뿔을 치는 소리와 같다. 종의 처음 형태는 얻기 쉬운 물건에서 왔다. 어떤 이는 갑골문의 ▨(용, 用)자는 용甬의 초형初形으로, 잘라낸 대나무 마디로 쳐서 소리를 낼 수 있다고 여긴다. 그것은 본래 손에 드는 것이었는데, 나중에 고리를 만들어 매달 수 있게 되자, 금문金文의 ▨(용, 甬)자가 되었다. 금속으로 바꿔 주조하게 된 후, 그 소리는 더욱 귀를 즐겁게 하였다. 형식이 다른 것은 분별하여 정鉦·탁鐸·종鐘·박鎛 등의 형성자形聲字로 명명하였다. 발견된 것 가운데 가장 빠른 타악기는 B.C.2700년을 전후한 혀가 있는 도종陶鐘으로, 높이가 9센티이다.(廟底溝 : 54)(그림 14.2) 따라서 대나무 통이나 소 뿔을 이용하여 만든 것은 물론 더욱 빠르다.

### 현종懸鐘

상대 유적지에서 소령小鈴 외에 금속악기로는 손에 드는 정鉦, 혹은 땅 위에 세우는 요鐃만이 보일 뿐 매달아 거는 형식의 종은 보이지 않았다. 달아매는 형식의 종은 남방에서 기원한 듯하다. 갑골문의 ▨(남, 南)자는 새끼줄로 매단 방울의 형태이다. 또 다른 글자인 ▨는 나무막대기를 들고 남형南形의 악기를 치는 형상이다. 이런 악기로 남방을 대표함은 순수한 음의 가차假借가 아니라 그것과 남방이 관계가 있기 때문인 듯하다.《의례儀禮》대사大射에 『그 남쪽에는 생황과 종이 있고, 남쪽에 다시 작은 종이 있으니 대개 남쪽에 진열한다 其南笙鐘, 其南鎛, 皆南

陳』그러므로 어떤 이는 걸어놓은 종의 형상이 남방을 대표하는 것으로 여긴다. 대형 연주에서 종이 남쪽에 위치하기 때문이다. 상대의 정·요는 발견된 것이 적다. 조합할 때는 3개가 보통이나(周到 1963 : 216) 음조가 각기 다른 5개의 요·종을 조합한 것도 있다.(婦好墓 : 100) 한 사람이 하나의 종을 들고 연주한다면 인력의 낭비일 뿐만 아니라 곡조의 화합을 얻기도 힘들다. 그러므로 후에 옆으로 매다는 식으로 개량하니, 한 사람이 여러 개를 칠 수 있게 되었다.

상대에 있어 종악鐘樂은 박자를 맞추는 성질의 반주로써 악장의 주조가 아니었으니 그 이유는 음정이 적기 때문이었다. 서주 후기에 이르자 10여 개의 편종으로 점차 발전되었다.(郭寶鈞, 山彪鎭 : 45) 이는 가락을 연주하기에 충분했으므로 화종和鐘이라 불리웠다. 1978년 호북 수현隨縣에서 발굴된 전국 초기 증후묘曾侯墓에서 많은 악기가 출토되었다. 가장 중요한 것은 3단으로 된 L형의 목종木鐘 틀로서 그 위에 5조로 나누어진 46개의 용종甬鐘과 3조 19개의 뉴종鈕鐘이 달려 있다. (그림 14.20) 각종마다 치는 부위인 수부隧部와 고부鼓部에 정해진 음音의 명문銘文을 분별하여 새겼다. 그것은 궁조宮調를 돌려 곡조를 전환하는 데 제공될 수 있는 12개의 반음半音을 구비했을 뿐만 아니라(黃翔鵬, 1979 : 32-34) 그 명문을 통하여 중국 고대의 종이 원형인 서양 것과는 달리 타원형의 독특한 형태로 주조되었는데, 이는 본래 하나의 종에 2개의 서로 다른 음계를 칠 수 있도록(馬承源, 1981 : 131-46) 하기 위해서였음을 이해할 수 있게 되었다. 그것은 연출하는 데 필요한 장소를 줄일 수 있을 뿐만 아니라, 연주자 역시 지나치게 이동할 필요없이 여유있게 칠 수 있었다.

### 현악기

비록 갑골문에 이미 현악의 상형자가 있었으나 현악 발전의 보조는 매우 늦다. 아마 서주 후기나 되어서야 비로소 중시된 듯하다. 현의 길이와 음높이의 관계도 대략 그 무렵에 발견되었다. 현악기는 많은 다음정의 분명한 성조를 탈 수 있을 뿐만 아니라, 비파 같은 경우는 16개의 서로 다른 음높이의 성조를 탈 수 있다. (李純一, 1974 : 56-60) 그리고 그것으로 기타 악기의 음조도 교정할 수 있다. 일단 그런 특징이 이해되자 현악이 아주 빠른 속도로 발전되기 시작했다. 거문고와 비파는 상당히 늦게 발전된 현악기며, 또한 오락을 위한 것이지 묘당의 음악은 아니었다. 소전小篆의 자형으로 볼 때, 금琴·슬瑟의 두 자는 상형방식에 기초하여 창조된 것을 알 수 있다. 珡(금, 琴)자는 거문고 끝부분에 있는 선을 누르는 곳의 형상이며, 瑟(슬, 瑟)은 많은 현이 있는 악기의 모양이다. 금수과 필必은 모두가 후에 붙여진 음부音符이다. 거문고와 비파는 휴대하기도 쉽고 심산유곡深山幽谷이나 벽촌의 더러운 거리 등 그 어느곳에서도 모두 연주할 수 있다. 그리고 연주하는 데도 힘이 들지 않아 체력이 약한 사람도 연주할 수 있다. 그러므로 문인文人들의 심성心性 수양에 중요한 기예로 간주되었다.《예기禮記》곡례하편曲禮下篇에『군주는 까닭없이 옥을 몸에서 떼지 않고, 대부는 까닭없이 음악을 그만두지 않으며 선비는 까닭없이 거문고와 비파를 그만두지 않는다 君無故玉不去身, 大夫無故不徹懸, 士無故不徹琴瑟』고 하였으니, 금슬은 선비들의 필수 기예이다. 전국시대 이후 거문고는 고상한 악기로 간주되었다.

### 악기의 성쇠

상대에서 한대에 이르기까지, 연주에 있어 악기의 각색은 변화가 많았다. 상대의 제사 때 연주하는 악기로 언급된 것은 북·피리가 가장 많았다. 북은 박자를 맞추는 데 쓰이고 피리가 주조를 이루었다. 서주 초기에도 마찬가지였다. 예로써《시경》유고有瞽에『그밖의 악기에는 소고小鼓·대고大鼓·도고鞉鼓·유축有祝·경磬·어圉 등의 악기가 모두 갖추어졌다. 음악이 연주되니 다시 소관簫管이 배합되었다 應田縣鼓, 鞉磬柷圉, 旣備乃奏簫管備擧』고 하였다. 매다는 종이 보편적으로 주조된 후부터 종과 북이 음악의 주조를 이루었다. 그 예로《시경》집경執競에『종과 북이 크게 울리고, 경과 피리 쟁쟁 울린다 鐘鼓喤喤, 磬筦將將』동궁丹弓에『종과 북을 갖춰 놓고, 이른 아침부터 잔치 열어 대접하리 鐘鼓旣設, 一朝饗之』하였다. 서주 후기와 춘추시대가 되자 흔히 거문고·비파가 거론됐다. 서주 초기 이전의 음악은 제사를 모시는 것이 주요 목적이었기 때문에 엄숙하고 경건하며 단조로운 종과 북이 주조를 이루었다. 그러나 인문人文이 날로 번성하면서 음악은 점차 오락 종목으로 변하였다. 음정이 완비됨으로써 고산유수高山流水의 뜻을 작곡할 수 있는 현악기가 주조를 이루자, 종·북·경 등의 악기는 크게 쇠퇴하였다.(何定生, 1969 : 370-71) 그러므로《맹자孟子》양혜왕하편梁惠王下篇에 양혜왕이 세속의 음악을 좋아했다는 말이 있고,《예기》악기樂記에 위문후魏文侯가 정鄭·위衛의 노래를 좋아하고 옛음악을 좋아하지 않았다는 기록이 있다. 종과 북의 쇠락 원인은 악기 자체의 조형이 크고 무거워 몸에 지니고 다닐 수 없다는 것과 관계가 있다. 그 당시에 비록 완정음계完整音階 가운데 중심이 되는 몇 개의 음을 정해 여행에 사용할 수 있도록 한 유종游鐘을 만들기는 하였으나(李純一, 1973 : 19) 아무래도 이동에는 불편했고, 또 주조비용도 비싸 귀족에 한해서만 쓸 수 있었다. 비교적 초기에는 악기의 제작이 흔치 않았다. 묘당 집회의 제한된 경사에 한해서는 악기를 설치하는 책임이 반드시 따라야 했다. 나중에는 변하여 서로간의 모임·연회 등에 모두 음악으로 흥을 돋우고자 하였다. 그런데 크고 무거운 틀이 있는 악기는 움직여 이동하기가 어려웠으므로 각기 다른 장소에 설치하였다. 그러므로 이에 따른 계급의 경계선이 모호해졌고, 계급의 상징인 예악중기禮樂重器 역시 이를 따라 붕괴되어 개인의 뜻을 연주하는 현악기가 흥성하기 시작했다.

위에 소개한 것은 음악의 상형자와 관련하여 알 수 있는 것이다. 갑골문 가운데 음악과 관련된 글자가 많으나 아직 식별이 필요한 까닭에 많이 소개하지 않는다.

### 가무歌舞

음악과 노래와 춤, 이 세 가지는 밀접한 관계가 있다. 손을 젓고 발을 구르는 것은 정서의 자연스런 반응이며 음악 곡조의 박자와 노래는 이야기의 내용을 설명한다. 음악은, 상대에서는 제사를 지내므로써 신을 즐겁게 하는 것이 그 주요 목적이었다. 춤은 비를 바라는 일이었던 듯하다. 기우祈雨 이외의 춤은 달리 명칭이 있었던 것 같다. 갑골문의 ☒(무, 舞)자는, 한 사람이 일종의 소 꼬리 밑으로 늘어진 춤도구를 들고 춤을 추는 형상이다. 후에 이 글자가 무無로 차용되었으므로 본자本字에 한 쌍의 다리를 더하여 춤 추는 동작을 명확히 하였다. 갑골 각사刻辭가 무舞를 언급한 가운데 19차례나 비를 말하였다. 그리고 제사의 대상도 모두가 상나라 사람들이 비를 내리는 데 도움을 준다고 믿는 신인 황하신과 악岳(곽산霍山)신이었다. 그런 까닭에 기우의 무舞는 간혹 무舞 위에 빗방울을 덧붙여 특별한 기능을 나타내기도 하였다.

비는 관개수리가 크게 발달하기 이전에는 가장 중요한 농업용수의 근원이었다. 강우降雨는 당시 정치 주재자의 최대 관심사였고, 따라서 상대에는 기우에 대한 복문卜問이 많다. 기우의 춤은 실용적 의미가 다분했으나 나중에는 계절적 성격의 오락종목으로 변하였다. 이는 오락이 실용에서 근원했다는 많은 예 가운데 하나이다. 기우제는 본래 가뭄이 들었을 때만 거행하는 종교의식이다. 거행하는 시기가 거의 일정한 계절일 뿐만 아니라 참가하는 사람들의 마음도 모두 근심이 가득하며, 그들의 정성과 경건함이 부족하여 신령을 감동시키지 못해 비가 내리지 않을까 두려워한다. 그러나 후에는 계절적인 행사로 변하였다. 즉 강우량이 충분하여 가뭄의 걱정이 없을 때도 거행하였으며, 또 즐겁고 기쁜 마음이 충만하였다. 예로써

《논어》 선진편先進篇에 공자가 제자에게 취향을 물었을 때의 기록이 있는데, 증자曾子가 대답하기를 『늦은 봄에 봄옷이 다 되었거든 어른 대여섯과 아이 예닐곱 사람과 더불어 기수에 목욕하고 기우제 지내는 곳에서 바람을 쐬고 시를 읊으며 돌아오겠습니다 莫春者春服旣成, 冠者五·六人, 童子六·七人, 浴乎沂, 風乎舞雩, 詠而歸』라고 하였다. 그 말의 분위기로 보아 당시의 기우제는 이미 종교적 의미의 성대한 의식이기보다는 오락성이 다분했음을 알 수 있다.

갑골 각사에는 주奏가 흔히 무舞와 같이 나타난다. ✲(주, 奏)는 나아가 바친다는 의미로서, 갑골문에는 양손으로 춤 추는 도구와 같은 물건을 받드는 형상이다. 주奏자가 무舞와 같이 보이지 않을 때는, 비교적 짧은 말이거나 혹은 비와 관련된 일이다. 아마도 무舞는 기우제 춤의 전용 명칭이며, 주奏는 조상과 각종 신령을 즐겁게 하는 춤이나 음악인 듯하다. 갑골문의 주는 종종 형용사를 동반하기도 하며, 반주盤奏·미주美奏·상주商奏·신주新奏·가주嘉奏·각주各奏 등 명칭이 번잡한 주가 있다.(許進雄, 明義士：136) 주가 악무樂舞이든 혹은 악곡樂曲이든 절대로 음악성이 없는 활동일 수는 없다. 상대에는 노래류의 글자가 보이지 않는데, 주奏가 혹시 노래의 성분을 포괄하고 있는지도 모른다. 주의 명칭이 그렇게 많은 것으로 보아, 당시 창작이 풍부했음을 상상해볼 수 있다. 그러나 앞서 인용한《사기》은본기의 제주帝紂가 가무와 새로운 노래를 좋아했다는 묘사로 볼 때, 일부 사실적인 면도 있어 완전한 상상은 아니다.

갑골 복사를 통해 상대의 악무樂舞가 어떤 모양이었는지를 알아내기는 매우 어렵다. 그러나 주대와 어느 정도 비슷할 가능성이 매우 높다. 대무大武는 주대에 늘상 연출되던 것인데 주왕조 개국의 무력성취를 서술한 악무이다. 대무는 상대의 상황을 이해하는 데 도움을 준다.《예기》악기편樂記篇은 대무 무용에 대해 다음과 같이 묘사하고 있다.

무릇 음악을 제정하는 자는, 그 성공에 모방하여 본뜨는 것이다. 대무의 춤이 장차 시작하려 할 때, 춤 추는 자는 간干을 잡고 서서 산과 같이 의연히 움직이지 않는데, 이는 무왕이 주를 칠 때 방패를 들고 제후가 이르기를 기다리는 것을 본뜬 것이며, 춤 추는 자가 춤을 추기 시작하자 손발을 발양하고 강하고 격렬하게 땅을 밟는 것은 태공망의 위무의 강성한 뜻을 본딴 것이다. 대무의 춤 마지막에서 춤 추는 자가 모두 꿇어앉는 것은 주공·소공이 문덕의 정치로써 무를 멈추게 한 것을 본뜬 것이다. 무릇 대무의 춤이 시작되자 무인이 남쪽의 제1위(정렬 출발점)에서 북쪽으로 향하여 제2위로 나아가는데, 이것은 무왕이 처음으로 나와 정벌할 때 맹진에 이르러 크게 제후와 회합한 것을 상징한 것이다. 2곡이 시작되자 제2위에서 다시 북쪽으로 향해 제3위에 나아가는데, 이것은 무왕이 목야에 이르러 주와 싸워 이긴 것을 상징한 것이다. 3곡이 시작되자 제3위에서 다시 나아가 제4위(북쪽 종점)에 이르러 다시 남쪽으로 향하는데, 이것은 상나라를 쳐부수고 군대를 돌려 남쪽으로 향한 것을 상징한 것이다. 4곡이 시작되자 제4위에서 남쪽으로 향하여 제3위로 돌아오는데, 이것은 주를 친 뒤 남쪽 제후를 다스린 것을 상징한 것이다. 5곡이 시작되자 제3위에서 제2위에 이르러 좌우로 나뉘는 것은, 천하가 이미 평정된 후 주공은 왼쪽에 있고 소공은 오른쪽에 있어 무왕을 보좌하는 것을 상징한 것이다. 6곡이 시작되자 제2위에서 다시 남쪽으로 나아가 제1위의 정렬점으로 돌아오는데, 이것은 무공이 성취되어 호경에 돌아왔을 때 사해가 모두 무왕을 존숭함을 상징한 것이다.

夫樂者象成者也. 總干而山立, 武王之事也. 發揚蹈厲, 大公之志也. 武亂皆坐, 周召之志也. 且夫武, 始而北出, 再成而滅商, 三成而南, 四成而南國是疆, 五成而分周公左・召公右, 六成復綴以崇.

대무는 가무극歌舞劇임이 명백하다. 이야기의 내용이 있고, 춤도구・분장・음악・노래가 있다. 그밖의 운문雲門・함지咸池・대하大夏 등도 모두 같은 성질의 가무극이다. 갑골문의 ⟨그림⟩(무, 武)자는 한 개의 창과 발자국으로 만들어졌는데, 이는 창과 방패를 들고 춤을 추어 무공의 성취를 드러내려는 표현 같아 보인다. 서주 연나라 묘에서 동제 창이 하나 발견되었는데, 그 위에 〈연후무과언郾(燕)侯舞戈〉라 새겨져 있다.(琉璃河, 1984 : 414) 호북湖北 형문荊門에서 〈대무개병大武開兵〉이란 명문이 새겨진 동제 창이 출토되었는데, 창 위에 도마뱀과 같은 춤도구를 손에 쥔 모습으로 화장한 무인舞人의 무늬가 있다.(兪偉超, 1963 : 153–55)(그림 14.19) 이들은 모두 무武가 창춤의 무舞임을 증명하고 있다. 상대에도 하夏가 영토를 개척한 혁혁한 역사와 홍수로 분투하던 간난의 역정이 있고 상말商末의 제을帝乙・제신帝辛 모두가 오랑캐를 무찌른 공적이 있는 바, 이들을 악무로 엮어 표창함으로써 조상에게 제사를 지낸다. 두말할 필요도 없이, 찬양이나 두려움을 억제하고 설교적 의미를 포함하고 있는 악은 춤의 최초 목적이며 일종의 정치수단이었다. 그러다 나중에는 순수한 오락적 정취로서 마음을 넓히고 편안히 하는 것으로 변하였다.

음악과 무용은 본래 신을 경배하는 방식이었다. 아마도 상조의 마지막 왕이었던 제주帝紂가 그것을 자신과 빈객을 위한 오락으로 삼았기 때문에 후세에 황음무도하다는 갖가지 악명을 얻게 되었을 것이다. 사실 갑골 복사와 조기의 문헌에서 살펴 보면 주왕도 적지 않은 무공武功을 세웠다는 것을 알 수가 있다. 춘추시대에 오자 음악과 무용으로 빈객을 접대하는 일이 제후와 귀족들 사이에 보편적으로 유행하게 되었다. 그 예는 《좌전》노장공魯莊公 21년에 정백鄭伯이 주혜왕周惠王에게 연회를 베풀었고[鄭伯享王],성공成公 12년에 초왕이 각지却至에게 연회를 베풀었으며[楚子享之], 애공哀公 14년에 좌사가 식사 때마다 종을 쳤다[左師每食擊鐘]는 등의 기록 에서도 살펴볼 수가 있다. 이처럼 악무가 갈수록 보편화되게 되자, 선비 계층의 향음주鄕飮酒・향사鄕射 등의 예의에도 모두 음악으로 흥을 돋우게 되었다.(何定生, 1969 : 402-03) 한대에 오면 오락종목도 많아지고 널리 퍼지게 되어 연악宴樂은 묘상석墓象石의 중요한 그림의 제재가 되었다.

### 사 냥

군비는 국가 생존의 중요한 조건 중 하나이다. 그러므로 옛사람들은 생산노동 외에도 군사적 활동에 참여하는 일이 생활의 중요한 행사였다. 그러나 군사적인 훈련도 점차 오락으로 변하게 되었다. 군사훈련은 활쏘기・무기를 잡고 겨루는 격투・맨손으로 겨루는 것 등의 여러 종류를 포함하고 있으며, 모두 육체를 단련하 고 기교를 증진시키는 일이었다. 사냥은 종합적인 군사오락이었다. 그것은 본래 생계수단이었으나 농업이 발전됨에 따라서 점차 경제적인 가치를 잃어버리게 되었 으며, 단지 군사훈련을 위한 효용만이 남게 되었다. 뒤에 오면서는 심지어 군사적인 효용도 없어지게 되었다. 적을 공격하는 일과 사냥은 여러 면에서 흡사하다. 조수를 가상의 적으로 삼고 포위하고 공격하는 핍진한 행동을 실제로 훈련할 수 있었다. 전쟁이 국가의 크나큰 일이었던 고대에서 사냥은 임금이 필수적으로 받아야 했던 일종의 군사훈련이었다. 상대의 갑골에서는 사냥과 관계된 점복이 아주 많다. 이것 은 아마 왕마다 모두 사냥을 좋아했기 때문만은 아닐 것이며, 어떤 사람에게는 부득이 해야 할 일이었을 것이다. 예를 들면 사냥한 짐승을 제사에 바쳐 농사의 해악을 제거하고 농경에 유익하도록 하였다. 사냥을 하려면 광활한 산림과 벌판에 조수가 자생하도록 해야 되고, 말과 개가 달리도록 해야 한다. 주대 이후로는 초지 가 모두 농경지로 개간되었으므로, 단지 귀족들만이 이런 사치스러운 오락을 즐길 수 있었으며 보통 사람은 다른 오락을 찾게 되었다.

### 활쏘기

일에다 오락을 곁들이면 더 좋은 효과를 거둘 수가 있다. 활쏘기는 고대에 남자들이 배워야 했던 기예였고 학교에서 가르쳐야 할 과목의 하나였다. 학습의 흥미를 더하기 위하여 음주를 곁들인 대사大射·향사鄕射 등의 예가 생겨나게 되었다. 뒤에 오면서 군사가 전문적인 일이 되게 되자, 활쏘기도 사람마다 반드시 배워야만 하는 기교는 아니게 되어 버렸다. 그러자 화살을 병에 집어넣는 투호投壺로 변하게 되었으며, 활쏘기를 대신하여 주흥을 돋우고 빈객을 즐겁게 하였다. 《예기》에는 투호에 관한 편이 있으며, 어떻게 화살을 들어 병에 던져넣어야 되는지에 관한 방법과 사양의 예절·호의 안치·투입의 표준·주악의 규정·승부 계산의 방법들이 기재되어 있다.(그림 14.21) 분명한 것은 이 종목이 더이상 군사훈련과는 관계없는 오락으로 발전하였다는 사실이다.

### 투호鬪虎

무기를 들고 가까이서 벌이는 격투는 적을 죽이려면 반드시 익혀야 하는 기예였으므로, 전사들은 모두 열심히 배워야만 했다. 그것은 뒤에 오면서 오락의 한 종목으로 바뀌게 되었다. 금문의 ☒(희, 戱)자는 창[戈] 한 자루·호랑이 한 마리·걸상 하나로 이루어졌다. 이 자는 한 사람이 창을 들고 높은 곳에 걸터앉아 있는 호랑이를 찌르는 유희를 표현하고 있다. 희戱에는 놀이다, 라는 뜻이 있다. 그러므로 이것은 유희의 일종이지 정말 호랑이를 찌르는 것은 아닐 것이다. 갑골문에 있는 한 자는 과戈 한 자루와 호랑이 한 마리를 그려놓은 자가 있으니, 바로 희戱자의 초형初形으로 창을 들고 호랑이와 싸운다는 뜻을 표시하고 있다. 투호는 사냥에서부터 변천된 유희임이 분명하다. 상나라 사람들은 호랑이를 잡는 일이 가장 무용을 자랑할 만한 일이라고 여겼다. 이것은 원래 어떤 용사의 용감한 행동을 연출한 것이 뒤에 오면서 고정된 형식의 오락종목으로 바뀌게 되었을 것이다. 상대에는 무기를 들고 호랑이와 싸웠을 뿐만 아니라, 이보다 훨씬 위험하게 맨손으로 호랑이와 싸우던 종목도 있었다. 갑골문의 ☒(괵, 虢)자는 두 손으로 호랑이를 잡고 싸우는 모습이다. 이것은 의심할 여지가 없이 더욱 자극적이고, 더 많은 관중을 끌어들일 수 있도록 영웅의 위풍을 표현해낸 종목이다. 한대에는 맨손으로 호랑이를 제압하는 종목을 연출한 것이 장형張衡의 《서경부西京賦》와 《포박자抱朴子》 변문편辨問篇 등에 보인다. 아마도 괵지방이 상대에서는 이 종목으로 가장 잘 알려졌을 것이다.

**각저角抵**

　맨손으로 싸우는 일도 전쟁에서는 흔히 있는 일이므로 배워야 할 기예 중 하나였다. 갑골문의 ![](투, ᪽)자는 두 사람이 서로 맨손으로 격투를 벌이는 모습이다. 이 종목은 지금의 레슬링과 같으며 진대에서는 각저라고 하였다.(그림 14.17) 한대에 오자 각저는 상당히 환영을 받았던 운동 겸 오락의 한 종목이었던 듯하다. 비단 민간에서 유행하였을 뿐만 아니라, 황제가 외국의 사신을 위하여 베풀던 연회의 오락종목이기도 하였다.(楊泓, 1980 : 89) 때로는 자극과 흥미를 더하기 위하여 투사들이 각기 호랑이나 곰 등의 맹수로 분장하기도 하였다. 야수의 모습으로 위장하는 것은 야수에게 접근하여 사냥을 하던 수법 중 하나였다. 때로는 적을 놀라 겁주기 위해서도 맹수의 모양으로 분장하기도 하였다. 맹수의 모피로 장식한 것은 또 적에게 맹수를 죽일 수 있는 능력이 있다는 것을 과시하여 상대의 기를 죽이는 효과를 얻을 수도 있었다. 그러므로 호랑이나 곰 등의 맹수 모피로 된 군장을 옛날에는 흔히 볼 수가 있었다. 맹수의 형상을 하고 싸우는 것을 자주 보게 되자, 사람들도 이처럼 분장을 하고 다른 사람을 즐겁게 해주었다.

**잡　기**

　맨손으로 하던 격투는 다시 변화하여 뛰고 재주를 부리는 백기잡희百技雜戱로 연출되었다. 잡기의 연출은 힘과 기교에 편중된 위험한 동작이었다. 각저의 격투는 그 중에서도 환영을 받던 종목이었으며, 몸을 뒤집어 거꾸로 서는 것은 항상 공연되는 기교였다. 갑골문의 ![](화, 化)자는 한 사람은 바로 서고 한 사람은 거꾸로 선 모습이다. 화化자의 의미는 변화하다·변환하다 등이다. 《열자》목천자편穆天子篇의 〈화인化人〉이 공연하는 기예는 지금의 마술과 흡사하다. 마술의 변환과 재주를 넘는 잡기는 흔히 함께 연출되었다. 한 화상석에는 재주넘는 공연이 흔한 제재가 되고 있다.(그림 14.22) 그밖의 종목은 농호弄壺·비검飛劍·도환跳丸·충협衝狹·마희馬戱·희거戱車·심당尋撞·이삭履索·환술幻術·배우俳優 등을 포함하고 있다.(呂品 1984 : 32-36) 갑골문의 화化자는 재주넘는 체조활동을 제외하고는 사실 다른 사물과 연관지어 자형과 자의를 찾아낼 수 없다. 물구나무는 본래 체능훈련이 변화되어 나온 교묘한 동작이거나, 혹은 조기의 무용에서 흔히 마술적인 의미를 지닌 공중제비의 잡기기교로 여겨졌다가(Pearson, 인류학의 소개 : 287) 마침내 오락의 항목이 되었다. 재주넘는 동작은 엄숙하지가 않았으므로, 아마 신에게 제사를 드리는 것보다는 사람을 즐겁게 하는 쪽이었을 것이다. 상대에는 이미 전적으로 다른 사람을 즐겁게 해주는 사람을 훈련했다고 여겨진다.

## 아악雅樂

한대 사람들은 대체로 오락종목을 두 가지로 나누었다. 하나는 사람을 즐겁게 해주는 백희百戲이고, 다른 하나는 교양을 위한 아악이었다. 한대 백희의 악무잡기는 가무와 설백說白이 있을 뿐만 아니라 종·북·징·생황·쟁·피리·비파·거문고 등 각종 악기가 있고, 사람수가 일정치 않은 연출단이 있었으니 그 규모가 상당히 컸다. 교양의 작용을 한 아악은 옛부터 중국의 위정자들에 의하여 강조되어 왔다. 음악이 덕을 길러주는 작용을 한다는 사상은 《예기》 악기편樂記篇에서 살펴볼 수 있다.

무릇 소리가 나는 것은 먼저 사람의 마음의 활동에서 생겨나는 것이다. 그리고 사람 마음의 활동은 다시 외부 사물의 자극을 받았기 때문이다. 사람의 마음은 외물의 자극을 받으면 반응이 일어나 때로 소리로 표현되게 된다. 반응이 다르기 때문에 나오는 소리도 또한 다르게 마련이다. 서로 다른 소리가 서로 조화하여 응하니 바로 그 속에서 변화로 나타나게 된다. 만일 이 변화가 일정한 격조를 갖도록 만들면 음音이 된다. 이런 음에 맞추어 악기 및 무무武舞에 쓰이는 간척干戚·문무文舞에 쓰이는 우무羽旄와 배합하면, 이를 악樂이라고 한다. 악은 음에 의하여 생겨난다. 그리고 음은 다시 외물의 자극으로 말미암아 일어나는 심리상태의 반영이다. 그러므로 슬픈 마음에 느끼어 나타나는 소리는 조급하고 낮으면서 잠긴 듯한 소리가 나오게 된다. 유쾌한 마음에 느끼어 나타나는 소리는 너그럽고 느긋한 소리가 나오게 된다. 기쁜 마음에서 느끼어 나오는 소리는 높게 올라가 빠르고 차분하지 못하며, 노여운 마음에서 느끼어 나오는 소리는 거칠고 격심하다. 공경하는 마음에서 느끼어 나타나는 소리는 경건하면서도 청백하며, 사랑하는 마음에서 느끼어 나타나는 소리는 평화롭고도 온유하다. 이 여섯 가지 소리는 사람의 본성이 아니라 서로 다른 자극으로 말미암아 일어나게 된 것이다. 어떠한 자극을 받으면 곧 어떠한 반응이 생겨나게 된다. 이로 인하여 고대의 성왕은 사람들이 받는 자극을 아주 중시하게 되었다. 그러므로 〈예〉로써 사람의 마음을 유도하고, 〈악〉으로 소리와 조화시켰으며, 정령政令으로 사람의 행위를 획일하고, 형벌로 사회의 사악함을 방지하였다. 예악형정禮樂刑政의 궁극적인 목적은 모두 마찬가지이다. 모두 사람의 마음을 하나로 만들어 치국평천하의 이상을 실현시키고자 한 것이다.

凡音之起由人心生也. 人心之動, 物使之然也. 感於事而動, 故形於聲. 聲相應故生變, 變成謂之音. 比音而樂之及干戚羽旄謂之樂. 樂者音之所由生也. 其本在於人心之感於物也. 是故其哀心感者其聲噍以殺. 其樂心感者其聲嘽以緩. 其喜心感者其聲發以散. 其怒心感者其聲粗以厲. 其敬心感者其聲直以廉. 其愛心感者其聲和以柔. 六者非性也, 感於物而後動. 是故先王慎所以感之者, 故禮以道其志, 樂以和其聲, 政以一其行, 刑以防其奸. 禮樂刑政, 其極一也. 所以同民心而出治道也.

아마도 음악은 본래 제신祭神에서 발전되어 나온 것이다. 고인들은 그것이 귀신과 통할 수 있는 마력을 갖고 있다고 여기게 되었다. 그러므로 상고의 현군들은 모두 명곡을 만들었다는 전설을 갖고 있다. 《한서》 예악지禮樂志에 『예전에 황제黃帝는 함지咸池를 지었고, 전욱顓頊은 육경六莖을 지었으며, 제곡帝嚳은 오영五英을 지었다. 요堯는 대장大章을 짓고, 순舜은 소昭를 지었고, 우禹는 하夏를 지었다. 탕湯은 호濩를 지었고, 무왕武王은 무武를 지었으며, 주공周公은 작勺을 지었다』고 하였다. 고인들은 음악으로 인성人性을 측량하였으며, 음악의 덕으로 착한 사람을 배양하였다. 이로 인하여 악무를 교육의 내용으로 삼았으며, 음악의 직直·관寬·강剛·간簡의 네 가지 덕성으로 자식을 가르쳤다. 고인들은 반드시 먼저 음악으로 그 마음을 조화하고, 화평한 정신으로 사람이 선하게 되도록 도왔으며, 여러 덕이 갖추어지고 나서야 비로소 참된 음악이라 여겼으니 홀로 악기로만 마음을 즐겁게 하지 않았다.(饒宗頤, 1978 b : 494-95) 이미 음악이 덕을 쌓는 수단으로 여겨졌기 때문에 한초에는 수많은 묘당廟堂의 음악이 덕으로 이름지어졌다. 예를 들면 방중가房中歌 17장 속에는 휴덕休德·병덕秉德·효덕孝德·승덕承德·교덕教德·명덕明德 등의 명칭을 갖고 있었다. 공자가 음악으로 성정을 도야할 수 있다고 한 말은 유가사상의 구체적인 표현이라고 할 수가 있다.

| 商 甲骨文 | 周 金文 | 秦 小篆 | 漢 隸書 | 現代 楷書 |
|---|---|---|---|---|
| | | | 吹 | 吹<br>한 사람이 짧으면서 넓찍한 악기를 불고 있는 형상. |
| | | | 言 | 言<br>긴 관악기의 상형. |
| | | | 音 音 | 音<br>긴 관악기의 상형. |
| | | | 樂 樂 | 樂<br>나무 위에 현이 달린 악기라는 뜻을 나타내고 있다. |

| 商 甲骨文 | 周 金文 | 秦 小篆 | 漢 隸書 | 現代 楷書 |
|---|---|---|---|---|
| | | | | 綟<br><br>긴 관악기에 장식으로 술이 달려있는 모양. |
| | | | 殷 殷 殷 | 殷<br><br>손에 악기채를 들고 종이나 북과 같은 악기를 두드리는 모습. |
| | | | | 侖<br><br>여러 개의 관을 함께 묶어놓은 관악기의 형상. 혹은 또다시 입으로 불 수 있다는 뜻을 나타내기도 한다. |
| | | | 龠禾 | 龢<br><br>악侖을 따르고, 화성禾聲인 형성자. |

| 商 甲骨文 | 周 金文 | 秦 小篆 | 漢 隷書 | 現代 楷書 |
|---|---|---|---|---|
| (갑골문) | | 磬 | 磬 磬 | 磬<br>손에 나무채를 들고 걸려 있는 석경을 치는 형상. |
| (갑골문) | | 聲 | 聲 聲 | 聲<br>귀를 기울여 석경의 소리를 듣는 모습. |
| (갑골문) | (금문) | 鼓 | 鼓 鼓<br>鼓 鼓 | 鼓<br>손에 북채를 들고 북을 치는 모습. |
| (갑골문) | (금문) | 彭 | 彭 | 彭<br>북에서 나는 소리가 짧고 빠르면서도 힘이 있다는 뜻을 나타내고 있다. |

| 商 甲骨文 | 周 金文 | 秦 小篆 | 漢 隷書 | 現代 楷書 |
|---|---|---|---|---|
|  |  |  |  | 瞉 손에 채를 들고 소 뿔로 된 악기를 치는 모습. |
|  |  |  |  | 用 절단된 대나무 마디의 형상으로, 치고 때리면 소리를 낼 수 있다는 뜻일 수 있다. |
|  |  |  |  | 甬 둥근 고리가 있어 매달 수 있는 방울의 상형. |
|  |  |  |  | 南 끈을 사용하여 매달아 놓은 방울의 상형. |

| 商 甲骨文 | 周 金文 | 秦 小篆 | 漢 隸書 | 現代 楷書 |
|---|---|---|---|---|
| | | 琴 | 琴 | 琴<br><br>거문고의 끝에 현이 설치된 곳의 형상. |
| | | 瑟 | 瑟 瑟 | 瑟<br><br>아주 많은 현이 설치되어 있는 악기의 형상. |
| 森 (갑골문 여러 형태) | 金 (금문 여러 형태) | 舞 | 無 無<br><br>舞 | 無<br><br>舞<br><br>한 사람이 무구舞具를 들고 뛰면서 춤을 추는 모습. |

| 商 甲骨文 | 周 金文 | 秦 小篆 | 漢 隸書 | 現代 楷書 |
|---|---|---|---|---|
| 樂樂樂 | | 奏 | 奏奏 | 奏<br><br>두 손으로 무악舞樂의 기물을 잡고 연주를 하는 상태를 본뜨고 있다. |
| 武武武 | 武武武 | 走 | 武武武 | 武<br><br>창과 방패를 들고 춤을 춘다는 악무樂舞의 뜻. |
| [戲] | 戲戲戲 | 戲 | 戲戲<br>戲戲 | 戲<br><br>창을 들고 높직이 걸터앉은 호랑이를 찌르는 모습으로 유희라는 뜻이다. |
| 虢 | 虢虢虢 | 虢 | 虢 | 虢<br><br>맨손으로 호랑이와 격투를 벌이는 모습. |

| 商 甲骨文 | 周 金文 | 秦 小篆 | 漢 隷書 | 現代 楷書 |
|---|---|---|---|---|
| (갑골문) | | 鬭 | 鬭 | 鬥<br><br>두 사람이 서로 맨손으로 격투를 벌이는 모습. |
| (갑골문) | 化 | 化 | 化 化<br>化 | 化<br><br>한 사람은 바로 서고 한 사람은 거꾸로 선 모습으로, 제비넘는 기교를 연출한다는 뜻이다. |

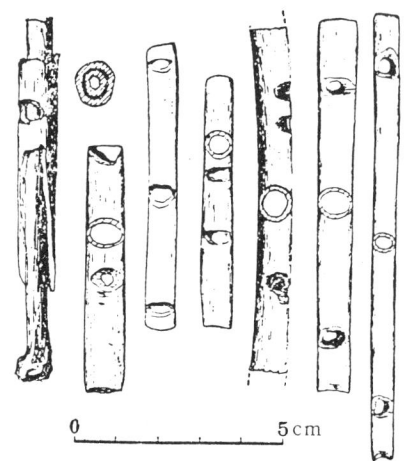

그림 14.1 절강 여조 하모도 유적의 골소骨哨

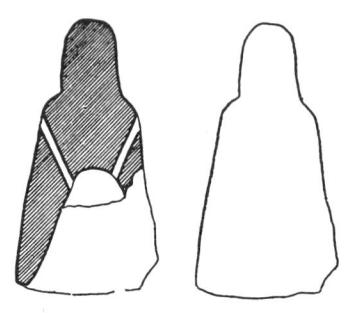

그림 14.2 묘저구 앙소문화의 도령陶鈴

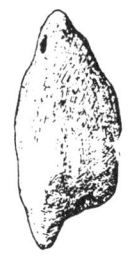

그림 14.3 반파 앙소문화의 질나팔

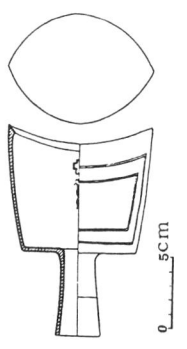

그림 14.4 상대의 손에 잡을 수 있게 된 요종鐃鐘

그림 14.5 남북조 군악의 긴 관악기

그림 14.6 산서 하현夏縣에서 출토된 상초의 석경石磬

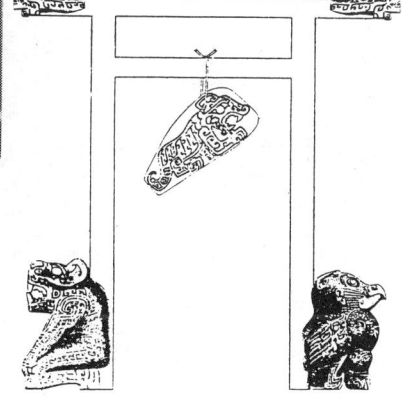

그림 14.7 상대 경磬을 걸었던 틀의 복원

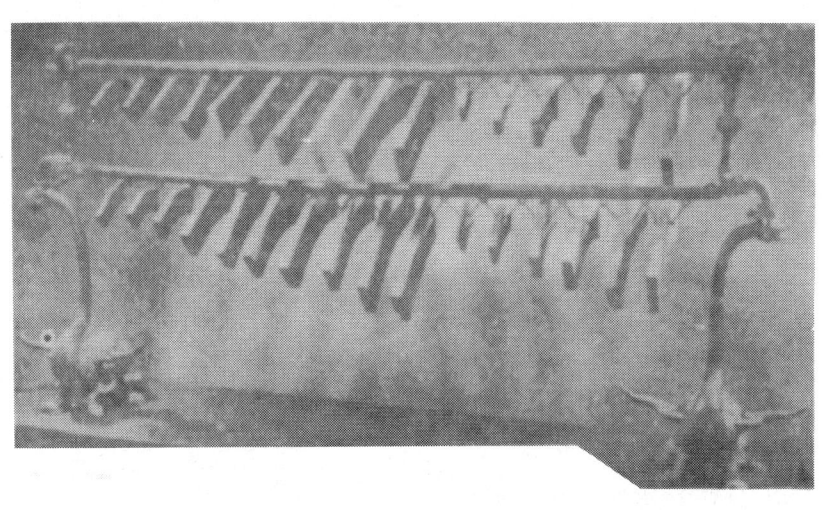

그림 14.8 전국 초기 편경編磬 틀의 복원

그림 14.9 상대의 청동 북(鼓)

그림 14.10 춘추 말기의 북 및 나무로 된 북채

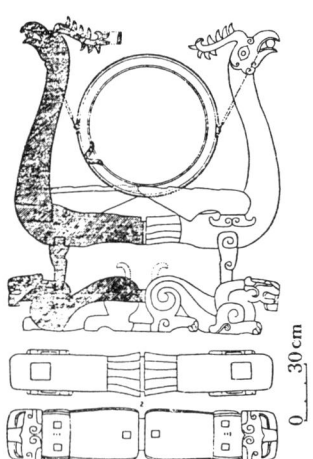

그림 14.11 춘추 초묘에서 출토된 북걸이의 복원

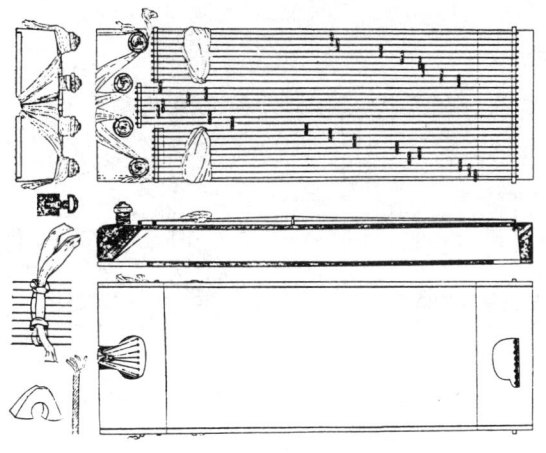

그림 14.12 한대 25현의 목슬木瑟

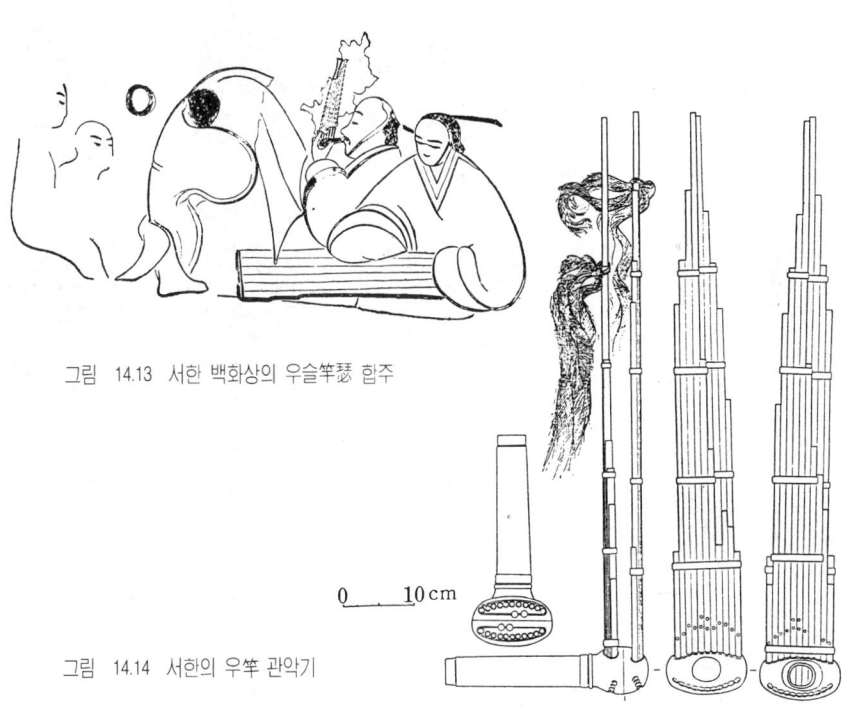

그림 14.13 서한 백화상의 우슬竽瑟 합주

그림 14.14 서한의 우竽 관악기

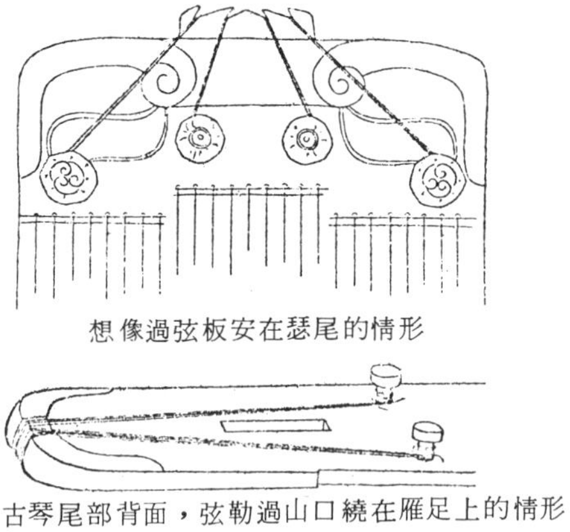

想像過弦板安在瑟尾的情形

古琴尾部背面，弦勒過山口繞在雁足上的情形

그림 14.15 목슬과 금琴의 안현법安弦法

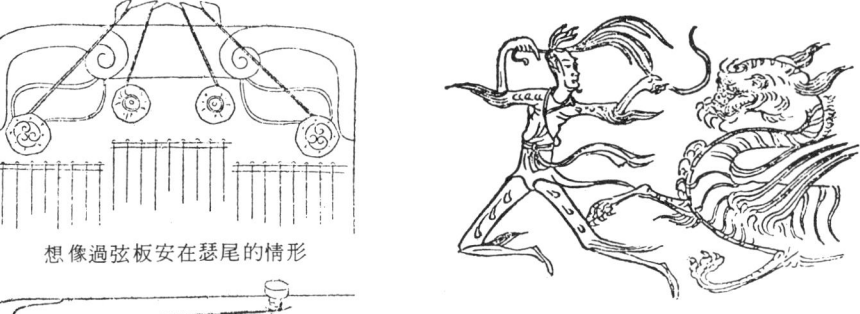

그림 14.16 남제南齊 묘 중의 우인희호도犭人戲虎圖

그림 14.17 진한시대 투조각력동식패透雕角力銅飾牌

그림 14.19 호북湖北 형문荊門에서 출토된 〈대무개병大武開兵〉이란 명문의 무과舞戈

그림 14.18 운남 동고상의 간척무도干戚舞圖

## 제 14 장  오타화물

그림 14.20 호북 수현(隨縣) 전국 증후을묘曾侯乙墓에서 출토된 64개의 편종이 틀 위에 걸려 있는 모습

그림 14.21 한 화상석의 투호投壺 유희도

그림 14.22 동한 화상석의 연객악무宴客樂舞 및 각종 잡희도

# 제15장

## 상업활동

### 물품교환과 시장

　시대의 변천을 따라서 사람들은 점차 분업으로 물품의 생산량과 질을 향상시키게 되었다. 우선 먼저 종족내의 분업화가 이루어지다가 천천히 한 부족이 전문적으로 한 가지 일을 하게 되었다. 예를 들면 어떤 부족은 전적으로 기장을 심고 어떤 부족은 전문적으로 돌도끼를 만들었다. 분업은 생산의 불균형이 생기게 되어 생활에 필요한 수요를 공급하기 위해서는 부족 사이에 남는 물건을 서로 교환하여야 했다. 이런 물품의 교환이 바로 초기의 상업행위이다. 상업활동은 사람들의 접촉 영역을 확대하였고 문명의 정도를 향상시켜 주었다. 구석기시대에도 석기 제조공장이 있었으니(內蒙博物館 1977 : 7-15) 상업행위가 있었을 가능성이 아주 높다. 말할 필요도 없이 시작단계의 사회에서는 분업이 세밀하지 않았고 교환된 종류도 단지 자기가 제작할 수 없는 물건이거나, 혹은 부근에는 생산되지 않는 재료와 장식물로 생활에 필요한 소수로 한정되었다. 석재는 고대에서 흔히 볼 수 있는 교환품목이었다.(McBryde 1984 : 267-85) 교역은 통상 우연한 기회에 부정기적으로 행해졌으며, 때로는 잠시 하나의 지점을 약정하기도 하였다. 그리고 한정된 시간내에 교역을 끝마치고 각자 자기가 사는 곳으로 돌아갔다. 상고시대에는 사유재산이 없었으므로 교역은 부족간의 일이었다. 가족 사이에도 예물을 교환하여 우의를 공고히 다지기도 하였다. 일단 사유재산을 갖게 되는 시대로 발전되자, 당연히 교역도 개인 사이로 확대되었고, 동시에 상품의 제작도 갈수록 전문화되었다.

　교역 지점은 사람들이 항시 모이는 장소가 적당하였다. 후세에 성성과 읍邑이 세워지게 되자, 우물은 사람들이 물을 떠가고 세척을 하는 장소여서 사람들이 항상 부딪치는 곳이었으므로 시장이 성립되기에 좋은 지점이 되었다. 많은 지방의 우물[井]이 시장으로 발전하게 되자 시정市井이란 단어가 생기게 되었다. 아직 성시城市가 이루어지지 않던 시대에는 사람들마다 물을 긷는 물가가 바로 물품을 교환하는 장소가 되었다.(그림 15.1-2) 전설에는 제일 먼저 시장을 만들고 교역제도를 창립한 사람이 신농씨神農氏라고 한다.《주역》계사하편繫辭下篇에『신농씨는…… 한낮에 시장이 되어 천하의 백성들이 찾아오고 세상의 물품이 모이며, 교역을 하고는 돌아갔다 神農氏. ……日中爲市, 致天下之民, 聚天下之貨, 交易而退』고 하였다. 신농씨의 시대가 전통적으로 B.C.2700년경이라고 하기보다는 그 당시의 사회적 배경으로 살펴보면 응당 7,8천 년 이상의 역사를 갖고 있다고 해야 할 것이다.

그때는 농업이 막 붕아했을 때이므로 생활이 간단하고 사회의 분업도 초기단계였다. 교역의 수량과 종류도 많지 않았을 뿐만 아니라 활동범위도 한정되어 있어 먼 곳에서 희귀한 물품을 교환해 오기는 어려웠다. 그러므로 고고유물로 교역의 흔적을 찾아보기는 힘들다. 그러나 인근 지역에서 나오지 않는 석재나 조개 껍질 등으로 교환하여 얻은 것이라는 확증을 할 수가 있다.

하남 신정의 배리강에서는 B.C.5900년이라고 측정된 한 유적지에서 터키석이 발견되었다.(開封文管 1978 : 74) 터키석은 주로 호북 등지에서 나오고 신정과는 몇백 리나 떨어져 있으며(北京玉器廠 1976 : 233), 혹은 신강新疆 및 소아시아에서 산출된 것이라고 여기기도 하나(萬家保 1980 : 35) 신정과는 더 멀리 떨어져 있으니, 이것은 먼 곳에서 교환하여 얻은 것이라고 해야 마땅하다. 똑같은 부호가 새겨진 도기가 서로 다른 앙소문화 유적지에서 발견되었다.(趙康民, 1982 : 3) 이것도 교환행위를 반영해 주는 현상이다. 상대에 오면 안양 유적지에서 남해의 큰바다거북이 발견되었으며(張秉權, 1967 : 828) 동해의 고래뼈가 발견되었다.(侯家莊 1003 墓 : 34-35) 이들은 모두 상대 사람들이 직접 혹은 간접적으로 수천 리 밖의 사람들과 교역을 하였다는 것이다. 상대에는 전문적인 수공예인이 있었을 뿐만 아니라, 어떤 공방에서는 고정적으로 한정된 양식의 고도로 전문화된 생산품을 제조하고 있었다. 예를 들면 정주·안양의 뼈도구를 만드는 수공업 공방은, 그 유물로부터 그들의 생산범위가 중요한 한두 종의 일상생활용품에 한정된다는 것을 살펴볼 수가 있다.(賈谷文, 1976 : 13) 공물은 상대에서도 가장 규모가 큰 교역방식이었다. 상왕실에서 사용된 거북 껍질과 소뼈는 거의 대다수가 방국方國에서 바친 것이다. 이런 종류의 화물이 어디에서 왔는지에 관한 기록도 점칠 때 사용하는 갑골에서 흔히 찾아볼 수가 있다. 갑골로 점쳐 물어보는 내용에도 말·소·건초 등이 들어왔다는 기록이 있다.(胡厚宣, 記事刻辭 : 67-68) 상왕조에서도 예물을 보내주어 실질적인 교환을 하였다. 그러나 상업이 흥성하려면 개인이 최대의 실리를 얻어야 하며, 교환을 위하여 생산을 하지 실용을 위하여 생산하는 시대는 아니었다.(Pearson, 인류학의 소개 : 227)

교역장소인 시市자는 갑골문에 보이지 않으며 금문에서도 자주 보이지 않는다. 동주시대의 시장은 거주지역과 나누어져 있으며 전문적인 사람이 관리를 하여 시장을 열고 닫는 시간을 선포한다.(劉志遠, 1973 : 54-56) 그 장소에는 반드시 모종의 표식이 있었으니, 아마도 금문의 시市자도 바로 일종의 시장에 있는 표지일 것이다. 교역을 하여 이익을 얻는 사람을 상商이라고 한다. 갑골문의 ᙙ(상, 商)자는 어떤 종류의 건축물의 상형이다. 이런 건축물에는 지하에 물건을 저장하는 곳이 있으며, 입 구[口]의 형상은 대개 지하실을 표시하고 있다. 상商은 상나라 사람들이 세웠던 도읍이다. 갑골문에 몇 차례 상商이란 자가 나오는데 행정중심지에는 모두 토템류를 세워놓고 숭배하는 건축물이 있었으며, 상나라 사람들은 이 건축물로 자기들 왕조의 이름을 붙이지 않았나 생각된다. 그러나 문헌에서 살펴보면, 교역에 종사하여 생계를 꾸려나가는 사람을 상商이라 부르는 것에는 원인이 있다. 상의 선조 왕해王亥는 일찍이 우마차를 끌고 각부족을 찾아다니면서 물품을 교역하여 생활하였으며, 뒤에 유역씨有易氏에게 살해당하였다.(平心 1963 : 147−51) 이 전설은 마치 상나라 사람들이 무역에 종사하는 전통이 있다는 것을 표시하고 있는 것만 같다. 상나라 사람들이 건국 전에 이미 여덟 차례나 옮겼으니 부분적인 원인이 상업을 하기 위해서가 아닐까? 주가 상을 멸한 후에 상나라 사람들의 비옥한 토지는 모두 주나라 사람들의 소유가 되었다. 그들은 노예가 되어 밭을 경작하지 않고도 생활을 하기 위해서는, 다시 새롭게 선조의 옛직업을 이어받아 온갖 고생을 겪으면서 먼 곳으로 나다니며 무역에 종사하지 않을 수가 없었다. 상의 유민들이 일반적으로 상업에 종사한 사실은 주초의 문헌에서 찾아볼 수가 있다. 《상서》 주고편酒誥篇에 『매방妹邦(상商의 구 도읍지 부근의 땅을 말한다)의 사람들이 계속하여 너의 신민臣民이 되었으니, 그들로 하여금 전일하게 각종 곡물을 심도록 하고, 근면하게 그들의 부모나 존장을 시봉하도록 하라. 어떤 자는 우마차를 끌고 멀리 나가 장사를 하러 갔다가 돌아와 효순하게 그들의 부모를 봉양하였다 妹邦嗣爾股肱, 純其藝黍稷, 奔走事厥考厥長, 肇牽車牛遠服賈, 用孝養厥父母』고 하였다. 아마도 상업에 종사하게 된 상유민들은 땅을 몰수당한 후에 어쩔 수 없이 종사하게 된 직업이었을 것이다. 주나라 사람들은 이렇게 일정한 거처가 없는 사람들을 멸시하고, 이를 빗대어 상업을 상商이라 이름 붙였다.(郭寶鈞, 銅器 : 95−96 ; 呂思勉, 通史 : 216) 서주 중기의 송정頌鼎에는 『너로 하여금 성주成周의 상인 스무 집을 다스리도록 하니, 새로이 생겨나는 상업활동을 감독하고, 궁에서 쓰이는 것을 맡도록 하라 令汝官司成周貯甘家, 監司新造貯, 用宮御』고 하였다. 이곳의 저貯는 장사라는 의미가 있으며, 그들은 주나라 사람들의 감독을 받고 있어(李學勤, 1985 : 31−32), 생활하기가 그렇게 좋지는 않았다.

교역물품 ── 돌도끼

화폐가 사용되기 이전에 교역은 당연히 물물교환의 방식으로 이루어졌다. 교역된 화물은 지리적 차이에 따라 다르나 주요한 교역물품은 도구나 혹은 원료였다. 주초의《역경易經》여괘旅卦에는『교역할 수 있는 도끼를 얻었다 得其資斧』고 하였으며, 손괘巽卦에는『교역할 수 있는 도끼를 잃어버렸다 喪其資斧』라고 하였다. 이것은 돌도끼를 화물로 교역하던 시대를 배경으로 하였다는 것을 반영한다. 고대사회에서 돌도끼는 아주 실용적인 도구로 나무를 자르고 땅을 팔 수도 있으며 무기로 쓸 수도 있었다. 좋은 석재는 아무곳에서나 얻을 수 있는 것이 아니었으므로 양질의 돌도끼는 사람들이 보편적으로 교환하기를 희망하는 물건이었다.(Fagan, 고고소개 : 253) 소전의 (질, 質)자는 두 개의 근斤과 하나의 패貝로 만들어졌다. 갑골문의 근斤자는 나무자루를 한 돌도끼의 상형이다. 갑골문의 (패, 貝)자는 중국 남방의 해안지역에서 얻을 수 있는 해패海貝의 상형이다. 해패는 먼 곳에서 왔으므로 사람들이 장식품으로 사용하는 진귀한 물건이었다. 이로 인하여 질質자의 의미는 돌도끼 두 개를 해패 한 매와 교환하였다는 것이다. 이 둘은 사람들이 항상 교환에 사용하는 물건이었다. 하나는 일상생활의 필수품이고 다른 하나는 진귀하고 보기 힘든 물건이었다.《주례》에 있는 질인質人이란 직책은 상업의 계약을 주관하며, 관청에서 운영하는 대규모 기업의 책임자이다. 이런 직책에 질인質人이라고 이름 붙인 것은 먼 곳에서 오는 희귀한 물건을 구하려는 전통에서 온 것이다.

### 교역물── 자패紫貝(Mauritia mauritiana)

중국지구의 자패는 인도양 및 남해 도서 부근의 난수지역에서 나오고 있다.(王毓銓, 貨幣 : 14-15) 껍질은 단단하고 매끄러우며 아름다운 색채와 광택을 지니고 있어서 사람들의 눈을 즐겁게 한다. 더욱이 가볍고 작으면서 크기가 균일하다. 길이가 보통 2센티 내외여서 수장하고 휴대하기가 쉽다. 쉽게 손상되지도 않아서 끈에 꿰면 아름다운 장식물이 되므로 사람들 모두가 좋아하는 물건이었다.(Fagan, 고고소개 : 247) 중국에서는 남방과 북방 혹은 연해지구와 내륙지방 사이에서 교환되는 중요한 상품이었다. 그것은 쉽게 손에 넣을 수 있는 물건이 아니어서 교역과 귀중한 사물을 대표하는 징표가 되었다. 작은 자패 하나는 두 자루의 돌도끼와 교환할 수 있으니 초기에는 자패의 가치가 높았다는 것을 알 수 있다. 심지어 아프리카 내륙에서 자패는 추장이 반드시 가지고 있어야 하는 물건이었다. 늦어도 1855년에 잠비아에서는 자패 두 개가 노예 한 명의 가치를 갖고 있었고, 자패 다섯 개는 상아 하나와 맞먹었다.(Fagan, 고고학 : 247)

멀리 내륙지역인 청해青海에서 약 B.C.2500년의 제가문화齊家文化 유적의 묘에서 자패와 자패를 모방하여 만든 골패骨貝가 발견되었다.(靑海文管 1976 a : 71 ; 또 1976 b : 371) 우리는 이 자패가 반드시 교환되어 얻은 것이라는 확증을 할 수가 있으며, 아울러 상당히 진귀하게 여겨졌으므로 뼈로 모방했다는 것을 알 수가 있다. 상대에는 일찍이 한 묘에서 7천 매가 출토되었고(婦好墓 : 15, 220) 다른 한 묘에서는 3천 매가 출토되었다.(山東博物館 1972 : 24) 그러나 상대 초기에 자패의 유통량은 별로 많지 않았으며, 그들은 옥과 같은 류의 귀중한 물건으로 간주되었기 때문에 시장에서 소량의 일상적 교역에 화폐로 사용되기는 어려웠다. 자패의 수량은 적고 가치는 높았기 때문에 상나라 사람들은 자패의 형상을 모방한 동패銅貝 혹은 골패骨貝를 수장 대용물로 사용하였다.(黃河水庫 1960 a : 40 ; 吳振錄 1972 : 64) 진귀하다는 의미는 금전보다 가치가 큰 것이다. 조개 껍질은 진귀한 물건이었으므로 갑골문의 ⌘(보, 寶)자는 집 안에 조개 껍질과 옥을 간직해둔 모양이다. 당시에 이 둘은 모두 아주 귀중한 물건이었으므로 보귀寶貴하다는 의미를 표현해내고 있다. 부缶는 뒤에 더하여진 성부聲符이다. 보귀한 물건은 특별히 주의를 기울여 저장해야 했으므로 갑골문의 ⌘(저, 貯)자는 궤짝 속에 자패를 저장해둔 형상을 그리고 있다. 여러 물건 중에서도 특별히 자패를 선택하여 궤짝에 간직하였다는 것으로 저장이란 의미를 나타내고 있으니, 자패가 여러 물품 중에서 가장 진귀한 것임을 알 수가 있다.

자패는 아름답고 광택이 있으나, 크기가 작아서 자패 하나로는 사람들의 주의를 끌기 어려웠다. 그러므로 항상 몇 개를 꿰어 목걸이를 만들었다. 목걸이에 꿴 자패의 수량은 반드시 일치하지 않았으며, 사람에 따라서 5·10·20·22·24·26매 등으로 서로 달리 꿰었다.(商周考古 : 54 ; 郭寶鈞, 濬縣辛村 : 67) 그러나 뒤에 자패의 계산은 붕朋을 단위로 하게 되었다. 갑골문의 ⌘(붕, 朋)자는 끈 하나의 양끝에 각기 몇 매의 자패를 꿴 모양이다. 중국의 숫자계산은 십진법이었으니, 조개 껍질의 수를 계산하는 붕朋은 대개 10매이고 한 끝은 5매씩이었을 것이다.(郭沫若, 甲骨 : 53) 제10장에서 소개한 영嬰자의 족휘族徽는 한 사람이 조개 껍질 장식을 목에 두르고 있는 도형이다.

상대에 자패의 가치는 여전히 아주 높았으므로, 갑골 복사에서 언급한 자패의 숫자는 최고가 17붕朋이었다. 어떤 학자는 이것을 70붕으로 읽어야 한다고도 한다.(王宇信, 甲骨 : 198) 1붕이 10매라고 한다면 70붕은 7백 매이다. 그 수량이 적다고 할 수가 없다. 그러나 당시에 조개 껍질로 제사나 신하에게 상으로 내린 일을 언급한 정사貞辭는 결코 많지 않으며, 게다가 10붕 이하가 흔하였다.(黃然偉, 賞賜 : 163)

상대 조기의 묘에서는 조개 껍질 1매를 수장한 것이 보통이며, 평균 한 묘에서 3매가 못 되고 있다.(戴志强, 1981 : 75) 이것은 상 초기에 자패가 여전히 아주 귀했다는 표시이니, 당연히 일상교역의 매개인 통화로 사용되기는 어려웠다.

　서주 초기에도 조개 껍질은 여전히 귀중한 물건이었다. 그러나 수장 숫자는 상대보다 크게 증가되었다.(郭寶鈞, 1936 : 193 ; 商周考古 : 177) 그때 동기 명문에는 신하에게 상으로 내린 수량도 10붕이면 많았다. 《영궤令簋》에『상으로 조개 껍질 10붕과 신하 10집, 노예 1백 명을 하사한다 賞令貝十朋, 臣十家, 鬲百人』고 하였다. 조개 껍질 10붕과 신하 10집, 노예 1백 명을 동등하게 나열하였으니, 그 가치가 높다는 사실을 분명하게 반영하고 있다. 그러나 서주 중기 목왕穆王 이후에 나라 사이의 강역의 제한이 완화되고 교통 또한 크게 발전되자, 상인들의 다년간 교환과 축적으로 자패의 축적량도 많아지게 되었다. 그리하여 일상적인 통화가 될 수 있었다. 이때는 상으로 하사한 자패의 수량도 따라서 늘어나 20붕 · 30붕 · 50붕, 심지어는 1백 붕까지 있었다.(黃然偉, 賞賜 : 184, 205-06) 이와같이 대량의 자패가 축적되자 사회에서 통용되고도 남음이 있었다. 주초의 《역경》 손損 · 익益 양괘에는 모두 『혹 이를 보태면 10붕의 거북과 같은 가치가 있다 或益之十朋之龜』는 말이 있다. 《백환준伯買尊》의 명문에는 『백환과 보기 준尊과 이彝 만드니 14붕의 해패를 지불하였다 遽伯買作寶尊彝, 用貝十朋又四朋』고 하였다.(郭寶鈞, 1936 : 193) 이 말은 조개 껍질의 가치단위로 동기를 주조한 비용을 계산하였다는 명백한 표현이다.

　자패는 희귀하고 미려하며 사람들 모두가 좋아하는 보물이었기 때문에 필요한 물건과 교환할 수 있었다. 사람들이 받고 싶어하는 통화의 성질을 갖추고 있었으므로, 패貝에는 가치 혹은 상업과 관계된 자를 구성하는 부분이 되고 있다. 예를 들면 갑골문의 (매, 買)자는 그물로 자패를 건져올리는 모양을 그리고 있다. 조개 껍질은 필요한 물건을 살 수 있으므로 패貝로서 산다는 의미를 표현하고 있다. 갑골문의 (득, 得)자는 손 안에 조개 껍질을 잡은 모양이다. 어떤 때는 도로를 나타내는 부호를 덧붙이기도 하였으니, 대개 사람들이 지나다니는 길에서 다른 사람이 잃어버린 자패를 주웠으니, 크게 소득을 얻었다는 뜻을 나타내고 있다. 갑골문의 혹은 (패, 敗)자는 두 개의 손이 각기 하나의 자패를 잡고 서로 다투는 상태를 그리고 있으며, 다른 한 형은 곤봉으로 자패를 치는 모습이다. 자패가 비록 견고하다고는 하나 여전히 깨지는 물건이다. 일단 부서지면 그 가치가 없으므로 이것보다 더 낭패스러운 일이 없었다. 갑골문의 (뢰, 賴)자는 조개 껍질이 들어있는 자루를 단단하게 묶어놓고 있어서, 언제든지 필요할 때 지불할 수 있으므로 신뢰할 수 있다는 뜻이다. 자패는 때때로 파괴되기도 하므로 동이 자패를 대신하여 통화로 쓰이게 되었다. 위의 패貝로 만들어진 몇 자에서 상商 이전에 자패가 얼마나 진귀하게 여겨졌는지를 알 수가 있다.

### 조개 화폐(그림 15.3-4)

자패가 장식품의 위치에서 화폐의 기능으로 발전되기까지는 대략 그 가공방법에서 살펴볼 수가 있다. 상대의 묘에 수장된 조개 껍질은 시대의 선후에 따라서 세 종류의 가공단계를 거친다. 제일 첫단계는 자패의 완전한 형태를 유지하기 위하여 단지 껍질의 뒤쪽에 한두 개의 작은 구멍을 뚫어놓아 끈으로 묶어서 휴대하기 편하도록 만들었다. 제2단계는 구멍을 크게 뚫었다. 마지막 단계는 뒤쪽의 오목 나온 부분을 거의 전부 갈아버렸다.(戴志强, 1981 : 76-77)(그림 15.3-4) 뒤의 두 양식은 이미 자패의 미려한 양식을 해치고 있으니, 어떤 필요에 바탕을 두고 있음이 틀림없다. 자패의 뒷면을 갈아 편평한 형상을 만들면 중량을 경감시킬 수 있을 뿐만 아니라 휴대하기에도 편리했다. 비록 아직까지도 자패가 상·주 사이에 시장에서 활발하게 유통된 화폐였다고는 긍정적으로 말할 수 없지만, 많은 장소에서 이미 화폐의 역할을 했을 것이다.

자패는 희귀하고 미려한 특징 때문에 사람들이 귀한 장식품으로 여기게 되었으나, 교통이 날로 편해지고 공급이 점점 많아지자 그 가치도 상대적으로 떨어지게 되었다. 서주 장가파張家坡 유적에서는 한 마차와 함께 수장된 말 굴레에 3백 매 이상의 조개 껍질이 장식되어 있었다.(灃西發掘 : 147-48) 그 가치는 상 혹은 주초에 신하·노예 등과 대등한 가치를 지녔던 것과는 비교할 수가 없다. 서주 중기의 토지가격은 매전田에 이미 7,8붕朋의 가치가 있었다.(李學勤, 1985 : 95-102) 게다가 조개 껍질은 완상용 물건으로 일반 백성들에게는 결코 실용적인 가치를 지니고 있지 않았다. 그밖에도 동은 본래가 귀중한 재료였으며, 더욱이 내마모성을 지니고 있고 다시 주조할 수도 있었다. 처음에 귀족들은 동을 주조하여 예기禮器와 무기를 만들어『제사와 전쟁』이라는 국가의 양대 요구를 만족시켰다. 그러나 야금업이 발전하고 다시 야철이 흥성하자 청동무기와 공구들이 철로 대체되었다. 심지어 수많은 예기들도 점점 가볍고 광채가 뛰어난 칠기로 대체되었다. 그러자 동이 대량으로 실용적인 물자가 되어 민간에 유통되었으며, 마침내 통화의 매개체가 되었다. 동이 통화로 변한 것은 대략 춘추 중기였다. 그러나 어떤 학자는 그보다 빨라 춘추시대 초기라고 여기기도 한다. 그러나 자패가 통화의 매개체라는 개념은 결코 일시에 없어지지 않았으므로 동으로 자패의 형상을 주조하여 동전으로 사용하였으며, 이 동전은 상당히 오랜 기간 동안 사용되었다. 전국시대에는 여전히 금엽金葉이 수장묘 속에 포함되어 있었다.(輝縣發掘 : 71)

### 동폐銅幣 · 포폐布幣 · 도폐刀幣 · 환전圜錢 (그림 15.5)

동은 조개 껍질보다 우수한 점이 많았다. 가장 중요한 것은 실용적인 가치를 지니고 있으며, 파괴되지 않고 다시 주조할 수 있다는 점이었다. 자패처럼 순수하게 감상용의 미려한 장식품이 아니라 대중에게 필수적인 물건이었다. 공구는 사람들이 가장 흔하게 교역하는 물건이었다. 동이 사람들에게 받아들여진 것은 동을 주조하면 공구를 만들 수 있는 가치가 있었기 때문이었다. 그러므로 조기의 동폐銅幣는 실용적인 공구의 형상으로 출현하게 되었다. 뒤에 오면서 쓰기에 편하도록 점점 작아지고 가벼워졌다. 예를 들면 삼진三晉지구에서 유행한 것은 대패 모양이 변한 공수포空首布와 평수포平首布였다. 제연齊燕지구에서는 칼 모양의 도폐刀幣가 유행하였다. 진한秦韓지구에서 유행한 것은 환전圜錢으로 저울의 형상에서 변하였을 것이다.(馬漢驥 1979 : 35) 이 세 종류의 동폐는 환전이 가장 휴대하기에 편하였고, 또 통일 중국의 진나라 지역에서 통행되었기때문에 이후 중국에서 돈을 주조하는 상식常式이 되었다.(王獻堂, 貨幣通考 : 287-357 ; 王毓詮, 貨幣 : 20-78) 초기의 동화폐는 지나치게 무겁고 컸다. 바로 전국시대까지 그 가치는 아주 높았다. 동폐 1매는 약 2백 매의 자패와 맞먹었으며 아주 많은 양식을 살 수 있었다. 평년에는 약 15kg의 좁쌀을 살 수 있었고, 풍년에는 50kg까지 구매할 수 있었으니, 소량의 교역에는 적당하지 않았다.(朱活 1980 : 63-68) 그러므로 주조의 중량을 적게 하여 서한에서 오수전五銖錢을 주조하게 되자, 일상적인 구매력에 맞게 되었다. 그러므로 오수전의 중량과 크기는 이후 동전 주조의 전범이 되었다.(勞幹 1971 : 341-89)

동을 통화의 재료로 받아들이게 된 까닭은 그 재료 자체에 가치가 있었기 때문이다. 그러므로 초기의 유통은 반드시 그 중량으로 가치를 계산하게 되었다. 동은 최초로 상인 사이에 화물의 대금을 지불하는 데 쓰였으나, 점차 보급되면서 사회에서 쓰이다가 마침내 정부에서 발행화폐로 채용하게 되었다.(稻葉一郎, 1973 : 73) 이로 인하여 점점 자체의 중량과 가치가 다른 신용화폐로 변하게 되었다. 화폐는 다음의 네 단계를 거치면서 발전되어왔다. 1) 물물교환시기 2) 실물화폐시기 3) 금속의 양을 달던 시기 4) 화폐 주조시기이다.(汪慶正, 1965 : 27) 금속 실물을 화폐로 쓴 것은 자패보다 늦어 대개 서주시대였다.(王獻堂, 貨幣通考 : 274) 금속으로 화폐를 주조한 것은 늦어도 춘추 중기에는 이미 있었다. 법정화폐가 생긴 이후에 모든 물건은 화폐로 바꿀 수가 있었으며, 각기 필요한 사람을 찾아 물물교환을 할 필요가 없게 되어 교역은 크게 편리하고 대규모로 행해지게 되었다.

**상인商人**

서주 초기에 교역에 종사하게 된 것은 망국으로 인하여 부득이 생계를 꾸려나가기 위한 방편이었으니, 그 지위가 낮고 천하였다는 것은 상상할 수가 있다. 따라서 그 생활 또한 부유하지 못했으리라는 것도 당연히 알 수 있다. 그러나 열국 사이의 전쟁이 빈번해지자, 어떤 전략물자의 취득이 절실해지면서 교역량도 늘어나고 이윤도 상대적으로 증가하였다. 그러자 자연히 상인의 생활도 부유해지게 되었으며 사회적 지위도 향상되었다. 《고공기》의 육직六職에서 상여商旅는 백공百工과 농부 사이를 매개하였다고 하였으니, 아마도 시대가 좀 빨랐을 때였으며 전국 말기의 실황은 아니었다. 경제력의 강약은 동주시대 열국의 성쇠에 기초가 되었으므로, 무역은 국가의 부강을 도모하는 요소 중 하나가 되었고, 상인 또한 군주의 예우를 받는 대상이었다. 《사기》 화식열전貨殖列傳에는 공자의 제자 자공子貢이 상업으로 치부를 하였으며, 제후에게 초빙을 받아 그 나라에 가면 그 나라 임금과 대등한 예의로서 대우하였다고 한다. 금전이 정치사건에 영향을 미친 사건도 많이 기록되어 있다. 《좌전》 노소공魯昭公 16년에는 정항공鄭桓公이 상인을 구슬리기 위하여 상인과 화물운송과 유통을 보증하고 강매하지 않겠다는 맹약을 체결하고 있다. 그러나 태평한 시대에는 나라의 임금이 상인의 사치를 억제하기 위하여 갖가지 제한을 가하였다. 예를 들면 한대에는 상인에게 비단옷을 입지 못하고 마차를 타지 못하도록 하였다.(侯家駒 1979 : 69-75) 그러나 재력은 신과 통할 수 있으니 상인의 생활은 항상 다른 직업보다 부유하였으므로, 사마천의 《사기》에는 특별히 화식열전을 두었다.

전국 초기의 상업은 규모가 이미 아주 커졌다. B.C.323년 초나라에서 발급한 악군계鄂君啓의 통행 동절銅節을 예로 들면, 그 위에 화물의 수량과 교역의 범위를 규정하고 있다. 수상을 통행할 수 있는 증명서 1매에는 1백50척의 선대가 지금의 호북·호남·강소 등의 성을 통행할 수 있다고 기재되어 있다. 육상의 부절 3매에는 각기 50대의 우마차를 사용하여 지금의 호북·호남·안휘·하남 등의 성을 통행할 수 있다고 기재되어 있다.(馬潁非, 1958 : 8-11 ; 于省吾, 1963 : 447 ; 商承祚, 1963 : 49-55)(그림 15.9-10) 무역범위는 7,80㎢에 달하고 있다. 20톤을 싣고 바다를 오가던 화물선에 대해서는 말하지 않더라도, 당시 강을 통행하던 배가 50명을 싣고 3개월치의 식량을 실었으니, 그것만 계산해도 배마다 1톤 이상의 화물을 실을 수가 있었다. 이처럼 다량의 화물을 싣고 넓은 지역에서 무역을 행하였으니 상인들도 많았으며, 그 세력도 한 지방의 경제균형에 영향을 미칠 수 있었다.

## 전국시대의 상업 중심

교역이 이루어지는 시장은 본래 일시적인 장소였다. 교역이 끝난 후에 사람이 흩어지면 그 시장은 다시 존재하지 않는다. 그러나 위의 예처럼 한 번 운반된 화물이 그처럼 많았다면 아주 짧은 시간내에 다 팔고 흩어질 수는 없었다. 반드시 교통의 요충에 고정적인 지점을 설치하여 운송과 판매에 편하도록 해야만 했다. 이들 교통의 요충이 발전하여 각지 화물의 집산지가 되는 상업도시가 되었다. 전국시대의 유명한 상업도시로는 제齊의 임치臨淄·위魏의 대량大梁·조趙의 한단邯鄲·초楚의 영郢 및 수춘壽春·한漢의 양책陽翟·주周의 낙읍洛邑과 성주成周·연燕의 계薊 등이다.(郭寶鈞, 銅器 : 103) 그밖에 비교적 작은 상업 중심은 각지에 수없이 널려 있었다.

전국시기 상업도시의 번성을 제의 임치성을 예로 들어보자.《사기》소진열전蘇秦列傳에 이런 묘사가 있다.『임치성에는 7만 호가 살고 있다…… 그들은 아주 부유하고 실질적이다. 모든 백성들은 우竽를 불고 비파를 뜯으며, 축筑과 금琴을 연주할 줄 안다. 투계와 개의 경주를 즐기고 육박六博과 답국蹋鞠(공차기)을 한다. 임치의 길에는 수레의 굴대가 부딪치고 사람들의 어깨가 스친다. 옷섶이 이어져 휘장을 이루고 소맷자락을 들면 장막이 되니, 땀이 흘러 비가 된다. 집마다 부유하니 뜻이 높아 드날린다 臨淄之中七萬戶, ……甚富而實, 其民無不吹竽鼓瑟, 擊筑彈琴, 鬪雞走犬, 六博蹋鞠者. 臨淄之途, 車擊轂, 人肩摩, 連衽成幃, 擧袂成幕, 揮汗成雨, 家殷而富, 志高而揚』고 하였다. 임치성은 약 18㎢이고 한 호에 5인으로 계산하면 인구는 30만을 넘으며(郭寶鈞, 銅器 : 104 ; 管東貴 1979 : 649), 약 100㎡에 두 사람이 사는 게 된다. 이것은 주둔하고 있는 군대를 포함하지 않은 것이니 고대의 조건으로 보면 그 인구밀도가 상당히 높다고 할 수 있다. 농촌에서는 1백 평방마일에 2천5백 명을 먹여 살릴 수가 있으나, 임치성은 단지 7평방마일에 도리어 30만 이상의 인구를 유지하였다. 인근의 농업생산은 생활의 수요를 만족시킬 수가 없으니, 반드시 대규모의 무역이 있어야만 비로소 소진이 묘사한 것처럼 농업에 종사하지 않고도 그렇게 많은 주민들이 살아나갈 수가 있었다.

### 황금 화폐(그림 15.6-8)

《사기》화식열전의 기록에 의하면, 전국시대의 상업대도시에서 경영한 화물은 종류가 아주 풍부했고 양도 많았다. 술·젓갈·고기·양곡·연료·운수·건축재료·주조·방직·의료·칠·잿물·마른 화물 등으로 모두 수많은 단위에서 제작하고 판매를 하였다. 그 교역량이 이처럼 많았으니 교역을 편리하게 하기 위하여, 동보다 더 고가이면서 부패하지도 않고 휴대하기 편한 물건으로 대량 교역의 매개물을 삼았다. 사람들이 선택한 황금은 교역을 편리하게 하였다. 금은 상대 이래로 사람들에게 잘 알려져 있으나, 중원에 가까운 금 생산지역은 주로 초땅이었다. 초는 비록 이것으로 통화를 하였으나(汪慶正, 1965 : 30) 춘추 말기에 이르러 초가 적극적으로 중원의 정치활동에 참여한 뒤로 중원의 여러 나라와 접촉이 많아지자, 황금의 내원이 점차 풍부해져 충분히 교역의 통화로 쓸 수 있었다. 황금은 크기가 정해져 있지 않고 가치가 높아서 정확한 양을 계산해야 비로소 그 가치를 확정할 수가 있었다. 정확하게 무게를 달아야 한다는 요구는 저울과 저울추의 사용을 촉진하였다. 고고학적인 근거에 의하면 가장 작은 저울추의 무게는 0.2 g이었으니(高至喜, 1972 : 43)(그림 15.11), 그 당시 얼마나 정확하게 무게를 달 수 있었는지를 분명하게 밝혀주고 있다.

### 도량형

무게·크기·길이의 개념은 상고시대 이래로 사람들에게 있어왔다. 전설은 황제가 도량형을 창조하였다고 한다. 그러나 상업사회가 된 뒤에야 이에 대하여 주의를 기울이게 되었다. 상업은 이익을 추구하는 행위로 그 목적을 이루려면 정확하게 원가와 이윤을 계산해야만 한다. 상인들은 원가를 계산하기 위하여 한편으로는 수학을 응용하였고, 한편으로는 계량계통의 확립과 상품의 표준화를 촉진하였다.

도량형의 발전은 대체로 세 단계를 거치고 있다. 제일 처음에는 사람의 감각기관에 의존하여 사물의 수와 양을 판단하였다. 그 다음은 잠시 일상용구를 도량기구로 사용하였다. 끝으로 일정한 도량형기와 일정한 표준을 갖게 되었다.(度量衡史料組 1977 : 37) 최초의 단계는 단지 대략적인 무게나 알면 되었다. 갑골문에 (칭, 稱)자는 한 손에 물건을 들고 무게를 짐작해보는 형상이다. 자기의 감각에 의존하여 중량을 정했으니 아주 원시적인 방법이었음을 알 수가 있다. 양식糧食은 고인들이 항상 달아야 했던 물건이었으므로, 뒤에 오면서 禾의 의부를 덧붙여 그 의미를 명확하게 밝혔으므로 칭稱자가 되었다. 갑골문의 ▨(량, 量)자는 창제 의미가 명확하지는 않으나, 대개 물건은 자루에 담아 중량과 용량을 어림짐작했다는 뜻일 것이다. 자루의 크기는 일정한 표준이 있었으니 이것은 손으로 물건의 무게를 대중하는 것보다 진일보한 방식이었다. 당시 자루에 담았던 물건은 대부분 가격이 저렴한 양곡류였으므로, 중량이 조금 들쭉날쭉해도 크게 다툴 가치가 없었다. 그러나 황금과 같이 귀중한 물건이었다면 정확한 다른 방법이 필요했을 것이다.

### 길 이

길이는 도량형의 가장 기본적인 표준으로 크기와 중량도 이것에 의하여 정해졌다. 자연계 중에서 다른 물건을 재는 데 가장 편한 물건은 바로 자기의 신체이다. 그것은 완전히 밖의 도움을 필요로 하지 않았으므로 조기의 도량 표준은 사람의 몸에서 취하고 있다.《설문해자》에서 척尺을 해석하여『주의 제도에서 촌寸·척尺·지咫·심尋·상常·인仞의 여러 도량은 대개 사람의 몸으로서 법을 삼았다 周制寸·尺·咫·尋·常·仞諸度量, 皆以人之體爲法』고 하였으며,《사기》하본기夏本紀에는 하우夏禹가『그의 몸을 사용하여 물건을 측정하였고, 물건을 들어올려 무게를 판단했다 身以度, 稱以出』고 하였다.《대대례기大戴禮記》주언편主言篇에는『손가락을 펴서 촌寸을 알고, 손을 펴서 척尺을 알며, 팔꿈치를 펴서 심尋을 안다 布指知寸, 布手知尺, 舒肘知尋』고 하였다. 문자의 창조에서도 고대의 이런 습관을 살펴볼 수가 있다. 소전의 ▨(촌, 寸)자는 손가락 옆에 하나의 짧은 획을 그어놓고 있어, 1촌의 길이가 대략 손가락 한 마디의 길이와 같다는 것을 표시하고 있다. 소전의 ▨(척, 尺)자는 자형이 조금 와변訛變되었으나 손가락을 활짝 펴고 있는 모양이다. 이런 상태에서 엄지 끝과 중지 끝 사이의 거리가 1척이 된다. 전국시대 초기에 중산왕묘中山王墓 중의 동조역도판銅兆域圖版에 척尺자는 마치 팔뚝 상단의 길이를 표시하고 있는 것 같다. 팔뚝은 손바닥을 사용하는 것보다 편하지 않으므로 이 자형은 유전되지 않았다. 심尋자는 11장에서 소개하였듯이 양팔을 벌린 길이로 약 8척이다. 손을 뻗어 길이를 재는 물건 중에는 잠을 자거나 앉는 데 사용되는 자리가 있다. 이것으로 상대에 이미 상품의 표준화가 싹텄다는 사실을 알 수가 있다.

### 용 량

《고공기》에『한 두豆의 고기를 먹고, 한 두豆의 술을 마시는 게 중인의 식사이다

食一豆肉, 飮一豆酒, 中人之食也』하였으니, 식기로 양의 표준을 삼았다는 제2단계의 표현이다. 두豆는 대략 크기가 일치되었다고는 하지만 아주 정확한 양을 측정할 수는 없다. 두斗와 승升은 일상용기로 양을 잰다는 문자이다. 갑골문의 ⾖(두, 斗)자는 술을 푸는 국자의 모양이다. 갑골문의 ⼈(승, 升)자는 바닥이 얕은 국자로 국자 속에 이미 물건이 들어 있는 상태이다. 10승升은 1두斗이니, 큰 국자는 대개 작은 국자의 열 배 용량이었다.

### 표준 도량형

상업활동이 발달할 수 있는 중요한 요인 중 하나는 표준 도량형제도를 확립하는 일이다. 교역의 순조로운 진행을 위하여 양을 재는 표준은 반드시 있어야만 했다. 교역의 중량과 가치는 흔히 볼 수 있는 물건을 표준으로 삼는 게 편하였으므로, 도량형제의 명칭은 대부분 항상 교역하는 천·돌도끼·신발·진주 등과 같은 화물에서 취하고 있다.(魯實先, 1969 : 312-17) 옛날에는 당연히 지금처럼 정확하게 측정할 수 있는 객관적인 조건의 바탕이 없었다. 이런 상황은 유적에 남아 있는 고대 도량기의 측정에서도 살펴볼 수가 있다.(丘光明, 1981 : 69-71) 전국시대 이래로 표준기를 제정하자는 요구와 시설이 있었다. 예를 들면 진秦의 상앙商鞅은 B.C. 344년에 표준량을 반포하여 16⅔ 입방촌寸의 용량을 1승升으로 하였다.(馬承源, 1972 : 17-22 ; 陳良佐 1978 : 304) 일단 기본적 용량의 표준이 정해지면 그밖의 도량도 따라서 확정할 수가 있었다.《한서》식화지食貨志에는 진시황이 중국을 통일하고 황금의 재산가치를 알기 위하여 1입방촌寸의 황금을 1근斤의 중량이라 하였다고 한다. 이처럼 길이와 중량에 일정한 표준이 생기면 당연히 용량의 표준도 쉽게 정할 수가 있다. 전국시대 7웅七雄 중에서 진秦은 도량형의 제작에 가장 엄격하였다. 만일 오차가 크면 책임을 맡은 관리가 처벌을 받았다.(黃盛璋, 1977 : 45) 진 시황의 조칙이 새겨진 석관石權과 동량銅量이 아주 많이 출토되고 있으니(巫鴻 1979 : 41)(그림 15.14), 도량형제도가 엄정하였다는 구체적인 반영이다. 한대는 그 제도를 계승하여 동용기에 항상 그 중량과 용량을 밝혀놓았다.(天石, 1975 : 79-89)

### 천평天平

중국에서 사람들이 최초로 무게를 달았던 기계를 천평이라고 한다. 만일 한 끝의 무게를 이미 알고 있다고 한다면, 아주 쉽게 다른 한쪽에 같은 양의 물건을 올려놓고 무게를 달 수가 있다. 현재 발견된 저울의 실물은 춘추시대가 가장 빠르다.(度量

衡史料組 1977 : 39) 그러나 저울추로 사용된 큰 석벽石璧은 서주시대까지 올라간다.(張勛燎, 1979 : 89-92) 어떤 사람은 돌저울추[石權]가 권력의 상징이었으며, 세금으로 부과된 곡물을 재는 신물信物이었으므로 점점 권위적인 예기禮器 옥벽玉璧으로 발전되었다고 한다. 어떤 학자는 심지어 돌저울추의 사용이 신석기시대 말기까지 올라간다고 하였다.(馮漢驥 1979 : 35) 금문의 $\overline{\mathcal{f}}$(평, 平)자는 하나의 대 위에 양끝에 각기 물건을 올려놓은 모양이다. 평平자는 저울에서 형상을 취했을 가능성이 높으며, 물건을 달 때 양끝이 수평을 이루어야 비로소 정확한 중량을 달 수가 있다. 그러므로 평균이라는 의미를 갖고 있다. 춘추시대의 천평은 매달아다는 현조식懸吊式이었으나(그림 15.12) 조기의 천평은 지가식支架式이었다. 왜냐하면 조기에 저울로 달던 물건은 좁쌀같이 무거운 물건 위주여서 한 손으로 들어올리기가 어려웠다. 후세에는 무게가 가벼운 귀중품을 다는 일이 많았으므로 손으로 들어올리기가 쉬웠다. 조기의 지가식 저울은 다른 나무와 다를 게 없었고, 또 너무 거대하여 이를 수장하지 않았으므로 발견되지 않았다. 전국시대에 오자 사람들은 다시 지렛대의 원리를 알게 되어 지점·거리와 중량 사이의 관계를 이용하여 물건을 달게 되었다.(劉東瑞 1979 : 74-75)(그림 15.13) 이 원리를 이용하면 가벼운 물건을 이용하여 무거운 물건을 달 수도 있고, 또 무거운 저울추로 가벼운 물건도 달 수가 있어서 저울 제조의 일대 개혁이 일어나게 되었다. 근거리 교역은 신석기시대부터 시작되었으나, 원거리 무역은 대개 상인이 시작하였다. 교통의 발달·전쟁 규모의 확대·서로 다른 민족의 융합은 모두 상업의 발전을 촉진하였다. 그러나 상업이 확대된 주요 원인은 금속의 사용에 기인한 것이다. 더욱이 야철산업의 흥성은 생산효율을 크게 향상시켜 생산품도 많아지고 인구밀도도 높아지게 되어, 사회는 절박하게 각자의 산품을 대량으로 교환할 필요가 생기게 되었다. 이로 인하여 춘추·전국시대 상업의 급속한 발전을 촉진시키게 되었다. 한대에 오자 국내가 안정되어 국외와의 교역을 충분히 발전시킬 수가 있었으므로, 중국은 육로와 해로를 통하여 머나먼 유럽 여러 나라들과 접촉하게 되었다.(岡崎敬, 1954 : 178-200 ; 中國古代史 : 389-93, 469-72)(그림 15.17) 중국과 유럽은 서로 새로운 지식을 흡수하여 문화의 내함內涵을 풍부하게 하였다. 이것은 부득이 상업에서 이윤을 추구하고자 얻게 된 간접이익에 공을 돌려야 할 것이다.

| 商 甲骨文 | 周 金文 | 秦 小篆 | 漢 隷書 | 現代 楷書 |
|---|---|---|---|---|
| | | 市 | 市 市 | 市<br><br>시장이 있다는 일종의 표지일 수 있다. |
| 유 유 유<br>유 유<br>유 유<br>유 | 유 유<br>유 유<br>유 유<br>유 | 商 | 商 商 | 商<br><br>어떤 건축물의 형상일 것이며, 구口형은 대개 지하 저장실을 표시한다. |
| | | 質 | 質 質<br>質 | 質<br><br>돌도끼 두 개로 조개 껍질 한 매를 교환한다는 뜻을 나타내고 있다. |
| 貝 貝<br>貝 貝<br>貝 | 貝 貝 貝<br>貝 貝 貝<br>貝 貝 | 貝 | 貝 | 貝<br><br>조개 껍질의 상형. |

| 商 甲骨文 | 周 金文 | 秦 小篆 | 漢 隸書 | 現代 楷書 |
|---|---|---|---|---|
|  |  |  |  | 寶 |
|  |  |  |  | 집 안에 조개 껍질과 옥을 간직해둔 모양으로, 이들은 모두 사람들이 귀중히 여기는 물건이다. |
|  |  |  |  | 貯 |
|  |  |  |  | 조개 껍질을 궤짝 속에 저장해둔 모양. |
|  |  |  |  | 朋 |
|  |  |  |  | 실의 양끝에다 각기 몇 매의 조개 껍질을 꿰어놓은 형상. |
|  |  |  |  | 買 |
|  |  |  |  | 그물을 던져 조가비를 잡는 모습으로, 이것으로 물건을 살 수 있다는 뜻이다. |

| 商 甲骨文 | 周 金文 | 秦 小篆 | 漢 隷書 | 現代 楷書 |
|---|---|---|---|---|
| | | | | 得 |
| | | | | 손에 조개 껍질을 들고 있으니 소득을 얻었다는 뜻이다. 혹은 길을 가다가 다른 사람이 잃어버린 조개 껍질을 주웠다는 뜻이다. |
| | | | | 敗 |
| | | | | 두 손에 각기 조개 껍질 하나씩을 들고 서로 부딪쳐 부순다는 뜻이다. 혹은 막대기로 조개 껍질을 쳐서 부수는 모양으로 쓰기도 한다. |
| | | | | 賴 |
| | | | | 조개 껍질 두 개를 자루 속에 넣고 잃어버리지 않도록 꼭 묶어두었으니, 신뢰할 수 있다는 뜻이다. |
| | | | | 稱 |
| | | | | 손에 물건을 들고 경중을 어림해 본다는 뜻이다. |

| 商 甲骨文 | 周 金文 | 秦 小篆 | 漢 隷書 | 現代 楷書 |
|---|---|---|---|---|
| (갑골문) | (금문) | 量 | 量量 | 量 |
| | | | | 자루에 깔대기와 같은 물건이 있으니, 물건을 담고 용량을 계산하겠다는 뜻이다. |
| | | 寻 | 寸寸 | 寸 |
| | | | | 손가락 옆에 짧은 획은 1촌이 약 손가락 한 마디와 같다는 뜻을 표시하고 있다. |
| | ㇉ | 尺 | 尺尺 | 尺 |
| | | | | 손가락을 활짝 벌린 상태로 1척의 길이는 대략 손가락을 최대한 벌린 거리와 같다. |
| (갑골문) | | 尋 | 尋尋尋 | 尋 |
| | | | | 양팔을 활짝 벌려 물건의 길이를 재는 모양으로 대략 8척과 같으며, 상용하는 길이의 단위이다. |

| 商 甲骨文 | 周 金文 | 秦 小篆 | 漢 隸書 | 現代 楷書 |
|---|---|---|---|---|
| 斗 굿 | 丞 丞 | 禿 | 升 外 升 | 斗<br><br>술을 담는 국자 모양을 본뜨고 있으며, 그 용량은 한 말[斗]이다. |
| 乡乡乡 | 君 君 | 禿 | 升 升 升 升 | 升<br><br>바닥이 얕은 국자 속에 액체가 들어있는 형상. 그 용량은 대략 한 되[升]이다. |
|  | 乎 平 禾 乔 | 乎 | 平 平 乎 | 平<br><br>저울의 양끝에 물건이 놓여있는 모습으로 평형을 유지하도록 하여 물체의 무게를 달고 있다. |
| ㄣㄣ | 丨ㄏ | 斤 | 尺 斤 斤 | 斤<br><br>자루가 있는 돌도끼의 상형. 뒤에 한 근의 무게를 나타내는 이름으로 가차되었다. |

그림 15.1 광한廣漢에서 출토된 한시정도漢市井圖의 벽돌

그림 15.2 가욕관嘉峪關에서 출토된 정음회도井飮繪圖의 벽돌

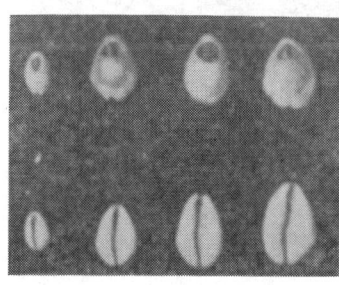

그림 15.3 상 말기 조개 껍질의 정반형

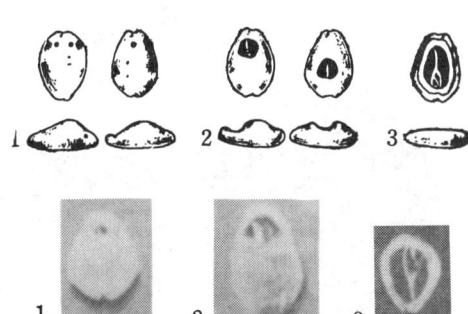

그림 15.4 상대 조개 화폐 발전의 삼단계

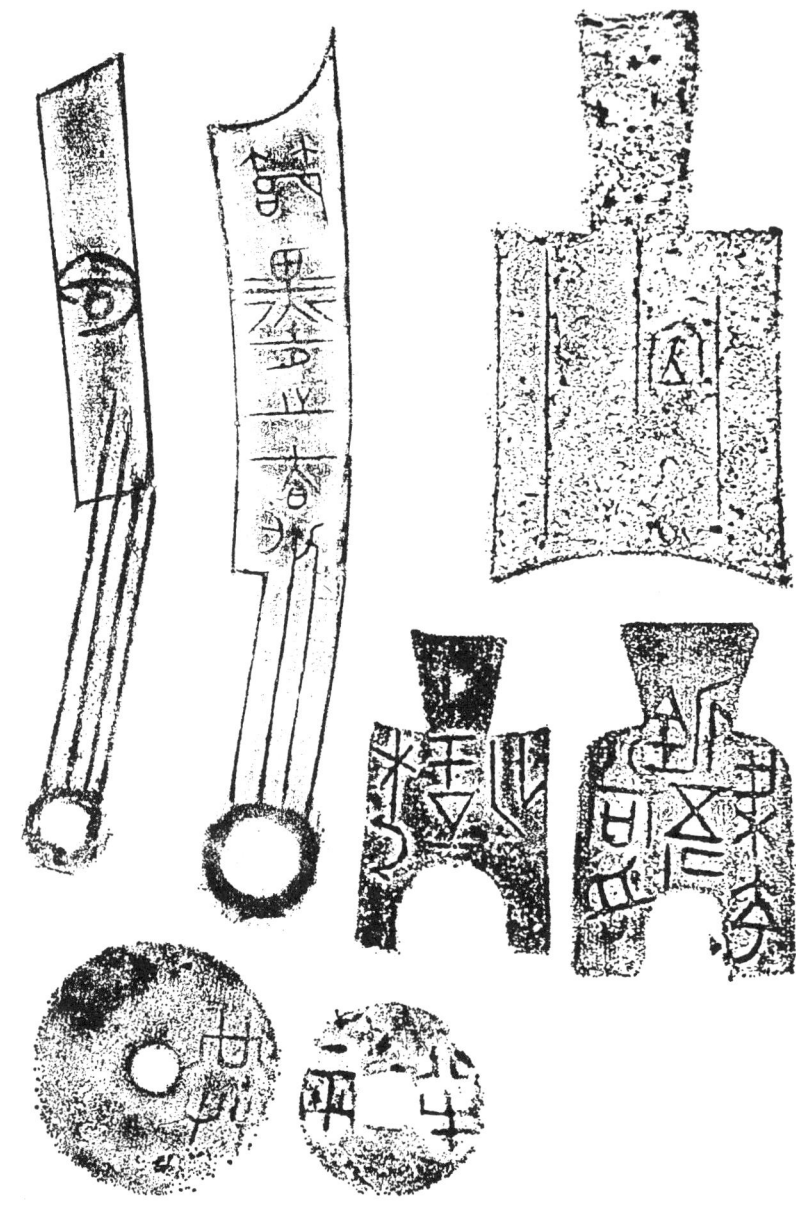

그림 15.5 한 이전에 주조된 화폐의 주요한 세 가지 형식

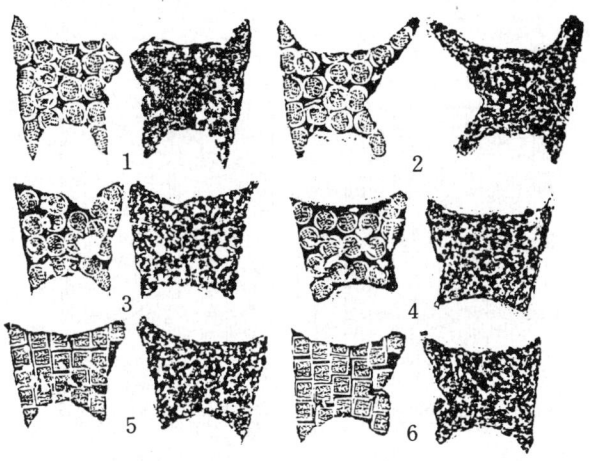

그림 15.6 초楚 땅의 금판金版 통화

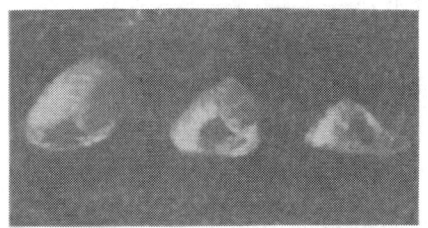

그림 15.7 초 땅의 마제형馬蹄形 금병金餠 통화

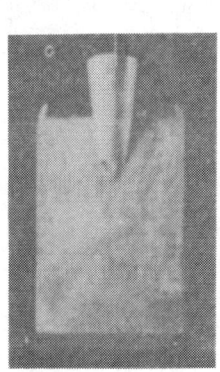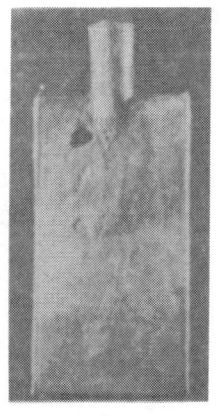

그림 15.8 초 땅의 산포형鏟布形 은화

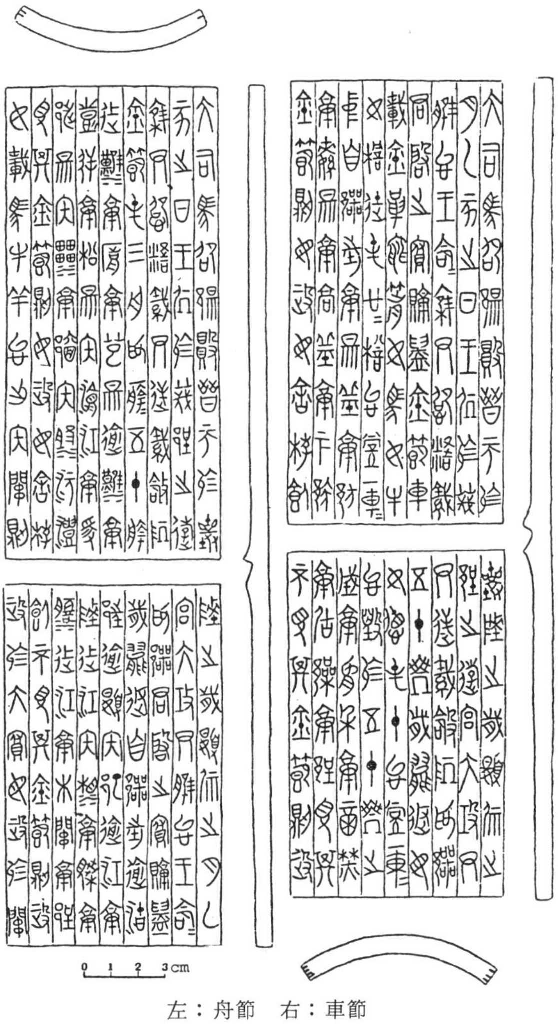

左：舟節　右：車節

그림 15.9 B.C.323년에 발급된 악군계鄂君啓의 수로 및 육로 통행의 동부절銅符節

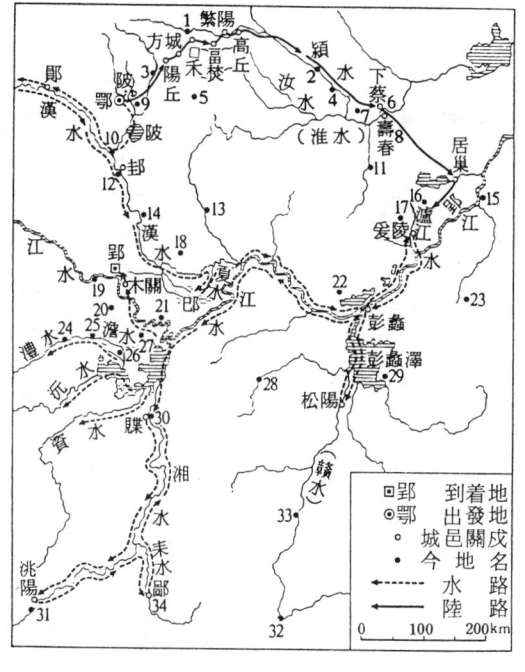

그림 15.10 악군계 동절에서 허용된 수륙통행노선

그림 15.11 장사 출토의 저울추, 대략 실물의 ½

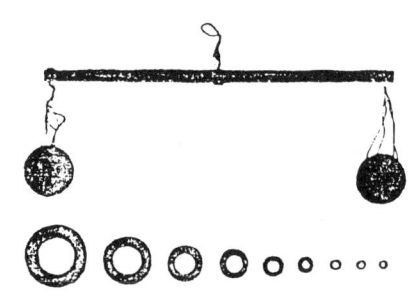

그림 15.12 장사 전국묘에서 출토된 천평天平과 저울추

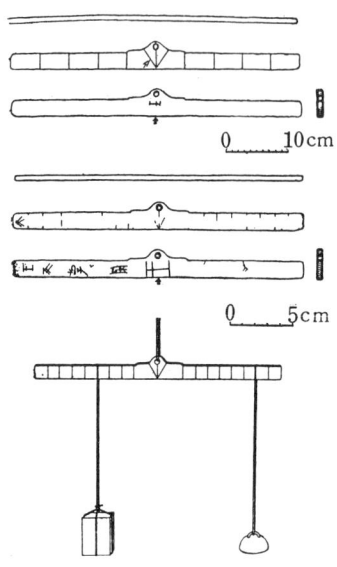

그림 15.13 전국의 팔 길이가 다른 저울

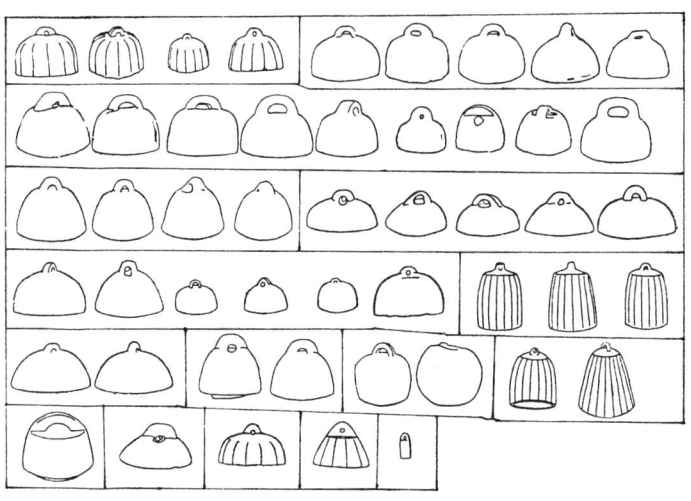

그림 15.14 진대 조판詔版이 있는 저울추의 형상

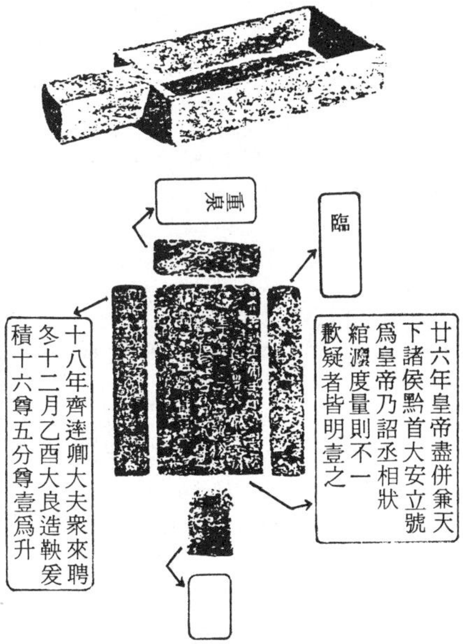

그림 15.16 조서詔書가 새겨진 진秦의 도량陶量

그림 15.15 B.C.344년 상앙商鞅이 만든 표준량, 16⅕입방촌寸이 일승一升이 된다.

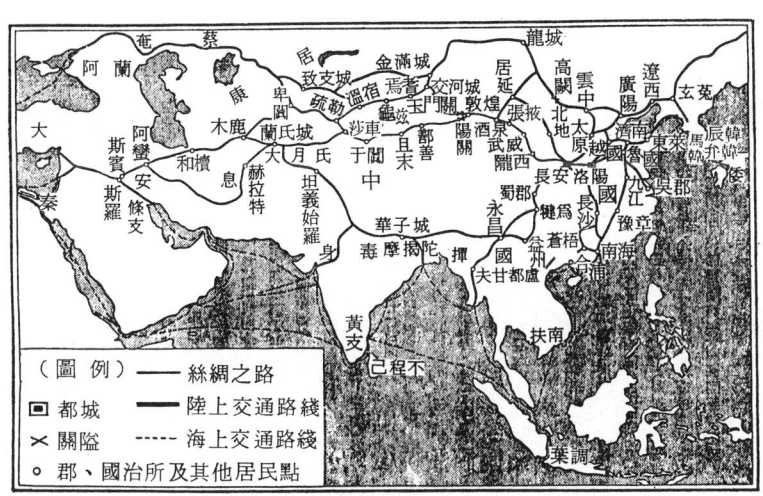

그림 15.17 한대 중외 교통도

# 제16장

## 질병과 의약

### 병의 고통

생로병사는 인생에서 피할 수 없는 과정이다. 그 중에서 질병은 가장 고통스러워 사람들마다 피하고 싶어하는 것이다. 과학이 눈부시게 발달한 지금도 환경위생·질병의 예방·의료기술과 설비·약물의 제조에 관하여 수많은 인력과 연구경비를 투자하고 있어서, 그 놀라운 수준은 몇 세기 전 사람들이 꿈에도 상상하지 못했을 정도이니 상고시대는 더 말할 필요도 없었다. 그러나 이와같이 놀라운 발전에도 불구하고 세상 사람들은 여전히 질병에서 해방되지 못하고 있으며, 수많은 사람들이 고통스런 질병에 시달리고 있다. 효과적인 약물이 없었던 고대에는 단지 환자가 뒹굴면서 신음하는 모습을 눈으로 바라보면서 그들이 낫기를 기도할 수밖에 없었다. 손쓸 방법이 조금도 없었으니 그 번뇌는 지금 우리들보다 훨씬 심했을 것이 분명하다. 그러나 문자가 있기 이전의 시대에는 오늘날 미개한 부락의 상황에 비추어 연구하는 것 외에는 더이상 추측하기가 어렵다. 그러므로 고대의 의학에 관하여 말하려면 문자가 있었던 상대부터 시작해야만 한다.

질병은 상나라 사람들이 점을 쳐 의문을 판결했던 항목 중 하나였으므로 복사卜辭로부터 그 당시의 상황을 조금은 이해할 수가 있다. 유감스러운 것은 상왕商王이 질병에 대하여 점친 것이 단지 초기에만 성행하고 있어, 우리들로 하여금 그들의 질병에 관한 지식에 어떠한 진전이 있었는지를 이해하기 어렵게 만들고 있다. 갑골문의 質疾자는 두 가지 서사방법이 있다. 조기早期의 質疾자는 한 사람이 침상에 누워 땀이나 피를 흘리고 있는 모습이다.(녈) 후기의 質疾자는 한 사람의 몸에 화살이 박혀 있는 모습을 그리고 있다.(𠂤) 이와같이 두 종류의 서로 다른 표현은 서로 다른 병의 원인을 표명하고 있다. 전자는 보이지 않는 내재적인 요소로 일어났고, 후자는 알 수 있는 외래적인 사고로 생겨났다. 이 두 자가 합쳐져 오늘의 質疾자가 되었다. 질병은 모든 사람들이 미워하는 것이므로 병이 나면 빨리 효과적인 치료를 해야만 하였다. 그러므로 質疾자에는 미워하다·재빠르다라는 두 가지의 인신의를 갖고 있다. 이것은 상대에는 이미 병이 들면 죽기를 기다리거나 혹은 자연히 치유되기를 바라며 방임하던 시대가 아니었다는 것을 표명하고 있다.

### 외 상

화살이나 돌 등의 외재적 요인에 의하여 생긴 상처는 다른 질병들보다 원인이 명확하므로 귀신에게 치료해 달라고 빌 필요가 없었으므로, 갑골 복사에서는 외상의 치료에 관하여 점친 것이 없다. 이런 상처에는 벌써 확정된 치료법이 있었으며, 신령이 외상에 대해서는 큰 도움을 줄 수 없다는 사실을 알게 되었다고 생각된다. 외상은 상고시대에 흔히 볼 수 있는 일이었다. 상나라 사람들이 재난을 표현하는 데 사용한 문자는 이런 외상과 관계가 있다. 예를 들면 제2장의 ᅷ(재, 𢦏)는 병기의 날에 상해를 입은 것이다. 또 갑골문의 ᄋ(사, 它)자는 뱀에게 발을 물린 모습을 그린 것이다. 수풀이 우거졌던 상고시대에는 뱀에 물리는 일이 아주 흔하였다. 그래서 그때 사람들은 뱀에 물리지 않았느냐는 말로 인사를 대신하게 되었다. 이로 인하여 『뱀에 물리지 않았습니까? 亡它?』라는 용어가 상대에 오면서 재난이 없다는 복사의 술어가 되었다. 갑골문의 ᄎ(우, 尤)자는 손가락에 상해를 입었다는 뜻이다. 손가락 위의 짧은 획은 상처입은 부위를 표시하고 있다. 일을 하다 상처를 입는 일이 비록 대재난은 아니라 할지라도, 또한 완전히 그냥 넘겨버릴 일은 아니었다. 그러므로 《역경》에는 신체에 상처를 입은 부위로 재난의 정도를 표시하였다. 고대에는 작업환경 때문에 엄지발가락의 상처가 흔하였으나 단지 작은 재난이라고 여겼다.(周策縱, 1973 : 1-4)

### 몸의 부위

상나라 사람들의 질병에 대한 이해는 매우 유한하였으므로 환자가 통증을 느낀 신체 부위로 점을 쳐서 물어보았다. 병이 생기는 신체 부위를 소개하면 다음과 같다. 갑골문의 ᄆ(치, 齒)자는 이가 입 안에 있는 모양이다. ᄉ(신, 身)자는 신체의 돌출된 복부를 그리고 있다. 임신을 하면 복부가 가장 명확하게 드러나므로 신身이 있어야 임신을 할 수가 있다. ᄇ(지, 止)는 발가락의 모양이다. ᄋ(소, 疋)는 다리의 전체적인 모양이다. ᄆ(목, 目)은 눈의 상형이다. 首자는 머리카락이 있거나(ᄋ) 머리카락이 없는(ᄋ) 머리 모양이다. ᄎ(천, 天)은 정수리로 두부頭部를 돌출되게 그리고 있다. ᄀ(굉, 肱)은 팔꿈치가 있는 팔 전체의 상형이다. ᄉ(자, 自)는 코의 상형이며, ᄇ(구, 口)는 입 모양이다. ᄋ(언, 言)은 관악기를 가차하여 발음기관을 표현해내고 있다. ᄋ(설, 舌)은 혀를 내밀고 있으며 침이 떨어지는 모습의 상형이다. 골骨은 소 견갑골의 상형이다. 그밖에 부위가 분명하지 않은 자들이 있다.(胡厚宣, 疾病 : 3-7) 병에 관하여 점쳐 물어보면서 단지 발병의 부위만을 언급하고 병의 징후에 대해서는 언급을 하고 있지 않으니, 당시에는 아직 같은 부위의 다른 증상을 판별할 방법이 없었을 것이며, 치유효과도 크지 않았으리라고 짐작할 수 있다. 전국시대에 이르면 녁⌐을 의부로 삼은 형성자가 크게 증가하여 30여 개나 된다.(高明, 古文字 : 54-58) 대개 그 당시 이미 병의 증상에 대하여 상당한 이해가 있었으므로, 서로 다른 병의 증상에 각기 다른 명칭을 부여했을 것이다. 상대 사람들이 단지 병이 난 부위만을 지적한 것과는 다르다.

### 발병의 원인

병의 원인에 관한 진단의 정확성 여부가 증상에 대하여 약을 쓸 수 있는 중요한 관건이 된다. 만일 병의 원인을 알지 못하고 함부로 약을 쓴다면 어쩌다가 우연히 치료의 효과를 거둘 수가 있을 뿐이다. 갑골 복사로부터 상나라 사람들이 병이 생기는 원인을 네 가지로 보았다는 것을 살펴볼 수 있다.(胡厚宣, 疾病 : 1-15 ; 嚴一萍, 1951 : 22) 하나는 귀신이 해를 끼친 것이다. 예를 들면 『상제께서 왕에게 병이 생기게 하셨습니까? 唯帝肇王疾?』『상하 뭇 신령들께서 왕에게 병이 생기도록 하시지 않았습니까? 不唯上下肇王疾?』『병이 생겼으니, 황윤께서 병이 나도록 하셨습니까? 有疾, 唯黄尹它?』라고 하여 병을 내릴 수 있는 신령은 상제·자연계의 뭇 신들과 선조를 포함하고 있다. 그러므로 모든 귀신들은 전부 재앙을 내려 병이 나게 할 수가 있다고 말할 수 있다. 두번째는 갑작스런 기후의 변화이다. 예를 들면 『바람에 의하여 병이 생겼습니까? 雀禍風有疾?』라고 하여, 상나라 사람들은 몸이 쇠약해도 기후의 변화에 적응하지 못하여 병이 생긴다는 사실을 이미 알고 있었다. 세번째는 음식을 조심하지 않아서 병이 생긴다고 여겼다. 예를 들면 『고蠱라는 벌레가 이에 병이 생기게 하였습니까? 有疾齒, 唯蠱?』라고 하였다. 갑골문의 (고, 蠱)자는 그릇 속에 작은 벌레들이 들어 있는 모양을 그리고 있다. 채소 속에도 벌레가 들어 있고, 썩은 고기에서 구더기가 생기는 것은 고인들이 흔히 보아왔던 일이었다. 고인들은 회충·토사·치통 등이 음식을 조심하지 않아서 작은 벌레를 삼켰기 때문에 생긴 것이라는 상상을 쉽게 할 수가 있었다. 네번째는 꿈으로 병이 생긴다고 여겼다. 예를 들면 『많은 귀신들이 꿈에 보였는데 병이 생기겠습니까? 多鬼夢, 唯疾見?』『왕께서 어린아이 꿈을 꾸었는데 병이 없으시겠습니까? 王夢子, 亡疾?』라고 하여, 상나라 사람들은 꿈은 정령에 의하여 꾸게 되는 것이라고 믿었다. 정령은 재해를 내릴 수도 있었으므로 꿈 때문에 질병이 생길 수도 있다고 믿었다. 미개화된 종족에서도 병이 생기게 된 원인을 이와 비슷하게 이해하고 있다.(Sigerist, 원시의약 : 125-39 ; 吳燕和 1965 : 116)

갑골문의 (몽, 夢)자는 한 사람이 침상 위에 누워 있으며, 눈은 도리어 크게 뜨고 있어 마치 무엇을 쳐다보고 있는 것과 같은 모습이다. 또 다른 자형은 눈 부분이 생략되었으며 침상 위의 사람은 단지 눈썹과 몸만이 남아 있다.(𠂤) 갑골 복사에는 꿈에 관하여 점친 일을 많이 찾아볼 수 있어서, 상나라 사람들이 꿈의 계시를 아주 중시하였다는 사실을 알 수가 있다. 꿈은 아주 기묘한 경험이며 각종 불가사의한 정경을 모두 꿈꿀 수가 있었다. 특히나 이미 세상을 떠난 사람이 꿈 속에서는 완연히 살아 있을 때와 똑같았다. 그러므로 고인들은 정령이 살아 있는 사람들에게 계시를 주는 것이라고 여기게 되었다. 복사로부터 꿈에 다귀多鬼·부을 父乙·태갑大甲 등과 같이 친근하거나 혹은 소원한 신령들이 나타났다는 것을 알 수가 있다. 그리고 꿈 속에서는 죽은 대호大虎·흰 소·살아 있는 사람 등 수없이 많은 것들이 나타난다.(胡厚宣, 疾病 : 4-7) 그들은 꿈이 신령의 계시라고 여겼기 때문에 점을 쳐서 도대체 화인지 복인지를 알려고 하였다. 심지어 상왕이 꿈을 꾸면서 오줌을 싼 것도 정중하게 점을 치고 있어(甲編 1128), 상나라 사람들이 꿈을 중시하였다는 것을 살펴볼 수 있다.

　꿈을 꾼다고 하여 반드시 질병이나 재해가 생기는 것만은 아니며, 어떤 때는 귀신의 지시로 아주 커다란 이익을 얻기도 한다. 예를 들면 《사기》은본기殷本紀에 상왕 무정武丁이 집을 짓고 있는 부열傅說을 꿈에 보고, 그를 심방하여 재상으로 발탁한 뒤로 상왕조가 크게 다스려졌다고 하였다. 이것은 상나라 사람들이 꿈을 믿었다는 좋은 예증이 되고 있다. 미개화된 수많은 민족들은 수렵이나 이주 등과 같이 결정을 내려야 할 중대한 사정이 생기면 신령에게 꿈으로 지시를 내려달라고 빌었다. 그러나 꿈은 항상 꾸어지는 것도 아니고 꿈꾼 일을 반드시 기억하는 것도 아니다. 그러므로 어떤 사람들은 굶거나 약물을 복용하여 정신을 몽롱하게 만들어 쉽게 꿈꾸도록 하기도 한다. 갑골문에서 몽夢과 질疾은 모두 침상 위에 누워 있는 것으로 뜻을 나타내고 있다. 상대 사람들은 일반적으로 땅 위에서 잠을 잤으며, 침상은 각종 사망의식과 관련된 물건이다. 이로 인하여 병이 중하면 침상에 누워 죽기를 기다리며, 정당한 장소가 아닌 곳에서 죽는 것을 면하려는 습관이 있었다. 옛날에는 의약이 발달하지 않았기 때문에 사망률이 아주 높았다. 일단 병이 나면 가장 나쁜 결과를 예측하여 병자를 임시로 만든 침상 위에서 자도록 하였다. 옆에 있는 사람이 침상을 보기만 하면 곧 무슨 일인지 알 수 있었으므로 침상 위에서 잠을 잔다는 것으로 질병이란 뜻을 나타내게 되었다. 몽夢자의 창의創義 또한 정신을 황홀케 하고 침상 위에 누워 정령들의 세계에 들어가 지시를 얻으려고 준비하던 습관에서 비롯되었을 가능성이 아주 높다. 상대 이후에도 아주 오랫동안 수많은 사람들은 꿈이 어떤 조짐을 계시한다고 믿어왔다. B.C. 3세기경의 저작인 《춘추좌씨전》에는 많은 꿈 이야기들이 기록되어 있으며, 무서巫筮가 꿈의 길흉에 관한 점을 쳐 주로 영험을 얻고 있다. 비록 그것은 저자가 영험스런 이야기를 선택하여 서술하였다고 볼 수도 있으나, 그 당시 사람들이 보편적으로 꿈에 대해 깊이 믿었다는 태도를 반영하고 있으며, 이런 전통이 깊고 오래되었다는 것을 알 수 있다. (出石誠彦, 神話 : 645-68) 《예기》 단궁상편檀弓上篇에는 『공자께서 말씀하시기를…… 「내 어젯밤 꿈에 두 기둥 사이에 앉아 있는 꿈을 꾸었다…… 내 곧 죽으려나 보다.」 말을 하신 뒤에 7일간 병석에 누우셨다 돌아가셨다 子曰……「予疇昔之夜, 夢坐奠於兩楹之間, ……予殆將死也」蓋寢疾七日而沒』고 하였다. 괴력난신怪力亂神을 말씀하지 않으셨던 공부자께서도 꿈의 징조를 믿으셨으니, 다른 사람들은 말할 필요도 없다.

   내과 질병의 원인은 진단하기가 어렵기 때문에 상나라 사람들은 그것은 귀신이 해를 입힌 것이거나, 돌변한 기후·음식을 조심하지 않았거나 꿈 때문이라고 여기게 되었다. 귀신과 꿈처럼 인력으로 어쩔 수 없는 요소들이 일으키는 병에 대해서는 귀신에게 기도와 제사를 지내는 방법 외에는 달리 좋은 방법이 없었다. 이것은 미개화된 씨족의 방법과 별차이가 없었다.(Sigerist, 원시의약 : 191-209 ; 吳燕和 1965 : 105-53) 상나라 사람들의 내과 질병에 대한 치료는 복사로부터 두 가지 방법을 살펴볼 수 있다. 하나는 고告이고 다른 하나는 어御이다.(王貴民, 1982 : 313) 갑골문의 ![](고, 告)자는 구덩이에다 표식을 꽂아놓은 형상으로 행인에게 잘못하여 그 구덩이 속에 빠지지 말라는 경고를 표현하고 있다. 고告는 비교적 소극적인 방법이다. 선조에게 병세를 보고하고 선조께서 도와 주시기를 바라는 것으로 대개 가벼운 병세에 쓰이던 방법이다. 갑골문의 ![](어, 御)자는 한 사람이 어떤 물건 앞에 꿇어앉아 청원을 올리는 상황이다. 그 자형은 어가御駕한다는 자와 서로 같아서 합하여 하나가 되었다는 해석이 12장에 보인다. 어御는 질병을 낫게 하는 적극적인 방법이며 귀신에게 재화災禍의 근원을 제거하게 해달라고 기구하는 것이다. 원시 씨족의 방법을 살펴보면, 어御의 구체적인 방법은 제물을 바치고 기도를 하며 춤을 추는 것이다. 기후나 음식물처럼 귀신이 일으키는 병과 관계가 없는 것들에 대해서 상나라 사람들은 약물을 이용하였다.

### 약 물

   점을 치는 것은 의문을 풀기 위해서이다. 만일 병이 생기는 원인을 안다면 그에 대한 대책을 세워서 치료하려고 시도할 것이다. 복사에는 화살이나 돌에 의해 생긴 외상에 관한 대책은 점치지 않았으니 이미 일정한 치료법이 있었다고 생각된다. 인류가 약물을 사용한 것은 귀신에게 기도하는 방법을 알기 전이었을 것이다. 《회남자》 수무편修務篇에는 신농씨神農氏가 일찍이 백초百草를 맛보아 약초를 발견했다는 전설이 실려 있다. 언뜻 보기에 이런 전설은 마치 터무니없는 말처럼 들리나 사실 이 말에는 상당한 이치가 있다. 필리핀의 산림 속에는 구석기시대 사람들과 흡사하게 살며 산의 동굴 속에서 생활하는 사람들이 있다. 그들은 병이 나면 병세의 발전에 맡길 수밖에 없으며 신에게 비는 것조차 모르고 있다. 그러나 뱀에게 물린 상처는 약초를 사용하여 치료할 줄 알고 있다.(Vivelo, 인류학 : 41) 흔히 볼 수 있던 외상은 증세가 분명하여 경험으로 여기에 어떤 약초를 사용하면 필연적인 효과가 있다는 것을 알게 되었다. 그러므로 이런 증상에는 약을 사용할 수 있었다. 고대에는 생산조건의 차이 때문에 야외에서 일을 할 때 쉽게 상처를 입고 벌레나 뱀에게 물렸으므로 외상을 치료하는 의료지식도 비교적 풍부하였다.(宋兆麟, 原始社會史 : 457)

상나라 사람들이 약을 사용할 줄 알았다는 것은 아래의 몇 가지 현상으로 살펴볼 수 있다. 《맹자》 등문공상편滕文公上篇에는 상대의 문헌인 《설명說命》을 인용하여 『가령 약을 복용하였으나 머리가 아찔하고 눈앞이 캄캄하지 않으면 그 병은 쉽게 치료되지 않을 것이다 若藥不瞑眩, 厥疾不瘳』라고 하였으니, 이는 내복약에 대한 상당한 경험 후의 지식이 있었다는 것이 분명하다. 갑골 복사에서는 제1기 이후에는 거의 병을 낫게 해달라며 제물을 바치고 제사를 올리겠다는 복사가 보이지 않고 있다. 이것은 상나라 사람들이 기도를 해봐야 병에 효험이 없다는 것을 알고 약물을 사용하게 되었다는 사실을 반영하고 있다. 하북河北 고성藁城의 초기 상 유적인 집 안에서 껍질을 벗긴 30여 알의 식물종자가 발견되었다. 그 중에는 복숭아 씨(Prunus persica L. Batsch)와 산앵도 씨(Prunus Japonica Thunb 혹은 Prunus humil)가 있었다.(그림 16.1) 이들은 약재로 쓰기 위하여 저장했을 가능성이 매우 높다. 이 두 가지 물건은 모두 한대에 편집된 《신농본초神農本草》에 보이며 유사한 치료효과를 갖고 있다. 《본초》에서는 복숭아 씨가 『어혈·혈폐·징하·사설에 주로 쓰이고 작은 기생충들을 죽인다 主瘀血·血閉·癥瘕·邪說·殺小蟲』라고 하였다. 그것은 역래로 어혈瘀血(피가 순하게 돌지 못하고 한데 뭉친 악혈樂血)·월경곤란·충수염·변비에 사용되었다. 이것을 먹으면 설사를 일으킬 수가 있으므로 식용 가능성은 적고 약재로 쓰였을 가능성이 크다. 《본초》에는 산앵도 씨에 대하여

『시고 독이 없으며 수종으로 배가 부른 것을 치료하며 복수를 토해내고 얼굴과 사지의 부기를 다스리며 소변이 잘 나오도록 한다酸平無毒, 治大腹水腫, 瀉腹水, 面目四肢浮腫, 利小便水道』라고 하였으며, 역래로 그들은 서로 비슷한 치료효과가 있으며 모두 집 안과 문화층에서 발견되고 있다. 상나라 사람들은 복숭아의 과실과 씨의 효용을 분명하게 구별하고 있었으며, 이미 의도적으로 단단한 껍질을 벗겨내고 씨의 알맹이를 저장해 두었으니, 이는 약용을 제외하고는 그밖에 더 좋은 해석을 할 수가 없다.

상나라 사람들은 외상의 치료에 관하여 이미 상당한 자신을 갖고 있었으며, 또 효과적인 외복약물도 있었다. 제4장에서 상나라 사람들이 벌써 수돼지를 거세하여 빨리 자라도록 하였다는 말을 하였다. 돼지는 중요한 가축이며 육식 공급원이었다. 상나라 사람들이 거세는 효과가 뛰어난 양돈법이라는 사실을 알았으니, 반드시 외복약으로 염증을 방지하고 죽지 않도록 조치를 취하였을 것이다.

게다가 상대에는 신체의 부분적인 기관을 잘라 징벌하고 다른 사람들을 경계하는 형법들이 적지 않았다. 그때에는 코를 베는 의형劓刑, 다리를 자르는 월형刖刑, 심지어 생식기를 거세하는 궁형宮刑까지 있었으니, 징벌의 목적을 이루려면 형을 받은 사람이 일할 능력을 잃어버리지 않아야 했다.

만일 당시에 효과적인 소염제와 지혈제가 없었다고 한다면 신체기관을 잘라 버리는 형벌을 시행할 수 없었을 것이다. 서주의 동기 하나에도 월형刖刑을 받은 사람이 문을 지키게 한 장식을 찾아볼 수 있다.(그림 17.26) 이로써 상대에 이미 외과수술을 하고 소염과 지혈을 할 수 있는 약물이 있었다는 것은 의심할 여지가 없다.

### 무巫와 의醫

후대에는 약물로 병을 치료하는 사람을 의사라고 하며, 춤을 추고 기도하는 등의 심리적인 치료를 위주로 하는 사람을 무당이라고 부른다.

상대에는 단지 무巫가 이 일을 하였다. 무는 항상 약물을 보조로 하는 무술巫術을 행하였으며, 때로는 자기도 약을 먹고 정신이 황홀한 상태에서 무술을 행했다. (Pearson, 인류학의 소개 : 367) 그러므로 어떤 약물과 질병의 관계를 발견하고 대대로 전수하였다. 따라서 전설에 나오는 조기의 명의들은 모두 무의 신분을 갖추고 있었다.

갑골문의 ✚(무, 巫)자는 두 개의 I형이 교차된 기구의 모양이며, 아마 무술을 행하는 도구였을 것이다. 무巫자는 ✱(서, 筮)자의 일부분이다. 서筮자는 두 손으로 점치는 도구를 들고 점을 치는 형상이다. 죽竹은 바로 이 도구의 재료이니, 무巫·서筮의 의미가 점을 치는 도구로 표현되었다는 것을 알 수 있다. 소전의 의醫자는 세 부분으로 만들어졌다. 예医는 상자 속에 활촉이 들어 있는 모양이며, 수殳는 손으로 도구를 잡고 있는 모양이다. 유酉는 술항아리의 모양이며, 술은 마취·소독·약효를 빠르게 하거나 심정을 격려해 주는 약제이다. 손에 잡은 도구는 외과용 수술기구일 것이다. 화살은 몸에서 빼낸 활촉이거나 곱게 만든 뾰족한 형상의 물건일 것이다. 전쟁이 격렬할 때에는 화살에 맞는 일은 흔한 상처였으므로 이런 것들을 취하여 의사라는 의미를 표현해내었다. 갑골문에는 읽을 수 없는 자형으로 눈·발 혹은 몸에 활이 꽂힌 형태의 글자가 있다. 화살에 맞아 생긴 상처는 병의 원인이 명확하므로, 벌레에 물린 것 외에는 아마도 진정한 의술이 발전된 최초의 항목 중 하나였을 것이다.

갑골문에는 비록 의醫자가 보이지 않고 있으나, 상대 중기의 유적에서는 약초가 저장된 게 발견되고 있으니, 상대에는 반드시 약물을 잘 사용할 줄 아는 사람이 있었을 것이다. 그 직책은 대개 무巫로 충당되었을 것이며, 무와 의사의 직책이 나뉘게 된 것은 후대의 일이다. 민지民智가 아직 개화되지 않았던 시대에는 병을 치료하는 것이 대부분 심리치료를 위주로 하였다. 그러므로 《설문해자說文解字》에 『옛날에는 무팽巫彭이 처음으로 의사가 되었다 古者巫彭初爲醫』고 하였다. 중국 초기의 명의는 모두 무의 신분을 갖추고 있었으니, 예를 들면 무함巫咸·무상巫相 등과 같다. 이로 인하여 의醫의 또 다른 서사방법은 무巫로써 유酉의 부분을 대체하고 있다.(《국어위씨해國語韋氏解》진어晋語 八) 의사는 무巫가 발전되어 생긴 직업이었으므로 의醫와 무巫는 통상 연용되었다. 어떤 때는 의사의 직책에 편중되기도 하고, 어떤 때는 무의 일에 편중되기도 하였다. 예를 들면 《관자管子》권수편權修篇에 『임금께서는 거북점과 시초점으로 일을 판단하였으며 무의를 잘 등용하였다 上特龜筮, 好用巫醫』고 하였으니, 이곳의 무의巫醫는 사실 단지 무의 일을 가리키는 것일 따름이다. 옛날에 무가 병을 치료할 때는 항시 약물로 기도를 보조하는 무술巫術을 수행하였다. 질병에 대한 반응과 치료 경험이 다른 사람보다 풍부하다보면 아주 자연스럽게 점차 발전되어 약물을 써서 치료하는 의사가 되게 되었다. 무의 심리치료가 비록 완전히 속이고 미혹시키는 것은 아니라고 할지라도, 약물을 사용하면 필연적으로 약효가 나타나게 되는 것과는 달랐다. 그러므로 동주시대에 오면 무와 의사의 분업이 아주 분명하게 나타났다. 《사기》편작열전扁鵲列傳에는 『무를 믿고 의사를 믿지 않으면 치료하지 않았다 信巫而不信醫則不治』라는 말이 있게 되었다.

　서주의 의술이 어떠했는지는 문헌이 결핍되어 있어 알아보기가 어렵다. 춘추시대는 이미 무와 의사의 직업에 분화가 생겼다. 병이 있으면 비록 무를 불렀으나 주로 길흉을 점치는 것에 한하였으며, 병세를 보고 약을 쓰는 일은 이미 의사가 하게 되었다. 예를 들면《좌전》에는, B.C.581년에 진후晉侯가 꿈에 머리를 길게 땅까지 내려뜨린 귀신이 문을 부수면서 강제로 방에 들어오는 것을 보았다. 이에 깜짝 놀란 진후는 상전桑田의 무당을 불러 해몽하게 하였다. 얼마 안 되어 진후가 병이 나자 곧 진秦나라에서 의사를 청해와 치료하도록 하였다. 또 B.C. 541년에 또 다른 진후晉侯가 병이 나자, 점쟁이를 불러다 어떤 귀신이 재앙을 일으키는지 점쳐 보도록 하였다. 어떤 귀신이 재앙을 일으키는지 알게 되자 진秦나라에서 의사를 청해와 병을 치료하도록 하였다. 비록 위의 두 예에서는 진후가 얻은 병이 불치의 병이라 의사가 치료할 수 없었다. 다만 이 이야기로부터 그 당시 사람들은 여전히 귀신이 병을 생기게 만든다고 믿고는 있었으나, 의사가 병을 치료하는 능력이 있다는 것도 믿게 되었다는 사실을 알 수 있다.

### 전통의학의 수립

　전국시대는 대개 중국 전통의학의 이론과 연구가 수립된 시대이다.(宮下三郞, 1958 : 250) 열국 중에서는 진秦의 의학이 가장 발달하였다. 위에서 인용한 두 이야기에도 모두 진晉의 임금이 진秦의 의사를 초빙한 예가 있다. 그것은 절대 우연한 현상이 아니라 진秦나라의 의학이 확실히 발달했었다는 구체적인 반영이다. 다시 한 가지 예를 들면《사기》자객열전刺客列傳에 형가荊軻가 연燕 태자의 부탁을 받고 진秦나라 조정에서 진왕을 찌르려 할 때, 시의侍醫가 의대醫袋로 형가를 습격하여 진왕을 구한 일이 기록되어 있다. 그 당시 진나라에서는 의사가 조정에 시봉하면서 긴급한 병을 예방하던 제도가 있었다는 사실을 알 수가 있다.《주례周禮》는 전국 말기에 어떤 사람이 이상적인 정부의 조직방안에 대해서 쓴 것으로, 이곳에는 무巫와 의醫의 직무가 아주 분명하게 구분되어 있다. 게다가 의사 직책을 의사醫師·식의食醫·질의疾醫·양의瘍醫·수의獸醫의 다섯으로 분류하고 있다. 이미 위생행정과 음식물의 영양에 주의하고 있으니, 그 당시로서는 아주 발달된 것이었다.《예기》곡례하曲禮下에『부모에게 병이 있어 약을 먹게 되면 자식이 먼저 이를 맛본다. 의사는 삼세三世가 되지 않으면 그 약을 복용하지 않는다 親有疾飮藥, 子先嘗之. 醫不三世, 不服其藥』고 하였으니, 당시 의사의 선택도 신중하였으며, 의사의 훈련 또한 엄격하였다는 것을 알 수가 있다.

　의학도서의 수집과 연구는 의사의 직분 중 하나이며, 의술의 교육과 훈련이 발달되었다고 할 수 있다. 진秦나라는 의사의 배양과 의술의 연구를 상당히 중시하였다. 진시황이 분서焚書의 영을 내릴 때도 의학서적은 그 수난을 면하였다. 근년에 호남湖南 장사長沙 마왕퇴馬王堆에서 고대의 의학저작이 발굴되었으니, 이는 전국시대의 의학성취를 반영하고 있다. 최초의 사본은 진秦·한漢 사이의《오십이병방五十二病方》이다.(馬王堆帛書 1975 : 1-5, 35-48) 이 책에서는 2백43종의 약재 명칭과 2백여 종의 약방문이 언급되어 있으며, 내복·수술·돌침과 뜸·안마 등의 방법을 포함하고 있다.(鐘依硏, 1975 : 49-60) 우리는 한대에 편집된 의학의 명저《신농본초》와《황제내경》이 모두 전국시대의 의학을 기초로 발전되었다는 것을 짐작할 수 있다.

　상고시대에 인류의 수명은 결코 길지가 않았다. 예를 들면 구석기시대의 북경인은 22명 중에 15명이 14세 이전에 죽었다.(科技史稿 : 4) 주대에 와서도 50세 이상을 살 수 있었던 사람이 아주 드물었다. 그때는 훌륭한 의술이 없어서 병을 고칠 수 없었으므로 사람들은 장수를 바랄 수가 없었다. 춘추시대 이래로 의학의 연구에 성과가 있게 되었으며, 약물은 확실히 병의 고통을 경감시키는 효과가 있었다. 인간의 평균수명이 늘어나면서 사람들도 장생의 길을 탐색하기 시작하였다. 불사不死의 사상은 춘추시대에 벌써 중시되고 토론되었다. 동기에 주조된 명문에서도 이런 관념이 변화된 자취를 찾아볼 수 있다. 서주시대는 단지 자자손손 영원히 보배로 사용하라는 말을 하였으나, 춘추시대에 오면 만년장수 혹은 장생불사의 기구로 바뀌게 되었다. 전국시대에 와서는 불사약을 제련하려고 시도했던 사람도 있었다.(周紹賢, 道家與神仙 : 5；余英時, 1964-65 : 87-92, 119-20) 만일 당시의 약물에 어떤 치료효과가 없었다면 사람들은 갑자기 약물의 힘을 빌려 장생불사하겠다는 환상을 갖지 않게 되었을 것이다.《사기》진시황본기에는, 진시황이 동남동녀를 해상에 파견하여 신선을 찾아 장생의 비방을 얻으려고 하였다는 기록이 있다. 진시황은 당시 의료기술이 가장 발달하였던 지역에서 생활하였고 아주 총명한 사람이었으니, 우리는 이 사건을 제齊나라 방사方士에게 무지로 미혹되었다고만은 볼 수 없다. 당시에는 확실히 의료효과가 탁월한 약물이 아주 많았으며, 진시황은 이 세상에 사람을 죽지 않도록 만드는 약이 있다고 믿었으므로 사람을 파견하여 찾도록 하였을 것이다.

### 신농본초경神農本草經

《신농본초경》은 앞에서 언급하였던 책으로 중국 조기의 두 권의 중요한 의학저술 중 하나이다. 전설 속의 신농은 백초를 맛보고 약물학을 창시한 사람이며, 이 책은 약물의 치료효과를 강구한 책이기 때문에 그의 이름을 붙이게 되었다. 전국시대의 지리저작인《산해경山海經》에는 각지의 특산 약물과 병을 예방하고 치료할 수 있는 약물이 기재되어 있다. 이 책은 음양오행陰陽五行과 약성藥性간의 관계는 언급하고 있지 않다. 한대는 음양오행학설이 모든 영역에 범람하였다. 만일 이 책이 한대의 저작이라고 한다면 음양오행학설의 영향을 받지 않을 수가 없었을 것이다. 그러므로 이 책의 기본적인 재료는 서한西漢 이전에 씌어졌을 것이다.

본초경에 수록된 약재는 3백65종에 2백52종의 식물, 67종의 동물, 46종의 광물을 포함하고 있다. 거기에 수록된 종류의 수목數目은 1년 3백65일에 부합시키려고 하였으므로, 당시 사람들이 알고 있던 많은 약물들이 수록되지 않았다. 예를 들면 최초의 약방서인《오십이병방》에 기재된 243종의 약재 중에서 반이 본초에 보이지 않는다. 어쩌면 이 책에서는 치료효과가 확실한 약물만을 선록하였으며, 한초漢初의 모든 약학지식을 포함하지 않았을 것이다. 이 책은 약물의 성능과 복용 목적에 근거하여 삼품三品으로 나누고 있다. 상품上品은 1백20종으로 주로 오랫동안 복용해도 즉각 효과가 보이지 않는 보약이다. 중품中品 1백20종은 보양과 치료효과를 겸한 약물이다. 하품下品 1백25종은 주로 질병을 치료하고 조속한 효과를 보게 하나 오래 복용할 수 없는 것들이다. 병의 증상은 1백70여 종을 언급하고 있으며, 내과·외과·부인과·안과·이비인후과·치과 등 각방면의 질병을 포함하고 있다.(于景讓, 1961 : 135-42) 책 속에 표현된 지식은 장기간 누적된 경험으로 얻은 성과가 분명하다. 후세에 임상실험을 해보니 그 기록이 대체로 정확하였다. 분류의 품목은 보약이 상품이고 치료약이 하품으로 되었으니, 당시에 이미 예방의 중요성을 강조하고 있었다. 약물이 얼마만큼 효력이 있든지 항상 병이 생기지 않도록 하는 것이 이상적이었다. 그러므로《황제내경》에서는『이미 병이 생긴 것은 치료하지 않고, 아직 병이 나지 않았을 적에 치료한다 不治已病, 治未病』고 하였다.

건강한 몸은 병이 생기지 않도록 하는 중요한 요인이다. 동주시대에는 신체운동과 호흡운동을 결합한 보건방법이 있었다. 장사 마왕퇴의 한 서한묘에서는 각종 운동자세와 치료할 수 있는 병명을 적은 백화帛畫가 발견되었다.(沈壽, 1980 : 70-76)(그림 16.3) 그것은 보건과 물리치료라는 두 가지 목적을 겸하고 있다. 근골筋骨을 활동시키는 것은 노화방지의 좋은 방법이니, 그때 사람들은 벌써 그 이익을 충분히 알고 있었다. 그러나 이렇게 유익한 심신의 보건운동은 도리어 신선가·방사들이 이용하여 이를 신화神化하였으며, 이것으로 장생의 길을 이룰 수가 있다고 하였다. 이로 인하여 곡식을 먹지 않고 호흡으로 장생불사한다는 허황한 신화와 문학작품이 만들어지게 되었다.(唐蘭 1975 : 14-15 ; 吳志超, 1981 : 54)

### 황제내경

《황제내경》은 황제의 이름을 기탁하고 있다. 그것은 황제가 그의 신하에게 명하여 약수藥獸가 병을 치료하는 데 사용한 약초를 기록하게 하였으므로 비로소 약물로써 병을 치료하는 의학이 만들어지게 되었다는 전설에서 기인한 것이다.(大漢和辭典 9 : 994) 이 책은 소문素問과 영추靈樞 두 부분으로 나누어진다. 소문은 주로 의학이론을 천명하고 있으며, 장부臟腑의 생리기능·발병의 병인·병세의 증상·맥락의 맥복脈伏 및 치료방법을 서술하고 있다. 영추는 주로 혈에 침을 놓는 침구기술과 의술로 다스릴 수 있는 병명을 말하고 있으며, 또한 장부·골맥·경락·영위營衛(영은 동맥혈, 위는 정맥혈로 몸을 보양하는 혈기)·음양의 상황과 병리의 추론을 서술하고 있다.

이 책은 진한시에 성행한 음양오행학설을 크게 다루고 있다. 그것은 음양의 변화관계로서 질병의 병리病理 전기轉機를 설명하고 진단의 총강과 치료의 원칙을 확정하고 있다. 오행의 상생·상극의 규율로 인체 각부분의 연계와 인체와 자연환경과의 관계를 천명하고 있다. 아울러 오행의 상생·상극의 관계로 구체적인 치료방법을 확정하고 있다. 이 책은 인체의 생리와 병리현상에 관하여 깊이 있게 들어가 천술하고 있으며, 여기에서 질병의 진단·치료와 예방의 규율을 총결하여 비교적 계통적인 이론체계를 형성하고 있고, 중국의학에서 말하는 음양오행 조화의 기초와 특색의 기초를 다지고 있다.(賈得道, 醫學史略 : 47-76)

### 동서의학의 파별

침구요법은 중국 의학의 아주 특별한 항목 중 하나이며, 그 기원은 아주 빠를 것이다. 《사기》 편작창공열전扁鵲倉公列傳과 《전국책戰國策》 진책秦策·《한비자韓非子》 유노喩老에는 모두 동주시대에 이미 침으로 병을 치료한 예들이 기록되어 있다. 그러나 침구요법이 널리 응용된 것은 대개 음양오행설이 성행한 뒤였다. 현재까지 알려진 최초의 의학저서인 《오십이병방五十二病方》에는 오히려 음양오행설의 영향이 보이지 않고 있다. 치료방법은 단지 돌침[砭石]을 사용하는 데 그치고 있을 뿐 수혈臉穴(침 놓는 자리)의 명칭은 언급되지 않고 있다. 돌침을 이용한 치료는 그 기원이 아주 오래되었다. 상대 묘에서는 칠함漆盒에 날카로운 대패 모양의 돌침 [砭鑱]이 발견되었다.(그림 16.2) 칠기는 상대에서는 여전히 찾아보기 힘든 진귀한 기물인데 돌침을 담는 데 사용하였으니, 돌침의 중요성을 알 수가 있다. 같은 묘에서는 또 이미 손질이 다 된 세 개의 점복용占卜用 복골卜骨이 발견되었다.(馬繼興, 1979 : 54) 이것으로 묘의 주인은 병을 치료하고 점을 치는 일을 업으로 삼았던 무사巫師였을 것이라는 생각을 할 수 있다. 돌침의 용법은 주로 세 가지이다. 첫째는 화농을 절개하는 것이고, 둘째는 피부의 안마, 셋째는 피부를 뜨겁게 하는 것이다.(馬繼興, 1979 : 81) 상고인들은 병이 발생하는 원인을 알지 못하였으므로, 병이 생기면 요사한 기운이 침입하였다고 생각하였다. 더욱이 화농과 같은 병은 염증이 생긴 고름이 일단 터지면 사람들은 크게 시원한 느낌을 갖게 된다. 그러므로 피부를 절개하여 악기惡氣가 빠져나가도록 하므로써 치료의 목적을 달성하였다고 여기게 되었으며, 이로 인하여 다른 곳에도 응용할 방법을 찾게 되었다. 예를 들면 뜨겁게 달군 돌을 환부에 놓으므로 환부가 일찍 곪게 만들어 고름을 짜내거나, 혹은 차가운 돌로 환부를 문질러 염증을 가라앉게 하였다. 서양에서는 이집트에서 B.C. 2000년경부터 침 · 소락燒烙 · 방혈放血 등의 방법으로 사람과 가축을 치료하였다고 전해진다.(秦和生, 1986 : 290)

소전의 𣂑(위, 尉)자는 지금의 위熨자로 불에 달군 돌을 손에 잡고 환부인 등 부분을 지지는 모습이다. 지지고 나면 시원한 느낌을 갖게 되므로 인신되어 위안尉安이란 뜻이 되었다. 어떤 학자는 금문의 𦙾(유, 兪)자는 유愈자의 원형으로 접시 하나와 긴 침으로 되어 있다고 한다. 대개 침으로 피부를 찌르고 접시에는 피고름을 받아낸다는 뜻을 표현하는 데 사용한다. 피고름을 짜내고 나면 통증이 그치므로 아픈 게 낫는다는 뜻이다. 유兪의 또 다른 의미는 수腧이며, 침으로 병을 치료할 때 침을 놓는 혈도 부위의 명칭이다. 그러므로 수혈腧穴은 대부분 고름을 짜내는 치료법에 근원을 두고 있다. 유兪는 뒤에 오면서 성씨姓氏에 상용하게 되었으므로 따로 유愈 · 수腧 등의 자를 만들게 되었다.

지하에서 발굴된 이름을 알 수 없는 석기 중에는 구멍을 뚫는 것들이 있다. 어떤 학자는 그 중에 돌침을 만드는 게 적지 않다고 한다.(馬繼興 1979 : 80-81) 돌침은 효용에 따라서 몇 가지 양식이 있다. 어떤 것은 날이 아주 예리하여 수술의 이상적인 기구가 된다. 예리한 돌은 쉽게 찾을 수 없기 때문에, 혹은 침구치료에 필요한 끝이 날카로우며 가늘고 긴 물건을 돌로는 만들기 어려우므로 뒤에 오면서 금속

침으로 대신하게 되었다.《남사南史》왕승유전王僧孺傳에는, 왕승유가 옛일을 많이 알고 있는데 세기말에 침을 만들 만한 좋은 돌이 더이상 없었으므로 쇠로써 이를 대신하였다고 말하였다. 돌침은 금속보다 뛰어난 곳이 있으니 녹이 슬지 않고 환부에 감염되지 않는다.《주역》환괘渙卦에『피가 흘러 흩어지니 먼 곳으로 나가도 재난이 없으리라 渙出血, 去逖出, 無咎』고 하였으니, 아마 침으로 찔러 피를 흘리게 하는 방법으로 말의 병을 치료하였다는 말일 것이다. 선진의 저작에는 이미 돌침을 사용하여 병을 치료하는 방법에 관하여 확실하게 밝히고 있다. 예를 들면《한비자韓非子》우경상右經上에『대체 등창의 극심한 통증은 돌침으로 골수를 찔러 그 근을 뽑아내지 않으면 고쳐지지를 않는다. 만일 이와같이 하지 않는다면 반촌의 숫돌조차 움직일 수가 없다 夫痤疽之痛, 非刺骨髓則心煩不可支也. 非如是, 不能使人以半寸砥石彈之』고 하였다. 피를 뽑아 악령을 제거하는 것은 고대인이 상용하던 치료방법이었다.(Sigerist, 원시의약 : 197)《황제내경》영추 부분은 대부분 침술법을 말하고 있으며, 동시에 음양오행의 이론을 언급하고 있다. 그 요법은 오행의 상호소장相互消長 이론에 바탕을 두고 있다고 여겨진다. 어떤 원소를 자극하거나 억제하는 방법을 사용하여 장기의 오행실조五行失調로 일어난 병의 근원을 조정하여 치료목적을 달성한다. 실험을 통하여 점차 인체의 운행통로인 경락수혈經絡腧穴은 상하 안팎을 소통시키고, 장부기관의 조직계통을 연결한다는 것을 알게 되었다. 이로 인하여 침과 뜸으로 병을 치료하는 기술이 만들어지게 되었다. 침구의 침은 서한의 묘에서 발견되었다.(滿城發掘 : 116)(그림 16.5) 서주 말기의 한 묘에서 발견된 긴 침도 침구용으로 사용되었을 것이다.(洛陽博物館 1981 : 46) 한대 화상석에는 침구로 병을 치료하는 것을 제재로 삼은 것이 몇 개 있다.(劉敦愿, 1972 a : 47-51)

왜 침으로 찌르면 병이 치료되는가? 지금의 발달된 과학으로도 여전히 해답을 찾을 수가 없다. 그러므로 고대 중국인들이 이런 효과적인 요법을 어떻게 발견하게 되었는지는 여전히 수수께끼이다. 그러므로 고인들은 그것을 신이 전수하였다고 상상하였다. 한대 화상석에는 몇 폭의 반인반조半人半鳥인 신의神醫가 사람의 병을 치료하는 그림이 있다.(그림 16.4) 신의가 손에 잡은 길고 가는 물건은 아마 돌침·침과 같은 유형의 물건일 것이다. 이 반인반조의 신의는《사기》에 기록된 춘추시대의 편작일 것이다. 그러나 어떤 사람은 편작이 황제와 동시대의 인물이라고 한다.(《사기》편작창공열전扁鵲倉公列傳 정의正義의 주注) 제2장에서 토론한 바와 같이 황제 이전의 인물들은 그림 속에서 반인반수半人半獸로 등장한다. 아마 수많은 사람들의 마음 속에 편작은 황제 때의 신인神人으로 남아 있었을 것이다.

이런 전설들도 선진시대 중국 의학은 동서의 두 파로 나누어졌고, 동방은 돌침과 침구치료가 성행하였으며, 서방은 약물에 편중되었다는 사실을 반영하고 있다. 전설에 의하면 편작은 산동의 제齊나라 사람이다. 제齊는 음양오행설의 기원지이고 새는 동쪽지구에 보편적으로 퍼져 있던 신앙의 토템이다. 이와 반대로 백초를 맛보았던 신농은 소의 머리에 사람 몸을 한 신화 속의 인물이다.(《通鑑外紀》: 1.5 a) 황제시대에도 약수藥獸가 있었으며, 전설에는 약초로 병을 치료하는 특별한 능력이 있었다고 한다. 《예창사지藝窓私志》에 『신농시대에 백민百民이 약수藥獸를 바쳤다. 사람에게 병이 생기면 약수에게 가까이 갖다놓았다. 그러면 말로써 가르쳐 주었다. 말은 백민이 전한 것이었으나, 무슨 말인지 알아들을 수가 없었다. 그러면 약수는 들에서 풀 하나를 물고 돌아왔다. 이를 찧어 그 즙을 마시면 나았다. 후에 황제께서 풍후風后에게 명하여 어떤 풀이 어떤 병에 듣는지 기록하게 하였다. 이렇게 오래도록 하자 비로소 그 효험을 잘 알게 되었다 神農時白民進藥獸, 人有疾病則附其獸, 授以語, 語爲白民所傳, 不知何語. 獸輒如野外銜一草歸, 搗汁服之卽愈. 後黃帝命風后紀其何草, 起何疾, 久之知方悉驗』(大漢和辭典 9 : 994)고 하였다. 그들은 모두 서방의 들짐승을 토템으로 삼았던 씨족들이었다.(郭沫若, 中國史稿 1 : 118) 동서의술이 이렇게 다른 까닭은 대부분 지리적 요인과 음식 때문이었다. 연해의 주민들은 연해의 소금기 있는 땅에서 살기 때문에 부스럼이나 종기가 쉽게 생겼으므로 돌침으로 이를 치료하였다. 그러나 내륙에 사는 사람들은 음식물 때문에 내과 질병이 생기기 쉬웠다. 이를 침으로 찔러도 미치지 못하므로 약초로 치료하여야 했다.

## 제 16 장 질병과 의약

| 商 甲骨文 | 周 金文 | 秦 小篆 | 漢 隸書 | 現代 楷書 |
|---|---|---|---|---|
| (그림) | 疾 | 疾 | 疾疾<br>疾疾 | 疾<br><br>한 사람이 땀 혹은 피를 흘리면서 병들어 침상에 누워있다는 뜻이다. 혹은 화살에 맞아 상처를 입었다는 뜻을 나타내기도 한다. |
| (그림) | | 夢 | 夢 | 夢<br><br>병들어 침상 위에 누웠다가 꿈을 꾸는 모습으로, 마치 눈을 뜨고 사물을 보는 것과 같다는 뜻이다. |
| (그림) | | 蠱 | 蠱 蠱 | 蠱<br><br>그릇 속에 많은 벌레가 들어있는 상태이니, 음식을 불결하게 조리하면 사람에게 병을 일으킬 수 있다. |
| (그림) | 尤 | 尤 | | 尤<br><br>하나의 짧은 획은 손가락에 입은 상처를 가리킨다. |

| 商 甲骨文 | 周 金文 | 秦 小篆 | 漢 隸書 | 現代 楷書 |
|---|---|---|---|---|
| (그림) | (그림) | 它 | 它它 | 它<br><br>발가락을 뱀에게 물린 모습.<br><br>蛇 |
| | | 醫 | 醫 | 醫<br><br>의사가 병을 치료하는 도구와 약물로 그 직업을 표시하고 있다. 예수医殳는 도구이고 유酉는 술이다. |
| 十 十 | | 巫 | 巫 巫 | 巫<br><br>무당이 무술巫術을 하는 도구의 형상. |
| | (그림) | 筮 | 筮 筮 | 筮<br><br>양손에 점을 치는 도구를 들고 연산하는 모습. 죽竹은 도구의 재료. |

| 商 甲骨文 | 周 金文 | 秦 小篆 | 漢 隸書 | 現代 楷書 |
|---|---|---|---|---|
| | | 尉 | 尉 尉 尉 | 尉<br>불에 뜨겁게 달군 돌을 손에 들고 병자 등의 환부를 지져준다는 뜻이다. |
| | 卽 卽 卽 | 俞 | 俞 俞 | 俞<br>그릇과 침의 형상. 침으로 곪은 곳을 짜개고 그릇으로 농혈을 받아낸다는 뜻이다. 피고름이 이미 다 빠져나오자 통증이 그쳤다. |
| 身 身 | 身 身 身 | 身 | 身 身 身 身 | 身<br>사람 몸의 부위에서 복부를 본뜨고 있다. |
| 舌 舌 舌 | | 舌 | 舌 | 舌<br><br>혀의 상형. |
| 齒 齒 齒 | | 齒 | 齒 | 齒<br>입 안에 있는 치아의 상형. |

| 商 甲骨文 | 周 金文 | 秦 小篆 | 漢 隸書 | 現代 楷書 |
|---|---|---|---|---|
|  |  |  |  | 天<br><br>사람 몸의 부위에서 머리 위를 특출나게 그렸다. |
|  |  |  |  | 首<br><br>머리 부위의 상형. |
|  |  |  |  | 自<br><br>코의 상형. |
|  |  |  |  | 耳<br><br>귀의 상형. |

복숭아 씨의 알맹이

모앵도 종자

산앵도 종자

복숭아 씨
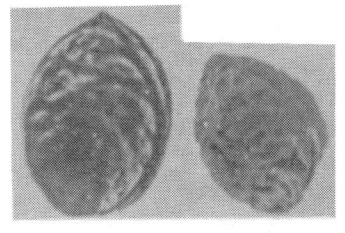

그림 16.1 상대 유적에서 발견된 과일의 씨

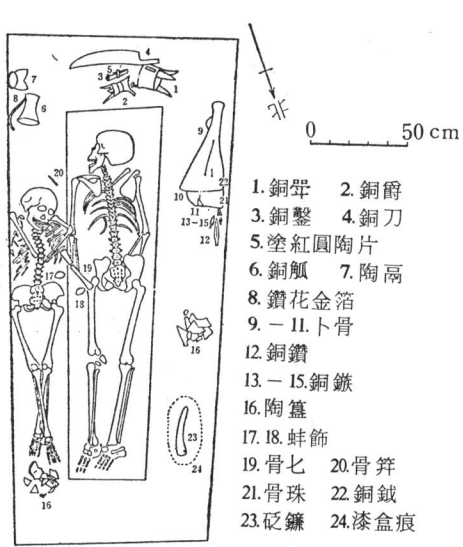

1. 銅罕   2. 銅爵
3. 銅觳   4. 銅刀
5. 塗紅圓陶片
6. 銅觚   7. 陶鬲
8. 鑽花金箔
9. ─ 11. 卜骨
12. 銅鑽
13. ─ 15. 銅鏃
16. 陶簋
17. 18. 蚌飾
19. 骨匕   20. 骨笄
21. 骨珠   22. 銅鉞
23. 砭鐮   24. 漆盒痕

그림 16.2 상묘 중에서 폄산砭鐮이 들어 있는 칠함漆盒 및 수정이 끝나 점을 치는 데 사용할
         수 있는 소 견갑골

馬王堆三號漢墓帛畫導引圖部分摹本

그림 16.3 서한의 백화帛畫 도인도

그림 16.4 한 화상석의 편작扁鵲 의료도

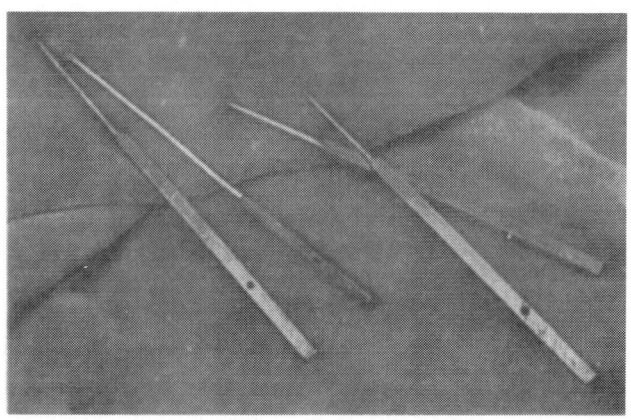

그림 16.5 서한 묘 속에서 발견된 침구용 금침

# 제17장

## 전쟁과 형법

### 생존경쟁

경쟁은 자연계의 구성원들이 생존하기 위해서는 부득불 취할 수밖에 없는 수단이었다. 생존에 필요한 물질을 찾을 때 쌍방의 이익이 배치되면 자신의 생존을 위하여 부득이 갖가지 수단으로써 상대를 제압해야만 했다. 전쟁은 상대를 제압하여 충돌을 해결하는 방법의 하나이다. 가장 격렬한 행동은 상대를 파멸시키는 것이다. 행동할 수 있는 사람과 동물의 세계에서는 공격의 수단으로써 상대를 굴복시키고 해를 입히는 일도 아주 자연스러운 일이었다. 식물의 세계도 비록 행동이 명확하게 드러나지는 않으나 생존에 필수적인 수분·햇빛 등을 쟁취하여 생존영역의 확충이라는 목적에 도달하고 있다. 결론적으로 자연계에서 경쟁은 생존을 위해서는 피할 수 없는 현상이다.

자연계의 일원인 인류는 음식물을 찾고 자신을 보호하며, 후대를 번식하기 위하여 동식물과는 구분되는 다른 형식의 투쟁을 하게 되었다. 인류 이외의 생물들은 상대의 소멸을 중요한 방법으로 삼고 있다. 그러나 인류는 더욱 고명하여, 그는 상대방을 굴복시키고 개조시켜 자기를 위해 이바지하게 만들었다. 예를 들면 인류는 동식물을 선택하여 개조하였다. 야생동물은 길들여 가축을 만들고, 야생식물을 길러 곡물을 만들고 농업을 발전시켰다. 인류는 기본적으로 동식물을 정복하고도 같은 인간과의 싸움을 피할 수가 없었다. 비교적 소규모의 개인 혹은 가족 사이의 이익이 점차 부락, 나라와 나라 사이의 대규모 전쟁으로 확대되었다. 고대의 전쟁은 토지 자원의 약탈은 물론 심지어 사람을 노예로 삼아 자기를 대신하여 생산노동에 종사하거나 자신의 시중을 들도록 하였다.

비록 전쟁이 잔혹한 투쟁 행위이기는 하지만 인류문명 발전에서는 불가피한 원동력이었다. 전쟁은 상대보다 더 강력한 무기를 요구하게 되어 공업의 진보를 촉진하였으며, 따라서 생산력을 향상시키게 되었다. 게다가 약소자는 강자에 대항하기 위하여 공동으로 연합하여 집단을 이루게 되었으며, 또한 점차 전쟁의 규모도 확대되게 되었다. 더욱 효과적으로 전투를 수행하기 위해서는 훌륭한 조직이 갖춰져야 하고 능력있는 사람이 이끌어야 했다. 이런 과정은 마침내 국가제도의 건립을 촉진시키게 되었다. 문명국가치고 끊임없는 전쟁 속에서 성장하지 않은 나라는 하나도 없다. 중국에서 처음으로 제국을 세웠다고 알려진 전설적인 인물 황제黃帝는 52번의 전투를 거치고 나서야 비로소 이 일을 완성하였다고 한다.(郭沫若, 中國史稿

1 : 124) 그리고 전문적으로 무기를 창제했다고 전해지는 치우蚩尤 또한 이 시대의 인물이었다. 이 두 전설로부터 문명의 건립과 무기의 제조 사이에는 밀접한 관계가 있다는 것을 분명하게 살펴볼 수 있다. 그러나 중국에서는 무력과 무인이 찬미되고 숭배되지는 않았다.(Creel, 서주 : 247-52) 그것은 아마도 동주시대에 사람들이 전쟁의 잔혹함을 겪으면서 생겨난 반감이었을 것이다. 그것 또한 당연한 유가사상의 영향을 받았을 것이다.

음식의 내원과 개체의 안전을 보장하기 위하여 인류의 첫번째 위협적인 적은 흉맹한 야수였다. 야수는 비록 예리한 발톱과 강한 몸집을 갖고 있었으나, 인류는 다른 물건을 이용해서 자신을 방어하고 야수를 공격할 수가 있었다. 그러므로 오랜 투쟁 속에서 인류는 마침내 승리자가 될 수 있었다. 야수는 완전히 인간들에게 반항할 능력을 잃어버리게 되었다. 인간과 야수가 투쟁하던 시대에는 인간과 야수의 지력 차이가 현격하여, 아주 정교한 무기를 만들어 그들에 대항할 필요는 없었다. 그러나 사람과 사람이 싸우는 시대가 되자, 만일 더 뛰어난 무기와 전략이 없다면 지력과 체력이 서로 대등한 적수를 제압할 수가 없었다. 그러므로 전쟁의 규모가 확대되면서 무기는 갈수록 예리해지고 전술의 응용도 갈수록 교묘해지게 되었다.

**병기――돌도끼**

원시사회의 공구는 대다수가 음식물을 얻고 전쟁을 하기 위한 직접적인 도구였다. 그때 공구와 무기는 단지 사용하는 대상이 달랐을 뿐이며 그 형상에는 뚜렷한 구별이 없었다. 초기에 사람과 야수가 생존을 위하여 싸우던 시대에는 단지 적당한 무게와 날카로운 모서리만 있으면 충분히 살상능력을 갖춘 도구가 되므로 모두 편리에 따라 무기로 쓸 수 있었다. 아주 드물게는 살상을 목적으로 전용적인 무기를 제조하기도 하였다. 그러므로 갑골문의 (병, 兵)자는 두 손으로 자루가 달린 도끼를 들고 있는 모습을 그리고 있다. 자루가 달린 돌도끼는 나무를 베는 육중한 공구여서 두 손으로 휘둘러야 사용할 수가 있었다. 도끼[斤]는 본래 농지를 개간하는 도구이지 결코 사람과의 격투를 위한 무기는 아니었다. 이 자가 처음 만들어질 때는 본래 공구와 무기가 한 물건이었으므로, 상나라 사람들은 이를 연용하여 무기라는 의미를 표현해내었다. 비단 상商 이전 사람들만이 공구를 무기로 쓴 것이 아니라 후대 농민혁명이 일어났을 때 적합한 무기가 없으면 잠시 농구를 사용하였다. 병兵은 본래 무기였으나, 뒤에 오면서 뜻이 확대되어 무기를 가진 병사를 표시하게 되었다.

### 활과 화살

활은 시위의 탄력을 빌어 물건을 쏘아 보낸다. 그 속도가 빨라 피하기 어려웠으므로 야수를 죽이는 효과적인 무기였다. 갑골문의 궁弓자는 시위를 당긴 모양(̔)과, 시위를 당기지 않은 활의 모양(̔)의 두 가지 자형이 있다. 활이 사용되기 시작된 시대는 아주 빨랐을 것이다. 유적지에서 출토된 돌화살촉의 형상에 근거하여, 어떤 학자는 3,4만 년 전의 구석기시대 말기에 활을 사용할 줄 알았다고 한다.(Pearson, 인류학의 소개 : 112 ; 宋兆麟, 原始社會史 : 95) 구석기 유적에서 발견된 끝이 뾰족한 삼각형의 석기는 가장 먼저 나뭇가지에 묶어 던졌으며, 뒤에 비로소 활시위의 반탄력을 이용하여 쏘아 보내는 방법을 깨닫게 되었다. 하북 무안의 자산磁山에서 발견된 많은 골촉骨鏃(河北文管 1981 : 311-12)은 B.C.5400년의 사람들이 벌써 보편적으로 활과 화살을 사용했음을 표명해 주고 있다. 활과 화살의 발명은 사람들로 하여금 반드시 들짐승에게 아주 가까이 접근하지 않고도 살상할 수 있는 능력을 주었으며, 들짐승에게 근접하여 일어나는 수많은 위험을 피하게 해주었다. 게다가 사람들은 함정을 설치하고 그물을 칠 수 있었으므로 들짐승보다 절대적인 우세를 차지하게 되었다. 그러나 사람들은 방패나 나무를 이용하여 자신을 엄호할줄 알았으므로 살인무기의 효용은 크게 감소되었다. 그래서 전적으로 살인을 하는 새로운 무기를 발명하도록 유도하게 되었다.

활로 발사할 수 있는 물건은 돌과 화살 두 종류이다. 갑골문의 ̔(탄, 彈)자는 작은 돌 하나를 활시위에 메기고 쏘려는 모양이다. 갑골문의 ̔(시, 矢)자는 화살의 모양이다. 화살 끝에는 깃털을 붙여 변동 없이 비행하도록 하였다. 한 상商 유적에서 출토된 완전한 화살 하나는 전장이 85센티였다.(楊新平 1983 : 36) 화살은 끝이 날카로운 촉으로 상대를 살해하는 무기이다. 뒤에 오면서 용도에 따라 화살촉이 달라지게 되었다. 어떤 것은 끝을 뭉툭하게 만들어 상대의 정신을 잃게 하여 사로잡는 목적에 사용하였으며, 어떤 것은 소리가 나도록 만들어 소식을 전하거나 경계용에 사용하였다. 갑골문의 사射자는 활을 시위에 메기고 쏘려는 모양으로, 이미 3장에서 소개했었다. 전차대의 전투든지 혹은 보병의 전투든지를 막론하고 활은 아주 중요한 원거리 공격무기였다. 활쏘는 기예에 관한 자는 갑골문의 ̔(후, 侯)자로 화살 한 대가 과녁을 꿰뚫은 상태를 그리고 있다. 후侯는 본래 활쏘기 연습을 하는 과녁이었으나, 뒤에 군후君侯의 직함으로 차용되었다. 뒤에 오면서 형성자로 변천된 갑골문의 복箙자는 화살을 넣는 개방식의 전통 형상이다. 이런 종류의 전통은 즉시 화살을 뽑아 발사할 수 있어서, 수시로 전투준비를 갖춘다는 뜻을 갖게 되었으므로 발전되어 예비·준비 등의 자가 되었다. 갑골문의 ⍫(함, 函)자는 화살이 필요할 때 열 수 있는 주머니 속에 들어가 있는 모양이다. 이런 전통은 화살이 완전히 속에 들어가 있으므로 인신되어 포함·서신함의 뜻을 갖게 되었다.

활과 화살의 살상능력이 비록 크다고는 하지만 다른 물건을 이용하여 자신을 방어할 수 있는 인간에게는 그 효용이 크게 감소되었다. 그러므로 달리 가까이에서 공격할 수 있는 무기를 만들어야 했다. 전설에는 황제와 동시대의 치우가 금속으로 다섯 종류의 병기를 주조하였다고 한다. B.C.2700년에 금속무기가 있었는지 여부는 여전히 지하발굴의 증명을 기다려야 한다. 이 전설에서 진정으로 반영하고 있는 것은 농기구를 개량하여 전적으로 살인을 할 수 있는 무기를 만들었던 시대배경이라고 생각된다. 살인 목적으로 하여 만들어진 무기는 사람과 사람이 투쟁하던 시대에 들어서서야 생겨난 일이다. 제5장에서 토론한 것처럼 토지와 수원 등의 자원을 쟁탈하기 위한 싸움은 정착 농업사회에서는 흔히 생기게 되었다. 무력으로 정착지를 보호할 필요가 있었기 때문에 흔히 국가도 농업사회에 진입하고 나서 이루어지게 되었다.

중국에서 국가의 성립은 대략 청동수공업의 번성과 같은 시기였다.(佟柱臣, 1975 : 29-33) 그때의 청동업은 또한 무기의 주조가 주요한 임무의 하나였다. 그러므로 청동무기의 주조와 국가형식의 건립은 밀접한 관계가 있다. 청동기시대 이전에는 전적으로 살인을 목적으로 만들어진 무기가 없었다. 돌로 된 마늘창 과戈는 청동 과戈보다 원시적이지 않다. 가늘고 길며 좁고 얇은 과戈형의 석옥기石玉器는 실용성을 갖추고 있지 않으며, 제조시대 또한 청동시대보다 빠르지 않다.(李濟, 1950 b : 53-59 ; 林巳奈夫 1969 : 246) 그들은 분명히 동과銅戈의 형상에 의거하여 갈아서 만든 것으로 일종의 권위의 상징으로 만들어졌다. 과戈는 전적으로 살인을 하기 위하여 만들어진 새로운 형식이라고 말할 수가 있다. 그것은 청동이 내구성이 있다는 특성에서 발전된 무기이다.

창[戈](그림 17.10-13)

갑골문의 ⍫(과, 戈)자는 가늘고 긴 날에 자루가 달린 병기의 모양이다. 묵중한 석기는 춤추듯 휘두르는 방식을 사용하여 중력重力으로 적을 살상한다. 상대의 청동 과戈는 휘두르는 힘을 이용하여 칼끝으로 적의 머리를 찍거나 혹은 예리한 날로 취약한 목 부위를 베어 살상의 목적을 달성하였다.(李濟, 1950 b : 38-54 ; 林巳奈夫, 殷周銅器 : 422) 우리는 긍정적으로 동과銅戈는 인간을 겨냥하여 만든 새로운 설계라고 할 수 있다. 이것은 전쟁의 단계가 높아졌고 국가가 흥기한 일종의 상징이다.

상대에 과戈는 작전의 중요한 장비였으므로 전투와 관계된 수많은 자들이 과戈를 한 부분으로 삼아 만들어졌다. 예를 들면 갑골문의 ⼧(수, 戍)자는 한 사람이 과戈를 메고 변방을 지키는 모습이다. 그러므로 수수戍守(변방을 지킴)의 뜻이 있다. 갑골문의 ⼧(계, 戒)자는 두 손으로 과戈를 꼭 쥐고 있는 형상으로 전쟁을 준비하며 경계하는 상태를 표현하고 있다. 과戈의 자루는 긴 것도 있고 짧은 것도 있다. 자루가 길면 두 손으로 사용하고, 자루가 짧으면 한 손으로 사용하면서 다른 한 손에는 방패를 들고 몸을 지킨다. 갑골문의 ⼧(벌, 伐)자는 과戈로 한 사람의 목 부위를 베는 상태를 그리고 있다. 벌伐은 상대에 제사를 지낼 때 사람을 희생으로 바치는 단위이다. 묘나 건축의 기단에는 흔히 시신의 머리나 혹은 머리가 잘린 시신이 수장되어 있다.(石璋如, 北組墓葬 : 325-26 ; 黃展岳 1974 : 157-58 ; 考古所人類學 1977 : 213-14) 그들이 바로 구체적으로 벌伐을 하였다고 말하는 사람의 희생물이다. 만일 자형字形이 다른 형식의 무기와 조합되어 이루어졌다면, 전투나 살벌殺伐과는 관계가 없는 의미를 표시하고 있다.

### 무기 형상의 의장儀仗

갑골문의 ⼧(월, 戉)자는 자루 위에 둥근 날을 가진 중병기重兵器의 형상이다. 월鉞은 주로 무거운 힘으로 베어 치명상을 입히는 데 사용한다. 월은 실제 전투에서는 효율이 낮기 때문에 주로 권위의 상징인 의장에 쓰이며, 아울러 처형에 사용하는 무기이다. 갑골문의 무戊와 술戌자는 모두 도끼와 같은 무기의 상형으로, 가늘고 길며 평평한 날을 지닌 무기로 전투에는 적합하지 않으므로 대부분 처형이나 의장에 쓰인다. 그러므로 이 두 자는 모두 간지干支로 차용되었으며 무기의 명칭으로는 사용되지 않는다. 또 갑골문의 ⼧(아, 我)자는 날 부위가 톱날 모양을 한 무기의 형상이다. 그것은 차용되어 제1인칭이 되었다. 갑골문의 ⼧(의, 義)자는 아我형 무기의 끝부분에 다시 갈고리 혹은 깃털과 같은 것으로 장식한 물건이다. 그들은 모두 의례儀禮에 위용을 더하기 위한 예기禮器이며 실용적인 무기는 아니다. 그러므로 의義에는 인공·본래의 것이 아니라는 인신의가 있으며, 의儀자는 의義를 성부로 삼고 있다. 부월斧鉞은 처형에 사용되는 무기였으므로 언어에 사용되면 형벌을 받았다는 뜻을 표현하고 있으며, 전투에 종사하였다는 뜻이 아니다.

### 창[矛](그림 17.10, 12)

모矛는 상대에서 흔히 볼 수 있는 무기로 곧장 찌르는 긴 병기이다. 금문의 ᄋ (모, 矛)자는 자루 위에 뾰족하고 날카로운 창날이 달려 있는 무기의 형상이다. 그 옆에는 작은 고리가 하나 달려 있어서 실을 늘여 장식할 수가 있었다. 이런 모양의 무기는 구석기시대에도 이미 있었으며, 발굴된 수량으로 보면 상대에는 아주 흔했다는 것을 알 수가 있다. 예를 들면 후가장侯家莊의 한 묘에서는 7백31 자루의 모矛가 출토되었다. (侯家莊 1004墓 : 145)(그림 17.10) 그러나 갑골문에서는 도리어 모矛자를 찾아볼 수가 없다. 아마 상대의 모矛는 통상 과戈와 조합되어 찌르고, 베고, 걸 수 있는 무기였을 것이다. 그러므로 과戈의 무기류에 포함되어 버리고 모矛란 고유명사는 없었을 것이다. 과戈와 모矛는 본래 따로 주조되어 만들어졌으나 조합하여 사용되었다. 뒤에 오면서 발전되어 함께 주조되어 만들어진 극戟의 형식이 되었다. 그러나 대부분의 문헌이나 기명器銘에는 여전히 이를 과戈로 칭한다. 대개 과戈가 전투에서 중요한 무기였으므로 이를 무기의 통칭으로 사용하였다.

### 전차와 단도

전국시대 이전에 전차는 작전단위의 핵심이었다. 전차에는 한 군軍의 지휘관이 탔기 때문에 금문의 군軍자는 차車를 의부로 삼고 순旬을 성부로 삼았다. 전차 한 대에는 통상 세 사람이 탄다. 마부 외에도 궁수弓手 한 명과 긴 과戈를 지닌 장교가 탄다. 전차에서 활은 먼 거리를 공격할 수 있는 무기이고, 과는 근거리에서 전투를 벌이는 무기이다.(그림 17.1) 때때로 상황이 긴박하면 전차 위의 전투원은 마차에서 내려 전투를 한다. 가까이 붙어서 싸우는 과는 85센티의 짧은 것이 있다.(楊新平, 1983 : 37) 그러나 전차 위에서 과로 적을 공격하려는 목적을 달성하려면 자루가 길어야 하며 적어도 3미터를 넘어야 한다.(湖南博物館 1972 : 64) 자루가 너무 길어서 전차에서 내리면 사용하기가 불편하였으므로 단도를 준비해 두어야 했다. 그러나 전차는 주로 작전을 지휘하는 데 쓰였으며, 전차 위에서 근거리 공격을 하지는 않았으므로 병거에서 발견된 병기에 모두 단도는 있었으나(馬得志, 1955 : 62, 66 ; 石璋如 1947 : 18−19 ; 1950 : 17−79 ; 1952 : 454), 도리어 과戈가 반드시 있지는 않았다.(石璋如 1969 c : 658) 상대 말기에는 심장을 목표로 찌르기 위한 단검을 휴대하기 시작하였다.(吳振錄 1972 : 63 ; 李伯謙 1982 : 44-48) 그러나 상대의 전차는 실제 전투에는 거의 참여하지 않았으므로 단검이 발견된 것도 여전히 소수이다. 춘추시대 중·말기에 오면 기병의 응용이 갈수록 활발해졌고, 짧은 병기의 사용도 점점 더 절박해지게 되었다. 야금술의 발전을 따라서 동검도 갈수록 길게 주조되었다.(그림 17.14-16) 상주시대의 동검은 일반적으로 길이가 30센티에 이르지 못하나, 춘추시대가 되면 50센티 이상으로 발전되었다.(丹江發掘 1980 : 18 ; 載遵德 1972 : 70 ; 湖北文工 1966 : 36 ; 襄陽考訓班 1976 : 66, 71) 야철治鐵이 등장하자 동검은 점차 청동검으로 대체되었으며 길이도 흔히 1미터 이상이 되었다.(張中一, 1961 : 496 ; 湖南文工 1956 : 78 ; 湖北博物館 1976 b : 121) 검劍은 본래 곧바로 찌르는 무기였으나 길이가 길어지면서 날 부위로 찍어 베는 방식으로 전용轉用하게 되었다. 찍어 베는 방식은 양날이 불필요하게 되었다. 이로 인하여 서한에서는 칼등이 두꺼운 단인도單刃刀를 사용하게 되었으며, 점점 절단되기 쉬운 양날 장검을 대신하게 되었다. 동한 이후에 도刀는 검劍을 대신하여 전투의 중요한 무기 중 하나가 되었다.(楊泓, 1979 : 236-39)(그림 17-18)

방패(그림 17.9, 20)

 방패 간干과 과戈를 사용하여 대규모로 전쟁을 벌인다는 대동간과大動干戈는 격렬한 전쟁에 대한 문학적인 묘사이다. 과戈는 공격적인 무기이고 간干은 방어용이다. 이 둘은 모두 군사상의 필수 장비이다. 갑골문의 ᛞ(간, 干)은 방패의 형상이다. 방패는 쉽게 파괴되지 않는 금속·나무 등藤·피혁 등의 강인한 재료로 만들어 공격을 받아낼 수 있도록 한다. 방패의 모양은 여러 종류가 있어서 네모진 것도 있고, 둥근 것도 있으며, 단순한 호신용도 있고, 어떤 것은 과모戈矛 등과 같이 적을 공격할 수 있는 장치를 덧붙이기도 한다.(그림 17.9) 간干자가 표현하고 있는 방패는 끝에 적을 죽일 수도 있는 예리한 창날을 장치하고 있다. 그러므로 간干자는 범하다·저지르다라는 간범干犯의 뜻으로 사용되기도 한다.

갑주(그림 17.20-25)

 전투시에는 한 손에 방패를 들고, 다른 한 손에는 짧은 병기를 휘두른다. 그러니 적을 공격하는 효과도 제한되기 마련이다. 만일 몸을 보호할 수 있는 물건을 걸친다면 두 손으로 더 길고 무거우며 위력적인 무기를 쓸 수 있다. 이처럼 몸에 걸치는 호신장비를 갑주甲冑라고 부른다. 주冑는 머리를 보호하는 투구로 제2장에서 소개했었다. 몸에 입는 것은 갑甲이며, 이 자는 갑골문에서 十자형으로 쓰이고 있다. 어떤 사람은 이 자가 갑옷을 이어서 꿰맨 재봉선의 형상이라고 한다. 그러나 이 자의 자형은 너무 간략하여 이와같은 뜻으로 만들어졌다고 단정하기가 어렵다. 갑옷은 갑골문의 ❀(졸, 卒)자에서 살펴볼 수 있다. 이 자는 수많은 갑편甲片을 이어서 만든 의복의 모양이다. 때로는 갑편甲片 사이에 작은 점이 있기도 한데, 그것은 장식 겸 실용적인 작은 동편이거나 혹은 갑편을 꿰매는 작은 구멍을 표시하고 있을 것이다. 가죽 갑옷은 처음에 가죽을 통째로 마름질하여 만들었으나 뒤에는 발전되어 작은 가죽조각을 이어서 만들었다.(楊泓, 1977 a : 85) 갑옷은 통상 소의 가죽으로 만들어지나, 가장 강인한 재료는 코뿔소(rhinoceros) 가죽이었다. 코뿔소 가죽으로 만들어진 갑옷은 활의 공격에 아주 뛰어난 보호효과가 있었다. 전국시대에 오자 훨씬 더 강력한 쇠뇌가 보편적으로 사용되어 코뿔소 가죽으로 된 갑옷도 효용이 크게 감소되었다. 동시에 야철기술이 장족의 발전을 하게 되자, 사람들은 강철로 갑주를 만들기 시작하였다.(楊泓, 1976 : 28-29)(그림 17.25) 서주 이전의 졸卒은 갑주를 입은 고급 장교라는 뜻이었다. 일단 산업이 발달하여 갑주가 사병들의 보편적인 장비가 되자, 졸卒의 의미도 확대되어 사병의 칭호가 되었다. 갑골문의 ⌇(개, 介)자에 대하여 어떤 학자는 갑주와 관계가 있다고 한다. 이 자는 한 사람이 몸에 작은 조각으로 된 갑옷을 입고 있는 모양이라고 한다. 이런 형태의 갑옷은 마치 비늘조각과 같이 수많은 조각을 이어서 만들어졌으므로, 개介자에는 개갑介甲(갑옷)·섬개纖介(미세한 사물) 등의 의미가 있다.

### 전술의 개량

더욱 살상능력을 크게 하려고 무기는 끊임없이 개량되었다. 새로운 형세에 적응하기 위하여 새로운 무기를 만들어야 했다. 동과銅戈를 예로 들면 처음에는 단지 아래쪽의 날만이 예리하여 적을 걸어 잡을 수가 있었다. 점차 개량되어 날 부분이 길어지고 자루 쪽으로 굽어져 공격의 각도를 적당히 증가하였으므로, 투구로 머리를 보호하는 적을 상대하여 목과 어깨를 목표로 공격하게 되었다.(林巳奈夫, 殷周武器 : 422)(그림 17.11-12) 동과를 자루에 단단히 고정시켜 강도를 높이기 위하여 창가지 위에 구멍을 주조하고 끈으로 단단하게 묶었다. 아울러 나무 자루를 타원형으로 만들어 사용하기에 편하도록 하였다.(李濟, 1950 a : 1-18) 마차도 두 필에서 네 필이 끌도록 하여 속도를 높였다. 공격기술이 향상되자, 방어기술도 상대적으로 향상되었다. 가장 중요한 것은 축성築城의 방어기술이 흥기한 것이다. 서주시대는 점차 방어를 위하여 성벽이 건조되었다가, 춘추시대에는 이미 필수적인 시설이 되었다. 그러자 성을 공격하는 도구도 따라서 제조되었다.《묵자墨子》에는 성을 공략하는 구원鉤援(끝에 갈고리가 달린 사닥다리)·운제雲梯(높은 곳에 걸쳐 올라가는 功城用 사닥다리)·임거臨車·충거衝車의 응용과 이를 방비하는 각종 방법과 설비를 소개하고 있다. 이와같이 서로 영향을 주고 발전을 촉진시켜 전술도 갈수록 영활해지고 기술도 진보되었으며, 문명의 정도도 당연히 향상되게 되었다.

## 동 원

전쟁의 규모도 전술의 발달과 기술의 진보에 따라서 확대되었다. 지하고고발굴로 볼 수 있는 신석기시대의 촌락과 생산효율을 살펴보면 그때 전쟁은 아주 소규모였음이 분명하다. 전설 속의 황제는 대략 신석기시대 말기의 인물로 52차례의 전쟁을 거치고서야 비로소 천하 백성들이 두려워 굴복하였다고 한다. 그것은 분명히 장기간에 걸친 소규모 전투로 점차 약탈·확충하여 강대해진 것이다.《맹자》등문공하편에는 상탕商湯이『열한 번 정벌하고 나서야 천하에 적이 없었다 十一征而無敵於天下』고 하였으니 전쟁의 횟수가 크게 감소하였다. 뒤에 와 주周가 상商을 공격했을 때는 단지 한 차례의 대전으로 운명이 결정되었다. 중국이 농업사회로 진입하고 인구가 증가하자, 모두들 비옥한 경지와 풍부한 수원을 쟁탈하여 식량생산을 확보하기 위한 전쟁이 더욱 빈번하고 격렬해지게 되었다. 그리고 작전의 효율을 높이기 위하여 작전을 지휘하는 왕이 출현하게 되었다.

복사卜辭에서는 상나라와 다른 나라 사이의 대·소규모의 충돌을 반영하고 있다. 대규모는 한 번에 3천 명을 소집하는 것이 보통이나, 때로는 5천 명이 언급되며(後編 1.31.6, 2.1.3 ; 續存 1.709 ; 前編 7.15.4 ; 續編 2.30.10) 심지어는 1만3천 명이 소집되기도 한다.(庫方 310) 연구에 의하면 무정武丁 37년 7월에서 9월까지 40일이 채 안 되는 기간에, 전후 일곱 차례에 걸쳐 전쟁에 나갈 인마를 소집하는 일에 대해 점치고 있으며, 그 인원수는 2만3천 명에 달하고 있다.(董作賓全集 7 : 712-714) 이 사람들은 한번씩은 전투에 참가한 사람들일 것이며, 한번도 전투에 참가하지 않은 사람들의 수는 아니다. 갑골문에는 이미 적군 2천6백50인을 죽였다는 언급이 있으니(後編 2.43.9), 상대의 대규모 전투에서는 쌍방에서 1만 인 이상을 동원하는 것은 문제가 되지 않았으리라고 여겨진다. 서주시대에 오면 그 규모가 다시 증대된다. 예를 들면 기원전 11세기 강왕康王 때 우盂가 명을 받고 귀방鬼方을 정벌하면서, 제1차 교전에서 1만3천81인을 포로로 잡고 있다.(郭沫若, 1973 : 67)

이런 규모는 상대보다 훨씬 확대된 것이 분명하다.

## 군대의 편제

상대의 군대편제는 복사에서 추측해볼 수가 있다. 어느 한 복사에는 『부호婦好에서 3천 명을 징집하고, 여旅에서 1만 명을 징집할까요? 登婦好三千, 登旅萬』(庫方 310)라고 하였으니, 비교적 큰 제후국에는 군사가 3천 이상이 있었으며, 중앙정부에는 1만 이상의 편제가 있었다는 것을 추측할 수가 있다. 3과 5는 상대에서 군대를 나누는 상수이다. 복사에는 또 『왕께서 삼사三師를 만드시니 우·중·좌이다. 王作三師, 右中左』(粹編 597)·『우여右旅』(懷特 1640) 등이 있으니, 상왕의 군대는 우右·중中·좌左의 삼여三旅가 있었고, 매여旅는 1만 명이며, 1여旅 아래에는 삼사三師가 있었던 것 같다. 또 『마대馬隊를 만들어 좌左·중中·우右로 나누니, 사람이 3백이다 肇馬左中右, 人三百』(前編 3.31.2)라고 하였다. 상대에는 기병제도가 없었으니 말[馬]은 마차대를 가리키는 것이다.(王貴民, 1983 : 184) 여旅마다 1백 량의 수레가 있었고 1백 명의 마부가 있었다. 제후국의 조직은 복사에서 3천 명·5천 명을 징집한 숫자가 보이고, 다시 〈동행動行〉〈중행中行〉〈상행上行〉(懷特 1464, 1504, 14643) 등의 명칭에 비추어 보면, 횡대로 편제되었을 때는 좌左·중中·우右 혹은 동東·중中·서西로 나누고, 종대시에는 상上·중中·하下로 나눈 듯하다. 매행行은 1천 명이고 보통은 삼군三軍 3천 명으로 행동하며, 특수한 상황에서는 오행五行 5천 명으로 상·중·하·좌·우로 나가니 이를 〈대행大行〉(懷特 1581)이라고 하여 삼군三軍과 구별하고 있다.

복사에는 또 〈상행동구上行東簄〉·〈상행서구上行西簄〉라는 명칭이 보이니(懷特 1464) 매행行을 다시 양열列로 나누었으며, 매열은 5백 명이 된다. 복사에는 또 〈대좌족大左族〉(懷特 1091)이 있으며, 족族은 큰 조직이 아니라 1백 명으로 조組를 나눈 것 같다. 다시 무관촌武官村에는 10명을 1갱마다 순장하였고(郭寶鈞 1951 : 42-45) 후가장侯家莊의 묘에는 머리 10개 혹은 몸 10개를 1조組로 삼았으며 (胡厚宣, 殷墟發掘 : 94), 수장된 무고武庫는 10모矛를 1속束으로 하였다.(侯家莊 1004墓 : 35) 이런 상황으로 본다면 상대의 군대편제는 10진을 주요 단위로 삼았을 것이다. 가장 기층단위는 10명을 소대로 하고, 차례대로 100·500·1000·3000 혹은 5000·10000 혹은 15000·30000 혹은 45000 등으로 등급을 나누었다. 수장에 근거하여 추측하면 1사師는 1천5백 명이 된다.(石璋如, 建築 : 8-9) 병거兵車는 대개 오진五進을 단위로 한다. 병거대는 대개 중앙정부의 여旅인 만인萬人 단

위에나 있으며, 다른 방국方國의 병거대는 많아야 몇십 량이었을 뿐이다.(石璋如, 1954 : 275-76)

기 치

갑골문의 ☒(족, 族)자는 정기旌旗 아래에 화살 한 대가 있는 모양을 그려놓고, 동일한 기치 아래에 모인 전투단위라는 뜻을 표시하고 있다. 고대의 군대조직은 처음에 혈족을 단위로 삼았다. 상대의 남자는 모두 군사훈련을 받았다. 동일한 혈족의 사람들은 동일구역에 거주하면서 평일에는 협력하여 생산활동을 하고, 전시에는 공동으로 적을 막는다. 영욕榮辱을 함께 나누므로 작전의 효율이 높았다. 복사에 있는 〈왕족王族〉〈다자족多子族〉(島邦南, 綜類 : 367)은 왕의 친 혈연 및 여러 왕자족으로 구성된 전투단위이다. 갑골문의 ☒(려, 旅)자는 소집단과 상대되는 만인대대萬人大隊로 많은 사람이 동일한 기치 아래에 모여 있는 모습을 그리고 있다. 려旅는 각지구의 서로 다른 씨족으로 구성된 대집단이기 때문에 그들은 멀리 고향을 떠나 군사지역에서 복무하고 있었다. 사람들 사이에는 혈연관계가 없어서 손님과 같은 느낌이 들었으므로 려旅에는 여객旅客·여행旅行의 인신의가 있다.

기치는 고대사회에서 아주 중요한 물건이었다. 기를 꽂아놓은 곳이 바로 그 부족의 주둔지였다. 기가 향하는 곳은 부족이 행동하는 목표이다. 높이 든 기치는 사람들이 쉽게 볼 수가 있었으므로 전쟁시에 기치는 지휘관의 수중에 들려 작전을 지휘하는 데 사용하였다. 기는 항상 일족一族이 모여 생활하는 곳의 중심에 세우고, 이것을 중심으로 주위에 가옥을 건축하였다.(彭邦炯, 1982 : 279-80) 그러므로 갑골문의 ☒(중, 中)자는 한 범위의 중심에 깃대가 있는 상황을 그리고 있다. 깃대 위에는 기가 달려 있기도 하고, 때로는 기가 이미 내려져 있기도 하여, 한 곳의 중심을 표시하고 있다.

혈연집단의 공고함과 집체생활의 성질을 강조하기 위하여, 또는 적의 침입을 막기 위하여 많은 씨족들은 주로 촌락을 하나의 울타리 안에 건축하였다. 앙소문화시대의 촌락은 바로 이런 습관에 의하여 배치되고 있다. 사방의 집은 모두 중앙에 있는 집회용의 큰 집을 마주하고 있다.(牛坡博物館 1980 : 4 ; 鞏啓明 1981 : 63-69) (그림 11.5) 복사에는 상왕이 기를 세우려 하는데 강한 바람이 부는지를 물어본 것이 있으니, 중심에 기치를 세우는 일이 상나라 사람에게는 큰 일이라는 것을 알 수가 있다.(Lefeuvre 1976-78 : 61-62) 중中이 세워진 곳은 씨족이 생활하는 곳이고, 또한 군대가 주둔하는 곳이니 이는 초기 혈족부락의 밀접한 구조에 관한 현상을 강하게 설명해 주고 있다.

### 주周가 상商을 멸하다

주가 상을 멸한 것은 그때까지 볼 수 없었던 대결전이었다. 《일주서逸周書》세부편世俘篇에는 주 무왕武王이 상을 정벌한 전쟁과 그에 따른 사방 소국의 정벌에 10만7천7백79명을 참수하였고, 30만2백30명을 포로로 삼았다고 하였다. 이렇게 많은 수치는 상왕의 군대는 소수일 뿐이고 나머지 대다수가 상의 동맹국이다. 고대의 국가조직은 상하 종속관계가 비교적 느슨하였다. 각 제후국은 자기 나라를 다스리고 단지 필요할 때만 군대를 파견하고 공물을 바쳐 왕실에 이바지하였을 뿐이다.

상의 군사력은 여러 제후국에 분산되어 있었다. 《사기》주본기周本紀에는 주가 상을 칠 때, 주나라 자신의 무력은 융거戎車 3백 승乘, 호분虎賁(용사) 3천 명, 갑사甲士 4만5천 명이었다고 한다. 우리는 주나라 사람이 반드시 동맹국으로부터 대대적인 무력지원을 받았으므로 수많은 적을 죽이고, 자기 군대의 10배나 되는 인원을 포로로 잡을 수 있었으리라 생각한다. 이런 유추로부터 상왕 자신의 무장 역량에도 한이 있었으며 아마 주보다 별로 많지 않았을 것이다. 그러므로 동맹국의 반란을 견디지 못하고 한 번 싸움에 완전히 궤멸되고 말았다. 춘추시대의 제齊는 삼군三軍 3만 명으로 천하를 횡행할 수가 있었다. 그보다 5백 년 전의 상대에는 아마 직속 상비군 또한 이 숫자를 넘어서지 않았을 것이다.

《상서》목서편牧誓篇에서 언급한 관직과 《사기》주본기에 의하면, 주 무왕이 상을 칠 때 사마司馬가 4만5천 명의 군사를 총지휘한 듯하다. 그 아래에는 아여亞旅 3인이 있고, 여旅마다 1만5천 명씩이었다. 1여에는 3사師가 있고, 사는 5천 명이다. 사 아래에는 천부장千夫長·백부장百夫長이 있었다. 삼군三軍은 제후국의 제도와 흡사하다. 주가 상을 멸한 후에 서육사西六師로 종주宗周를 숙위宿衛토록 하고, 상에서 투항한 군대를 개편하여 성주成周 동쪽을 맡도록 하고 은팔사殷八師라 칭하기도 하였다.(徐中舒, 1959 : 63-64 ; 于省吾 1964 : 152) 주대의 제후국은 단지 삼군三軍으로 제한하였다. 그러나 매군의 인원수는 국토의 크기와 세력에 따라 뒤에 오면서 증가되었다. 각국에 허용된 군대의 규모는 병거의 수로써 계산하였으므로, 병거에 배치된 보병수를 증원하여 군대를 증가하려는 목적을 이루었다. 동시에 그것은 또한 전술의 변화에 바탕을 두고 있다. 상 및 주초에는 매량의 병거에 10명의 보병을 배치하였다.(徐中舒, 1959 : 54) 뒤에 오면서 가장 많은 수의 보병을 배치한 것은 《한서漢書》 형법지刑法志에 1량의 병거에 갑사甲士 3인・보졸 72인을 배치하였다는 기록이 있다. 이것은 이미 상대의 7배에 이르고 있다.

### 동주의 전쟁

《국어》 제어齊語에는 B.C.685년 제나라에는 삼군 3만 명이 있었으니, 그 세력이 이미 주왕周王과 기타 제후국을 능가하였다고 한다. 진晉은 B.C.632년 성복城濮의 싸움에서 삼군의 편제가 이미 5만2천5백 명으로 팽창되었다.(郭寶鈞, 銅器：171) 전국시대에 이르자 제후들은 이미 주 왕실의 통제를 받지 않게 되었으며, 각국의 군사력이 10만을 넘지 않는 나라는 아주 드물었고 심지어 1백만의 대군을 갖고 있었다. 《사기》 백기왕전열전白起王翦列傳에는, 진秦의 백기白起가 B.C.260년에 한 전쟁에서 조국趙國의 사병 45만 명을 구덩이에 묻어 죽였다는 기록이 있다. 전쟁의 규모도 커지고 살육도 처참하여 믿어지지 않을 정도였다. 그 전투에서 쌍방이 투입한 전투인원은 필히 1백만을 넘어섰을 것이다. 전쟁에는 반드시 뒤에서 지원하는 인원이 있게 마련이니 한 나라에서 1백만을 양병한다는 것은 완전가능한 일이었다.

상대의 군사는 왕을 핵심으로 하는 직업적인 친위군을 제외하면, 아마 모두 따로 직업을 갖고 있는 농민이나 수공업자 들이 맡았을 것이다.(張永山, 1982：218) 그때의 전술은 응용도 간단하여 대부분 병사들은 특별한 전술훈련을 받을 필요가 없었다. 춘추시대에 오자 열국이 자웅을 다투게 되어 전쟁이 빈번하게 되었다. 2백42년간 수를 헤아릴 만한 규모의 전쟁이 4백80여 차례나 있었다.(郭寶鈞, 銅器：173) 전국시대의 2백48년간은 대소규모의 전쟁 또한 5백19차례나 되었다.(天野元之助 1959：146) 전쟁 횟수도 많았고, 전쟁이 지속된 시간도 길어 사람들이 징집된 횟수와 복무기간 또한 자연히 많아지고 연장되었다. 군대는 자연히 징집에서 점점 직업화되었고, 따라서 사병들에게 전문적인 훈련을 받게 하여 나날이 복잡해지는 전술에 적응하도록 하였다. 농업에 종사하는 인구가 감소되자 사람들로 하여금 인력을 절감하는 우경牛耕을 발전시키도록 하였다. 효율적인 전술을 응용해야 한다는 새로운 요구에 맞춰 이 방면에 뜻을 가진 사람들은, 역사적인 교훈과 실전경험을 근거로 용병의 규율과 계율을 총결하여 위정자가 참고하도록 하였다. 《한서》 예문지藝文志에 의하면 춘추시대부터 전국시대까지 병법가는 순서대로 1백82가家에 이르며, 이 중에서 유용한 저술을 산정하면 35가에 이른다. 논저의 편폭이 많은 것으로는 동시대의 다른 학자들의 학설들도 이와 대항할 만한 것이 없었다. 그리고 예문지에 열거된 저작 중에서 저작의 시대성을 강조한 것도 다만 병가兵家뿐이었다.

전쟁 규모가 확대되고 무기의 살상력도 진보되자 전쟁은 더욱더 처참해지게 되었다. 뒤에 오면서는 단지 극소수의 승리자만이 이익을 얻을 수가 있었다. 일반 백성들은 죽음을 무릅쓰고 다른 사람과 싸우면서 목숨을 걸어야 하고, 자기의 집도 항상 재난을 당하여 폐허가 되었다. 그들에게 전쟁은 하나도 좋을 게 없었다. 예를 들면 춘추시대에 B.C.632-557년까지 진晉과 초楚가 중원의 패권을 다툰 75년간은, 진·초 양국의 백성들만이 피해를 입은 것이 아니라 인근의 작은 나라들도 그 고통을 깊이 겪어야만 했다. 그 사이에 정국鄭國은 자위를 위하여 다른 나라를 침략하였거나 혹은 진·초 두 패주霸主의 명령을 받고 참가한 전투가 70여 차례에 이르고 있다.(郭寶鈞, 銅器 : 183) 그밖의 작은 나라들도 이와 유사한 상황에 처했었다. 이처럼 전화가 빈번하자 백성들은 자연 전쟁을 싫어하게 되었다. 송宋나라의 화원華元이 제일 먼저 전쟁을 그만두자는 회의를 발기하여 병화를 완화하려고 하였다. 송의 향술向戌은 마침내 B.C.546년에 진晉·초楚·송宋·노魯·정鄭·위衛·조曹·허許·진陳·채蔡 등의 10국을 모아 진晉·초楚가 패권을 공평하게 나눈다는 협의를 달성하는 데 성공하였다. 이로써 정鄭·위衛 등의 소국은 55년간 끌어온 전화를 면하게 되었다.(郭寶鈞, 銅器 : 183) 이처럼 전쟁을 싫어하던 심정은 초장왕楚莊王의 무武자에 대한 새로운 해석에서도 살펴볼 수가 있다. 갑골문의 吀(무, 武)자는 본래 창[戈]을 잡고 뛰면서 무공武功을 찬양하던 악무樂舞를 표시하고 있거나, 혹은 창을 들고 위무당당한 기개로 걸어간다는 뜻이었다. 그러나《춘추좌씨전》에 기록된 초장왕의 해석은『대저 무武란 지止와 과戈가 모여 무武자가 되었다…… 무릇 무력은 횡포함을 막기 위하여 군대를 모으고, 큰 약정을 보호하며, 공을 정하고, 백성을 편안케 하며, 재물을 풍성하게 하는 것이다. 군대를 정돈하고 사열하여 제후에게 위세를 보이면 전쟁이 그치지 않겠는가 夫武, 止戈爲武…… 夫武禁暴, 戢兵·保大·定功·安民·和衆·豐財者也, 觀兵以威諸侯, 兵不戢矣』라고 하였다. 비록 그의 무武자에 대한 해석이 맞다고 할 수는 없어도 패주霸主조차도 전쟁에 대하여 부정적인 견해를 보이고 있으니, 하물며 직접 재난을 당하는 백성들은 말할 것도 없었다. 뒤에 진시황이 자신의 공덕을 과시하면서 전쟁을 끝낸 것이 으뜸가는 업적이라고 하였다. 불행하게도 위정자들은 모두 다른 사람을 자기 신하로 복종시키고 나서야 화평을 허락하므로 세상은 끝내 평화롭기가 어려웠다.

### 전쟁의 약탈

전쟁의 목적은 상대를 굴복시켜 자신의 생존을 보장받으려고 하는 것이다. 사람들은 처음에 종교·오락·자극 등의 원인으로 살인을 하였다.(Pearson, 인류학의 소개 : 356) 그러나 후세에 전쟁을 하는 주요 목적은 경제적 이익을 얻기 위해서였다. 예를 들면 《일주서》 세부편에는, 주무왕이 상을 멸하고 토지와 백성 외에도 오래된 보옥 1만4천 개, 패옥 18만 개를 얻었다는 기록이 있다. 상을 멸하려고 심혈을 기울인 것이 재물을 약탈하기 위해서라는 것을 명백하게 말해 주고 있다. 전쟁에 진 사람들은 세 가지 운명에 놓이게 된다. 가벼우면 고향에서 멀리 축출되고, 그 다음은 노예로 전락하며, 최악의 경우에는 죽음에 처해진다. 위에서 소개한 벌伐자는 사형에 처해질 적을 제사의 희생물로 삼는 것이다. 갑골문의 ■(괵, 馘)자는 눈으로 대표된 머리가 창 위에 매달려 있는 모습이다. 그것은 적을 죽일 수 있는 능력을 자랑하는 데 사용된다. 머리는 무거워 많이 휴대하기에는 불편하므로 중요하지 않은 적에 대해서는 단지 왼쪽 귀를 잘라서 적을 죽였다는 징표로 삼아도 상관없었다. 그러므로 뒤에 오면서 괵馘의 자형은 다시 귀로써 눈을 대신하게 되었다.(聝) 갑골문의 ■(취, 取)자는 손에 귀를 들고 있는 모양을 그리고 있다. 귀를 이미 손 안에 넣었으니 당연히 벌써 베어진 것이다. 적을 죽인 뒤에는 번거롭고 위험스러움을 꺼리지 않고 왼쪽 귀를 베었으니, 두말할 필요도 없이 상을 받기 위해서였다. 전국시대에 진秦에서는 사졸들이 적을 죽이도록 격려하기 위하여 머리를 벤 숫자로 논공행상을 하였으니, 이는 아주 오랜 습관에서 배워온 것이 틀림없다. 고대에 적의 머리를 베어 바치는 것은 아주 융숭한 경축 제전이었다. 《일주서》 세부편에는, 주무왕이 상을 멸한 후에 주의 종묘에서 네 차례에 걸쳐 적의 목을 바치는 전례典禮를 거행하였다고 기록되었다. 주왕조는 뒤에 와서도 자신들뿐만 아니라, 제후국에서 군사적인 승리를 거두었을 때에도 주의 종묘에 적의 목을 베어 바치는 전례를 올리도록 요구하였다.(楊希枚, 1956 : 110-14)

생산효율이 낮은 시대에는 한 농부가 생산한 것은 자기가 사용하고 나면 다른 사람에게 제공할 여분이 별로 없었다. 그때 전승자는 토지를 점령하고 재물을 약탈하였다. 그의 적은 죽이거나 혹은 멀리 쫓아버렸으며 결코 노동력을 제공하도록 남겨둘 생각은 하지 않았다. 그러나 생산방식이 진보되어 한 개인의 잉여생산물이 다른 사람의 수요를 공급하게 되자 점차 포로를 생산에 종사시킬 염두가 생겨나게 되었다. 상대에는 이미 포로로 잡은 장인을 생산에 종사하게 해야 할지 점을 쳐 물어본 예가 있다.(屯南 2148) 문제는 노예가 어느 정도 일을 맡아서 했는가 하는 것이다. 상나라 사람들은 이미 우경의 기술을 알고는 있었으나 대량으로 사용하지 않았으니, 당시 생산력이 별로 높지 않았고 인력도 흔했다는 것을 알 수 있다. 상나라 사람들은 아주 많은 노예를 부려야만 자기가 직접 일을 해야 하는 수고로움을 면할 수가 있었다. 그것은 아주 강력한 무력으로 압제하고 효과적인 관리제도가 있어야만 되었다.

### 범죄와 노예

갑골문의 ♀(부,孚)자는 한 손으로 한 아이를 잡고 있는 모습이다. 때로는 길(彳)을 덧붙이기도 하여, 그 일이 전장戰場이 아닌 길에서 생긴 일임을 표시하기도 한다. 《주역》 수괘隨卦에 『죄수가 길에 있다 有孚在道』고 하여, 노예를 데리고 행길에서 일하는 모습은 흔히 볼 수 있는 일이라는 것을 밝혀주고 있다. 어린아이들은 저항력이 적어서 줄로 묶을 필요가 없었으며, 또 믿고 일을 시킬 수가 있었고 도망치지 못하도록 크게 방비하지 않아도 되었다. 만일 어른이라면 줄로 묶거나 혹은 다른 물건으로 그의 저항능력을 제한해야만 했다. 갑골문의 ♀(해, 奚)자는 한 성인 남자 혹은 여자의 목을 줄로 묶어놓은 모습이며, 때로는 다른 손 하나가 줄의 한쪽 끝을 끌고 있기도 하였다. 고대에는 범죄자나 노복에게 강제노역을 시키는 일이 흔하였다. 만일 범죄자가 오만불손하면 끈으로 묶을 뿐만 아니라 거기에다 다른 형구를 채우기도 하였다. 갑골문의 ♀(집, 執)자는 한 범죄자의 두 손에 형구를 채워놓은 모습을 그리고 있다.(그림 17.31) 때로는 머리도 손과 함께 채우기도 하였다. 도망을 방지하기 위하여 감옥에 가둬놓기도 하였다. 갑골문의 ♀(어, 圉)자는 손에 수갑을 찬 죄수가 옥에 갇혀 있는 모습을 그려놓고 있다. 상대 복사에는 죄수가 탈옥하여 도망친 사고를 점친 것이 몇 번 있다.(齊文心, 1979 : 64-76 ; 胡厚宣, 1976 : 8-14)

주무왕이 상을 멸하고 잡은 포로 30만과 모든 상 유민을 노魯·연燕 등의 제후에게 나누어 내린 일로부터, 그 당시 전쟁포로를 생산에 종사시킨 경험이 상당히 보편적이었고 시일도 오래되었다는 것을 살펴볼 수가 있다. 그렇지 않다면 주나라 사람들은 이렇게 많은 반항능력을 갖고 있는 전쟁포로를 받아들일 수가 없었을 것이다. 옛부터 성난 백성들이 무리를 지어 반란을 일으킨 것은 모두 큰 공사가 시작되어 개별적인 통제가 어려울 때였다. 주가 상을 멸한 후에 수많은 상의 포로들을 시켜 낙읍洛邑의 건설을 순조롭게 완성하였으며 어떤 폭동사고도 생기지 않았다. 이것으로 본다면 반드시 효과적인 관리제도가 있었다고 생각된다. 일반적으로 주가 상을 멸하기 전에는 상보다 문명이 낮았다고 믿어진다. 주나라 사람들이 노예를 관리한 기술은 상보다 뛰어나지 않았으리라고 생각되며, 심지어는 상나라 사람들에게 배워온 것이다.

　상에서 노예를 관리하였던 기교를 주의 경우에 비추어 알아볼 수가 있다. 주는 상의 포로에게 엄한 형벌로 위협하기도 하고, 한편으로는 안무安撫하기도 하여, 노예의 작업능률을 향상시켜서 생산효과의 개선이라는 목적을 이루었다. 주에서 상의 포로를 관대하게 대한 사례는 《상서》 주고酒誥에서도 살펴볼 수가 있다. 주공周公은 강숙康叔에게 경계하기를, 상의 포로가 함께 술을 마셔 법을 어기면 먼저 타이르고 누차 권고하여도 고치지 않으면 비로소 형벌에 처하라고 하였다. 그러나 주나라 사람이 똑같은 법을 어기면 가련하게 여기지 말고 사형에 처하라고 하였다. 상나라 사람들도 포로에게 이와 유사한 조치를 취했을 것이라고 생각된다. 주가 상을 멸한 뒤에 모든 사람들을 전부 가장 비천한 노예로 만든 것은 아니며, 대부분의 관리체계를 유지하였다. 단지 다시 그 관리자를 자기의 통제하에 두었을 따름이다.(林正勝, 1979 b : 500－01) 문자에서도 상나라 사람들이 일찍이 똑같은 조치를 취했었다는 것을 살펴볼 수가 있다. 갑골문의 ▢(환,宦)자는 한 사람을 대표하는 눈이 감옥 속에 갇혀 있는 모습이다. 한 죄수가 관리자와 합작하기를 원하여 자기 동료의 감시를 돕는 사람이 되면 당연히 하급관리로 발탁될 가치가 있다. 환宦에 하급관리라는 뜻이 있는 것은 반드시 여기에서 유래되었을 것이다. 눈은 머리 부위에서 가장 영활하고 중요한 기관이므로 상형문자에서는 항상 눈이 머리 혹은 전신을 대표하고 있다. 갑골문의 ▢(신, 臣)자는 위로 치켜뜬 한 눈의 모양이다. 그것은 머리를 들어 위를 바라볼 때의 눈을 표시하고 있다. 낮은 곳에 위치한 하급자는 머리를 들어 높은 곳에 자리한 상급관리를 바라보아야 한다. 그러므로 신臣자에는 죄수 및 하급관리라는 두 가지 의미를 갖고 있다. 이 자의 창의創意는 굽신거리며 윗사람에게 복종하는 노예를 관리자로 발탁하였다는 것에서 비롯되었다.

### 형　벌

　한 사람의 조직이 있으면 구성원들에게 사회의 질서를 지키도록 요구하게 된다. 사회가 진보할수록 그 법규도 갈수록 복잡해지게 되었다. 법과 관습은 모두 사회의 제약이므로 사람마다 일정한 생활습관과 준칙을 준수하여 사회가 안정되고 분규가 생기지 않기를 바란다. 만일 한 사람의 행위가 사회의 허용범위를 벗어난다면 징벌을 받아야 하며, 다른 사람의 본보기로 삼게 된다. 사람들은 자기의 친족에 대해서는 최대한 용인해 줄 수가 있다. 그러나 이민족에 대해서는 더 중요한 이익을 위해서가 아니면 자비를 베풀고 정을 둘 필요가 없으므로 가장 엄한 징벌을 가하게 된다. 노예의 사용으로 한 사회의 형벌이 엄하게 강화되었다는 것은 의심할 여지가 없다. 본래는 이민족에 대한 잔혹한 형법이 점차 자기 종족에게도 사용되었다.

### 애꾸를 만드는 자할刺瞎의 형형

전투력이 있는 포로에게 반항능력을 감소시키는 것은 매우 요긴한 일이었다. 한 눈을 찔러 애꾸눈을 만드는 방법은 고대에 상용하던 수법이다. 애꾸눈의 시력은 두 눈처럼 시야가 넓지 못하여 전투력이 크게 낮아지나, 작업능력은 별로 감소되지 않는다. 갑골문의 바(장, 臧)자는 치켜 올려뜬 한쪽 눈이 창에 찔려 멀게 되는 모습을 그리고 있다. 한쪽 눈이 먼 포로는 반항능력이 크지 못하므로 주인의 뜻에 순종하는 것이 가장 좋았다. 주인에게는 순종이 노예의 미덕이었으므로 장臧에는 노복·선량의 두 가지 의미가 있다. 갑골문의 미(민, 民)자는 한 눈이 침에 찔려 애꾸가 되는 형상이다. 민民의 의미는 본래 죄를 범한 사람이었으나, 뒤에 오면서 평민 대중의 칭호로 바뀌게 되었다. 금문의 童(동, 童)자는 한 눈이 문신용 칼에 찔려 멀게 되는 모양과 성부 동東으로 만들어졌다. 지금은 다시 인人의 의부가 보태져 동僮자가 되었다.

어떤 연유에서인지 한쪽 눈을 찔러 애꾸를 만드는 방법이 뒤에 오면서는 사용되지 않게 되었다. 《상서》 여형呂刑에는, 주조周朝에 있었던 〈오형五刑〉의 형벌 3천 조를 말하고 있으며, 얼굴에 먹물을 들이는 자묵刺墨의 형 1천 조·코를 베는 할비割鼻의 형 1천 조·다리를 자르는 단각斷脚의 형 5백·거세去勢의 형 3백·사형 2백 조가 있다. 그러나 애꾸눈을 만드는 자할刺瞎의 형은 언급하지 않고 있다. 우리도 상대에 눈을 찔러 멀게 하는 형벌이 시행되었는지는 알 수가 없다. 그러나 주대의 오형五刑은 모두 갑골문에서 찾아볼 수가 있다. 그 형벌의 주요 대상은 이족異族 사람이었으며, 부득이한 경우가 아니면 자기 종족에게는 그런 형벌을 사용하지 않았다.

### 자묵刺墨

얼굴에 먹물을 들이는 형은 인체에 상해가 가장 경미한 처벌이다. 그것은 범법자에 대한 경고와 관용의 일종이며, 이 범위를 넘어서면 신체를 손상하는 형벌을 가하게 된다. 갑골문의 신(신, 辛)자는 문신용 칼의 상형이다. 신辛 부분을 포함한 자는 대부분 형벌의 일과 관계가 있다. 문신을 새기고 그 죄과를 드러내보이려고 하면 그 위에 검은 먹물을 들인다. 금문의 ☒(흑, 黑)자는 바로 얼굴 위에 문신으로 뜻을 표현하고 있다. 갑골문의 ☒(재, 宰)자는 집안에 문신을 하는 도구가 놓여 있는 형상으로, 집안에 있는 어떤 사람이 다른 사람을 처벌할 수 있는 권위가 있다는 것을 표시하고 있다. 자묵刺墨의 형을 내리는 사람이 비록 반드시 고관高官은 아니라고 할지라도, 형살刑殺의 권위를 지니고 있으므로 인신되어 죽이다[宰殺]·지배하다[宰制] 등의 의미가 있다. 이 자는 뒤에 일국의 정사를 다스리는 관리를 일컫는 말로 사용되었다. 금문의 ☒(죄, 辠)자는 문신용 칼과 코로 되어 있으며, 코에 먹물을 들인다는 뜻을 표시하고 있다. 그것은 범죄자가 받아야 하는 처벌이므로 범죄의 뜻이 있다. 갑골문의 ☒(첩, 妾)자는 여자의 머리에 먹물을 들인다는 뜻으로 지위가 낮고 천한 여자임을 표시한다. 갑골문의 ☒(복, 僕)자는 쓰레기를 버리는 일과 같이 잡무에 종사하는 남자의 머리에 먹물을 들였다는 뜻이다. 이런 천한 일은 원래 죄인들이 하던 것이었으나 뒤에 오면서 점점 가난한 사람들의 직업으로 변하게 되었다.

**육형肉刑**

자묵刺墨의 형벌은 비록 영원히 없앨 수 없는 치욕적인 표식이기는 하지만 신체에 상해를 입지는 않는다. 그러나 다른 형벌은 그렇지 않다. 비교적 가벼운 형이 코를 베는 것이었다. 갑골문의 ☒(의, 劓)자는 한 자루의 칼로 이미 코를 베어낸 모습을 그리고 있다. 금문의 자형에는 때로 비鼻 아래에 나무[木]가 그려져 있는 부호(☒)가 있는데, 이것은 대개 베어낸 코를 나무 위에 높직이 걸어놓아 다른 사람에게 경고한다는 뜻을 표시하고 있다. 갑골문의 ☒(월, 刖)자는 손에 톱을 잡고 한 사람의 다리를 잘라내는 형상을 본뜨고 있다.(그림 17.28) 톱으로 다리가 잘려지면 행동이 불편한 절름발이가 된다. 신체를 잘라내는 육형肉刑에 대하여 《한서》 형법지刑法志에서는 하우夏禹부터 시작되었다고 말한다. 중국의 역사에서 하우는 첫왕조의 창립자이다. 고고학적인 증거로도 그 당시 국가의 형식이 있었다고 한다. 이것은 국가의 건립과 엄한 형법의 시행은 서로 관계가 있다는 것을 표명하고 있다. 계급이 이미 형성된 용산문화에서는 묘에서 다리가 잘린 월형을 받은 흔적을 찾아볼 수가 있다.(그림 17.30) 육형의 징벌은 사회의 규제가 강화되었다는 사실을 반영하고 있다. 월형은 의형보다 문헌에 더 자주 보이고 있다. 복사에는 1백 명을 월형에 처할지를 물어본 것이 있다.(胡厚宣, 1973 : 115) 《춘추좌씨전》에는 제경공齊景公 때에 아주 많은 사람이 월형을 받아 나라의 저자거리에서는 신발

가격이 싸고 의족이 비싼 반대현상을 보였다고 기록하였다. 궁형宮刑은 생식기를 베어내어 생육生育을 할 수 없게 만드는 형벌이다. 자손에게 대를 잇게 하는 것을 중시하였던 중국인에게 그것은 아주 잔혹한 처벌이었다. 갑골문에는 칼로 남성 생식기를 잘라내는 형상의 글자가 있다.(그림 17.28) 가장 중한 형은 당연히 죽음을 당하는 것이다. 다른 사람들에게 경계하기 위하여 잘라낸 머리를 매달아 사람들에게 보였다. 금문의 ※(현, 縣)자는 지금의 현懸으로 나무에다 끈으로 묶어 사람의 머리를 걸어놓은 형상을 그리고 있다. 성문은 사람들이 출입하는 길로 가장 큰 전시효과를 거둘 수 있었으므로, 뒤에 오면서 성문이 효수梟首의 장소가 되었다.

### 법의 시행

법과 벌은 서로 보완하고 도우면서 이루어진다. 법은 한 사회의 사람들이 저마다 따르고 준수하는 행위준칙이다. 벌은 그 법이 순조롭게 시행되도록 유지하는 수단이다. 계급이 불분명한 사회에서는 한 성원에 대한 법과 벌의 적용에 차등이 없다. 법法자는 이런 이상을 반영하고 있다. 금문의 법法자는 신록神鹿이 정직하지 않은 자를 뿔로 받아버리며, 영원히 수평을 유지하는 물처럼 치우치지 않는다는 뜻이다. 그러나 계급이 분명한 시대에 오면 법은 점점 강자가 약자에게 가하는 규정이 되어 버렸다. 약자는 단지 규정을 이행하고 받아들일 책임만이 있었으며, 도전할 힘을 갖기가 어려웠다. 효율적인 통제를 유지하려면 한편으로 피지배자에게는 조금도 사정을 두지 않는 엄한 경과와 조치를 시행해야 했으며, 다른 한편으로 도전할 힘을 가진 귀족들에게는 너그러운 용서와 용인을 해야만 했다. 그러므로 《예기》 곡례曲禮에는 『일반 백성들에게는 예를 적용하지 않고, 대부에게는 형이 미치지 않는다 禮不下庶人, 刑不上大夫』는 말이 있다. 법을 저촉한 귀족에게는 재물로 속죄하도록 하여 신체상의 형벌을 면하도록 하였다. 서주시대의 한 이명匜銘에는 소귀족小貴族 하나가 채찍 1천 대와 자묵刺墨을 받아야 하는 잘못을 저질렀으나, 채찍 5백 대와 벌금만으로 너그럽게 용서한다는 기록이 있다.(龐懷淸, 1976 : 40-44 ; 唐蘭 1976 : 58-59) 특권이 없던 일반 백성들에게는 이러한 행운이 주어지지 않았다.

권위는 결코 완전히 도전할 수 없는 것만은 아니었다. 만일 그것이 용인할 수 있는 정도를 벗어나면 곧 반항이 일어나게 된다. 권력을 장악한 자는 허용될 수 있는 최대한도의 권위를 얻으려고 한다. 피지배자는 당연히 최대한으로 그 통제를 벗어나려고 한다. 이로 인하여 각시대의 법칙에는 쌍방이 끊임없이 투쟁하고 용인하면서 쌍방이 받아들일 수 있는 서로 다른 정도의 준칙을 얻게 된다. 국가에서 계급이 생기게 된 초기에는 전투가 귀족계급의 주요 권리이자 의무였다. 춘추시대 이래로 전쟁이 빈번해지자 군사의 수요도 날로 많아지게 되었으며, 무사의 지위도 갈수록 쇠미해지고 계급의 경계선도 점차 소홀해지게 되었다. 한편으로는 사회가 편안하고 산업이 발달해야 비로소 다른 국가와 강대함을 다툴 수 있게 되었다. 다른 나라보다 강하려면 위정자는 부득이 국내 백성들과 협력해야 되고 갖가지 양보를 해야 했다.(陳啓天, 1960 : 840-48) 이로 인하여 어떤 군주들은 점차 법률 조문을 반포하여 관민官民이 함께 지키는 준칙으로 삼아 백성의 합작을 취하게 되었다. 본래 법률은 단지 귀족이 아래 백성들을 진압하기 위하여 자기가 원하는 대로 만들어 놓은 처벌의 법칙이었다. 그것이 점차 바뀌어져 백성이 그 다스림을 받아들이는 협약이 되었고, 마침내는 관민이 함께 지켜야 하는 조례가 되었다. 비록 이런 조문 또한 아주 공평한 것은 아니었으나, 통치자가 원하는 대로 일을 처리했던 시대보다는 매우 진보한 것이다.

### 법가法家

중국 고대의 학술사상 중에서 법가는 아주 중요한 학파이다. 법률이 비록 법가가 관심을 둔 주요 문제는 아니었다고 하지만(Creel, 1961 : 607-36) 법률은 도리어 법가가 강국에 도달하려는 목적이 되어 발전하게 되었다. 동주시대에 형법서를 제작하고 반포한 사람은 모두 법가학파의 정치가라고 말할 수 있다. 법가는 과거의 인치철학人治哲學에 동의하지 않고 법으로써 죄를 다스려야 한다고 강조하였으며, 그렇게 하면 백성이 믿고 죽는다 해도 원망하지 않게 된다고 하였다. 만일 백성들로 하여금 행사준칙의 소재를 알도록 한다면, 심지어 관리가 위법을 하였다 해도 백성 또한 군주를 대신하여 감독하고 그 위법은 저지할 수 있다고 한다. 이와같이 하면 속이고 아첨하는 무리들이 군주를 기만할 수가 없게 된다. 비록 중간 정도의 군주라도 상벌이 분명한 법률이 있으면 간단하게 국가를 통치할 수 있을 뿐만 아니라, 내정의 혼란을 일으키지 않아 국가의 패망에 이르지 않는다고 하였다.(陳啓天, 1969 : 849-60) 법가의 법은 비록 상벌이 분명하고 사사로움에 치우치지는 않았으나 중형으로 백성들을 위협하여 죄를 범하지 않도록 하려는 의도에 편중되었고, 자애로운 교화의 도를 소홀히 하였다. 법가의 학술은 비록 일시의 효과는 거둘 수 있으나, 백성들은 장기간의 압제를 참을 수가 없으면 반란을 일으키게 된다.

| 商 甲骨文 | 周 金文 | 秦 小篆 | 漢 隸書 | 現代 楷書 |
|---|---|---|---|---|
| (갑골문) | (금문) | (소전) | (예서) | 兵<br><br>두 손으로 자루가 달린 돌도끼를 들고 있으며, 바로 병기라는 뜻이다. |
| (갑골문) | (금문) | (소전) | 弓 弓 | 弓<br><br>활의 형상으로, 시위를 잡아당기고 있거나 혹은 그냥 놓아둔 상태. |
| (갑골문) | | (소전) | 彈 彈 | 彈<br><br>돌을 시위에 얹어 쏘려는 모양. |
| (갑골문) | | (소전) | (예서) | 矢<br><br>화살의 상형. |

| 商 甲骨文 | 周 金文 | 秦 小篆 | 漢 隸書 | 現代 楷書 |
|---|---|---|---|---|
| | | | | 侯<br><br>화살을 쏘아 과녁에 맞은 상태를 그리고 있다. |
| | | | | 箙 備<br><br>개방식의 전통 모양으로 수시로 화살을 꺼내어 발사할 준비를 갖추고 있다는 뜻이다. |
| | | | | 函<br><br>화살을 필요할 경우에 열 수 있는 함 속에 넣어 두고 있다. |
| | | | | 戈<br><br>자루가 달렸으며 가늘고 긴 날의 병기의 형상. |

| 商 甲骨文 | 周 金文 | 秦 小篆 | 漢 隸書 | 現代 楷書 |
|---|---|---|---|---|
| | | | | 戍 한 사람이 창을 들고 변경을 지키러 가는 모습. |
| | | | | 戒 두 손으로 창을 들고 전쟁을 맞이하여 경계를 한다는 뜻이다. |
| | | | | 伐 창으로 한 사람의 머리를 자른다는 뜻을 나타내고 있다. |
| | | | | 戉 자루와 둥근 날을 한 병기의 상형. |
| | | | | 戊 자루와 가늘고 길며 평평한 날을 가진 병기의 상형. |

| 商 甲骨文 | 周 金文 | 秦 小篆 | 漢 隸書 | 現代 楷書 |
|---|---|---|---|---|
| | | | | 戌 <br><br> 자루에 가늘고 길며 평평한 날이 달린 병기의 상형. |
| | | | | 矛 <br><br> 창의 상형. |
| | | | | 我 <br><br> 날 부분이 톱날 모양을 한 의장용 무기의 상형. |
| | | | | 義 <br><br> 끝부분에 갈고리 모양의 장식을 한 아我형 의장용 무기의 상형. |

| 商 甲骨文 | 周 金文 | 秦 小篆 | 漢 隸書 | 現代 楷書 |
|---|---|---|---|---|
| 十 田 | 十 田 田 | 甲 | 甲 | 甲 <br> 교차된 형상. |
| ᄇ ᄇ ᄇ <br> ᄉ ᄉ | Y Y <br> Y | 半 | 干 干 | 干 <br> 공격 무기를 겸한 방패의 상형. |
| 車 車 車 <br> 知 | 🯄 | | | <br> 한 사람이 두 손에 창과 방패를 나누어 들고 있는 모양. |
| 夵 夵 <br> 夵 夵 <br> 夵 夵 | 夵 | 衣 | 卒 | 卒 <br> 모종의 수많은 갑편을 이어서 만든 의복이라는 뜻을 나타내고 있다. |
| 仌 仌 <br> 仌 | | 兀 | 木 | 介 <br> 한 사람이 몸에 작은 갑찰甲札로 만들어진 옷을 입고 있는 형상. |

| 商 甲骨文 | 周 金文 | 秦 小篆 | 漢 隸書 | 現代 楷書 |
|---|---|---|---|---|
| | | | | 族 |
| | | | | 동일한 기치 아래에 모인 전투단위라는 뜻이다. |
| | | | | 旅 |
| | | | | 동일한 기치하에 많은 사람이 모인 대집단이라는 뜻을 나타내고 있다. |
| | | | | 中 |
| | | | | 기치가 세워진 곳이 사람이 생활하는 중심점이라는 뜻을 나타낸다. |

| 商 甲骨文 | 周 金文 | 秦 小篆 | 漢 隸書 | 現代 楷書 |
|---|---|---|---|---|
| | | | | 馘 |
| | | | | 눈을 대표로 하는 머리가 잘려져 창 위에 걸려있다는 뜻을 나타내고 있다. |
| | | | | 取 |
| | | | | 귀를 취하여 손에 들고 있는 형상을 본뜨고 있다. |
| | | | | 孚 俘 |
| | | | | 손으로 아이를 잡고 있으니, 그 아이를 노예로 만들었다는 뜻이다. 혹은 이 일이 길에서 일어나기도 한다. |
| | | | | 奚 |
| | | | | 성년 남자나 혹은 여자가 결박된 형상으로 다른 사람에게 제압을 받아 노예가 되었다는 뜻이다. |

| 商 甲骨文 | 周 金文 | 秦 小篆 | 漢 隸書 | 現代 楷書 |
|---|---|---|---|---|
| | | | | 執 |
| | | | | 범죄자의 목이나 혹은 머리에 형구를 채운 모습. |
| | | | | 圉 |
| | | | | 형구를 찬 범죄자가 옥 속에 갇혀있는 모습. |
| | | | | 宦 |
| | | | | 사람을 대표하는 눈이 옥 속에 갇혀있는 모습으로, 죄인 중에서 관리자로 뽑힌 하급관리라는 뜻이다. |
| | | | | 臣 |
| | | | | 곧추세운 눈으로 머리를 들어 상사를 쳐다보는 사람이라는 뜻을 나타낸다. |

| 商 甲骨文 | 周 金文 | 秦 小篆 | 漢 隷書 | 現代 楷書 |
|---|---|---|---|---|
| 臣 臣 臣 臣 | 臧 臧 | 臧 | 臧 臧 臧 臧 | 臧<br>한 눈이 찔려 멀게 된 모습으로, 반항능력을 상실하였기 때문에 주인에게 순종하는 좋은 노예라는 뜻이다. |
| 甲 甲 甲 甲 | 甲 甲 甲 | 民 | 民 民 民 | 民<br>한 눈이 찔려 멀게 된 죄인이라는 뜻을 나타내고 있다. |
| | 童 童 童 | 童 | 童 | 童<br>형성자, 의부는 한 눈이 문신용 칼에 찔려 애꾸가 된 노복이고, 성부는 동東이다. |
| 宰 宰 宰 宰 | 宰 宰 宰 宰 | 宰 | 宰 宰 | 宰<br>집 안에 자자刺字하는 도구를 두고 있으니, 척살의 권위를 관장하고 있다는 뜻을 나타낸다. |
| | 辜 | 辜 | 辜 辜 辜 | 辜<br>코에 자자하는 칼로 묵형墨刑을 받은 죄인이라는 뜻을 나타내고 있다. |

| 商 甲骨文 | 周 金文 | 秦 小篆 | 漢 隸書 | 現代 楷書 |
|---|---|---|---|---|
|  |  |  |  | 妾 |
|  |  |  |  | 묵형을 받은 지위가 천한 여자라는 뜻을 나타내고 있다. |
|  |  |  |  | 僕 |
|  |  |  |  | 먹물을 드리는 형벌을 받고 쓰레기 치우는 일을 하는 노복이라는 뜻을 나타내고 있다. |
|  |  |  |  | 劓 |
|  |  |  |  | 코를 베는 형을 받았거나, 혹은 베어낸 코를 나무에 걸어 사람들에게 보인다는 뜻을 나타낸다. |
|  |  |  |  | 縣 |
|  |  |  |  | 사람의 머리를 끈으로 묶어 나무에 걸어놓은 모습을 그리고 있다. |

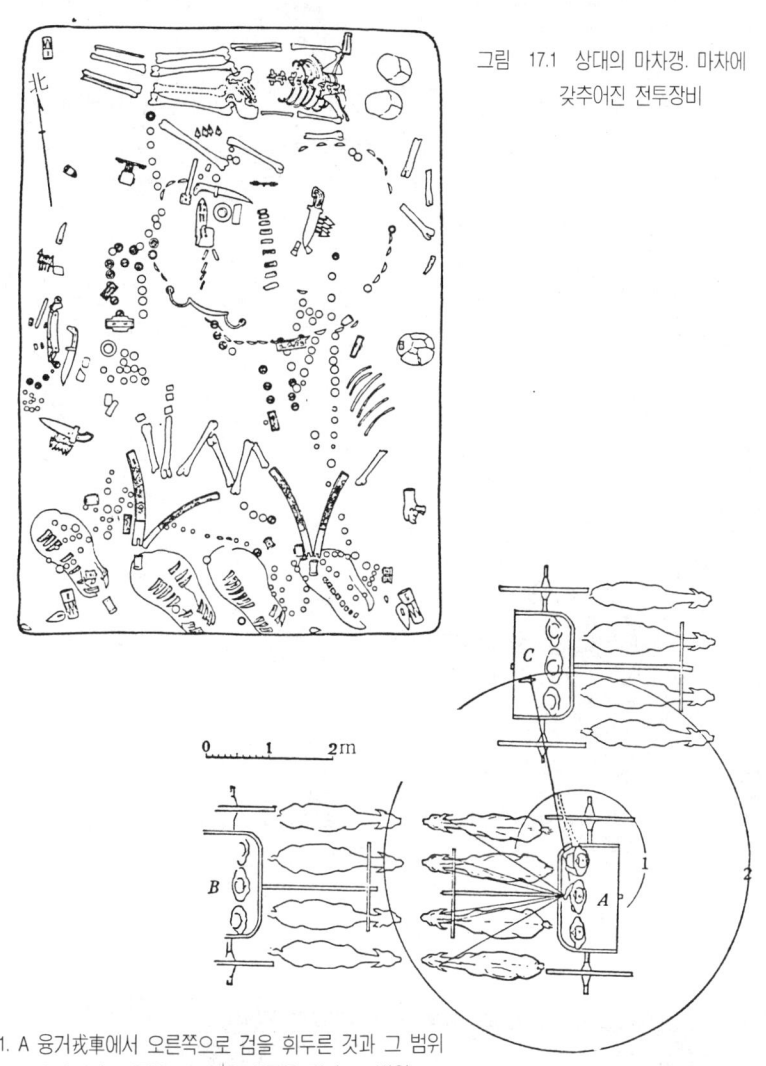

그림 17.1 상대의 마차갱. 마차에 갖추어진 전투장비

1. A 융거戎車에서 오른쪽으로 검을 휘두른 것과 그 범위
2. A 융거에서 오른쪽으로 창을 휘두른 것과 그 범위

  A와 B가 서로 대치하였을 때에는 창이나 검 모두 B마차의 승무원에게 상해를 입힐 수가 없다.
  A와 C의 마차의 굴대가 서로 얽혔을 때는 창(戈)으로 C마차의 승무원에게 상처를 입힐 수가 있으나 검으로는 할 수가 없다.

그림 17.2 전차에 사용된 긴 과戈의 설명도

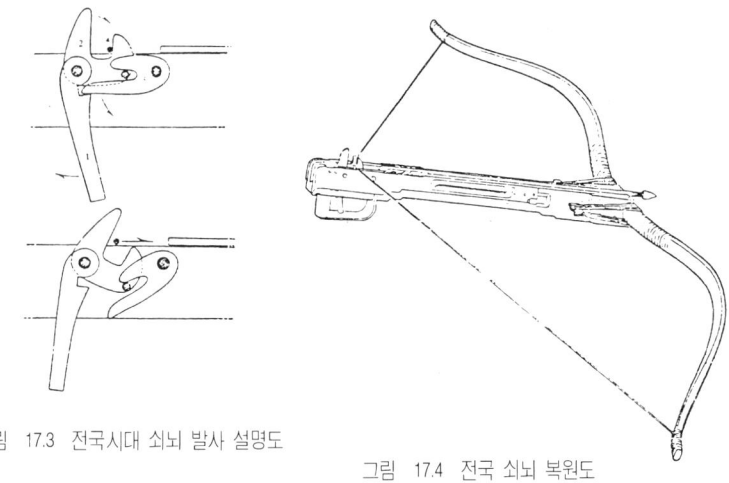

그림 17.3 전국시대 쇠뇌 발사 설명도

그림 17.4 전국 쇠뇌 복원도

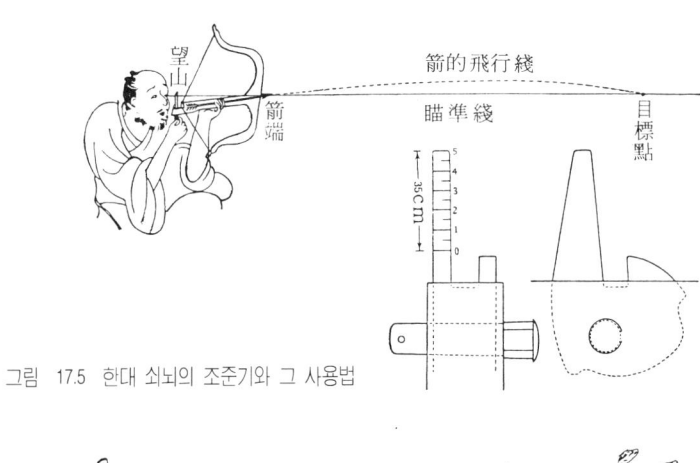

그림 17.5 한대 쇠뇌의 조준기와 그 사용법

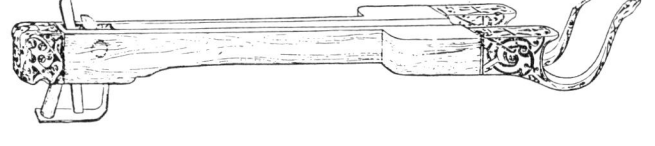

그림 17.6 전국 쇠뇌에 부착되어 있는 조준용의 승궁기承弓器 복원
(저자주 : 복원에 잘못이 있다. 승궁기는 승노기承弩器라고 해야 했으며
수레의 부속품이지 쇠뇌상의 부속품이 아니다.

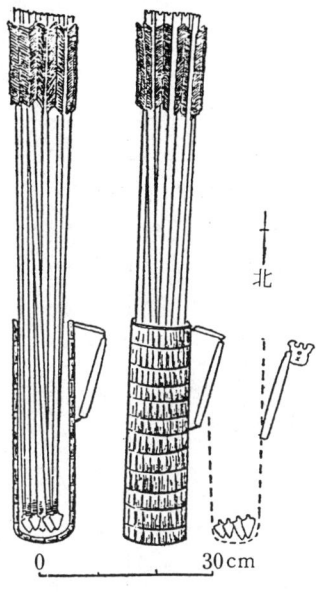

그림 17.7 상대 전통의 복원

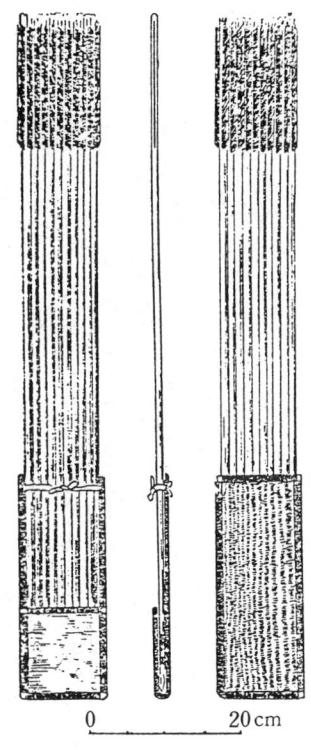

그림 17.8 상대 전통의 복원

그림 17.9 상대 공격용 무기가 부착되어 있는 방패

그림 17.10 상대 한묘속에서 대량의 과모戈矛 및 투구가 출토되었다.

A(이곳의 과戈 또한 한 줄로 놓아있었으며 창끝이 서쪽을 향하고 있었다.)
B(이 구역 하층에는 모矛가 아주 많았으며 창끝이 북쪽을 향하고 있었다.)

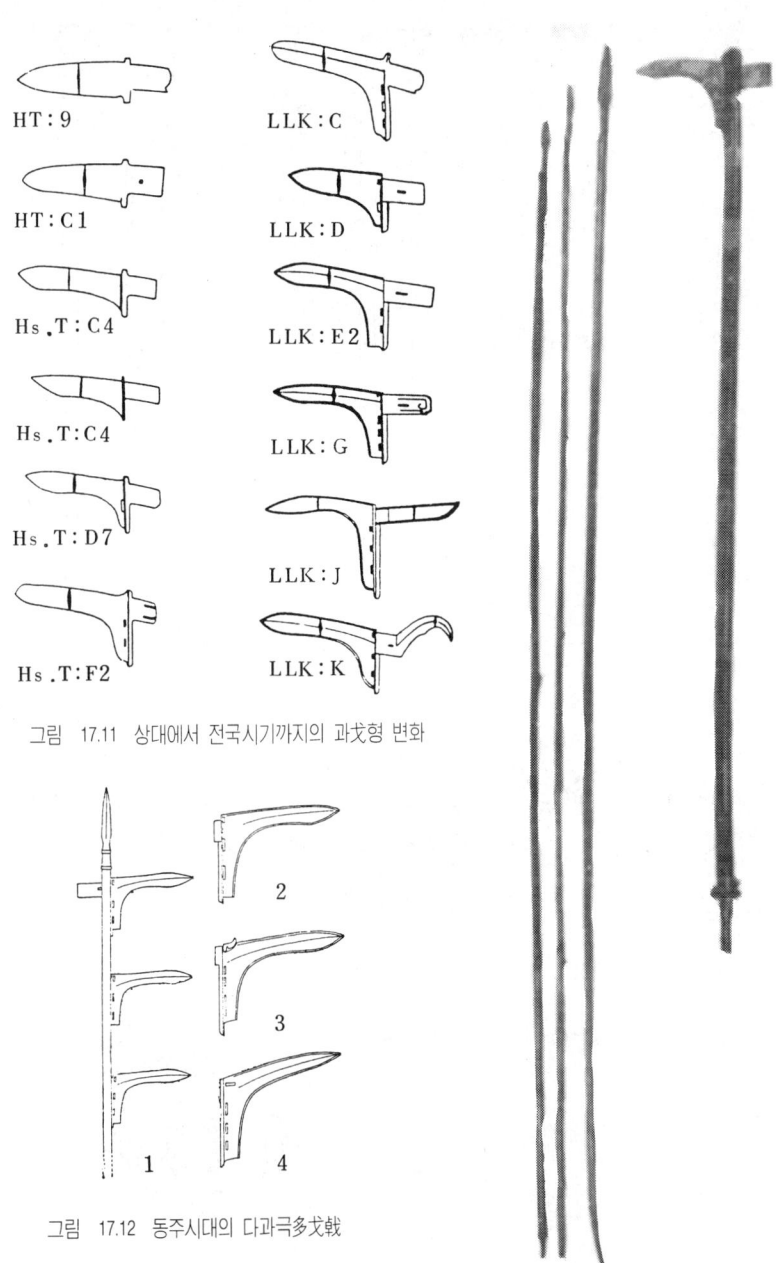

그림 17.11 상대에서 전국시기까지의 과戈형 변화

그림 17.12 동주시대의 다과극多戈戟

그림 17.13 춘추 말기의 모矛 및 단병短柄의 과戈

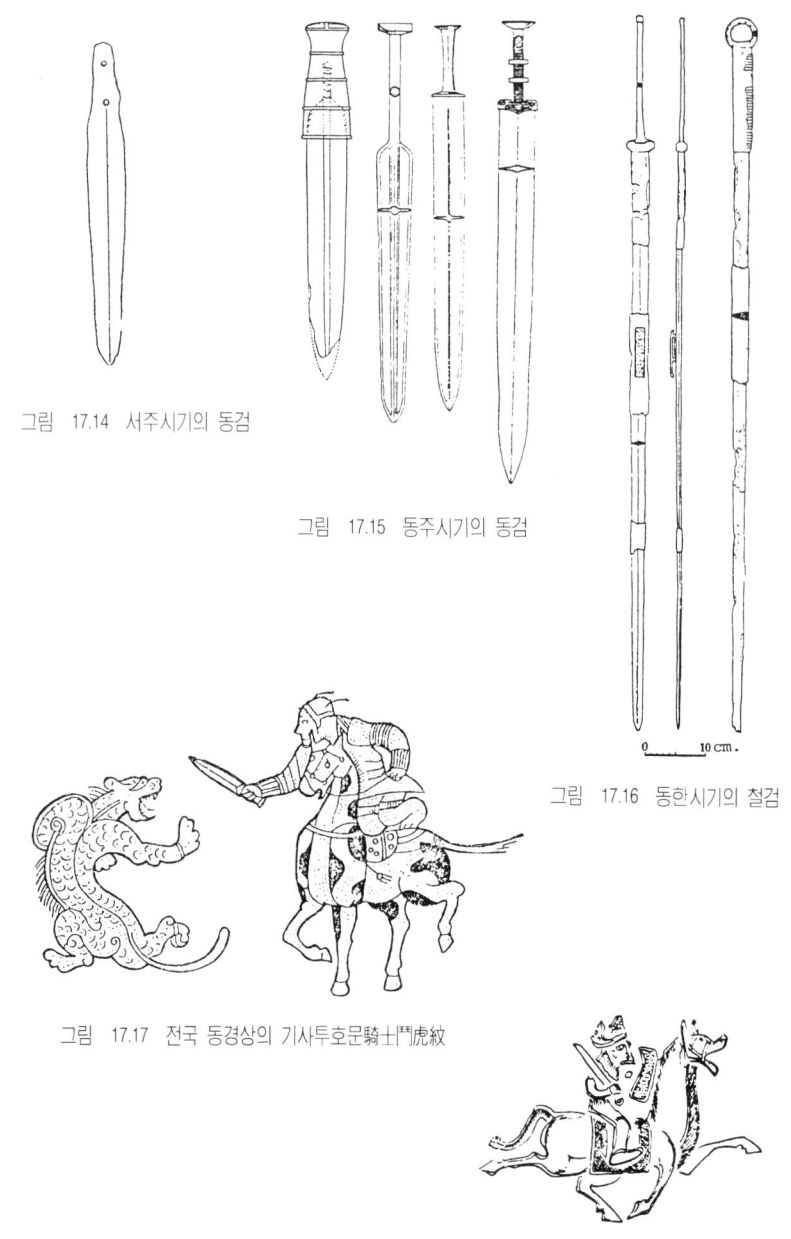

그림 17.14 서주시기의 동검

그림 17.15 동주시기의 동검

그림 17.16 동한시기의 철검

그림 17.17 전국 동경상의 기사투호문騎士鬪虎紋

그림 17.18 동한東漢 화상석의 칼과 방패를 든 기병도

그림 17.19 운남 동고상의 문양에서 어떤 것은 농기구를 병기로 쓰고 있다

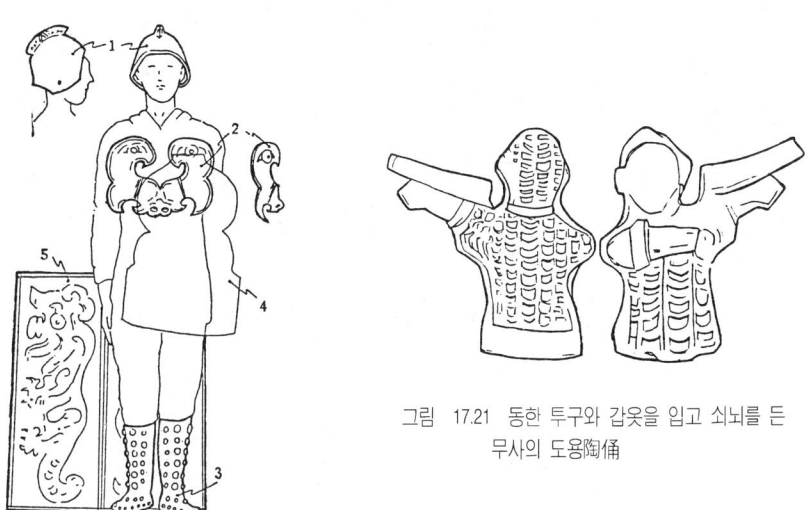

그림 17.21 동한 투구와 갑옷을 입고 쇠뇌를 든 무사의 도용陶俑

그림 17.20 상주시기 마차 승무원의 보호장비

그림 17.22 한대 화상석의 무사장비

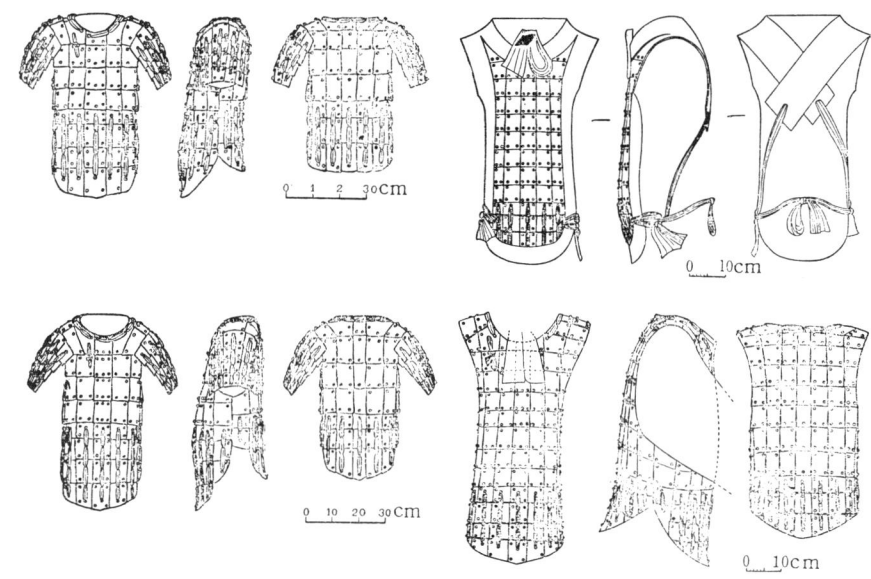

그림 17.23 진秦 무사도용의 몸에 걸치고 있는 갑주 형식

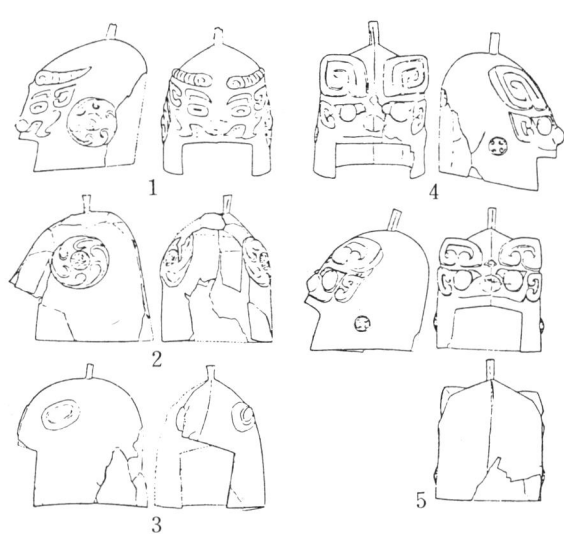

그림 17.24 상대의 동투구

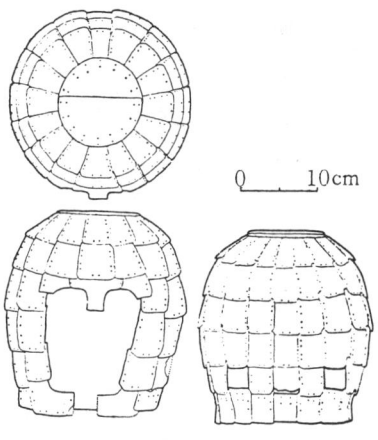

그림 17.25 전국시대의 철투구

그림 17.26 서주 동력銅鬲 상에는 월형을 받은 자가 문을 지키고 있다.

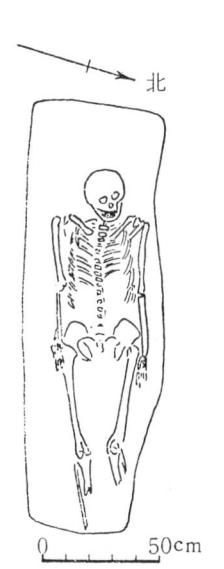

그림 17.27 용산문화 묘장 중에 월형刖刑을 받은 사람

그림 17.28 상대 수갑이 채워진 범죄자의 도용

그림 17.29 갑골문의 형벌에 관한 자들

# 제18장

## 제사와 미신

## 제사와 미신

상대 이전에 한 국가나 부족에서는 〈제사〉와 〈전쟁〉보다 더 중요한 일이 없었다. 흔히 제사를 전쟁의 필요보다 앞에 놓았으며 생산에서 일어나는 손실에 대해서는 고려를 하지 않았다. 예를 들면 상나라 사람들은 우경牛耕으로 인력을 절감하고 생산량을 증가하려고 하지 않았다. 왜냐하면 소는 제사와 전쟁에 쓰이는 중요한 가축이었기 때문이었다. 상왕이 점을 쳐 물어본 대부분이 이 두 가지 일에서 비롯되었다. 군사는 유형의 전투이고 제사는 무형의 전투라고 볼 수 있다. 전투는 유형의 무력을 사용하여 적을 쫓아내어 자기 생존의 안전을 보증하였다. 제사는 무형의 영적인 힘을 빌어 다른 종족과 서로 싸우거나 혹은 요사한 기운의 해침을 받지 않도록 자기를 보호해 주었다. 이 둘은 안전을 구하는 목적에는 일치하고 있다. 전쟁은 시간성이 있으나, 형체가 없는 영적인 힘과의 전투는 도리어 수시로 진행되어야 했다. 이 둘을 비교해 보면 고인들은 제사를 더 중시하였던 것 같다.

눈으로 볼 수 없으면서도 존재하는 영계에 대하여 원시인들은 모두 경외하고 숭배하였으며, 그것은 고대 중국인들도 예외가 아니었다. 갑골 각사에서 점을 쳐 물어본 제사의 대상으로부터, 상나라 사람들이 자연계의 바람·구름·비·천둥·산·강·돌·나무·동물, 그리고 세상을 떠난 사람 모두에게 신령이 있다고 믿었다.(張秉權, 1978 : 447) 이들 신령의 위력은 비록 차이가 있으나 모두 사람들에게 재난을 가져다 줄 수가 있었다. 만일 재난을 내리거나 혹은 복을 내릴 수 있는 어느 신령에게 어떤 제물을 바쳐야 신을 기쁘게 할 수 있는지를 안다면, 신을 제사지내면서 가장 뛰어난 효과를 거둘 수 있을 것이다. 점복의 목적은 바로 이런 것에 대한 정확한 해답을 얻기 위해서이다.

원시종교의 산생은 주위 현상에 대한 몰이해에서 비롯되었던 것이다. 예를 들면 고인들은 해와 달이 번갈아 뜨고 사계절이 바뀌는 데는 모두 일정한 규칙이 있다는 것을 살피고는, 인간이 볼 수 없는 세계 속에서 신이 이를 제어하고 있다는 상상을 하게 되었다. 그들은 초목과 금수가 죽고 사는 것을 보자 또한 그 안에 정령이 깃들어 있다고 상상하게 되었다. 자연계에는 이해할 수 없는 수많은 현상이 존재하고 있으며, 그 위력 또한 기이하게 커 인력으로는 항거할 수가 없었다. 이로 인하여 경외스러운 생각이 일어나게 되었다. 정령은 비록 볼 수가 없었으나 또한 사람과 마찬가지로 거주하는 곳이 있다고 여겼다. 숭배자들은 외경스런 마음을 기탁할 수 있는 구체적인 물건을 필요로 하게 되었다. 이에 수많은 자연현상과 주위의 사물이 연계되어 외경스런 마음을 기탁할 수 있는 수많은 숭배물들이 만들어지게 되었다. 어떤 것은 자연적인 수목이나 돌을 사용하기도 하였고, 어떤 것은 이들 재료에 모양을 부여하기도 하였다.

중국 문자에서 시示는 신과 관계된 하나의 의부義符이다. 제사·귀신과 관계가 있는 의미는 대부분 이 부호로 표현되고 있다. 갑골문의 ⍑(시, 示)자는 어떤 모양을 지닌 숭배물의 형태를 본뜨고 있다. 비록 시示가 도대체 어떤 물건인지 정확하게 설명할 수는 없지만, 아마 신령이 기거하는 곳이라고 상상했던 높고 평평한 신단神壇이었을 것이다. 시示는 혈족 신령의 서식처이지 자연계의 신령을 모시는 곳으로 쓰이지는 않았을 것이다. 그것이 대표하는 모든 신들은 비교적 후기의 일이다. 갑골문의 ⍲(종, 宗)자는 시示가 한 건축물 안에 모셔져 있는 모습이다. 이 건축물은 신령이 깃든 곳으로 사람들이 숭배하는 장소였다. 종宗은 동성同姓 사이의 호칭이다. 동성은 동일한 선조에 근원을 두고 있으며, 동일한 종묘宗廟에서 제사를 거행한다. 이 자는 조상의 신령이 계신 묘당을 표시하고 있는 것이 분명하며 자연계의 신령을 숭배하던 곳은 아니었다. 그러므로 시示는 조상의 신령이 계신 곳이지 자연계의 신령이 있는 곳은 아니었다.

### 신령의 거처

신령이 깃들어 있는 숭배물은 종족과 지역에 따라서 숭배물도 달라진다.(그림 18.1-3) 상의 선조가 깃든 곳은 아마 나무로 만들어졌을 것이다. 상나라 사람들은 나라가 망한 후에도 그들의 전통적인 조상숭배를 유지하기 위하여, 주周에서 그들에게 송宋나라를 세우도록 해주었다. 갑골문의 ⍲(송, 宋)자는 사당 안에 나무가 세워져 있는 상태이다. 《설문해자》에는 송宋의 정의를 기거한다는 뜻이라고 하였다. 그 뜻은 선조의 신령이 기거한다는 뜻에서 왔을 것이다. 오늘날 중국인의 신주인 위패는 나무로 만들어졌으니 그 연원이 아주 멀다고 할 수 있다.(凌純聲, 1959 : 13-18) 토지의 신령은 숭배 지점이나 씨족에 따라서 나무·돌 등의 서로 다른 재료를 쓴다. 《논어》 팔일八佾에는, 하대夏代에는 소나무·상商은 잣나무·주周는 밤나무를 사신社神으로 삼았다고 하였다. 그러나 어떤 판본은 노애공魯哀公이 물어본 것은 삼대三代의 신주제도 즉 조상의 위패였지 사社의 제도가 아니었다고 한다. (兪偉超, 1973 : 295 註3 ; 考古所資料室 1972 : 56) 그러므로 《회남자》 제속편齊俗篇에 『은나라 사람의 예는 사신社神에 돌을 사용한다 殷人之禮, 其社用石』고 하였다.

강소 동산銅山 지역의 상대 유적에서 상나라 사람들이 네 개의 큰 천연석으로 사직신의 터를 만든 게 발견되었으며, 아울러 사람을 죽여 희생으로 바친 제사의 흔적이 있었다.(兪偉超, 1973 : 296-97 ; 王宇信, 1973 : 55-58)(그림 18.6)

### 제 사

믿을 만한 증거가 없는 사물은 오랫동안 사람들의 깊은 신앙을 얻을 수는 없다. 수많은 자연계의 현상들이 지금은 과학적인 해석으로 어떤 신비스러움도 없다고 여겨지게 되었다. 바닷속에 신선의 누각이 보이는 현상은 광학의 반사작용에서 생긴다.(張星娘, 1944 : 11-13) 그러나 과학적인 해석방법이 없었을 적에는 그 존재사실을 부인하기가 어려웠다. 사람들의 억지 해석이 때로는 합리적으로 들리기도 할 뿐만 아니라, 심지어는 확실히 그렇게 보여져 사람들의 신앙을 굳게 만들었다. 사람들은 감언이설을 받아들이게 되고, 때로는 경건하게 기도를 드린 후에 희망하던 일이 정말 실현되기도 하자, 신이란 결코 허무맹랑한 것이 아니라고 여기게 되었다. 정령은 사람이 상상한 것이고, 어떤 것은 사람이 죽은 후에 변한 것도 있었으니, 자연히 정령들이 사람과 같은 욕구를 갖고 있다고 상상하게 되었다. 이로 인하여 복을 내려주도록 즐겁게 해줄 방법을 생각하게 되었다. 이 때문에 제사란 행위가 생겨나게 되었다. 갑골문의 ◯(제, 祭)자는 손에 고깃국물(혹은 핏물)이 떨어지는 고깃덩이를 들고 있는 모양이며, 이것으로 신령에게 바치는 제사 행위를 표시하고 있다. 뒤에 오면서 창제 의미가 그리 명확하게 드러나지 않는다고 여겨지게 되자, 제사의 의부義符인 시示를 첨가하게 되었다.(◯) 제사를 올려 최고의 효과를 얻기 위해서는 여전히 정복貞卜의 형식을 사용해야 했다. 그 신령께서 복을 내려주실지 아니면 재난을 내리실지를 확정하고, 어떤 제물을 바쳐야 신을 즐겁게 해드릴 수 있을지를 알아야 했다. 상대 복사로부터 분명하게 살펴볼 수 있는 것은 범인들이 좋아하는 물건, 예를 들면 주효酒餚·미식美食·가무와 음악·마차·패옥 등의 보물은 물론 심지어는 사람까지도 희생의 제물로 바쳤다는 것이다.(張秉權, 1968 : 185-225)

### 무축巫祝

신령은 직접 사람들에게 말을 할 수가 없다. 어떻게 하면 우리의 원망願望을 위에 알릴 수 있고, 어떻게 하면 신령의 지시를 들을 수 있을까 하는 문제는 아주 중요한 일이었다. 만일 어떤 사람이 이런 일들을 할 수가 있다면, 모든 사람의 신뢰를 얻을 수 있으며, 다른 사람들보다 뛰어난 사회적 지위와 명망을 누릴 수가 있었다. 이런 사람들이 무巫와 축祝이다. 갑골문의 ⊞(무, 巫)자는 무술巫術을 행하는데 필요한 도구의 상형이다. 금문의 ◯(서, 筮)자는 두 손에 무巫형의 도구를 잡고 점을 치는 동작이다. 서筮는 두 손으로 시초蓍草나 혹은 죽책竹策을 연산하여 점을 치는 방법을 표시하고 있다. 이미 16장에서 소개했던 것처럼 무당은 점복을 직업으로 삼는 사람이다.

상대의 무는 생전에는 특이한 능력이 있어서 신과 통할 수 있었으므로 존경받는 사람이었으며, 사후에도 신령이 되어 제사를 받았다.(林巳奈夫, 1967 : 210-19) 복사에서 제사를 받는다고 언급한 무당에는 동무東巫·북무北巫·사무四巫·구무九巫 등이 있다.(陳夢家, 綜述 : 590) 사방에는 모두 무의 신령이 있었다고 생각된다. 상대 복사에서는 흔히 무巫에게 제사를 올리고 바람이 잘지를 묻고 있으니, 분명히 무巫는 풍우를 조절하는 마력이 있었다고 여겨졌음이 분명하다. 전국시대에 와서도 무의 직무는 여전히 춤으로 비를 빌어 가뭄을 해소하고, 질병을 고치며, 상사喪事나 제사시에 귀신과의 연락을 맡고 있었다.(林巳奈夫, 1967 : 210)

갑골문의 ◯(축, 祝)자는 한 사람이 조상의 신위 앞에 꿇어앉아 혹은 입을 벌려 기도 하고, 혹은 두 손을 앞으로 내밀고 기도하는 모습을 본뜨고 있다.《설문해자》에서는 무巫의 정의를 『축祝이다. 여자가 무형의 신을 섬기고 춤으로 신을 내리게 하는 자이다 祝也, 女能事無形, 以舞降神者也』고 하였으니, 무와 축의 구별이 단지 성별을 표시하는 것처럼 보인다. 그러나 상·주의 문헌을 살펴보면 무와 축의 일은 원래 아주 서로 다른 것이었다. 축祝은 문헌에서 대부분 기도한다는 동사로 쓰였으며, 기도하는 대상도 선조의 신령을 위주로 하고 있다.(王恆餘, 1961 b : 118) 선조 신령의 능력은 자연계의 신보다는 뒤떨어지고 축의 지위도 무보다는 낮았을 것이라고 여겨진다. 전국시대에 오면 축의 신분이 상승되어 이미 무보다 위에 있었다. 그러나 직무는 여전히 기도를 위주로 하고 있으며, 귀신과 소통하는 능력은 거의 갖추고 있지 않았다. 이것은 사람들의 미신의 정도가 감소되었다는 표시이다.《주례》소축小祝에 언급된 기도를 올리는 범위는 복과 풍년을 기원하고 때아닌 비·강풍·병화兵禍·질병 등을 막기 위한 것이었다.

### 제사의 대상

상대에는 아주 많은 종류의 제사가 있었으며, 더욱이 조기에는 제사의 대상·응용된 예의·제사에 바친 희생들이 너무 많아 세기 어려웠다. 당시에는 제사가 아주 신중하게 행하여졌으며, 최고의 효과를 얻기 위하여, 제사과정의 세세한 절차에 대하여 일일이 점을 쳐 정확한 답안을 얻고 있다. 예를 들면 어느 신령에게 어느 날·어느 시·어느 곳에서 누가 제사를 주지하고, 어떤 의례를 사용하고, 희생은 얼마나 되며, 짐승을 죽이는 데는 무슨 방법을 쓸 것인지, 땅에 묻느냐, 강 속에 빠뜨려야 하느냐, 심지어 삶아야 하는지, 삶으려면 무슨 방법을 써야 하는지 등을 모두 물어보았다. 거의 세세한 절차 하나하나를 고려하지 않는 게 없었다. 여기에서 상나라 사람들의 정성스럽고 두려워하는 태도와 심정을 상상해볼 수가 있다. 그들은 집을 지어도 제사를 지내고, 병이 나고 꿈을 꾸어도 제사를 지냈다. 풍성한 수확에는 신에게 감사를 드려야 했으며, 심지어 적과의 싸움에도 선조의 도움을 청했다. 상나라 사람들은 하루도 신령과 대화를 하지 않은 날이 없다고 말할 수가 있다.(張秉權, 1978 : 445-77)

### 제帝와 천天

상나라 사람들이 제사를 지낸 대상 중에서 제帝는 가장 위력을 갖춘 신령이었다. 제帝자는 제2장에서 소개한 것처럼 꽃의 형상으로 만물을 잉태하고 기르는 창생創生 토템의 신분으로 숭배되었다. 제는 가장 큰 위력을 지니고 있어서 바람을 일으키고 눈비를 내리며 천둥을 울리고, 화복禍福을 내리도록 명령할 수가 있었다. 제는 자신의 조정과 신하를 갖고 있는 지고무상의 신으로 엄연히 귀신 중의 왕이었다.(陳夢家, 綜述 : 571-73 ; 胡厚宣, 1959 : 109 ; 饒宗頤, 1978 a : 85-88) 주가 상을 멸한 뒤에 제의 지위는 비교적 추상적인 천天으로 대치되었으며, 왕의 명호조차도 천자天子라 칭하게 되었다.(Creel, 서주 : 493-95) 상대의 천은 제사의 대상이 아니었으며, 후대의 천과는 달랐다. 주대의 천은 사람들에게 복을 내릴 수 있고 벌로 재화를 내릴 수도 있었다. 국가의 운명은 하늘의 뜻에 달렸다. 주의 천과 상의 제는 다를 게 없는 것 같다. 단지 상대에서는 제에 대하여 전심으로 신뢰하고 감히 그 허물을 탓하지 못하였으며, 신령이 보증하면 절대 믿을 수 있다고 여겼다. 그러나 주나라 사람들은 천명은 바뀔 수 있으니 위정자들은 시시로 경계하고 인사人事에 소홀하여 하늘에 의해 버림받지 않도록 하라고 강조하였다. 주왕周王은 하늘이 자기에게 승낙한 것을 완전히 의지하고 있지 않음이 분명하다.(郭沫若, 天道觀 : 23 ; 黃然偉, 賞賜 : 214-19 ; 池田末利, 1967 : 23)

상왕은 귀신의 힘을 미신迷信하여 귀신의 보호가 있으면, 길이 국운을 보전할 수 있다고 여겼다. 귀신에 대한 제사는 너무 과도하였으며, 국사에는 소홀히 하였다. 그리하여 주연합군에 의하여 한 번 패하고는 주의 노예가 되었다. 이 점을 주나라 사람들은 아주 분명하게 보았으므로,《상서》강고편康誥篇에 주공周公이 새로 제후에 봉해진 강숙康叔에게『하늘의 징벌은 믿을 수가 없으며, 백성의 심정은 쉽게 살펴볼 수 있다. 백성을 보호하기는 쉽지 않으니 진력을 다해야만 한다. 편안하고 안일함을 구하지 말아야 백성들을 기를 수가 있다 天畏非忱, 民情大司見, 小人難保, 往盡乃心, 無康好逸豫, 乃其乂民』고 경계하는 말이 실려 있다. 그러나 한편으로는 상 유민遺民에게 신을 미신하는 약점을 이용하여, 주가 상을 멸한 것은 천명天命이며, 인력으로 바꿀 수 있는 것이 아니라고 강조하여 상 유민의 반항심을 누그러뜨렸다.(郭沫若, 天道觀 : 24-26)

### 악岳과 하河

제帝 이외에 상나라 사람들이 가장 자주 제사지낸 신령은 악岳과 하河이다. 갑골문의 ᗰ(산, 山)자는 몇 개의 산봉우리가 늘어서 있는 형상이다. 그리고 ᗰ(악, 岳)자는 높은 산 위에 다시 높은 산봉우리가 중첩된 형상으로 일반적인 산은 아니다. 연구에 의하면, 상대에서 악岳은 지금의 곽산霍山을 가리키는 것이며 일반적인 호칭은 아니라고 한다. 곽산은 산서성山西省 곽현霍縣 동남쪽에 있으며 해발 2천5백 미터 이상으로, 상나라 사람들이 당시 살고 있던 지역 중 가장 높은 산이었다.(屈萬里, 論學集 : 286-306) 지형상 높은 산에 바람이 마주치면 비가 내리기 쉽다. 고대에 비는 주요한 수원이므로 농경민족의 숭배를 받았다. 갑골 복사의 악은 비를 내리고 풍년을 비는 대상이었으니, 왜 특별히 이 산을 숭배하게 되었는지를 분명하게 보여주고 있다.

갑골문의 ᑎ(하, 河)는 형성자로 수水를 따르고 가可 성聲이다.[從水可聲] 상대에서 하河는 전적으로 황하를 가리키는 말이었으나, 뒤에 오면서 하류河流의 통칭으로 변하게 되었다.(屈萬里, 1959 : 143-55) 상나라 사람들의 거주지역에서 황하가 가장 길고 수량이 제일 풍부한 하류였다. 황하는 흔히 폭우로 물길을 바꾸었으며 아주 큰 재해를 가져다 주었다. 상나라 사람들은 이런 재해를 우려하지 않을 수가 없었으므로, 노하여 재해를 일으키지 않도록 특별히 주의를 기울여야 했다. 황하 또한 상나라 사람들이 풍년을 비는 대상이었다. 상의 관개灌漑 계통이 규모를 갖추고 시설이 완비되었는지는 지금 잘 알 수가 없다. 그러나 강물을 끌어 농지에 관개하는 일은 항상 있는 일이었다. 관개시설은 강우降雨보다 훨씬 믿을 수 있었다. 상나라 사람들이 황하에 풍년을 빈 것은 그 물을 이용하여 관개할 수 있다는 생각을 갖고 있었기 때문일 것이다.
 복사에서 상대의 초기와 말기의 제사 내용이 아주 다르다는 것을 살펴볼 수가 있으며, 그들의 귀신에 대한 태도가 바뀌었음이 반영되어 있다. 비교적 빠른 무정武丁 때는 제사의 종류도 번다하고 대상 또한 각양각색의 귀신이 골고루 있었다. 그때 제사의 의식과 내용도 일정한 형식이 없었으며, 세세한 절차 모두 점복의 방식으로 결정하여 많은 시간을 낭비하였다. 뒤에 오자 제사에도 개혁이 있었다.(嚴一萍, 甲骨學: 1093-99) 중요한 제사의 대상은 상갑上甲 이하의 선왕先王과 선비先妣였다. 선조가 아닌 자연계의 신령에 대한 제사는 이미 적어졌고, 제사의 의례도 많이 감소되었다. 선조에 대한 제사는 의식과 제물에도 규정이 있을 뿐만 아니라 심지어 제사의 날짜조차도 일일이 적절하게 안배되었다. 이처럼 계통적인 제사는 상대 마지막 두 왕 때에 가장 근엄한 경지에 이르렀다. 그것은 제사에 바치는 제물과 악무樂舞 등 다섯 종류의 제전祭典으로 되었으며, 단지 상갑 이하의 선왕과 아들이 왕위에 오른 선비先妣에 한정되었다. 그것은 제왕의 세계世系와 계승의 원칙을 반영하고 있어, 상대의 가정조직을 연구하는 이상적인 재료가 된다.(張光直, 1973: 111-27) 이처럼 미리 배정된 제사는 한 선조에게 다섯 종류의 제사를 지내고 나면 정확하게 1년이 지나므로 왕의 재위 연수를 사사자로 표시하였다.

 귀 신
 원시종교는 자연계에 대한 인간의 두려움·경이 혹은 실망 등의 심정에 근원을 두고 있으며, 심리적인 위안과 기댈 곳을 얻고자 하는 필요에서 비롯되었다. 의도적인 생각을 가진 사람들은 점점 이런 상황을 이용하여 사람들을 착하게 이끌거나 혹은 통제하기도 하였다. 총명한 사람은 신령이 기거할 숭배물을 생각해내기도 하였고, 또 귀신의 형상을 만들어내어 통제의 목적을 달성하였다. 귀신은 사람이 상상하여 만들어낸 것으로 인간이 경험하고 보아왔던 형상을 벗어날 수가 없었다. 다만 두렵고 무서운 효과를 주기 위해서는 사람의 형상과는 차이가 있어야 했으므로, 정상적인 형상과는 다른 갖가지 모양이 나오게 되었다.(그림 18.4-5, 7-8) 갑골문의 🍂(귀,鬼)자는 한 사람이 거대한 가면을 쓰고 있는 모습이다. 갑골문의 🍂(외,畏)자는 가면을 쓰고 다시 손에 무기를 잡고 있는 형상을 그리고 있다. 적수공권의 귀신도 이미 사람들이 항거하기 어려운데, 거기에다 무기까지 있으면 그 위력이 더 커지게 되므로 훨씬 더 사람들을 두렵게 할 수가 있었다. 그러므로 고인들은 이런 모습에서 두렵다는 의미를 만들어내게 되었다. 갑골문의 ☗(이, 異)자는 가면을 쓰고 두 손을 휘둘러 춤 추고 있는 귀신의 형상이다. 미개화된 민족의 가면은 그 형상이 대부분 사람들을 놀라고 무섭게 만드는 이상한 인간이므로 (Sigerist, 원시의약 : 197) 이異자에는 기이·경이 등의 의미가 있다.

### 신비한 효과——인광

 신비하게 보이는 물건일수록 더 사람들을 놀랍고 두렵게 만들 수가 있다. 공포스런 가면을 쓰는 것 외에도 고인들은 인광을 칠하는 방법을 알게 되었다. 갑골문의 ☗(린, 磷)자는 한 사람의 몸에 인광이 점점이 번쩍거리는 형상이다. 인은 무르고 부서지기 쉬운 고체 물질이다. 그것은 뼛속에 있으며 서서히 표면으로 스며나와 쉽게 산화되어 어둠 속에서 벽록색 빛을 발한다. 어두운 공동묘지에서 이런 인광이 쉽게 발견된다. 왜냐하면 야수가 묘 속의 뼈를 파내어 인이 공기 속에 드러나게 되기 때문이다. 묘지에서 인광이 번쩍거린다는 사실은 틀림없이 공포스러운 연상효과를 더해 주게 마련이다. 어떤 사람이 광물 인을 옷 위에 바르고 춤을 추면 벽록색 빛이 전후좌우에서 날리게 된다. 이것은 공동묘지에서 귀영이 춤 추는 듯한 분위기를 자아낸다. 뒤에 금문에서는 두 발을 첨가하여 춤 추는 동작을 표시하고 있다. 어떤 지방에서는 반딧불에서 번쩍이는 빛을 인이라고 부르며, 흔히 초혼가 招魂歌에 보이고 있다. 번쩍이는 인광은 신령을 쉽게 연상하도록 해준다.(Fujino, 1970 : 40-57) 새 뼈는 인광을 발출하지 않으며, 단지 다년간 썩은 뼈라야 거기에 포함된 인이 노출되어 빛을 발하게 된다. 사람들은 마음 속으로 마력이 더욱 오래된 정령만이 인광을 낼 수 있다고 생각하게 되었다. 그러므로 오래된 정령이란 뜻의 ☗(매, 魅)자는 갑골문에서 가면을 쓴 귀신이 다시 벽록색 인광을 번쩍이는 모습이다. 갑골문의 ☗(영, 爨)자는 귀신의 옷이란 뜻으로 옷 위에 불빛이 번쩍이는 모습이다. 인을 옷에 바른 뜻은 아주 분명하다. 소전의 ☗(순, 舜)자는 구조가 린磷자와 아주 비슷하다. 단지 인광을 번쩍이는 귀신이 궤짝 속에 있을 뿐이다. 인은 어두운 곳에 있어야 비로소 발광효과를 거둘 수 있다. 그러므로 어두운 상자 속에 몸을 숨기고 있는 게 가장 좋다. 舜은 아마 인광을 바르고 어두운 신감神龕에 몸을 숨기고 있는 무당이나, 혹은 신상神像이라는 뜻을 표현하고 있을 것이다. 인광이 반짝이는 간격은 아주 짧으므로 개화시간이 아주 짧은 순화舜花(hibiscus)의 이름에 사용되었다. 옛날 순임금은 아마도 이런 방법으로 백성을 통제한 무당이었을 것이다.

## 골복骨卜

비록 우리의 지식이 몇천 년 전의 고인들보다 훨씬 깊고 넓다고는 하지만 어떤 마음 상태는 여전히 서로 비슷하다. 예를 들면 우리도 미래를 예지하여 재난을 피하고 싶어한다. 옛중국 사람들도 똑같은 목적으로 갑골의 신령에게 가르침을 청하였다. 상나라 사람들은 귀신에게 특별한 능력이 있다고 믿었으며, 그들의 도움으로 문제를 해결할 수 있다고 생각했다. 적절한 행동방침을 정하기 위해서는 일의 대소를 가리지 않고 모두 점을 쳐 착오를 면하려고 하였다. 갑골문의 丫(복, 卜)자는 복골卜骨을 불로 지져 나타난 조짐의 파열무늬 형상이다. 조짐의 무늬가 형성된 각도로 문제의 답을 얻을 수가 있었으므로, 갑골문의 &#xFFFD;(점, 占)자는 복골 위의 조짐무늬 모양과 하나의 입으로 되어 있으며, 조짐의 무늬로 신령의 의견을 말한다는 뜻을 표시하고 있다. 상왕실에서 점쳐 물어본 내용은 거의 모든 일을 포함하고 있다. 제사와 군사에 관련된 중요한 활동 외에도 풍우風雨의 유무·날씨의 맑고 흐림·농작물의 수확·출입의 길흉·순석旬夕의 안녕·수렵에 순조로운 날·질병의 치유·관원의 임명·아이의 출산·꿈의 계시·방국의 공납 등등의 항목이 있다.(張秉權, 1967:857-58) 점을 쳐 계획에 찬동되는 복조를 얻어야 행동하였으니, 왕의 행동이 점복 결과에 구속받았다는 것을 알 수 있다. 상대 말기에는 점쳐 물어본 항목이 크게 감소되었고, 불필요한 수많은 점복이 취소되었다. 그때 점복을 미신하는 정도가 크게 감소되었음을 알 수 있다.

점복의 행위는 상대부터 시작된 게 아니다. 고고발굴에 의하면 B.C.3400여 년에 이미 골복骨卜이 있었으나, 다만 용산문화에 이르러서야 보편화되었다.(李亨求, 1981-82 b:46-47) 상대 이전에 복골이 행해진 지역은 아주 넓어서 지금의 산동山東·하남河南·열하熱河·요녕遼寧·길림吉林·감숙甘肅 등의 성을 포함하고 있다.(張秉權, 1967:842-44) 발견된 빈도로 보면 비교적 동방의 문화전통에 자주 보인다.(李亨求, 1981-82 b:45; 林聲, 1964:98-102) 상대 이전의 점복에 사용된 재료는 소·양·돼지·사슴 등 대형 포유동물의 뼈이다. 대체로 상대에 와서야 비로소 거북 껍질을 점복에 사용하였고, 거북점을 믿는 경향이 있었다. 거북 껍질이 그 이전의 묘에서도 발견되고 있으나(南京博物館 1964:29-30; 1965:29-30; 江蘇文管 1962:90; 大汶口:15, 159-63) 장식품이나 종교의식의 용구로 사용되었을 것이며, 결코 점복의 재료는 아니었다. 조기의 점복은 불을 직접 뼈 위에 살랐다. 뒤에 오면서 복조의 무늬가 쉽게 드러나게 하기 위하여 먼저 장방형 혹은 원형의 홈을 파게 되었다. 상대에 이르자 장형長形의 착공鑿孔 옆에 원착圓鑿을 파고 불을 사른 뒤에 갑골의 표면에 구하고자 하는 복卜자형의 파열무늬가 쉽게 나타나도록 발전되었다.(張秉權, 1967 : 854)

뼈는 말을 할 수가 없다. 그렇다면 신의 지시는 어떻게 받을 수가 있는가?《사기》귀책열전龜策列傳 등 후세의 문헌에 따르고(李亨求, 1981-82 c : 63-72) 후세의 미개화된 민족의 골복骨卜 습관을 참조하면(林聲, 1963 : 162-64 ; 1964 : 98-102) 우리는 고인들이 어떻게 복조의 무늬로부터 귀신의 뜻을 알게 되었는지 추측할 수가 있다. 그것은 불을 사용하여 사르기 전에 먼저 뼈의 신령에게 구두로 (어떤 모양의 무늬가 나오면 어떤 뜻을 표시한다는) 약정을 한다.(張秉權, 1967 : 859-61) 예를 들면 가로무늬가 위로 향하여 나가면 해도 좋다는 표시이고, 아래로 나가면 할 수 없다는 표시라고 약정한다. 뼈에 불을 사르고 무늬가 나타나면 답을 얻게 된다. 만일 복조가 파열되는 방향을 통제할 수 있다고 한다면, 파열무늬의 각도를 통제하여 점을 치는 사람이 행동하고자 하는 목적을 이룰 수가 있다. 마찬가지로 점을 치는 사람도 똑같은 방법을 사용하여 신령으로 하여금 자기가 원하는 대로 동의하도록 하여, 자기의 정책을 추진하므로써 신권으로 정치를 통제한다는 목적을 이룰 수가 있었다. 이런 기교는 상대에 이미 있었을 것이다. 제1기 무정武丁의 복골은 장형張形의 착鑿 옆에 아주 많은 원착圓鑿을 파놓았다. 그것은 원착의 상부에다 불을 사르면 횡으로 나가는 복조의 무늬가 기세를 따라 위로 향하기 쉽도록 해준다. 만일 하부下部에 불을 사르면 복조는 아래로 향한다. 바꾸어 말하면 복조무늬의 각도는 불을 사를 때 통제할 수 있으므로, 무축巫祝 등의 점복자는 왕의 뜻에 맞출 수가 있었다. 이렇게 하나는 길고 하나는 둥그런 착형鑿形은, 골질骨質 구조가 복조의 각도를 통제하기 어려운 거북 껍질을 제외하고는 무정기 이후에는 더이상 쓰이지 않았다. 뼈에는 단지 장형長形의 착만을 하였다. 이런 현상은 왕이 그 비밀을 발견하게 되자 더이상 그 방법을 허용하지 않았을 가능성이 아주 높다.(許進雄, 鑽鑿形態 : 5) 또한 이로 인하여 쉽게 통제할 수 없는 거북 껍질의 복조가 더 영험이 있다고 여기게 되었을 것이다.

갑골은 단지 복조의 형상으로써만 가부를 대답할 수가 있기 때문에, 복잡한 문제는 여러 차례 점을 쳐서 물어보아야만 했다. 수렵을 예로 들면 수렵을 나가도 됩니까? 그 지점은 괜찮겠습니까? 어느 날에 갈까요? 어느 때 출발하나요? 날씨는 어떻습니까? 누가 수행할까요? 등의 문제를 모두 점쳐야 한다. 한 번 행동에 통상 열두 차례 이상을 점쳐야 하며, 한 번 점칠 때마다 번잡한 수속을 거쳐야만 했다.

이것은 상당한 시간과 금전을 낭비하는 일이었다.

뼈 하나에는 아주 많은 손질을 거쳐야 했다. 톱질하고·갈고·홈을 파고·새기는 등의 작업을 거쳐야 비로소 불을 사르고 점을 쳐 물어볼 수 있었다.(張秉權, 1967 : 853-55) 상대에서 사용된 청동공구의 효율로 보면 한 사람이 아마 하루에 몇 편 만들지 못할 것이다. 어떤 사람이 실험을 해보니 하루에 단지 하나 정도를 완성했을 뿐이었다.(張光遠, 1984 : 71) 상왕실에서는 점칠 때마다 매번 문자기록을 남기지는 않았다. 중요하지 않다고 여긴 많은 일들은 기록을 하지 않았다. 현재 이미 출토된 상대의 갑골은 10만 편이 넘으니 그 당시 얼마나 빈번하게 사용되었는지 알 수가 있다. 상왕이 점쳐 물은 일이 너무 많았기 때문에 왕실 및 주위에서 도살한 소와 거북으로는 충분히 사용할 수가 없어서 외지에서 수입해야만 했다. 복사에는 수많은 방국에서 공납한 기록이 있다. 게다가 전문적으로 등록하고·수장하고 제조하는 등의 일을 책임진 사람들이 있었다.(胡厚宣, 記事刻辭 : 67-68) 어떤 거북 껍질들은 멀리 중국의 남해에서 입수되었다.(張秉權, 1967 : 828) 만일 당시에 점복의 영험을 깊이 믿지 않았다면 이렇게 많은 시간과 금전을 낭비하면서 민생과 무관한 이런 일에 매달리지 않았을 것이다.

주가 상을 멸하기 전에는 상에 신하로 복종하였다. 그리고 그 문명 수준도 상보다 낮았다. 상나라 사람들이 이처럼 점복신앙을 중시하였으니, 주도 얼마간 이를 본받았을 것이다. 근년에 섬서陝西 기산岐山에서 상말商末 주초周初의 갑골 1만여 편이 발견되었다. 애석하게도 단지 2백여 편에만 문자가 있어(周原考古 1979 b : 38-43 ; 또 1982 : 10) 주에 관한 많은 사실을 제공하지 못하고 있다. 복골은 내원來源에도 제한이 있고 제작도 쉽지가 않았으므로, 단지 귀족 사이에만 국한되어 사용되었다. 일반 대중들은 또 다른 변통방법을 생각해내야 했다.

### 서법筮法과 주역

서법은 일정한 숫자의 시초로 분할과 같은 순서를 거쳐 얻은 짝수 혹은 홀수의 수치로 점의 시비를 판단한다. 갑골이 복조의 각도로 길흉의 표준을 삼는 것과 같다. 신비하게 보이기 위하여 점점 번잡하게 세 번을 나누고 삼조三組의 짝·홀수의 시초로 여덟 개의 서로 다른 괘상卦象을 배열할 수 있다. 뒤에 다시 여섯 차례의 연산으로 64종의 배열을 얻을 수가 있으니 소위 64괘이다.(張亞初, 1981 : 153 -63 ; 張政烺, 1980 : 403-08) 짝수는 음陰이 되며 뒤에 선의 중간이 끊어진 부호가 되었다. 홀수는 양陽이 되고 실선을 부호로 한다. 이전에는 그것이 갑골점에서 변한 것이라고 여겨졌었다.(饒宗頤, 1961 : 976-77) 근년에 상해 청포靑浦 숭택崧澤의 마가빈기馬家濱期 유적에서 여섯 개의 숫자로 표시된 괘상의 각획刻劃이 출토되었다. 이것은 시초점도 아주 오래되어 이미 5천 년의 역사를 갖고 있다는 표시이다. 그러므로 어떤 학자는 서법筮法이 귀복龜卜보다 빠를 것이라고 의심하기도 한다.(丁驌 1981 b : 25-45) 그러나 현존하는 서주 초기의《주역》은 숫자 9가 양이 되고 6이 음이 되니, 응당 귀복에서 변해 내려와 서법筮法의 하나가 되었을 것이다.(屈萬里, 1956 : 117-33)

《주역》이란 이름을 취하게 된 의미 중 가장 보편적인 견해로는 역에 간역簡易·변역變易·불역不易의 세 가지 의미가 있어서라고 한다. 간역簡易은 시초점의 재료를 쉽게 준비할 수 있고 해답을 구하는 과정도 간단하다는 이유에서 가장 먼저 명명命名된 의미일 것이다. 변역變易의 성격은 후대의 점복자들이 고의로 복잡한 술수로 답안을 구하도록 만들었으므로 생기게 되었다. 불변不變의 의미는 좀더 뒤에 철리가 더하여져 역상易象이 드러내보이는 끝없는 형세의 변화가 우주불변의 원리라고 여겨져 생긴 것이다. 그 방법이 너무 간단하고 쉬웠기 때문에 갑골의 영험함만은 못하다고 여겼다. 예를 들면《상서》홍범편洪範篇에『만약 네가 찬성하고 거북점이 찬성하나, 시초점이 반대하고 관원들이 반대하며, 백성들이 반대하면, 집 안의 일은 길하나 집 밖의 일은 불길하다 汝則從, 龜從, 筮逆, 鄕士逆, 庶民逆, 作內吉, 作外兇』고 하였다. 거북점에서 찬성하고 시초점에서 반대한다는 점괘가 나오면 어떤 때는 여전히 행동할 수가 있다. 그러나 시초점은 찬성하나 거북점에서 반대하는 점괘가 나오면 행동할 수 있다는 말은 없다.

《주역》은 여섯 개의 음과 양의 부호로 만들어진 64개의 괘로 길흉을 점치는 시초점법이다. 매괘의 각효爻에는 모두 당시에 잘 알려진 일로 길흉의 상황과 정도를 표시하고 있다. 예를 들면 진괘晉卦는『강후(康侯는 周武王의 아우 康叔이며 周의 건국 후에 衛에 봉해졌다)가 포상을 받고 많은 말을 하사받았으며, 하루에 세 번 천자를 접견하였다 康侯用錫馬蕃庶, 晝日三接』고 하였으며, 수괘隨卦는『(紂가 文王을 羑里에) 감금하였다가 풀어주었다. (문왕이 周로 돌아와) 왕께서(재난을 면하게 해준 보답으로) 서산西山에 제사를 올렸다 拘係之, 乃從維之, 王用亨于西山』하였고, 귀매괘歸妹卦는『제을帝乙의 동생이 (문왕에게) 시집오니, 군부인君夫人 옷의 장식이 따라서 시집오는 첩의 화려함보다 못하다 帝乙歸妹, 其君之袂不如其娣之袂良』고 하였으니, 모두 상주商周 사이에 사람들이 두루 알고 있던 역사적 사실이다. 본래 이 점은 분명한 시비와 길흉으로 점괘를 판단하였다. 인사人事가 갈수록 복잡해지자 간단하고 쉬운 길흉으로는 필요를 만족시킬 수가 없었다. 다시 시술자가 고의로 신비하게 만들어 효爻의 변화로 길흉의 변화를 지시하게 함으로써 틀리게 점친 것이 명확하게 드러나지 않도록 했을 것이다. 그러므로 역은 변역이라는 새로운 성격을 갖게 되었다. 어떻게 변화하여 변화의 추세를 드러내보이게 하는가는 본래 점치는 사람의 개인적인 술수였다. 너무 간단하면 신비성을 잃게 되어 사람들의 믿음을 얻기 어려우므로 그 위에 갖가지 불필요하고 복잡한 변화를 더하여 사람들을 현혹하게 되었다. 이런 술수는 사람마다 달랐으며, 사술자도 정세에 따라 여기에 덧붙이기도 하였다. 근래에 신석기시대 이래로 1,5,6,7,8 등의 숫자로 조합된 서괘筮卦의 부호가 발견되었으니, 수를 계산하는 연산방법으로 시초점의 변화를 추산하였을 가능성이 아주 높다.(Chen Shihchuan, 1972 : 237-49 ; 高亨, 周易通說 : 112-30) 중국 수학의 발전은 아마 시초점과 상당한 관계가 있을 것이다.

《주역》이란 책은 본래 점치는 데 사용되었으며 별로 깊은 뜻이 없었다. 뒤에 유가가 그 이치를 빌리면서 철학적 의미를 띠게 되었다. 서한西漢 중기에 오자재이災異의 설이 흥성해지고 시술자도 당시의 유행에 부합하여, 음양과 오행으로 천지간의 사물에 기탁하였고, 다시 오행 상생상극相生相克의 학설을 취하여 인사의 길흉에 끌어다 붙였다.(屈萬里, 先秦漢魏易例 : 77-154 ; 高懷民, 兩漢易學 : 104-74) 이를 지극히 신비화한 사람으로는 당대의 공영달孔穎達과 같은 사람이 있다. 그는 《주역정의周易正義》 서序에서 이 책은 고대 성인이 남겨 전해 내려온 신비한 전적으로 대도大道가 여기에 있다고 하였다. 그 소식의 변화를 알면 하늘과 사람의 관계를 밝히고 우주의 신비를 들추어보일 수 있다고 하였다. 이로 인하여 역은 다시 불변역不變易의 항구한 성격을 갖게 되었다. 심지어 더 진일보한 견강부회는 《주역》은 신선술을 익히는 대도이며, 팔괘의 부호는 사악한 귀신을 쫓는 마력이 있다고 여기게 되어, 도교에서는 부록符籙으로 귀신을 쫓고 병을 고치는 일을 하게 되었다.(吳榮曾, 1981 : 61-62 ; 郭寶鈞, 1956 : 24)(그림 19.20)

### 미신의 타파

문명의 정도가 향상됨에 따라서 귀신에 대한 신앙도 상대적으로 감소되었다. 그러므로 사회의 진보를 따라서 복서신앙卜筮信仰의 심도도 경감되었다. 아마 이로 인하여 《주역》도 순수한 점서의 책에서 설리說理의 경전으로 바뀌게 되었을 것이다. 종교적 미신에 대하여 정치가들은 한편으로 미신을 타파하도록 노력하였으며,

길흉과 음양이 무관함을 강조하고 모든 일은 사람에 달렸다고 하였다. 예를 들면 《춘추좌씨전》에는 B.C.639년에 장문중臧文仲은 노희공魯僖公이 무당을 불태워 가뭄을 구하려는 것을 저지하면서, 각종 인위적인 가뭄방지 조치를 강화해야 된다고 강조한 기록이 있다. 또 B.C.524년에 정鄭나라의 자산子産은 천상天象이 재변災變을 예시할 수 있다는 것을 믿지 않는다는 기록이 있다. 정말 화재가 발생하였을 때는 인사를 다하여 적극적으로 불을 끄고, 여러 일을 처리한 뒤에 비로소 불을 물리치는 기도를 거행하여 민심을 안정시켜야 된다고 하였다. 그러나 한편으로 사회에서는 다시 서로 다른 양식의 미신이 일어나게 되었다.(許倬雲, 1957 : 48-52, 91-95)

### 음양오행학설

문명의 정도가 높아지자 사람들은 과거처럼 물건을 빙자한 귀신신앙이 이미 허황되다는 감각을 갖게 되었다. 자신이 처해 있는 세계에 대한 새로운 생각을 갖게 되었고, 그것이 점차 무형의 것에 대한 미신으로 이루어졌다. 전국시대에는 음양과 오행의 학설이 생겨나게 되었다. 음양은 우주를 형성하는 원소라고 여기게 되었으며, 모든 변동과 순환은 모두 음양원소의 소장消長의 변화에 기인한다고 생각하게 되었다. 처음에 오행의 학설은 단지 우주 구성의 어떤 느낌에 대한 자연물질의 직각적인 관찰이었으며, 어떤 신비성도 없었다. 금金·목木·수水·화火·토土는 모두 볼 수 있고 만질 수 있는 물건이었으나 점점 무형의 원소로 변하였고, 돌고돌며 소장消長하는 성격을 지니게 되었다. 전국 말기 초에 추연鄒衍은 음양과 오행의 학설을 합일하여 새로운 학설을 만들었다. 천지창조 이래로 오행의 원기가 번갈아 이전하면서 세계를 주재하였으며, 나라의 임금과 조대朝代의 교체는 바로 그 구체적인 표현의 하나라고 여겼다.(李漢三, 五行 : 103-30)

추연은 일식·월식·지진과 같은 자연계의 재이災異와 이 재이에 수반되는 금기를 모두 음양과 사시로 변화하였다. 한 나라의 군주는 당연히 오행의 덕성을 갖춘 사람이 맡아야 하며, 그러면 하늘은 갖가지 서로 다른 상서로운 조짐으로 그 선택을 드러내보인다. 만일 한 덕을 대표하는 시운時運이 쇠퇴하면 오행 중에 다른 하나가 이 덕을 대신하게 된다. 군주는 운명에 순응하는 사람으로 당연히 그가 베푸는 정사는 사시와 음양의 변화에 순응하여야 하며, 1년의 절기에 상응하는 정사를 베풀어야 한다. 심지어 의식주의 세절細節 또한 사시의 변화에 순응하여 그에 상응하도록 변해야 한다. 그렇지 않으면 국가가 불안하고, 나라의 복이 오래가지 못하여 각종 자연의 이변이 일어나니 바로 하늘이 경고하는 것이다. 이것은 본래 뜻있는 사람이 자연현상을 이용하여 지고무상의 권력을 가진 전제군주를 제한하여 과분하게 실덕하는 일을 피하게 하려고 한 것이다. 시술자는 때에 따라 교묘하게 예시를 덧붙여 진짜처럼 꾸민다. 그것은 군주로 하여금 하늘이 정말 그에게 경고를 내린다고 믿게 하였다. 그 영향이 퍼져나가 민중들도 그것을 믿게 되었으며, 그 도를 확대하여 자기의 행동을 제한하게 되자 마침내 음양오행과 관계된 각양각색의 금기와 미신이 생겨나게 되었다. 양한兩漢에서는 제왕의 정사에서 민간의 일상생활과 학술에 이르기까지 이런 미신이 깊이 파고들어 발전되지 않은 곳이 없게 되었다.(李漢三, 五行 : 103-439) 이후 그 영향이 비록 정치에서는 적어졌다고 하지만 일상생활에서는 음양오행의 미신관념이 여전히 심각한 영향을 끼치게 되었다. 예를 들면 택일의 금기는 장지와 주택의 선택에도 깊이 관여하고 있다.

제 18 장 제사와 미신

| 商 甲骨文 | 周 金文 | 秦 小篆 | 漢 隸書 | 現代 楷書 |
|---|---|---|---|---|
| 丁 干 干 示 | | 示 | 示 | 示<br>혈친의 신령이 머무는 신단 모양을 본뜨고 있다. |
| 介 介 俞 禽 禽 禽 | 宗 宗 禽 | 宗 | 宗 宗 宗 | 宗<br>신단을 모셔둔 사당으로, 일족 사람들이 조상을 경배하는 곳이라는 뜻을 나타내고 있다. |
| 朱 朱 宋 宋 | 宋 宋 | 宋 | 宋 宋 | 宋<br>사당 속의 나무가 조상의 신령이 기거하는 곳이라는 뜻을 나타내고 있다. |
| 祭 祭 祭 祭 | 祭 祭 祭 | 祭 | 祭 祭 祭 | 祭<br>손에 즙액이 떨어지는 고깃덩이를 들고 신령에게 제사를 올린다는 뜻이다. |
| 祝 祝 祝 祝 | 祝 祝 祝 祝 | 祝 | 祝 | 祝<br>신령 앞에 꿇어앉아 있는 모습으로, 기도를 드린다는 뜻이다. |

| 商 甲骨文 | 周 金文 | 秦 小篆 | 漢 隸書 | 現代 楷書 |
|---|---|---|---|---|
| | | 嶽 | 岳 嶽 | 岳 嶽 높은 산 위에 다시 높은 봉우리가 중첩되어 있는 높은 산이라는 뜻을 나타내고 있다. |
| | | 山 | 山 山 | 山 나란히 몇 개의 산이 늘어서 있는 산봉우리의 상형. |
| | | 河 | 河 河 | 河 형성자, 수水를 따르고 가성可聲이다. |
| | | 鬼 | 鬼 | 鬼 거대한 가면을 쓰고 귀신으로 분장한 모습을 본뜨고 있다. |

| 商 甲骨文 | 周 金文 | 秦 小篆 | 漢 隷書 | 現代 楷書 |
|---|---|---|---|---|
| (그림) | (그림) | (그림) | 畏 畏 | 畏<br>가면을 쓴 귀신이 다시 무기를 잡고 있어 사람들로 하여금 두려움을 느끼게 만들고 있다는 뜻이다. |
| (그림) | | (그림) | | 魅<br>가면을 쓴 귀신의 모습이며, 몸에는 또 벽록색 인광이 번쩍이는 정괴라는 뜻이다. |
| (그림) | (그림) | (그림) | 異 異 | 異<br>얼굴에 이상한 가면을 쓰고 두 손을 휘둘러 춤을 추고 있는 귀신의 형상. |
| (그림) | (그림) | (그림) | (그림) | 燊<br>한 사람의 몸 위에 인광이 점점이 번쩍이는 형상을 그리고 있다. |
| | | (그림) | 舜 舜 | 舜<br>인을 붙인 옷을 입고 몸을 어두운 신감 속에 숨기고 있거나, 혹은 신무 신무라는 뜻을 나타내고 있다. |

| 商 甲骨文 | 周 金文 | 秦 小篆 | 漢 隸書 | 現代 楷書 |
|---|---|---|---|---|
| ⼘ | ⼘ | ⼘ | ⼘ | 卜<br><br>복골 卜骨에 불을 살라 나타난 무늬를 보고 길흉을 판단한다는 뜻이다. |
| | | 占 | 占 | 占<br><br>신령께서 복골상의 무늬를 빌어 길흉을 설명한다는 뜻을 나타낸다. |
| | | 褮 | | 褮<br><br>의복 위에 인광이 있는 귀신의 옷이라는 뜻을 나타내고 있다. |
| | | | | 얼굴에 가면을 쓰고 있는 형상. |

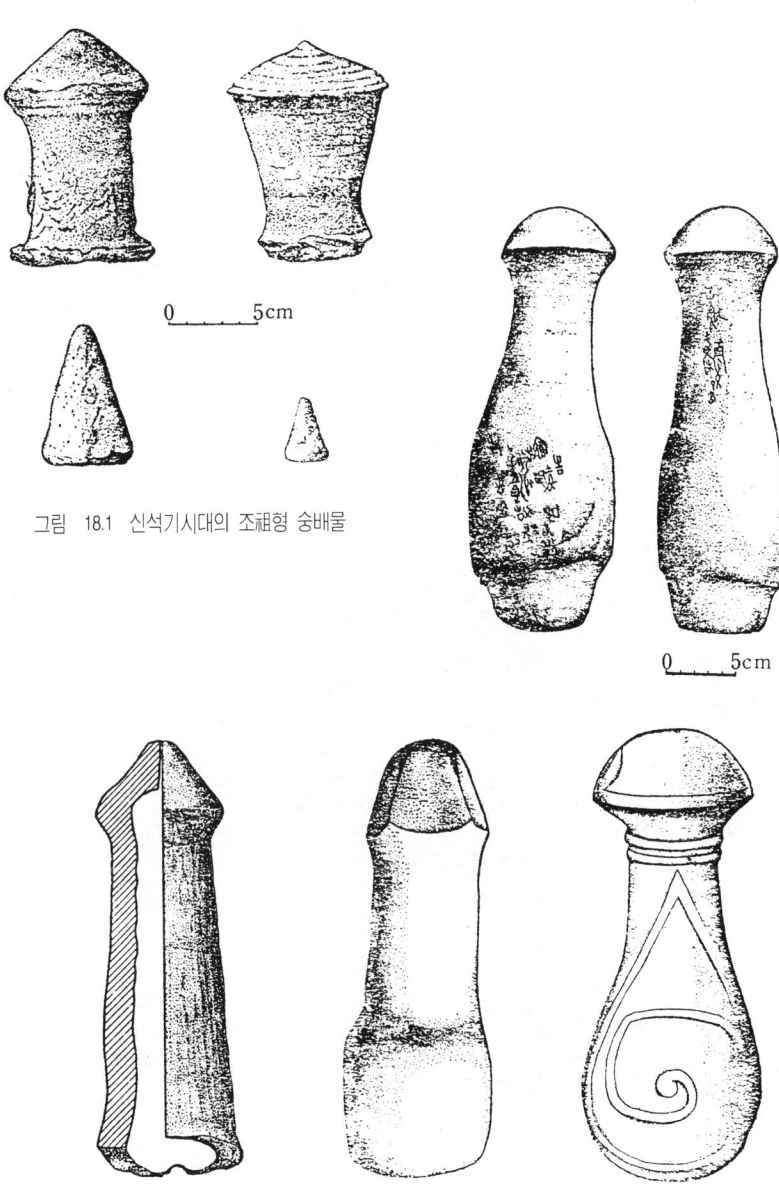

그림 18.1 신석기시대의 조祖형 숭배물

그림 18.2 상대의 조祖형 숭배물

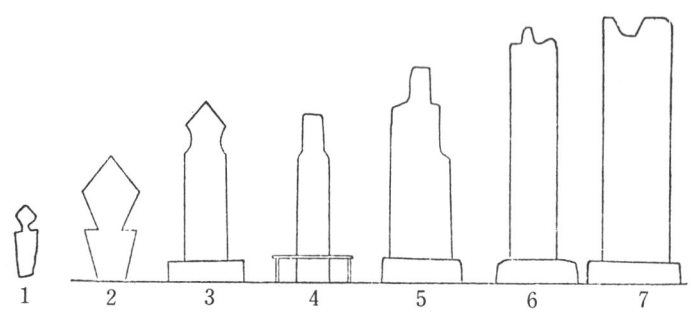

그림 18.3 대만 고산족이 숭배한 석표石表

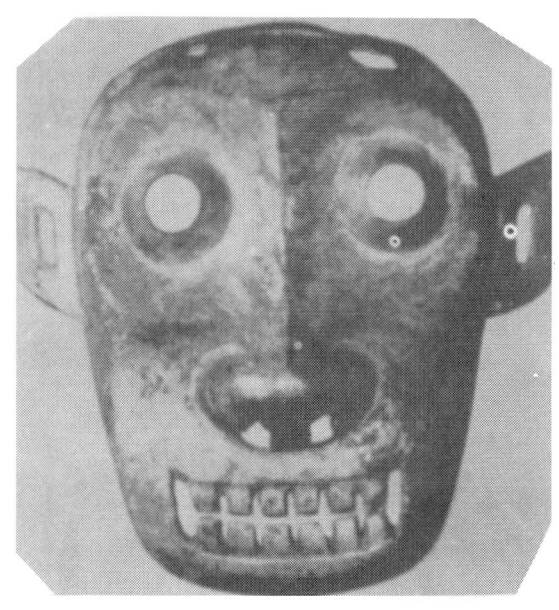

그림 18.4 상대의 동가면

그림 18.5 가면을 쓴 마야의 신무神巫

그림 18.6 강소 동산구만의 상대 묘지 중앙에 세워진 숭배용 대석大石

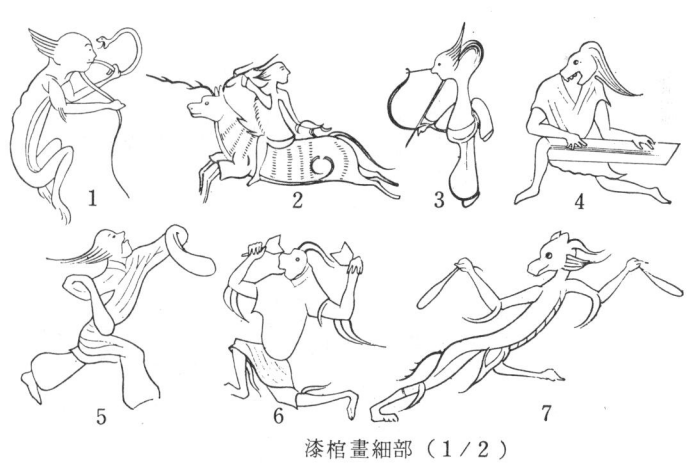

漆棺畫細部（1／2）

그림 18.7 한대 칠관漆棺 위의 신괴도상神怪圖像

그림 18.8 전국시대 장사 초백서상의 신괴도상神怪圖像

# 제19장

# 천 문

### 서 론

지구에 살면서 사람들은 일월성신의 운행을 소홀히 할 수가 없었다. 왜냐하면 이들은 계절과 절대적인 관계가 있으며, 사람들의 생활 또한 계절의 변화와 밀접하게 관련되어 있기 때문이다. 일월성신의 운행과 바람·구름·비·천둥 등의 자연현상은 규율이 있어 보였다. 그러나 또 변화무쌍하여 고인들은 그들의 변화를 예측하기가 힘들었다. 그들의 힘은 너무나 거대하고 위력적이어서 사람들이 항거할 수가 없었다. 그러나 때로는 너무나 그윽하고 조용하여 사람들에게 무한한 평화로움을 느끼게 해주었다. 다변하는 기후와 현묘한 하늘은 사람들로 하여금 의혹·경외·흠모·감격 등의 모순되면서도 복잡한 감정으로 충만하게 하였다. 그러므로 세계 각민족은 이 신비한 하늘에 대하여 다른 어느 자연현상보다도 더 많은 신화와 전설을 갖게 되었다.

농경생활이든 혹은 유목생활이든 모두 계절에 따라서 생활을 안배해야 했다. 일년내내 해상에서 생활했던 어민들 또한 반드시 태양과 별의 위치를 알아야 방향을 잃지 않고 항로를 잡을 수가 있었다. 인간의 생활은 시공의 범위를 벗어날 수 없었으니, 그것에 관심을 갖고 이해해야만 했다. 이로 인하여 고도의 문명을 갖춘 민족은 모두 풍부한 천문지식을 갖고 있었다. 천문학은 바로 각 문명지구에서 최초로 발전된 학문의 하나였다.(쓰可楨文集 : 260)

지하의 고고발굴은 고대문명의 이해에 커다란 도움을 주고 있다. 그러나 문자기록을 제외하고는 그밖의 재료로 당시 사람들의 천문지식을 탐색하기는 아주 어렵다. 그러므로 고대중국의 천문지식을 말하려면 단지 최초의 문헌인 상대의 갑골문을 기점으로 삼아야 한다. 그러나 갑골문은 신령에게 충고를 구하려고 점을 쳐 물어본 복사卜辭이며, 물어본 내용도 대부분 일상생활 중에 맞부딪친 구체적인 문제였다. 천문지식에 관한 것은 단지 우연하게 간접적으로 반영되었을 뿐이다. 그러므로 상나라 사람들의 천문지식에 대해서도 단지 모호한 개념만을 알 수 있을 따름이다.

상대 사람들은 여전히 우주가 조직적인 천체라는 개념이 없었던 것 같다. 갑골문의 ᄎ(천, 天)자는 머리가 돌출된 한 사람의 형상이다. 그리고 아직 우리 머리 위의 광범한 하늘을 대표하는 뜻으로는 사용되지 않았다. 천天자는 주周가 상商을 멸한 후에 비로소 가차假借되어 하늘을 지시하게 되었다. 상나라 사람들의 지고무상한 주재자는 제帝였다. 상제가 거주하는 곳이 비록 천상이었다고는 하지만 여전히 머리 위의 모든 공간을 명확하게 하나의 계통으로 보지는 않았다. 주나라 사람들은 천天으로 상의 제帝를 대신하였으며, 하늘이 형체도 없고 인격도 없는 것으로 간주하였다. 그러면서도 무소부재無所不在의 존재로 성신星辰・조수鳥獸・초목의 운행과 성장을 포함한 자연계의 모든 질서를 주재하는 통제자로 여겼다.

### 태 양

태양은 육안으로 보이는 최대의 천체이다. 태양의 빛과 열이 없으면 식물이 생장할 수 없으며, 인간도 자연히 생존할 수 없게 된다. 그러므로 상나라 사람들은 뭇 별 중에서 태양을 특별히 숭배하였다. 아침의 출일出日・오후의 입일入日은 모두 태양을 맞이하고 보내는 의식이었다. 갑골문의 ▯(일, 日)자는 태양의 윤곽이다. 갑골문은 칼로 새긴 것이기 때문에 둥글게 새기기 어려워 다각형이 되었다.

갑골 각사는 태양의 이상현상에 대한 두 가지 기록이 있다. 하나는 식食자와 함께 보이고 있으니, 일식현상을 표시하는 게 분명하다. 복사에『日月又食, 唯若? 日月又食, 非若?』(해 / 달 / 이다 / 먹히다 / 괜찮겠습니까? 해 / 달 / 이다 / 먹히다 / 괜찮지 않겠습니까?)라는 말이 있다.(佚存 374)(그림 19.1) 상대에는 한 자에 흔히 여러 가지 뜻이 있기 때문에 이 구句의 월月과 우又도 여러 가지 뜻을 갖고 있다. 그러므로 이 복사는 세 종류의 해석이 가능하다. 1) 대낮에 달에 월식이 일어났다. 2) 밤에 태양에 일식이 일어났다. 3) 태양과 달에 계속하여 일식과 월식이 있었다. 지금 우리의 지식으로는 낮에는 월식이 일어날 수 없고, 밤에는 일식이 일어날 수 없다. 그러므로 어떤 학자는 이 말이 일식과 월식이 얼마 안 되는 기간내에 계속하여 일어난 현상이라고도 한다. 그러나 상나라 사람들이 밤낮을 가르는 습관은 지금 우리가 사용하는 것과는 다르다. 겨울은 오후 4시나 5시가 되면 이미 어두워지므로 상나라 사람들은 저녁[夕]이라고 불렀다. 혹은 새벽에 아직 날이 다 밝지 않았을 때는 여전히 이때를 전날 밤에 속한다고 여겼다. 그러나 상나라 사람들이 사용한 시간부사의 습관으로 보면 이 구句는 낮 시간에 발생한 월식일 수도 있다. 상왕은 그 시간이 심상치 않았기 때문에 특별히 점을 쳐 재화災禍 여부를 물어보았다. 달이 나타나는 시간이 어떤 때는 아주 빨랐다. 어떤 학자는 안양安陽에서 볼 수 있었던 월식을 추산하여, 오후 5시에 심한 월식현상이 있었다고 하였다.(Dubs, 1947 : 170 ; 董作賓全集 7 : 485) 저녁에 월식현상이 생기는 것은 결코 불가능한 일이 아니었다. 심지어 한대에는 일식 또한 소위 〈밤〉(夜)에 일어나기도 하였다.

《한서》오행지五行志에는 일식이 인사의 갖가지 재이災異에 미치는 일을 말하고는『일식은 신하의 허물이며, 야식夜食은 그 죄를 감추는 것이다 日食者臣之惡也, 夜食者掩其罪也』라고 하였으니, 일식이 밤에 일어났다는 증거이다.

월식이 일어나면 달 자체의 형상에 변화가 생기는 것 외에는 그밖의 변고를 살펴볼 수 없었다. 월식은 또 항상 일어났으므로 사람들은 월식에 대해 특별한 조치를 취하거나 혹은 재해가 일어난다고 여기지도 않았다. 예를 들면《한서》오행지에는 월식이 인사에 영향을 미치는 재이에 대해 거의 언급하지 않고 있다. 상왕은 이번 월식이 길조인지 흉조인지를 알아보고 싶어하였다. 만일 일식이었다면, 부분식은 사람들의 주의를 쉽게 끌지 못하나, 개기식일 때는 천지가 즉시 어두워지고 개와 닭이 놀라 울부짖으니 마치 세계의 종말이 온 것과 같았다.《좌전》소공昭公 17년에 하서夏書를 인용하여『해와 달이 그가 사는 곳을 불안하게 여기니, 악사는 북을 두드리고, 낮은 벼슬아치들은 날뛰고 백성은 길을 달린다 辰不集于房, 瞽奏鼓, 嗇夫馳, 庶人走』고 하였으니, 일식에 놀라 두려워하는 모습을 묘사하고 있다. 일식이 일어나면 놀라 두려워하는 것은 각민족의 보편적인 현상이다. 그런 상황에서 상나라 사람들은 절대 냉정하게 길조인지 흉조인지를 살피지는 못하였을 것이다. 그러므로 위에 인용한 복사는 월식이 일어난 일을 점쳤을 것이다.

그러나 상나라 사람들도 일식현상에 주의를 기울였다. 복사에『일우식日又食』이란 잔구殘句가 있다.(合集 11481) 상나라 사람들은 일식현상을 기록했을 뿐만 아니라, 또 하나의 복사에는『정묘일丁卯日에 점을 칩니다. 무진일戊辰日에 다시 해가 뜨겠습니까? 해가 뜨지 않고 계속 이어질까요? 丁卯卜：戊辰復旦? 不復旦, 其延?』(明後 2548)라고 하였으니, 이 말과《고본죽서기년古本竹書紀年》주周 의왕懿王 원년元年에『하늘에서는 다시 정鄭에서 태양이 떠올랐다 天再旦于鄭』고 한 새벽의 일식현상과 흡사하다. 복단復旦은 아침에 일식이 끝난 뒤에 다시 태양이 떠오른다는 뜻이다. 일식은 약 1시간 정도 걸린다. 상나라 사람들은 이미 일식이 일어나리라는 것을 알고 있었으므로, 일식이 다음날 일어날지 아니면 좀더 있다가 일어날지를 물어본 것이다. 상대에 이미 일식이 일어나리라는 것을 예측하고 있었다는 암시나 다름없으니, 이는 진정 놀랄 만한 성취라고 하지 않을 수가 없다. 그것은 상나라 사람들의 하루와 하루 사이의 구분이 이른 새벽이었으므로, 일식이 일어난 1시간 후가 다음날이 되기 때문에 이와같은 복사가 있었을 것이다.《한서》오행지에서 성제成帝 건시建始 원년 8월 무오戊午의 월식을『날이 새려면 미진한 삼각三刻에 두 개의 달이 보였다 晨漏未盡三刻, 有兩月重見』고 한 것과 같다. 진한시대의 사람들은 일월식의 날짜를 기록했을 뿐 아니라 식분食分·방향·이지러지는 방향·시작 시간과 복원시간 등을 세밀하게 주의하기 시작하였다.

상나라 사람들은 태양의 제2의 이상현상을 ㅋㅏ(직, 戠)자로 표시하였다. 갑골문의 직戠자는 창[戈]으로 어떤 물건을 찍어 하나의 날카로운 삼각형 모양을 남겨놓은 상태로, 식별·분별 등의 의미를 표현하는 데 사용되었다. 이 자는 복사에서 세 가지 용법이 있다. 1) 제명祭名 2) 소 및 코뿔소의 피부색 3) 해 혹은 달에 생기는 어떤 변화이다. 어떤 학자는 직戠이 적색 혹은 황색이라고 한다. 일유직日有戠은 태양의 이상으로 색깔이 변하는 것이다.(丁驌 1980 a : 61-62 ; 嚴一萍, 1980 a : 13) 태양의 색이 변한다는 묘사는 비록 후대의 문헌에 보이고 있으나, 코뿔소의 색은 회청색이며 결코 적색이나 황색은 없다. 그러므로 이 해석에는 문제가 있다. 어떤 사람은 태양의 이상현상(日有戠)이 일식현상이라고도 한다.(張培瑜, 1975 : 210-24) 그러나 직戠과 식蝕은 어음상 동부同部에 속하지 않으니, 어음상의 가차가 아닐 것이다. 상대에서 해 혹은 달에 직戠이 있다는 말은 대개 그 본의로 살펴보면 식별한다는 뜻으로, 태양이나 달의 표면에 나타난 반점이나 음영을 표시한다.

지금 기기를 사용하여 태양을 관찰하면 그 표면에 흑점을 발견할 수가 있다. 그 크기는 규칙적으로 변화하여 통신전파와 기후에 모두 영향을 끼치고 있다. 그러나 태양의 광선은 아주 강렬하여 정상적인 상황에서 이를 직시하면 실명할 수가 있다. 그리고 중국인은 한대부터 항상 태양의 흑점현상을 기록하고 있다. 예를 들면 《한서》 오행지에 B.C.28년의 음력 3월 을미乙未에 태양이 황색을 띠었으며, 동전만 한 검은 기운이 중앙에 자리잡고 있다는 기록이 있다. 그밖에도 그것이 탄환·날아가는 까치·대추 혹은 계란 같다는 말로 묘사하고 있다.(陳遵嬀, 天文簡史 : 62 ; 朱文鑫, 天文考古 : 80-88) 한대에 해 가운데 금오金烏가 있다는 오랜 전설은 대개 이런 관찰에 바탕을 두고 있다.(洛陽博物館 1977 : 10 ; 馬王堆漢墓 : 40) 갑골문의 일日자는 대부분 원 가운데 점 하나가 있으니, 바로 이런 현상을 반영하고 있는 것이 아닐까? 한대 사람들이 태양에 반점이 있다는 것을 보았으니, 동일한 지역에 살았던 상나라 사람들도 발견했었을 가능성이 아주 높다. 복사의 정사貞辭와 험사驗辭에는 모두 〈일유직日有戠〉을 언급하고 있다. 예를 들면『소을小乙께 술과 북을 치는 음악으로 협協의 제사를 지낼까요? 이것으로 제사를 지냈다. 해에 이상현상(반점)이 있었다. 저녁에 상갑上甲에게 아홉 마리의 소를 바치고 이를 고하였다. 酒肜其協小乙? 茲用, 日有戠, 夕告于上甲九牛』(甲編 755)(그림 19.4)『해에 이상현상(반점)이 있는데, 재난이 없을까요? 日有戠, 非禍唯若?』(粹編 55)(그림 19.2)라고 하였다. 상나라 사람들은 그것이 일종의 이상현상이라고 여겼으므로 선조에게 보고하였다. 그러나 그것은 월식과 마찬가지로 길할 수도 있고 흉할 수도 있는 일종의 현상이다. 복사에는 또 『해에 흑점이 나타날까요? 정말 흑점이 있을까요? 日有㦰? 允唯㦰?』(明義士 2539)(그림 19.3)라고 하여, 상나라 사람들이 흑점의 출현을 예상하고 있었다는 것을 표명하고 있다. 근대에 와서야 비로소 태양의 흑점이 약 11년을 주기로 나타난다는 것을 알게 되었다. 사실 상대에 이런 주기를 발견하고 그것의 출현을 예기하였다고는 상상하기 어렵다. 일유직日有㦰이 만일 태양의 흑점이 아니라고 한다면, 그밖에 태양의 이상현상이 또 무어란 말인가! 중국인이 한대부터 태양의 흑점을 관찰한 성취에 대하여, 어떤 학자는 큰 바람이 화북평원의 황토를 하늘에 말아올리면, 육안으로 태양을 관찰해도 눈이 손상되지 않았으므로 태양의 반점을 발견하게 되었다고 한다. 그밖의 민족도 이런 기회가 있었을 것인데, 오직 중국인만이 이런 현상을 주의하고 기록하였으니 일종의 성취임은 틀림이 없다.

### 달

두번째로 자주 보이는 특이한 천체는 달이다. 갑골문의 ☽ (월, 月)자는 반월형의 형상이 가장 자주 보인다. 상나라 사람은 하루를 두 부분으로 나누었다. 기본적으로 태양이 나오면 낮이고 달이 나오면 밤이었다. 그러므로 월月의 자형은 달 및 밤이라는 두 가지 뜻을 가지고 있다. 그 용법을 구별하기 위하여 달 속에 한 점을 더하여 구별하였다. 조기의 월月자는 윤곽만 있고 점이 없었으나, 뒤에 오면서 이와 반대로 밤을 나타내는 석夕에는 점이 없고 월月에는 점이 생겼다. 달빛은 부드럽고 온화하여 자세히 관찰할 수 있어서 달 표면의 음영을 발견하였다. 달 속에 옥토끼·섬여蟾蜍, 심지어는 약을 훔쳐 하늘로 달아난 항아嫦娥 등의 각종 이야기와 전설이 생겨나게 되었다. 달빛은 유화柔和하여 사람들에게 한랭한 곳이라는 상상을 하게 만들었으며, 뜨겁게 타오르는 태양과는 명확한 대비를 이루었다. 이로 인하여 달과 해는 음陰·양陽을 대표하게 되었으며, 상징적인 신선의 세계로 분묘의 장식 도안에 자주 나타나게 되었다.(洛陽博物館 1977:11; 馬王堆漢墓:40)(그림 19.14) 그와 동시에 전국시대에는 각종 성상도星象圖 혹은 별을 주체로 한 부록符籙이 만들어지기 시작하였으며, 무덤 속에서 요사한 귀신을 쫓아내는 데 사용되었다. (王建民, 1979:40-45; 周到 1975:58-61; 吳榮曾, 1981:56-63)(그림 19.11, 25) 월식은 흔히 볼 수 있는 자연현상이었으므로 사람들은 결코 놀라거나 두려워하지 않았다. 그러므로 서주 초의 《시경》 시월지교十月之交에 『지난번의 월식, 아주 일상적인 일이라고 할 수 있지, 이번의 월식, 재난이 분명한데 왜 선하게 고치지 않나! 彼月而食, 則維其常 ; 此日而食, 于何不臧!』고 하였다. 심지어 재이災異의 미신이 충만했던 한대에 와서도 사람들은 월식을 재난의 예시라고 여기지 않았다. 상대에는 식食자로 해와 달의 식상蝕象을 표시하고 있다. 이것은 어떤 생물이 음식을 먹는다는 생각과 관계가 있을 것이다. 아마 후세에 천구天狗가 해를 먹는다는 전설과 시끄러운 소리로 떠들어 천구를 놀라 쫓아낸다는 미신이 이미 상대에 존재하였을 것이다. 갑골 복사에는 월식에 관한 기록이 모두 실제 기록인 험사驗辭에 보이고 있으며, 그 길흉을 점쳐 물어보지는 않았다. 이것은 상나라 사람들이 이미 월식에 대해 상당히 알고 있어서 더이상 재난으로 보지 않았음을 표시하고 있다.

해와 달의 운행은 아주 정확한 궤도로 움직이고 있다. 우리는 지금 과거 혹은 미래의 어느 지점·어느 시기에서 일식과 월식을 볼 수 있는지 정확하게 계산해낼 수가 있다. 만일 우리가 일식과 월식이 과거에 일어났던 시간과 지점을 안다면 그 절대연대를 추산해낼 수가 있다. 복사에는 상대 월식의 기록이 다섯 차례 보인다. 애석하게도 복사의 기록이 상세하지 않으며, 게다가 상왕조의 실제 시작과 끝의 연대에도 견해가 다르고 각사刻辭의 단구斷句와 해석에도 다른 의견이 있어서, 각 월식이 일어난 발생연대에는 갖가지 다른 의견들이 생기게 되었다.(Keightley, 1982 : 550-52 ; 張光直, 1979 : 744) 그렇지 않다면 이것에 의하여 상주商周의 연대에 관한 허다한 문제들을 해결할 수가 있었다. 복사에 기재된 월식은 모두 무정武丁 때 일어난 일이며, 이후에는 월식에 관한 복사가 발견되지 않고 있다. 아마도 이것은 상대 말기에 오자 사람들은 더이상 월식이 주의해야 할 이상한 현상이라고 느끼지 않았다는 사실을 반영하고 있을 것이다. 한대에 오면 이미 어떤 사람들은 일·월식의 현상에 대하여 정확하게 과학적 해석을 하고 있으며, 월식은 지구의 그림자가 달을 가려서 생긴다고 여기게 되었다.(李約瑟, 科學與文明 3 : 413-14) 그 원인이 이미 밝혀졌으니 우려할 게 없었으며, 심지어는 일어날 시간을 예측하였다.

별

고대 중국인의 마음 속에는 다른 옛문명과 마찬가지로 지구는 우주의 중심이며, 다른 성좌는 지구를 둘러싸고 하늘을 돌면서 움직인다고 생각했다. 태양과 달은 특별히 크게 보이고 사람들의 생활에도 관계가 가장 밀접하였으므로 고유한 이름을 붙였으나, 다른 천체는 통칭하여 별이라고 하였다. 갑골문의 성星과 정晶자는 모양이 같으며(⊙⊙), 뭇별들이 모여 있는 모습을 그리고 있다. 별들은 맑고 투명하게 반짝이는 수정과 같으므로 정晶이란 의미를 겸하게 되었다. 뒤에 구별되면서, 생生이란 성부聲符를 더하여 본의인 성星으로 사용하게 되었다. 하늘에는 수많은 별들이 있으나, 특별히 밝게 빛나면서 그 운행이 계절과 어떤 관계가 있어서 생활에 편리함을 주는 것 외에는 하나하나 돌아볼 방법이 없었다. 그러므로 별에 관한 복사의 기록은 단지 조성鳥星·화성火星 등 아주 적은 몇 개만 언급되고 있다. (甲編 6664＋6672 ; 後編 2, 9, 1 ; 前編 7, 26, 3 ; 合集 12488)(그림 19.7－9)

조성鳥星(L.Hydrae)과 화성火星(Antares)은 중국 고대의 문헌에 자주 보이며, 계절을 정하는 중요한 성좌이다.(竺可楨文集 : 317－18 ; 嚴一萍, 1980 : 3－8) 조성좌鳥星座는 일곱 개의 별로 되어 있으며, 황혼 무렵에 일곱 개의 별이 모두 보이면 중춘仲春이다. 화성은 심수心宿의 두번째 별로 춘분春分시 저녁에 보인다.(陳遵嬀, 天文簡史 : 21) 크고 밝게 빛나며 색이 빨갛기 때문에 화火라고 이름붙여졌을 것이다. 아마도 붉은색을 띠고 있기 때문에,《사기》천관서天官書에는 한인漢人이 그 별을 가뭄의 상징으로 본다는 기록이 있을 것이다. 가뭄은 농업사회의 크나큰 재해이다. 중국은 농업국이므로 이 별에 깊은 관심을 기울였으며, 화정지관火正之官을 두어 전적으로 화성의 위치를 관측하도록 하였으며, 게다가 그 별의 위치로 중하仲夏의 계절을 교정하였다. 복사에『화火, 올 1월에 비가 내리겠습니까? 화火, 올 1월에 비가 내리지 않겠습니까? 火, 今一月其雨? 火, 今一月不其雨?』(合集 12488)라고 하였으니, 화성은 비가 내리는 일과 관계가 있다.(嚴一萍, 1980 : 7－8) 대개 상대에는 화성이 있는 지역에 주로 가뭄이 든다는 미신이 있었을 것이다.

중국이 세계 천문학계에 크게 공헌한 것 중 하나는 풍부한 관측기록이며, 더욱이 운행이 불규칙한 성좌의 위치를 살핀 것이다. 현재 새로운 별에 대해 판별하면서 때때로 중국 고대의 기록에 도움을 빌리고 있다. 복사에『화성 옆에 새로운 큰 별이 있다 有新大星幷火』(後編 2,9,1)(그림 19.6)고 하였으니, 바로 새 별에 주의를 기울인 예이다. 한 판의 복골卜骨에는〈대성大星〉과〈비명非鳴〉이라는 잔사殘辭가 가까운 위치에 새겨져 있으니(許進雄, 明義士 : 148), 아마도 일식이 일어날 때처럼 큰 소리로 소리치고 떠드는 방법으로, 거의 볼 수 없었던 큰 별을 쫓아내도 좋을지에 관해 점쳐 물어본 것일 터이다. 또 다른 한편의 각사에는 대성大星이 식일食日의 시각에 나타났다는 언급이 있다.(乙編 6386)(그림 19.10) 식일食日은 상나라 사람들이 낮시간을 나누었던 용어이다. 대식일大食日은 아침 식사를 하는 시간이며, 소식일小食日은 오후에 식사하는 시간이다. 낮에 별이 보일 수가 없으니, 태양이 가리어져 잠시 어둠 속에 잠겨야 비로소 별을 볼 수가 있다. 그러므로 이 기록은 신성新星이나 혜성이 태양을 가리어 생긴 일식일 뿐이다.(그림 19.12-13)《한서》천문지에『태백성이 하늘을 지나갔다…… 대낮에 나타나 해와 밝음을 다투었다 大白經天…… 晝見與日爭明』고 하였으니, 이 또한 유사한 현상이다.

### 세성歲星(Jupiter)

태양계 행성 중에 가장 큰 목성木星을 또한 세성이라고 부른다. 세성의 운행을 관찰하는 일은 고대 중국정부의 중요한 일 중 하나였다. 때로는 그 중요성이 해나 달보다 더하였다.《상서》홍범편洪範篇에서는 한 나라에서 기록해야 할 천상기록을 말하고 있으며, 그 순서는 세성·달·태양·별과 역수歷數이다. 지구에서 세성의 운행을 보면 나선 모양으로 움직인다. 매번 돌아가는 것이 일정치 않고, 광도光度의 명암도 달라져 관측자의 주의를 쉽게 끈다. 동한 초의《설문해자》에는 세성이 매년 한번씩 28수를 지나며 음과 양을 퍼뜨리므로, 1년의 길이를 지시하는 데 쓰인다고 하였다. 갑골문의 $\sharp$(세, 歲)자는 형벌에 사용되는 도끼[斧鉞]의 모양이다. 복사에서 세歲는 대부분 제사명 및 제물을 죽이는 방식에 쓰이고 있다. 그러나 또 금세今歲·내세來歲·금내세今來歲·십세十歲·금삼세今三歲 등처럼 분명히 시간의 길이와 관계있는 용어로도 사용된다.(島邦男, 綜類 : 340)《사기》천관서에서는 세성이『매년 $30^{7}/_{16}°$를 운행하고, 대개 매일 $1/_{12}°$를 운행하여, 12년이 걸려야 하늘을 일주한다 歲行三十度十六分度之七, 率日行十二分度之一, 十二歲而周天』고 하였다. 세성은 매년 하늘의 $1/_{12}$을 운행하여 새로운 위치에 도달한다. 대개 12년은 12지지地支의 수와 합치되므로, 고인들은 세성의 소재로써 연대를 표시하는 습관이 있었다. 상나라 사람이 세성으로 시간의 길이를 표시하게 된 것은 응당 이런 운행현상에 바탕을 둔 것이다.(郭沫若, 甲骨 : 74) 부월斧鉞은 상대에 형을 집행하던 용구였으며, 전투에 사용된 병기가 아니었다. 상대에 이 무기로 세성의 이름을 붙인 것은 아마도 특별한 의미가 있어서일 것이다. 후세에 세성은 군사행동의 징조로 여겨지게 되었다. 예를 들면《사기》천관서에『세성이 있는 나라는 칠 수 없고, 사람은 벌할 수가 있다 其所在國不可伐, 可以罰人』고 하였으니, 사람을 벌하는 일은 상의 귀족이 부월을 사용한 목적이며, 또한 세성이라 이름한 뜻이기도 하다. 한대의 세歲자는 이미 변하여 부월의 형상을 닮지 않았다. 그리고 세성이 사람을 벌한다는 예시는 바로 상대의 습관을 계승하였을 것이다. 세성의 운행은 다른 별들과는 달리

출몰이 무상하고 예측하기가 어려웠다. 대개 이로 인하여 상제께서 통제하여 천명의 소재를 표시한다고 여겼으므로, 군주가 죄를 벌한 자를 처벌하는 부월로 대표하였다. 상대에 1년의 길이를 표시하는 자는 모두 석 자가 있다. 세歲자 외에 하나는 년年으로 매년 한 차례 수확하는 곡물로 연수를 계산하였다. 다른 하나는 사祀로 조상의 제사를 한 번 두루 지내려면 1년이 필요하였다.

### 하늘의 경고

오늘날에는 별들의 운행과 사람의 일이 관계가 있다고 여기는 사람은 거의 없으나, 고인들은 결코 그렇게 생각하지 않았다. 하늘에는 사람들이 이해하기 어려운 수많은 현상들이 충만하였다. 어떤 사람은 이들을 역사적 사실과 결부시켜, 그것은 상제께서 특별히 사람들을 경계하기 위하여 나타내보인 것이라고 하였다. 어떤 사람은 억지로 갖다붙인 예시를 교묘하게 진짜로 가장하여, 사람들로 하여금 하늘이 확실하게 조짐을 보일 수 있다고 믿게 하였다. 예를 들면 서한의 하후승夏侯勝은 오랫동안 흐리고 비가 내리지 않자, 이것은 신하가 임금을 모반하는 예시라고 하였다. 이 예언은 대장군 곽광霍光의 신상에 맞아떨어졌다. 휴맹睢孟은 필부가 장차 천자가 되리라고 예언하니, 한漢 선제宣帝의 일과 일치되었다. 하하량夏賀良은 한이 재차 천명을 받을 길상이 있다고 예언하였으니 또한 한 광무제光武帝의 일이었다.(皮錫瑞, 經學史 : 100-01) 이토록 교묘하게 맞아떨어지자 제왕은 천상이 사람의 일을 예시할 수 있다고 깊이 믿게 되었으며, 당연히 신하들도 영향을 받아 모두 따르게 되었다. 전국 말기의 추연鄒衍은 음양과 오행학설을 모아 우주의 현상을 해석하였다. 그의 이론은 한대에 이르러 꽃이 피고 열매를 맺게 되었으며 천인합일의 미신이 고조에 이르도록 만들었다. 일식·지진 등과 같은 자연계의 이상현상과 마주치게 되면 황제는 왕왕 조서를 내려 자신이나 혹은 삼공三公의 책임이라고 탓하였다.(皮錫瑞, 經學史 : 98, 100) 《사기》 천관서·《한서》의 천문지와 오행지는 모두 이런 유형들의 응용과 징험에 대하여 말하고 있다. 《한서》 예문지에 실린 음양오행의 점험占驗에 관한 저술은 다른 종류의 저작보다 훨씬 많다. 천인합일의 학설은 본래 뜻있는 사람이 천상을 빌어 제왕을 경계하므로, 무섭고 꺼리는 바가 있도록 하여 권고의 효용을 달성하려 한 것이었다. 때로는 정말 경계하고 권고하는 효과를 거두기도 했으나, 제왕 또한 이를 이용하여 마음대로 벌할 수 있는 증거로 삼았다. 이렇게 천상이 사람의 일을 예시한다는 미신은 마침내 일반 백성에게까지 확대되었다. 《포박자抱朴子》 변편辨篇에 『한 사람의 길흉은 성좌의 정확한 위치에 의하여 태어나는 순간에 결정된다』고 하였다. 개인의 귀천과 운명이 이미 태어나는 시간에 따라 결정된다고 여기니, 점성술과 운명학 등이 흥기하게 되었다.

## 역법曆法

중국에서 달력을 반포하는 일은 왕정의 아주 중요한 정사 중 하나였다. 중앙 조정에서 반포한 달력을 사용하는 것 또한 신하로 복종한다는 표시이다. 수렵사회든 농업사회든 1년의 행사는 모두 태양의 운행에 따라 안배되었으므로, 달력의 제작은 태양운행의 주기를 근거로 하고 있다. 고대중국에서 사용한 것은 일종의 음양력陰陽曆으로 태양이 궤도를 한 바퀴 돌면 1년이 되고, 달은 한 달에 한 번씩 궤도를 돈다. 그러나 1년의 일수는 열두 달하고도 남는 게 있으므로, 이 둘의 차이를 조정해야 달과 계절이 비로소 합치될 수 있었다. 갖가지 서로 다른 역제曆制는 주로 이 차이를 조정하는 정밀도가 다르며, 그리고 계산을 시작하는 정점定點이 다를 뿐이었다. 우리는 갑골 각사에서 표명하고 있는 월의 표시에서 상대 역법의 대체적인 정황을 알아볼 수가 있다. 상대에는, 비교적 조기에는 1년이 열두 달이었고, 큰 달은 30일, 작은 달은 29일이었다. 크고 작은 달이 번갈아 배열되며, 상당한 시간이 누적되면 한 번 큰 달을 연이어서 안배하였다. 다시 몇 년을 간격으로 윤달을 더하여 태양년太陽年과 태음월太陰月의 불일치를 조정하였다. 처음에는 윤달을 한 해의 마지막 달에 놓고 13월이라고 불렀다. 그것은 대개 실제적인 천상에 근거하여 임시로 조정한 것이며, 이미 정한 여러 수치에 근거하여 연산한 것은 아니었다. 윤달을 연말에 놓은 것은 당연히 적절한 때의 달에 맞추어 놓는 것보다 원시적이었다. 그러나 윤달이 있었다는 사실은 이미 어느 일정한 점을 1년의 시작으로 삼았다는 사실을 알게 해준다. 이 일정한 기점이 바로 세성이었을 것이며, 이 때문에 세성이라는 이름이 붙여지게 되었을 것이다.

국토의 면적이 넓고 조직이 엄밀한 정부에서, 임시로 어떤 천상에 의거하여 윤달을 안치하고 계절을 조정하는 것은 행정의 효율에 지장을 준다. 그러므로 점점 하나의 일정한 수치에 의거하여 연산하게 되었으며, 먼저 역보曆譜를 배정하여 공중행사의 표준으로 삼았다. 천문연산의 수치는 아주 번잡하였으며, 그것의 발전은 수학의 진전을 촉진하였음이 틀림없다. 상대 말기에 이르러 역법은 현저한 변화가 생기게 되었다. 그들은 일종의 사전祀典에 바탕을 둔 역법으로 설계되었으며, 연이어 거행되는 조상의 제사는 제사의 주기를 360일과 370일이 번갈아 교체되도록 하였다. 이렇게 하여 조상의 제사와 계절이 고정적인 연계를 갖도록 하였으며, 농사

일정표와 행정의 역보도 만들 수 있었다. 이것은 일종의 변상적變相的인 태양력으로 간주할 수 있다. 그것은 월과 계절의 연계에 중점을 두지 않았으므로 윤달을 보태지 않았다. 그러나 상나라 사람들은 달과 계절이 연결되지 않으면 불편하다는 사실을 재빨리 알아채고는 과거에 사용하던 윤달을 보충하였으며, 아울러 한 해의 중간에 윤달을 안배하였다. 이와같이 1년 3백65일에다 중간에 윤달을 두는 역법은 후대의 역법에 아주 근접하다고 말할 수가 있다.(許進雄, 1986：105-10) 한 해의 중간에 윤달을 두는 것이 연말에 두는 것보다 더 적시에 천상을 반영할 수 있었다. 정치상의 이유인지 또는 달리 이유가 있어서인지는 모르겠으나, 주가 상을 멸한 후에는 상인의 진보된 역법을 받아들이지 않고, 다시 윤달을 연말에 놓았다. 그러므로 서주의 동기 명문에는 흔히 13월이라는 달이 보이고 있다.(周法高, 金文：4290-4303) 전국시대에 이르자, 남아도는 ¼일도 계산해내게 되었다.

### 계 절

채집어렵사회에서는 단지 대략적인 계절만 알면 여기에 따라 짐승을 잡고 식물을 채집할 수가 있었다. 그러나 농업이 크게 발전한 시대에는 더욱 정확한 계절을 필요로 하였다. 더욱이 정부조직이 엄밀한 시대에는 부득이 행정효율의 영향에 대하여 중시하게 되었다. 그러므로 한 사회에서의 시간 개념 또한 문명 정도의 지표로 볼 수가 있다.

상대의 역법은 이미 상당히 진보하였으나 도리어 계절을 세분하지는 않았다. 상대에는 단지 두 계절로 나누고 있다. 이것은 비교적 원시적인 씨족사회에서 식물이 자라는 계절과 수확하는 두 계절에 따랐던 것과 큰 차이가 없다. 갑골문의 ※※ (춘, 春)자는 생장의 계절을 표시하며, 성부 둔屯과 의부 목木·림林 혹은 일日의 조합이며, 대체로 충분한 햇빛이 있어서 씨를 뿌리는 계절 혹은 수목이 무성하게 생장하는 계절이라는 뜻을 표시하고 있다. 상대의 제2계절은 수확하는 계절로 추秋 혹은 조條자로 표시한다. 갑골문의 ※(추, 秋)자는 메뚜기의 모양, 혹은 메뚜기를 불에 굽는 모양을 본뜨고 있다. 메뚜기는 수확 전에 항상 마주치게 되는 재해이며 (陳正祥, 文化地理：50-57 ; 周明牂, 華北農害：16-20, 176-81), 그 피해는 가뭄보다 더하였다. 《춘추》에는 메뚜기의 재해를 기록한 것이 수십 차에 이르고 있다. 고대에는 메뚜기를 없앨 수 있는 적당한 방법이 없었으므로 항상 불로써 이들을 쫓아내었다. 상대에도 당연히 똑같은 방법을 사용하였다. 메뚜기는 가을철에 활동하는 곤충이므로 고인들은 메뚜기로 가을철을 대표하였다. 갑골문의 ※(조, 條)자는 나무의 가지가 굽어 있는 현상이다. 대개는 음독과의 관계로 가을을 대표하는 데 사용되었다. 혹은 가을에 낙엽이 지고 단지 벌거벗은 나뭇가지만 남게 되므로 가을을 대표하는 데 사용하였을 수도 있다. 씨를 뿌리고 곡물을 수확하는 일은 농업사회에서 가장 중요한 두 가지 일이었으며, 그 다음으로 해야 할 일은 농한기가 지나기를 기다린 후에야 할 수가 있었다. 상나라 사람들은 대개 1년을 봄·가을로 나누면 충분히 응용할 수 있다고 생각했다. 서주 말년에 이르러 다시 여름과 겨울 두 계절이 증가하게 되었다. 봄 앞에는 겨울을 보태고, 가을 앞에 여름을 더하여 동춘하추冬春夏秋의 순서를 만들었다. 이것은 한대 이후에 이어져 내려온 춘하추동의 순서는 아니었다. 진조秦朝와 한초漢初에는 10월을 한 해의 처음으로 삼았으니, 즉 겨울이 정부 회계년도의 시작이었다는 습관을 반영하고 있다.(陳久金, 1978 : 70-74)《한서》오행지에 기록된 메뚜기의 재해는 모두 여름과 가을에 발생하였다. 상대의 가을은 이미 메뚜기를 대표로 삼았으니 여름이 가을에 합해지는 게 합리적이다. 금문의 ⚋(하, 夏)자는 대개 무축巫祝이 춤을 추는 형상을 그리고 있다. 여름에는 자주 가뭄을 근심해야 했으므로 무축이 춤을 추며 비를 빌어야 했다. 그러므로 무사巫師가 기우제를 지내는 형상으로 여름철을 표현하였다.《주례》대사악장大司樂章에,〈대하大夏〉는 옛날에 산천에 제사지내던 악무樂舞라고 하였다. 산천은 상나라 사람들이 기우제를 드리던 주요 대상이었으므로 이 가설은 가능성이 아주 높다. 갑골문의 ⚋(동, 冬)자는 나뭇잎이 시들어 떨어진 풍경이다. 상대에는 종終자로 사용되었다. 대개 그 뜻은 수목의 생장이 끝났다는 것이며, 1년의 계절이 끝났다는 뜻은 아니었다. 그러므로 처음에는 겨울을 1년의 시작으로 삼게 되었다. 계절의 규정은 농산물의 파종·성장과 수확에 모두 결정적인 작용을 하고 있다. 때때로 파종이 10여 일 빠르거나 늦으면 수확효과도 큰 영향을 미치게 된다. 그러므로 주대에는 다시 한 계절을 맹孟·중仲·계季의 세 단계로 나누었다. 전국 말기에는 태양의 운행에 근거하여 24절기를 나누어, 1년의 규율에 따라 일을 행사하게 되었다.(竺可楨文集 : 261)

## 월상月相

상나라 사람들은 달이 차고 이지러지는 현상으로 어느 날을 한 달 중의 단락으로 표시하지는 않았다. 그들은 순환하는 60간지干支로 날짜를 표시하였다. 열흘을 한 단락으로 나누어 순旬이라고 불렀다. 갑골문 ⚋(순, 旬)자는 어떤 형상을 취했는지 알 수 없으나 먹을 수 있는 작은 동물의 상형인 듯하다. 갑골문에는 순旬

이 그릇[皿] 속에 있는 모양의 문자가 있다.(屯南 715) 뒤에 오면서 일日의 의부가 더해져 그 뜻이 명확해진 형성자가 되었다. 상나라 사람들은 갑일甲日에서 계일癸日까지를 일순一旬으로 하였다. 순의 시작과 끝은 월상月相에 따라 달을 가르는 것과는 완전히 무관하다. 늦어도 서주 초기에 오면 주나라 사람들은 월상으로 한 달을 구분하는 단락을 새로이 만들어내었다.

상주 사이의 주인周人 갑골에는 이미 월상과 관련된 단어가 있다. 동기의 명문에는 초길初吉·기생패旣生霸·기망旣望·기사패旣死霸 등의 용어가 날짜의 간지 위에 보이고 있어, 그날이 그달 중의 어느 부분에 속하고 있는지를 표시하고 있다. 《설문해자》의 형성자 패霸에 대한 정의는 『달이 처음 나타나면 빛이 뚜렷하지 않다. 큰 달은 2일째 작은 달은 3일째에 달빛이 분명하다 月始生霸然也, 承大月二日, 小月三日』고 하였다. 패霸는 뒤에 차용되어 패도霸道가 되었고, 본의인 달빛은 다른 자로 차용되었다. 그 이름으로 뜻을 생각해보면 기생패는 달의 빛이 이미 생겼으니 월초의 현상이다. 기사패는 달의 빛이 이미 없어졌으니 한 달의 마지막 단계이다. 망𦣻자는 갑골문에서 한 사람이 높은 흙더미 위에 올라서 눈을 위로 치켜뜨고 먼 곳을 바라보는 모양이다. 망𦣻은 복사에서 군사적 행위와 관계가 있으며, 적의 신령들과 법술로 싸우는 무술巫術일 수도 있다. 이 자는 주대에 달이 둥글 때를 표시하는 뜻으로 차용되었으므로, 뒤에 월형月形이 부가되어 월망月望 즉 매월 15,16일로 달이 가장 둥글게 빛날 때를 가리키게 되었다. 기망은 달이 이미 가장 둥글 때가 지났으니 하현달의 전반부이다. 초길·기생패·기망·기사패라는 네 용어는 한 달을 네 부분으로 나눈 단락을 표시한다. 월상은 일상생활과 아주 밀접한 관계가 없었기 때문에, 춘추 말기에 오자 삭망朔望의 추산이 점차 정확해지면서, 옛날의 분단分段이 폐기되어 진정한 의미조차도 아는 사람이 없게 되었다. (岑仲勉, 文史論叢 : 140) 동시에 아마 주나라 사람들은 진지하고 정확하게 월상의 술어를 사용하지 않았으므로, 2천 년 이래로 각종 동기 명문에 근거하여 주대의 역보曆譜를 복원하려던 기도는 모든 재료에 부합시킬 방법이 없었으므로, 이들 용어의 진정한 의미의 해석이 분분하게 되었으며, 여전히 일치된 정론을 얻어내지 못하였다.(莫非斯, 1936 : 230-36 ; 勞榦, 1974 : 1-26 ; 龍懷淸, 1981 : 74-78 ; 丁驌, 1981 a : 23-33 ; 黃盛璋, 1958 : 71-86 ; 王國維, 觀堂集林 : 19-26 ; 董作賓全集 (1) : 23-37 ; 劉雨, 1982 : 76-84)

하루의 구분

하루의 시간을 구분하는 용어는 상대에도 연속적으로 바뀌었다.(陳夢家, 綜述 : 229-33) 그러나 몇 개의 중요한 정점定點은 모두 태양이 하늘에서 변동하는 위치에서 이름을 따오고 있다. 그 습관은 줄곧 한대까지 유지되었다. 태양이 막 지평선에서 떠오르는 때를 〈단旦〉이라고 한다. 갑골문의 자형은 태양이 어떤 물건 위로 떠오르는 모양을 그리고 있다. 금문의 자형과 비교해 보면 막 바다 위로 떠오르는 풍경을 표시하고 있는지도 모른다. 해면에서 완전히 이탈되지 않았거나 혹은 태양이 해면에 반영된 풍경이다. 상나라 사람은 동방에서 발원하였으니 해상의 아침 풍경이 결코 낯설지는 않았다. 다음 단계는 〈대채大采〉이다. 갑골문의 (채, 采)자는 손으로 나무 위의 물건을 따는 형상이다. 대채는 바로 태양이 크게 빛을 발하며 이미 높이 떠올라 시력이 분명해진 시각이다. 조금 있으면 풍성한 아침식사로 새벽 일찍 들에 나가 농사일로 소모했던 체력을 보충할 때가 되므로 〈대식大食〉이라고 부른다. 그 뒤는 바로 〈일중日中〉 혹은 〈중일中日〉로 태양이 중천에 걸린 정오이다. 이 시간을 지나면 〈측昃〉이다. 갑골문의 (측, 昃)자는 태양이 서쪽으로 기울기 시작하면서 사람을 비추니, 긴 그림자가 비스듬히 생겨 있는 모양이다. 그 뒤는 〈소식小食〉으로 비교적 간단한 저녁을 먹는 때이다. 식사를 마치고 용구들을 정리하면 태양도 벌써 서쪽으로 기울어 빛이 크게 스러지고, 단지 잔광만이 하늘가에 남아 있으므로 〈소채小采〉라고 한다. 이때를 〈모莫〉라고 칭하기도 한다. 갑골문의 (모, 莫)자는 해가 이미 숲 속으로 들어갔다는 뜻이다. 나무 사이를 뚫고 비치는 광선이 벌써 아주 미약하다. 막莫은 뒤에 부정사로 차용되었으므로 다시 일日을 보태어 모暮자가 만들어졌다. 이 시간은 또 〈혼昏〉이라고 부른다. 갑골문의 (혼, 昏)자는 대개 태양이 벌써 사람의 키높이 이하로 내려왔다는 것을 표시한다. 소채·모·혼은 모두 태양이 하루의 여정을 완성하고 서쪽으로 기울어 숲 속에 들어갔다는 표현이다. 상나라 사람들은 태양이 하늘에서 변동하는 위치로 때를 정하였음이 분명하다. 한 단락은 두 시간의 길이와 가까우며 일중日中을 중점으로 삼는다. 그러나 태양이 중천에 있는 시간과 일조의 길이가 계절에 따라 다르므로, 시간의 설정도 그날그날을 표준으로 삼게 되며 고정적이지 못하고 여전히 유동적이다. 상대에는 햇빛 이외에는 도움을 받는 게 없었기 때문에 밤에는 〈석夕〉과 〈숙夙〉의 구별이 가장 많다. 갑골문의 (숙, 夙)자는 한 사람이 달을 향해 꿇어앉은 형상이다. 숙夙은 일출 전의 밤이고, 석夕은 태양이 지고 난 후의 밤이다. 이것은 후세에 석숙夕夙을 분별하는 습관이며 상대에도 이와같았는지는 알 수가 없다. 이상과 같은 시간 구분에서 상나라 사람들은 하루에 두 끼를 먹었다는 것을 알 수가 있다.

### 해시계(圭表)

하늘에 있는 태양의 위치로 낮시간을 표시하는 것은 아주 실제적이다. 고고자료에는 한정이 있기 때문에, 우리는 상나라 사람들이 태양의 위치를 이용하여 시간을 정했던 기초 위에 다시 정밀한 측량을 했었는지는 알 수가 없다. 기원전 7세기의 춘추 중기에 오면, 이미 사람들은 토규土圭를 사용하여 동지와 하지의 일기日期를 정하였으며(陳遵嬀, 天文簡史 : 21), 시간의 정확도에 대해서도 진일보한 요구를 하게 되었다. 토규로 그림자를 측정하는 방법은 아주 간단하였다. 긴 대 하나를 땅에 세우고 각계절 사이의 태양이 드리우는 그림자 길이의 변화를 측량하였다. 하지는 그림자가 짧고 일조가 길며, 동지는 그림자가 길고 일조가 짧아, 그림자의 변화속도로 때를 정하기가 어렵지 않았다. 소전의 圭(규, 圭)자는 흙 위에 다시 흙을 포개어 놓은 모양이다. 그 초형初形은 하나의 장대와 그림자의 모양이었으나, 서사書寫를 편리하게 하기 위하여 土土자를 중첩하여 쓰게 되었다. 상 유적에서는 규圭라고 할 수 있는 옥과玉戈가 적지 않게 발굴되었으며, 어떤 것은 길이가 0.5미터에 달하고 있다.(婦好墓 : 131, 137, 139) 이와같이 긴 옥과는 자루에 묶어 무기나 의장기로 쓰기가 아주 어려웠다. 그것은 해그림자를 측량하는 의기가 전화轉化되어 통치계급의 권위의 상징이 되었을 가능성이 아주 높다.(郭寶鈞, 1948 : 39; 饒宗頤, 1952 : 85) 고대에서는 계절을 예지하거나 확정할 수 있는 물건은 신비한 힘이 있다고 여겨졌을 가능성이 아주 높다. 한대에 이르러 해그림자를 측량하여 시간을 아는 것은 이미 흔한 일이 되었으므로 휴대용 청동 해시계를 주조하게 되었다.(南京博物院 1966 : 17-18; 1977 : 406-08)(그림 19.21)

규척圭尺보다 더 정밀한 측시測時 기구는 일구日晷이다. 그것은 석판石板 위에 중심점에서 밖으로 뻗어나간 많은 점과 선이 새겨져 있으며, 약 3/4의 원주 위에 69점과 숫자가 새겨져 있다. 아울러 그 사이에는 정점定點이 되거나 혹은 교정용의 기호가 있다. 점 위에는 대를 꽂아 일출과 일몰의 각도를 관측할 수 있으며, 아울러 시간의 교정에 응용하였다.(林巳奈夫, 1973 : 4-8; 孫機, 1981 : 74-81)(그림 19.15) 그 도안의 구성은 당시의 육박기반六博棋盤과 동경상의 규구規矩 문양과 같았다.(熊傳新, 1979 : 35-39; 勞幹 1964 : 15-26)(그림 19.16-18) 이런 종류의 동경은 가정에서 항상 갖추었던 다용도기구로 시간을 잴 수도 있고 얼굴을 비춰볼 수도 있었다.

### 동루銅漏

일구日晷는 햇빛의 도움을 빌려야 했으므로 단지 맑은 날의 낮에만 사용할 수 있었다. 이로 인하여 밤에도 시간을 잴 수 있는 방법을 생각해야 했다. 생활경험 속에 고인들은 물동이가 깨져 물이 천천히 새어나오는 것을 보게 되었다. 시간이 흘러가면서 수위가 낮아지는 것을 이용하여 시간을 측량할 수 있었다. 이에 물시계가 발명되었다. 기원전 5세기에 중국에서는 이미 물시계를 사용하였다.(百科全書, 天文學 : 219) 최초에 사용된 물시계는 하침식下沉式이었다. 즉 물이 천천히 유실되면서 물시계 속에 지표로 사용된 화살대가 점차 아래로 잠겨, 화살대의 각도로 시각을 읽을 수가 있었다.(王振鐸 1980 : 118-25)(그림 19.22) 똑같은 원리로 또 다른 용기 하나를 사용하여 떨어지는 물을 받으면 화살대가 점차 상승하여 시각을 읽을 수가 있었다.

동으로 된 물시계는 인위적으로 시간의 길이를 확정할 수가 있고, 햇빛의 그림자를 이용하는 것보다 훨씬 정확하며 위도에 따라 측량의 변화를 받지도 않았다. 그러나 수위의 고저에 따라서 변화가 생기기 때문에 수류의 속도를 교정해야 하는 일은 결코 쉬운 일이 아니었다. 게다가 물시계의 제작비용도 적지 않았으므로 보급될 수가 없었다. 그러므로 서한시대에 와서도 일반인들이 사용한 시간구분은 여전히 태양의 위치를 지표로 삼았다. 그 구분은 대략 야반夜半 · 계명鷄鳴 · 승명乘明 · 단단旦 · 일출日出 · 조식시蚤食時 · 식시食時 · 일중日中 · 일측日昃 · 일포시日晡時 · 하포下晡 · 일입日入 · 혼昏 · 모식暮食이었다.(陳夢家, 1965 : 117-26) 이때는 하루에 세 끼를 먹었다는 사실을 알 수 있다. 밤의 구분이 상대보다 훨씬 상세해졌으니, 물시계를 사용한 결과이다. 분명한 것은 간지제干支制의 영향을 받아 진한 사이의 역법가들은 이미 하루를 열둘로 나누었다. 동한시대에 와서야 비로소 이런 구분이 사회에서 받아들여지게 되었으나, 이름은 여전히 옛전통을 따르고 있었다.(宋鎭豪, 1985 : 324-25) 뒤에 오면서 점차 자시子時에서 시작하여 해시亥時에서 끝나는 12진제가 세워지게 되었으며, 매시진은 지금의 두 시간이었다.(陳夢家, 1965 : 124-28) 이로부터 더이상 태양의 대략적인 위치로 시간을 표시하지 않게 되었다.

### 혼의渾儀

중국이 천문학계에 최대의 공헌을 한 것은 그 풍부한 관찰기록이었다. 상나라 사람들이 하늘의 이상현상에 주의를 기울였다는 것은 이미 위에서 소개했다. 중국인은 역력의 반포가 국가행정을 위하여 필요한 조치라고 보았으므로, 전적으로 관측을 책임진 사람이 있었다. 더욱이 한인漢人들은 천인합일의 설을 믿었으므로 천상이 사람의 일을 예시한다고 여겼다. 천상의 이변에 대한 관심도 단지 소수 관원의 직책일 뿐만 아니라 수많은 사람들의 관심사였다. 그러므로 진지하게 관찰하고 상세하게 기록하여, 유용한 재료를 아주 많이 보존하게 되었다. 나라에서 천상에 관심을 가진 일은 《춘추》에서도 살펴볼 수가 있다. 《춘추》는 춘추시대 253년간 중원지구의 정치활동을 아주 간략하게 기록한 것이며, 특히 노魯와 관련된 사건들이다. 여기서는 소수 몇 개를 제외하고는 그간에 일어난 일식을 정확하게 기록하고 있다.(朱文鑫, 天文考古 : 91-101)

의도적으로 천문을 학문으로 연구한 것은 대개 춘추시대에 시작되었다. 하늘과 땅이 무너지지 않고 꺼지지도 않는다는 것과 천지의 관계에 대한 문제를 토론하기 시작하였다. 이미 하늘은 둥글고 지구는 공 모양이라는 의견을 제시하였다.(科技史稿 : 145-47) 전국시대에는 하늘이 상을 드리워 사람의 길흉을 예시한다고 믿었으므로 더 진지하게 관측하였다. 전국시대의 상자 뚜껑에는 28수의 이름이 나열되어 있었으며, 그 배열 순서와 방향이 모두 정확하였다.(그림 19.11) 이 기물의 발굴로 그때 이미 성도星圖를 그릴 수 있었다는 추단을 할 수가 있다.(王建民, 1979 : 41) 《한서》 예문지에 실린 기록을 보면 역보曆譜 중에 오성행도五星行度의 저작을 포함시키지 않고도, 이미 2백11명의 학자에 4백45권이나 된다. 이밖에도 실전되었으나 군데군데 초록되어 보존된 것들도 있다. 최근 호남 장사 마왕퇴의 서한묘에서 출토된 백서의 《오행점五行占》 중에는 선진 이래 관측된 오성의 회합 주기이다. 그것에는 B.C.246-177년에 이르는 오성운행궤도의 관측을 기록하고 있다.(馬王堆小組 1974 : 37) 이 오성의 운행주기와 B.C.104년의 태초력太初曆과 지금의 실측을 비교하면 아래와 같으므로, 그 정확도를 살펴볼 수가 있다.(劉雲友 1974 : 36 ; 徐振韜 1976 : 91)

|  | 오성점五星占 | 태초력太初曆 | 금일의 실측 |
| --- | --- | --- | --- |
| 수성水星 |  | 115.91日 | 115.88日 |
| 금성金星 | 584.4 日 | 584.13日 | 583.92日 |
| 화성火星 |  | 780.53日 | 779.94日 |
| 목성木星 | 395.44日 | 398.71日 | 398.88日 |
| 토성土星 | 337 日 | 377.94日 | 378.09日 |

위의 표에서 전국시대의 관측이 이미 지금의 실측과 아주 가깝다는 것을 살펴볼 수가 있다. 관측기구의 도움을 빌리지 않고 육안으로 성좌를 관측하면 차이가 많이 나며 일반적으로 몇 도 이상의 오차가 생기기 마련이다. 백서《오행점》의 기록은 정밀한 관측기구를 사용한 결과이지 육안으로 측량한 것이 아니었다. 서한 초에는 이미 관측기구를 사용한 기록이 있으니 그 원류는 더 빨랐을 것이다.《오행점》은 원주를 365¼도로 하였고, 1도는 240분이었다.(徐振韜 1976 : 90) 이처럼 정밀한 각도는 반드시 대형의 관측기구가 있어야 분별할 수가 있다. 1도가 240분이라는 수는 전제田制 이외의 제도에서는 찾아볼 수가 없으니, 의식적으로 인간 정치제도를 천상 법도의 모범으로 만든 것이 분명하다. 최근에 출토된《손자병법》에서 춘추 말기 진국晉國은 이미 240보를 1무畝로 하였다는 사실을 알 수가 있다.(林甘泉 1981 : 37) 그러므로 혼의渾儀의 사용은 기원전 5세기까지 거슬러 올라갈 수가 있다. 다시 어떤 사람은《주비산경周髀算經》중의 북극선기北極璇璣의 연구에 근거하여 춘추 중기에 혼의가 있었다고 하였다.(橋本敬造 1981 : 218) 현재는 비록 자료가 없어서 당시의 혼의 형식을 복원할 수는 없으나, 그 구조의 대부분은 적어도 3조組의 원환圓環으로 만들어졌으며 가운데에 규관窺管은 하늘의 어떠한 방위든지 볼 수가 있다. 삼환三環의 하나는 고정된 자오환子午環으로 천축天軸을 환면 위의 위치에 확정한다. 두번째는 적도환赤道環으로 위에 28수의 거리를 새기고 천축을 싸고 돌 수 있다. 세번째는 사유환四游環으로 위에는 천도수天度數를 새겨놓았으며 천축을 싸고 자유롭게 움직일 수 있으며 가운데에는 규관이 있다.(徐振韜 1976 : 94) 한인의 의견에 따르면 혼의의 환 길이는 2장 5척, 약 5천8백75미터이다.(天石 1975 : 86) 각도의 길이는 1.6센티이니, 당시에 어떻게 이토록 짧은 길이 위에 다시 2백40개의 분을 새겨놓았는지 알 수가 없다. 이것은 16세기에 와서야 발명되어 사용된 호멜(Hommel)의〈버니어〉(vernier) 눈금법에 맞먹는다고 할 수 있다.(李約瑟, 科學與文明 3 : 295) 1.6센티를 12간격으로 만들고, 매간격마다 다시 20등분하였으니, 매분의 거리는 단지 0.13센티이다. 이 한 예로 그 당시 천문학의 뛰어남을 살펴볼 수 있을 뿐만 아니라, 관측기구의 제조기술이 얼마나 정교하였는지를 상상할 수가 있다.

기 상

기상은 상왕이 점을 친 중요한 항목 중 하나이다. 기후 상황은 일상생활에 깊이 영향을 미치고 있다. 예를 들면 농업생산·수렵·제사·여행 등과 심지어는 전쟁도 마찬가지이다. 아래에는 기후와 관계된 상용자를 소개한다.

갑골문의 풍風자는 봉鳳자가 가차된 것이며, 봉은 날짐승 봉새의 상형자이다. 그때 언급한 바람은 대풍大風·소풍小風 및 대폭풍이 있다. 대폭풍은 화북지구에서 흔히 볼 수 있는 현상이다. 상나라 사람들은 사방의 바람마다 모두 고유 이름을 부여하였으니, 대개 그들은 각기 서로 다른 풍신風神이 관장하고 있다고 여겨서이다.(嚴一萍, 古文字 : 173-90) 상인들은 풍향에 주의를 기울였으니, 이미 방향이 다른 바람은 특색이 서로 다르다는 사실을 느끼고 있었다. 갑골문의 ⾬(우, 雨)자는 빗방울이 하늘에서 떨어지는 형상을 본뜨고 있다. 비는 항상 점을 쳐 물어보는 항목이다. 비가 과다하게 내리거나, 부족하거나 혹은 제때에 내리지 않으면 모두 농사에 아주 커다란 재해를 가져다 준다. 그러므로 상나라 사람들은 특별한 관심을 갖게 되었다. 비가 오면 오락으로 수렵을 나갔던 사람들도 흥이 깨지게 된다. 그러므로 상왕은 사냥을 나가기 전에 비가 올지 오지 않을지를 물어보아야 했다. 갑골문의 ⾬⾬(설, 雪)자는 두 자루의 빗자루를 그려놓고 있으며, 때로는 휘날리는 눈송이를 첨가하기도 한다. 이것은 눈을 깨끗이 쓸어낸다는 것에서 뜻을 취한 것이다. 상대의 기온은 지금보다 온난하였고 눈이 내리는 시간도 짧았으므로, 점을 쳐 물어본 일도 많지 않았다.

갑골문의 ⾍(홍, 虹)자는 양끝에 각기 큰 입을 벌리고 있으며 머리는 있고 꼬리는 없는 괴물의 형상이다. 복사에『오후에 다시 무지개가 나타나 황하의 북쪽에서 물을 마신다 㫃亦有虹, 自北飮于河』(菁華 4)고 하였으니, 무지개를 형체를 지닌 신물로 상상하였음이 분명하다. 무지개가 물을 마신다는 이야기는 한대의 책 속에 누차 보이고 있다.(史樹靑 1956 : 61) 한漢의 화상석에서 찾아볼 수 있는 것 중 우禹가 용문龍門을 뚫어 물길을 소통시키는 이야기에서, 용문을 뚫는 것이 바로 몸을 활처럼 구부리고 있는 머리 둘의 큰 무지개이다. 무지개는 몸에 일곱 가지 색이 있어 아주 아름다웠으므로, 고인들은 길상의 물건이라고 여겼다. 패옥 장식에는 처음에 고기 모양을 많이 썼으나, 춘추 후기에는 갈고 쪼아 머리 둘의 무지개 형상을 만들어 허리에 차게 되었다.(林巳奈夫, 1969 : 227) 대개 무지개는 어떤 마력을 지니고 있다고 여겨졌으므로, 그 형상으로 무덤에 부장하는 장식물을 만들었다. (史樹靑 1956 : 60-62) 갑골문의 ⼄(운, 云)자는 완만하게 굽으면서 말아 올라간 구름의 형상이다. 이 자는 뒤에〈말하다〉(云·曰)의 뜻으로 차용되었으므로, 다시 운雲자를 만들어 구별하게 되었다. 복사에는 구름과 비가 흔히 함께 보이고 있으니 상나라 사람들은 검은 구름이 비를 내린다는 관계를 알고 있었다. 복사에는 이색적인 구름이 하늘에 걸려 있는 방위를 언급한 것이 몇 군데 있으니, 상나라 사람들도 한대와 마찬가지로 그들을 길흉의 징조로 본 것이 아닐는지 모르겠다. 갑골문의 ◯(뢰, 雷)자는 굽었다 끊어지는 섬전 형상이며, 아울러 대개 뇌성을 동반한다는 것을 표시하고 있다. 갑골문의 ◯(전,電)자는 단지 섬전형 형상뿐이다. 운雲·뢰雷·전電의 의부인 우雨는 모두 후에 덧붙여진 것이다. 번개와 천둥은 흔히 비를 동반하므로 복사에서는 우뢰를 함께 들고 있다. 한대에 오면 비록 미신을 믿는 풍조가 흥성하여 천상이 사람의 일을 예시한다고 믿었으나, 이미 적지 않은 학자들은 구름과 비가 생기는 자연법칙을 살피고 있었다. 비는 지상의 수증기가 위로 올라가 응축되어 이루어진 것이며, 천둥과 번개는 단지 자연현상일 뿐이고, 구름·안개·비·눈은 단지 대기 중의 물이 다른 기온조건하에서 다른 형식으로 나타난 것일 뿐이라는 사실을 알았다. 갑골문에는 안개·싸락눈 등처럼 천기상황을 표시한 자들이 있으나 이들은 모두 사람들마다 경험한 것이었으므로, 고인들도 이에 대해 특별한 주의를 기울여 연구하지 않았다.

| 商 甲骨文 | 周 金文 | 秦 小篆 | 漢 隸書 | 現代 楷書 |
|---|---|---|---|---|
| ☉ ○ ⊡ | ○ ○ ⊙ ▢ ▢ ○ | 日 日 | □ 日 | 日<br>태양의 형상. 윤곽 안의 점은 공백을 메우기 위한 것일 수도 있고, 또 흑점을 표시하는 것일 수도 있다. |
| 戈戈戈戈戈 | 戠戠戠識 | 戠 識識 | 識識 | 戠<br>識<br>창으로 찍은 후에 남겨놓은 예리한 삼각형의 기호 형상. |
| ⅅ ⅅ ⅅ ⅅ ⅅ ⅅ | ⅅ ⅅ ⅅ ⅅ ⅅ | ⴖ | 月 月 | 月<br>흔히 볼 수 있는 반달의 형상. |
| | | ⴖ | 夕 夕 | 夕<br>달이 나오는 때가 밤이라는 뜻을 나타내고 있다. |

| 商 甲骨文 | 周 金文 | 秦 小篆 | 漢 隸書 | 現代 楷書 |
|---|---|---|---|---|
| 晶 | | 晶 | | 晶 |
| 曐 | 𝌠 | 曐 曐 曐 | 星 星 | 星

뭇 별들이 모여있는 형상. 뭇 별들이 반짝이니 수정과 같다는 뜻이다. |
| 歲 | 歲 | 歲 | 歲 歲 歲 | 歲

형벌에 사용하는 도끼의 형상. |
| 萅 | 萅 | 萅 | 春 萅 春 | 春

형성자, 성부는 둔屯이 되고, 의부는 림林 혹은 일日이 된다. |

| 商 甲骨文 | 周 金文 | 秦 小篆 | 漢 隸書 | 現代 楷書 |
|---|---|---|---|---|
| | 夓 | 夓 | 夏 夏 夏 | 夏 비를 내리도록 춤을 추는 무당의 모습이니, 여름에는 기우제를 거행하는 일이 흔하였을 것이다. |
| 秋(갑골문 여러 형태) | | 秌 龝 | 秋 龝 | 秋 메뚜기의 형상 혹은 불로 메뚜기를 쫓는다는 뜻이기도 하다. 수확 전에는 메뚜기의 재해가 흔한 일이었다. |
| 조(갑골문 형태) | | 倏 | 條 條 | 條 나무의 가지가 굽은 모양. |
| 동(갑골문 형태) | 冬(금문 형태) | 冬 | 冬 冬 | 冬 나뭇잎이 시들어 떨어지는 모습을 본뜨고 있다. |

| 商 甲骨文 | 周 金文 | 秦 小篆 | 漢 隷書 | 現代 楷書 |
|---|---|---|---|---|
| (甲骨文 형태) | (金文 형태) | (小篆 형태) | 旬 旬 | 旬<br><br>어떤 종류의 벌레 모양. 가차되어 순旬이 되었다. |
| | (金文 형태) | (小篆 형태) | 霸 霸 | 霸<br><br>형성자, 월月을 따른다. |
| (甲骨文 형태) | (金文 형태) | (小篆 형태) | 望 望<br>望 望 | 望<br><br>한 사람이 높은 흙무더기에 올라서서 먼 곳을 바라보고 있다. |
| (甲骨文 형태) | (金文 형태) | 旦 | 旦 旦 | 旦<br><br>해가 막 떠오르니 모습이 해면에 반영되는 때라는 뜻이다. |

| 商 甲骨文 | 周 金文 | 秦 小篆 | 漢 隷書 | 現代 楷書 |
|---|---|---|---|---|
| | | | 采采 | 采 손으로 나무 위의 과일을 딴다는 뜻이다. |
| | | | 仄 | 昃 해가 이미 서쪽으로 기울어 사람을 비추니 길고 비스듬한 그림자가 진 상태를 그리고 있다. |
| | | | 莫莫 | 莫 해가 이미 서쪽으로 기울어 숲 속으로 빠져 들어갔다는 뜻이다. |
| | | | 昏 | 昏 대개 해가 이미 지기 시작하여 사람 키보다 낮아졌다는 뜻이다. |
| | | | 夙夙 | 夙 한 사람이 공손히 절하면서 달을 보내는 시간. |

| 商 甲骨文 | 周 金文 | 秦 小篆 | 漢 隷書 | 現代 楷書 |
|---|---|---|---|---|
| | 圭 圭 | 圭 珪 | 圭 珪 | 圭<br><br>토규土圭 및 햇빛이 비쳐 생긴 그림자의 형상. |
| 彗 彗<br>彗 彗<br>彗 彗 | | 彗 彗<br>彗<br>霏 | 霏 霏 | 彗 霏<br><br>내린 눈을 빗자루로 깨끗하게 쓴다는 뜻을 나타내고 있다. |
| 雨 雨 雨<br>雨 雨 雨<br>雨 雨 | 雨 雨 | 雨 | 雨 雨 | 雨<br><br>빗방울이 하늘에서 내린다는 뜻. |
| 虹<br>虹 | | 虹 | 虹 | 虹<br><br>양끝의 머리로 물을 마시는 채홍신수彩虹神獸의 형상. |

| 商 甲骨文 | 周 金文 | 秦 小篆 | 漢 隷書 | 現代 楷書 |
|---|---|---|---|---|
| | | | 雲 雲 云 | 云 雲<br><br>말려 올라간 구름의 형상. |
| | | | 雷 雷 | 雷<br><br>곡절曲折의 섬전에 우뢰 소리가 동반하고 있다는 뜻을 나타내고 있다. |
| | | | 電 電 | 申 電<br><br>섬전의 상형. |

그림 19.3 〈日有識, 允唯識〉이 있는 갑골 각사

그림 19.2 〈日有識, 非禍唯若〉이 있는 갑골 각사

그림 19.1 〈日月有食, 唯若〉〈日月有食, 非若〉이 있는 갑골. 각사

그림 19.4 해에 식식이 있어 조상께 제사드린다는 갑골 각사

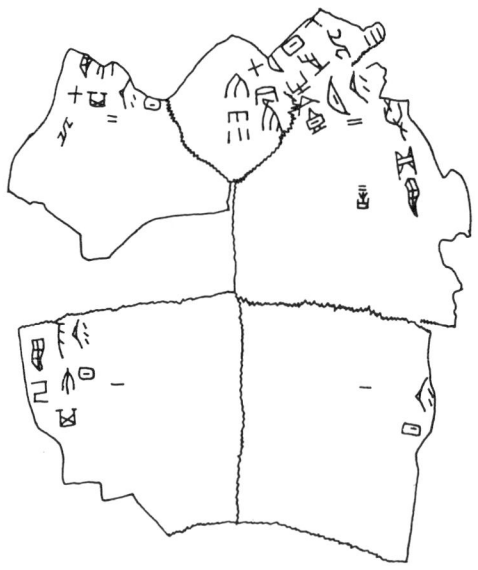

그림 19.5 저녁에 월식이 있었다고 기재한 갑골 각사

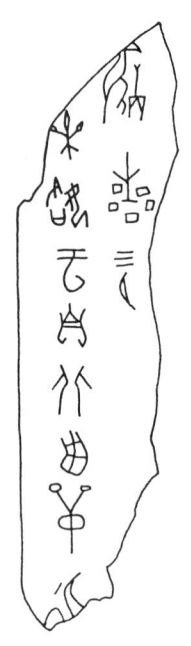

그림 19.7 갑골 각사에는 어느 오성 烏星에 관한 기록이 있다.

그림 19.6 갑골 각사에는 방국에서 월식을 보고한 기록이 있다.

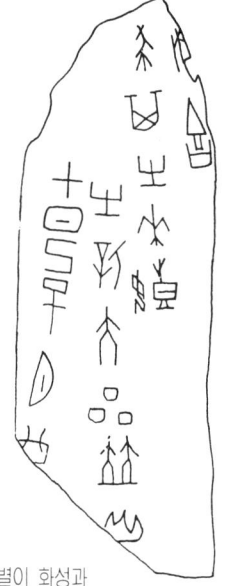

그림 19.8 새로운 큰 별이 화성과 나란히 있었다고 기록된 갑골 각사

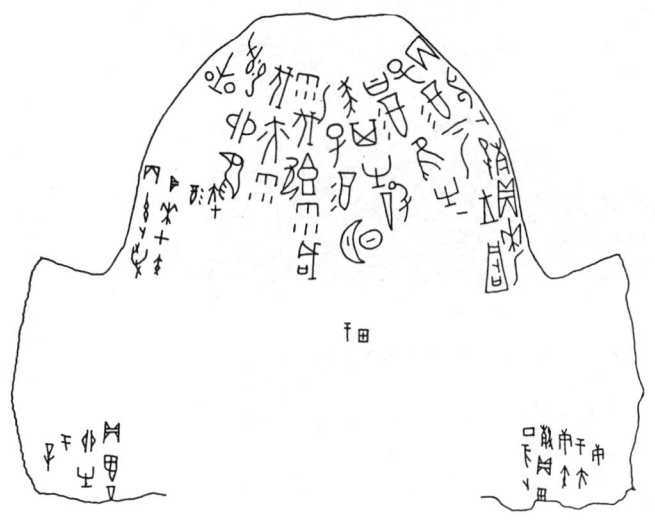

그림 19.9 갑골 각사에는 조성鳥星에게 제사드린 기록이 있다.

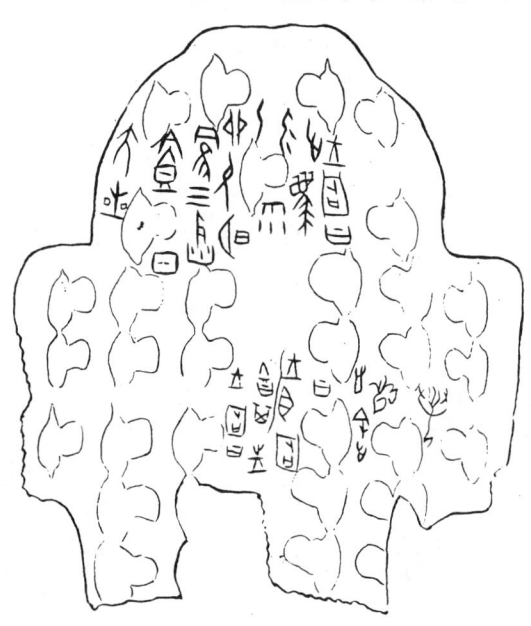

그림 19.10 갑골 각사에는 일식 때 큰별이 나타났다는 이상현상이 기록되어 있다.

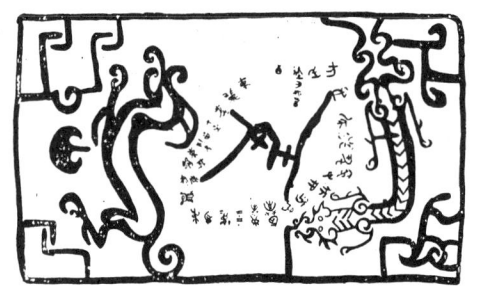
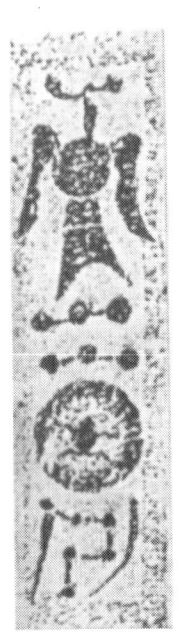

그림 19.11 전국 초기 옻칠한 상자 뚜껑의 28수, 동칠수東七宿와 서칠수西七宿를 대표하는 용과 호랑이의 도안

그림 19.12 동한의 묘 속에는 B.C.22년 11월의 어느 저녁에 나타난 혜성도가 그려져 있다.

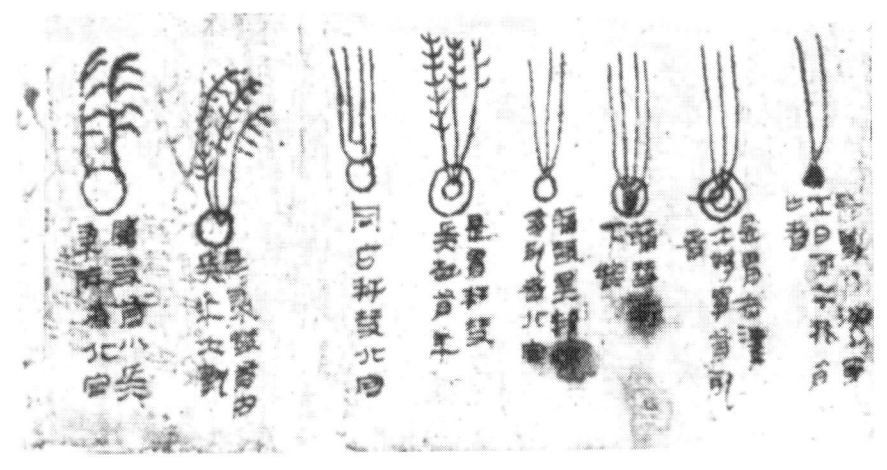

그림 19.13 서 백서상의 혜성형태도

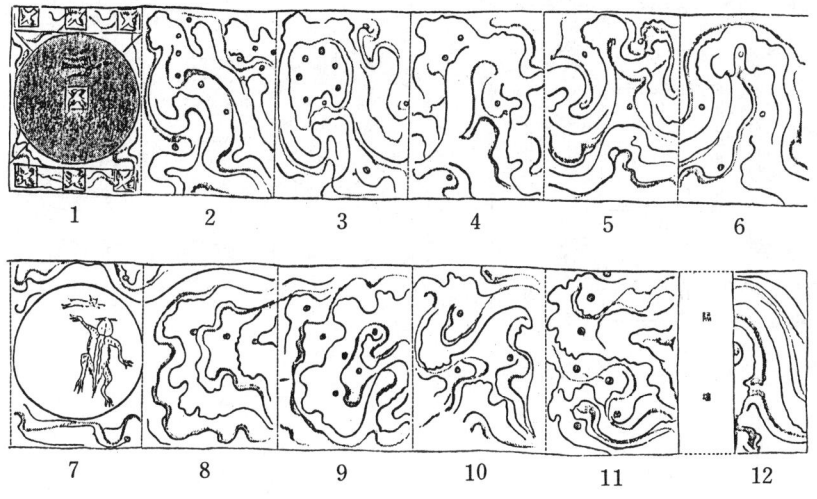

그림 19.14 서한 묘 중의 성상星象 벽화

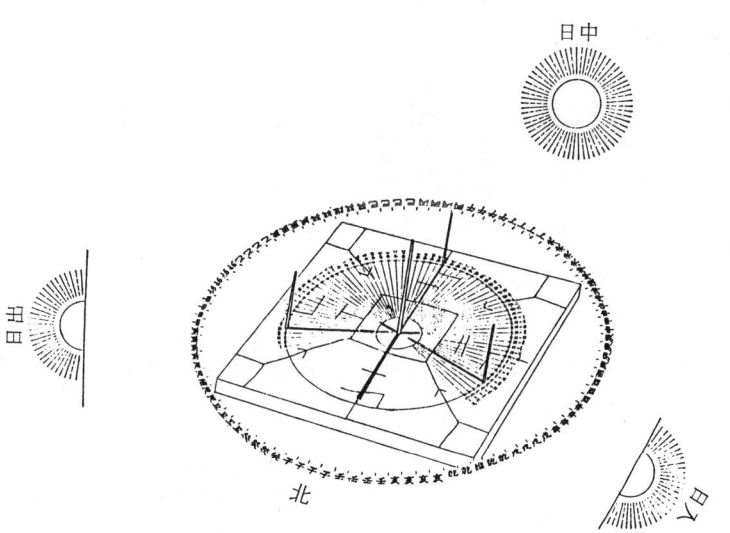

그림 19.15 한대 일구 사용 설명도

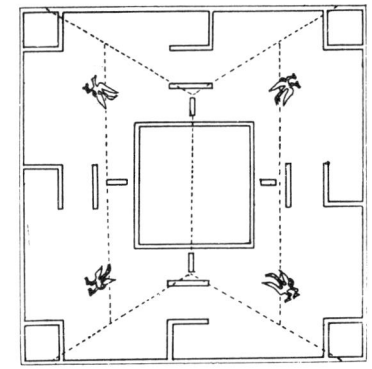

그림 19.16 한대의 박국博局 목판

그림 19.18 한 화상석의 박국유희도

그림 19.17 한대 동경의 규거문規矩紋,
일구각도문이기도 하다.

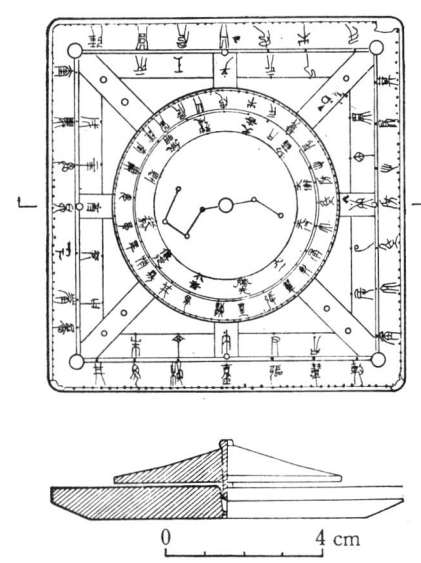

그림 19.19 한대에 방위의 길흉을 측정하던 점반占盤

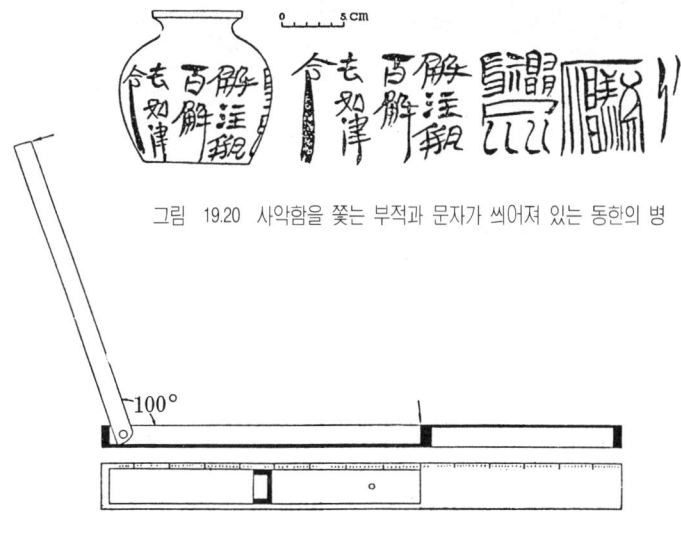

그림 19.20 사악함을 쫓는 부적과 문자가 씌어져 있는 동한의 병

그림 19.21 한대의 휴대용 해시계

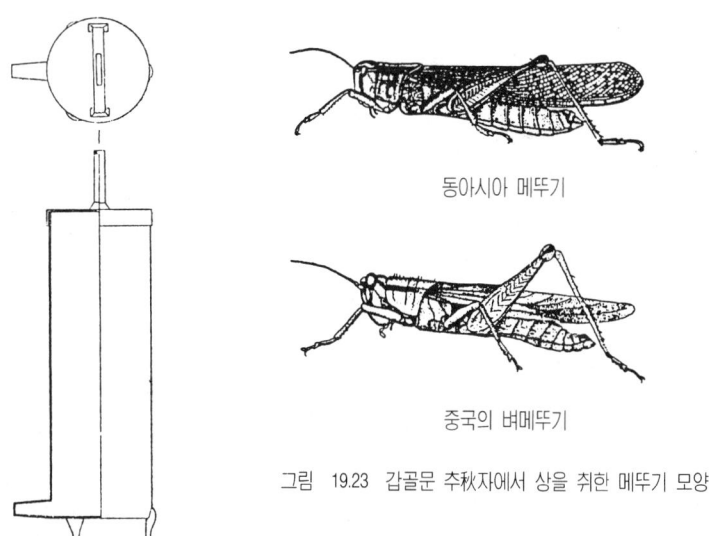

동아시아 메뚜기

중국의 벼메뚜기

그림 19.23 갑골문 추秋자에서 상을 취한 메뚜기 모양

그림 19.22 한대에 시간을 재던 동루호銅漏壺

제20장

방향과 사령四靈

개 설

음식물을 찾기 위하여 움직여야 하는 동물들은 정확한 방향을 알아낼 수 있는 감각이 필수적인 기능이다. 동물과 식물의 생태는 햇빛의 조사照射와 절대적인 관계가 있다. 만일 동물이 적절한 방향을 선택하지 못한다면 음식물을 구할 수 없을 것이다. 식물은 햇빛이 드는 곳에 자리잡아야 하며, 그렇지 않으면 뿌리를 통하여 양분을 취하기가 어렵다. 아직 정착생활을 하지 않았던 어렵채집사회에서 사람들은 일정한 노선과 방향을 선택하여 규칙적인 계절성 이동을 하였다. 정착생활을 하던 농업사회에서도 적당한 일조 지점을 선택해야만 재배한 식물의 성장에 유리하였다. 정확한 방향에 대한 인식이 없으면 가장 훌륭한 생존기회의 선택을 내버리는 것과 같으므로, 자연계의 극심한 경쟁 속에서 왕성한 번식을 하기가 어렵게 된다.

무덤에서 고인들의 방향에 대한 의식을 살펴볼 수가 있다. 서쪽의 서안 반파와 동쪽의 산동 대문구 유적을 예로 들어보자. 반파 유적은 비교적 완전한 1백18개의 무덤이 있는데, 거의 대다수는 시신의 머리가 서쪽을 향하고 있으며, 1구만이 동쪽을, 9구는 북쪽을, 7구는 남쪽을 향하고 있다.(西安半破 : 199-202) 대문구는 이와 반대로 대부분 동쪽을 향하고 있다. 1백33기의 무덤 중에서 동쪽을 향하지 않고 있는 것은 단지 $1/_{10}$에 지나지 않는다.(大汶口 : 136-55) 비록 우리는 이렇게 특정한 방향을 향하고 있는 것에는 어떤 의미가 있는지 알지 못한다. 그러나 그들이 시체를 매장할 때 의식적으로 어떤 방향을 선택하였다는 것만은 충분히 알아볼 수 있다.

사 방

상나라 사람들은 자신들이 거주하는 지역을 사방의 방국方國에 둘러싸여 있는 세계의 중심이라고 여겼다. 갑골 각사에는 상나라 사람들이 사방에 제사를 올리고, 동서남북 각방향이 관할하는 지역과 동맹국 모두 상제께서 돌보아 주시어 풍년을 거두기를 바라는 내용이 있다. 상나라 사람들의 상상으로 각방향마다 모두 관리를 책임진 신이 있다고 여겼다. 사방의 신령은 각기 이름이 있으며, 각방향의 바람에도 이름이 있었다.(嚴-萍, 古文字 : 173-90) 상나라 사람이 이토록 방향을 중시하였으니, 방향을 나타내는 자에도 어떤 개념을 근거로 만들어졌을 것이다. 방향을 지시하는 표지가 없었던 고대에서는 사람들이 볼 수 있는 것으로 일월성신의 운행보다 더 정확하게 방향을 지시해 줄 수 있는 게 없었다. 그러므로 사람들은 아주 일찍부터 하늘의 현상에 주의를 기울여 천문학이 발전되었다. 태양은 매일 동일한 방향에서 떠올라 다른 방향으로 진다. 이것은 사람들의 주의를 끌지 않을 수 없었으므로, 이에 따라 방향을 확정하게 되었다. 그러므로 수많은 민족들은 먼저 동서 방향을 알고, 뒤에 가면서 남북에 관한 지식을 갖게 되었다. 제19장에서 말한 것처럼 상나라 사람들은 태양의 위치로 시간을 지시하였다. 그러나 방향에 대해서는 도리어 어떤 천체도 이용하지 않았으니, 부득이 괴이하다고 말하지 않을 수 없다.

갑골문의 ✦(동, 東)자는 양끝을 꽉 묶어놓은 자루의 형상이다. 이 자가 방향을 지시하는 데 쓰인 것은 필히 음독音讀의 가차 때문이며, 동방지역의 특유한 기물에서 인신된 것은 아니다. 이 자의 자형은 뒤에 오면서 변천되어 태양이 나무 속에 있는 형상을 본뜬 것처럼 보이게 되었다. 이로 인하여 어떤 사람은 동東자는 태양이 동방의 부상목扶桑木 혹은 약목若木에서 목욕하고 있거나, 떠오른다는 신화에서 뜻을 취하였다고 한다. 만일 동東자가 확실히 이런 신화에 근거한다면 조기의 자형에 표현되었을 것이다. 그러나 우리가 현재 알고 있는 최초의 자형인 갑골문에는 태양의 형상이 조금도 보이지 않고 있다. 태양이 부상에서 목욕을 한다는 신화는 동자의 후기 자형에서 만들어졌을 가능성이 높다. 갑골문의 ♅(남, 南)자는 이미 14장에서 소개했듯이 거꾸로 매달려 있는 방울 모양이다. 이런 악기는 상商 남쪽 지역에 있던 특유한 모양이었거나 혹은 연주시에 습관적으로 남쪽에 진열해 놓았았으므로 남쪽이란 방향을 표시하게 되었을 수도 있다. 갑골문의 ⌬(서, 西)자는 바구니 종류처럼 짜서 만들어진 기물 모양이다. 아마도 독음 때문에 가차되어 서방을 대표하게 되었을 것이다. 갑골문의 ⼈⼈(북, 北)자는 두 사람이 서로 등을 진 형상이다. 상나라 사람들의 집은 보통 남향이었기 때문에, 뒤쪽이 북쪽이라는 뜻에서 취했는지도 모르겠다. 결론적으로 이 넉 자는 모두 천상과 관계된 사물과는 어떤 연관도 갖고 있지 않다.

비록 상대에 방향을 대표하는 자가 모두 천체의 운행과는 무관하다고 하지만, 그것은 이보다 더 이상적인 천연적 지시물이 없었기 때문이었다. 우리는 상 또한 천상을 이용하여 방향을 지시할 줄 알았다고 긍정적으로 말할 수가 있다. 고대 중국에서는 상당히 늦게까지 사람들이 별로써 방향의 지표를 삼았다. 예를 들면 《시경》 대동편大東篇에 『동쪽에는 계명성啓明星이 있고, 서쪽에는 장경성長庚星이 있다…… 남쪽의 기성箕星이 있으나, 이름만 키이지 실제로 까불지를 못한다. 북쪽에는 두성斗星이 있어서, 모양은 국자 같으나 술 푸는 데는 사용할 수 없다 東有啓明, 西有長庚, ……維南有箕, 不可以簸揚. 維北有斗, 不可以挹酒漿』고 하였으며, 한대의 저작인《회남자》제곡편齊谷篇에는『배를 타고 방향을 잃어 동서를 분별하지 못하다가 북두성을 보면 방향을 깨닫게 된다 夫乘舟而惑者, 不知東西, 見斗極則寤矣』고 하였으니, 모두 천상을 보고 쉽게 방향을 잡을 수 있는 지표로 삼았다는 사실을 설명해 주고 있다.

## 사남司南

한대에는 톱니바퀴의 움직임을 이용하여 영원히 남쪽을 가리키도록 만든 지남차指南車가 있었다.(劉仙洲, 機械 : 100-05 ; 盧志命, 1979 : 95-101) 그것은 제왕이 출행할 때의 의장으로 구조가 복잡하여 일반 장인들은 만들 수가 없었다. 게다가 일반 사람들에게는 크게 쓸모도 없었다. 한대 이전의 전국시대에는 소위 사남司南이라는 기물이 있었다.《한비자》유도편有度篇에서는『무릇 신하된 자로 임금의 권한을 침해하는 짓은 익숙치 못한 지형에서 (점차 방향을 잃고) 헤매는 것과 같다. 그러다 마침내 군주는 통제능력을 잃어버리게 되어, 심지어 동쪽과 서쪽을 바꾸어 말해도 군주는 이를 알아차리지 못하게 된다. 그러므로 선왕은 항상 남쪽을 가리키는 사남을 만들어 조석으로 일어나는 일상적인 일을 처리하는 표준으로 삼았다 夫人臣侵其主也, 如地形焉, 即漸以往, 使人主失端, 東西易面而不自知, 故先王立司南, 以端朝夕』고 언급하였다. 한대의《논형論衡》시응편是應篇의 묘사에 따르면 사남의 모양은 구기와 같고, 이를 땅에 던지면 자루가 남쪽을 가리킨다고 하였다. 이것은 자석이 남북을 가리키는 자성磁性의 도움을 빌린 장치의 일종이라고 하는 학자도 있다.(王振鐸, 1948-51 : 239-55 ; 또 1978 : 53-61)《송서宋書》예지禮志에서는 한인漢人의 저작인《귀곡자鬼谷子》모편謀篇의『정鄭나라 사람은 옥을 캐러 가면서 반드시 사남을 휴대하여 방향을 잃지 않도록 하였다 鄭人取玉, 必載司南, 爲其不惑也』는 말을 인용하고 있다. 광석을 캐면서도 사남으로 방향을 판별하였으니, 이를 항해에 이용하여 별이 없는 밤에도 항해할 수 있는 지표로 삼았을 것이다.

위에서 인용한《한비자》의 말은 아주 이해하기 어렵다. 만일 이것으로 임금과 신하가 마주 보는 방향을 정하였다면, 신하가 유리한 방위를 차지하게 되어 왕에게 불리한 일이 일어나지 않도록 방지한 것 같다. 이런 논조는 이미 방위가 길흉을 일으킬 수 있다는 미신적 의미를 포함하고 있다. 유사한 사상이《주례周禮》사도司

徒에도 보이니 『왕이 나라를 세우면 방위를 바르게 판별한다 惟王建國, 辨正方位』 고 하였다. 집터의 선택은 일조日照와 같은 실용적인 문제와 연관되어 있어서 의도적으로 어느 지점과 방위를 선택하였다. 예를 들면 《풍속통의風俗通義》에 『상고시대에는 맨땅에서 노숙을 하였다. 겨울에는 산의 남쪽에서 지냈고, 여름에는 산의 북쪽에서 지냈다 上古之時草居露宿, 冬則山南, 夏則山北』고 하였다. 상의 대형 건축물에도 남북향을 채용한 경향이 있었던 듯하다. 이것은 실용적인 선택에 바탕을 두고 있는 것이 분명하다. 군신 사이의 상대적 방향이 재앙을 불러일으킨다는 생각은 음양오행설의 영향을 받은 것이다.

## 오행학설과 사령四靈

주대 이래로 우주는 수水·화火·목木·금金·토土의 다섯 가지 물질로 구성되었다는 생각이 있었다. 이것은 자연계에 대한 일종의 미숙한 관찰이었으며, 결코 신기한 구석이 없었다. 그러나 당시에는 또 음양학설이 있어서, 우주의 변화는 음양이란 두 가지 원동력의 상호 소장消長으로 일어난다고 하였다. 전국시대 말기에 이르러 이 두 가지 학설이 결합되면서 우주는 아주 규율이 있어 음양과 다섯 가지 원소의 소장에 따라 규칙적인 변화가 생긴다고 하였다. 오행의 이론은 갈수록 사람들에게 파고 들어가 한대에는 최고조에 달하였다. 이것은 색깔·방향·계절·시간·지리·기구·숫자·음률·교학원리 등의 각종 사물과 의도적으로 배합하고 결부되어, 사회 전체가 미신의 풍조에 휩쓸리도록 하였다.(李漢三, 五行 : 191-439)

오행이 배합된 몇 가지 신령스런 동물은 이후 중국에서 흔히 볼 수 있는 도안이 되었다. 오행이 배합된 동물에는 몇 가지 다른 견해가 있다. 그 중에서 가장 정형적인 것은 아래와 같다.(그림 20.1-3)

목木 : 동東·봄·청색·비늘(鱗)·용
화火 : 남南·여름·적색·깃(羽)·봉
금金 : 서西·가을·백색·털(毛)·호랑이
수水 : 북北·겨울·흑색·껍질(介)·거북이
토土 : 중앙·여름과 가을 사이·황색·털이 없는 짐승(裸)

이상의 동물 중에서 용과 봉이 가장 자주 보이며, 짝을 이루어 나타나 남자와 여자를 대표한다. 그들은 비바람과 관계가 있으며, 부귀의 상징이기도 하다. 용과 호랑이 또한 흔히 짝을 이루며 강력함을 대표한다. 거북은 장수의 상징이다. 아래에 하나씩 소개하기로 한다.

용(그림 20.4-12)

각종 동물 중에서 용은 가장 중국인의 숭배를 받고 있다. 그것의 형상은 비록 흉악하지만 도리어 길상과 부귀의 상징으로 선택되어 널리 환영을 받고 있다. 서구 중세기의 문학·미술작품이 불을 토해내는 용을 악한 세력의 상징으로 보는 것과는 다르다. 용과 중국문화권의 관계는 아주 밀접하여 흔히 중국을 대표하는 데 사용되므로 중국 사람은 자칭 용의 전인傳人이라고도 한다. 용은 고대의 갖가지 전설 중에서 자주 나타나며, 고금의 미술에서도 흔한 제재로 등장한다.

지금 용은 존재하지 않는 동물이다. 그러나 용의 시원은 인간이 보아왔던 실재적 동물이었을 것이다. 뒤에 오면서 점점 그 형상에 변화가 생기고, 또 신화神化되어 마침내는 사실을 벗어나 허구적인 동물이 되어버렸다. 상대 사람들은 이미 용의 형상을 잘 알고 있었으며, 그 신앙은 아마 신석기시대까지 거슬러 올라갈 것이다. 갑골문의 ⟨룡, 龍⟩자는 머리에 뿔이 있으며, 윗턱은 길고, 아랫턱은 짧으면서 아래로 굽어졌고 몸은 구부릴 수 있는 동물 모양이다. 동시대의 동기 문양에는 비교적 상세하게 묘사되어 있다. 몸체의 앞부분에 짧은 발이 있고 윗부분에도 짧은 발이 있는 완전한 형상을 보여주고 있다.(그림 20.4, 8-9) 중국의 문자는 좁고 긴 죽간竹簡에 적합하도록 항상 동물의 몸을 세워 네 발이 허공에 뜨게 되므로 용의 형상은 직립된 동물이 되게 되었다. 사실 룡龍자는 짧은 발의 파충류 동물의 형상이다. 전해 내려오는 문물에서 용의 형상을 살펴보면, 처음에는 비교적 사실적이었으나 뒤에 오면서 신기함을 과장하여 아홉 종류의 서로 다른 동물의 특징을 선택하여 꾸미고 있다. 그것은 뿔은 사슴과 같고, 머리는 낙타·눈은 귀신·목은 뱀·배는 이무기·비늘은 물고기·발톱은 매·발바닥은 호랑이·귀는 소와 같았다.(格致鏡原 : 4027-28)

상대에는 용龍이라 불리운 방국이 있었다.(烏邦男, 卜辭硏究 : 405-06) 용은 그 나라의 토템이었을 것이다. 미개화된 부족에서 숭상하는 토템은 흔히 그 종족의 조상으로 여겨진다. 절대 다수의 토템은 모두 자연계 중에 실제로 있던 물건을 취하고 있다.(李宗侗, 古社會 : 1-7) 춘추 말기의 동기 명문에는 용을 잡았다는 기록이 있다.(安徽文工 1982 : 234-36) 서주 초기의 《주역》에는 용이 깊은 못에 잠겨 몸을 감출 수도 있으며, 하늘을 비약하고, 땅 위에서 서로 싸우며, 흐르는 피는 짙은 황색이라고 묘사하였다. 《좌전》에는 B.C.523년에 정鄭나라에 홍수가 나자 용이 성문 밖의 깊은 못에서 서로 싸웠다. 정나라 백성들이 제사를 지내어 이를 쫓아보내자고 하였으나, 자산子産은 깊은 못은 본래 용이 사는 곳이라며 이를 받아들이지 않았다. 노소공魯昭公 29년에 위魏의 헌자獻子와 채蔡의 묵墨이 교외에서 용을 발견하고 문답을 나눈 것이 기록되어 있다.

    옛날에 요숙안飂叔安이란 사람이 있었는데, 동부董父라 불리는 그의 후예는 용을 아주 좋아하였다. 용이 즐기는 음식을 구해다 용에게 먹이니 많은 용들이 그에게 모여들었다. 그가 용을 길러 순임금을 섬기자, 순임금이 그에게 동董이란 성을 하사하니, 이 사람이 바로 환룡씨豢龍氏이다. …… 하조夏朝에 이르러 공갑孔甲이 천명을 잘 따르니, 상제께서 그에게 탈 수 있는 용을 하사하시었다. 하수河水·한수漢水에 각기 두 마리가 있었으며, 암수 한 쌍이었다. 공갑이 환룡씨를 구할 수 없었기 때문에 용을 기를 수가 없었다. 도당씨陶唐氏가 쇠미한 이후에 그의 후인 유루劉累가 환룡씨에게 용 기르는 것을 배웠으므로, 공갑을 섬겨 용을 기를 수가 있었다. 하후夏后는 크게 기뻐 그에게 씨氏를 하사하여 어룡御龍이라 부르고, 시위豕韋의 후인을 대신하도록 하였다. 용 중에서 암컷 한 마리가 죽자, 유루는 그 고기로 장을 담가 하후에게 먹도록 하였다. 뒤에 그가 이 용을 찾으니 유루가 두려워하여 노현魯縣으로 옮겨갔다.
    昔有飂叔安, 有裔子曰董父, 實甚好龍, 能求其耆欲以飮食之. 龍多歸之, 乃擾畜龍以服事舜, 帝賜之姓曰董, 氏曰豢龍. …… 及有夏孔甲, 擾于有帝, 帝賜之乘龍, 河漢各二, 各有雌雄. 孔甲不能食, 而未獲豢龍氏. 有陶唐氏旣衰, 其後有劉累, 學擾龍于豢龍氏, 以事孔甲, 能飮食之, 夏后嘉之, 賜氏曰御龍, 以更豕韋之後. 龍一雌死. 潛醢以食夏后. 夏后饗之, 旣而使求之, 懼而遷于魯縣.

이런 묘사와 전해 내려오는 도형에서 용이 양서류의 파충동물로 육지와 물 속에서 살 수 있으며, 높이 도약할 수도 있어 비상하는 모습과 같다는 것을 알 수 있다. 파충류는 종류가 많으며 습성도 각기 다르다. 황하와 한수에 서로 다른 종류의 용이 있었다는 것으로 보아, 사람들은 아마도 형상과 종속이 다른 파충류 화석을 모두 용으로 보고, 용의 형상이 변화한다는 전설이 생겨나게 되었을 것이다. 서기 1세기경의 《설문해자》에는 용을 『비늘이 있는 가장 큰 파충류로 스스로 보이게 할 수도 있고 보이지 않게 할 수도 있다. 커질 수도 있고 작아질 수도 있으며,

짧아질 수도 있고 길어질 수도 있다. 춘분에는 하늘에 오르고, 추분에는 연못에 잠긴다 鱗蟲之長, 能幽能明, 能細能巨, 能短能長, 春分而登天, 秋分而潛淵』고 해석하였다. 이런 견해는 우연히 발견된 옛 척추동물의 화석에서 생긴 연상에 바탕을 두고 있을 것이다. 당대의 저작인 《감응경感應經》에는 『구름을 모이게 하고 비를 내리게 할 수 있는 산과 언덕에서는 모두 용의 뼈가 땅 속 깊은 곳에 혹은 표면 가까이에서 발견되고 있다. 이들은 이·뿔·꼬리·발 들이 모두 갖추어져 있다. 큰 것은 수십 장丈이나 되고 어떤 뼈는 열 아름이나 되기도 한다. 작은 것은 1, 2척尺 정도에 두께는 3,4촌寸짜리도 있다. 그들은 모두 완전한 몸의 구조를 갖추고 있다. 나도 일찍이 그들을 채취해 본 적이 있다 按山阜崗岫, 能興雲雨者皆有龍骨. 或深或淺, 多在土中. 齒角尾足, 宛然皆具. 大者數十丈, 或盈十圍. 小者才一二尺, 或三四寸, 體皆具焉. 嘗因採取見之』고 한 묘사가 있다. 박물관에 한 번 가보면 여기서 말한 크고 작은 용들이 사실은 척추동물의 화석이라는 것을 알 수 있다. 고인들은 화석의 크기가 현격하게 다른 것을 보고는 변화할 수 있다는 생각을 갖게 되었다.

 용이 날 수도 있고 비를 내릴 수도 있다고 여긴 것은 장강 양안에 서식하는 작은 악어의 생활습관과 관계가 있다고 여겨진다. 용의 특징은 얼굴 부위가 울퉁불퉁하고 입이 좁고 긴데다 날카로운 이빨을 갖고 있다. 이것은 악어 외에 다른 동물에게는 없는 특징이다. 양자강의 악어는 뿔이 없는 것을 제외하면 얼굴이 용과 흡사하니, 바로 용의 형상을 취한 재료가 되었을 것이다.(周本雄, 1982 : 259)(그림 20.5-6) 양자강 악어는 매번 뇌우가 치기 전에 출현하였다가, 가을이면 몸을 숨기고 봄에 다시 깨어나는 겨울잠을 잔다. 옛사람들은 양자강 악어가 뇌우와 동시에 나타나는 것을 볼 때면 비가 공중에서 내리기 때문에 그것이 비상할 수 있다는 상상을 하였다. 그러나 용이 비를 내릴 수 있는 능력 또한 용권풍龍捲風에서 나왔을 가능성이 있다. 용권풍은 위력이 아주 크며 또 흔히 비를 동반한다. 바람이 휘말려 올라가는 현상은 마치 긴 용의 몸과 같았으므로, 사람들로 하여금 이것과 파충류의 화석을 쉽게 연상시켜 용이 비상하고 비를 내리며, 크기를 변화시킬 수 있는 신통광대한 신물로 오인하게 만들었다.

 용이 비를 내릴 수 있는 신력을 지녔다고 여기게 된 것은 상대까지 거슬러 올라갈 수가 있다. 갑골에는 『들에다 용의 형상을 만들어 놓으면 비를 내려주시겠습니까? 其作龍于凡田, 有雨?』(明義士, 1828)라고 한 복사가 있으니, 토룡土龍을 만들어 비를 빌던 의식에 관하여 점쳐 물어본 것이다. 서한의 동중서董仲舒는 《춘추번로春秋繁露》에서, 토룡을 만들고 기우제를 지낼 때 오행학설의 원칙에 의하여 계절에 따라 수량과 크기가 다른 토룡을 만들고, 방향도 다르고 색도 다르게 칠하며, 아울러 사람수도 달리하여 춤을 추어야 하는지를 상세하게 기재해 놓았다. 이런 전통은 몇십 년 전까지 이어져 내려왔으며, 농민들은 바다의 용왕에게 비를 내려달라고 빌었다. 물의 공급과 농사의 풍흉은 밀접한 관계가 있다. 중국은 농업사회이므로 용은 특별한 존경을 받게 되었다. 그러나 상대에는 용이 비를 내리도록 통제한다는 믿음이 아직 완전히 뿌리내리지는 않았다. 대개 용을 신기화한 개념이 붕아되기 시작하였으므로, 상나라 사람들이 용에게 비를 빈 것은 아주 적다. 그 당시 가장 흔한 방식은 신에게 사람을 희생으로 불태워 바치거나 춤과 음악으로 신을 즐겁게 했다.

### 기우祈雨 방식

갑골문의 ✦(교, 燄)자는 두 발을 교차시킨 사람이 불에 태워지는 형상이다. 여기에는 불에 태워지는 사람의 이름이 항상 언급되고 있으니(島邦男, 綜類 : 374), 이 사람의 지위가 높다는 것을 표시하고 있다. 그들은 귀신과 통할 수 있는 능력을 갖춘 무사巫師였을 것이다.(裘錫圭, 1983 : 21-35) 무사를 불에 태워 비를 내리도록 비는 믿음은 춘추시대에도 여전히 존재하고 있었다.《좌전》 노희공魯僖公 21년(B.C.639)에 『여름에 크게 가뭄이 들자, 노희공이 여자 무당과 곱사등이를 불에 태워 죽이려고 하였다. 그러자 장문중臧文仲이 「이것은 결코 한재旱災를 위한 준비가 아닙니다. 단지 성곽을 수리하고 끼니를 줄이며 비용을 절감하고 추수에 힘써야 합니다. 그리고 양식을 가진 사람이 없는 사람을 구제하도록 해야 합니다. 이것이 정말 해야 할 일입니다. 여자 무당이 무슨 쓸모가 있겠습니까? 하늘께서 그들을 죽이려고 하신다면 살려두는 것만 못합니다. 만일 그들이 한재를 일으킬 수가 있다고 한다면, 그들을 죽이므로 한재가 더욱 심해질 것입니다」라고 하였다. 희공께서 그의 말을 따랐다. 이 해에 비록 크게 기근이 있었으나 도리어 백성을 해하지는 못하였다 夏大旱, 公欲焚巫尫, 臧文仲曰 :「非備旱也. 修城郭, 貶食, 省用, 務穡, 勸分, 此其務也. 巫尫何爲? 天欲殺之, 則如勿生 ; 若能爲旱, 焚之滋甚!」公從之. 是歲也, 饑而不害』고 하였으며,《예기》단궁檀弓에도 이와 유사한 기록이 있다.『가뭄이 들자 목공穆公께서 현자縣子를 청하여 가르침을 청하며 말하였다. 「하늘이 오래도록 비를 내리지 않소이다. 내 곱사등이를 햇빛 아래 버려둘 생각이오. 그러면 하늘께서 그들을 가엾이 여겨 비를 내려주시지 않을까 하는데 어떻소」이에 답하기를「하늘이 비를 내리지 않는다고 하여 병든 사람을 잡아 햇빛 아래에 버려

둔다는 것은 아주 잔혹한 일이니 하지 마십시오」라고 하자, 다시 묻기를 「그렇다면 여자 무당을 잡아다 햇빛에 태우면 어떻소?」 하였다. 그러자 대답하기를 「하늘이 비를 내리지 않는다고 장차 이 우매한 여인네의 몸에 기탁하여 비를 내려달라고 하는 것은 상궤를 벗어난 일이 아니겠습니까!」라고 하였다. 歲旱, 穆公召縣子而問然. 曰:「天久不雨. 吾欲曝尫而奚若?」曰:『天久不雨而暴人之疾子, 虐毋乃不可與.』「然則吾欲暴巫而奚若?」曰:「天則不雨而望之, 愚婦人於以求之, 毋乃已疏乎!』

　교烄와 구조가 비슷한 갑골문으로는 근饉자가 있다. (근, 饉)자는 두 손을 서로 교차하여 배를 누리고 입을 벌려 소리치는 모습이며, 때로는 불이 밑에서 이 사람을 태우고 있기도 하다.( ) 가물면 곡식을 수확하지 못한다. 이 자는 대개 흉년의 기근에 배를 부여안고 하늘에게 먹을 것을 달라고 소리친다는 뜻을 표시하고 있다. 그러므로 상대에 이 자는 기근과 가뭄이라는 두 가지 뜻이 있었다. 후대에 문명화된 기우제는 춤을 추어 비를 구하였다.

　무당을 불태워 비를 내리게 해달라고 비는 방식은 상제께서 그의 대리인인 무당이 불에 타는 고초를 겪는 모습을 차마 보지 못하리라는 생각에 바탕을 두고 있다. 그래서 비를 내려 무당의 곤경을 풀어주리라는 천진한 생각이었다. 상대에 벌써 춤으로 비를 내려달라고 빌었다. 갑골문의 무舞자는 한 사람이 소 꼬리 같은 도구를 들고 춤 추는 모습을 그리고 있다. 노래와 춤이 비를 내리도록 빌기 위한 것은 아니었으므로, 이런 자들에는 춤 추는 사람의 위에 빗방울을 그려놓아 그 작용을 표시하고 있다. 무사를 불태워 죽이는 것은 문명화된 행위가 아니었으므로, 상대에는 이미 사람을 태우는 일은 적어졌고, 춤과 노래로 비를 비는 방식을 많이 사용하였다. 무우舞雩는 본래 가뭄에 신께 비를 비는 종교의식이었으나, 뒤에는 다시 농작물의 성과를 확보하기 위하여 계절 전에 거행하여 가뭄의 침습을 방비하게 되었다. 춘추시대에 오면 무우는 축제와 같은 제전으로 거행되었다. 공자와 제자가 나눈 문답에서 무우는 일종의 유쾌한 오락 프로그램처럼 마음을 편하게 해주는 것이지, 조금도 고통에 가득 차 비를 기다리는 모습은 보이지 않고 있다. 그것은 수리와 관개시설이 이미 장족의 진보를 거두어 제때에 비가 내리도록 초조하게 기다릴 필요가 없게 되었기 때문이라고 생각된다.

　사람들은 용이 비를 내리는 신통력이 있다고 믿었을 뿐만 아니라, 용은 뒤에 황실과 황제의 상징이 되었다. 그것은 한고조 유방劉邦의 출생 전설과 관계가 있을 가능성이 매우 높다. 한대의 《사기》에는 유방과 용에 관한 기록이 두 군데에 보인다. 『어머니는 유劉 태부인이라고 불리웠다. 당초 유 태부인이 큰 호숫가에서 쉬다가 잠깐 잠이 들었다. 꿈에 천신과 만나 서로 교합하게 되었다. 이때 천둥과 번개가 번갈아 치면서 천지가 어두워졌다. 태공께서 부인을 찾아나섰다가 보니, 한 마리 교룡이 태부인의 몸 위에 있었다. 그뒤로 유 태부인의 몸에 태기가 있었으며 고조를 낳으셨다 母曰劉媼, 其先, 劉媼嘗息大澤之陂, 夢與神遇. 是時雷電晦冥, 大公往視, 則見蛟龍其上, 已而有身, 遂産高祖』고 하였으며, 또 『사수정泗水亭의 정장을 맡자 현아문의 아전들은 그에게 희롱과 모욕을 당하지 않은 자가 없었다. 그는 술과 여색을 좋아하였다. 항상 왕노파와 무대랑의 술집에서 술을 마셨다. 술이 취하면 곯아떨어지는데, 왕노파와 무대랑은 항상 그가 잠들고 나면 위에 용을 보게 되자 기이하게 느꼈다 爲泗水亭長, 廷中吏無不狎侮, 好泗及色. 常從王媼武負貰酒, 醉臥, 武負王媼見其上常有龍, 怪之』고 하였다.

한 고조의 출신이 보통 평민이었으니, 이야기를 꾸며 범인이 천명을 받고 황제의 자리에 올랐다는 합리성을 설명할 필요가 있었다. 분명하지 않은 것은 도대체 어떤 연유로 용이 고귀한 사람의 상징이 되게 되어 이 이야기를 만들어냈는가 하는 점이다. 우연히 용을 선택하여 이야기를 꾸미게 되고부터 용이 황족의 상징이 되었을까? 다만 용을 선택하여 한의 천자에게 결부시킨 것은 결코 당시 유행했던 오행이론에 바탕을 둔 것이 아니었다. 왜냐하면 당시 한조漢朝와 진秦은 모두 수덕水德이라고 여겨졌으니, 진을 계승하려면 토덕土德이 되거나, 심지어는 화덕火德이 되어야 한다. 그러나 아무도 한대에 동방의 용과 배합된 목덕木德이 되리라고는 생각하지 않았다.(李漢三, 五行 : 108-31)

용은 위력이 크기 때문에 남성의 상징이 되었다. 악어는 생식능력이 왕성하여 한 번에 20개에서 70개의 알을 낳는다.(爬行動物 : 76) 중국인은 가족이 계속 대를 이어나가는 일을 아주 중시한다. 또한 장래 집안을 빛낼 사내아이가 많이 태어나기를 바랐다. 용이 아홉 아들을 낳으니, 모두 재주가 뛰어났다는 전설 때문에, 아홉 알의 종려나무 열매를 걸어놓아 사내아이가 태어나기를 기원하는 습속이 있었다. 그 아홉 아들의 형상은 호금胡琴의 머리 위에 보이는 인오因午·칼자루에 용이 입으로 삼키는 애자睚眦, 전각의 길짐승 조풍嘲風, 종 위에 짐승으로 된 꼭지 포뢰蒲牢·불좌佛座의 사자 산예狻猊, 비석받침의 수좌獸座인 패하霸下·문 위의 사자 폐안狴犴, 비석 옆의 장식무늬 희비屓屭 및 전각의 등성마루에 있는 짐승머리 치문蚩吻이다.(格致鏡原 : 4049-50) 이들은 모두 용의 형상과 조금 차이가 있다.

봉鳳(그림 20.13-16)

항상 용과 짝을 이루어 나타나는 것은 봉이며, 이들은 각기 황제와 황후를 대표하거나, 혹은 남녀를 상징하여 혼례 중에 빠질 수 없는 장식이 된다. 미술의 제재에서 흔히 볼 수 있는 봉새는 원래 실재 생존한 동물이었으나, 뒤에 오면서 다시 아홉 가지 서로 다른 동물의 특징이 결합되어 만들어졌다. 기본적인 새의 형상 외에도 다시 기러기의 앞·숫사슴의 뒤·뱀의 목·물고기의 꼬리·용의 무늬·거북의 등·제비의 턱·닭의 부리 등의 특징이 더해져(格致鏡原:4046-49) 순수한 상상 속의 동물이 되어버렸다. 몸에는 오색무늬가 갖추어져 아주 아름답다. 구九는 단위숫자에서 최대의 수이다. 용과 봉은 가장 고귀한 한 쌍이므로 9의 숫자에 합치되어야 했다.

갑골문의 (봉, 鳳)자는 어떤 새의 상형이다. 이 새는 머리 위에 벼슬이 있고, 긴 꼬리가 있으며, 꼬리에는 무늬가 있다. 그 아름다운 형상을 표현해내기 위하여 복사의 봉鳳자는 모두 아주 상세하게 그리고 있다. 그러나 이 자는 복사에서 결코 어느 종류의 조류로 쓰이지는 않고, 가차되어 풍風자가 되었다. 자형으로 보면 봉새는 공작 혹은 그밖에 이와 모습이 근사한 조류를 사실적으로 그렸을 가능성이 아주 높다.(周自强, 1967:81-122 ; 丁驌 1968:35-43) 중국 지역에서는 지금 비록 공작과 같은 열대 조류가 없으나, 3천 년 이전의 기후는 지금보다 훨씬 따뜻하였으니, 아마 어느 지역에서는 이런 종류의 새를 볼 수 있었을 것이다. 용은 비를 제어할 수 있는 신통력이 있다고 여겨졌다. 그것이 사람들의 오해에서 나왔을지라도 그 신통력은 각종 문헌 및 전설의 기록에서 찾아볼 수가 있다. 그러나 봉과 바람의 관계는 도리어 조기의 문헌에서는 찾아볼 수가 없다. 바람을 대표하는 것으로 쓰이게 된 까닭은 음독의 가차관계 때문이라고 생각된다. 아마 뒤에 오면서 많은 신화적 색채가 부가되어 그 진면목을 잃어버리게 된 듯하다.

봉에 관한 전설은 용보다 적고 생동적이지 못하다. 봉은 형태가 미려하여 새 중의 왕으로 여겨졌으며, 수많은 조수가 수행하며 호위한다. 이로 인하여 인간 귀족의 품격이 부여되었다. 오동나무가 아니면 깃들지를 않고 대나무 열매가 아니면 먹지 않으며, 예천醴泉이 아니면 마시지 않는다.(格致鏡原:3445) 분명히 문채가 번쩍이는 군자의 태도이다. 전국 이래로 태평성세에는 봉황이 출현하여 길하고 상서로움을 가져온다는 전설이 있다. 그러므로 인군은 모두 봉황이 날아왔다는 보고를 듣기 좋아하였다. 그것으로 자기는 인자한 통치자이며 태평하고 행복하게 세상을 다스린다고 보이려 하였다.

봉은 여성의 상징으로 여겨졌다. 아마도 그 미려한 외형과 음악을 좋아하는 성격 때문이라고 여겨진다. 위대한 음악으로 봉황을 불러왔다는 이야기들이 적지 않다. 예를 들면《상서》고요모皐陶謨에『순임금의 음악인 소소簫韶 아홉 곡을 연주하니 봉황이 날아와 예의를 갖추었다 簫韶九成, 鳳凰來儀』고 하였다. 봉은 시를 노래하고 춤을 출 수 있는 능력이 있으며, 또 좋은 운기運氣를 가져다 줄 수 있었다. 이런 여성은 가장 이상적인 결혼상대였으니, 혼례의 좋은 장식이 되었다. 이로 인하여 후대에는 훌륭한 황후가 탄생할 적에는 봉황이 출현하였다는 신화 이야기가 많이 있다. 더욱이 출신이 한미한 가정에서는 이런 해석으로 부귀를 누릴 수 있는 합리성을 더욱 필요로 하였다. 아마 이 때문에 용봉의 도안장식은 결혼의 표식이 되었을 것이다.

### 호랑이

서방을 상징하는 털가진 동물은《예기》예운禮運에『무엇을 사령이라 이르는가? 기린·봉새·거북·용이다』라고 하였으며,《주례》고공기에는『용기龍旂······조여鳥旟······웅기熊旗······귀사龜蛇······』라는 말이 있다.《예기》곡례曲禮에는『나아감에 앞에는 주조朱鳥 뒤에는 현무玄武, 좌에는 청룡青龍 위에는 백호白虎』라고 하였다. 기린은 현실세계에서 볼 수 없는 신화적 동물이 아니다. 그 형상은 혹 사슴과 같으나 뿔이 하나라고도 말한다. 기린은 성질이 온순하고 털도 자라지 않아, 서방을 대표하는 소살肅殺의 기기氣와 맞지 않았으므로 끝내 제외되었다. 곰의 형상은 비록 흉맹하고 털이 많으나, 아마도 사람들이 잘 알지 못하였거나 형상에 위엄이 없다고 여겨져 숭배할 생각이 없었을 것이다. 그러므로 호랑이가 마침내 유일하게 서방을 대표하는 야수가 되었다. 제3장에서 소개한 호랑이는 흉맹한 야수로 경외스러운 가을의 기상을 대표하기에 적합하였다.

### 거 북

북방을 대표하는 짐승은 껍질로 몸을 보호하고 있는 동물이다. 거북으로 상징을 삼고부터 전국시대 말기에는 거북의 몸에다 뱀을 덧붙여 놓았다. 갑골문의 (구, 龜)자는 옆을 바라보고 있는 거북의 형상이며, 특히 등 위의 껍질이 이상하게 두드러져 있다. 야생동물 중에서 장수하는 거북은 사람들에게 상당히 잘 알려져 있다. 동해안의 4,5천 년 전의 용산문화 유적인 산동 거현·강소 비현 등의 문화층에서는 구멍이 뚫린 거북 껍질이 발견되었다. 이것은 종교 의례와 관련된 기구이다.(南京博物院 1964:29-30; 1965:29-30; 江蘇文工 1962:90; 大汶口:159-63)

멀리 5천 년 전에 사람들은 짐승뼈에 불을 살라 그 위에 나타나는 파열된 무늬의 형태로 일의 길흉을 판단하였다. 그러나 상대에 오자 사람들은 거북 껍질을 점복의 재료로 쓰게 되었으며, 이것이 짐승뼈보다 더 영험하다고 여기게 되었다. 비록 상왕이 사용한 거북 껍질의 대다수가 본지의 전구田龜였으나 멀리 수천 리 밖의 남해에서 온 큰 바다거북도 있었다. 상나라 사람들은 반드시 거북을 존숭하여 신앙의 대상으로 삼았으므로 금전을 아끼지 않고 그 먼 곳에서 수입했으리라고 생각된다.

거북이 이처럼 존숭된 것은 그들의 생활습관과 관련있음이 분명하다. 거북은 비록 강하고 힘있는 공격능력은 없으나 다행히도 단단한 껍질로 적의 공격에서 목숨을 보존할 수 있었다. 거북의 폐는 대량의 공기를 저장할 수 있다. 거북은 먹이를 찾거나 목숨을 보호하기 위하여 달아나는 등의 격렬한 행동을 할 필요가 없기 때문에, 천천히 호흡하여 체력의 소모가 아주 적다. 게다가 체내에 충분한 영양과 수분을 축적할 수 있어 오래도록 먹고·마시고·움직이지 않고도 충분히 생활할 수가 있다. 심지어 신체에 아주 큰 손상을 입고서도 천천히 재생할 수가 있다.(何聯奎, 1963 : 102) 이로 인하여 우리는 상처의 흔적이 없는 완전하면서도 오래된 거북 껍질을 찾기 어렵다.

고대 중국인은 거북의 이런 이상한 능력을 웬만큼 알게 되었다. 그러므로 거북에게는 신력이 있어서 신령과 소통할 수 있다고 여기게 되었으므로 점복의 공구로 삼아 신에게 자문을 구하였다. 전국시대가 되자 사람들은 거북의 장수가 완만한 호흡과 움직이지 않고 소식을 하는 생활습성 때문이라는 것을 알게 되었다. 이를 따라서 배우면서 거북의 호흡과 낟알을 먹지 않는 방법을 통하여 장생을 구하고자 하였다. 용의 비늘·거북의 껍질은 똑같은 외관을 구비하고 있으니 같은 물질이 자라 이루어졌다고 말할 수 있다. 거북이 북방을 대표하게 된 것은 껍질이 있다는 외관조건 때문에 다른 동물과 함께 사령이 된 게 아니라, 위에 기술한 기이한 능력에 바탕을 두고 있다고 해야 마땅하다. 아마도 거북에게는 위력적인 형상이 없다고 여겼으므로, 사람들은 앙수토신昻首吐信의 뱀을 합쳐 현무玄武라 칭하게 되었다. 청정하여 인위적인 일을 꾸미지 않고 다투지 않으며 장생하는 것은 도가 수양의 항목과 추구해야 할 목표이다. 거북의 습성과 그것이 대표하는 북방의 철학의식은 바로 그 요구에 부합되었다. 이로 인하여 현무는 도교 진신眞神의 상징으로 뽑히게 되었으며, 사람의 형상을 부여하여 도교의 중요한 경배대상이 되었다.(許道齡, 1977 : 227)

거북은 장수하여 사람들에게 숭배되었으므로, 고인들은 구년龜年·구령龜齡 등과 같이 거북을 취하여 이름을 지었다. 지금 대만에서는 여전히 상원절上元節에 사원에서 거북에게 국수를 주거나 거북을 사서 방생하는 습속이 있으니, 장수하기를 바라는 목적임에 틀림없다.

거북은 본래 아주 존경받는 동물이었으나, 원元·명明 이래로 갑자기 야유와 비웃음의 대상이 되어버렸다. 어떤 사람은 당대唐代 악호樂戶의 녹두건 형상이 거북의 머리와 흡사하였으므로, 거북으로 창기업에 종사하는 사람을 놀려대었다고 한다. 그러나 거북은 당송시대에 여전히 아주 존숭되었으니, 사람을 욕하는 뜻으로 전용되지는 않았을 것이다. 어떤 사람은 거북이 못가에 산란을 하면 자라의 정액을 받아 형체가 이루어지므로, 애비를 모르는 사람을 욕하는 데 쓰였다고도 한다. 어떤 사람은 이족의 통치를 받으면서도 감히 저항을 하지 못하고, 거북처럼 머리와 사지를 껍질 속에 집어넣고는 외부의 형세를 관여치 않으면 대단히 유약하다고 여겼다. 여기에서 다시 연용되어 아내가 다른 사람과 간통하였으나 감히 소리를 내지 못하고 묵인한다는 뜻으로 쓰였다. 그것은 한 남자로서의 가장 큰 수치였으므로 다른 사람을 욕하는 말이 되었다.(篠田統, 食物 : 33)

네 방향을 대표하는 동물은 결코 음양오행학설이 흥기한 뒤에 생겨난 것이 아니다. 전국 초기의 묘에서 칠한 상자 하나가 발굴되었는데 그 위에는 28수의 이름과 용·호의 형상이 그려져 있었다.(王建民, 1979 : 40-45)(그림 19.12) 그들이 동서방의 7개 별을 나누어 대표하고 있다는 것을 알 수가 있다. 남북방은 상자 뚜껑에 그림을 그릴 만한 공간이 남아 있지 않았기 때문에 그리지 않았을지도 모르며, 혹은 다른 원인이 있는지도 모르나 이미 추구하기 어렵다. 어떤 원인에 바탕을 두고 이 네 동물이 사방을 대표하게 되었는지는 자세히 알 수가 없다. 그것은 동물의 산지와는 관계가 없는 듯하다. 아마 그들이 신통력을 갖추고 있으며, 또 피부의 조건이 서로 달라 선택되었는지도 모른다. 처음에 이 네 동물은 결코 특정한 색과 배합되지는 않았다. 뒤에 오행학설의 영향을 받게 되자 각종 사물 모두가 그 계통 속으로 들어가게 되었으므로, 비로소 청룡·주봉·백호·현무의 이름을 갖게 되었다. 이것은 그 동물들의 실제 피부색과는 일치되지 않는다. 예를 들면 용과 거북의 피부색은 서로 비슷하며, 봉은 공작이든 풍조風鳥나 혹은 닭이든(犬仁德, 1986 : 59-60) 모두 붉은색이 아니다. 호랑이는 더더욱 백색이 아니다. 그러나 사령과 사색의 배합은 이미 사람들 마음 속에 깊이 파고 들어갔으므로 후세의 그림에는 이에 따라 색을 칠하게 되었다.

| 商 甲骨文 | 周 金文 | 秦 小篆 | 漢 隷書 | 現代 楷書 |
|---|---|---|---|---|
| | | | | 東 |
| | | | | 양끝을 꼭 묶어놓은 자루의 상형. |
| | | | | 西 |
| | | | | 등나무와 같은 물건을 짜서 만든 바구니의 상형. |
| | | | | 北 |
| | | | | 두 사람이 서로 등을 진 형상. |
| | | | | 龍 |
| | | | | 용의 상형 |

| 商 甲骨文 | 周 金文 | 秦 小篆 | 漢 隸書 | 現代 楷書 |
|---|---|---|---|---|
| (甲骨文 글자들) | | 炆 | | 炆 두 발을 꼰 무당이 불에 태워지는 고통을 당하면서 비를 비는 형상. |
| (甲骨文 글자들) | (金文 글자들) | 堇 堇 爃 糞 蹼 | 饉 饉 | 堇 기근이 들었을 때 두 손으로 배를 누르면서 입을 벌리고 부르짖으며 기도를 올리는 형상. 혹은 또 불에 태워지는 형을 받는 것이라고도 한다. 熯 饉 |
| (甲骨文 글자들) | | 龜 | 龜 龜 | 龜 거북의 상형 |

| 商 甲骨文 | 周 金文 | 秦 小篆 | 漢 隸書 | 現代 楷書 |
|---|---|---|---|---|
| | | | | 鳳 |
| | | | | 봉새의 상형. 혹은 성부 범凡을 첨가하기도 한다. |
| | | | | 風 |

제 20 장 방향과 사령四靈

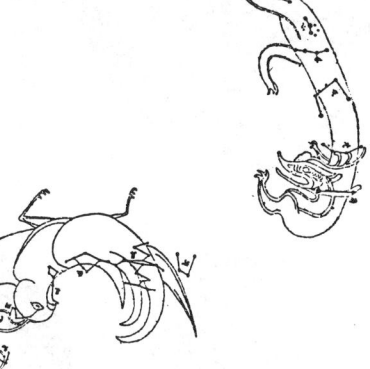

그림 20.1 28수를 대표하는 사령: 동청룡·남주작·서백호·북현무

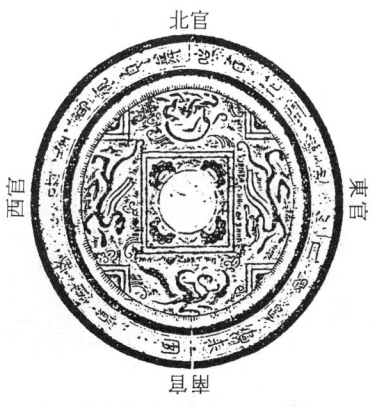

그림 20.2 수의 4령경

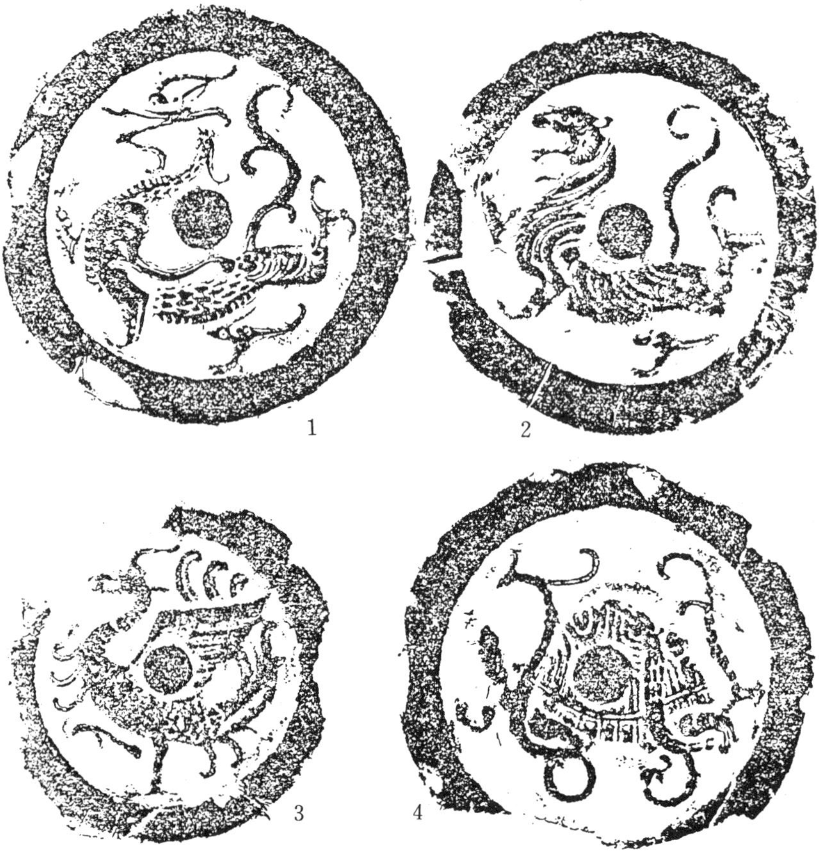

그림 20.3 한대 와당瓦當의 사령四靈 도안

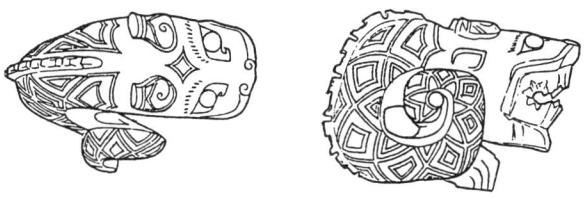

그림 20.4 상대의 옥룡입조玉靈立雕

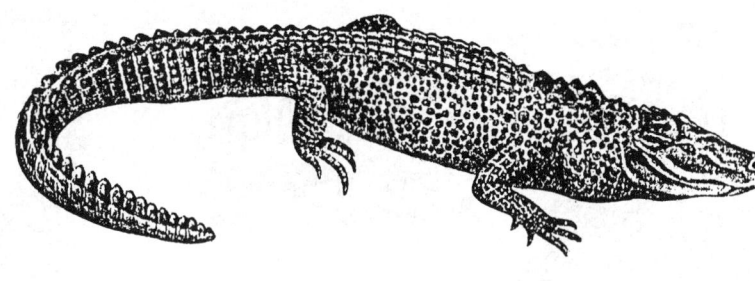

그림 20.5 양자강 악어의 형상

그림 20.6 상대 기물상의 용 문양

그림 20.7 상대 기물상의 용 문양

그림 20.8 서주 동기상의 용 문양

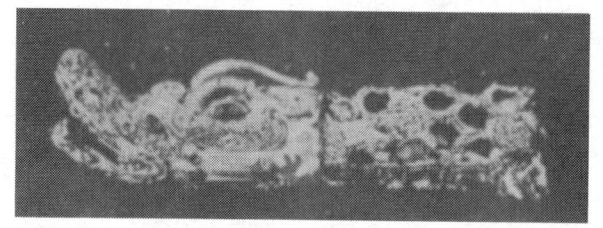

그림 20.9 서한西漢의 금룡金龍

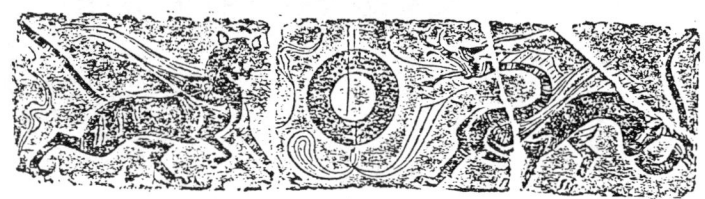

그림 20.10 한漢 벽돌 위의 용호도안

그림 20.11 남북조南北朝의 용형龍形

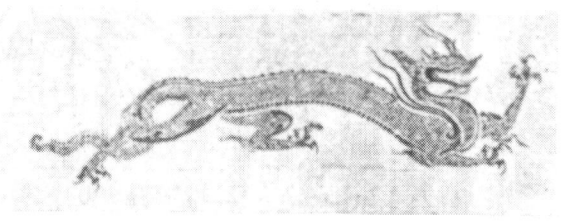

그림 20.12 오대五代의 용형龍形

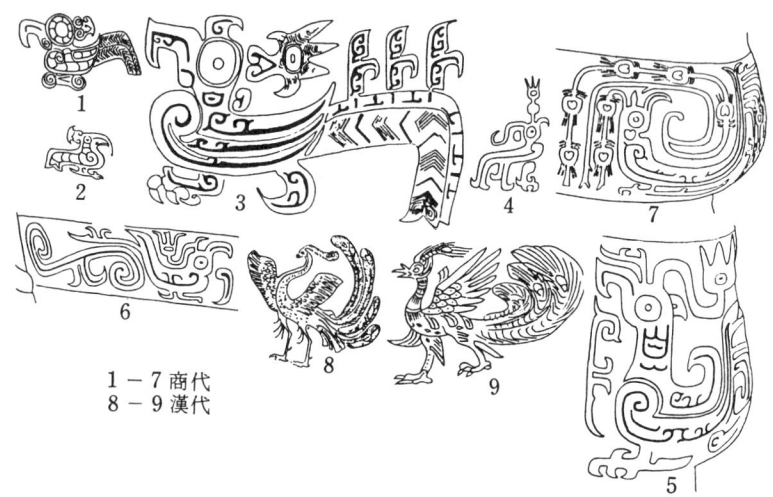

1-7 商代
8-9 漢代

그림 20.13 전형적인 봉새의 모양

1-5 商代   6-9 東周時代   10-11 漢代

그림 20.14 봉의 이형異形, 작翟

1-2 商代
3-7 漢代

그림 20.15 봉의 이형異形, 작翟

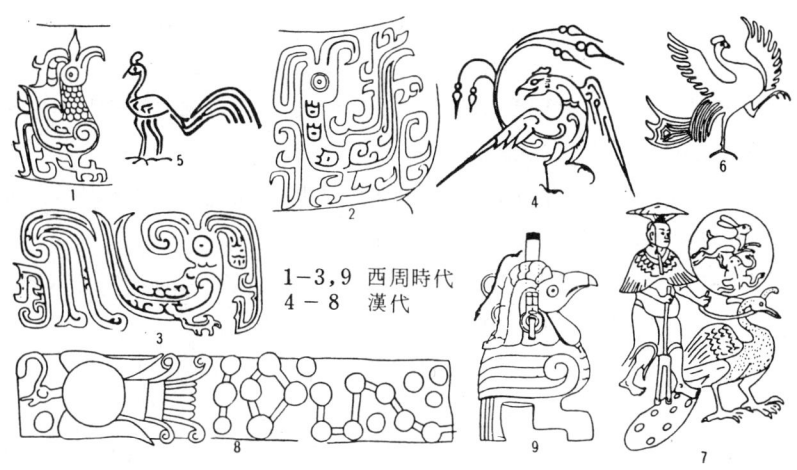

1-3, 9 西周時代
4-8 漢代

그림 20.16 봉의 이형

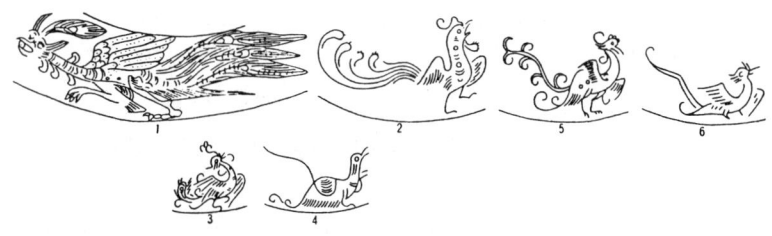

그림 20.17 한대의 주작

# 인용저작목록

## 一畫

乙編　　董作賓 《小屯 二：殷墟文字乙編》（南京：國立中央研究院歷史言語研究所 1948-53）

## 二畫

丁穎 1959.　　丁穎『江漢平原新石器時代紅燒土中的稻殼考查』《考古學報》1959-4：31-34.
丁驌 1968.　　丁驌『鳳凰與風鳥』《民族學研究所集刊》25(1968)：35-43.
丁驌 1980.　　丁驌『骨柶刻辭釋』《中國文字》新2(1980)：61-63.
丁驌 1981a.　　丁驌『西周王年與殷世新說』《中國文字》新4(1981)：13-84.
丁驌 1981b.　　丁驌『說周原契數』《中國文字》新5(1981)：25-45.
二里頭 1974.　　中國科學院考古研究所二里頭工作隊『河南偃師二里頭早商宮殿遺址發掘簡報』《考古》1974-4：234-48.
二里頭 1975.　　中國科學院考古研究所二里頭工作隊『河南偃師二里頭遺址三‧八區發掘簡報』《考古》1975-5：302-09, 294.
二里頭 1976.　　中國科學院考古研究所二里頭工作隊『偃師二里頭遺址新發現的銅器和玉器』《考古》1976-4：259-63.

## 三畫

上海文管 1962.　　上海市文物保管委員會『上海市青浦縣崧澤遺址的試掘』《考古學報》1962-2：1-29.
于中航 1976.　　于中航『大汶口文化和原始社會的解體』《文物》1976-5：64-73.
于省吾 1958.　　于省吾『駁唐蘭先生《關於商代社會性質的討論》』《歷史研究》1958-8：59-71.
于省吾 1963.　　于省吾『鄂君啓節考釋』《考古》1963-8：442-47.
于省吾 1964.　　于省吾『略論西周金文中的「六𠂤」和「八𠂤」及其屯田制』《考古》1964-3：152-55.
于省吾 1972.　　于省吾『從甲骨文看商代的農田墾殖』《考古》1972-4：40-41, 45.
于省吾, 釋林.　　于省吾《甲骨文字釋林》（北京：中華書局 1979）
于景讓 1961.　　于景讓『中國本草學起源試測』《大陸雜誌》23-5(1961)：135-42.

大地湾發掘 1982.    甘肅省博物館 秦安縣文化館大地湾發掘組『一九八〇年秦安大地湾
    一期文化遺存發掘簡報』《考古與文物》1982-2：1-4, 9.
大汶口.    山東省文物管理處 濟南市博物館《大汶口》(北京：文物出版社，1974)
大島利一 1958.    大島利一『中國古代の城について』《東方學報》30(1958)：39-66.
大漢和辭典.    諸橋轍次 大漢和辭典（東京：大修館書店 1968）
小南一郎 1974.    小南一郎『西王母と七夕傳承』《東方學報》46(1974)：33-81.
山西工作 1984.    中國社會科學院考古研究所山西工作隊・等『山西襄汾陶寺遺址首次
    發現銅器』《考古》1984-12：1068-71.
山東博物館 1972. 山東省博物館『山東益都蘇埠屯第一號奴隷殉葬墓』《文物》1972
    -8：17-30.

## 四畫

中國古代史.    劉澤華等編《中國古代史》(上)（北京：人民出版社 1979）
中央音樂院 1958.    中央音樂院民族中樂院研究所調查組『信陽戰國楚墓出土樂器初
    步調查記』《文物》1958-1：15-23.
中醫研究院 1975.    中醫研究院醫史文獻研究室『馬王堆三號漢墓帛畫導引圖的初步研
    究』《文物》1975-6：6-13, 63.
丹江發掘 1980.    河南省丹江庫區文物發掘隊『河南省淅川縣下寺春秋楚墓』《文物》
    1980-10：13-20.
仇士華 1980.    仇士華『人工燒製石灰始于何時？ -C¹⁴方法可以判定』《考古與文物》
    1980-3：126-35.
仇士華 1982.    仇士華 蔡蓮珍 『碳-14測定年代與考古研究』《考古》1982-3：
    316-19.
內蒙博物館 1977.    內蒙古博物館 內蒙古文物工作隊『呼和浩特市東郊舊石器時代石器
    製造廠發掘報告』《文物》1977-5：7-15.
天石 1975.    天石『西漢度量衡略說』《文物》1975-12：79-89.
天野元之助 1958.    天野元之助『中國古代農業史上の二つの問題』《東方學報》16
    (1958)：1-8.
天野元之助 1959.    天野元之助『中國古代農業の發展』《東方學報》30(1959)：67
    -165.
天野元之助 農業.    天野元之助《中國農業史研究》（東京：農業總合研究所 1962）

孔令平 1979.　　孔令平『西亞農耕的起源問題』《歷史研究》1979-6：88-96.
孔令平 1980.　　孔令平『西亞動物家養的起源』《考古》1980-6：549-54.
孔令平 1986.　　孔令平『關于農耕起源的幾個問題』《農業考古》1986-1：28-37.
孔德成 1966.　　孔德成『釋牢宰』《文史哲學報》15(1966)：181-85.
尤玉柱 1985.　　尤玉柱等『大連古龍山洞穴文化遺物及對當時古生態環境的探討』《史前研究》1985-1：68-73.
尤仁德 1986.　　尤仁德『商代玉鳥與商代社會』《考古與文物》1986-2：59-60.
屯南.　　　　　中國社會科學院考古研究所編《小屯南地甲骨》（北京：中華書局 1980）
方楊 1964.　　 方楊『我國釀酒當始于龍山文化』《考古》1964-2：94-97
水野清一 1954.　水野清一『漢の蚩尤伎について—武氏祠畫像の解』《東方學報》25-2(1954)：161-77.
王人聰 1972.　　王人聰『關于壽縣楚器銘文中「侣」字的解釋』《考古》1972-6：45-47.
王仁湘 1981.　　王仁湘『新石器時代葬豬的宗教意義』《文物》1981-2：79-85.
王仁湘 1982.　　王仁湘『古代帶鉤用途考實』《文物》1982-10：75-81, 94.
王仁湘 1987.　　王仁湘『中國新石器時代的蚌制生產工具』《農業考古》1987-1：145-55.
王文昶 1974.　　王文昶『從西周銅鬲上刖刑守門奴隸看「克己復禮」的反動本質』《文物》1974-4：290, 7.
王世民 1973.　　王世民『秦始皇統一中國的歷史作用—從考古學上看文字・度量衡和貨幣的統一』《考古》1973-6：364-71.
王世襄 1979.　　王世襄『中國古代漆工雜述』《文物》1979-3：49-55.
王仲殊 1981.　　王仲殊『中國古代墓葬概說』《考古》1981-5：449-58.
王勁 1980.　　　王勁『江漢地區新石器時代綜述』《江漢考古》1980-1：7-16.
王宇信 1973.　　王宇信 陳紹棣『關于江蘇銅山丘灣商代祭祀遺址』《文物》1973-12：55-58.
王宇信 甲骨.　　王宇信《建國以來甲骨文研究》（北京：中國社會科學出版社 1981）
王建 1978.　　　王建・王向前・陳哲英『下川文化—山西下川遺址調查報告』《考古學報》1978-3：259-88.
王恆餘 1961a.　　王恆餘『斧戉探原』《大陸雜誌》23-12(1961)：387-92.
王恆餘 1961b.　　王恆餘『說祝』《歷史語言研究所集刊》32(1961)：99-118.

王若愚 1979.　王若愚『從台西村出土的商代織物與紡織工具談當時的紡織』《文物》1979-6：49-53.

王振鐸 1948-51.　王振鐸『司南 指南針與羅盤經』《中國考古學報》3(1948)：119-259；4(1950)：185-223；5(1951)：101-76.

王振鐸 1978.　王振鐸『中國古代磁針的發明和航海羅經的創造』《文物》1978-3：53-61.

王振鐸 1980.　王振鐸『西漢計時器「銅漏」的發現及其有關問題』《中國歷史博物館館刊》2(1980)：116-25.

王健民 1979.　王健民・梁柱・王勝利『曾侯乙墓出土的二十八宿青龍白虎圖』《文物》1979-7：40-45.

王國維《觀堂集林》(北京：中華書局 1961 重印)

王崧興 1961.　王崧興『馬太安阿美族之宗教及神話』《民族學研究所集刊》12(1961)：107-78.

王菊華 1980.　王菊華 李玉華『從幾種漢紙的分析鑑定試論我國造紙術的發明』《文物》1980-1：78-85.

王貴民 1982.　王貴民『說御史』《甲骨探史錄》(北京：三聯書店 1982)：303-39.

王貴民 1983.　王貴民『就殷墟甲骨文所見試說「司馬」職名的起源』《甲骨文與殷商史》(上海：上海古籍出版社 1983)：173-90.

王貴民 1985.　王貴民『商代農業概述』《農業考古》1985-2：25-36.

王開發 1980.　王開發・張玉蘭・蔣輝・葉志華『崧澤遺址的孢粉分析研究』《考古學報》1980-1：59-66.

王毓銓 貨幣.　王毓銓《我國古代貨幣的起源和發展》(北京：科學出版社 1957)

王增新 1958.　王增新『關于孝子閔損和孝孫元穀』《文物》1958-10：48.

王德慶 1957.　王德慶『江蘇銅山東漢墓清理簡報』《考古》1957-4：33-38.

王褒祥 1964.　王褒祥『河南新野出土的漢代畫象磚』《考古》1964-2：90-93.

王學理 1981.　王學理『漢南陵從葬坑的初步清理—兼談大熊貓頭骨及犀牛骨骼出土的有關問題』《文物》1981-11：24-29.

王獻堂 貨幣通考.　王獻堂《中國古代貨幣通考》(齊魯書社 1979)

## 五畫

丙編.　張秉權《小屯 二：殷墟文字丙編》(台北：中央研究院歷史語言研究所 1957

—72)

丘立誠 1985. 　　丘立誠『略論華南洞穴新石器時代早期文化』《史前研究》1985−1：24−28.

丘光明 1981. 　　丘光明『試論戰國容量制度』《文物》1981−10：63−72.

出石誠彥 神話. 　　出石誠彥《支那神話傳說の研究》(東京：中央公論社, 1943)

北大歷史系 1982. 　　北京大學歷史系考古專業碳十四實驗室 中國社會科學院考古研究所碳十四實驗室『石灰岩地區碳14樣品年代的可靠性與甑皮岩等遺址的年代問題』《考古學報》1982−2：243−50.

北京玉器廠 1976. 　　北京市玉器廠技術研究組 『對商代琢玉工藝的一些初步看法』《考古》1976−4：229−33.

北京鋼鐵學院 1974. 　　北京鋼鐵學院理論學習小組『先秦兩漢時期的冶鐵技術與儒法鬥爭』《考古》1974−6：339−44, 355.

北京鋼鐵學院 1981. 　　北京鋼鐵學院冶金史組『中國早期銅器的初步研究』《考古學報》1981−3：287−302.

北洞發掘 1974. 　　喀左縣文化館等北洞文物發掘小組 『遼寧喀左縣北洞村出土的殷周青銅器』《考古》1974−6：364−72.

史樹青 1956. 　　史樹青『關于「橋形幣」』《文物》1956−7：60−62.

史樹青 1957. 　　史樹青『漆林識小錄』《文物》1957−7：55−57.

古代史發掘 2. 　　江坂輝彌編《古代史發掘》(二)（東京：講談社 1973)

古代冶金. 　　北京鋼鐵學院中國古代冶金編寫組《中國古代冶金》(北京：文物出版社 1978)

台西發掘 1974. 　　河北省博物館 河北省文管處台西發掘組『河北藁城縣台西村商代遺址1973年的重要發現』《文物》1974−8：42−49.

平心 1963. 　　平心『周易史事索隱』《歷史研究》1963−1：141−60.

永尾龍造 民俗. 　　永尾龍造《支那民俗誌》(三)（台北：中國民俗學會 1971 影印)

甘肅工作 1974. 　　中國科學院考古研究所甘肅工作隊 『甘肅永靖大何莊遺址發掘報告』《考古學報》1974−2：29−62.

甘肅工作 1975. 　　中國社會科學院考古研究所甘肅工作隊『甘肅永靖秦魏家齊家文化墓地』《考古學報》1975−2：57−96.

甘肅工作 1980. 　　中國社會科學院考古研究所甘肅工作隊『甘肅永靖蓮花台辛店文化遺址』《考古》1980−4：296−310.

甘肅博物館 1973.　　甘肅省博物館・武威縣文化館 『武威旱灘漢墓發掘簡報』《文物》 1973-12：18-22.

甘肅博物館 1974.　　甘肅省博物館・嘉峪關市文物保管所『嘉峪關魏晉墓室壁畫的題材和藝術價值』《文物》1974-9：66-70.

甘肅博物館 1977.　　甘肅省博物館文物工作隊 『甘肅靈台白草坡西周墓』《考古學報》 1977-2：99-130.

甘肅博物館 1978.　　甘肅省博物館『武威皇娘娘台遺址第四次發掘』《考古學報》1978-4：421-48.

甘肅博物館 1980.　　甘肅省博物館等 『蘭州花寨子「半山類型」墓葬』《考古學報》 1980-2：221-38.

生物史.　　李璠等編『栽培植物的起源』『飼養動物的起源』《生物史：五》(北京：科學出版社 1979)

田中淡 1980.　　田中淡『先秦時代宮室建築序說』《東方學報》52(1980)：123-97.

甲骨文編.　　中國科學院考古研究所《甲骨文編》(香港：中華書局香港分局 1978)

甲編.　　董作賓《小屯 二：殷墟文字甲編》(南京：國立中央研究院歷史語言研究所 1948)

皮錫瑞 經學史.　　皮錫瑞《經學歷史》(台北：河洛圖書出版社 1974)

石毛直道 1968.　　石毛直道『日本稻作の系譜』《史林》51-5(1968)：130-50；51-6(1968)：96-127.

石志廉 1960.　　石志廉『商代人形玉佩飾』《文物》1960-1：67.

石家莊發掘 1977.　　石家莊地區革委會文化局文物發掘組『河北贊皇東魏李希宗墓』《考古》1977-6：382-90.

石璋如 1947.　　石璋如『殷墟最近之重要發現 附論小屯地層』《中國考古學報》2(1947)：1-81.

石璋如 1950.　　石璋如『小屯殷代的成套兵器』《歷史語言研究所集刊》22 (1950)：19-84.

石璋如 1952.　　石璋如『小屯C區的墓葬群』《歷史語言研究所集刊》23(1952)：447-87.

石璋如 1953.　　石璋如『河南安陽小屯殷墓中的動物群』《文史哲學報》5(1953)：1-14.

石璋如 1954.　　石璋如『周代兵制探源』《大陸雜誌》9-9(1954)：269-77.

石璋如 1955 a. 石璋如『殷代的鑄銅工藝』《歷史語言研究所集刊》26(1955)：95－129.

石璋如 1955 b. 石璋如『小屯殷代的建築遺蹟』《歷史語言研究所集刊》26(1955)：131－88.

石璋如 1956. 石璋如『關中考古調查報告』《歷史語言研究所集刊》27(1956)：205－323.

石璋如 1957. 石璋如『殷代頭飾舉例』《歷史語言研究所集刊》28(1957)：611－47.

石璋如 1960. 石璋如『記本院小山上出土的大石斧』《歷史語言研究所集刊》31(1960)：37－46.

石璋如 1965. 石璋如『小屯殷代的跪葬』《歷史語言研究所集刊》36(1965)：249－77.

石璋如 1969 a. 石璋如『殷代的豆』《歷史語言研究所集刊》39(1969)：51－82.

石璋如 1969 b. 石璋如『殷代的夯土・版築・與一般建築』《歷史語言研究所集刊》41(1969)：127－68.

石璋如 1969 c. 石璋如『小屯第四十墓的整理與殷代第一類甲種車的初步復原』《歷史語言研究所集刊》40(1969)：625－67.

石璋如 1970. 石璋如『殷代地上建築復原的第二例』《民族學研究所集刊》29(1970)：321－41.

石璋如 北組墓葬. 石璋如《小屯 第一本：遺址的發現與發掘：丙編 殷墟墓葬北組墓葬》(台北：中央研究院 1970)

石璋如 建築. 石璋如《小屯 第一本：遺址的發現與發掘：乙編 建築遺存》(台北：中央研究院 1959)

半坡博物館 1980. 西安半坡博物館・臨潼縣文化館『臨潼姜寨遺址第四至十一次發掘紀要』《考古與文物》1980－3：1－13.

### 六畫

交大造船 1977. 上海交通大學造船史話組『秦漢時期的船舶』《文物》1977－4：18－22.

伊藤道治 1962. 伊藤道治『殷以前の血緣組織と宗教』《東方學報》32(1962)：225－70.

吉田光邦 1959. 吉田光邦『中國古代の金屬技術』《東方學報》29(1959)：51－110.

合集. 郭沫若編《甲骨文合集》(上海：中華書局 1978－82)

安田喜憲 環境考古.　安田喜憲《環境考古學事始》(東京：日本放送出版協會 1980)
安吉博物館 1986.　浙江安吉縣博物館『浙江安吉出土商代銅器』《文物》1986-2：37-39.
安志敏 1954.　安志敏『一九五二年秋季鄭州二里岡發掘記』《考古學報》8(1954)：65-107.
安志敏 1963.　安志敏『干蘭式建築的考古研究』《考古學報》1963-2：65-85.
安志敏 1979.　安志敏『裴李崗 磁山和仰韶—試論中原新石器文化的淵源及發展』《考古學報》1979-4：335-46, 334.
安志敏 1981.　安志敏『中國早期銅器的幾個問題』《考古學報》1981-3：269-85.
安志敏 論集.　安志敏《中國新石器時代論集》(北京：文物出版社 1982)
安金槐 1961.　安金槐『試論鄭州商代城址—隞都』《文物》1961-4, 5：73-80.
安陽工作 1972.　中國科學院考古研究所安陽工作隊『安陽新發現的殷代車馬坑』《考古》1972-4：24-28.
安陽工作 1977.　中國社會科學院考古研究所安陽工作隊 『安陽殷墟五號墓的發掘』《考古學報》1977-2：57-98.
安陽工作 1979.　中國社會科學院考古研究所安陽工作隊『1969-1977年殷墟西區墓葬報告』《考古學報》1979-1：27-146.
安陽工作 1981.　中國社會科學院考古研究所安陽工作隊『安陽小屯村北的兩座殷代墓』《考古學報》1981-4：491-518.
安陽工作 1985.　中國社會科學院考古研究所安陽工作隊『1979年安陽后岡遺址發掘報告』《考古學報》1985-1：33-88.
安陽發掘 1961.　中國社會科學院考古研究所安陽發掘隊『1958-59年殷發掘簡報』《考古》1961-2：63-76.
安陽發掘 1976.　中國社會科學院考古研究所安陽發掘隊『1975年安陽殷墟的新發現』《考古》1976-4：264-72.
安徽文工 1982.　安徽省文物工作隊『安徽舒城九里墩春秋墓』《考古學報》1982-2：229-42.
安徽博物館 1957.　安徽省博物館『安徽新石器時代遺址的調查』《考古學報》1957-1：21-30.
曲守約 1958.　曲守約『古代之關』《大陸雜誌》16-10(1958)：307-311.
朱文鑫 天文考古.　朱文鑫《天文考古錄》(台北：台灣商務印書館 1966)

朱活 1980.　　朱活『談山東海陽出土的齊國刀貨—兼論齊刀的購買力』《文物》1980-2：63-68.

朱活 1981.　　朱活『古錢』《文物》1981-2：94-95.

江西文管 1962.　　江西省文物管理委員會『江西修水山背地區考古調查與試掘』《考古》1962-7：353-67.

江西文管 1963.　　江西省文物管理委員會『江西萬年縣大源仙人洞洞穴遺址試掘』《考古學報》1963-1：1-16.

江西博物館 1975.　　江西省博物館『江西清江吳城商代遺址發掘簡報』《文物》1975-7：51-71.

江蘇文工 1962.　　江蘇省文物工作隊『江蘇邳縣劉林新石器時代遺址第一次發掘』《考古學報》1962-1：81-102.

江蘇文管 1966.　　江蘇省文物管理委員會等『江蘇徐州十里鋪漢畫像石墓』《考古》1966-2：66-83, 91.

池田末利 1967.　　池田末利『周初の天に對する不信觀について』《日本中國學會報》19(1967)：11-24.

竹書義證.　　雷學淇《竹書紀年義證》(台北：藝文印書館 影印 1810年版)

考古所人類學 1977.　　中國科學院考古研究所體質人類學組『安陽殷代祭祀坑人骨的性別年齡鑑定』《考古》1977-3：210-14.

考古所資料室 1972.　　中國科學院考古研究所資料室『唐景德四年寫本《論語鄭氏注》校勘記』《考古》1972-2：54-67.

考古三十年.　　文物編輯委員會《文物考古工作三十年》(北京：文物出版社 1979)

考古收穫.　　中國科學院考古研究所編《新中國的考古收穫》(北京：文物出版社 1962)

考古科學.　　Brothwell Don and Higgs Eric, Science in Archaeology (考古學的科學) (New York：Basic Books Inc. Publishers, 1963)

考古發現.　　中國社會科學院考古研究所編《新中國的考古發現和研究》(北京：文物出版社 1984)

西安半坡.　　中國科學院考古研究所《西安半坡》(北京：文物出版社 1963)

## 七畫

何兆雄 1985.　　何兆雄『史前農業研究的新道路』《史前研究》1985-1：82-93.

何定生 1969.　　何定生『詩經與樂歌的原始關係』《文史哲學報》18(1969)：353-

416.

何炳棣 農業.　　何炳棣《黃土與中國農業的起源》(香港:香港中文大學 1969)
何炳棣 搖籃.　　Ho Ping-ti《The Cradle of the East》(東方的搖籃)(香港:香港中文大學與芝加哥大學 1975)
何聯奎 1963.　　何聯奎「龜的文化地位」《民族學研究所集刊》16(1963):101-14.
余英時 1964-65.　　Yu Ying-shih『Life and immortality in the mind of Han China』Harvard Journal of Asiatic Studies, 25(1964-65):80-122.
余華青 1980.　　余華青 張廷皓『漢代釀酒業探討』《歷史研究》5(1980):99-116.
佚存.　　商承祚『殷契佚存』(南京:中國文化研究所 1933)
佟柱臣 1975.　　佟柱臣『從二里頭類型文化試談中國的國家起源問題』《文物》1975-6:29-33.
冶金簡史.　　北京鋼鐵學院《中國冶金簡史》(北京:科學出版社 1978)
吳汝祚 1985.　　吳汝祚『我國早期種植水稻的氏族部落』《史前研究》1985-2:12-17.
吳志超 1981.　　吳志超・沈壽『却穀食氣篇』初探《長沙馬王堆醫書研究專刊》2(湖南:湖南中醫學院 1981):49-55.
吳振錄 1972.　　吳振錄『保德縣新發現的殷代青銅器』《文物》1972-4:62-66.
吳榮曾 1981.　　吳榮曾『鎮墓文中所見到的東漢道巫關係』《文物》1981-3:56-63.
吳銘生 1957.　　吳銘生『長沙楚墓出土的漆器』《文物》1957-7:18-19.
吳燕和 1965.　　吳燕和『排灣族東排灣群的巫醫與巫術』《民族學研究所集刊》20(1965):105-53.
吳蘇 1978.　　吳蘇『圩墩新石器時代遺址發掘簡報』《考古》1978-4:223-40.
吳瀛濤 民俗.　　吳瀛濤《台灣民俗》(台北:古亭書屋 1970)
呂品 1984.　　呂品 周到『河南漢畫中的雜技藝術』《中原文物》1984-2:32-36.
呂思勉 通史.　　呂思勉《中國通史》(香港:1952)
呂驥 1978.　　呂驥『從原始氏族社會到殷代的幾種陶塤探索我國五音階的形成年代』《文物》1978-10:54-61.
壯族考訓班 1978.　　廣西壯族自治區文物考古訓練班等『廣西南部地區的新石器時代晚期文化遺存《文物》1978-9:14-24.
孝感考訓班 1976.　　孝感地區第二次亦工亦農文物考古訓練班『湖北雲夢睡虎地十一號秦墓發掘簡報』《文物》1976-6:1-10.
宋兆麟 1981.　　宋兆麟『戰國弋射圖及弋射溯源《文物》1981-6:75-77.

宋兆麟 原始社會史.　　宋兆麟・黎家芳・杜耀西《中國原始社會史》(北京：文物出版社 1983)

宋鎮豪 1985.　　宋鎮豪『試論殷代的記時制度—兼論中國古代分段記時制度』《全國商史學術討論會論文集》(河南滑縣：殷都學刊 1985)：302-36.

岑仲勉 文史論叢.　　岑仲勉《兩周文史論叢》(上海：商務印書館 1958)

巫鴻 1979.　　巫鴻『秦權研究』《故宮博物院院刊》4(1979)：33-47.

李也貞 1976.　　李也貞等『有關西周絲織和刺繡的重要發現』《文物》1976-4：60-63.

李亨求 1981-82.　　李亨求『渤海沿岸早期無字卜骨之研究』《故宮季刊》(a) 16-1 (1981)：41-56 (b)16-2(1981)：41-64, (c)16-3(1982)：55-81.

李仰松 1980.　　李仰松『中國原始社會生產工具試探』《考古》1980-6：515-20.

李光周 1976.　　Li Kuang-chou『The beginning of millet farming in prehistoric China』《考古人類學刊》39, 40(1976)：116-39.

李伯謙 1982.　　李伯謙『中原地區東周銅劍淵源試探』《文物》1982-1：44-48.

李亞農 史論.　　李亞農《李亞農史論集》(上海：上海人民出版社 1978 重印 1962)

李孝定 1974.　　李孝定『中國文字的原始與演變』《歷史語言研究所集刊》45(1974)：343-94, 529-60.

李孝定 詁林附錄.　　李孝定等編《金文詁林附錄》(香港：香港中文大學 1977)

李孝定 甲骨.　　李孝定《甲骨文字集釋》(台北：中央研究院歷史語言研究所 1965)

李宗侗 1969.　　李宗侗『炎帝與黃帝的新解釋』《歷史語言研究所集刊》39(1969)：27-39.

李宗侗 1973.　　李宗侗『春秋時代社會的變動』《文史哲學報》22(1973)：263-303.

李宗侗 古社會.　　李宗侗《中國古代社會史》(台北：華崗出版有限公司 1954)

李約瑟 科學與文明.　　Needham Joseph, Science and Civilization in China(中國的科學與文明)(Cambridge：Cambridge University Press 1954)

李奕園 1962.　　李奕園『祖靈的庇蔭』《民族學研究所集刊》14(1962)：1-46.

李科友 1975.　　李科友 彭適凡『略論江西吳城商代原始瓷器』《文物》1975-7：77-82.

李家治 1978.　　李家治『我國古代陶器和瓷器工藝發展過程的研究』《考古》1978-3：179-88.

李家瑞 1962.　　李家瑞『雲南幾個民族記事和表意的方法』《文物》1962-1：12-14.

李根蟠 1986.　　李根蟠『先秦農器名實考辨』《農業考古》1986-2：122-34.

李純一 1964.　　李純一『原始時代和殷代的陶塤』《考古學報》1964-1：51-54.
李純一 1973.　　李純一『關于歌鐘・行鐘及蔡侯編鐘』《文物》1973-7：15-19.
李純一 1974.　　李純一『漢瑟和楚瑟調弦的探索』《考古》1974-1：56-60
李紹連 1980.　　李紹連『關于磁山・裵李崗文化的幾個問題—從莪溝北崗遺址說起』《文物》1980-5：20-27.
李衆 1975.　　李衆『中國封建社會前期鋼鐵冶煉技術發展的探討』《考古學報》1975-2：1-22.
李衆 1976.　　李衆『關于藁城商代銅鉞鐵刃的分析』《考古學報》1976-2：17-34.
李復華 1975.　　李復華 郭子游『郫縣出土東漢畫象石棺圖象略說』《文物》1975-8：63-65.
李裕民 1974.　　李裕民『殷周金文中的「孝」和孔丘「孝道」的反動本質』《考古學報》1974-2：19-28.
李漢三 五行.　　李漢三《先秦兩漢之陰陽五行學說》(台北：維新書局 1968)
李學勤 1959.　　李學勤『戰國題銘概述(中)』《文物》1959-8：60-63.
李學勤 1985.　　李學勤『論召鼎及其反映的西周制度』《中國史研究》1985-1：95-102.
李濟 1948.　　李濟『研究中國古玉問題的新資料』《歷史語言研究所集刊》13(1948)：179-82.
李濟 1950 a.　　李濟『豫北出土青銅句兵分類圖解』《歷史語言研究所集刊》22(1950)：1-18.
李濟 1950 b.　　李濟『記小屯出土之青銅器 中篇：鋒刃器』《中國考古學報》4(1950)：1-69.
李濟 1953.　　李濟『跪坐蹲居與箕踞』《歷史語言研究所集刊》24(1953)：283-301.
李濟 1959.　　李濟『笄形八類及其文飾之演變』《歷史語言研究所集刊》30(1959)：1-69.
李濟 1969.　　李濟『安陽發掘與中國古史問題』《歷史語言研究所集刊》40(1969)：913-44.
李濟 1976.　　李濟『殷墟出土的工業成績：三例』《文史哲學報》25(1976)：1-64.
李濟 安陽.　　Li Chi Anyang (安陽) (Seattle：University of Washington Press 1977)
李濟 西陰村.　　李濟《西陰村史前的遺存》(北平：清華學校研究所 1927)

杜正勝 1979.　　杜正勝『周代封建的建立』《歷史語言研究所集刊》50(1979)：485－550.

杜正勝 1980.　　杜正勝『周秦城市的發展與特質』《歷史語言研究所集刊》51(1980)：615－747.

杜恆 1976.　　杜恆『試論百花潭嵌錯圖象銅壺』《文物》1976－3：47－51

杜學知 1962.　　杜學知『「不」系考』《清華學報》3－1(1962)：91－113.

杜學知 1964.　　杜學知『漢字之制作及其特性』《大陸雜誌》29－6(1964)：177－82；29－7(1964)：236－44.

汪慶正 1965.　　汪慶正『十五年以來古代貨幣資料的發現和研究中的若干問題』《文物》1965－2；26－36.

汪濟英 1980.　　汪濟英・牟永抗　『關于吳興錢山漾遺址的發掘』《考古》1980－4：358－58.

沂南畫像.　　曾昭燏・蔣寶庚・黎忠義《沂南古畫像石墓發掘報告》(上海：文化部文物管理局 1956)

沈從文 服飾.　　沈從文《中國古代服飾研究》(香港：商務印書館 1981)

沈壽 1980.　　沈壽『西漢帛畫《導引圖》解析』《文物》1980－9：70－76.

肖兵 1980.　　肖兵『略論西安半坡等地發現的「割體葬儀」』《考古與文物》1980－4：73－77.

八畫

周仁 1964.　　周仁・張福康・鄭永圃『我國黃河流域新石器時代和殷周時代製陶工藝的科學總結』《考古學報》1964－1：1－27.

周到 1963.　　周到・劉東亞『1957年秋安陽高樓莊殷代遺址發掘』《考古》1963－4：213－16.

周到 1973.　　周到・李京華『唐河針織廠漢畫像石墓的發掘』《文物》1973－6：26－40.

周昆叔 1975.　　周昆叔・嚴富華・葉永英『花粉分析法及其在考古學中的運用』《考古》1975－1：65－70, 64.

周明鎮 象化石.　　周明鎮・張玉萍《中國的象化石》(北京：科學出版社 1974)

周本雄 1981.　　周本雄『河北武安磁山遺址的動物骨骸』《考古學報》1981－3：339－47.

周本雄 1982.　　周本雄『山東兗州王因新石器時代遺址中的楊子鰐遺骸』《考古學報》

1981-2 : 251-60.

周自强 1967.　　周自强『古代鳳凰與今南洋風鳥的研究』《民族學研究所集刊》24 (1967) : 31-122.

周到 1975.　　周到『南陽漢畫像石中的幾幅天象圖』《考古》1975-1 : 58-61.

周明牂 華北農害.　　周明牂・鍾啓謙・魏鴻鈞《華北農業害蟲記錄》(上海:中華書局 1953)

周法高 金文.　　周法高主編《金文詁林》(香港:香港中文大學 1974)

周法高 音彙.　　周法高編《漢字古今音彙》(香港:香港中文大學 1973)

周原考古 1979.　　陝西周原考古隊『陝西岐山鳳雛村發現周初甲骨文』《文物》1979-10 : 38-43.

周原考古 1980.　　陝西周原考古隊『扶風云塘西周骨器製造作坊遺址試掘簡報』《文物》1980-4 : 27-38.

周原考古 1982.　　陝西周原考古隊・周原岐山文管所　『岐山鳳雛村兩次發現周初甲骨文』《考古與文物》1982-3 : 10-22.

周紹賢.　　《道家與神仙》(台北:台湾中華書局 1970)

周策縱 1973.　　周策縱『說尤與蚩尤』《中國文字》48(1973) : 1-7.

周緯 兵器史.　　周緯《中國兵器史稿》(北京:三聯書店 1957)

周鴻翔 1970-71.　　Chou Hung-hsiang『Fu-X ladies of the Shang dynasty』Monumenta Serica 29(1970-71) : 346-90.

周蘇平 1985.　　周蘇平『先秦時期的漁業』《農業考古》1985-2 : 164-70.

定縣博物館 1973.　　定縣博物館『河北定縣43號漢墓發掘簡報』《文物》1973-11 : 8-20.

屈萬里 1956.　　屈萬里『易卦源於龜卜考』《歷史語言研究所集刊》27(1956) : 117-33.

屈萬里 1959.　　屈萬里『河字意義的演變』《歷史語言研究所集刊》30(1959) : 143-55.

屈萬里 1964 a.　　屈萬里『論禹貢著成的時代』《歷史語言研究所集刊》35(1964) : 53-86.

屈萬里 1964 b.　　屈萬里『史記殷本紀及其他紀錄中所載殷商時代的史事』《文史哲學報》14(1964) : 87-118.

屈萬里 1976.　　屈萬里『傳述史料中常見的幾種現象―以關於先秦的史料爲例』《沈剛伯先生八秩榮慶論文集》(台北:聯經事業出版公司 1976) : 75-84.

屈萬里 甲釋.　　屈萬里《殷墟文字甲編考釋》(台北:中央研究歷史語言研究所 1961)

屈萬里 易例述評.　　屈萬里《先秦漢魏易例述評》(台北：學生書局 1969)
屈萬里 論學集.　　屈萬里《學傭論學集》(台北：台湾開明書店 1969)
屈萬里 尚書.　　屈萬里《尚書釋義》(台北：中華文化出版事業委員會 1956)
岡崎敬 1954.　　岡崎敬『たいまいを通じてみた古代南海貿易について』《東方學報》25-2(1954)：178-200.
岳愼禮 1957.　　岳愼禮『錫』《大陸雜誌》14-11(1957)：356-59.
明後.　　Menzies James M.・許進雄編《殷墟卜辭後編》(台北：藝文印書館 1972)
明義士.　　Hsu Chin-hsiung, The Menzies Collection of Shang Dynasty Oracle Bones, Vol 1：A Catalogue (明義士收藏甲骨文字)(Toronto：Royal Ontario Museum, 1972)
易水 1980.　　易水『帳和帳構』《文物》1980-4：85-88.
東下馮考古 1980.　　東下馮考古隊『山西夏縣東下馮遺址東區 中區發掘簡報』《考古》1980-2：97-107.
林巳奈夫 1958.　　林巳奈夫『安陽殷墟哺乳動物群について』《甲骨學》6(1958)：16-54.
林巳奈夫 1959.　　林巳奈夫『中國先秦時代の馬車』《東方學報》29(1959)：155-284.
林巳奈夫 1964.　　林巳奈夫『殷周青銅彝器の名稱と用途』《東方學報》34(1964)：199-297.
林巳奈夫 1966.　　林巳奈夫『鳳凰の圖像の系譜』《考古學雜誌》51-1(1966)：11-29.
林巳奈夫 1967.　　林巳奈夫『中國古代の神巫』《東方學報》38(1967)：199-224.
林巳奈夫 1969.　　林巳奈夫『中國古代の祭玉・瑞玉』《東方學報》40(1969)：161-323.
林巳奈夫 1971.　　林巳奈夫『長沙出土楚帛書の十二神の由來』《東方學報》42(1971)：1-63.
林巳奈夫 1972.　　林巳奈夫『西周時代玉人像の衣服と頭飾』《史林》55-2(1972)：133-70.
林巳奈夫 1973.　　林巳奈夫『漢鏡の圖柄二・三について』《東方學報》44(1973)：1-65.
林巳奈夫 1981.　　林巳奈夫『殷・西周時代禮器の類別と用法』《東方學報》53(1981)：1-108.
林巳奈夫 殷周武器.　　林巳奈夫《中國殷周時代の武器》(東京：東京大學人文科學研究所 1972)

林甘泉 1981.　林甘泉『從出土文物看春秋戰國間的社會變革』《文物》1981-5:34-44.

林承坤 1987.　林承坤『長江・錢塘江中下游新石器時代地理與稻作起源和分布』《農業考古》1987-1:283-91.

林衡立 1962.　林衡立『創世神話之行爲學的研究─神話病原學創議』《民族學研究所集刊》14(1962):129-72.

林樹中 1977.　林樹中『江蘇丹陽南齊陵墓磚印壁畫探討』《文物》1977-1:64-73.

林聲 1963.　林聲『記彝・羌・納西族的羊卜骨』《考古》1963-3:162-64, 166.

林聲 1964.　林聲『雲南永勝縣彝族(他魯人)「羊骨卜」的調查和研究』《考古》1964-2:98-102.

武者章 1979.　武者章『西周冊命金文分類の試み』《東方文化》59(1979):49-132.

河北文工 1965.　河北省文化局文物工作隊『燕下都遺址內發現一件戰國時代的銅人像』《文物》1965-2:43.

河北文管 1975.　河北省文物管理處『磁縣下潘汪遺址發掘報告』《考古學報》1975-1:73-116.

河北文管 1981.　河北省文物管理處・邯鄲市文物保管所『河北武安磁山遺址』《考古學報》1981-3, 303-38.

河北博物館 1973.　河北省博物館・文物管理處台西發掘小組『河北藁城台西村商代遺址1973年的重要發現』《文物》1974-8:42-49.

河南文工 1957.　河南省文化局文物工作隊第一隊『鄭州商代遺址的發掘』《考古學報》1957-1:53-73.

河南文工 1962.　河南省文化局文物工作隊『河南偃師湯泉溝新石器時代遺址的試掘』《考古》1962-11:562-65, 600.

河南博物館 1973.　河南省博物館『南陽漢畫像石概述』《文物》1973-6:16-25.

河南博物館 1975.　河南省博物館『靈寶張灣漢墓』《文物》1975-11:75-93.

河南博物館 1977a.　河南省博物館・鄭州市博物館『鄭州商代城址試掘簡報』《文物》1977-1:21-31.

河南博物館 1977b.　河南省博物館・鄭州市博物館『鄭州商代遺址』《文物》1977-5:91-92.

河南博物館 1978.　河南省博物館等『河南漢代冶鐵技術初探』《考古學報》1978-1:1-24.

河南博物館 1979. 河南省博物館等『河南密縣莪溝北崗新石器時代遺址發掘簡報』《文物》1979-5:14-19.

河南博物館 1980. 河南省博物館等『河南扶溝古城村出土的楚金銀幣』《文物》1980-10:61-66.

河姆渡考古 1980. 河姆渡遺址考古隊『浙江河姆渡遺址第二期發掘的主要收穫』《文物》5(1980):1-15.

泗洪文化館 1975. 江蘇省泗洪縣文化館『泗洪縣曹莊發現一批漢畫象石』《文物》1975-3:76.

爬行動物. 《中國爬行動物系統檢索》(北京:科學出版社 1977)

祁英濤 1978. 祁英濤『中國古代建築的脊飾』《文物》1978-3:62-70.

竺可禎 1972. 竺可禎『中國近五千年來氣候變遷的初步研究』《考古學報》1972-1:15-38.

竺可禎文集. 竺可禎《竺可禎文集》(北京:中華書局 1979)

芮逸夫 中國民族. 芮逸夫《中國民族及其文化論稿》(台北:藝文印書館 1972)

邯鄲文管 1977. 邯鄲市文物保管所『河北磁山新石器遺址試掘』《考古》1977-6:361-72.

邯鄲文管 1980. 邯鄲市文物保管所『河北邯鄲市區古遺址調查簡報』《考古》1980-2:142-46, 158.

邵望平 1976. 邵望平『橫陣仰韶文化墓地的性質與葬俗』《考古》1976-3:168-72.

金元龍 韓上古史. 金元龍《韓國上古史の爭點》千寬宇編(東京:學生社 1977)

金基雄 朝鮮壁畫. 金基雄《朝鮮半島の壁畫古墳》(東京:元興出版 1980)

金璋. Chakfant Frank H. & Britton Roswell S. <u>The Hopkins Collection of Inscribed Oracle Bones.</u>(金璋所藏甲骨卜辭)(台北:藝文印書館 1966影印 1939)

長山 1982. 長山 仁華『試論王寨漢墓中的彗星圖』《中原文物》1982-1:26-27.

長沙車站 1978. 長沙鐵路車站建設工程文物發掘隊『長沙新發現春秋晚期的鋼劍和鐵器』《文物》1978-10:44-48.

青海文管 1963. 青海省文物管理委員會『青海都蘭縣諾木洪搭里他里遺址調查與試掘』《考古學報》1963-1:17-44.

青海文管 1976 a. 青海省文物管理局考古隊等『青海樂都柳湾原始社會墓葬第一次發掘的初步收穫』《文物》1976-1:67-78.

青海文管 1976 b. 青海省文物管理局考古隊等『青海樂都柳湾原始社會墓葬反映出的

주요問題」《考古》1976-6:365-77.

## 九畫

侯古堆發掘 1981.　　固始侯古堆一號墓發掘組『河南固始侯古堆一號墓發掘簡報』《文物》1981-1:1-8.

侯馬工作 1960.　　山西省文物管理委員會侯馬工作站『1959年侯馬「牛村古城」南東周遺址發掘簡報』《文物》1960-8, 9:11-14.

侯馬工作 1963.　　山西省文物管理委員會侯馬工作站『山西侯馬上馬村東周墓葬』《考古》1963-5:229-45.

侯家莊 1001墓.　　梁思永·高去尋《侯家莊 第二本 1001號大墓》(台北：中央研究院歷史語言研究所 1962)

侯家莊 1003墓.　　梁思永·高去尋《侯家莊 第四本 1003號大墓》(台北：中央研究院歷史語言研究所 1967)

侯家莊 1004墓.　　梁思永·高去尋《侯家莊 第五本 1004號大墓》(台北：中央研究院歷史語言研究所 1968)

侯家莊 1500墓.　　梁思永·高去尋《侯家莊 第七本 1500號大墓》(台北：中央研究院歷史語言研究所 1974)

侯家駒 1979.　　侯家駒『我國重農輕商思想之研究』《國立政治大學學報》40(1979):59-89.

俞偉超 1963.　　俞偉超『「大武開兵」銅戚與巴人的「大武」舞』《考古》1963-3:153-55.

俞偉超 1973.　　俞偉超『銅山丘灣商代社祀遺跡的推定』《考古》1973-5:296-98, 295.

前編.　　　　　羅振玉《殷墟書契前編》(上海：1932)

南京博物院 1964.　　南京博物院『江蘇邳縣四戶鎮大墩子遺址探掘報告』《考古學報》1964-2:9-56.

南京博物院 1965.　　南京博物院『江蘇邳縣劉林新石器時代遺址第二次發掘』《考古學報》1965-2:9-47.

南京博物院 1966.　　南京博物院『江蘇儀征石碑村漢代木槨墓』《考古》1966-1:14-20.

南京博物院 1977.　　南京博物院『東漢銅圭表』《考古》1977-6:407-08, 406.

南京博物院 1980. 南京博物院『青蓮崗文化的類型・特徵・分其和時代』《文物集刊》1(1980)：31-36.

城子崖. 李濟《城子崖》(南京：中央研究院歷史語言研究所 1934)

姚孝遂 1981. 姚孝遂『甲骨刻辭狩獵考』《古文字研究》6(1981)：34-36.

度量衡史料組 1977. 國家標準計量局度量衡史料組『我國度量衡的產生和發展』《考古》1977-1：37-42.

後編. 羅振玉《殷墟書契後編》(上海：廣倉學窘 1916)

洛陽博物館 1974. 洛陽博物館『洛陽中州路戰國車馬坑』《考古》1974-3：171-78.

洛陽博物館 1977. 洛陽博物館『洛陽西漢卜千秋壁畫墓發掘簡報』《文物》1977-6：1-16.

洛陽博物館 1978. 洛陽博物館『洛陽矬李遺址試掘簡報』《考古》1978-1：5-17.

洛陽博物館 1981. 洛陽博物館『洛陽西高崖遺址試掘簡報』《文物》1981-7：39-51.

洛陽燒溝. 洛陽區考古發掘隊《洛陽燒溝漢墓》(北京：科學出版社 1959)

相川佳子子 1974. 相川佳子子『漢代衣服史小考』『東方學報』47(1974)：191-216.

科技史稿. 杜石然・范楚玉・陳美東・金秋鵬・周世德・曹婉如《中國科學技術史稿》(1983)

胡厚宣 1939. 胡厚宣『釋牢』《歷史語言研究所集刊》8(1939)：153-58.

胡厚宣 1959. 胡厚宣『殷卜辭中的上帝和王帝』《歷史研究》 1959-9：23-50； 1959-10：89-110.

胡厚宣 1972. 胡厚宣『殷代的蠶桑和絲織』《文物》1972-11：2-7.

胡厚宣 1973. 胡厚宣『殷代的刖刑』《考古》1973-2：108-17, 91.

胡厚宣 1974. 胡厚宣『中國奴隸社會的人殉和人祭』《文物》 1974-7：74-84； 1974-8：56-67.

胡厚宣 1976. 胡厚宣『甲骨文所見殷代奴隸的反壓迫鬬爭』《考古學報》1976-1：1-18.

胡厚宣 天神. 胡厚宣『天神』《甲骨學商史論叢初集》(香港：文友堂書店 1970影印1944版)二冊：1-29.

胡厚宣《殷墟發掘》 (上海：學習生活出版社 1955)

胡厚宣 疾病. 胡厚宣『殷人疾病考』《甲骨學商史論叢初集》(香港：文友堂書店 1970影印1944版本) 3：1-15.

胡厚宣 記事刻辭. 胡厚宣『武丁時五種記事刻辭考』《甲骨學商史論叢初集》(香港

: 文友堂書店 1970影印1944版本) 3:1-73.
胡厚宣 婚姻.　　胡厚宣『婚姻』《甲骨學商史論叢初集》(香港:文友堂書店 1970影印1944版) 一冊:1-35.

### 十畫

倪政祥 1964.　　倪政祥『牛耕與犂的起源和發展』《文史哲》1964-3:53-57, 66.
凌純聲 1959.　　凌純聲『中國古代神主與陰陽性器崇拜』《民族學研究所集刊》8(1959):1-46.
唐云明 1975.　　唐云明『藁城台西商代鐵刃銅鉞問題的探討』《文物》1975-3:57-59.
唐云明 1982.　　唐云明『河北境內幾處商代文化遺存記略』《考古學集刊》2(1982):44-46.
唐金裕 1980.　　唐金裕・王壽芝・郭長江『陝西省城固縣出土殷商銅器整理簡報』《考古》1980-3:211-18.
唐蘭 1960.　　唐蘭『中國古代社會使用青銅農器問題的初步研究』《故宮博物院刊》1960-2:10-34.
唐蘭 1973.　　唐蘭『從河南鄭州出土的商代前期青銅器談起』《文物》1973-7:5-14.
唐蘭 1975.　　唐蘭『馬王堆帛書《却穀食氣篇》考』《文物》1975-6:14-15.
唐蘭 1976.　　唐蘭『陝西省岐山縣董家村新出西周重要銅器銘辭的譯文和注釋』《文物》1976-5:55-59, 63.
唐蘭 1979.　　唐蘭『中國青銅器的起源與發展』《故宮博物院院刊》1979-1:4-10.
唐蘭 文字學.　　唐蘭《中國文字學》(上海:古籍出版社 1979)
唐蘭 古字導論.　　唐蘭《古文字學導論》(北京:北京大學 1935)
夏鼐 1960.　　夏鼐『長江流域考古問題』《考古》1960-2:1-3.
夏鼐 1965.　　夏鼐『洛陽西漢壁畫中的星象圖』《考古》1965-2:80-90.
夏鼐 1972.　　夏鼐『我國古代蠶・桑・絲・綢的歷史』《考古》1972-2:12-27.
夏鼐 1974.　　夏鼐『沈括和考古學』《考古》1974-5:277-89.
夏鼐 1982.　　夏鼐 殷瑋璋『湖北銅綠山古銅礦』《考古學報》1982-1:1-14.
孫作雲 1973.　　孫作雲『馬王堆一號漢墓漆棺畫考釋』《考古》1973-4:247-54.
孫毓棠 1963.　　孫毓棠『戰國秦漢時代紡織業技術的進步』《歷史研究》1963-3:143-73.
孫機 1980 a.　　孫機『有刃車書與多戈戟』《文物》1980-12:83-85.

孫機 1980 b.　　孫機『從胸式系駕法到鞍套式系駕法』《考古》1980-5：448-60.

孫機 1981.　　孫機『托克托日晷』《中國歷史博物館館刊》1981-3：74-81, 91.

孫機 1982.　　孫機『古文物中所見之犀牛』《文物》1982-8：80-84.

孫寶明 造紙原料.　　孫寶明 李鍾凱《中國造紙植物原料誌》(北京：輕工業出版社 1959)

宮下三郎 1958.　　宮下三郎《中國古代の疾病觀と療法》《東方學報》30(1958)：227-52.

宮崎市定 1970.　　宮崎市定『中國古代の都市國家とその墓地—商邑は何處にあつたか』《東洋史研究》28-4(1970)：265-80

島邦南 綜類.　　島邦男《殷墟卜辭綜類》(東京：大安 1967)

席澤宗 1978.　　席澤宗『馬王堆帛書中的彗星圖』《文物》1978-2：5-9.

庫方.　　Chalfant Frank H. & Britton Roswell S.《庫方二氏藏甲骨卜辭》(台北：藝文印書館 1966影印 1935)

徐中舒 1930.　　徐中舒『殷人服象及象之南遷』《歷史語言研究所集刊》2(1930)：60-75.

徐中舒 1959.　　徐中舒『禹鼎的年代及其相關問題』《考古學報》1959-3：53-66.

徐振韜 1976.　　徐振韜『從帛書《五星占》看先秦渾儀的創製』《考古》1976-2：89-94.

徐殿魁 1982.　　徐殿魁『龍山文化陶寺類型初探』《中原文物》1982-2：20-25.

格致鏡原.　　陳元龍編《格致鏡原》(台北：新興書局 1971影印1735)

殷滌非 1958.　　殷滌非・羅長銘『壽縣出土的「鄂君啓金節」』《文物》1958-4：8-11.

浙江文管 1960 a.　　浙江省文管管理委員會『吳興錢三漾遺址第一・二次發掘報告』《考古學報》1960-2：73-91.

浙江文管 1960 b.　　浙江省文管管理委員會『杭州水田畈遺址發掘報告』《考古學報》1960-2：93-106.

浙江文管 1975.　　浙江省文管管理委員會『杭州臨安五代墓中的天文圖和秘色瓷』《考古》1975-3：186-94.

浙江文管 1976.　　浙江省文管管理委員會・浙江省博物館『河姆渡發現原始社會重要遺址』《文物》1976-8：6-14.

浙江文管 1978.　　浙江省文管管理委員會等『河姆渡遺址第一期發掘報告』《考古學報》1978-1：39-94.

浙江博物館 1978.　　浙江省博物館自然組『河姆渡遺址動植物遺存的鑑定研究』《考古學報》1978-1：95-107.
涂書田 1980.　　涂書田『安徽省壽縣出土一大批楚金幣』《文物》1980-10：67-71.
琉璃河 1974.　　中國社會科學院考古研究所等琉璃河考古工作隊『北京附近發現的西周奴隷殉葬墓』《考古》1974-5：309-21.
烏恩 1981.　　烏恩『我國北方古代動物紋飾』《考古學報》1981-1：45-61.
琉璃河 1984.　　中國社會科學院考古研究所・北京市文物工作隊琉璃河考古隊『1981-1983年琉璃河西周燕國墓地發掘簡報』《考古》1984-5：404-416.
秦和生 1986.　　秦和生『獸醫外科學的歷史與現狀』《農業考古》1986-2：290-94.
秦俑考古 1979.　　秦俑考古隊『秦始皇陵東側第三號兵馬俑坑清理簡報』《文物》1979-12：1-12.
秦俑考古 1983.　　秦俑考古隊『秦始皇陵二號銅車馬清理簡報』《文物》1983-7：1-16.
秦晉 1980.　　秦晉『鳳翔南古城遺址的鑽探和試掘』《考古與文物》1980-4：48-53.
耿鑑庭 1974.　　耿鑑庭・劉亮『藁城商代遺址中出土的桃仁和郁李仁』《文物》1974-8：54-55.
袁德星 1974.　　袁德星『饕餮紋的界說』《故宮季刊》9-2(1974)：1-52.
袁翰青 化學史.　　袁翰青《中國化學史論文集》(北京：三聯書店 1956)
郝本性 1972.　　郝本性『新鄭「鄭韓故城」發現一批戰國銅兵器』《文物》1972-10：32-40.
陝西博物館 1972.　　陝西省博物館・陝西文管會『米脂東漢畫象石墓發掘簡報』《文物》1972-3：69-73.
馬文寬 1981.　　馬文寬『略談戰國時期的漆器』《中國歷史博物館館刊》1981-3：109-14, 119.
馬王堆小組 1974.　　馬王堆漢墓帛書整理小組『《五星占》附表釋文』《文物》1974-11：37-39.
馬王堆帛書 1975.　　馬王堆漢墓帛書整理小組『馬王堆漢墓出土醫書釋文(一)；(二)』《文物》1975-6：1-5；1975-9：35-48.
馬王堆漢墓.　　湖南博物館・中國科學院考古研究所《長沙馬王堆一號漢墓》(北京：文物出版社 1973)
馬承源 1972.　　馬承源『商鞅方升和戰國量制』《文物》1972-6：17-24.
馬承源 1980.　　Ma Ch'eng-yuan『The splendor of ancient Chinese bronze』The

Greast Bronze Age of China』(New York: Metropolitan Museum of Art, 1980): 1-19.

馬承源 1981.　　馬承源『商周青銅雙音鐘』《考古學報》1981-1: 131-46.
馬得志 1955.　　馬得志・周永珍・張雲鵬『一九五三年安陽大司空村發掘報告』《考古學報》1955-9: 25-90.
馬繼興 1979.　　馬繼興『台西村商墓中出土的醫療器具砭鐮』《文物》1979-6: 54-56.
高去尋 1947.　　高去尋『黃河下游的屈肢葬問題』《田野考古報告》2(1947): 121-66.
高去尋 1952.　　高去尋『戰國墓內帶鉤用途的推測』《歷史語言研究所集刊》23(1952): 489-510.
高至喜 1972.　　高至喜『湖南楚墓中出土的天平與法馬』《考古》1972-4: 42-45.
高亨 周易通說.　高亨《周易古經通說》(台北：華正書局 1976)
高明 古文字.　　高明《古文字類編》(北京：中華書局 1980)
高懷民 兩漢易學.　高懷民《兩漢易學史》(台北：中國學術著作獎助委員會 1970)

十一畫

商承祚 1963.　　商承祚『鄂君啟節』《文華精華 二》(北京：文物出版社 1963): 49-55.
商周考古.　　　北京大學歷史系考古教研室《商周考古》(北京：文物出版社 1979)
啓功 1973.　　　啓功『從河南碑刻談古代石刻書法藝術』《文物》1973-7: 54-62.
國語韋氏解.　　韋昭註《國語韋氏解》(台北：世界書局 1962影印)
婦好墓.　　　　中國社會科學院考古研究所編《殷墟婦好墓》(北京：文物出版社 1980)
崔墨林 1983.　　崔墨林『共城考察』《中原文物》1983特刊: 205-206, 215.
常任俠 1978.　　常任俠『古磬』《文物》1978-7: 77-78.
常玉芝 1980.　　常玉芝『說文武帝一兼論商末祭祀制度的變化』《古文字研究》4(1980): 205-33.
康殷, 文字.　　 康殷《文字源流淺說》(北京：榮寶齋 1979)
張之恆 1985.　　張之恆『華南地區的前陶新石器文化』《考古與文物》1985-4: 41-46.
張子高 化學史.　張子高《中國古代化學史》(香港：商務印書館 1977)
張中一 1961.　　張中一『湖南郴州市馬家坪古墓清理』《考古》1961-9: 496, 503.
張仲葛 1979.　　張仲葛『出土文物所見我國家豬品種的形成和發展』《文物》1979-1: 82-91.

張永山 1982.　　張永山 『論商代的「衆人」』《甲骨探史錄》(北京：三聯書店 1982)：192-264.
張光直 1962.　　張光直 『商周神話之分類』《民族學研究所集刊》14(1962)：47-94.
張光直 1970 a.　張光直 『考古學上所見漢代以前的西北』《歷史語言研究所集刊》42-1(1970)：81-109.
張光直 1970 b.　張光直 『華北農業村落生活的確立與中原文化的黎明』《歷史語言研究所集刊》42-1(1970)：113-41.
張光直 1970 c.　張光直 『中國南部的史前文化』《歷史語言研究所集刊》42-1(1970)：143-77.
張光直 1973.　　張光直 『談王亥與伊尹的祭日幷再論殷商王制』《民族學研究所集刊》35(1973)：111-27.
張光直 1974.　　Chang Kwang-chih 『Ancient farmers in the Asian tropics major problems for archaeological and palaeoenvironmental investigation of south-east-Asia at the earliest neolithic level』 Perspectives in Palaeoanthropology》(Calcutta：Firma K L Mukhopdhyay 1974)：273-86.
張光直 1978 a.　張光直 『公元前五千到一萬年前中國遠古文化資料』《民族學研究所集刊》46(1978)：113-20.
張光直 1978 b.　張光直 『從夏商周三代考古論三代關係與中國古代國家的形成』《屈萬里先生七秩榮慶論文集》(台北：聯經出版事業公司 1978)
張光直 1979.　　張光直 『商史新料三則』《歷史語言研究所集刊》50(1979)：741-65.
張光直 考古.　Chang Kwang-chih, The Archaeology of Ancient China, (古代中國的考古) (New Haven and London：Yale University Press, 1977三版)
張光直 食物.　Chang Kwang-chih編, Food in Chinese Culture(中國文化中的食物) (New Haven and London：Yale University Press, 1977)
張光直 商文明.　Chang Kwang-chih, Shang Civilization (商文明) (New Haven：Yale University Press, 1980)
張光裕 1981.　　張光裕 『從新出土的材料重新探討中國文字的起源』《中國文化研究所學報》12(1981)：91-151.
張光遠 1979.　　張光遠 『秦國文化與史籀作石鼓詩考』《故宮季刊》14-2(1979)：77-116.
張光遠 1984.　　張光遠 『從實驗中探索晚商甲骨材料整治與卜刻的方法』《漢學研究》

2-1(1984):57-107;2-2(1984):447-80.

張廷皓 1984. 張廷皓『兩漢鎏金銅馬的科學價值』《農業考古》1985-1:37-43.

張亞初 1981. 張亞初・劉雨『從商周八卦數字符號談筮法的幾個問題』《考古》1981-2:155-63, 154.

張波 1987. 張波『周畿求耦』《農業考古》1987-1:18-25.

張朋川 1979. 張朋川『甘肅出土的幾件仰韶文化人像陶塑』《文物》1979-11:52-55.

張秉權 1967. 張秉權『甲骨文的發現與骨卜習慣的考證』《歷史語言研究所集刊》37(1967):827-79.

張秉權 1968. 張秉權『祭祀卜辭中的犧牲』《歷史語言研究所集刊》38(1968):181-232.

張秉權 1970a. 張秉權『甲骨文簡說』《大陸雜誌》41-8(1970):246-52.

張秉權 1970b. 張秉權『殷代的農業與氣象』《歷史語言研究所集刊》42(1970):267-336.

張秉權 1978. 張秉權『殷代的祭祀與巫術』《歷史語言研究所集刊》49(1978):445-87.

張秉權 1979. 張秉權『卜辭中所見殷商政治統一的力量及其達到的範圍』《歷史語言研究所集刊》50(1979):175-229.

張星烺 1944. 張星烺『道家仙境之演變及其所受地理之影響』《中國學報》1-3(1944):6-16;1-4(1944):26-52 (北京：中國學報社)

張政烺 1973. 張政烺『卜辭裒田及其相關諸問題』《考古學報》1973-1:93-120.

張政烺 1980. 張政烺『試釋周初青銅器銘文中的易卦』《考古學報》1980-4:403-15.

張哲 1962. 張啓『釋來・麥・釐』《中國文字》7(1962):1-7.

張培瑜 1975. 張培瑜『甲骨文日月食紀事的整理研究』《天文學報》16-2(1975):210-24.

張勛燎 1979. 張勛燎『古璧和春秋戰國以前的衡權「砝碼」』《四川大學學報》1979-1:86-97.

張興永 1978. 張興永・周國興『元謀人及其文化』《文物》1978-10:26-30.

張劍 1980. 張劍『從河南淅川春秋楚墓的發掘談對楚文化的認識』《文物》1980-10:21-26.

張銀運 1977.　　張銀運·王令紅·董興仁『廣西桂林甑皮岩新石器時代遺址的人類頭骨』《古脊椎動物與古人類》15(1977)：4-13.

梁津 1955.　　梁津『周代合金成分考』《中國古代金屬化學及金丹術》(上海：中國科學圖書儀器公司 1955)：52-66.

梅原末治《殷墟》　(東京：朝日新聞社 1964)

盛定國 1986.　　盛定國·王自明『寧鄉月山鋪發現商代大銅鐃』《文物》1986-2：44-45.

章鴻釗 1955.　　章鴻釗『中國用鋅的起源』《中國古代金屬化學及金丹術》(上海：中國科學圖書儀器公司 1955)：21-28.

船越昭生 1972.　　船越昭生『鄂君啓節について』《東方學報》43(1972)：55-95.

莊本立 1972.　　莊本立『塤的歷史與比較之研究』《民族學研究所集刊》33(1972)：177-253.

莫非斯 1936.　　莫非斯『西周曆朔新譜及其他』《考古社刊》5(1936)：209-69.

許倬雲 1957.　　許倬雲『先秦諸子對天的看法』《大陸雜誌》15-2(1957)：48-52；15-3(1957)：91-95.

許倬雲 1976.　　許倬雲『周代的衣食住行』《歷史語言研究所集刊》47(1976)：503-35.

許倬雲 1979.　　Hsu Cho-yun『Early Chinese history: the state of the field』, Journal of Asian Studies, 38(1979)：453-75.

許倬雲 西周史.　　許倬雲《西周史》(台北：聯經出版事業公司 1984)

許順湛 1980.　　許順湛『論裴李崗文化』《河南文博通訊》1980-1：10-16.

許進雄 1980.　　許進雄『識字有感(二)』《中國文字》新2(1980)：143-60.

許進雄 1981.　　許進雄『甲骨文所表現的牛耕』《中國文字》新4(1981)：91-113.

許進雄 1986.　　許進雄『第五期五種祭祀祀譜的復原―兼談晚商的曆法』《大陸雜誌》73-3(1986)：99-126.

許進雄 五種祭祀.　　許進雄《殷卜辭中五種祭祀的研究》(台北：台湾大學文學院 1968)

許進雄 明義士.　　許進雄《明義士收藏甲骨釋文篇》(Toronto: Royal Ontario Museum 1977)

許進雄 懷特.　　許進雄,《懷特氏等收藏甲骨文集》(Toronto: Royal Ontario Museum 1979)

許進雄 鑽鑿形態.　　許進雄《卜骨上鑽鑿形態的研究》(台北·藝文印書館 1979)

| | |
|---|---|
| 許道齡 1947. | 許道齡『玄武之起源及其蛻變考』《史學集刊》5(1947)：223-40. |
| 通鑑外紀. | 劉恕《資治通鑑外紀》(上海：影印涵芬樓明刊本 四部叢刊史部) |
| 郭立誠 禮俗. | 郭立誠《中國生育禮俗考》(台北：文史哲出版社 1971) |
| 郭沫若 1962. | 郭沫若『長安縣張家坡銅器群銘文彙釋』《考古學報》1962-1：1-14. |
| 郭沫若 1972 a. | 郭沫若『古代文字之辨證的發展』《考古學報》1972-1：1-13. |
| 郭沫若 1972 b. | 郭沫若『《班簋》的再發現』《文物》1972-9：2-13. |
| 郭沫若 1973. | 郭沫若『《屏敖簋銘》考釋』《考古》1973-2：66-70. |
| 郭沫若 天道觀. | 郭沫若《先秦天道觀之進展》(上海：商務印書館 1936) |
| 郭沫若 中國史稿. | 郭沫若主編《中國史稿》(一)・(二) (北京：人民出版社 1976-1979) |
| 郭沫若 奴隸制. | 郭沫若《奴隸制時代》(北京：人民出版社 1973) |
| 郭沫若 甲骨. | 郭沫若《甲骨文字研究》(北京：人民出版社 1952) |
| 郭沫若 金文. | 郭沫若《兩周金文辭大系圖錄考釋》(北京：科學出版社 1958重印) |
| 郭建邦 1981. | 郭建邦『試論固始侯古堆大墓陪葬坑出土的代步工具一肩輿』《中原文物》1981-1：40-45. |
| 郭郛 1987. | 郭郛『從河北省正定南楊莊出土的陶蠶蛹試論我國家蠶的起源問題』《農業考古》1987-1：302-309. |
| 郭德維 1982. | 郭德維『江陵楚墓論述』《考古學報》1982-2：155-82. |
| 郭寶鈞 1936. | 郭寶鈞『濬縣新村古殘墓之清理』《田野發掘報告》1(1936)：167-200. |
| 郭寶鈞 1948. | 郭寶鈞『古玉新詮』《歷史語言研究集刊》20-2(1948)：1-46. |
| 郭寶鈞 1951. | 郭寶鈞『一九五〇年春殷墟發掘報告』《中國考古學報》5(1951)：1-61. |
| 郭寶鈞 1955. | 郭寶鈞『一九五二年秋季洛陽東郊發掘報告』《考古學報》9(1955)：91-116. |
| 郭寶鈞 1956. | 郭寶鈞『一九五四年春洛陽西郊發掘報告』《考古學報》1956-2：1-31. |
| 郭寶鈞 山彪鎮. | 郭寶鈞《山彪鎮與琉璃閣》(北京：科學出版社 1959) |
| 郭寶鈞 銅器. | 郭寶鈞《中國青銅器時代》(北京：三聯書店 1963) |
| 郭寶鈞 銅器群. | 郭寶鈞《商周銅器群綜合研究》(北京：文物出版社 1981) |
| 郭寶鈞 | 郭寶鈞《濬縣辛村》(北京：科學出版社 1964) |
| 陳久金 1978. | 陳久金『從馬王堆帛書《五星占》的出土試探我國古代的歲星紀年問題』《中國天文學史文集》(北京：科學出版社 1978)：48-65. |

陳仁濤 金匱.　　　陳仁濤《金匱論古初集》(香港：亞洲石印局 1952)
陳文華 1981.　　　陳文華『試論我國農具史上的幾個問題』《考古學報》1981-4：407
　　　-26.
陳文華 1987.　　　陳文華·張忠寬編『中國古代農業考古資料索引(十二)』《農業考古》
　　　1987-1：333, 413-425.
陳正祥 文化地理.　陳正祥《中國文化地理》(香港：三聯書店 1981)
陳仲玉 1969.　　　陳仲玉『殷代骨器中的龍形圖案之分析』《歷史語言研究所集刊》41
　　　(1969)：155-96.
陳良佐 1978.　　　陳良佐『先秦數學的發展及其影響』《歷史語言研究所集刊》49(1978)
　　　：263-320.
陳直 1963.　　　　陳直『先秦瓦當概述』《文物》1963-11：19-43.
陳奇祿 1958.　　　陳奇祿·唐美君『排湾群諸族木雕標本圖錄(一)』《考古人類學刊》11
　　　(1958)：49-91.
陳奇祿 1959.　　　陳奇祿『猫公阿美族的製陶·石煮和竹煮』《考古人類學刊》13, 14
　　　(1959)：125-27.
陳娟娟 1979.　　　陳娟娟『兩件有絲織品花紋印痕的商代文物』《文物》1979-12：70
　　　-71.
陳振中 1982.　　　陳振中『殷周的錢鎛—青銅鏟和鋤』《考古》1982-3：289-99, 256.
陳啓天 1969.　　　陳啓天『法家важ要』《歷史語言研究所集刊》40(1969)：839-79.
陳國鈞 1957.　　　陳國鈞『花蓮吉安鄉的阿美族(上)』《大陸雜誌》14-8(1957)：244
　　　-46.
陳國鈞 始祖.　　　陳國鈞《台湾土著始祖傳說》(台北：The Oriental Cultural Services,
　　　1966)
陳登原 文化史.　　陳登原《中國文化史》(台北：世界書局 1956)
陳槃 1954.　　　　陳槃『由古代漂絮因論造紙』《國立中央研究院院刊》1(1954)：257-65.
陳槃 1967.　　　　陳槃『春秋列國的交通』《歷史語言研究所集刊》37(1967)：881-932.
陳槃 1974.　　　　陳槃『春秋時代的教育』《歷史語言研究所集刊》45(1974)：731-812.
陳槃 1978.　　　　陳槃『春秋列國的兼併遷徒與民族混同和落後地區的開發』《歷史語言研究
　　　所集刊》49(1978)：683-735.
陳遵嬀 天文簡史.　陳遵嬀《中國古代天文學簡史》(上海：人民出版社 1955)

### 十二畫

傅斯年 1935.　　傅斯年《夷夏東西說》《歷史語言研究所集刊》外編 1(1935)：1093
　　　　　　　　－1134.

傅熹年 1980.　　傅熹年『戰國中山王䦉墓出土的兆域圖及其陵園規則的研究』《考古學
　　　　　　　　報》1980－1：97－118.

傅錫壬 楚辭.　　傅錫壬註釋《新譯楚辭讀本》(台北：三民書局 1976)

勞榦 1947.　　　勞榦『論漢代之陸運與水運』《歷史語言研究所集刊》16(1947)：69－91.

勞榦 1964.　　　勞榦『六博及博局的演變』《歷史語言研究所集刊》35(1964)：15－30.

勞榦 1971.　　　勞榦『漢代黃金及銅錢的使用問題』《歷史語言研究所集刊》42(1971)：
　　　　　　　　341－89.

勞榦 1974.　　　勞榦『周初年代問題與月相問題的新看法』《中國文化研究所學報》7－1
　　　　　　　　(1974)：1－26.

勞榦論文集.　　勞榦《勞榦學術論文集 甲編》(台北：藝文印書館 1976)

彭邦炯 1982.　　彭邦炯『卜辭「作邑」蠡測』《甲骨探史錄》(北京：三聯書店 1982)
　　　　　　　　：265－302.

彭適凡 1976.　　彭適凡『試論華南地區新石器時代早期文化—兼論有關的幾個問題』
　　　　　　　　《文物》1976－12：15－22.

彭適凡 1980.　　彭適凡『我國私有制度產生究竟從何種動產開始』《文物》1980－2：
　　　　　　　　76－81.

曾同春 絲業.　　曾同春《中國絲業》(上海：商務印書館 1934)

曾騏 1985.　　　曾騏『我國史前期的墓葬』《史前研究》1985－2：18－26, 17.

植物名實.　　　吳其濬《植物名實圖考》(台北：世界書局 1960影印)

湖北文工 1966.　　湖北省文化局文物工作隊『湖北江陵三座楚墓出土大批重要文物』
　　　　　　　　《文物》1966－5：33－55.

湖北博物館 1976 a.　　湖北省博物館『盤龍城商代二里岡期的青銅器』《文物》1976－2
　　　　　　　　：26－41.

湖北博物館 1976 b.　　湖北省博物館等『宜昌前坪戰國兩漢墓』《考古學報》1976－2
　　　　　　　　：115－48.

湖北博物館 1976 c.　　湖北省博物館 盤龍城發掘隊『盤龍城一九七四年度田野考古紀
　　　　　　　　要』《文物》1976－2：5－15.

湖北博物館 1979.　　湖北省博物館・盤龍城發掘隊『湖北隨縣擂鼓墩一號墓皮甲的清理

和復原」《考古》1979-6：542-53.
湖南文工 1956.　　湖南省文物工作隊『長沙衡陽出土戰國時代的鐵器』《考古》1956-1：77-79.
湖南文管 1957.　　湖南省文物管理委員會『長沙出土的三座大型木槨墓』《考古學報》1957-1：93-101.
湖南博物館 1972.　　湖南省博物館『長沙瀏城橋一號墓』《考古學報》1972-1：59-72.
湖南博物館 1959.　　湖南省博物館『長沙兩晉南北朝隋唐墓發掘報告』《考古學報》1959-3：75-105.
湖南博物館 1972.　　湖南省博物館『長沙瀏城橋一號墓』《考古學報》1972-1：59-72.
湯文興 1981.　　湯文興『淅川下寺一號墓青銅器的鑄造技術』《考古》1981-2：174-76.
渡部忠世 1986.　　渡部忠世 徐朝龍譯『亞洲栽培稻的起源和傳播』《農業考古》1986-2：102-11.
焦南峰 1985.　　焦南峰『鳳翔南指揮西村周墓人骨的初步研究』《考古與文物》1985-3：85-103.
菁華.　　羅振玉《殷墟書契菁華》(1914)
越智重明 1977.　　越智重明『一畝二百四十步制をめぐつて』《東方學》53(1977)：21-35.
鄂博 1978.　　鄂博・崇文『湖北崇陽出土一件銅器』《文物》1978-4：94.
開封文管 1978.　　開封地區文物管理委員會等『河南新鄭裵李崗新石器時代遺址』《考古》1978-2：73-79.
開封文管 1979.　　開封地區文物管理委員會・新鄭縣文管會『裵李崗遺址一九七八年發掘簡報』《考古》1979-3：197-205.
開封文管 1981.　　開封地區文物管理委員會等『河南密縣馬良溝遺址調查和試掘』《考古》1981-3：282-84.
雲南博物館 1956.　　雲南省博物館考古發掘工作組『雲南晉寧石寨山古遺址及墓葬』《考古學報》1956-1：43-63.
雲南歷史所 1966.　　雲南省歷史研究所調查組『雲南滄源崖畫』《文物》1966-2：7-16, 38.
雲夢秦簡 1976.　　雲夢秦簡整理小組『雲夢秦簡釋文(二)』《文物》1976-7：1-11.
馮富根 1980.　　馮富根等『商代青銅器試鑄簡報』《考古》1980-1：91-94.

馮富根 1982.　　馮富根等『殷墟出土商代青銅觚鑄造工藝的復原研究』《考古》1982－5：532－41.

馮漢驥 1959.　　馮漢驥『王建墓內出土「大帶」考』《考古》1959－8：436－39.

馮漢驥 1961.　　馮漢驥『雲南晉寧石寨山出土文物的族屬問題試探』《考古》1961－9：469－87，490.

馮漢驥 1974.　　馮漢驥『雲南晉寧出土銅鼓研究』《文物》1974－1：51－61

馮漢驥 1979.　　馮漢驥・童恩正『記廣漢出土的玉石器』《文物》1979－2：31－37，30.

黃乃隆 農業.　　黃乃隆《中國農業發展史》(台北：正中書局 1963)

黃文几 1978.　　黃文几『圩墩新石器時代遺址出土動物遺骨的鑑定』《考古》1978－4：241－43.

黃石博物館 1981.　　黃石市博物館『湖北銅綠山春秋時期煉銅遺址發掘簡報』《文物》1981－8：30－39.

黃河水庫 1960 a.　　黃河水庫考古隊河南分隊『河南陝縣七里鋪商代遺址的發掘』《考古學報》1960－1：25－49.

黃河水庫 1960 b.　　黃河水庫考古隊甘肅分隊『臨夏大何莊・秦魏家兩處齊家文化遺址發掘簡報』《考古》1960－3：9－12.

黃展岳 1957.　　黃展岳『近年出土的戰國兩漢鐵器』《考古學報》1957－3：93－108.

黃展岳 1974.　　黃展岳『我國古代的人殉和人牲』《考古》1974－3：153－63.

黃展岳 1976.　　黃展岳『關于中國開始冶鐵和使用鐵器的問題』《文物》1976－8：62－70.

黃展岳 1981.　　黃展岳『說墳』《考古》1981－2：89－92.

黃展岳 1983.　　黃展岳『我國的原始畜牧業及其與農業的關係窺探』《中原文物》1983－3：1－7，63.

黃盛璋 1958.　　黃盛璋『釋初吉』《歷史研究》1958－4：71－86.

黃盛璋 1974.　　黃盛璋『時論三晉兵器的國別和年代及其相關問題』《考古學報》1974－1：13－44.

黃盛璋 1977.　　黃盛璋『關於江陵鳳凰山168號漢墓的幾個問題』《考古學報》1977－1：43－50.

黃然偉 1964－65.　　黃然偉『殷王田獵考』《中國文字》14(1964)：1－24；15(1965)：25－46；16(1965)：47－70.

黃然偉 賞賜.　　黃然偉《殷周青銅器賞賜銘文研究》(香港：龍門書店 1978)

| 黃然偉 殷禮. | 黃然偉《殷禮考實》(台北:台湾大學 1967) |
| 黃翔鵬 1979. | 黃翔鵬『先秦音樂文化的光輝創造―曾侯乙墓的古樂器』《文物》1979－7:32－39. |

## 十三畫

| 楊升南 1982. | 楊升南『略論商代的軍隊』《甲骨探史錄》(上海:三聯書店 1982): 340－99. |
| 楊式挺 1978. | 楊式挺『談談石峽發現的栽培稻遺跡』《文物》1978－7:23－28. |
| 楊希枚 1955. | 楊希枚『先秦賜姓制度理論的商榷』《歷史語言研究所集刊》26(1955):189－226. |
| 楊希枚 1956. | 楊希枚『先秦諸侯受降獻捷與遣俘制度考』《歷史語言研究所集刊》27(1956):107－16. |
| 楊建芳 1963. | 楊建芳『安徽釣魚台出土小麥年代商榷』《考古》1963－11:630－31. |
| 楊泓 1976. | 楊泓『中國古代的甲冑』《考古學報》1976－1:19－46;1976－2:59－96. |
| 楊泓 1977 a. | 楊泓『戰車與車戰』《文物》1977－5:82－90. |
| 楊泓 1977 b. | 楊泓『騎兵和甲騎具裝』《文物》1977－10:27－32. |
| 楊泓 1979. | 楊泓『劍和刀―中國古代兵器叢談』《考古學報》1979－1:231－42. |
| 楊泓 1980. | 楊泓『古文物圖像中的相撲』《文物》1980－10:88－90, 85. |
| 楊泓 兵器論叢. | 楊泓《中國古兵器論叢》(北京:文物出版社 1980) |
| 楊育彬 1983. | 楊育彬『從鄭州新發現的商代窖藏青銅器談起』《中原文物》1983－3:43－47. |
| 楊根 1959. | 楊根・丁家盈『司母戊大鼎的合金成分及其鑄造技術的初步研究』《文物》1959－12:27－29. |
| 楊國宜 1963. | 楊國宜『共工傳說史實探源』《文史》1963－3:61－67. |
| 楊新平 1983. | 楊新平・陳旭『試論商代青銅武器的分期』《中原文物》1983 特刊:34－46. |
| 楊豪 1962. | 楊豪『廣東碣石明墓清理簡介』《考古》1962－7:394. |
| 楊寬 1960. | 楊寬『再論王禎農書「水排」的復原問題』《文物》1960－5:47－49. |
| 楊寬 1980. | 楊寬『我國歷史上鐵農具的改革及其作用』《歷史研究》1980－5:89－98. |
| 楊寬 冶鐵. | 楊寬《中國土法冶鐵煉鋼技術的發明和發展》(上海:人民出版社 1960) |

楊蔭瀏 1979.　　楊蔭瀏『管律辨訛』《文藝研究》1979-4：78-82.
楊蔭瀏 音樂.　　楊蔭瀏《中國音樂史綱》(上海：1963)
楊鴻勛 1975.　　楊鴻勛『仰韶文化居住建築發展問題的探討』《考古學報》1975-1：39-72.
楊鴻勛 1976 a.　　楊鴻勛『鳳翔出土春秋秦宮銅構一金釭』《考古》1976-2：103-08.
楊鴻勛 1976 b.　　楊鴻勛 『從盤龍城商代宮殿遺址談中國宮廷建築發展的幾個問題』《文物》1976-2：16-25.
楊鴻勛 1980.　　楊鴻勛『戰國中山王陵及兆域圖研究』《考古學報》1980-1：119-36.
楊鴻勛 1981.　　楊鴻勛『西周岐邑建築遺址初步考查』《文物》1981-3：23-33.
楊鴻勛 1982.　　楊鴻勛『石斧石楔辨一兼及石錛與石扁鏟』《考古與文物》1982-1：66-68.
楊寶成 1984.　　楊寶成『殷代車子的發現與復原』《考古》1984-6：546-55.
楊鐘健 1950.　　楊鐘健・劉東生 『安陽殷墟之哺乳動物群補遺』《中國考古學報》4(1950)：145-53.
群力 1972.　　群力『臨淄齊國故城勘探紀要』《文物》1972-5：45-54.
萬家保 1970.　　萬家保『殷商的青銅工業及其發展』《大陸雜誌》41-4(1970)：101-14.
萬家保 1974.　　萬家保『中國古代青銅器金屬組織初探』《大陸雜誌》49-3(1974)：103-11.
萬家保 1977.　　萬家保『從西陰村的蠶繭談到中國早期的絲織工業』《故宮季刊》11-3(1977)：1-17.
萬家保 1979 a.　　萬家保『由殷墟發掘所見的商代青銅工業』《大陸雜誌》58-5(1979)：201-39.
萬家保 1979 b.　　萬家保『試論中國古代鐵的發現和鐵製工具的應用』《中國史學論文選集 第三冊》(台北：幼獅文化事業公司 1979)：145-62.
萬家保 1980.　　萬家保『戰紋鑑和宅的鑲嵌及鑄造技術』《考古人類學報》41(1980)：14-39.
葉小燕 1983.　　葉小燕『戰國秦漢的燈及有關問題』《文物》1983-7：78-86.
葉定侯 1956.　　葉定侯『長沙楚墓出土「雕刻花板」名稱的商討』《文物》1956-12：23-25.
葉玉寄 1981.　　葉玉寄『江蘇吳縣光福鎮發現一批新石器時代的石犁』《文物》1981-

10：92-93.

葉宏明 1978.　　葉宏明・曹鶴鳴『關于我國磁器起源的看法』《文物》1978-10：84
-87.

葉萬松 1984.　　葉萬松『我國西周前期青銅鑄造工藝之研究』《考古》1984-7：656
-663.

董作賓 1952.　　董作賓『中國文字的起源』《大陸雜誌》5-10(1952)：348-60.

董作賓全集.　　董作賓《董作賓先生全集》(台北：藝文印書館 1977)

虞禺 1958.　　虞禺『商代的骨器製造』《文物》1958-10：26-28, 37.

裘錫圭 1978.　　裘錫圭『漢字形成問題的初步探索』《中國語文》1978-3：162-71.

裘錫圭 1983.　　裘錫圭『說卜辭的焚巫尫與作土龍』《甲骨文與殷商史》(上海：上海古
籍出版社 1983)：21-35.

賈谷文 1976.　　賈谷文『商品貨幣與殷商奴隸制』《考古》1976-1：9-21.

賈良智 華南禾草.　賈良智《華南經濟禾草植物》(北：科學出版社 1955)

賈得道 醫學史略.　賈得道《中國醫學史略》(太原：山西人民出版社 1979)

賈峨 1964.　　賈峨『再談信陽楚墓懸鼓及鼓簴的復原問題』《文物》1964-9：23-26.

賈蘭坡 1977.　　賈蘭坡・張振標『河南淅川縣下王崗遺址中的動物群』《文物》1977-6
：41-49.

賈蘭坡 1978.　　賈蘭坡『周口店遺址』《文物》1978-11：89-91.

賈蘭坡 1985.　　賈蘭坡・甄朔南『原始墓葬』《史學月刊》1985-1：13-17.

鄒介正 1985.　　鄒介正『獸醫針灸源流』《農業考古》1985-1：310-16.

鄒衡 1974.　　鄒衡『從周代埋葬制度的變化部析孔子提倡「禮治」的反動本質』《文物》
1974-1：1-4.

鄒衡 1979.　　鄒衡『關于探討夏文化的幾個問題』《文物》1979-3：64-69.

雍城考古 1978.　　陝西省雍城考古隊『陝西鳳翔春秋秦國淩陰遺址發掘簡報』《文物》
1978-3：43-47.

雷從雲 1980.　　雷從雲『三十年來春秋戰國鐵器發現述略』《中國歷史博物館館刊》
1980-2：92-102, 83.


## 十四畫

嘉峪關 1972.　　嘉峪關市文物清理小組『嘉峪關漢畫象磚墓』《文物》1972-12：24
-41.

| | | |
|---|---|---|
| 滿城發掘. | 中國社會科學院考古研究所《滿城漢墓發掘報告》(北京:文物出版社 1980) | |
| 熊建平 1987. | 熊建平『試談劉台西周墓地出土的玉蠶』《農業考古》1987-1:310-12. | |
| 熊傳新 1976. | 熊傳新『湖南醴陵發現商代銅像尊』《考古》1976-7:40-41. | |
| 熊傳新 1979. | 熊傳新『談馬王堆三號西漢墓出土的陸傳』《文物》1979-4:35-39. | |
| 熊傳新 1985. | 熊傳新・雷從雲『我國古代燈具概說』《中原文物》1985-2:73-81. | |
| 熊谷治 1981. | 熊谷治『中國古代の朱について』《東方學》61(1981):17-29. | |
| 碳十四數據. | 中國社會科學院考古研究所編《中國考古學中碳十四年代數據集 1965-1981》(北京:文物出版社 1983) | |
| 管東貴 1960. | 管東貴『中國古代的豐收祭及其與曆年的關係』《歷史語言研究所集刊》31(1960):191-270. | |
| 管東貴 1974. | 管東貴『川南雅雀苗的神話與傳說』《歷史語言研究所集刊》45(1974):437-66. | |
| 管東貴 1979. | 管東貴『戰國至漢初的人口變遷』《歷史語言研究所集刊》50(1979:645-56) | |
| 粹編. | 郭沫若《殷契粹編》(北京:科學出版社 1965) | |
| 裴文中 1958. | 裴文中『舊石器時代考古學常識』《文物》1958-11:47-49. | |
| 說文段注. | 段玉裁《說文解字注》(台北:藝文印書館 1960 影印 1800 版) | |
| 趙康民 1982. | 趙康民『臨潼原頭鄧家莊遺址勘查記』《考古與文物》1982-1:1-7. | |
| 銅綠山 1975. | 銅綠山考古發掘隊『湖北銅綠山春秋戰國古礦井遺址發掘簡報』《文物》1975-2:1-12. | |
| 銅綠山 1981. | 中國社會科學院考古研究所銅綠山工作隊『湖北銅綠山東周銅礦遺址發掘』《考古》1981-1:19-23. | |
| 銅綠山 1982. | 中國社會科學院考古研究所銅綠山工作隊『湖北銅綠山古銅礦再次發掘—東周煉爐的發掘和煉銅模擬實驗』《考古》1982-1:18-22. | |
| 聞一多全集. | 聞一多《聞一多全集》(上海:開明書局 1948) | |
| 齊文心 1979. | 齊文心『殷代的奴隸監獄和奴隸暴動』《中國史研究》1979-1:64-76. | |
| 齊思和 中國史. | 齊思和《中國史探研》(北京:中華書局 1981) | |

十五畫

劉云友 1974.    劉云友『中國天文史上的一個重要發現―馬王堆帛書中的《五星占》
            《文物》1974-11 : 28-36.
劉雲彩 1978.    劉雲彩『中國古代高爐的起源和演變』《文物》1978-2 : 18-27.
劉心健 1974.    劉心健・陳自經『山東蒼山發現東漢永初紀年鐵刀』《文物》1974-
            12 : 61.
劉仙洲 機械.    劉仙洲《中國機械工程發明史》(北京:科學出版社 1962)
劉仕驥 葬俗.    劉仕驥《中國葬俗搜奇》(香港:上海書局 1957)
劉志遠 1973.    劉志遠『漢代市井考―說東漢市井畫像磚』《文物》1973-3 : 52-57.
劉東瑞 1979.    劉東瑞『談戰國時期的不等臂秤「王」銅衡』《文物》1979-4 : 73-76.
劉雨 1982.    劉雨『金文「初吉」辨析』《文物》1982-11 : 76-84.
劉家驥 1977.    劉家驥・劉炳森『金雀山西漢帛畫臨摹後感』《文物》1977-11 : 28
            -31.
劉恩元 1982.    劉恩元『貴州思南明代張守宗夫婦墓清理簡報』《文物》1982-8 : 29
            -36.
劉斌雄 阿美族.  劉斌雄等《秀姑巒阿美族的社會組織》(台北:中央研究院民族學研究
            所 1965)
劉敦愿 1972 a.  劉敦愿『漢畫象石上的針灸圖』《文物》1972-6 : 47-51.
劉敦愿 1972 b.  劉敦愿『記兩城鎭遺址發現的兩件石器』《考古》1972-4 : 56-57.
劉萬章 婚喪.    劉萬章《廣州的舊喪俗・蘇粵的婚喪》(台北:中山大學民俗叢書
            1970)
劉道凡 1980.    劉道凡『我國上古的象牙雕刻』《文物》1980-11 : 91-92.
劉淵臨 1973.    劉淵臨『殷代的龜册』《東吳大學中國藝術史集刊》2(1973) : 11-38.
廣州文管 1977.   廣州市文物管理處等『廣州秦漢造船工廠遺址試掘』《文物》1977-4
            : 1-17.
廟底溝.       中國科學院考古研究所《廟底溝與三里橋》(北京:科學出版社 1959)
廖永民 1957.    廖永民『鄭州市發現的一處商代居住與鑄造銅器遺址簡介』《文物》
            1957-6 : 73-74.
潘其風 1980.    潘其風・韓康信『我國新石器時代居民種系分布研究』《考古與文物》
            1980-2 : 84-89.
磁縣文化館 1977.  磁縣文化館『河北磁縣東陳村東魏墓』《考古》1977-6 : 391-
            400, 428.

稻葉一郎 1973.　　稻葉一郎『先秦時代の方孔圓錢について』《史林》56-4(1973)：46-74.

黎家芳 1979.　　黎家芳・高廣仁『典型龍山文化的來源・發展及社會性質初探』《文物》1979-11：56-62.

蔡汝堃《孝經通考》.　　（台北：商務印書館 1967）

輝縣發掘.　　中國科學院考古研究所《輝縣發掘報告》（北京：科學出版社 1956）

鄧聰.　　鄧聰『東亞陶器起源年代管窺(一)—泉福寺洞穴の發掘記錄』《中國文化研究所 學報》16(1985)：255-73.

鄭州博物館 1979.　　鄭州市博物館『鄭州大河村遺址發掘報告』《考古學報》1979-3：301-75.

鞏啓明 1981.　　鞏啓明・嚴文明『從姜寨早期村落布局探討其居民的社會組織結構』《考古與文物》1981-1：63-71.

魯實先 1969.　　魯實先『說文正補之五』《大陸雜誌》38-10(1969)：311-18.

## 十六畫

歷史圖冊.　　中國歷史博物館編《簡明中國歷史圖冊》（天津 人民美術出版社 1978-79）

盧志明 1979.　　盧志明『中國古代指南車的分析』《四川大學學報》1979-2：95-101.

興平文化館 1978.　　興平縣文化館『陝西興平漢墓出土的銅漏壺』《考古》1978-1：70.

衛惠林 1961.　　衛惠林『阿美族的母系氏族與母系世系解』《民族學研究所集刊》12(1961)：1-40.

遼寧文訓班 1976.　　遼寧文物幹部培訓班『遼寧北票縣豐下遺址 1972年春發掘簡報』《考古》1976-3：197-210, 186.

隨縣發掘 1979.　　隨縣擂鼓墩一號墓考古發掘隊『湖北隨縣曾侯乙墓發掘簡報』《文物》1979-7：1-24.

錢存訓 文書.　　Ch'ien Ts'un-hsun, Written on Bamboo and Silk. （竹帛上的文書）(Chicago : University of Chicago Press, 1962)

錢穆 1956.　　錢穆『中國古代北方農作物考』《新亞學報》1-2(1956)：1-27.

## 十七畫

嶺南代答.　　周去非《嶺南代答》（北京：文殿閣書莊 1900 重印）

戴志強 1981.　　戴志強『安陽殷墟出土貝貨初探』《文物》1981-3：72-77.

戴遵德 1972.　　戴遵德『原平峙峪出土的東周銅器』《文物》1972-4：69-73.
襄陽考訓班 1976.　　襄陽首屆亦工亦農考古訓練班『襄陽蔡坡12號墓出土吳王夫差劍等文物』《文物》1976-11：65-71.
篠田統 食物.　　篠田統《中國食物史の研究》(東京：紫田書店 1978)
蕭欣義 1979.　　蕭欣義『詩經及尙書中的孝道思想』《中國文化硏究所學報》10(1979)：425-45.
續存.　　胡厚宣《甲骨續存》(上海：群聯出版社 1955)
續編.　　羅振玉《殷墟書契續編》(上海：1933)
謝端琚 1986.　　謝端琚『略論齊家文化墓葬』《考古》1986-2：147-61.
龍宇純 1959.　　龍宇純『說帥』《歷史語言研究所集刊》30(1959)：597-603.
羅平 1957.　　羅平『河北承德專區漢代礦冶遺址的調查』《考古》1957-1：22-27.
羅西章 1974.　　羅西章『陝西扶風縣北橋出土一批西周靑銅器』《文物》1974-11：85-89.
羅西章 1976.　　羅西章等『陝西扶風縣出土西周伯𢦚諸器』《文物》1976-6：51-60.

## 十八畫

謝成俠　　『關于長沙馬王堆漢墓帛書〈相馬經〉的探討』《文物》1977-8：23-26.
謝崇安 1985.　　謝崇安『中國原始畜牧業的起源和發展』《農業考古》1985-1：282-91.

## 十九畫

懷特.　　許進雄《懷特氏等牧藏甲骨文集》(Toronto：Royal Ontario Museum, 1979)
繹史.　　馬驌《繹史》(台北：冠文書局 1969影印)

## 二十畫 以上

蘇健 1983.　　蘇健『洛陽漢代彩繪陶壺藝術試探』《中原文物》1983年特刊：105-07.
嚴一萍 1951.　　嚴一萍『中國醫學之起源考略』《大陸雜誌》1951-8：20-22；1951-9：14-17.
嚴一萍 1964.　　嚴一萍『殷商筍虡的復原』《大陸雜誌》29-10, 11(1964)：437-41.
嚴一萍 1970.　　嚴一萍『牢義新釋』《中國文字》38(1970)：1-24.
嚴一萍 1980.　　嚴一萍『殷商天文志』《中國文字》新2(1980)：1-60.

嚴一萍 古文字. 　嚴一萍《甲骨古文字研究(一)》(台北：藝文印書館 1976)
嚴一萍《甲骨學》. 　(台北：藝文印書館 1978)
嚴文明 1981. 　嚴文明『龍山文化和龍山時代』《文物》1981-6：41-48.
嚴汝嫻 1982. 　嚴汝嫻『普米族的刻劃符號』《考古》1982-3：312-15.
鐘志成 1975. 　鐘志成『江陵鳳凰山一六八號漢墓出土一套文書工具』《文物》1975-9：20-22.
鐘依研 1972. 　鐘依研『西漢劉勝墓出土的醫療器具』《考古》1972-3：49-53.
鐘依研 1975. 　鐘依研·凌襄『我國現已發現的最古醫方-帛書《五十二病方》』《文物》1975-9：49-60.
鐘遐 1976. 　鐘遐『從河姆渡遺址出土豬骨和陶豬試論我國養豬的起源』《文物》1976-8：24-26.
龐懷清 1976. 　龐懷清等『陝西省岐山縣董家村西周銅器窖穴發掘簡報』《文物》1976-5：26-44.
龐懷清 1981. 　龐懷清『西周月相解釋「定點說」芻議』《文物》1981-12：74-78.
灃西發掘. 　中國科學院考古研究所《灃西發掘報告》(北京：文物出版社 1962)
鐵生溝. 　河南省文化局文物工作隊《鞏縣鐵生溝》(北京：文物出版社 1962)
饒宗頤 1952. 　饒宗頤『殷代日至考』《大陸雜誌》5-3(1952)：83-86.
饒宗頤 1961. 　饒宗頤『由卜兆記數推究殷人對於數的觀念』《歷史語言研究所集刊》外編 4(1961)：949-82.
饒宗頤 1978a. 　饒宗頤『天神觀與道德思想』《歷史語言研究所集刊》49(1978)：77-100.
饒宗頤 1978b. 　饒宗頤『神道思想與理性主義』《歷史語言研究所集刊》49(1978)：489-513.

英文部分

Barnard 1963. 　Barnard Noel,『Book reviews on Cheng Te-K'un：Prehistoric and Shang China and Watson William：China』, Monumenta Serica, 22-1(1963)：213-55.

Barnard & Sato, 金屬遺物. 　Barnard Noel and Sato Tamotsu, Metallurgical Remains of ancient China. (中國古代金屬遺物) (東京：Nichiosha, 1975)

Boserup, 農業. 　Boserup Ester, The Conditions of agricultural Growth. (農業發

展的條件)(Chicago : Aldine Publishing Co., 1965)

Chang Te-tzu 1983.　　Chang Te-tzu, 『The origins and early cultures of the cereal grains and food legumes』, The Origins of Chinese Civilization (Berkeley : University of California Press, 1983) : 65−94.

Ch'en Shih-chuan 1972.　　Ch'en Shih-chuan, 『How to form a hexagram and consult the I Ching』, Journal of the Americian Oriental Society 92−2(1972) : 237−49.

Creel 1961.　　Creel Herrlee G., 『The Fa Chia, legalists or administrators?』, 《歷史語言研究所集刊》 外編 4(1961) : 607−36.

Creel, 西周　　Creel Herrlee G., The Origins of Statecraft in China, Volume One : The Western Chou Empire.(西周) (Chicago and London : The University of Chicago Press, 1970)

Diringer, 字母　　Diringer David, The Alphabet.(字母)(London : Hutchinson Co. Ltd., 1968)

Dubs 1947.　　dubs Homer H., 『A canon of lunar eclipses for Anyang and China, -1400 to -1000』, Harvard Journal of Asiatic Studies, 10−2(1947) : 162−78.

Fagon, 考古介紹　　Fagon Brian M., In the Beginning−Introduction to Archaeology(考古學介紹)(Boston and Toronto : Little, Brown and Company, 1975)

Fagon, 人類.　　Fagon Brian M., People of the Earth.(地球上的人類)(Boston : Little, Brown and Company, 1977)

Flint and Brandtner 1961.　　Flint Richard F. and Brandtner Friedrich, 『Climatic changes since the last interglacial』, Americam Journal of Science, 259(1961) : 321−28.

Fogg 1983.　　Fogg Wayne H., 『Swidden cultivation of Foxtail millet by Taiwan aborigines : A cultural analogue of the domestication of Setaria italica in China』, The Origins of chinese Civilization. (Berkeley : University of California Press, 1983) : 95−115.

Franklin 1983.　　Franklin Ursula, 『On bronze and other metals in early China』, The Origins of Chinese Civilization.(Berkeley : University of California Press, 1983) : 279−96.

Freer Gallery, 中國青銅器. A Descriptive and Illustrative Catalogue of Chinese Bronzes Acquired During the Administration of John Ellerton Lodge. (中國青銅器目錄)(Washington : Freer Gallery of Art, Smithsonian Institution, 1946)

Fujino 1970. Fujino Iwatomo, 『On Chinese soul-inviting and firefly-catching songs : a study on Chinese folklore』, Acta Asiatica, 19(1970) : 40−57.

Gardiner, 埃及. Gardiner Sir Alan Henderson, Egyptian Grammar.(埃及文法) (London : Oxford University Press, 1950)

Gelb, 文字. Gelb I. J., A Study of Writing.(文字的研究)(Chicago and London : The University of Chicago Press, 1963 Revised Edition)

Gorman 1971. Gorman Chester, 『The Hoabinhian and after : subsistance patterns in Southeast Asia during the late Pleistocene and early Recent periods』, World Archaeology, 2(1971) : 300−20.

Hansford, 中國玉. Hansford S.H., Chinese Carved Jades.(中國玉) (London : 1968)

Hoebel, 人類學. Hoebel Adamson E., Anthropology : The Study of Man.(人類學)(New York : McGraw-Hill Book Company, 1972)

Isaac 1971. Isaac Glynn, 『The diet of early man : aspects of archaeological evidence from lower and middle pleistocene sites in Africa』, World Archaeology, 2−3(1971) : 278−99.

Keightley 1982. Keightley David N., 『Shang China is coming of age−a review article』, Journal of Asian Studies, 41−3(1982) : 549−57.

Lefeuvre 1976−78. Lefeuvre J.A., 『An oracle bone in the Hong Kong Museum of History and the Shang Standard of the Centre』, Journal of the Hong Kong Archaeological Society, 7(1976−78) : 46−68.

McBryde 1984. McBryde Isabel, 『Kulin greenstone quarries : the social contexts of production and distribution for the Mt William site :』, World Archaeology, 16−2(1984) : 267−85.

Meacham 1977. Meacham William, 『Continuity and local evolution in the Neolithic of South China : A non-nuclear approach』, Current Anthropology, 18−3(1977) : 419−40.

Nisson 1984. Nisson, 『The archaic texts from Uruk』, World Archaeology, 17

-3(1984): 317-34.
Pearson, 人類學介紹.    Pearson Roger, Introduction to Anthropology.(人類學介紹)(New York: Holt, Rinehart and Winston, Inc., 1974)
Proctor 1972.    Proctor Patricia, 『The King's tiger』, Rotunda, 5-1(1972): 20-21.
Reed 1985.    Reed C.A., 程侃聲譯, 『《農業的起源地: 討論與結論》的中國部』農業考古《農業考古》1985-1: 100-02, 112.
Sigerist, 原始醫藥.    Sigerist Henry E., A History of Medicine, vol. 1, Primitive and Archaic Medicine.(原始和古代的醫藥)(New York: Oxford University Press, 1951)
Solheim 1970.    Solheim Wilhelm G.Ⅱ. 『Northern Thailand, Southeast Asia, and world prehistory』, Asian Perspectives, 13(1970): 145-62.
Solheim 1971.    Solheim Wilhelm G.Ⅱ, 『New light on a forgotten past』, National Geographic, 139-3(1971): 330-39.
Sylwan 1937.    Sylwan Vivi, 『Silk from the Yin dynasty』, 『The Museum of Far Eastern Antiquities, 9(1937): 119-26.
Ucko and Dimbleby, 馴養.    Ucko P.J. and Dimbleby G.W., ed., The Domestication and Exploitation of Plants and Animals.(動物和植物的馴養與利用)(Chicago: Aldine Publishing Co., 1969)
Vivelo, 人類學.    Vivelo Frank R., Cultural Anthropology Handbook.(社會人類學手冊)(New York: McGraw-Hill Book Co., 1978)
Watson, 中國古物.    Watson William, Handbook to the Collection of Early Chinese Antiquities.(中國古物收藏手冊)(London: Great Britian Museum, 1962)
Wheatley 1970.    Wheatley Paul, 『Archaeology and the Chinese city』, World Archaeology, 2-2(1970): 159-85.
White, 骨文化.    White William C., Bone Culture of Ancient China.(古代中國的骨文化)(Toronto: University of Toronto Press, 1945)

## 역자 후기

고대인들은 어떤 생각을 가지고 어떤 방식의 생활을 영위해 왔는지에 관한 문제는 적지 않이 흥미있는 문제들이다. 우리나라의 상고사에 관한 문제는 여전히 논란이 많으며, 나 자신도 거기에 관해서는 아는 바가 별로 없다. 그러나 우리 조상들이 중국을 발판으로 활동해 왔으며 그곳에서 문화의 터전을 가꾸어 왔다고 한다면, 상고시대 중국인의 생활은 곧 고고학적인 실증자료와 문헌이 부족한 현단계에서 우리 선조들의 삶의 한 단면을 들여다볼 수 있는 좋은 방법이 되리라고 생각한다. 우리나라는 5천 년의 유구한 역사를 갖고 있다고 말한다. 그렇다면 5천 년 전의 인류는 어떤 모습으로 생활해 왔을까? 신과 인간이 뒤섞여 구분이 없었던 신화와 전설의 시기였을까? 이런 문제에 대한 명쾌한 대답을 던져줄 만한 자료가 아직은 우리나라에 흔치 않다.

중국 고대사에 관한 연구는 항상 사료의 성격에 따라서 전문적인 분야로 나누어지고 있다. 즉 어떤 학자는 고문자에 의존하여 고대사를 연구하고 있고, 어떤 학자는 역사에 의하여, 혹은 미술·고고·문화인류학 등의 다양한 분야에서 서로 전문적인 연구를 진행하다보니, 중국의 고대사는 사분오열로 갈가리 찢어지게 되어 당시의 사회경제·문화 등의 각방면에 대한 유기적인 연계를 통한 전반적인 생활상과 의식의 단면을 들여다보기가 쉽지 않게 되어 버렸다. 이런 난제를 극복하고 문화인류학의 관점에서 중국의 고문자를 결부시켜 이들을 종합하고, 그 당시 사회상을 재구성하여 일반 독자들이 쉽게 접근할 수 있도록 기술한 책이 바로 허진웅 선생의 《중국고대사회》란 책이다.

인간의 사유와 문자는 사유—언어—문자의 기본적인 유형으로 정리될 수가 있다. 문자와 사유의 직접적인 연계는 문자 발전의 초기단계인—도화문자단계와 표의문자단계의 가장 돌출된 특징이라고 한다. 허다한 학자들은 도화에 근거한 문자는 언어의 형식을 반영하지 않으면서 사상 혹은 감지한 표상의 형상을 직접 반영하고 있으며, 단어로 표현되는 사유형상은 아니라고 한다. 그렇다고 한다면 중국의 한자는 상형문자이며, 표의문자라는 두 가지 성질을 대표하고 있다. 그 중에서도 지금 알려진 바로는 가장 오랜 한자의 형태인 갑골문과 금문은 여전히 농후한 회화성을 지니고 있다. 이 회화성의 한자로부터 문자가 만들어질 당시의 사상과 생활상을 들여다보면서 자형에 의하여 한자의 본의를 분별해내려고 하는 일은 여전히 아주 중요한 고문자의 해석방법 중 하나이다. 고문자를 통한 고대인의 의식구조와 생활상·고고발굴을 통한 실증과 문헌의 인증, 문화인류학적인 관점에서의 추론을 결부하여 쉽고 간명하게 중국 고대 사회상을 해부해 놓았다는 점이 이 책의 가장 큰 특색이라고 할 수가 있다. 이 책의 저자는 갑골학에 관한 많은 논저를 출판한 갑골학자이며, 문화인류학을 강의하는 학자로서 토론토대학의 학생들에게 흥미있는 학과를 개설하기 위하여 이 책을 저술하였다. 그러나 문화권이 다른 학생들에게는 여전히 어려운 문제였을 것이다. 우리나라 독자들에게는 이런 주제가 그리 낯설지마는 않으며, 이 책을 읽어가다 보면 중국 고대의 사회상은 물론 갑골문을 통한 한자의 본의에 접근할 수 있는 유익한 책이라고 할 수 있다.

  이 책은 1984년에 영문본으로 처음 출간되었으며, 다시 1988년에 중문본이 대만에서 출판되었다. 이 책은 중문본을 저본으로 하여 번역하였으나, 본문 도중에 갑골문을 병기하여 책을 읽으면서 내용의 이해가 쉽도록 한 점 등은 영문본의 체제를 따르고 있다. 번역은 원서에 충실하도록 노력을 기울였으나 20장에 이르는 단원마다 주제를 달리하고 있어 정확한 개념과 용어를 구사하는 데 어려움이 많았으므로 오류도 적지 않으리라 생각되며, 그런 점은 독자 여러분의 아낌 없는 지도를 바라고 싶다. 이 책을 번역하면서 나름대로 느낌 점을 몇 가지 적어보기로 한다.

  이 책의 가장 큰 특색은 갑골문과 금문을 통한 고대사회의 재구성이라고 할 수 있다. 그러나 고문자, 그 중에서도 갑골문의 본의에 관한 문제는 아직까지 이설이 분분하여 정론을 얻지 못하고 있는 것이 많다. 예를 들면 본서에서는 제帝와 부不자를 꽃의 모양을 본뜬 것이라고 하여, 중국 고대의 꽃 토템과 결부시키고 있다. 상제란 의미로 사용된 제帝자는 이밖에도 나무를 묶거나 나무를 쌓아 하늘에 제사지내는 모양을 본뜬 것으로 체제禘祭를 말한다고도 하며, 해의 빛이 사방으로 뻗어나가는 모습으로 상제의 위령을 상징한다고도 한다. 부不자에도 새가 날아올라 보이지 않는 것이라는 설도 있고, 또 어떤 학자는 나무의 뿌리를 흙 속에 뻗고 있는 모습이라고도 한다. 이처럼 문자 하나에도 여러 가지 이설이 존재하고 있으며, 아직까지도 단정적으로 본의가 무엇이라는 단정을 내리기에는 무리한 부분들이 존재하고 있다. 이런 점을 감안하여 이 책을 읽으면서 더 연구해 보고 싶은 문자에 대해서는 전문적인 서적을 참조하는 게 좋으리라 여겨진다.

 풍토와 환경이 다르고 사고와 언어가 다른 글을 번역하다 보면, 항시 자신의 부족함을 느끼면서 어떤 잘못된 점이 있을까 두려운 생각이 들곤 한다. 이 책도 예외는 아니며 특히나 사회의 전반적인 분야를 언급하다 보니 별반 지식이 없는 생소한 분야는 정확한 용어와 개념을 전달하였는지 걱정이 앞서고 있다. 어떤 선생님께서 동양학을 공부한다는 것은 상식을 넓혀나가는 것이라고 하신 말씀이 요즈음은 더욱 절실하게 느껴지곤 한다. 학문의 토대를 마련해 줄 수 있도록 풍부한 상식을 제공해 줄 수 있다는 점에서 본다면 이 책은 더할 나위 없이 적절한 책이라고 여겨진다. 끝으로 이 책이 나오기까지 1년 6개월에 걸친 긴 번역과정 동안 끝까지 도와 주시고 격려해 주신 동문선의 신성대 사장님과 꼼꼼한 교정은 물론 편집과 문자의 모본까지 도맡아 그려주신 한인숙 편집장님께 깊은 감사를 드린다.

1991년 4월 홍 희

〔자〕者 235, 250
煮 235, 250
〔작〕爵 242, 253
〔잠〕蠶 207, 220
〔장〕將 200, 217
匠 309
臧 507, 519
〔재〕災 49, 467
灾 47-49, 53
宰 49
〔저〕貯 508, 519
箸 442, 453
猪 235
〔적〕炙 233, 247
耤 113, 122
〔전〕田 65, 73
典 24, 29
前 275, 281
專 210, 221
電 275, 281
瀍 575, 582
〔절〕折 199, 217
〔점〕占 540, 550
〔정〕井 293, 313
廷 310, 318
阱 68, 75
庭 318
晶 16, 562, 577
鼎 242, 252

〔제〕帝 39, 50, 536
祭 534, 547
〔조〕且 393
俎 242, 253
祖 383, 393
鳥 67, 76
曹 240, 249
條 566, 578
糟 240
槽 240
〔종〕宗 533, 547
〔졸〕卒 206, 497, 515
〔족〕族 240
〔좌〕坐 508, 519
〔주〕走 336, 354
舟 334, 352
鑄 159, 160, 178
疇 114, 122, 159
酒 237, 250
奏 416, 428
胄 44, 52
〔죽〕竹 199, 216
〔준〕尊 242, 254
〔중〕中 500, 516
〔즉〕即 242, 251
〔즐〕則 168, 183
〔지〕止 467
遲 334, 352
〔직〕戠 559, 576

〔진〕晉 135, 144
秦 309, 466, 481
疾 336, 353
朕 505, 518
執 240, 248
〔집〕什 569, 580
采 24, 29
冊 24, 29
妻 272, 280
寢 305, 317
漆 201, 218
〔척〕尺 449, 455
陟 303, 316
隻 67, 76
〔천〕天 467, 484, 556
泉 293, 313
鐵 173, 184
〔첩〕妾 508, 520
〔체〕蔕 39
〔초〕初 264, 277
招 239
〔촌〕寸 67, 76
〔추〕隹 449, 455
秋 89, 97
〔축〕畜 535, 547
祝 82, 95
〔춘〕春 566, 577
〔출〕出 303, 315
〔취〕吹 504, 517
臭 93, 98
〔측〕昃 569, 580
〔치〕黹 68
雉 268, 279

齒 467, 483
〔칠〕漆 201, 218
寢 305, 317
稱 448, 454
〔침〕寢 305, 317
〔탁〕啄 303, 316
琢 89
〔탄〕彈 492, 511
橐 165, 181
〔토〕土 159, 213, 222
〔투〕鬥 441, 452
〔패〕貝 441, 452
佩 266, 267, 278
敗 443, 454
〔팽〕彭 568, 579
霸 242, 254
〔평〕平 451, 456
〔포〕表 270, 279
〔풍〕風 16, 340, 574
〔피〕皮 206, 219
〔필〕筆 23, 24
14
〔하〕下 537, 548
河
〔학〕學 387, 396
〔할〕割 160, 179
〔함〕函 303, 316
〔항〕降 505, 517
〔해〕解 204, 218
〔행〕行 341, 354
〔향〕向 304, 317
香 301, 315
享 235, 248
饗 242
〔혁〕革 205, 206, 219
〔현〕縣 509, 520
懸 509
〔협〕協 111, 119
〔혜〕彗 581
〔호〕戶 304, 317
好 375, 391
虎 63, 73
壺 242, 254
〔혼〕昏 110, 119
〔홍〕虹 420, 429
洶 569, 580
〔화〕禾 133, 143
化 420, 429
畵 24, 211, 222
〔환〕宦 506, 518
豢 82, 96
〔황〕皇 43, 44, 51
璜 16, 40
黃 16, 40, 51
〔회〕炙 67
奚 387, 395
〔효〕厚 164, 181
孝 388, 397
〔후〕侯 334, 353
後 93
嗅 14, 26
〔휴〕休 14, 26
〔흑〕黑 508
〔흥〕興 347, 356
〔희〕希 271
稀 271, 279
戱 419, 428
穌 424

[명]兵 491,511
[모]步 334,352
保 384,395
[목]卜 442,453
寶 540,550
復 166,182
[봉]鳳 493,512
僕 508,520
[부]簸 16,601,608
夫 272,280
父 383,392
不 39,50
孚 505,517
阜 304
俘 505,517
[붕]朋 593,606
奔 334,352
焚 68,75
[비]匕 277
北 442,453
備 383,393
妣 512
氷 393
[빙]它 241
氷 467,482
死 366,390
[사]舍 349,357
射 68,75,492
蛇 482
絲 207,220

飼 230,247
嗣 15
[산]山 537,548
刪 24,29
[상]祥 18,28
箑 18
上 14
桑 208,220
商 439,452
爽 271,279
喪 208,220
象 25,60,72
[생]生 16,374,391
[서]西 593,606
書 24,28
叙 233,248
黍 349,358
犀 133-36,143
筮 61,72
[석]夕 472,482,535
石 195,216
析 200,217
昔 47,53
[선]宣 276,282
錫 171,183
[설]舌 307,319
[섭]涉 574,581
335,353

變 234,248
[성]星 16,562,577
聖 37,50
聲 410,425
[세]歲 563,564,577
[소]召 467
正 239,249
[속]粟 133-36,144
[송]宋 439,452
[쇠]衰 271,279
[수]水 15,27
戍 494,513
釗 110,118
首 467,484
帥 377,392
[숙]夙 160
叔 140,146
宿 308,319
肅 211,221
荻 140
[순]旬 567,579
[순]舜 539,549
[술]戌 494,514
[슬]瑟 414,427
[승]升 450,456
[시]示 533,547

市 265,439,452
矢 88,93,97
豕 61,72
[식]食 230,240,247
識 576
[신]申 506,518
臣 582
辛 507
辰 109,118
身 14,467,483
[실]室 317
[심]深 163,180
尋 308,449,455
[아]我 494,514
[악]嶽 407,423
樂 537,548
[알]夙 548
[암]嚴 162
[야]冶 176,184
[약]龠 409,424
[양]羊 85,95
襄 112,114,120
[어]魚 65,74
御 344,356,470
馭 356
漁 74

[언]言 406,423,467
瓿 242
[엄]嚴 162,180
[여]余 349,350,357
興 357
[연]鉛 172
[염]染 267,268,278
[영]嬰 272,280
[예]裔 265,277
藝 194,216
[오]五 387,409
[옥]玉 196,217
[와]王 42,44,51
畏 538,549
[외]畏 538,549
[요]蕘 412,426
[용]用 412,426
[위]邑 263,277
飮 295,313
[음]音 230,247
殷 406,409,423
[의]衣 494,514
義 508,520
儀 494
[이]剃 473,482
醫 484
[인]人 26
刃 14,27
[일]日 47,557,576
[임]孕 375,394
[자]自 467,484
字 376,395

[월]越 494
[위]委 131,143
甁 242
尉 478,483
爲 60,72
[유]卣 242,254
乳 384,395
幽 319
兪 478,483
酉 240,249
愈 478
[육]育 377,394
[윤]統 265,377,394
[은]殷 406,409,423
[응]飮 295,313
[의]衣 494,514
義 508,520
儀 494
[이]剃 473,482
醫 484
[인]人 26
刃 14,27
[일]日 47,557,576
[임]孕 375,394
[자]自 467,484
字 376,395

# 字音索引

(본서에 수록된 한자는 가나다순으로 배열하고, 동음자는 그 아래에 본문의 면수와 함께 실었다. 한 글자가 여러 개의 음을 가질 때에는 본서에서 언급한 자만의 음으로 하였다.)

[가] 家 89, 97
嘉 242, 253
假 375, 391
[각] 各 303, 315
角 204, 218
[간] 干 496, 515
柬 163, 177, 181
[감] 敢 162, 180
甲 497, 515
[강] 講 16
[개] 介 206, 497, 515
[거] 車 267, 278
[건] 巾 342, 355
建 341, 354
[견] 犬 93, 98
[경] 冏 305, 318
京 302, 316
卿 242, 251
經 210, 221
[계] 磬 410, 425
戒 494, 513
季 131, 143
[고] 考 389, 397
告 470
高 303, 316
鼓 411, 425
[곡] 穀 468, 481
[골] 骨 412, 426
[공] 工 194, 216

[공] 攻 194, 216
[과] 戈 493-96, 512
[곽] 郭 296, 314
[관] 冠 273, 281
關 244, 251
[광] 光 351, 358
[괘] 卦 306, 319
號 504, 517
[굉] 銊 419, 428
[교] 敎 419, 428
較 504, 517
[구] 口 467
丘 292, 313
求 205, 219
苟 16, 28
裘 205, 218, 270
龜 603, 607
購 16
[국] 弓 492, 511
[궁] 宮 301, 315
[궤] 籠 242, 253
[귀] 鬼 538, 548
[규] 圭 571, 581

[극] 克 206, 219
[근] 斤 20, 441, 456
[금] 堇 607
金 159, 169, 178
琴 413, 427
[기] 奇 92
幾 210, 221
旣 242, 251
棄 177, 392
機 109, 118
騎 210
[남] 南 412, 426, 593
[년] 年 130, 142
[농] 農 109, 118
[단] 旦 20, 569, 579
段 177, 184
鍛 177
[대] 大 14, 26
帶 266, 278
臺 302, 316
對 349, 358
[도] 刀 27, 160
陶 213, 222
途 350, 357
稻 133-137, 145
禱 159
[돈] 豚 89
[동] 冬 567, 578
東 507, 593, 606

[뢰] 牢 87, 96
弄 163, 181, 197
籠 15, 65, 73
鹿 15
[록] 氽 165, 182
[뢰] 鑢 165
爐 66, 74
魯 389, 397
[로] 老 389, 397
[령] 令 43, 52
[뢰] 丵 347
煉 177
[력] 力 111, 113, 119
[려] 麗 65, 73
旅 500, 516
[려] 呂 170, 183
梁 133-136, 145
[량] 量 449, 455
[래] 來 138, 139, 145
[린] 戀 407, 424
亂 15
[등] 登 346, 355
[두] 豆 140, 242, 252
斗 159, 170, 183
[뢰] 銅 450, 456
僑 507
童 507, 519

[뢰] 雷 575, 582
賴 443, 454
[룡] 龍 596, 606
[류] 留 111, 120
[률] 律 341, 354
[리] 履 275, 282
驚 130, 142
[림] 麥 130, 142
[마] 麻 272, 280
馬 443, 453
[리] 林 14, 25, 90, 96
[뢰] 磷 539, 549
[리] 離 130, 142
蠶 67
[매] 每 568, 579
買 140, 146
魅 45, 53, 27
[면] 免 46, 53
[명] 皿 242
冥 305, 318
明 376, 394
[모] 矛 495, 514
母 383
冒 16, 569, 580
帽 273, 281
暮 16, 569
[목] 木 26, 199

[목] 目 467
牧 84, 95
[몽] 夢 468, 469, 481
[무] 戊 472, 482, 535
武 417, 428, 503
巫 415, 427
無 415, 427, 600
舞 372, 390
[문] 門 304, 317
文 113
[물] 物 136, 145
[미] 米 15, 27
眉 44, 52
美 15, 27
湄 44, 52
微 368, 390
[민] 民 507, 519
敏 272, 280
[방] 方 113, 121
旁 113, 121
[박] 璞 163, 181, 197
[박] 白 387, 396
[박] 樊 272, 281
伐 494, 513
[벌] 凡 16, 340, 354
帆 160
法 160, 179, 509
灋 160
[변] 弁 43, 52

許進雄(쉬 진 시웅)
1941년 대만 高雄 출생. 대만대학 중문연구소 석사,
캐나다 토론토대학 동아시아학과 철학박사.
토론토대학 동아시아연구소 부교수, 캐나다 왕립온타리오박물관 주임.
현재 온타리오박물관 극동부 연구원.
저서:《殷卜辭中五種祭祀的研究》《殷墟卜辭後篇》
《卜骨上的鑽鑿形態》《明義士所藏甲骨文字: 拓片, 釋文》
《懷特氏等收藏甲骨文》《甲骨上鑽鑿形態研究》 등

洪 熹
1957년 충남 공주생. 성균관대학교 중어중문과 졸업.
성균관대학교 중어중문과 석사, 북경 중앙민족대학 민족학박사.
현재 대진대학교 국제학부 중국학과 교수
역서:《河殤》《神의 起源》《禮의 精神》
《生育神과 性巫術》 등

문예신서
40

# 中國古代社會

초판발행 : 1991년 5월 10일
4쇄발행 : 2003년 1월 10일

지은이 : 許進雄
옮긴이 : 洪 熹
총편집 : 韓仁淑
펴낸곳 : 東文選
제10-64호, 78. 12. 16 등록
110-300 서울 종로구 관훈동 74
전화 : 737-2795

ISBN 89-8038-340-1 94380
ISBN 89-8038-000-3 (문예신서)

【東文選 現代新書】

| | | |
|---|---|---|
| 1 21세기를 위한 새로운 엘리트 | FORESEEN 연구소 / 김경현 | 7,000원 |
| 2 의지, 의무, 자유 — 주제별 논술 | L. 밀러 / 이대희 | 6,000원 |
| 3 사유의 패배 | A. 핑켈크로트 / 주태환 | 7,000원 |
| 4 문학이론 | J. 컬러 / 이은경·임옥희 | 7,000원 |
| 5 불교란 무엇인가 | D. 키언 / 고길환 | 6,000원 |
| 6 유대교란 무엇인가 | N. 솔로몬 / 최창모 | 6,000원 |
| 7 20세기 프랑스철학 | E. 매슈스 / 김종갑 | 8,000원 |
| 8 강의에 대한 강의 | P. 부르디외 / 현택수 | 6,000원 |
| 9 텔레비전에 대하여 | P. 부르디외 / 현택수 | 7,000원 |
| 10 고고학이란 무엇인가 | P. 반 / 박범수 | 근간 |
| 11 우리는 무엇을 아는가 | T. 나겔 / 오영미 | 5,000원 |
| 12 에쁘롱 — 니체의 문체들 | J. 데리다 / 김다은 | 7,000원 |
| 13 히스테리 사례분석 | S. 프로이트 / 태혜숙 | 7,000원 |
| 14 사랑의 지혜 | A. 핑켈크로트 / 권유현 | 6,000원 |
| 15 일반미학 | R. 카이유와 / 이경자 | 6,000원 |
| 16 본다는 것의 의미 | J. 버거 / 박범수 | 10,000원 |
| 17 일본영화사 | M. 테시에 / 최은미 | 7,000원 |
| 18 청소년을 위한 철학교실 | A. 자카르 / 장혜영 | 7,000원 |
| 19 미술사학 입문 | M. 포인턴 / 박범수 | 8,000원 |
| 20 클래식 | M. 비어드·J. 헨더슨 / 박범수 | 6,000원 |
| 21 정치란 무엇인가 | K. 미노그 / 이정철 | 6,000원 |
| 22 이미지의 폭력 | O. 몽젱 / 이은민 | 8,000원 |
| 23 청소년을 위한 경제학교실 | J. C. 드루엥 / 조은미 | 6,000원 |
| 24 순진함의 유혹 [메디시스賞 수상작] | P. 브뤼크네르 / 김웅권 | 9,000원 |
| 25 청소년을 위한 이야기 경제학 | A. 푸르상 / 이은민 | 8,000원 |
| 26 부르디외 사회학 입문 | P. 보네위츠 / 문경자 | 7,000원 |
| 27 돈은 하늘에서 떨어지지 않는다 | K. 아른트 / 유영미 | 6,000원 |
| 28 상상력의 세계사 | R. 보이아 / 김웅권 | 9,000원 |
| 29 지식을 교환하는 새로운 기술 | A. 벵토릴라 外 / 김혜경 | 6,000원 |
| 30 니체 읽기 | R. 비어즈워스 / 김웅권 | 6,000원 |
| 31 노동, 교환, 기술 — 주제별 논술 | B. 데코사 / 신은영 | 6,000원 |
| 32 미국만들기 | R. 로티 / 임옥희 | 근간 |
| 33 연극의 이해 | A. 쿠프리 / 장혜영 | 8,000원 |
| 34 라틴문학의 이해 | J. 가야르 / 김교신 | 8,000원 |
| 35 여성적 가치의 선택 | FORESEEN연구소 / 문신원 | 7,000원 |
| 36 동양과 서양 사이 | L. 이리가라이 / 이은민 | 7,000원 |
| 37 영화와 문학 | R. 리처드슨 / 이형식 | 8,000원 |
| 38 분류하기의 유혹 — 생각하기와 조직하기 | G. 비뇨 / 임기대 | 7,000원 |
| 39 사실주의 문학의 이해 | G. 라루 / 조성애 | 8,000원 |
| 40 윤리학 — 악에 대한 의식에 관하여 | A. 바디우 / 이종영 | 7,000원 |
| 41 흙과 재 [소설] | A. 라히미 / 김주경 | 6,000원 |

| | | | |
|---|---|---|---|
| 42 | 진보의 미래 | D. 르쿠르 / 김영선 | 6,000원 |
| 43 | 중세에 살기 | J. 르 고프 外 / 최애리 | 8,000원 |
| 44 | 쾌락의 횡포·상 | J. C. 기유보 / 김응권 | 10,000원 |
| 45 | 쾌락의 횡포·하 | J. C. 기유보 / 김응권 | 10,000원 |
| 46 | 운디네와 지식의 불 | B. 데스파냐 / 김웅권 | 8,000원 |
| 47 | 이성의 한가운데에서 — 이성과 신앙 | A. 퀴노 / 최은영 | 6,000원 |
| 48 | 도덕적 명령 | FORESEEN 연구소 / 우강택 | 6,000원 |
| 49 | 망각의 형태 | M. 오제 / 김수경 | 6,000원 |
| 50 | 느리게 산다는 것의 의미·1 | P. 쌍소 / 김주경 | 7,000원 |
| 51 | 나만의 자유를 찾아서 | C. 토마스 / 문신원 | 6,000원 |
| 52 | 음악적 삶의 의미 | M. 존스 / 송인영 | 근간 |
| 53 | 나의 철학 유언 | J. 기통 / 권유현 | 8,000원 |
| 54 | 타르튀프 / 서민귀족 (희곡) | 몰리에르 / 덕성여대극예술비교연구회 | 8,000원 |
| 55 | 판타지 공장 | A. 플라워즈 / 박범수 | 10,000원 |
| 56 | 홍수·상 (완역판) | J. M. G. 르 클레지오 / 신미경 | 8,000원 |
| 57 | 홍수·하 (완역판) | J. M. G. 르 클레지오 / 신미경 | 8,000원 |
| 58 | 일신교 — 성경과 철학자들 | E. 오르티그 / 전광호 | 6,000원 |
| 59 | 프랑스 시의 이해 | A. 바이양 / 김다은·이혜지 | 8,000원 |
| 60 | 종교철학 | J. P. 힉 / 김희수 | 10,000원 |
| 61 | 고요함의 폭력 | V. 포레스테 / 박은영 | 8,000원 |
| 62 | 고대 그리스의 시민 | C. 모세 / 김덕희 | 7,000원 |
| 63 | 미학개론 — 예술철학입문 | A. 셰퍼드 / 유호전 | 10,000원 |
| 64 | 논증 — 담화에서 사고까지 | G. 비뇨 / 임기대 | 6,000원 |
| 65 | 역사 — 성찰된 시간 | F. 도스 / 김미겸 | 7,000원 |
| 66 | 비교문학개요 | F. 클로동·K. 아다-보트링 / 김정란 | 8,000원 |
| 67 | 남성지배 | P. 부르디외 / 김용숙·주경미 | 9,000원 |
| 68 | 호모사피언스에서 인터렉티브인간으로 | FORESEEN 연구소 / 공나리 | 8,000원 |
| 69 | 상투어 — 언어·담론·사회 | R. 아모시·A. H. 피에로 / 조성애 | 9,000원 |
| 70 | 촛불의 미학 | G. 바슐라르 / 이가림 | 근간 |
| 71 | 푸코 읽기 | P. 빌루에 / 나길래 | 8,000원 |
| 72 | 문학논술 | J. 파프·D. 로쉬 / 권종분 | 8,000원 |
| 73 | 한국전통예술개론 | 沈雨晟 | 10,000원 |
| 74 | 시학 — 문학 형식 일반론 입문 | D. 퐁텐느 / 이용주 | 8,000원 |
| 75 | 《시민 케인》 | L. 멀비 / 이형식 | 근간 |
| 76 | 동물성 — 인간의 위상에 관하여 | D. 르스텔 / 김승철 | 6,000원 |
| 77 | 랑가쥬 이론 서설 | L. 옐름슬레우 / 김용숙·김혜련 | 10,000원 |
| 78 | 잔혹성의 미학 | F. 토넬리 / 박형섭 | 9,000원 |
| 79 | 문학 텍스트의 정신분석 | M. J. 벨멩-노엘 / 심재중·최애영 | 9,000원 |
| 80 | 무관심의 절정 | J. 보드리야르 / 이은민 | 8,000원 |
| 81 | 영원한 황홀 | P. 브뤼크네르 / 김웅권 | 9,000원 |
| 82 | 노동의 종말에 반하여 | D. 슈나페르 / 김교신 | 6,000원 |
| 83 | 프랑스영화사 | J. -P. 장콜 / 김혜련 | 근간 |

| | | | |
|---|---|---|---|
| 84 | 조와(弔蛙) | 金敎臣 / 노치준·민혜숙 | 8,000원 |
| 85 | 역사적 관점에서 본 시네마 | J.-L. 뢰트라 / 곽노경 | 8,000원 |
| 86 | 욕망에 대하여 | M. 슈벨 / 서민원 | 8,000원 |
| 87 | 산다는 것의 의미·1—여분의 행복 | P. 쌍소 / 김주경 | 7,000원 |
| 88 | 철학 연습 | M. 아롱델-로오 / 최은영 | 8,000원 |
| 89 | 삶의 기쁨들 | D. 노게 / 이은민 | 6,000원 |
| 90 | 이탈리아영화사 | L. 스키파노 / 이주현 | 8,000원 |
| 91 | 한국문화론 | 趙興胤 | 10,000원 |
| 92 | 현대연극미학 | M.-A. 샤르보니에 / 홍지화 | 8,000원 |
| 93 | 느리게 산다는 것의 의미·2 | P. 쌍소 / 김주경 | 7,000원 |
| 94 | 진정한 모럴은 모럴을 비웃는다 | A. 에슈고엔 / 김웅권 | 8,000원 |
| 95 | 한국종교문화론 | 趙興胤 | 10,000원 |
| 96 | 근원적 열정 | L. 이리가라이 / 박정오 | 9,000원 |
| 97 | 라캉, 주체 개념의 형성 | B. 오질비 / 김 석 | 9,000원 |
| 98 | 미국식 사회 모델 | J. 바이스 / 김종명 | 7,000원 |
| 99 | 소쉬르와 언어과학 | P. 가데 / 김용숙·임정혜 | 10,000원 |
| 100 | 철학적 기본 개념 | R. 페르버 / 조국현 | 8,000원 |
| 101 | 철학자들의 동물원 | A. L. 브라쇼파르 / 문신원 | 근간 |
| 102 | 글렌 굴드, 피아노 솔로 | M. 슈나이더 / 이창실 | 7,000원 |
| 103 | 문학비평에서의 실험 | C. S. 루이스 / 허 종 | 8,000원 |
| 104 | 코뿔소 [희곡] | E. 이오네스코 / 박형섭 | 8,000원 |
| 105 | 《제7의 봉인》 비평연구 | E. 그랑조르주 / 이은민 | 근간 |
| 106 | 《쥘과 짐》 비평연구 | C. 르 베르 / 이은민 | 근간 |
| 107 | 경제, 거대한 사탄인가? | P.-N. 지로 / 김교신 | 7,000원 |
| 108 | 딸에게 들려 주는 작은 철학 | R. 시몬 셰퍼 / 안상원 | 7,000원 |
| 109 | 도덕에 관한 에세이 | C. 로슈·J.-J. 바레르 / 고수현 | 6,000원 |
| 110 | 프랑스 고전비극 | B. 클레망 / 송민숙 | 8,000원 |
| 111 | 고전수사학 | G. 위딩 / 박성철 | 근간 |
| 112 | 유토피아 | T. 파코 / 조성애 | 7,000원 |
| 113 | 쥐비알 | A. 자르댕 / 김남주 | 7,000원 |
| 114 | 증오의 모호한 대상 | J. 아순 / 김승철 | 8,000원 |
| 115 | 개인—주체철학에 대한 고찰 | A. 르노 / 장정아 | 7,000원 |
| 116 | 이슬람이란 무엇인가 | M. 루스벤 / 최생열 | 8,000원 |
| 117 | 간추린 서양철학사·상 | A. 케니 / 이영주 | 근간 |
| 118 | 간추린 서양철학사·하 | A. 케니 / 이영주 | 근간 |
| 119 | 느리게 산다는 것의 의미·3 | P. 쌍소 / 김주경 | 7,000원 |
| 120 | 문학과 정치 사상 | P. 페티티에 / 이종민 | 8,000원 |
| 121 | 가장 아름다운 하나님의 이야기 | A. 보테르 外 / 주태환 | 근간 |
| 122 | 시민 교육 | P. 카니베즈 / 박주원 | 9,000원 |
| 123 | 스페인영화사 | J.-C. 스갱 / 정동섭 | 8,000원 |
| 124 | 포켓의 형태 | J. 버거 / 이영주 | 근간 |
| 125 | 내 몸의 신비—세상에서 가장 큰 기적 | A. 지오르당 / 이규식 | 7,000원 |

| | | | |
|---|---|---|---|
| 126 세 가지 생태학 | F. 가타리 / 윤수종 | | 근간 |
| 127 모리스 블랑쇼에 대하여 | E. 레비나스 / 박규현 | | 근간 |
| 128 위비 왕 〔희곡〕 | A. 자리 / 박형섭 | | 근간 |
| 129 번영의 비참 | P. 브뤼크네르 / 이창실 | | 근간 |
| 130 무사도란 무엇인가 | 新渡戶稻造 / 沈雨晟 | | 7,000원 |
| 131 천 개의 집 〔소설〕 | A. 라히미 / 김주경 | | 근간 |
| 132 문학은 무슨 소용이 있는가? | D. 살나브 / 김교신 | | 근간 |

**【東文選 文藝新書】**

| | | |
|---|---|---|
| 1 저주받은 詩人들 | A. 뻬이르 / 최수철·김종호 | 개정근간 |
| 2 민속문화론서설 | 沈雨晟 | 40,000원 |
| 3 인형극의 기술 | A. 훼도토프 / 沈雨晟 | 8,000원 |
| 4 전위연극론 | J. 로스 에반스 / 沈雨晟 | 12,000원 |
| 5 남사당패연구 | 沈雨晟 | 10,000원 |
| 6 현대영미희곡선(전4권) | N. 코워드 外 / 李辰洙 | 절판 |
| 7 행위예술 | L. 골드버그 / 沈雨晟 | 절판 |
| 8 문예미학 | 蔡 儀 / 姜慶鎬 | 절판 |
| 9 神의 起源 | 何 新 / 洪 熹 | 16,000원 |
| 10 중국예술정신 | 徐復觀 / 權德周 外 | 24,000원 |
| 11 中國古代書史 | 錢存訓 / 金允子 | 14,000원 |
| 12 이미지 — 시각과 미디어 | J. 버거 / 편집부 | 12,000원 |
| 13 연극의 역사 | P. 하트놀 / 沈雨晟 | 절판 |
| 14 詩 論 | 朱光潛 / 鄭相泓 | 9,000원 |
| 15 탄트라 | A. 무케르지 / 金龜山 | 10,000원 |
| 16 조선민족무용기본 | 최승희 | 15,000원 |
| 17 몽고문화사 | D. 마이달 / 金龜山 | 8,000원 |
| 18 신화 미술 제사 | 張光直 / 李 徹 | 10,000원 |
| 19 아시아 무용의 인류학 | 宮尾慈良 / 沈雨晟 | 절판 |
| 20 아시아 민족음악순례 | 藤井知昭 / 沈雨晟 | 5,000원 |
| 21 華夏美學 | 李澤厚 / 權 瑚 | 15,000원 |
| 22 道 | 張立文 / 權 瑚 | 18,000원 |
| 23 朝鮮의 占卜과 豫言 | 村山智順 / 金禧慶 | 15,000원 |
| 24 원시미술 | L. 아담 / 金仁煥 | 16,000원 |
| 25 朝鮮民俗誌 | 秋葉隆 / 沈雨晟 | 12,000원 |
| 26 神話의 이미지 | J. 캠벨 / 扈承喜 | 근간 |
| 27 原始佛敎 | 中村元 / 鄭泰爀 | 8,000원 |
| 28 朝鮮女俗考 | 李能和 / 金尙憶 | 24,000원 |
| 29 朝鮮解語花史(조선기생사) | 李能和 / 李在崑 | 25,000원 |
| 30 조선창극사 | 鄭魯湜 | 7,000원 |
| 31 동양회화미학 | 崔炳植 | 18,000원 |
| 32 性과 결혼의 민족학 | 和田正平 / 沈雨晟 | 9,000원 |
| 33 農漁俗談辭典 | 宋在璇 | 12,000원 |

| | | | |
|---|---|---|---|
| 34 | 朝鮮의 鬼神 | 村山智順 / 金禧慶 | 12,000원 |
| 35 | 道敎와 中國文化 | 葛兆光 / 沈揆昊 | 15,000원 |
| 36 | 禪宗과 中國文化 | 葛兆光 / 鄭相泓・任炳權 | 8,000원 |
| 37 | 오페라의 역사 | L. 오레이 / 류연희 | 절판 |
| 38 | 인도종교미술 | A. 무케르지 / 崔炳植 | 14,000원 |
| 39 | 힌두교의 그림언어 | 안넬리제 外 / 全在星 | 9,000원 |
| 40 | 중국고대사회 | 許進雄 / 洪 憙 | 30,000원 |
| 41 | 중국문화개론 | 李宗桂 / 李宰碩 | 15,000원 |
| 42 | 龍鳳文化源流 | 王大有 / 林東錫 | 25,000원 |
| 43 | 甲骨學通論 | 王宇信 / 李宰碩 | 근간 |
| 44 | 朝鮮巫俗考 | 李能和 / 李在崑 | 20,000원 |
| 45 | 미술과 페미니즘 | N. 부루드 外 / 扈承喜 | 9,000원 |
| 46 | 아프리카미술 | P. 윌레뜨 / 崔炳植 | 절판 |
| 47 | 美의 歷程 | 李澤厚 / 尹壽榮 | 22,000원 |
| 48 | 曼茶羅의 神들 | 立川武藏 / 金龜山 | 19,000원 |
| 49 | 朝鮮歲時記 | 洪錫謨 外 / 李錫浩 | 30,000원 |
| 50 | 하 상 | 蘇曉康 外 / 洪 憙 | 절판 |
| 51 | 武藝圖譜通志 實技解題 | 正 祖 / 沈雨晟・金光錫 | 15,000원 |
| 52 | 古文字學첫걸음 | 李學勤 / 河永三 | 14,000원 |
| 53 | 體育美學 | 胡小明 / 閔永淑 | 10,000원 |
| 54 | 아시아 美術의 再發見 | 崔炳植 | 9,000원 |
| 55 | 曆과 占의 科學 | 永田久 / 沈雨晟 | 8,000원 |
| 56 | 中國小學史 | 胡奇光 / 李宰碩 | 20,000원 |
| 57 | 中國甲骨學史 | 吳浩坤 外 / 梁東淑 | 35,000원 |
| 58 | 꿈의 철학 | 劉文英 / 河永三 | 22,000원 |
| 59 | 女神들의 인도 | 立川武藏 / 金龜山 | 19,000원 |
| 60 | 性의 역사 | J. L. 플랑드렝 / 편집부 | 18,000원 |
| 61 | 쉬르섹슈얼리티 | W. 챠드윅 / 편집부 | 10,000원 |
| 62 | 여성속담사전 | 宋在璇 | 18,000원 |
| 63 | 박재서희곡선 | 朴栽緖 | 10,000원 |
| 64 | 東北民族源流 | 孫進已 / 林東錫 | 13,000원 |
| 65 | 朝鮮巫俗의 硏究(상・하) | 赤松智城・秋葉隆 / 沈雨晟 | 28,000원 |
| 66 | 中國文學 속의 孤獨感 | 斯波六郞 / 尹壽榮 | 8,000원 |
| 67 | 한국사회주의 연극운동사 | 李康列 | 8,000원 |
| 68 | 스포츠인류학 | K. 블랑챠드 外 / 박기동 外 | 12,000원 |
| 69 | 리조복식도감 | 리팔찬 | 절판 |
| 70 | 娼 婦 | A. 꼬르뱅 / 李宗旼 | 22,000원 |
| 71 | 조선민요연구 | 高晶玉 | 30,000원 |
| 72 | 楚文化史 | 張正明 / 南宗鎭 | 26,000원 |
| 73 | 시간, 욕망, 그리고 공포 | A. 코르뱅 / 변기찬 | 18,000원 |
| 74 | 本國劍 | 金光錫 | 40,000원 |
| 75 | 노트와 반노트 | E. 이오네스코 / 박형섭 | 절판 |

| | | | |
|---|---|---|---|
| 76 | 朝鮮美術史研究 | 尹喜淳 | 7,000원 |
| 77 | 拳法要訣 | 金光錫 | 30,000원 |
| 78 | 艸衣選集 | 艸衣意恂 / 林鍾旭 | 14,000원 |
| 79 | 漢語音韻學講義 | 董少文 / 林東錫 | 10,000원 |
| 80 | 이오네스코 연극미학 | C. 위베르 / 박형섭 | 9,000원 |
| 81 | 중국문자훈고학사전 | 全廣鎭 편역 | 23,000원 |
| 82 | 상말속담사전 | 宋在璇 | 10,000원 |
| 83 | 書法論叢 | 沈尹默 / 郭魯鳳 | 8,000원 |
| 84 | 침실의 문화사 | P. 디비 / 편집부 | 9,000원 |
| 85 | 禮의 精神 | 柳肅 / 洪熹 | 20,000원 |
| 86 | 조선공예개관 | 沈雨晟 편역 | 30,000원 |
| 87 | 性愛의 社會史 | J. 솔레 / 李宗旼 | 18,000원 |
| 88 | 러시아미술사 | A. I. 조토프 / 이건수 | 22,000원 |
| 89 | 中國書藝論文選 | 郭魯鳳 選譯 | 25,000원 |
| 90 | 朝鮮美術史 | 關野貞 / 沈雨晟 | 근간 |
| 91 | 美術版 탄트라 | P. 로슨 / 편집부 | 8,000원 |
| 92 | 쿤달리니 | A. 무케르지 / 편집부 | 9,000원 |
| 93 | 카마수트라 | 바짜야나 / 鄭泰爀 | 10,000원 |
| 94 | 중국언어학총론 | J. 노먼 / 全廣鎭 | 18,000원 |
| 95 | 運氣學說 | 任應秋 / 李宰碩 | 8,000원 |
| 96 | 동물속담사전 | 宋在璇 | 20,000원 |
| 97 | 자본주의의 아비투스 | P. 부르디외 / 최종철 | 10,000원 |
| 98 | 宗敎學入門 | F. 막스 뮐러 / 金龜山 | 10,000원 |
| 99 | 변 화 | P. 바츨라빅크 外 / 박인철 | 10,000원 |
| 100 | 우리나라 민속놀이 | 沈雨晟 | 15,000원 |
| 101 | 歌訣(중국역대명언경구집) | 李宰碩 편역 | 20,000원 |
| 102 | 아니마와 아니무스 | A. 융 / 박해순 | 8,000원 |
| 103 | 나, 너, 우리 | L. 이리가라이 / 박정오 | 12,000원 |
| 104 | 베케트연극론 | M. 푸크레 / 박형섭 | 8,000원 |
| 105 | 포르노그래피 | A. 드워킨 / 유혜련 | 12,000원 |
| 106 | 셸 링 | M. 하이데거 / 최상욱 | 12,000원 |
| 107 | 프랑수아 비용 | 宋勉 | 18,000원 |
| 108 | 중국서예 80제 | 郭魯鳳 편역 | 16,000원 |
| 109 | 性과 미디어 | W. B. 키 / 박해순 | 12,000원 |
| 110 | 中國正史朝鮮列國傳(전2권) | 金聲九 편역 | 120,000원 |
| 111 | 질병의 기원 | T. 매큐언 / 서 일·박종연 | 12,000원 |
| 112 | 과학과 젠더 | E. F. 켈러 / 민경숙·이현주 | 10,000원 |
| 113 | 물질문명·경제·자본주의 | F. 브로델 / 이문숙 外 | 절판 |
| 114 | 이탈리아인 태고의 지혜 | G. 비코 / 李源斗 | 8,000원 |
| 115 | 中國武俠史 | 陳山 / 姜鳳求 | 18,000원 |
| 116 | 공포의 권력 | J. 크리스테바 / 서민원 | 23,000원 |
| 117 | 주색잡기속담사전 | 宋在璇 | 15,000원 |

| | | | |
|---|---|---|---|
| 118 | 죽음 앞에 선 인간(상·하) | P. 아리에스 / 劉仙子 | 각권 8,000원 |
| 119 | 철학에 대하여 | L. 알튀세르 / 서관모·백승욱 | 12,000원 |
| 120 | 다른 곳 | J. 데리다 / 김다은·이혜지 | 10,000원 |
| 121 | 문학비평방법론 | D. 베르제 外 / 민혜숙 | 12,000원 |
| 122 | 자기의 테크놀로지 | M. 푸코 / 이희원 | 16,000원 |
| 123 | 새로운 학문 | G. 비코 / 李源斗 | 22,000원 |
| 124 | 천재와 광기 | P. 브르노 / 김웅권 | 13,000원 |
| 125 | 중국은사문화 | 馬 華·陳正宏 / 강경범·천현경 | 12,000원 |
| 126 | 푸코와 페미니즘 | C. 라마자노글루 外 / 최 영 外 | 16,000원 |
| 127 | 역사주의 | P. 해밀턴 / 임옥희 | 12,000원 |
| 128 | 中國書藝美學 | 宋 民 / 郭魯鳳 | 16,000원 |
| 129 | 죽음의 역사 | P. 아리에스 / 이종민 | 18,000원 |
| 130 | 돈속담사전 | 宋在璇 편 | 15,000원 |
| 131 | 동양극장과 연극인들 | 김영무 | 15,000원 |
| 132 | 生育神과 性巫術 | 宋兆麟 / 洪 熹 | 20,000원 |
| 133 | 미학의 핵심 | M. M. 이턴 / 유호전 | 14,000원 |
| 134 | 전사와 농민 | J. 뒤비 / 최생열 | 18,000원 |
| 135 | 여성의 상태 | N. 에니크 / 서민원 | 22,000원 |
| 136 | 중세의 지식인들 | J. 르 고프 / 최애리 | 18,000원 |
| 137 | 구조주의의 역사(전4권) | F. 도스 / 이봉지 外 | 각권 15,000원 |
| 138 | 글쓰기의 문제해결전략 | L. 플라워 / 원진숙·황정현 | 20,000원 |
| 139 | 음식속담사전 | 宋在璇 편 | 16,000원 |
| 140 | 고전수필개론 | 權 瑚 | 16,000원 |
| 141 | 예술의 규칙 | P. 부르디외 / 하태환 | 23,000원 |
| 142 | "사회를 보호해야 한다" | M. 푸코 / 박정자 | 20,000원 |
| 143 | 페미니즘사전 | L. 터틀 / 호승희·유혜련 | 26,000원 |
| 144 | 여성심벌사전 | B. G. 워커 / 정소영 | 근간 |
| 145 | 모데르니테 모데르니테 | H. 메쇼닉 / 김다은 | 20,000원 |
| 146 | 눈물의 역사 | A. 벵상뷔포 / 이자경 | 18,000원 |
| 147 | 모더니티입문 | H. 르페브르 / 이종민 | 24,000원 |
| 148 | 재생산 | P. 부르디외 / 이상호 | 18,000원 |
| 149 | 종교철학의 핵심 | W. J. 웨인라이트 / 김희수 | 18,000원 |
| 150 | 기호와 몽상 | A. 시몽 / 박형섭 | 22,000원 |
| 151 | 융분석비평사전 | A. 새뮤얼 外 / 민혜숙 | 16,000원 |
| 152 | 운보 김기창 예술론연구 | 최병식 | 14,000원 |
| 153 | 시적 언어의 혁명 | J. 크리스테바 / 김인환 | 20,000원 |
| 154 | 예술의 위기 | Y. 미쇼 / 하태환 | 15,000원 |
| 155 | 프랑스사회사 | G. 뒤프 / 박 단 | 16,000원 |
| 156 | 중국문예심리학사 | 劉偉林 / 沈揆昊 | 30,000원 |
| 157 | 무지카 프라티카 | M. 캐넌 / 김혜중 | 25,000원 |
| 158 | 불교산책 | 鄭泰爀 | 20,000원 |
| 159 | 인간과 죽음 | E. 모랭 / 김명숙 | 23,000원 |

| | | | |
|---|---|---|---|
| 160 | 地中海(전5권) | F. 브로델 / 李宗旼 | 근간 |
| 161 | 漢語文字學史 | 黃德實·陳秉新 / 河永三 | 24,000원 |
| 162 | 글쓰기와 차이 | J. 데리다 / 남수인 | 28,000원 |
| 163 | 朝鮮神事誌 | 李能和 / 李在崑 | 근간 |
| 164 | 영국제국주의 | S. C. 스미스 / 이태숙·김종원 | 16,000원 |
| 165 | 영화서술학 | A. 고드로·F. 조스트 / 송지연 | 17,000원 |
| 166 | 美學辭典 | 사사키 겡이치 / 민주식 | 22,000원 |
| 167 | 하나이지 않은 성 | L. 이리가라이 / 이은민 | 18,000원 |
| 168 | 中國歷代書論 | 郭魯鳳 譯註 | 25,000원 |
| 169 | 요가수트라 | 鄭泰爀 | 15,000원 |
| 170 | 비정상인들 | M. 푸코 / 박정자 | 25,000원 |
| 171 | 미친 진실 | J. 크리스테바 外 / 서민원 | 25,000원 |
| 172 | 디스탱숑(상·하) | P. 부르디외 / 이종민 | 근간 |
| 173 | 세계의 비참(전3권) | P. 부르디외 外 / 김주경 | 각권 26,000원 |
| 174 | 수묵의 사상과 역사 | 崔炳植 | 근간 |
| 175 | 파스칼적 명상 | P. 부르디외 / 김웅권 | 22,000원 |
| 176 | 지방의 계몽주의 | D. 로슈 / 주명철 | 30,000원 |
| 177 | 이혼의 역사 | R. 필립스 / 박범수 | 25,000원 |
| 178 | 사랑의 단상 | R. 바르트 / 김희영 | 근간 |
| 179 | 中國書藝理論體系 | 熊秉明 / 郭魯鳳 | 23,000원 |
| 180 | 미술시장과 경영 | 崔炳植 | 16,000원 |
| 181 | 카프카—소수적인 문학을 위하여 | G. 들뢰즈·F. 가타리 / 이진경 | 13,000원 |
| 182 | 이미지의 힘—영상과 섹슈얼리티 | A. 쿤 / 이형식 | 13,000원 |
| 183 | 공간의 시학 | G. 바슐라르 / 곽광수 | 근간 |
| 184 | 랑데부—이미지와의 만남 | J. 버거 / 임옥희·이은경 | 18,000원 |
| 185 | 푸코와 문학—글쓰기의 계보학을 향하여 | S. 듀링 / 오경심·홍유미 | 근간 |
| 186 | 각색, 연극에서 영화로 | A. 엘보 / 이선형 | 16,000원 |
| 187 | 폭력과 여성들 | C. 도펭 外 / 이은민 | 18,000원 |
| 188 | 하드 바디—할리우드 영화에 나타난 남성성 | S. 제퍼드 / 이형식 | 18,000원 |
| 189 | 영화의 환상성 | J.-L. 뢰트라 / 김경온·오일환 | 18,000원 |
| 190 | 번역과 제국 | D. 로빈슨 / 정혜욱 | 16,000원 |
| 191 | 그라마톨로지에 대하여 | J. 데리다 / 김웅권 | 근간 |
| 192 | 보건 유토피아 | R. 브로만 外 / 서민원 | 근간 |
| 193 | 현대의 신화 | R. 바르트 / 이화여대기호학연구소 | 20,000원 |
| 194 | 중국회화백문백답 | 郭魯鳳 | 근간 |
| 195 | 고서화감정개론 | 徐邦達 / 郭魯鳳 | 근간 |
| 196 | 상상의 박물관 | A. 말로 / 김웅권 | 근간 |
| 197 | 부빈의 일요일 | J. 뒤비 / 최생열 | 22,000원 |
| 198 | 아인슈타인의 최대 실수 | D. 골드스미스 / 박범수 | 16,000원 |
| 199 | 유인원, 사이보그, 그리고 여자 | D. 해러웨이 / 민경숙 | 25,000원 |
| 200 | 공동생활 속의 개인주의 | F. 드 생글리 / 최은영 | 근간 |
| 201 | 기식자 | M. 세르 / 김웅권 | 24,000원 |

| | | | |
|---|---|---|---|
| 202 연극미학 — 플라톤에서 브레히트까지의 텍스트들 | J. 셰레 外 / 홍지화 | 근간 |
| 203 철학자들의 신(전2권) | W. 바이셰델 / 최상욱 | 근간 |
| 204 고대세계의 정치 | M. I 포리 / 최생열 | 근간 |
| 205 프란츠 카프카의 고독 | M. 로베르 / 이창실 | 근간 |
| 206 문화 학습 — 실천적 입문서 | J. 자일즈·T. 미들턴 / 장성희 | 근간 |
| 207 호모 아카데미쿠스 | P. 부르디외 / 임기대 | 근간 |
| 208 朝鮮槍棒敎程 | 金光錫 | 40,000원 |
| 209 자유의 순간 | P. M. 코헨 / 최하영 | 16,000원 |
| 210 밀교의 세계 | 鄭泰爀 | 16,000원 |
| 211 토탈 스크린 | J. 보드리야르 / 배영달 | 19,000원 |
| 212 영화와 문학의 서술학 | F. 바누아 / 송지연 | 근간 |
| 213 텍스트의 즐거움 | R. 바르트 / 김희영 | 15,000원 |
| 214 영화의 직업들 | B. 라트롱슈 / 김경온·오일환 | 근간 |
| 215 소설과 신화 | 이용주 | 15,000원 |
| 216 문화와 계급 — 부르디외와 한국 사회 | 홍성민 外 | 18,000원 |
| 217 작은 사건들 | R. 바르트 / 김주경 | 근간 |
| 218 연극분석입문 | J. -P. 링가르 / 박형섭 | 근간 |
| 219 푸코 | G. 들뢰즈 / 허 경 | 근간 |
| 220 우리나라 도자기와 가마터 | 宋在璇 | 근간 |

### 【기 타】

| | | | |
|---|---|---|---|
| ▨ 모드의 체계 | R. 바르트 / 이화여대기호학연구소 | 18,000원 |
| ▨ 라신에 관하여 | R. 바르트 / 남수인 | 10,000원 |
| ▨ 說 苑 (上·下) | 林東錫 譯註 | 각권 30,000원 |
| ▨ 晏子春秋 | 林東錫 譯註 | 30,000원 |
| ▨ 西京雜記 | 林東錫 譯註 | 20,000원 |
| ▨ 搜神記 (上·下) | 林東錫 譯註 | 각권 30,000원 |
| ■ 경제적 공포〔메디시스賞 수상작〕 | V. 포레스테 / 김주경 | 7,000원 |
| ■ 古陶文字徵 | 高 明·葛英會 | 20,000원 |
| ■ 古文字類編 | 高 明 | 절판 |
| ■ 金文編 | 容 庚 | 36,000원 |
| ■ 고독하지 않은 홀로되기 | P. 들레름·M. 들레름 / 박정오 | 8,000원 |
| ■ 그리하여 어느날 사랑이여 | 이외수 편 | 4,000원 |
| ■ 딸에게 들려 주는 작은 지혜 | N. 레흐레이트너 / 양영란 | 6,500원 |
| ■ 노력을 대신하는 것은 없다 | R. 쉬이 / 유혜련 | 5,000원 |
| ■ 노블레스 오블리주 | 현택수 사회비평집 | 7,500원 |
| ■ 미래를 원한다 | J. D. 로스네 / 문 선·김덕희 | 8,500원 |
| ■ 사랑의 존재 | 한용운 | 3,000원 |
| ■ 산이 높으면 마땅히 우러러볼 일이다 | 유 향 / 임동석 | 5,000원 |
| ■ 서기 1000년과 서기 2000년 그 두려움의 흔적들 | J. 뒤비 / 양영란 | 8,000원 |
| ■ 서비스는 유행을 타지 않는다 | B. 바게트 / 정소영 | 5,000원 |
| ■ 선종이야기 | 홍 희 편저 | 8,000원 |

東文選 文藝新書 125

# 중국은사문화

馬 華・陳正宏 지음
姜炅範・千賢耕 옮김

중국에는 이 세상에서 은사가 가장 많았고, 그 은사들의 생활은 〈숨김(隱)〉으로 인해 더욱 신비스럽게 되었다. 이 책은 은사계층의 형성에서부터 은사문화의 특징에 이르기까지 구체적이고 생동감 넘치는 수많은 사례를 인용하였으며, 은사의 성격과 기호・식사・의복・주거・혼인・교유・예술활동 등을 다각도로 보여 준다. 또한 각양각색의 다양한 은사들, 즉 부귀공명을 깔보았던 〈世襲隱士〉, 험한 세상 일은 겪지 않고 홀로 수양한 〈逸民〉, 부침이 심한 벼슬살이에서 용감하게 물러난 조정의 신하, 황제의 곡식을 먹느니 차라리 굶어죽기를 원했던 〈居士〉, 入朝하여 정치에 참여했던 〈산 속의 재상〉, 총애를 받고 권력을 휘두른 〈處士〉, 그리고 기꺼이 은거했던 황족이나 귀족 등 다양한 은사들의 다양한 은거생활과 운명에 대해 서술하였다. 그들 중에는 혼자서 은거한 〈獨隱〉도 있으며, 형제간이나 부부・부자나 모자 등 둘이서 은거한 〈對隱〉도 있으며, 셋이나 다섯에서 시모임(詩社)이나 글모임(文社)을 이루어 함께 은거하는 경우도 있었다. 그들은 대부분 산 속 동굴에 숨어 살거나, 시골 오두막에 깃들거나, 산에서 들짐승과 함께 평화롭게 살거나, 혹은 시체 구더기와 한방에서 산 사람도 있었다. 이들은 소박한 차와 식사를 했지만 정신만은 부유하여, 혹 산수시화에 마음을 두고 스스로 즐기거나 物外의 경지로 뛰어넘어 한가롭고 깨끗하게 지냈으며, 심지어는 마음이 맑고 욕심이 적어 평생 아내를 맞이하지 않기도 하였다. 이 책은 은사생활의 모든 면을 보여 주는 동시에, 중국 고대 사회에서 은사들이 점했던 특수한 지위와 중국 문화에 은사 문화가 미친 영향 등에 대해 깊이 있는 연구를 진행하였다. 풍부하고 생생한 내용에 재미있는 일화도 있지만, 깊이 있는 견해 또한 적지않다. 중국 문화의 심층을 이해하는 데 상당한 도움을 줄 것이다.

| | | |
|---|---|---|
| ■ 섬으로 흐르는 역사 | 김영희 | 10,000원 |
| ■ 세계사상 | | 창간호~3호: 각권 10,000원 / 4호: 14,000원 |
| ■ 십이속상도안집 | 편집부 | 8,000원 |
| ■ 어린이 수묵화의 첫걸음(전6권) | 趙 陽 / 편집부 | 각권 5,000원 |
| ■ 오늘 다 못다한 말은 | 이외수 편 | 7,000원 |
| ■ 오블라디 오블라다, 인생은 브래지어 위를 흐른다 | 무라카미 하루키 / 김난주 | 7,000원 |
| ■ 인생은 앞유리를 통해서 보라 | B. 바게트 / 박해순 | 5,000원 |
| ■ 잠수복과 나비 | J. D. 보비 / 양영란 | 6,000원 |
| ■ 천연기념물이 된 바보 | 최병식 | 7,800원 |
| ■ 原本 武藝圖譜通志 | 正祖 命撰 | 60,000원 |
| ■ 隸字編 | 洪鈞陶 | 40,000원 |
| ■ 테오의 여행 (전5권) | C. 클레망 / 양영란 | 각권 6,000원 |
| ■ 한글 설원 (상·중·하) | 임동석 옮김 | 각권 7,000원 |
| ■ 한글 안자춘추 | 임동석 옮김 | 8,000원 |
| ■ 한글 수신기 (상·하) | 임동석 옮김 | 각권 8,000원 |

【이외수 작품집】

| | | |
|---|---|---|
| ■ 겨울나기 | 창작소설 | 7,000원 |
| ■ 그대에게 던지는 사랑의 그물 | 에세이 | 7,000원 |
| ■ 꿈꾸는 식물 | 장편소설 | 7,000원 |
| ■ 내 잠 속에 비 내리는데 | 에세이 | 7,000원 |
| ■ 들 개 | 장편소설 | 7,000원 |
| ■ 말더듬이의 겨울수첩 | 에스프리모음집 | 7,000원 |
| ■ 벽오금학도 | 장편소설 | 7,000원 |
| ■ 장수하늘소 | 창작소설 | 7,000원 |
| ■ 칼 | 장편소설 | 7,000원 |
| ■ 풀꽃 술잔 나비 | 서정시집 | 4,000원 |
| ■ 황금비늘 (1·2) | 장편소설 | 각권 7,000원 |

【조병화 작품집】

| | | |
|---|---|---|
| ■ 공존의 이유 | 제11시집 | 5,000원 |
| ■ 그리운 사람이 있다는 것은 | 제45시집 | 5,000원 |
| ■ 길 | 애송시모음집 | 10,000원 |
| ■ 개구리의 명상 | 제40시집 | 3,000원 |
| ■ 꿈 | 고희기념자선시집 | 10,000원 |
| ■ 따뜻한 슬픔 | 제49시집 | 5,000원 |
| ■ 버리고 싶은 유산 | 제 1시집 | 3,000원 |
| ■ 사랑의 노숙 | 애송시집 | 4,000원 |
| ■ 사랑의 여백 | 애송시화집 | 5,000원 |
| ■ 사랑이 가기 전에 | 제 5시집 | 4,000원 |
| ■ 남은 세월의 이삭 | 제 52시집 | 6,000원 |
| ■ 시와 그림 | 애장본시화집 | 30,000원 |

東文選 文藝新書 18

# 신화, 미술, 제사

張光直 지음
李　徹 옮김

　신화·예술·정치를 통해서 본 중국 고대 문명의 기원과 그 특징.

　아득한 고대로부터 현재에 이르기까지 중국 문명은 전세계 문명의 체계 중 어떠한 지위를 차지하고 있을까? 그것의 가치는 어디에 있으며, 그 특징은 무엇인가? 이 모든 것은 지금도 변화하고 있는 문화환경 속에 처해 있는 사람들이 생각지 않을 수 없는 문제이다. 본서의 저자는 이에 대해 특수한 각도에서 우리에게 명확한 해답을 제시해 준다. 아울러 그는 중국 문명의 기원이 되는 관건은 정치적 권위의 흥기와 발전에 있다고 보면서 이러한 정치 권력은 주로 도덕·종교, 희귀한 자원의 독점 등의 수단으로 취득하는데, 그 중 가장 중요한 것은 하늘과 땅, 인간과 신을 소통시켜 주는 수단의 독점이라고 피력하면서 세심한 논증을 하였다.
　저자는 고대 중국에서 정치적 권위를 획득하는 데 있어 필수 불가결한 조건들로서 씨족·제사·예술·문자·도덕적 권위·무력·재력 등을 나열하고, 그것들의 내용 및 상관관계를 추적하고 있다. 그 서술방식이 간결명료하고 긴밀히 연결되어 있어 어느 한 구절도 그냥 지나칠 수 없으며, 곳곳에서 저자의 참신한 견해를 만날 수 있게 된다. 특히 제4장에서 청동기 위에 새겨진 동물 문양과 정치 권위 및 종교 행위와의 관계를 설명한 부분은 가히 독보적인 견해라고 할 수 있다.

東文選 文藝新書 156

# 중국문예심리학사

劉偉林 / 심규호 옮김

《중국문예심리학사》는 중국의 문예심리학 연구성과를 바탕으로 중국 각 시대의 문예심리를 조망하고 있는 논저이다. 저자는 "문학사는 일종의 심리학이며 영혼의 역사이다"라는 관점에 근거하여, 문예창작과 감상은 인간의 심리활동과 불가분의 관계에 있다는 원리를 고수하고 있다. 또한 심리학과 미학, 그리고 예술학을 상호 결합시키면서 先秦時代부터 시작하여 兩漢·魏晉南北朝·唐宋·明淸·近代에 이르기까지 전 역사과정을 6장으로 나누어, 중국 고대 2천여 년의 대표적인 문론가·미학가의 문예심리학 관점을 논술하고, 아울러 당시대의 시가·소설·희곡·서법·회화 등의 예술형식에 관한 문예심리학의 발전과정을 논술하고 있다.

이 책의 장점은 무엇보다도 문예심리학이라는 일관된 관점 속에서 방대한 자료에 대하여 심도 있고 독특한 해석과 논의를 진행하고 있다는 점이다. 또한 방법론에 있어서도 중국뿐만 아니라 서양의 문예심리학 이론을 아우르고 있다는 점에서 상호 비교는 물론이고, 고전 이론의 현대적 해석에 도움을 줄 수 있을 것이다.

이 책은 중국문예심리학 관련 연구에 있어 독창성과 더불어 최초의 史的 연구라는 점에서 많은 이들의 격려와 찬사를 받은 바 있다. 이 책은 문예심리학이라는 학문에 대하여 보다 쉽게 접근할 수 있는 계기가 될 것이고, 일반적으로 문학연구에서 도외시한 書論과 畵論 등을 詩·文論 등과 함께 다루고 있기 때문에 각 시대의 문예 상황에 대한 보다 심도 있는 연구에 큰 도움을 줄 것이다. 지금까지 우리나라에 소개된 개괄적인 중국문학이론사에서 한 걸음 더 나아가, 본서는 중국 문예이론에 대한 전반적인 이해와 더불어 독특한 심리학 관점에 의한 다각적인 문예연구의 새로운 지평을 열어 줄 것이라고 확신한다.

東文選 文藝新書 21

# 華夏美學

李澤厚 지음
權 瑚 옮김

문학예술과 철학사상을 심도 있게 다룬 중국 미학서.

　화하미학은 유가사상을 주체로 하는 중국의 전통 미학을 가리킨다. 그 주요 특징은 美와 眞의 관계에 있는 것이 아니고, 美와 善의 관계에 있다.
　작자는 이러한 미학사상에는 유구하고 견실한 역사적 근원이 있으며, 그것은 非酒神型적 禮樂 전통을 계승하여 발전시켰다고 생각했다. 2천 년대 화하미학 중의 몇 가지 기본 관점과 범주, 그것이 해결하고자 하는 문제, 그것이 포함하고 있는 모순과 충돌은, 이미 이 전통 근원 속에 내재되어 있었다.
　사회와 자연・정감과 형식・예술과 정치・하늘과 인간 등등의 관계를 어떻게 처리하고, 자연의 인간화를 어떻게 이해할 것인가 하는, 이러한 것들은 일반 미학의 보편적인 문제일 뿐만 아니라, 동시에 또한 화하미학의 중심이 있는 곳이기도 하다.
　작자는 고대의 禮樂, 공맹의 人道, 장자의 逍遙, 굴원의 深情, 禪宗의 形上추구를 차례로 논술하여, 다음과 같은 결론을 얻었다.
　중국의 철학미학과 문예・윤리정치 등등에 이르기까지는 모두 일종의 심리주의에 기초하여 세워졌는데, 이러한 심리주의는 어떤 경험과학의 대상이 아니고, 情感을 본체로 하는 철학 명제였다. 이 본체는 신령도 아니고 하나님도 아니며 법률도 아니고 理知도 아닌, 情理가 상호 교융하는 人性 심리이다. 그것은 초월할 뿐만 아니라 내재하기도 하고, 감성적인 것일 뿐만 아니라 초감성적이기도 한, 審美적 形上學이다.

東文選 文藝新書 58

# 꿈의 철학
## -꿈의 미신, 꿈의 탐색

劉文英 지음
何永三 옮김

　꿈의 미신과 꿈의 탐색은 종교와 과학이라는 서로 다른 두 개의 범주에 속한다. 저자는 꿈의 미신에서 占夢의 기원과 발전, 占夢術의 비밀과 流傳, 꿈에 대한 갖가지 실례와 해석을 들어 고대인들의 꿈에 대한 미신을 종교학적 측면에서 다루고 있으며, 꿈의 탐색에서는 꿈의 본질과 특징, 꿈에 관한 구체적 문제들과 꿈을 꾸는 생리적·정신적 원인들에 관한 토론을 계통적으로 연구하고 있다.

　프로이트 이후 최대의 업적으로 평가받고 있는 이 책은, 그동안 꿈에 대한 서양식의 절름발이 해석에서 벗어나 동양인의 서양인과는 다른 독특한 사유구조와 이에 반영되어 있는 문화체계를 이해하는 데에 크게 도움을 줄 것이다. 꿈에 대한 미신은 인간의 꿈에 대한 일종의 몽매성을 반영하고 있으므로 해서 중국 문화를 연구하는 현대 학자들은 오랫동안 일고의 가치도 없는 것으로 여겨 왔다. 그러나 꿈에 대한 미신은 하나의 문화현상으로 그 역사적인 측면에서도 매우 오래 된 원류를 갖고 있을 뿐만 아니라, 사회생활과 사회심리학적인 수많은 부분에 대해 영향을 미쳐 왔으니 만큼, 각종의 다른 종교를 대하는 것과 마찬가지로 진지하게 이를 분석하고 연구해야 할 것이다.
　이 책의 저자는 오랫동안 중국 고대 철학을 전공한 학자로서 꿈에 관련된 갖가지 문화현상을 둘러보고, 그로부터 고대 중국인들의 심리상태와 그들이 추구하고자 했던 바와 사유방식 등을 이해하고자 하였다. 이를 위해 저자는 중국 고대 해몽의 기원과 발전에서부터 현대의 꿈에 대한 정신적 분석에 이르기까지 방대한 자료와 해박한 지식으로 명쾌하게 꿈을 분석해 나가고 있다.

東文選 文藝新書 9

# 神의 起源

何 新 지음
洪 熹 옮김

문화란 단층이나 돌연변이를 낳지 않는다. 따라서 중국의 상고시대에 대한 연구는 신화의 바른 해석에서부터 시작되어야 하며, 그 방법은 고고학·인류학·민속학·민족학은 물론 언어학까지 총동원되어야 한다. 그래야만 과학적 접근을 통한 인간 삶의 본연의 모습을 오늘에 적용할 수 있기 때문이다.

중국의 소장학자 何新이 쓴 《神의 起源》은 문자의 훈고와 언어 연구를 기초로 한 실증적 방법과 많은 문헌 고고자료를 토대로 중국 상고의 태양신 숭배를 중심으로 중국의 원시신화, 종교 및 기본적 철학 관념의 기원을 계통적으로 거슬러 올라가 탐구하고 있다.

'뿌리를 찾는 책'이라는 저자의 말처럼 이 책은 중국 고대 신화계통에 대한 심층구조의 탐색을 통하여 중국 전통문화의 뿌리가 되는 곳을 찾아보려 하고 있다. 즉 본래의 모습을 찾되 단절되거나 편린에 그친 현상의 나열이 아님을 강조한 것이다.

이 때문에 그는 이 책의 체제도 우선 총 20여 장으로 나누고 있다. 그 속에는 원시신화 연구의 방법론과 자신의 입장을 밝힌 十字紋樣과 太陽神 부분을 포함하고, 민족문제와 황제, 혼인과 생식, 龍과 鳳에 대한 재해석, 지리와 우주에 대한 인식, 음양논리의 발생, 숫자와 五行의 문제 등을 고대문자와 언어를 과학적으로 분석하여 근거로 제시했으며, 여러 문헌의 기록도 철저히 재조명해 현대적 해석에 이용하고 있다.

그외에도 원시문자와 각종 문양 및 와당의 무늬 등 삽화자료는 물론, 세계 여러 곳의 동굴 벽화까지도 최대한 동원하고 있다. 특히 도표와 도식·지도까지 내세워 신화와 원시사회의 연관관계를 밝힌 점은 아주 새로운 구조적 분석이라 할 수 있다. 이렇게 하여 그는 일반적 서술 위주의 학술문장이 자칫 범하기 쉬운 '가시적 근거의 결핍'을 극복하고 있다.

東文選 文藝新書 72

# 초문화사

장정밍 / 남종진 옮김

고대의 중국 문화는 다원복합적인 것으로 그 주체가 되는 화하華夏 문화에 대해 말하자면 이원복합적이다. 여기에서 '이원'이란 간단히 말해서 북방 문화와 남방 문화를 의미한다. 만약 춘추 전국 시대로 한정짓는다면 황하 중·하류 문화와 장강 중·하류 문화를 가리킨다. 북방은 산천이 웅장하고, 남방은 경치가 아름답다. 초楚는 남방의 표준이다. 황제黃帝의 신성함과 염제炎帝의 광괴狂怪함 가운데 초민족은 염제 계통에 속한다. 용龍은 위엄 있고 씩씩하여 왠지 두려움을 느끼게 되고 봉鳳은 빼어나고 아름다워 가까이할 만한데, 초는 용을 억누르고 봉을 발양하였다. 유가儒家는 윤리를 중시하고 도가道家는 철리哲理를 중시하였는데, 초는 도가의 고향이다. 《시경詩經》은 바르면서도 꽃과 같고 초사楚辭는 독특하면서도 고운데, 초는 초사의 온상이다.

예로부터 중국의 고대 문화를 논하는 사람들은 대부분 북방을 중시하고 남방을 경시하였으며, 황하를 중시하고 장강을 경시하였다. 또 황제를 중시하고 염제를 무시하였으며, 용을 중시하고 봉을 경시하였으며, 유가를 중시하고 도가를 경시하였다. 따지고 보면 그래도 초사만이 《시경》에 필적할 수 있었을 뿐이다. 그러나 초사는 많은 비난 또한 함께 받아 온 반면 《시경》은 예로부터 찬양만을 받아 왔다.

초문화가 처음 그 모습을 드러냈을 당시에는 중원中原 문화의 말류와 초만楚蠻 문화의 잔영이 뒤섞인 것에 지나지 않아 특색도 두드러지지 않고, 수준 또한 높지 못하여 관심의 대상조차 되지 못했다. 춘추 중기는 초문화가 풍운을 만난 시기로, 이때부터 초문화는 새로운 면모를 드러내면서 중원 문화와 각축을 벌였고, 마침내는 우세한 자리를 차지하게 되었다. 이러한 융합, 성장, 발흥, 전화의 과정에 나타난 문화 발전의 법칙은 자못 흥미롭다.

東文選 文藝新書 161

# 漢語文字學史

黃德寬·陳秉新 지음
河永三 옮김

국내에 최초로 소개되는 중국문자학사.

　한자는 매우 오랜 역사를 가지고 있으며, 한자에 대한 연구 또한 깊디깊은 연원을 갖고 있다. 그러나 한자 연구사를 비교적 전체적으로 총결한 저작은 중국에서도 매우 드물다.
　본서는 첫째, 중국한자학의 발생과 발전이라는 문화를 배경으로 삼아 한자학의 역사를 인식해 보고자 하였다. 왜냐하면 문화와 학술의 한 현상으로서 한자학이라는 것의 발생과 발전은 결국 일정한 시대의 역사와 문화 및 학술사상의 변천과 밀접한 관련을 맺고 있기 때문이다.
　둘째, 자료의 선택이라는 측면에서 우리는 한자학이라는 기본적인 틀에서 출발하여 한자학 발전을 가장 대표할 만한 것과 관련된 내용을 선별적으로 채택하여 이의 역사를 서술하였다.
　셋째, 한자학의 역사와 시기구분적인 측면에 있어서 우리는 학술발전의 내재적 관계에 치중했다. 시기구분이라는 것은 학술사를 찬술할 때 맞부딪치는 가장 중요하고도 근본적인 임무의 하나이다. 한자 연구의 역사를 단순한 왕조별 구분사가 아닌 한자학 발전의 내재적 관계에 근거해 이를 창립·침체·진흥·개척발전 등과 같은 주제에 의한 시기구분법을 도입함으로써 한자학 연구사의 흐름을 한자 자체의 발전과 연계지어 이해 가능하도록 했다는 점이다.
　넷째, 통시적 성질을 지닌 한자학에 관한 저작이기 때문에 거시적인 파악에 기초하여 요점을 간단명료하게 제시하되 논리정연해야 함은 물론 세밀한 분석과 깊이 있는 탐구를 병행하였다.
　끝으로 한자학 연구의 개별적 성과물이나 인물 중심의 소재가 아닌 한자학의 이론을 중심으로 서술함으로써 한자학 연구의 이해를 더욱 체계적으로 개괄 가능케 하였다는 점을 특징으로 들 수 있겠다.

東文選 文藝新書 11

# 中國古代書史

錢存訓 지음
金允子 옮김

　인쇄술의 발명과 중국의 도서사업에 관해 해외의 학자들이 적지않은 연구를 하였으나, 인쇄술 발명 전의 중국 서적사에 대해서는 계통적인 논술이 대단히 결여되어 있다. 왜냐하면 인쇄술 발명 전의 중국 서적은 근 2천 년의 역사가 있으나 문자로 기록된 자료가 너무 광범위한데다 잡다하게 흩어져 있고, 중국적 특색을 갖춘 서적의 형식과 제도의 형성이 변천하는 과정이었기 때문이다. 그런 까닭에 잡다한 자료 가운데서 실마리를 찾아내고, 그 발전 규율을 밝히고자 생각하여도 해박한 지식과 정밀한 연구방법이 없으면 사실 손을 대기가 쉽지 않다. 전존훈은 이 문제에 대해 깊이 있는 연구로써 그 방면의 공백을 메웠다. 이 책은 중국 인쇄술 발명 이전의 문자기록과 서적제도를 연구한 전문저작이다.
　그는 먼저 중국 고대 전적의 가치와 그 변천하는 사회 배경 및 학술 요소를 개략적으로 서술하고, 그뒤에 분야별로 갑골·금문·도기·석각·죽각·목독·겸백 그리고 紙卷의 기원과 내용·성질·기재방법·제작형식과 배열·편집의 제도 등을 탐구·토론하였고, 사회생산력과 학술사상의 배경적인 측면에서 그들의 발전·변천 및 전후 계승관계를 분석하였다. 책 속에서 또한 중국 특유의 서사도구인 붓·먹·벼루·書刀 등을 전문적으로 소개하여 그들의 연원·응용·제조와 발전에 대해 논술하였다. 책의 자료가 풍부하고 내용이 충실하며 서술이 상세하고 견해가 정밀하여 중국 고대 서사의 발전 면모를 생동감 있고 깊이 있게 독자들의 눈앞에 펼쳐 보이고 있으며, 중국 문화 연구에 있어 매우 높은 참고 가치를 지닌다.

東文選 文藝新書 52

# 古文字學 첫걸음

李學勤 지음
河永三 옮김

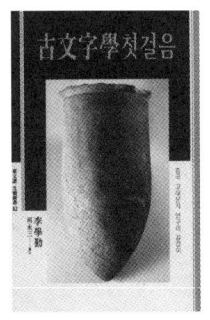

　중국 고대 문자에 대한 이해는 바로 중국 고대의 언어·문학·고고·역사·경제·지리·예술 등 역사 문화사에 대한 총체적 이해와 직결되어 있다. 이 책은 바로 이러한 실용적 의미를 가지는 중국의 고대 문자에 대한 종합적인 소개와 이해를 목표로 삼고 있다.
　그리하여 이 책은 서문에서 밝히고 있듯이, 중국의 고문자라는 광범위하고 복잡한 내용을 어떠한 정확한 관점에 근거하여 쉽고 간략하게 체계적으로 소개할 것인가라는 부분에 중점을 두고 있다. 그래서 이 책에서는 중국 문자의 기원에서부터 갑골문·금문·전국문자 등등에 이르는 고대 문자 발전의 각단계에 대해 가장 최근의 연구성과까지를 망라하여 요약 소개하고 있다. 뿐만 아니라, 고대 문자의 이해에 필요한 기초 개념과 여러 기초 지식들, 그리고 연구에 있어서의 주의점, 나아가 더 깊은 연구에 있어서의 필요한 도서목록과 앞으로의 연구과제와 전망까지를 총괄하고 있어 중국 고대 문자를 이해하고자 하는 입문서로서는 더없는 저작이라 할 수 있다.
　저자인 李學勤 선생은 현재 중국사회과학원 역사연구소에 부소장으로 있으며, 당대의 저명한 갑골문·전국문자 등의 연구가이다.
　이 책이 출간된 후 북경대학은 물론이고, 중국과 대만의 각 중문과에서는 이미 〈중국문자학〉〈고문자학〉 과목의 교재로 채택되어 사용되고 있으며, 일본을 비롯한 서구 여러 나라에도 소개될 만큼 중국 고대 문자의 이해에 대한 매우 적절한 입문서라 할 수 있다.

東文選 文藝新書 56

# 中國小學史

胡奇光 지음
李宰碩 옮김

중국 고전언어학은 습관적으로 〈소학〉이라고 일컫는다. 중국에서 〈소학〉은 매우 높고 심원한 학문으로서, 주로 문자학 · 음운학 · 훈고학 등 3개 부문을 포괄한다. 〈소학〉은 유가문화를 중심으로 하는 중국 고대 경적을 위해 소임을 한다. 근대에 이르러 〈소학〉은 중국학의 중요 구성부분, 혹은 핵심부분으로 간주되었다. 이것은 한어 고대 경적이 알기 어려운 한자와 이해하기 어려운 문언으로 기록되어 있으므로, 한자와 문언이라는 이 두 가지 중요한 관문을 열려고 하면 〈소학〉이라는 황금열쇠를 제대로 사용해야 하기 때문이다.
　본서는 상해 복단대학 胡奇光 교수의 대표적인 역작으로, 중국학이라는 거대한 산을 오르기 위해서는 반드시 갖추어야 할 공구서 중의 하나이다.

　이 책은 중국의 전통언어학을 통시적으로 서술하면서도, 그중에는 고대 중국어(즉 우리가 습관적으로 사용하는 〈漢文〉)를 해독하는 데 필수적으로 알아야 할 지식들을 체계 있게 설명해 주고 있기 때문에 중국학 전공자는 물론, 국학(한국학) 전공자도 큰 도움을 받을 것이다.

東文選 文藝新書 115

# 中國武俠史

陳 山 지음
姜鳳求 옮김

 영국의 웰스는 《인류의 운명》에서 〈대부분의 중국 사람들의 영혼 속에는 한 명의 유가儒家, 한명의 도가道家 그리고 한명의 도적(土匪)이 싸우고 있다〉는 관점을 인용하였다. 문일다 聞一多는 웰스가 말한 〈도적〉은 중국 무협을 포함하고 있고, 도가는 다만 유가에 대한 보완일 뿐이라고 했다. 근래 어떤 학자는 〈묵협정신墨俠精神이 민간문화를 이루어 상층문화 정신과 대립하고 있다〉는 관점을 제시한 바 있다. 현대 작가 심종문沈從文은 민간사회 중에서 『유협정신游俠精神이 침윤侵潤되어 과거를 만들었고 미래도 형성하게 될 것이다』라고 했다. 결과적으로 말하면 상·하층문화 중에서 유儒와 협俠은 중국 전통문화 정신의 중요한 두 체제인 것이다.

 중국에 있어 협俠은 유儒와 마찬가지로 선진先秦시대에 나타나 계속 존재해 오고 있는 오랜 역사를 지닌 사회계층이다. 협俠과 유儒의 문화정신은 일종의 〈초월의미超越意味〉를 내포하고 있어 심리적으로 광범위하고도 지속적인 영향을 주며, 중국 문화의 심층구조에 침투해 있다. 중국 지식인의 영혼 속에 부지불식不知不識 중 유儒의 그림자가 숨겨져 있다면, 중국 평민의 마음 깊은 곳에는 협俠의 그림자가 희미하게 반짝이고 있다. 그러므로 중국 역사상의 무협 현상을 연구하는 것은 중국 문화 기초인 민간문화의 뿌리를 깊게 연구하고, 이를 전면적으로 이해하기 위하여 매우 중요한 의미가 있는 일이다.

東文選 文藝新書 81

# 中國文字訓詁學辭典

全廣鎭 편역

　본서는 《中國大百科全書·言語文字編》 중에서 문자학·문자개혁·훈고학에 해당하는 부분을 발췌 번역한 것이다.
　본서의 특징은 첫째 중국의 문자학·훈고학, 그리고 언어학 전반에 걸친 용어·인물·저작 등에 대하여 일목요연하면서도 내용이 알차게 꾸며져 있고, 둘째 원집필자들이 모두 관련 분야에서는 최고의 권위를 자랑하는 대학자들로 구성되어 있을 뿐만 아니라 그들이 자신의 이름을 걸고 집필한 것이기 때문에 길이의 장단에 관계없이 낱낱의 모든 자구들이 단순한 해설에서 한 걸음 더 나아가 자신의 창조적 견해가 내포되어 있는 등 높은 학술적 가치를 지니고 있다. 그리고 세번째 중국의 언어와 문자에 관한 각종 각론 분야에 대한 내적 함의와 그것의 연구 역사를 개괄해 놓은 문장도 실려 있는데, 이러한 것들은 지금까지 해당 분야 연구 역사의 전반적인 흐름을 정확하게 이해하는 데 더없이 큰 도움을 준다.
　따라서 본서는 중국 문자학과 훈고학 분야에 관심 있는 이들에게 훌륭한 안내서가 되고 있다.

東文選 文藝新書 132

# 生育神과 性巫術

宋兆麟
洪 熹 옮김

　인류 사회의 발전은 기본적으로 두 갈래의 큰 줄기가 있다.
　하나는 물질적 생산으로 산식문화(產食文化)라 하고, 다른 하나는 사람의 생산으로 생육문화(生育文化)라 한다. 본서는 중국의 생육문화, 즉 연애·결혼·가정·임신과 생육·교육은 물론 더 나아가 생육에 대한 각종 신앙, 이를테면 생육신화·생육신·성기신앙·예속·자식기원 무속 등 생육신앙을 탐색한 연구서이다.
　한국과 중국은 고대로부터 오늘날까지 유구한 역사적 관계를 가지고 있다. 특히 민속문화에 있어서는 많은 공통점과 차이점이 있다. 그럼에도 불구하고 그동안 이 방면의 학문적 교류가 거의 단절되어 왔다.
　본서의 저자인 송조린 교수는 오랫동안 고대사·고고학·민족학에 종사한 중요한 학자로서 직접 현장에 나가 1차 자료를 수집한 연후에 그것을 역사문헌·고고학 발견과 결합시키고, 많은 학문 분야와 비교연구하여 중국의 생육문화의 발전 맥락 및 그 역사적 위상을 탐색하고 있다.
　본서는 중국의 생육문화를 살피는 것은 물론 우리의 생육문화 탐구에 많은 공헌을 할 것임에 틀림없다. 또한 우리의 민속학·민족학의 연구 방향과 시야의 폭을 넓혀 줄 것이다.